63인의 역사학자가 쓴

한국사 인물 열전

한영우선생정년기념논총 간행위원회 엮음

1

63인의 역사학자가 쓴 한국사 인물 열전 1
한영우선생정년기념논총 간행위원회 엮음

2003년 12월 1일 초판 1쇄 발행
2008년 3월 25일 초판 2쇄 발행

펴낸이 한철희 | 펴낸곳 돌베개 | 등록 1979년 8월 25일 제406-2003-018호
주소 (413-756) 경기도 파주시 교하읍 문발리 파주출판도시 532-4
전화 (031)955-5020 | 팩스 (031)955-5050
홈페이지 www.dolbegae.com | 전자우편 book@dolbegae.co.kr

책임편집 이경아 | 편집 김수영·박숙희·김현주·김윤정 | 교정 최양순
본문디자인 이은정 | 인쇄·제본 백산

ISBN 89-7199-175-5 04910
      89-7199-178-X 04910(세트)

책값은 뒤표지에 있습니다.

이 도서의 국립중앙도서관 출판시도서목록(CIP)은 e-CIP 홈페이지
(http://www.nl.go.kr/cip.php)에서 이용하실 수 있습니다.(CIP제어번호: CIP2003001588)

63인의 역사학자가 쓴

한국사 인물 열전

1

책머리에

이 책은 한국사에 뚜렷한 행적을 남긴 역사적 인물 63인을 선정하여, 그들의 생애와 활동을 종합 정리한 인물 평전이다.

역사 연구는 기본적으로 인물에 관한 연구라 할 수 있다. 동양의 전통 역사서인 기전체(紀傳體) 사서에는 당대에 뚜렷한 행적을 남긴 인물들의 열전(列傳)이 있고, 서양에서도 일찍부터 인물사 연구를 시작하여 상당한 성과를 내놓았다. 또한 근래에는 중국사나 일본사 분야에서 역사적 인물에 관한 전문 저작들이 많이 나오고 있다. 그러나 한국사에 있어서는 인물의 생애가 간략하게 정리된 인물사전이나 집중적인 연구가 이루어진 몇몇 인물에 대한 연구서를 제외하면 아직도 인물사 연구가 많이 부족한 형편이다. 이에 필자들은 역사적 인물의 행적에 관한 기록이 기왕의 인물사전보다 자세하고, 관련 자료 및 인물에 대한 평가가 포함된 새로운 형태의 인물 평전을 편찬하기로 하였다.

필자들이 이러한 책을 구상하게 된 데에는 서울대 국사학과에서 30년 이상을 재직하고 2003년 8월 말로 정년을 맞으신 한영우 선생의 정년을 기념하려는 것이 계기가 되었다. 조선 시대를 중심으로 한국사 전반에 걸쳐 많은 연구 업적을 남기고 훌륭한 후학들을 길러낸 선생님의 학덕에 보답하는 동시에 한국사 연구에 디딤돌이 될 수 있는 책을 만들고자 했던 것이다.

이 책에 수록된 인물은 한국 고대사에서 현대사에 이르기까지 총 63명에 이르며, 본문의 순서는 각 인물의 생년을 기준으로 하여 시대순으로 배열되어 있다. 각 인물의 평전에는 생애, 활동 및 업적, 역사적 평가, 연구 현황, 문제점, 참고자료를 정리하여 인물의 전체 모습이 드러날 수 있도록 하였고, 평이한 문체를 사용하여 일반인도 쉽게 이해할 수 있도록 하였다.

물론 이 책에 수록된 인물만으로 한국사의 주요 인물이 모두 망라되었다고 할 수는 없을 것이다. 비록 이 책에서 다루어지지는 않았지만 한국사에서 중요한 업적을 남긴 인물들이 많이 남아 있기 때문이다. 그렇지만 이 책은 현재 역사학자들이 크게 관심을 가지고 연구를 진행하고 있는 인물을 대상으로 하였고, 각 인물에 관한 가장 최근까지의 연구 성과를 반영하였으며, 해당 인물을 본격적으로 연구하기 위한 참고자료까지 제시하였다는 것이 가장 큰 장점이다.

책의 편집을 마치고 보니 인물의 선정에서 몇 가지 특징이 나타난다. 대상 인물에 있어 조선 후기와 근현대의 인물이 비슷한 비중을 보이고, 국왕이나 대통령과 같이 국가의 최고 지도자였던 인물이 많이 등장한다. 또한 지금까지 역사 교과서에 전혀 보이지 않았던 인물들이 새롭게 나타나기도 한다. 새로운 인물이 발굴되었다는 것은 연구의 지평을 넓힐 수 있는 터전이 되며, 인물의 개인 행적을 종합적으로 정리하는 것은 연구의 심도를 더하는 밑거름이 될 것이다.

무엇보다도 이 기획에 참여하여 좋은 원고를 보내주신 여러 필자들에게 깊은 감사의 인사를 드린다. 그리고 이를 계기로 새로운 역사적 인물들의 행적이 꾸준히 발굴되고 그들의 행적이 종합적으로 정리됨으로써, 한국사의 폭과 깊이가 더해지기를 기대한다.

2003년 11월

필자를 대표하여 정옥자 씀

한국사 인물 열전 2

단군 檀君

국가의 시조, 민족의 시조

서영대 인하대학교 인문학부 사학전공 교수

1. 단군 관련 자료

단군(檀君, ?~?)은 한국사의 첫머리를 장식하는 고조선(古朝鮮)의 건국 시조로 전해지고 있다. 이 점에서는 단군 관련 자료들이 한결같지만, 구체적인 내용에서는 자료에 따라 차이가 있다. 현존하는 사료 가운데 단군을 언급한 가장 오래된 문헌은 13세기에 나온 일연(一然)의 『삼국유사』(三國遺事)와 이승휴(李承休)의 『제왕운기』(帝王韻紀)이다. 그런데 거의 같은 시기에 나온 이들 사서에서조차 단군에 관한 기록이 다르며, 또 후대의 자료들은 그들대로 이전(異傳)을 전하고 있다.

이런 이전들은 크게 4계통으로 나누어볼 수 있다. 첫째 『삼국유사』 유형, 둘째 『제왕운기』 유형, 셋째 『응제시』(應制詩) 유형, 넷째 『규원사화』(揆園史話) 유형이 그것이다.

먼저 『삼국유사』 유형이란 『삼국유사』 「고조선조」에 처음 등장하는 데 따르면, 하늘에서 내려와 인간 세상을 다스리던 환웅(桓雄)이 곰에서 변신한 여인과 혼인해 단군을 낳았으며, 단군은 고조선을 건국해 1,500년간 통치하다가 아사달(阿斯達)의 산신(山神)이 되었다고 하는 것이다. 한편 조선 후기의 승려 설암 추붕(雪巖秋鵬)의 「묘향산지」(妙香山誌)에서는 『제조대기』(第朝代記)란 책을 근거로, 환웅과 백호(白虎)가 혼인해서 낳은 것이 단군이라 했다. 또 일제 시대 때 황해도 지역에서 채록된 구전 설화에는 환웅이 곰과 혼인해 단군을 낳았고 여우와 혼인해 기자(箕子)를 낳았다는 내용도 있다. 이런 전승들은 『삼국유사』의 내용과 차이는 있지만, 단군을 동물의 아들이라 한 점에서는 공통점이 있어 『삼국유사』 유형에 포함시킬 수 있겠다.

다음으로 『제왕운기』 유형은 『제왕운기』의 「동국군왕개국연대」(東國君王開國年代)에 처음 보이는 것으로, 환웅이 하늘에서 내려와 인간 세상을 다스렸다는 것까지는 『삼국유사』 유형과 다르지 않다. 그러나 여기서는 단군이 환웅의 손녀와 박달나무 신〔檀樹神〕 사이에서 태어났다고 했다. 즉 단군을 부계가 아닌, 모계를 통하여 하늘과 연결되는 존재로 그렸다는 점에서 『삼국유사』 유형과 큰 차이를 보이고 있다. 뿐만 아니라 단군의 '단'을 『삼국유사』에서는 '제단 단'(壇)이라 한 데 반해 '박달나무 단'(檀)으로 표기한 점, 단군의 재위 연수를 『삼국유사』보다 짧은 1,038년이라 한 점도 다르다.

『응제시』 유형은 권근(權近)이 1396년(태조 5) 명나라 황제 홍무제(洪武帝)에게 바친 일련의 시 가운데 하나인 「시고개벽동이주」(始古開闢東夷主)에서 처음 확인되는 것으로, 여기서는 단군의 부모에 대한 언급이 없고, 단군이 직접 하늘에서 내려와 고조선을 개국했다고 되어 있다. 또 『삼국유사』와 『제왕운기』에서 단군의 재위 연수를 천 년 이상이라 한 데 대해, 여기서는 이것을 고조선의 역대 왕의 재위 기간을 모두 합친 것으로 보았다.

끝으로 『규원사화』 유형은 『규원사화』를 비롯한 소위 재야 사서를 통해 전해지는 것으로, 여기서는 단군을 고유명사로 보지 않고 단국(檀國)이란 나라의 군주호(君主號)라고 하면서 47대에 걸친 단군의 이름과 구체적인 치적을 제시하고 있다. 그리고 단국은 영토도 넓을 뿐만 아니라 문화도 대단히 발달한 국가로 그리고 있다.

그렇다면 단군을 이해하는 데 과연 어떤 유형을 토대로 접근하는 것이 가장 바람직할까? 결론부터 말하면 그것은 『삼국유사』 유형이다. 왜냐하면 『삼국유사』 유형은 기록 연대도 가장 빠를 뿐만 아니라 단군을 가장 신비한 존재로 그리고 있기 때문이다. 물론 『제왕운기』 유형도 이런 점에서는 『삼국유사』 유형에 못지않다고 할 수 있다. 또 『제왕운기』 유형처럼 나무가 인간의 조상이란 관념도 8~9세기에 북아시아를 제패한 회골족(回鶻族)의 시조신화에 등장하는 등 신화로서 낯선 것은 아니다.

그러나 『삼국유사』 유형에는 다른 유형에선 볼 수 없는 동물을 인간의 조상으로 여기는 수조신화(獸祖神話) 요소가 보인다는 점이 중요하다. 수조신화 요소는 수렵 문화와 밀접한 관련이 있다. 또 수조신화 요소는 한국 문화의 원류 또는 기층과 밀접한 관련이 있는 동북아시아 여러 민족의 시조 신화에서도 자주 등장하며, 특히 퉁구스(tungus)족 사이에는 곰이 조상이란 신화가 널리 퍼져 있다.

뿐만 아니라 한국 고대의 신화에서 동물은 후대로 갈수록 비중이 줄어든다는 점도 시사하는 바가 있다. 『삼국유사』 유형의 단군 전승에서는 전면에 표출되었던 수조신화 요소가 부여의 금와왕(金蛙王) 신화에서는 금와왕이 금빛 개구리 모습의 인간이라는 식으로 변질된다. 그리고 부여, 고구려, 신라의 신화에도 동물이 등장해 시조 왕의 신성성을 돋보이게 하는 역할을 하지만, 이들은 어디까지나 조연에 불과하다. 부여 동명(東明) 신화의 돼지와 말, 고구려 주몽(朱蒙) 신화의 말을 비롯한 온갖 짐승, 신라 혁거세(赫居世) 신화의 말, 탈해(脫解) 신화의 까치, 알지(閼智) 신화의 닭이 그것이다. 그러나 가야 신화에는 동물이 아예 등장조차 하지 않는다. 이런 사실 또한 『삼국유사』 유형이 고대 국가의 건국신화보다 더욱 오랜 관념을 내포하고 있음을 반영한다.

이에 반해 나머지 유형들은 각 유형이 성립된 시기의 시대정신 또는 시대적 요구에 맞게 첨삭 또는 변형이 가해진 것이라 할 수 있다.

그렇다고 해서 『삼국유사』 유형이 고조선 당시의 전승 그대로라고는 생각되지 않는다. 신화는 전승 과정에서 얼마든지 변화할 수 있기 때문이다. 예컨대 단군의 할아버지를 환인(桓因) 또는 제석(帝釋)이라 했는데, 이는 불교적인 표현으로 불교 수용 이후에 붙여진 이름이다. 또 곰이 마늘을 먹었다고 하는데 아시아 서부가 원산지인 마늘이 과연 고조선 당시에 존재했는지도 의문이다. 나아가 『삼국유사』에서는 단군이 활동한 시간과 공간이 한정되어 있어, 시공을 초월한 태초의 사실을 전하는 원시신화와 다른 모습을 보이고 있다. 그러므로 『삼국유사』 유형의 이해는 이런 점을 충분히 감안하면서 이루어져야 할 것이다.

2. 신화 이해의 전제

『삼국유사』는 중국의 삼국 시대에 관한 사서라고 추정되는 『위서』(魏書)와 우리측 기록인 『고기』(古記)를 인용해, 단군이 누구인가를 전하고 있다. 이중 『고기』 부분은 초경험적 사실들로 가득 차 있다. 하늘 신의 아들이 지상에 내려와 바람·비·구름의 신을 거느리고 인간 세상을 통치했다든지, 곰이 인간으로 변신해 단군을 낳았다든지, 단군은 조선을 건국하고 1,500년간 통치하다가 아사달 산신이 되었다는 등이 그것이다.

이런 내용은 현실에서는 도저히 있을 수 없는 사실이다. 이렇듯 우주·인간·문화의 기원을 초월적 존재들의 활동 결과로 설명하는 것을 신화라 한다. 따라서 단군을 신화적 존재, 단군에 대한 전승을 단군신화라고 할 수 있다.

그러나 우리 사회 일각에는 이런 인식에 대해 몹시 부정적인 움직임이 있다. 이런 인식이야말로 일제 식민사학의 잔재이며, 단군은 역사적 인물, 단군 전승은 실사(實史)라고 해야 옳다는 것이다. 과거 일제 식민사학자들은 단군신화를 고조선과 관련 없는 날조된 전승이라 했으며, 나아가 단군의 실재마저 부정했다. 따라서 우리 사회 일각의 움직임은 한국사를 자주적으로 이해하려는 애국심의 발로라 하겠으며, 이러한 의미에서 그 의의를 인정할 수 있다.

그렇다고 해서 그들의 주장이 모두 옳은 것은 아니다. 우선 신화 개념부터가 문제이다. 그들의 주장에는 신화는 곧 허구이며, 역사는 곧 진실이란 전제가 깔려 있다. 그러나 신화와 역사는 결코 상반되는 개념이 아니다. 신화 역시 과거의 사실을 설명한다는 점에서 일종의 역사이다. 다만 과거를 설명하는 방식이 현재와 다를 뿐이다. 즉 원시·고대인들의 논리 구조·사고 구조에 따라 과거를 설명하는 것이다. 그들은 신이 인간사에 적극 개입한다고 믿었으며, 문화와 제도도 초자연적 존재에 의해 비롯된다고 여겼다. 때문에 오랜 역사를 가진 많은 국가나 민족들이 역사의 서장을 신화로 장식한다. 그러므로 건국신화가 있다는 것은 역사의 유구성을 뒷받침하는 자랑거리가 될지언정, 부정적으로만 생각할 일이 아니다.

그러나 신화의 내용이 그대로 역사일 수는 없다. 따라서 신화 이해를 위해 우리가 할 일은 신화를 성립시킨 사람들의 사고와 논리를 이해하고, 이를 바탕으로 신화에 반영된 역사적 사실을 찾는 것이다. 다시 말해서 신화적 코드를 우리가 사용하고 있는 역사적 코드로 변환시키는 작업이다.

이때 흔히 도입되는 전제가 역사는 신화에 선행한다는 것이다. 먼저 역사적 사실이 있고, 이를 신화적 사고에 입각해 설명한 것이 신화라는 것이다. 이런 관점에 따르면 신화에는 역사적 사실들이 그대로 반영되어 있으며, 따라서 신화를 통해 역사적 사실을 찾아낼 수 있다는 것이다.

이를 '역사의 신화화'(mythologisation of history) 이론이라고 한다면, 반대로 신화가 역사에 선행한다는 '신화의 역사화'(historicisation of myth)

이론도 있다. 즉, 이상이나 소망을 투영한 신화가 있고, 이것이 실재 있었던 역사를 전하는 것처럼 이해되어간다는 것이다. 그래서 신화와 역사적 사실 가운데 어느 것이 먼저인가에 대해서는 아직까지 논란이 많다.

또 사회적 맥락과 단절된 채 기록 속에 화석화되어 전해지는 신화가 아니라, 살아 움직이면서 사회적 기능을 발휘하고 있는 무문자(無文字) 사회의 신화를 연구한 결과에 따르면, 신화는 진실을 전한다고 믿고 있지만 역사적 사건을 정확히 설명하는 것은 아니라고 한다. 오히려 신화는 모든 사물을 이해하는 척도로 여겨지면서, 역사적 사건에 의해 제기된 여러 모순들을 은폐하고 현재의 상태를 정당화하는 기능을 가진다고 한다.

신화 분류의 하나로 저급 신화와 고급 신화로 나누는 방법이 있다. 저급 신화는 민간에서 자연 발생한 것으로 내용도 비교적 소박하다. 이에 비해 고급 신화는 사제(司祭) 등에 의해 만들어진 것으로, 저급 신화를 기초로 하되 경우에 따라서는 사회 구성원의 공통의식이 인정하는 한계를 벗어나기도 하는 등 작위성이 강하다. 그렇다고 할 때 고급 신화일수록 사실의 반영보다 현실적 지향이나 소망이 투영될 가능성이 크다.

단군신화는 고급 신화에 가깝다. 그러므로 단군신화를 통해 역사적 사실을 찾기에 앞서, 우선 그 의미와 기능 파악에 초점을 맞추는 것이 바람직하다. 다시 말해서 단군신화를 통해 전달하고자 하는 메시지, 또는 정당화하고자 하는 것이 무엇인지를 먼저 이해할 필요가 있다는 것이다.

그렇다고 해서 단군신화가 역사적 사실과 전혀 무관하다는 의미는 아니다. 왜냐하면 역사적 진실과 배치되어서는, 또 고조선 사회의 의식과 관념에서 크게 벗어나는 논리 체계로는, 신화로서의 기능을 제대로 발휘하지 못했을 것이기 때문이다.

3. 단군의 가계(家系)

『삼국유사』에 따르면 단군은 환인의 아들 환웅과 곰에서 변신한 웅녀 사이에서 태어났다고 한다.

그렇다면 환인은 단군의 할아버지가 되는데, 그는 하늘의 신이다. 환인은 환웅이 천하에 뜻을 두고 인간 세상을 원하자, "아래로 삼위태백(三危太伯)을 내려다보았다"고 한다. 삼위태백에 대해서는 여러 가지 설이 있다. 『제왕운기』에서는 삼위를 구월산이라 했고, 『삼국유사』에서는 태백을 묘향산이라 했다. 즉 삼위와 태백은 모두 한반도 내에 있다는 것이다. 그런가 하면 『산해경』(山海經)의 「서산경」(西山經)을 비롯한 중국측 문헌에서는 삼위를 중국의 서쪽 끝에 있다고 했다. 이 가운데 어느 쪽이 타당한지는 모르겠지만, 분명한 것은 삼위태백이 지상의 산을 뜻한다는 것이다. 그리고 이렇듯 높은 산들을 굽어볼 수 있는 위치에 있었기에 환인은 하늘 신이라 할 수 있다.

이 점은 『삼국유사』에서 환인을 제석(帝釋)이라 주석한 데서도 뒷받침된다. 제석은 도리천(忉利天)의 선견성(善見城)에 살면서 불법을 수호하는 불교의 천신이다. 따라서 환인을 제석이라 한 것은 결코 고조선 당시의 인식일 수는 없지만, 환인의 성격을 파악하는 데는 시사하는 바 있다. 즉, 환인이 하늘 신임을 시사한다.

하늘의 신에도 여러 부류가 있다. 하늘 자체를 인격화한 천공(天空)의 신을 비롯해 태양신, 월(月)신, 뭇 별의 신 등등 실로 다양하다. 그렇다면 환인은 이 중에서 어떤 신인지가 문제이다. 이 점에 대해서는 천공신이란 견해와 태양신이란 견해가 있다. 그러나 어느 견해가 타당한지는 쉽게 결정하기 어렵다. 왜냐하면 천공신과 태양신은 비슷한 점이 많은 반면, 환인에 대한 자료는 너무 단편적이기 때문이다.

이와 관련해 시베리아의 여러 민족의 사례는 시사하는 바가 있다. 이들은 천공신이 빛 또는 태양과 밀접한 관련이 있다고 믿는다. 가령 제물을 해가 떠오르는 방향으로 바쳤다든지, 알타이 타타르(Tatar) 족의 경우 천공신을 '흰빛'(ak ajas) 또는 '빛나는 칸'(ajas kan)이라 불렀다고 한다. 천공신 관념에 태양신적 성격이 첨가되는 것은 세계 종교사에서 흔히 볼 수 있는 현상이라고 한다. 환인이란 말은 아무래도 '환하다', '밝다'와 관련이 있는 것 같다. 따라서 환인은 기본적으로 하늘 자체의 신성현현(神聖顯現, hierophany)인 천공의 신이지만, 태양의 이미지가 많이 가미된 신격으로 보는 것이 옳겠다.

환인이 천공신인가 태양신인가 하는 문제보다 더욱 중요한 것은 그가 지고신(至高神, supreme bring)이란 점이다. 지고신은 어떤 종교 전통에서 최고의 위치에 있는 신이다. 그는 일반적으로 모든 것을 창조하고 생명을 부여한 창조주이며, 모든 것을 보고 들을 수 있을 뿐만 아니라 모든 것을 할 수 있는 전지전능한 존재로 여겨진다. 또 우주의 질서를 수호하고 인간 행위의 선악에 대해 상벌을 내린다고 한다. 환인이 지고신임은 지상의 통치권을 아들인 환웅에게 맡긴다는 데서 잘 드러난다. 이런 의미에서 『제왕운기』가 환인을, 중국에서 지고신을 가리키는 상제(上帝)로 표현한 것은 시사하는 바 크다.

그렇지만 환인은 중국의 상제와 다른 점이 있다. 중국의 상제는 유덕자(有德者)에게 천명을 내려 천자(天子)로 옹립한다. 그러나 상제와 천자가 혈연적으로 연결되지는 않는다. 때문에 중국에서는 하늘을 제사하는 원구(圓丘)와 혈연적 조상을 제사하는 종묘가 엄격히 구분된다. 그러나 환인은 자신의 아들에게 지상의 통치권을 위임했으며, 그것이 단군으로 이어진다. 이와 같이 군주의 혈연적 조상으로서의 지고신의 성격은 고구려와 신라에도 이어진다. 즉 이들 국가의 시조는 모두 천신의 직계 후손이다. 때문에 이들 국가에서는 조상 제사의 연장선상에서 제천 의례를 거행했던 것이다.

한편 단군의 아버지 환웅은 지고신인 환인에게서 천부인(天符印) 3개를 받아 무리 3천을 이끌고 태백산 정상에 솟아 있는 신단수(神壇樹) 아래로 내려온다. 그리고 이곳에 신시(神市)를 건설하고 천왕(天王)이란 칭호를 가지고 바람·비·구름의 신을 거느리면서 인간 세상을 통치한다.

천부인이 무엇인지에 대해서는 칼·거울·옥이 그것이란 견해가 있다. 청동기 시대 석관묘에서 칼·거울·옥이 세트를 이루며 출토된다는 사실은 이와 관련하여 시사하는 바가 있다. 그러나 고조선의 무대인 북한 지역에서 이들이 함께 반출되지 않는다는 사실은 이러한 견해를 무조건 따를 수 없게 한다. 따라서 천부인의 실체는 아직 미상이라 할 수밖에 없다.

그런데 부(符)와 인(印)은 관리의 신분을 증명하는 것으로, 특히 부는 제왕의 명령을 수행하는 관리의 신분을 증명하는 것이다. 그러므로 천부인을 가지고 왔다는 것은 인간 세상에 대한 환웅의 지배가 합법적임을 드러내기 위한 것이라 하겠다.

환웅이 도착한 곳은 태백산 정상의 신단수 부근이다. 따라서 태백산 신단수는 하늘과 땅을 연결하는 교통로라 할 수 있다. 이 점은 웅녀가 신단수에서 잉태를 기원한 데서도 짐작할 수 있다. 왜냐하면 웅녀는 하늘에 소원 성취를 빌었을 것이기 때문이다. 또 신단수란 명칭은 돌무더기 제단과 신수(神樹)로 이루어진 민속의 동제당(洞祭堂)을 연상시킨다. 나아가 평지에 있음에도 불구하고 동제당을 당산(堂山)이라 부르는 것과 신단수가 태백산에 있는 점으로 미루어 우연이 아닌 것 같다. 이처럼 하늘과 땅을 연결하는 산이나 나무를 종교학적 용어로는 '우주산'(cosmic mountain) 또는 '우주수'(cosmic tree)라 한다.

우주산과 우주수가 있는 곳은 하늘과 땅을 매개한다는 점에서 신성 지역이다. 바로 이곳에 환웅은 신시를 건설했다. 시(市)는 오늘날 시장 또는 도시란 의미로 사용되지만, 원래 중국에서는 태양신의 강림(降臨) 장소이자 태양신의 권위를 바탕으로 하는 제정일치적 집회 장소였다고 한다. 그렇다고 할 때 신시라는 명칭은 지역의 성격을 잘 표현한 이름이라 하겠다.

신시에서 환웅은 곡식·생명·질병·형벌·선악 등 인간 세상의 360여 가지 문제를 주관했다. 이 가운데 형벌과 선악의 주관은 세속적 권력자의 역할이다. 그러나 곡식·생명·질병은 권력자라도 의지대로 되는 것이 아니다. 물론 인간의 노력도 중요하지만, 그 이상의 힘에 의해 좌우된다. 따라서 이런 문제는 초월적 영역과의 교류를 통해 해결하려는 경우가 많다. 그렇다면 환웅은 세속적 권위뿐만 아니라 초월적 영역과도 통할 수 있는 종교적 권능도 동시에 갖춘 권력자라 할 수 있겠다.

이 점은 환웅이 바람·비·구름의 신을 거느렸다는 점을 통해서도 뒷받침된다. 중국의 경우, 이들 신은 모두 별이다. 풍백(風伯)은 기성(箕星)이며, 우사(雨師)는 필성(畢星)이다. 그렇지만 환웅이 거느린 신들이 중국처럼 별인지는 알 수 없다. 그러나 이들이 기후를 관장하는 신적 존재임은 틀림없다. 따라서 이들을 거느렸다는 것 역시 환웅이 종교적 권능의 소유자였음을 알려준다.

천왕이란 독특한 칭호도 환웅의 이런 성격에서 비롯되는 것 같다. 다시 말해서 천왕을 풀이하면 무왕(巫王, shaman-king) 또는 사제왕(priest-king)이라 할 수 있다. 이것은 신시 사회가 신정정치(神政政治, theocracy) 단계에 있었음을 시사한다고 하겠다.

다음으로 단군의 어머니는 곰에서 변신한 웅녀다. 그녀는 같은 동굴에 사는 호랑이와 함께 인간이 되기를 열렬히 소망해 환웅은 쑥과 마늘만 먹으면서 100일 동안 햇빛을 보지 말라고 지시했다. 그러나 호랑이는 그만 중도에 포기하고 말았다. 아무리 잡식성 동물이지만 쓰디쓴 쑥과 냄새나는 마늘만으로 연명한다는 것은 곰에게도 지독한 고통이었을 것이다. 그럼에도 불구하고 곰은 환웅의 지시를 충실히 지킨 끝에 21일 만에 인간으로의 변신에 성공한다.

변신에는 성공했지만 웅녀는 혼인할 대상이 없었다. 이에 웅녀는 신단수 아래에서 아이 갖기를 열심히 기원했고, 환웅이 잠시 인간으로 변하여 웅녀와 혼인한 결과 단군이 태어나게 되었다고 한다.

오늘날 우리는 곰은 곰발바닥 요리가 별미라느니 곰쓸개[熊膽]가 몸에 좋다느니 하면서 곰을 식용의 대상으로 여기고 있다. 심지어 미련하기 짝이 없는 동물로 여기고 있다. 이런 관점에서 보면 웅녀의 전신이 왜 하필 곰인 가라는 점이 문제가 되지 않을 수 없다.

곰은 유라시아 북부 지역이나 아메리카 북방 지역에서 널리 신성시되었던 동물이다. 즉 곰은, 첫째 산신이나 대지의 신령, 둘째 수신(水神), 셋째 인간의 생활을 관찰하기 위해 신령이 보낸 사자, 넷째 샤먼의 수호령, 다섯째 인간의 조상 또는 친족, 여섯째 토템, 일곱째 신이 특별히 보호하는 동물 등으로 숭배되었다. 그리고 사냥한 곰이냐 사육한 곰이냐에 따른 차이는 있지만, 곰의 영혼을 달래고 수렵의 성공을 보장하기 위해 웅제(熊祭, bear ceremony)를 성대히 거행하며 그 뼈를 정중히 장례 지내기도 했다.

또 중국에서도 곰은 인간의 조상으로 신성시되었던 흔적이 있다. 하(夏)나라의 조상인 곤(鯀)은 황웅(黃熊)이었다든지, 춘추 시대 진(晉)의 상경(上卿)인 범씨(范氏)와 중행씨(中行氏)의 조상이 곰이었다는 것은 이런 사실을 반영한다. 따라서 웅녀의 전신(前身)으로서의 곰도 같은 맥락에서 이해할 수 있다. 즉 곰은 지상을 대표하는 신성한 존재라는 것이다.

그렇다면 곰의 변신 과정에서의 고행은 어떤 의미를 가지는 것일까? 이에 대해서는 성숙의 제의, 즉 소녀 성년식이란 해석이 있다. 사실 원시 사회의 소녀 성년식에서 묘령에 달한 소녀들을 격리·유폐시켜, 다양한 터부를 부과하는 등 여러 가지 시련을 견디게 하는 사례들은 이미 많이 보고되어 있다. 이때 부과되는 터부 중에는 햇빛을 보지 못하게 하는 것도 있다. 그것은 태양이 회임 능력을 가지고 있다는 믿음, 또는 소녀의 초경이 태양을 오염시킨다는 믿음에서 유래한다. 이런 시련을 딛고 성년식을 통과하면 혼인을 해 자식을 낳을 수 있는 자격을 취득한다. 그렇지 않고 아이를 가지면 그녀는 질이 나쁜 여자로 간주되어 추방당하는 일도 있고, 이와 같은 불상사를 속죄하는 의미에서 희생 제의를 치르는 경우도 있다고 한다. 이상의 사실로 미루어 곰의 변신은 환웅과의 혼인 및 단군의 출생을 정당화하기 위한 것이라 할 수 있다.

곰의 경우만 변신한 것이 아니다. 환웅도 웅녀와 혼인하기 위해 잠시 인간으로 변했다고 한다. 따라서 환웅의 모습도 인간이 아니었음을 짐작할 수 있다. 이와 관련해 『제왕운기』에서 환웅의 손녀가 단수신(檀樹神)과 혼인하기 위해 약을 먹고 인간으로 변신했다고 한 점도 시사적이다.

그렇다면 환웅의 원래 모습은 어떠했을까? 이에 대해서는 새라는 견해가 있다. 일반적으로 새는 하늘과 연결되며, 하늘을 왕래하는 탈 것, 또는 신령 내지 조령(祖靈)으로 신앙된다. 이런 점에서 환웅의 원래 모습이 새였을 개연성은 충분하다.

이류교혼(異類交婚)의 결말은 비극적인 경우가 많다. 『삼국유사』에 전하는 '김현감호(金現感虎) 설화'가 그렇고 '공주의 곰나루 전설'이 그렇다. 물론 이들은 민담의 범주에 들기 때문에 신화와는 세계관을 달리할 수 있다. 그렇지만 신화적 논리에 입각한다고 하더라도, 이류인 환웅과 웅녀의 혼인이 비극적으로 끝나지 않기 위해서는 여러 가지 장치가 필요하다. 환웅과 웅녀의 변신은 이런 의미에서 필수적이라 할 수 있다. 그렇게 함으로써 환웅과 웅녀의 혼인이 정당화되고, 나아가 인간으로서의 단군의 출생의 토대가 마련될 수 있는 것이다.

이상에서 언급한 바를 요약하면, 단군의 할아버지는 지고신이며, 아버지는 지상에 대한 합법적인 통치권을 가진 지고신의 아들, 어머니는 지상을 대표하는 신성한 존재이다. 그리고 환웅과 웅녀는 신적 존재지만, 정당한 절차를 통해 혼인했고, 그 결과 단군이 탄생했다는 것이다.

4. 단군

단군은 고조선의 시조이다. 그는 중국의 요(堯)와 비슷한 시기에 고조선을 건국하고 평양성을 도읍으로 삼았다.

요는 중국의 전설적 제왕인 만큼 연대를 따지기는 어렵다. 그러나 중국의 기록들은 요를 기원전 2,300년경에 있었던 왕으로 전한다. 기원전 2,300년경이라면, 한국과 그 주변 지역은 신석기 시대에 해당한다. 신석기 시대는 씨족공동체 사회로, 지도자는 있지만 정치권력은 아직 성립되지 않은 사회로 보는 것이 일반적이다. 정치권력은 청동기 시대에 비로소 등장한다는 것이다. 한반도와 그 주변 지역이 청동기 시대로 진입하는 것은 기원전 10세기 이후이다. 그렇다고 할 때 단군과 같은 정치권력자의 출현은 아무래도 청동기 시대, 즉 기원전 10세기 이후로 보는 것이 옳겠다.

평양성을 『삼국유사』에서는 '지금의 서경(西京)'이라고 했다. 고려 시대의 서경은 지금의 평양인 만큼, 고조선의 첫 도읍지는 지금의 평양이 된다. 고조선의 첫 도읍지에 대해서는 같은 『삼국유사』 안에서도 아사달(阿斯達)이란 기록이 있으며, 이를 주석하여 백주(白州)의 백악(白岳) 또는 개성의 동쪽이라고 했다. 또 『제왕운기』에서는 아사달이란 구월산이라 했다. 이를 통해 고려 시대에 이미 고조선의 중심지가 지금의 평안도인지 황해도인지에 대한 논란이 있었음을 짐작할 수 있다.

그러나 조선 후기부터 고조선의 중심지는 만주라는 주장이 제기되었고, 현재는 이것이 오히려 타당한 견해로 받아들여지고 있다. 그것은 만주 지역의 활발한 고고학적 조사에 따른 것인데, 서북한 지역에 비해 요녕(遼寧) 지역의 청동기 문화가 앞선다는 사실에 근거를 두고 있다. 나아가 그것을 구체적으로 요동(遼東)의 해성(海城)·개평(蓋平) 일대로 지목하는 견해가 제시되기도 했다. 개평은 고구려 시대 개모성(蓋牟城)이 있던 곳인데, 위험 부담이 따르는 추정이지만 개모는 우리말의 곰이나 일본어에서 곰을 뜻하는

구마(くま)와 통하는 것 같다. 또 개평의 서남쪽을 요나라 이래로 웅악(熊岳)이라 불렀다는 것도 시사적이다.

그렇다면 단군은 요동 지역의 청동기 문화를 기반으로 고조선을 건국한 것이 된다. 그렇지만 단군이 어떤 과정을 거쳐 조선을 건국했는지에 대해서는 전하는 바가 없다. 예컨대 건국 과정에서 고난을 극복한 영웅적 면모 등에 대한 언급은 없다. 이 점은 『제왕운기』도 마찬가지다. 이것은 물론 기록의 누락일 수도 있다.

그러나 이는 그가 고조선의 군주가 되는 데 영웅적 면모보다 더 강조되는 사항이 있었기 때문이 아닌가 한다. 그것은 단군의 혈통의 신성성이고, 나아가 이에 기초한 단군 자신의 신성성이다. 흔히 단군신화라고 하면서도, 단군에 대한 내용은 별로 없고 혈통에 관한 것이 대부분인 이유도 이 때문 같다.

단군의 치적 역시 별로 전하는 바가 없다. 백악산 아사달로 천도했다가 주나라 무왕이 기자(箕子)를 조선에 봉하자 다시 수도를 장당경(藏唐京)으로 옮겼다는 정도다. 그런데 단군의 재위 기간은 1천5백 년이 훨씬 넘었으며, 고조선의 군주를 마감할 때의 나이도 1,908세였다고 한다. 이것은 평범한 군주로서는 있을 수 없는 일이다. 또 단군의 마지막도 비범하다. 보통 사람처럼 죽음을 맞이한 것이 아니라 아사달로 들어가 산신으로 좌정했다. 단군은 죽음을 초월해 신으로서 영원한 생명을 누린다는 것이다. 단군의 신성성은 그의 이름을 통해서도 표현된다. 단군이란 말뜻에 대해서는 다양한 추론이 있다. '박달 임금'이라는 설, 곰을 시조로 하는 퉁구스족의 영웅 다루가니라는 이름에서 유래했다는 설이 있는가 하면, 원나라 때 라마교 사원의 최고 성직명인 단주(壇主)에서 비롯되었다는 주장도 있다. 그러나 많은 견해들 중, 단군을 'tengri 또는 그 유어(類語)의 사음(寫音)'으로 보는 설이 주목된다. 이에 따르면, 몽고어에서 tengri는 하늘을 의미하는 동시에 배천자(拜天子), 즉 무당을 의미한다. 그렇다면 단군은 하늘과 통할 수 있는 특별한 능력의 소유자란 의미가 된다.

단군의 완전한 이름은 단군왕검(壇君王儉)이다. 이 중 왕검이란 이름은 임금을 연상시키며, 정치적 군장이란 의미를 내포하고 있는 것 같다. 따라서 단군왕검은 정치적 권위와 종교적 권능을 동시에 가진 사제왕 또는 무왕을 의미한다고 하겠다.

여기서 단군왕검이란 한 개인의 이름이라기보다 고조선 군장을 가리키는 일반 명사에 해당한다는 가정이 성립된다. 고조선의 역대 군주는 대대로 단군왕검을 칭했다는 것이다. 그렇다면 고조선의 왕권은 기본적으로 종교적 권위에 의해 세속적 권력 행사가 가능한 신성왕권(神聖王權)이라 할 수 있겠다.

신성왕권의 형태는 여러 가지다. 첫째 정치권력자 자체가 신으로 여겨지는 경우, 둘째 신이 정치권력자의 신체에 깃들여 있으며 그가 죽으면 후계자의 몸으로 들어간다고 여겨지는 경우, 셋째 의례를 주재할 때와 같은 특별한 상황에서만 일시적으로 신의 용기(容器)가 된다고 여겨지는 경우, 넷째 신의 자손으로 여겨지는 경우, 다섯째 신에 의해 선택된 것으로 여겨지는 경우 등이 있다.

이 가운데 고조선은 어떤 경우에 해당할까? 이 문제와 관련해 단서가 될수 있는 것이 단군의 재위 연수가 1천5백 년이 넘는다고 한 점이다. 『제왕운기』에서는 그것을 1,038년이라고 했지만, 1천 년이 넘는다는 점에서는 마찬가지다. 이런 일은 상식적으로 생각하기 어려운 일이다. 그렇지만 두번째 경우라면 설명이 가능하다.

두번째 경우는 왕이 신이나 시조의 혼령의 수육(受肉, incarnation)이란 관념에 기초한다. 예컨대 동아프리카 실루크(Shilluk)족의 왕의 신체에는 나이캉(Nyikang)이란 영웅 시대 지도자의 정령이 내재되어 있으며, 이 나이캉은 왕위 교체가 있을 때마다 새로운 왕의 몸속으로 들어간다고 한다. 그래서 새로운 왕의 즉위 의례에서는 나이캉을 몸속으로 받아들이는 것이 중요한 부분을 구성하고 있다. 또 이집트의 파라오(Pharaoh)는 호루스(Horus)란 태양신이 육화(肉化)한 것이며, 티베트의 달라이 라마는 중생 제도를 위해 관세음보살이 헌신한 것으로 여겨진다. 이상의 사례들은 영적 존재가 왕의 육체를 장악하고 있으며, 왕위 교체 때마다 새로운 육체를 가진다는 믿음의 존재를 보여준다고 할 수 있다.

이런 논리를 고조선에 적용하면, 고조선의 역대 단군은 신성한 시조의 육화로 여겨졌다. 즉 그들은 즉위 의례를 통해 시조의 영(靈)을 받아들였고 이를 바탕으로 신성성을 이어받아 지배권을 행사했다는 것이다. 그러므로 현실세계에서 군장의 육신은 교체가 되풀이되더라도 통치의 주체는 어디까지나 시조 단군이기 때문에, 단군의 재위 기간이 인간 수명의 한계를 넘어 장기간에 걸친 것으로 인식되었을 것이라는 추측이다

단군에게는 부인은 물론 자식도 있었다고 전한다. 『삼국유사』 고구려조에 인용된 『단군기』(壇君記)란 책에 따르면, 단군은 서하 하백(西河河伯)의 딸과 혼인해 부루(夫婁)를 낳았다고 한다. 『제왕운기』도 서하 하백을 비서갑 하백(非西岬河伯)이라 한 것을 제외하고는 같은 내용을 전하고 있다. 이 밖에 『삼국유사』 왕력에서는 고구려 시조 주몽(朱蒙)도 단군의 아들이라 했다. 이런 전승에 대해서는 여러 가지 의문이 제기될 수 있다. 부인의 문제는 접어두고라도, 이 부루와 부여 왕이라 전하는 해부루(解夫婁)의 관계, 주몽의 아버지는 해모수(解慕漱)라는 전승이 있는 점 등이 그것이다. 그렇지만 이상과 같은 전승을 통해 시조 단군의 후손의 존재를 짐작할 수 있고, 나아가 이들이 시조 단군의 육화로서 고조선 사회를 통치했을 것임을 짐작할 수 있다.

지금까지 언급한 바를 요약한다면 다음과 같다. 단군은 고조선의 시조로, 지극히 신성한 존재다. 그런데 그 신성성은 건국 과정에서의 영웅적 행위나 재위 기간의 비범한 치적보다, 신적 존재의 피를 받았으며 초인간적 장수에 의해 뒷받침된다. 고조선의 군장은 비록 육신은 바뀌더라도 신성한

시조 영의 육화로서 통치권을 행사했다는 것이다.

5. 단군신화의 기능

단군신화는 고조선이란 정치적 사회가 어떻게 해서 등장했는가를 설명하는 것이다. 이에 따르면 고조선은 하늘과 땅을 대표하는 지극히 신성한 존재들의 혈통을 이어받은 단군에 의해 성립되었다는 것이다.

단군신화는 이를 설명하기 위해 다양한 신화소들을 동원하는데, 그것은 고조선의 역사와 사회를 엿보게 하는 중요한 단서를 제공해준다.

우선 단군신화는 고조선의 성립 과정을 짐작할 수 있게 한다. 신화에서 개인은 집단을 표상하는 경우가 많으며, 하늘에서 내려왔다는 것은 일반적으로 종족의 이동을 반영한다. 그러므로 환웅의 천강(天降)은 보다 앞선 문화를 가진 종족이 이동했음을 의미한다고 할 수 있다. 또 곰은 토테미즘의 존재, 나아가 토템으로 상징되는 집단의 존재를 시사한다. 그러나 이 집단은 토템을 유지하고 있다는 점에서 후진적인 사회였음을 짐작할 수 있다. 그렇다고 할 때 환웅과 곰이 혼인해 단군을 낳았다는 것은 선진적 이주 세력과 후진적 토착 세력이 연맹을 구성해 고조선을 탄생시켰다는 의미로 해석할 수 있다.

그밖에 또 환웅이 기후 관련 신들을 거느리고 곡식의 문제를 주관했다는 점에서 고조선은 농경 단계로 진입한 사회였음을 짐작할 수 있다. 또 환웅과 기후 신의 상하관계는 고조선이 계급 사회였음을 보여준다고 할 수 있다.

그러나 신화는 과거의 사실을 설명하는 것으로 자신의 소임을 다하는 것이 아니다. 앞서 언급한 바와 같이 현존하는 질서를 정당화하는 데 중요한 기능이 있다. 그렇다고 할 때 단군신화가 정당화하려는 질서는 무엇일까? 그것은 바로 고조선의 정치 권력이다.

정치 권력을 유지하기 위해서는 지배를 정당화할 수 있는 논리를 가져야 한다. 이것이 가능할 때 권력(power)은 권위(authority)를 획득할 수 있으며, 지배층·피지배층을 막론하고 자발적 복종을 이끌어낼 수 있다. 그렇지 못하면 권력은 합법성을 갖지 못하고 폭력에 불과하게 된다.

정당화의 논리는 다양하다. 개인의 카리스마나 인간적 장점일 수도 있고, 전통적 권위의 계승자라는 것일 수도 있으며, 선거를 통해 국민들에게서 권력을 위임받았다는 것일 수도 있다. 이런 의미에서 단군신화는 고조선의 정치 권력을 권위화하는 논리라 할 수 있다. 즉 고조선의 시조가 지극히 신성한 존재이므로 그에 의한 지배가 정당하다는 논리를 제공하는 것이 단군신화라는 것이다.

일반적으로 신화와 의례는 밀접한 관련을 가진다고 한다. 신화의 내용을 연극적으로 재현해서 보여주는 것이 의례이며, 의례의 존재 이유나 과정을 설명해주는 것이 신화이다. 이와 같은 일반론이 단군신화에 적용될 수 있다면, 단군신화는 고조선에서 정기적으로나 비정기적으로 재연되었을 가능성이 크다. 우주의 질서를 갱신하는 신년제(新年祭, new year ceremony)는 전자의 경우에 해당할 것이고, 국가의 질서를 새롭게 정립하는 군장의 즉위식은 후자의 경우를 대표할 것이다. 바로 이런 의례들을 통해 단군신화를 재연함으로써 정치 권력의 유래를 설명함과 동시에, 정치 권력의 정당성을 과시했을 것임은 충분히 짐작할 수 있겠다.

6. 단군 인식의 변천

한국사에 등장하는 국가나 왕조는 하나둘이 아니며, 이들 국가나 왕조에는 각각의 건국 시조가 있다. 그러나 단군은 특별한 의미를 지닌다. 그것은 단군이 최초의 건국 시조로서, 한국사의 출발점에 있기 때문이다. 다시 말해서 단군은 한국인에게 있어 근원이며 근본으로 여겨져왔다는 것이다.

때문에 단군은 국가나 민족의 정체성의 근거로 간주되어왔으며, 국가나 민족의 정체성에 문제가 발생할 경우 단군의 존재가 부각되어왔다. 단군은 역사와 함께 흘러간 존재가 아니라, 현재적·실천적 의미를 지닌 존재로 주목되어왔다.

그러나 단군의 의미는 시대가 처한 상황에 따라 차이가 있다. 우선 고조선 당시에는, 비록 자료는 없지만 건국의 시조로서 신성시되었을 것임은 충분히 짐작할 수 있다. 나아가 국가를 수호하는 신적 존재로 숭배되었을 가능성도 있다.

고조선 멸망 이후 단군의 위상은 상당히 달라졌다고 생각된다. 즉 건국의 시조라는 의미는 퇴색되었을 것이다. 고조선보다 뒤에 등장하는 고대 국가들이 나름대로 건국신화를 가지고 있었으며, 이를 통해 자국의 건국 시조의 신성성을 부각하고 있었음을 생각할 때 이것은 충분히 짐작할 수 있는 사실이다. 대신 옛 고조선 지역인 평안도나 황해도에서 단군은 인간의 길흉화복에 영향을 미치는 신으로 계속 숭배되고 있었던 것 같다.

이와 관련해 주목되는 것이 구월산(九月山) 삼성사(三聖祠: 三聖堂이라고도 함)이다. 삼성사는 단군과 그 할아버지·아버지인 환인·환웅을 모시는 사당으로, 고려 시대의 기록인『제왕운기』에 언급되어 있다. 따라서 삼성사는 고려 시대에 이미 존재했음이 확실하다. 나아가 삼성사 터에서 고구려 시대의 도기가 발견되었다고 하는바, 고구려 시대부터 있었을 가능성도 있다. 그런데 삼성사에서 기우제나 기청제가 거행되었음이 확인되고, 또 괴질(怪疾)의 발생을 삼성사 탓으로 돌리는 일도 있었다. 이것은 삼성사가 민속종교의 성지로, 또 단군은 민속종교의 신격으로 여겨졌음을 반영한다.

이렇듯 고조선의 옛 땅에서 민속종교의 신격으로 신앙되던 단군은 13세기를 전후해 그 의미가 새롭게 부각된다. 단군이 한국사의 출발점이란 인식이 그것이다. 이것은 13세기에 편찬된『삼국유사』와『제왕운기』에서 한결같이 한국사의 기점으로 단군을 내세우는 것으로 미루어 짐작할 수 있다.

이런 변화는 몽골의 침입 때문이라 할 수 있다. 즉 몽골의 침입이라는 미

중유의 사태에 직면해 고려로서는 내부의 결속이 필요했고, 또 이를 뒷받침할 수 있는 논리가 요구되었다. 그런데 고려에서는 고구려 계승의식과 신라 계승의식이 팽팽히 맞서고 있었으며, 이것이 고려 사회의 분열을 조장하는 원인이 되기도 했다. 따라서 삼국 계승의식을 한 차원 높은 데서 통합하고 내부 결속을 다지기 위해 삼국의 뿌리로 단군을 부각시켰다는 것이다.

이후 조선 시대를 통해 단군에서 한국사가 비롯된다는 역사 인식은 확고한 위치를 차지한다. 조선 시대에 편찬된 각종 문헌에서 단군은 한국사의 기점으로 언급되고 있으며, 국가 차원에서 단군은 조선의 시조라는 이름으로 제사 지냈다. 이때 단군은 자주의식의 상징이었다. 그것은 단군이 하늘의 자손으로서 독립적으로 국가를 건설했다는 사실에 기초한다. 나아가 단군은 편발(編髮)·개수(盖首)·군신(君臣)·남녀(男女)·음식(飮食)·의복(衣服)·거처(居處)의 제도를 마련했다고 하여, 문화적 독자성의 상징이기도 했다.

이런 단군 인식은 지역을 초월해, 또 신분을 막론하고 보편화된다. 심지어 도공(陶工)이나 무격(巫覡) 같은, 당시로는 천한 직업에 종사하던 사람들조차 단군에 대한 인식이 확실했다. 예컨대 임진왜란 때 왜군에 끌려간 조선의 도공들이 일본 규슈(九州) 가고시마 현(鹿兒島縣)에 단군신사를 건립해 자신들의 정체성을 유지하고자 한 사실이나, 19세기 무당들이 『무당내력』(巫黨來曆)이나 〈무당성주기도도〉(巫黨城主祈禱圖)를 통해 무속의 연원을 단군에서 구한 사실 등이 그것이다.

이런 바탕 위에서 한말에는 이른바 '단군민족주의'가 등장한다. '단군민족주의'란 단군을 구국의 정신적 기반으로 한 각종 사회운동을 포괄하는 명칭이다. 예컨대 단군에서 시작하는 단기의 사용(1905년), 단군의 건국을 기리는 개천절 기념(1909년), 단군을 신앙하는 종교운동 등이 그것이다.

그러나 한말의 단군 인식과 그 이전의 단군 인식과는 차이가 있다. 한말의 단군 인식은, 단군은 민족의 시조이며, 우리 민족은 단군의 혈손(血孫)이란 것이다. 그러나 이런 인식은 전통적 신분 사회에서는 통용될 수 없다. 국왕에서부터 노비까지가 모두 같은 조상의 후손이란 인식은 신분제 사회에서는 있을 수 없는 일이기 때문이다. 따라서 단군이 민족의 시조라는 인식은 봉건적 신분 질서가 무너지면서 민족이란 개념이 등장하는 상황에서 나올 수 있는 것이라 할 수 있다.

그렇다고 할 때 전통적 단군 인식은 단군을 민족의 시조로 여기는 것이 아니라, 국가의 시조로 받드는 것이다. 군주의 생물학적 조상이 아닌, 이전 왕조의 군주를 정치적 조상(political ancestor)이라 했던 것이다. 그리고 이런 정치적 조상을 받드는 것은 현재의 군주를 역대의 위대한 군주들의 계보 마지막에 둠으로써, 그들의 카리스마적 권위를 현재의 군주에게까지 연장시켜 왕권을 정당화하기 위한 것이다. 따라서 단군은 정치적 조상 중에서도 특별한 존재, 즉 한국이란 국가가 있게 한 존재로 여겨졌다고 하겠다.

국가의 시조로 인식되든, 민족의 시조로 인식되든 간에, 단군은 한국인들에게 정체성의 근거를 제공해주고 민족의 단결을 고취하는 데 크게 기여했다. 그러나 최근에는 단군이 민족 내부의 마찰과 대립을 조장하는 것 같다. 전문 역사학자와 아마추어 역사학자의 대립, 민족 종교와 기독교의 갈등, 남한과 북한의 단군 인식의 차이 등등이 그것이다. 물론 이런 현상은 단군 강조만을 통해 문제 해결이 될 수 없을 만큼 우리 사회가 복잡해졌음을 의미하는 것이기도 하다. 그러나 과거 역사를 돌이켜볼 때 이런 현재의 사태는 안타까운 일이라 하지 않을 수 없다.

참고문헌

· 원자료

『三國遺事』 『帝王韻紀』

· 논문

金貞培,「劍·鏡·玉과 古代의 文化와 社會」,『韓國 古代의 國家 起源과 形成』, 고려대학교 출판부, 1986.

金成煥,『高麗 時代의 檀君 傳承과 認識』, 경인문화사, 2002.

노태돈 편,『단군과 고조선사』, 사계절, 2000.

徐永大,「檀君 關係 文獻 資料 研究」, 윤이흠 편,『檀君 一그 이해와 자료』, 서울대학교 출판부, 1994.

_____,「韓末의 檀君運動과 大倧敎」,『韓國史研究』114, 한국사연구회, 2001.

_____,「檀君神話의 意味와 機能」,『汕耘史學』8, 고려학술문화재단, 1998.

許興植,「雪巖秋鵬의 妙香山誌와 檀君 記事」,『淸溪史學』13, 한국정신문화연구원 청계사학회, 1997.

박진욱 · 안병찬,「구월산의 단군사 터에 대하여」,『조선고고연구』3, 사회과학출판사, 1994.

三品彰英,「神話と文化境域」,『神話と文化史』, 平凡社, 1971.

Mircea Eliade, *Patterns in Comparative Religions*, World publishing, 1963.

Raymond Firth, Pagan Religious Leader, *Rank and Religion in Tikopia*, George Allen & Unwin, 1970.

Bronislaw Malinowski, *Myth in Primitive psychology*(서영대 역,『원시신화론』, 민속원, 1996).

Howard J Wechsler, *Offerings of Jade and Silk*, Yale University Press, 1985.

63인의 역사학자가 쓴 한국사 인물 열전

위만 衛滿

고조선을 고대의 정복 국가로 중흥시킨 왕

송호정 한국교원대학교 역사교육과 교수

1. 위만의 생애

고조선(古朝鮮)의 마지막 시기를 이끌었던 위만(衛滿)의 생몰 연대는 확실
히 알 수 없다. 현존하는 어느 기록에도 그의 출생과 사망에 대한 정보를 제
공하고 있지 않다. 고조선의 마지막 왕 우거(右渠)는 위만의 손자로 나온다.
그리고 우거가 통치하던 시대에는 위만이 등장하지 않는 것으로 보아, 위만
은 이미 그 이전에 아들에게 왕위를 물려주고 사망했던 것으로 보인다.

『사기』(史記) 「조선열전」(朝鮮列傳)에 따르면, 위만은 기원전 194년 무
렵 고조선의 서쪽 변방에서 세력을 키워 준왕(準王)을 몰아내고 새로운 왕
조를 열었다. 위만이 집권한 이후 고조선은 그 손자인 우거왕 때까지 이어
내려오다가 한(漢)나라의 공격을 받아 기원전 108년에 멸망했다. 이것이
위만과 관련된 연대기의 전부이다.

위만의 출생지 또한 정확하지 않다. 『사기』 「조선열전」의 기록을 보면,
위만은 중국 연(燕)나라 사람으로 지금의 북경(北京)에 위치한 연나라 왕

노관(盧綰)의 부관(副官)으로 있다가 고조선에 망명했다고 전한다. 그러나 우리 학계에서는 몇몇 분이 위만의 출신지를 조선 땅으로 보아 조선 사람이라 주장하고 있다.* 그런가 하면 북한 학계에서는 위만이 중국 사람임을 강조하기 위해 사마천(司馬遷)이 위씨(衛氏) 성을 붙였으므로 위만은 그냥 만(滿)이라 불러야 한다고 주장한다.**

도대체 위만은 어떤 인물이기에 그의 국적이 문제가 되고 있는가? 다음은 위만에 관해 비교적 상세하게 서술하고 있는 사마천의 『사기』에 적혀 있는 내용이다.

> 조선왕 위만은 옛날 연나라 사람이다. …… (한나라가 일어난 뒤에) 연왕 노관
> (盧綰)이 (한나라를 배반하고) 흉노(匈奴)로 들어가자 부관으로 있던 위만도
> 망명했다. 무리 천여 명을 모아 북상투에 오랑캐의 복장을 하고 동쪽으로 도
> 망했다. …… 차츰 진번(眞番)과 조선의 오랑캐 및 옛 연(燕)·제(齊) 지역의 망
> 명자를 복속시켜 거느리고 왕이 되었으며, 왕검성에 도읍을 정했다. 그때가
> 마침 혜제(惠帝) 때로 천하가 처음으로 국경 밖의 오랑캐를 지켜 변경을 침략
> 하지 못하게 하는 한편, 오랑캐의 군장(君長)들이 천자(天子)를 뵙고자 하면
> 막지 않도록 했다. 이로써 위만은 군사적 위세와 재물을 얻어 주변 지역을 침
> 략해 항복시키니, 진번과 임둔(臨屯)도 모두 와서 복속(服屬)하여 그 영역이
> 사방 수천 리가 되었다. (『사기』 권115, 「조선열전」 제55)

위의 내용에 따르면, 위만은 연나라 사람으로 한고조(漢高祖)에 의해 연왕(燕王)으로 봉해진 노관이란 인물의 부장(副將)이었다. 그는 여후(呂后) 시기에 노관이 자신의 위험을 깨닫고 흉노로 망명하자, 함께 도망하여 조선으로 들어와 당분간 패수(浿水: 지금의 압록강 또는 청천강) 유역과 왕검성(王儉城: 지금의 평양) 사이의 지역을 중심으로 웅거했다.

패수와 왕검성 사이의 지역은 바로 한반도 서북 지방이다. 서북한 지역에

63인의 역사학자가 쓴 한국사 인물 열전

서는 이미 기원전 4~3세기 전국 시대부터 하북(河北)·산동(山東) 지역의 중국인들이 이주해왔고 기원전 3세기 후반에는 이주민에 의한 정치 세력이 등장했다. 이런 사실은 중국 사료나 고고학 유물에 잘 드러나 있다. 예를 들어 『후한서』(後漢書) 권76 「왕경전」(王景傳)에 따르면, 후한 초기에 낙랑군 출신의 수리가(水利家)로 본국에서 크게 활약하던 왕경(王景)의 8세조인 왕중(王中)이 제왕 유흥거의 반란(기원전 177년)에 연좌될까 두려워 본거지인 산동 지방의 낭야(琅邪)에서 뱃길로 평양 부근의 낙랑 산중으로 흘러들어와 대대로 살았다고 한다. 이런 역사적 움직임을 기반으로 해 기원전 2세기 초에는 이 지방에 독립 정권이 발생하는데, 그것이 바로 요동 방면에서 서북한 지역으로 망명해온 인물에 의해 수립된 위만조선이다.

위만이 세운 위만조선은 고조선사에서 후기에 해당하며, 중앙 왕실은 이미 국가(國家)를 형성했다. 또한 중국에서 철기와 같은 선진 문물을 받아들여 국력을 강화했으며, '상'(相)직을 중심으로 지배체제를 완비하고, 주변 지역에 대한 정복을 통해 사방 1천 리에 이르는 정복 국가를 완성했다.

2. 위만의 역사 무대 등장

기원전 403년 중국은 제후들 간에 토지겸병 전쟁이 더욱 격렬해지는 전국 시대로 들어간다. 이 시기에 고조선과 중국은 '연'세력이 팽창하면서 깊은 관련을 맺는다. 당시 연의 동북부에는 동호(東胡)가 있었고, 그 동쪽에 고조선이 있었다. 이후 '연'은 동호와 고조선을 정벌하기 위한 전쟁을 일으켜 승리하면서 강역이 더욱 늘어났다.

---

* 李丙燾, 「衛氏朝鮮興亡考」, 『韓國古代史研究』, 博英社, 1976, 76~84쪽; 사회과학출판사, 『고조선력사개관』 조선·평양, 1999, 107~108쪽.
** 사회과학출판사, 『조선전사』 2권 고조선 편, 1979; 사회과학출판사, 『고조선력사개관』 조선·평양, 1999, 108쪽.

『사기』「흉노열전」(匈奴列傳)에 따르면, 전국 시대 연나라는 소왕(昭王) 때 전성 시대(기원전 3세기)를 맞아 장수 진개(秦開)를 보내 동호를 격파하였다. 그리고 장성(長城)을 쌓아 조양(지금의 河北省 회래현)에서 양평(지금의 遼寧省 遼陽市 부근)에 이르기까지 다섯 군을 두었다. 연나라는 당시 고조선의 세력하에 있었다고 보이는 요하(遼河) 동쪽에 요동군을 세우고 지금의 요양에까지 장성을 쌓아 북방 민족의 남하를 막으려 했다. 『산해경』(山海經)에는 "조선은 열양(列陽)의 동쪽에 있는데, 바다의 북쪽 산의 남쪽에 있다. 열양은 연에 속했다"고 하였다. 이는 고조선 왕이 관할하는 넓은 지역이 이미 연의 통치 범위에 들어갔음을 말해준다. 한편 『한서』(漢書)에 "연의 동쪽에 어양·우북평·요서·요동 …… 낙랑·현토 또한 마땅히 속한다"는 기록이 있는데, 이는 연의 세력이 이미 한반도 북부에 도달했음을 말한다.

이처럼 위만이 등장하던 시기 전국시대 연(燕) 세력은 이미 요녕 지역에 진출해 장새(障塞)를 쌓고 그 일대를 관장했다. 연이 동호(東胡)와 조선(朝鮮)을 물리치고 쌓은 장새는 요동을 지나 패수에까지 이르렀다.

이후 중국에서 전국 시대의 혼란을 마감한 것은 진나라의 시황제(始皇帝)였다. 기원전 247년 진나라의 왕이 된 그는 다른 여섯 나라, 한(韓)·조(趙)·연(燕)·초(楚)·위(魏)·제(齊)를 차례차례 정복하고 마침내 기원전 222년 중국 땅의 황제가 되었다. 그러나 진나라는 그로부터 겨우 15년 뒤에 새로 일어난 한나라에 무릎을 꿇었다.

위만이 고조선으로 망명한 때는 한고조(漢高祖) 유방(劉邦)이 항우(項羽)를 물리치고 천하를 통일한 직후였다. 통일 후 유방은 휘하의 장군들을 지방의 제후로 임명했는데, 그때 연왕(燕王)에 임명된 노관은 유방과 같은 고향 사람으로, 유씨 성이 아니면서도 제후에 봉해진 몇 안 되는 사람 중 하나였다. 그러나 유방이 정권의 안정을 위해 한신 등의 이성제후(異姓諸侯)를 제거하기 시작하자, 노관은 흉노로 망명해버리고 말았다. 유방은 한나라를 세우는 데 일등 공신이었던 한신(韓信)도 제거해버렸다. 한신은 죽으면서

'토사구팽'(兔死狗烹)이라는 유명한 말을 남겼다. 노관은 유방과 죽마고우라는 점 때문에 연나라 왕 노릇을 했지만 유방이 언제 자신을 내칠지 몰라 걱정했다. 그러던 중 노관은 유방의 지시를 받고 한나라에 맞서 일어난 반역자들을 토벌하면서 반역자들과 짜고 싸움을 오래 끌었다. 이 사실이 탄로나 유방이 노관을 문책하려 하자 그는 군사력이 강력한 흉노로 도망쳤다.*

자신이 모시던 상관이 왕조 교체기의 혼란기에 오랑캐인 흉노 땅으로 달아나자 위만은 독자의 길을 택해 남만주(중국 동북) 지방 가운데 중국 땅과 고조선의 경계 지대에 자신의 세력을 이끌고 거주한다. 당시 중국 연(燕) 세력의 힘이 미치던 지역과 고조선 땅 서쪽 사이의 공백 지대는 진(秦)나라 때까지 '공지'(空地)로 분류되어 관리의 손길이 미치지 않았다. 대개 장새가 설치된 지역에는 사람의 흔적이 별로 없어 실제로는 '공지'였다. 사료에는 "진고공지(秦故空地) 상하장(上下障)"이라 표기되어 있다. 이 지역은 지리적으로 진한(秦漢)과 고조선 사이의 중간 지대였다.

위만이 처음 거주했던 진고공지는 연진(燕秦) 장성이 끝나는 지점의 동쪽 땅이라고 한다. 그렇다면 위만의 처음 거주지를 알기 위해서는 연·진 장성에 대해 살펴볼 필요가 있다. 『사기』에는 위만이 요동 장새를 나와 패수를 건너 진고공지에 살았다고 기록되어 있다. 문헌 기록상 연북 장성은 "조양에서 양평에 이른다"(自造陽至襄平)고 하는데, 오늘날 하북성 회래에서 요녕성 요양 일대를 가리킨다.

요서(遼西) 지역의 경우 연북 장성의 주향은 두 갈래의 흐름이 있다. 한 줄기는 서쪽으로부터 홍화에서 시작해 동쪽으로 고원(沽源)을 지나 다륜·풍령·위장·객라심·적봉·건평·오한·나만·고륜·부신·창무·법고·본계·관전을 지나 용강에서 그친다.** 그보다 밑에 위치하고 있는 다른 한 줄

---

* 『史記』卷115, 「朝鮮列傳」第55. "燕王盧綰反 入匈奴 滿亡命."
** 佟桂臣, 「考古學上漢代及漢代以前的東北疆域」, 『考古學報』56-1, 1956, 29~42쪽; 「吉林省西南部的燕秦漢文化」, 『社會科學戰線』78-3; 李殿福, 「東北境內燕秦長城考」, 『黑龍江文物叢刊』82-1, 1982.

기는 내몽고 자치구 화덕현(化德縣)에서 동쪽으로 향하여 객라심기와 적봉시 남부를 거쳐 노합하를 넘어 요녕성 건평현 북쪽과 내몽고 자치구 오한기 남부를 통과해 요녕성 북표시(北票市)에 들어간다.* 그리하여 남북 장성 사이의 거리는 40~50km에 달한다.

이 두 갈래의 장성 중 분명하게 흔적을 확인할 수 있는 것은 남쪽의 고원에서 북표에 이르는 장성이다. 북쪽에 위치한 또 다른 장성은 대개 오늘날의 의무려산(醫巫閭山)을 넘지 못하고 요하 근방에서는 그 흔적을 찾아볼 수 없다. 중국 학계에서 추단(推斷)하고 있는 연북 장성은 부신(阜新)의 북쪽에서부터 나온 후 창무·법고를 지나 개원(開原)에 이른다. 이후 장새(鄣塞), 즉 요새나 초소 같은 것이 동남쪽으로 무순의 동쪽을 지나 본계의 동쪽을 거쳐 관전의 북쪽에 이르며, 최종적으로는 압록강을 넘어 한반도 북부 용강에 이른다고 한다. 만일 이런 주장이 사실이라면 요하 이동 지역은 본격적인 장성(長城)보다는 전진 기지의 성격을 띤 장새가 설치되었을 가능성이 높다.

『사기』에 보이는 요동 고새(古塞)와 『위략』에 나오는 진고공지(秦故空地) 상하장(上下障)의 장새 또한 이런 점에서 같은 의미라 할 수 있다. 그리고 한대(漢代) 및 한대 이전의 장성과 관련된 요동 지역의 흔적은 주로 천산산맥(千山山脈)이서 지역에서 나오고 있으므로 필자는 천산산맥 일대가 장성의 실질적 동단(東端)이었을 것으로 추측한다.

중국 역사를 통해 볼 때 춘추 시대 전기까지는 일국의 지배권이 미치는 들판의 끝에는 산림 계곡 등 천연의 경계를 이용한 봉강(封疆)이 타국과의 경계로 설정되었다. 그러나 그때는 속읍에 대한 영유권만을 확보할 뿐 아직 영토 의식은 뚜렷하지 않았다. 따라서 관새(關塞)를 수어(守禦)하지 않았을 뿐 아니라 심지어 일국의 속읍이 타국을 초월해 존재할 정도로 국경 개념이 명확하지 않았다. 따라서 국과 국 사이에는 어느 쪽에도 속하지 않는 일종의 지배의 공백 지대가 존재했고, 이 같은 극지가 읍을 이탈한 소농민에 의해 개발되어 취락이 형성되면서 그에 대한 영유권을 둘러싸고 국가 간에 분쟁이 일어나기도 했다.** 아마 고조선 사회에서도 위만이 집권하는 단계처럼 국가체제를 갖추기 이전에는 '진고공지'와 같은 일종의 공백 지대가 문화적 점이 지대로 존재했던 것 같다. 이곳은 일정 영역의 개념에 의해 지배되지 않는 자유로운 일반인의 거주가 가능한 곳으로, 역사상 다른 국가의 주민들이나 유망민(流忘民)이 자유롭게 거주하면서 세력을 키웠다고 보인다.

위만의 초기 거주 지역은 대체로 전국 시대 장성이 끝나는 천산산맥 동쪽에서 청천강 일대에 이르는 너른 지역을 포괄했다고 보인다. 바로 이 지역에 기원전 2세기 말경 '위만'이 들어와 살면서 이른바 '위만조선'을 세우게 되었다.

위만은 압록강 유역 일대에서 청천강 유역에 살고 있던 유이민과 토착민을 포섭해 세력을 키워갔다. 그리고 이 과정에서 고조선 예맥계(濊貊系) 토착민이나 연·제에서 온 망명자를 복속시키고 남방으로 진출해 왕검성을 근거지로 나라를 세웠다.

따라서 위만이 왕위를 차지할 때 통합하였던 집단을 두고 사서에서 '전(前) 시대의 망명자'라고 말하는 것은, 전국 시대 연(燕)이 이 방면을 위압하고 있던 시대의 이인(吏人)이나 이주자를 포함한 것이라 해도 틀림없을 것이다. 진이 서북한의 직접 지배를 멈추자 그들은 스스로 정치 세력을 형성해 지키고, 더 나아가 토착민에 대해서도 지배의 손길을 뻗쳤다고 생각한다.

진고공지 지역에 망명한 위만은 준왕의 신임과 총애를 받아 박사(博士)직에 임명되고 백 리의 땅을 받아 고조선의 서쪽을 수비하는 임무까지 맡게 되었다. 아마도 이때 위만은 '진고공지'에 거주하는 중국 유망민 세력을 통

---

* 鄭紹宗,「河北省戰國秦漢時期古長城和城鄣遺址」,『中國長城遺蹟調査報告集』, 1981, 36쪽; 項春松,「昭烏達盟燕秦漢長城遺址調查報告」,『中國長城遺蹟調查報告集』, 1981, 6쪽.
** 李成九,「春秋戰國 時代의 國家와 社會」,『講座中國史』I, 서울大學校 東洋史學研究室 編, 1989, 96쪽; 增淵龍夫,「春秋戰國時代の社會と國家」,『世界歷史』4, 고대4, 1970, 168~179쪽.

솔하는 책임을 부여받은 듯하다. 위만은 차츰 유이민을 끌어모아 세력을 키웠고, 기원전 194년경(한의 여후 시기: 기원전 194~180년)에 한이 침공해오자 수도를 방어해야 한다는 구실을 내세워 군사를 이끌고 들어와 정권을 탈취했다. 위만은 준왕에게 한나라의 군대가 열 군데로 나뉘어 쳐들어온다고 거짓 보고를 했다. 그리고는 자신이 고조선의 도성인 왕검성을 지키는 데 힘이 되고 싶다면서 군대를 이끌고 도성으로 들어갈 수 있도록 왕의 허락을 받아낸 뒤 왕검성을 차지해버렸다. 이렇게 해서 위만이 이끄는 새로운 고조선 왕조가 탄생했다.

왕위를 빼앗긴 준왕은 할 수 없이 자신을 따르는 신하들과 일부 백성을 데리고 한강 이남으로 내려갔다. 그리고 그곳에 정착해 한왕(韓王)이라 칭했다. 이제 '한'(韓)이라는 종족 이름과 나라 이름을 사용하며 삼한 시대를 새로이 열었다. 우리 역사에서 한 왕조는 준왕이 그 문을 연 것이다.

3. 위만과 위만조선

위만이 이주민이나 토착민을 세력하에 두고 위만조선을 세웠던 시기는 전한(前漢) 혜제 때, 즉 기원전 190년대의 일이다. 위만과 그 자손은 평양을 중심으로 하는 한반도 서북 지방만이 아니고 남방이나 동방으로 세력을 확장해 진번과 임둔도 지배하에 두었다. 그리고 그 이북에 위치한 동옥저(東沃沮)도 한때 고조선 세력의 지배를 받았다. 이처럼 후기 고조선은 주변 지역에 대한 정복을 통해 지배체제를 확립한 후, 지배권하의 여러 부족이나 진번 곁에 위치했다는 중국(衆國: 辰國) 등이 요동 지역의 중국 군현에 직접 조공하고 교역하는 것을 금했다.*

위만조선의 이런 태도는 무엇보다 자국의 실력에 의지했겠지만, 한편으로는 당시 북아시아에서 강대한 정치 세력을 형성했던 흉노 제국과 연결될 수 있는 가능성이 또 하나의 힘으로 작용했다고도 볼 수 있다. 이런 자신감을 바탕으로 위만조선은 수도인 왕검성을 중심으로 한 독자적인 문화도 탄생시켰다. 토광묘(土壙墓)에 이어 목곽묘(木槨墓)를 조영하고, 고조선만의 독특한 한국식 동검 문화(韓國式銅劍文化)를 창조한 것이 그것이다.

한편 위만조선의 지배층에는 이주해온 중국인이 많았다. 따라서 그들은 중국 계통의 문화를 유지하면서 발전시켰으리라 생각된다. 그러나 서북한 지역은 중국 본토에서 멀리 떨어져 있고, 더욱이 전국 시대 문화 또는 진·한 초의 문화는 중국 본국 문화에서 벗어나 자립적인 발전을 시작해 뒷날 독자적인 지역 문화를 형성하게 되었다. 이제 토착민 사이에서도 선진 문명 사회와의 접촉에 의해 새로운 문화를 누리게 되었고, 계급 사회가 성립했다. 이런 변화와 발전은 남만주에서 서북한에 걸쳐 새로운 단계의 무덤인 토광묘가 집중 발견되는 것에서도 알 수 있다. 이들 토광묘는 분명 토착민 유력자들이나 그 가족의 분묘일 것이라 생각된다.**

그렇다면 기원전 2세기에 등장한 위만조선은 어떠한 나라였을까? 준왕을 몰아내고 왕위를 빼앗았으니 고조선과 다른 새로운 왕조로 봐야 할까, 아니면 고조선 왕조를 계승한 나라로 다루어야 할까?

정권을 차지한 위만은 새로운 왕조를 유지하기 위해 중국에서 흘러들어온 세력과 토착 고조선 사람들 모두를 관리로 임명해, 두 세력 사이에 있을 수 있는 갈등과 대립을 줄이고 정치의 안정을 꾀했다. 그리고 중국의 철기 문화를 재빨리 받아들여 군사력을 키웠다.

당시 중국이 한나라로 통일되어 안정을 되찾아가자, 위만은 주변 종족들이 중국의 국경을 침범하지 못하게 하고 또 중국과 교통하는 것은 막지 않는다는 조건으로 한나라와 화평한 관계를 맺었다. 한나라도 위만조선을 우리 겨레의 땅을 대표하는 나라로 인정해 외신(外臣)이라는 권위를 부여하

---

* 『史記』卷115, 「朝鮮列傳」第55. "眞番旁衆國欲上書見天子 又擁閼不通."
** 宋鎬晸, 「古朝鮮 國家 形成 過程 硏究」, 서울대학교 박사학위 논문, 1988, 201～208쪽.

고 물자를 지원하겠다고 약속했다.

덕분에 위만조선은 중국에서 흘러들어온 사람들과 함께 전래된 중국 문물을 수용하고, 한나라의 위세와 물자 지원을 활용해 군사력을 키웠다. 게다가 한반도 남부에 생겨난 여러 작은 나라가 한나라와 교역하는 것을 통제하면서 중간에서 중계 무역을 해 많은 이익을 챙겼다. 이윽고 더욱 강해진 힘을 바탕으로 이웃한 동옥저와 임둔, 진번 같은 부족 집단을 정복해 사방 1천 리에 이르는 영토를 가진 정복 국가가 되었다.*

위만조선은 준왕이 통치하던 때에 지방의 족장이었던 사람들을 중앙에 끌어들여 '상'(相)이라는 관직을 주고 나랏일을 의논하도록 했다. 왕이라고 해서 모든 일을 마음대로 하지 않고 각 지방의 일은 어느 정도 그 지방 사회에서 알아서 하도록 권한을 주었으며, 나라 전체에 관한 일은 '상'과 '장군'들이 모인 귀족 회의에서 결정했다.** 고조선의 지방 족장이었던 역계경(歷谿卿)이라는 인물은 왕이 자기 말을 듣지 않자 자신이 거느린 부족 사람들을 모두 데리고 이웃 나라로 떠나기도 했다.

이렇기 때문에 준왕에서 위만으로 왕의 지위가 자연스럽게 이어지지는 않았지만 고조선이라는 나라의 틀 안에서 일어난 변화라고 볼 수 있을 것이다. 곧 위만조선은 준왕의 고조선 왕조를 계승한 나라라고 할 수 있다.

4. 위만의 위만조선 경영

중국 동북 지방에서 계속 흘러들어온 유이민과 그들을 포섭해 세력을 키웠던 위만이 새로운 왕조를 개창했을 때, 과연 그들은 어떤 형태로 고조선 사회 안에 위치하고 있었을까? 과연 유이민 세력들은 조선에 들어와서도 계속 그들의 독자적인 정체성을 지니면서 하나의 종족적 범주로 존재했을까?

왕겹·한음(韓陰)·노인(路人)과 같은 인물들은 각각 위만조선 내의 세력자였음에 틀림이 없다. 이들 중 왕씨와 한씨의 경우는 위만조선이 멸망한 뒤에도 계속해서 지방의 호족으로서 힘을 가지고 있었음이 확인된다. 이는 한씨를 칭하는 명문이 새겨진 전(塼)이 황해도 지역에서 여러 개 발견되었고, 낙랑태수 왕준(王遵)이나 대방태수 왕기(王頎)의 존재로도 알 수 있다. 또 고조선 후기 단계의 무덤인 목곽묘가 한 군현의 낙랑 시대에도 그대로 이어지고 있는 점도 그 방증(傍證)자료다.

그렇다면 이들은 토착 고조선인들과 어떤 관계였을까? 이 점은 후기 고조선의 국가적 발전 과정을 보면 쉽게 알 수 있다. 앞서 얘기했듯이 위만과 그를 따라온 1천여 명의 유이민은 이미 중국적 세계 질서를 거부한 세력으로, 고조선이라는 체제 안에 흡수되어 국가 발전의 원동력으로 작용하고 있었다.

고조선 후기 단계의 정치 구조는 토착 고조선계 주민 집단과 중국 유이민계 집단이 함께 참여해 국가를 운영해 나가던 형태였다. 다만 기원전 3~2세기 고조선의 토착민들 사이에는 이미 상당히 커다란 권력을 가진 족장 또는 수장이 있었던 것 같다. 이는 서북한 지역에 지배자의 무덤인 토광묘가 군집해 있고 한국식 동검 문화가 발달해 있는 것에서 추측할 수 있다. 게다가 중국인 이주민 가운데는 권력자의 수가 그다지 많지 않았다고 생각되기 때문에 이주민 집단이 토착민 사회를 전면적으로 압도해갔다고는 볼 수 없다. 위만조선은 단순한 식민지 정권이 아니고 보다 복잡한 구성을 하고 있었다고 보지 않으면 안 된다.

고조선의 관료인 '니계상'(泥谿相) 참(參)을 예로 들어보겠다. 니계상에서 '니계'(泥谿)가 무엇을 뜻하는지는 분명치 않지만 중국의 지명이 아닌 것만은 분명하다. 혹자는 '니계'가 나중에 '예'(濊)로 불렸다고 보기도 한다. 따라서 이것은 분명 한어(漢語)가 아닌 토착어를 한자로 쓴 것이라 보아

* 『史記』卷115, 「朝鮮列傳」 第55. "滿得兵威財物侵降其旁小邑 眞番臨屯皆來服屬 方數千里."
** 宋鎬晸, 「古朝鮮 國家 形成 過程 硏究」, 서울대학교 박사학위 논문, 1988, 237~239쪽.

도 틀림없을 것이다. 즉, 니계상 참은 토착어의 형용사를 관칭(官稱)한 토착민이라고 볼 수 있다. 그가 다른 상과 달리 특별히 출신명을 관칭하고 있는 것은 출신 지역에 기반을 두고 중앙 정계의 고위 관료로 활동하고 있음을 말해준다고 생각한다. 반대로 관칭하지 않은 관료, 즉 그냥 '상'(相)이라고만 칭하는 관료의 경우, 그들은 앞서 추론했듯이 지역 사회와 연관이 없거나 이미 연관을 떠난 인물이라고 생각할 수 있다.

이때 '니계'는 고조선 내에 속한 하나의 읍락집단으로 보는 것이 합리적이다. 이를 문헌에서 소읍(小邑)*이라 표기했다고 생각한다. 여기서 소읍은 바로 소국(小國)을 의미하는 것이다. 이것만 보아도 고조선 후기 단계의 지배체제는 읍락집단이나 속국의 존재를 인정하고, 그것의 일부를 포함해 완만하게 맺어진 형태의 연맹적 국가를 운영했다고 볼 수 있다.

우거가 망하기 전에 우거와 뜻이 맞지 않아 남방 진국으로 옮겨간 역계경에 관한 것으로 "조선상 역계경 2천여 호"(朝鮮相歷谿卿二千餘戶)라는 『위략』의 기록을 보았다. 1호당 5명으로 잡을 경우 2천 호는 1만 명에 해당하는 숫자로 꽤 큰 소국 인구에 해당한다. 역계경 1인을 따라간 사람이 이정도에 이르는 것으로 보아 역계경은 토착 사회의 우두머리로 판단된다. 그리고 이 기록은 한 소국이나 대읍락의 주민들이 그 우두머리를 따라 이주한 것을 말한다.

당시 상황에서 종족적 유대가 없이는 역계경의 사례와 같은 대이동은 거의 불가능했을 것이다. 결국 이들 각 지역집단의 우두머리가 조선의 상이 된 것은 후기 고조선, 즉 위만조선이 왕 위만을 포함해 한족(漢族) 유이민을 하나의 단위로 한 집단과 토착 사회 여러 읍락집단들의 연맹적 구성으로 이루어졌기 때문임을 추측할 수 있다. 다시 말해 대동강 유역에서는 위만 이전부터 정치력이 성장해 하나의 우세한 지역집단이 영도 세력으로 등장하는 소국(소읍) 연맹이 형성되었다고 생각되며, 이런 토착 사회의 기반 위에 한족의 유이민이 이주하면서 위만왕조를 수립했다고 보인다.

이처럼 여러 지역집단들과 계층으로 분열되어 있던 고조선은 계속되는 중국의 동진 세력과 대립관계가 조성되면서 점차 국왕을 정점으로 전지역을 포괄하는 지배체제가 정비되었고 중앙정부의 통제력이 강화되어갔다. 왕권이 부왕에서 준왕으로 계승**되는 것을 볼 때 왕위 계승이 비교적 안정적이었다고 할 수 있다. 준왕이 위만에게 고조선 서쪽 지역에 대한 통치를 맡기고 박사 직위를 내린 것을 보면 대외적으로도 일정한 집권력이 있었다고 보인다.

위만은 왕조를 개창한 후 요동태수를 통해 한에 형식적으로는 조공을 바치되 실제로는 자주국으로서의 지위를 인정받는 이른바 '외신'(外臣)의 관계를 맺었다. 『사기』「조선열전」 기록에 따르면 위만은 주변 만이족이 중국 변경을 침입하는 것을 방어하는 책임을 맡았고, 만이 군장이 입견천자(入見天子)하는 것을 막지 않는다는 조건 아래 한의 외신(外臣)으로 봉해지고 한에서 무기를 공급받았던 것 같다.*** 그리고 이를 바탕으로 진번, 임둔 같은 세력을 복속시키고 있다. 이는 위씨조선의 지배자 집단이 이미 한의 철제 무기를 세력 팽창의 배경으로 삼고 있었다는 것을 뜻한다.

당시의 중국적 질서에서 볼 때 이 '외신'이란 '내신'(內臣)과 대칭되는 개념으로, 비록 형식상·명분상으로는 한 황제의 덕화(德化)를 입는다 해도 일반 공법의 제정은 물론 문화·관습 전반에 걸쳐 독자의 특색을 갖는 것이었다. 위만은 이런 관계를 맺는 대가로 우세한 병기와 재물을 얻어내 주위의 소국의 정복에 나섰다. 그 결과 진번이나 동해안 일대의 임둔 같은 여러 소국을 모두 복속시켜 사방 1천여 리에 이르는 땅을 통치하게 되었다.****

---

* 『史記』卷115, 「朝鮮列傳」第55. "以故滿得兵威財物 侵降其旁小邑 眞番 臨屯 皆來服屬 方數千里."
** 『三國志』卷30, 「魏書東夷傳」. "時朝鮮王否立 畏秦襲之 略服屬秦 不肯朝會 否死 其子準立."
*** 『사기』에 위만이 한의 外臣이 되어 공급받았다고 하는 兵威財物은 공식적인 관계를 통한 교역품을 의미하며, 그 중 兵威는 철제 무기를 가리킨다고 보아도 무방할 듯하다.
**** 『史記』卷115, 「朝鮮列傳」第55. "滿得兵威財物侵降其旁小邑 眞番臨屯皆來服屬 方數千里."

그동안 서북한 지역에서 요동 지역에 걸쳐 느슨하게 맺어졌던 초기 조선 중심의 연맹체는 압록강 유역을 북쪽 경계로 해 동으로는 동해안까지, 남으로는 황해도에 이르는 지역에 걸쳐 새로운 연맹체를 형성하며 집권력과 통치력을 강화해 나갔다.

그러나 손자 우거대에 이르면 이미 한과 공식적인 외교관계는 지속되지 않는데, 이것은 그간의 달라진 사정을 잘 말해준다. 이는 중간 무역의 이익을 독점하고자 하는 경제적이고 실리적인 이해관계에 따른 거부였으며 이런 관계 거부 결정은 철제 무기의 제작 기술을 습득했고, 기술 또한 일정 수준에 도달했기에 가능했을 것이다. 즉 기원전 2세기 후반 위만조선은 강철 제작 기술을 습득함으로써 철제 무기를 독자적으로 제작했으리란 추정이 가능하다. 철기 기술 개발의 계기나 철기의 구체적인 성분·성능의 차이 등에 관한 것은 알 수 없으나, 위만조선의 지배 집단은 한의 철기와 형태가 비슷한 철검, 철부, 철모 같은 철기를 소유할 수 있었을 것이다.* 시간이 지남에 따라 위만조선의 철기 문화는 발전되었다. 그리고 위만조선은 중국에서 받은 '병위재물' 등을 바탕으로 많은 철제 농기구와 무기를 만들어 생산력을 제고하고 군사력 증강을 통해 주변 소국에 대한 '무력 정복'을 수행해갔다.

고조선은 이웃한 진번·임둔·동옥저 등지에서 나오는 풍부한 물자를 확보하고 그것을 바탕으로 사회를 유지했다. 또한 철기 문화를 바탕으로 국가적 성장 과정에서 주변 세력을 복속시키고 속민 집단으로 편제해 안정된 수취 기반을 확대해가는 데 주력했다. 한문제(漢文帝) 초에 장군 진무 등이 조선과 남월(南越)이 병력을 갖추고 중국을 엿보고 있으니 이를 치자고 요청한 기록**이 있는 것으로 보아, 이 당시 위만조선이 발달된 철기 문화와 철제 무기를 바탕으로 한반도 서북 지방에서 요동 방면으로 진출을 꾀한 것이 아닌가 짐작된다.

고조선은 주변 지역을 정복하여 그 지역의 수장을 통해 지역을 통제하고 물자를 공납받아 정치적 통합을 유지하는 물질적 자료로 활용했다. 따라서 고조선 사회의 정치적 통합 규모는 공납과 고조선에서 내려주는 사여·증여 형식을 통해 규정되었을 것이다. 그렇다고 볼 때 사방 1천 리 영역 내에 있는 여러 소국들을 통제하고 그 소국들이 중국과 하던 무역을 독점함으로써 고조선 왕실의 왕권이나 지배력을 강화할 수 있었다. 이러한 사실은 당시 이미 고조선 왕실의 권한이 어느 정도 확립되었음을 보여준다.

기원전 107년 고조선은 한무제(漢武帝)가 보낸 군대에 의해 결국 멸망하고 말았다. 한무제는 무엇 때문에 고조선과 전쟁을 하고 그를 자신의 지배하에 두려고 했을까? 고조선은 주변 소국들이 중국과 교류하는 것을 통제·독점함으로써 부를 쌓고 국력을 강화해갔다. 고조선의 왕은 중간 무역의 이익을 독점하기 위해 한강 이남에 있는 진국(辰國) 등 여러 나라가 한과 직접 통교하는 것을 금지했다. 이런 고조선의 행태는 한 정부와 위만 간에 맺은 이른바 '외신'의 규정에 어긋나는 것이었고, 이것이 한을 자극했다. 따라서 한무제 이후, 조선과 한의 충돌은 조선 왕조가 중국의 정책대로 움직이지 않고 독자적 성장을 지속하는 한 필연적으로 일어날 수밖에 없는 사건이었다.

5. 위만과 위만조신에 대한 연구 성과

보통 '위만조선'이라는 용어는 위만이 집권한 이후 고조선이 멸망할 때까지, 위씨 왕실 때의 고조선을 가리킨다. 이 시기는 고조선의 역사상 가장 융성했던 시기이다. 그렇다면 위만은 고조선을 새롭게 중흥시킨 인물로 이해하는 것이 자연스러울 것이다. 그런데 위만의 출신(국적)을 놓고 일찍이 다른 이해가 있어 한국사의 시작과 관련해 논란이 있어 왔다.

---

* 철제 무기가 일반화되는 것은 한대에 들어오고 난 이후이며, 이는 漢 정부의 관리하에 있었기 때문에 쉽게 소유할 수 없었을 것이다. 부분적으로 철제 무기를 제작하거나 소유했을 가능성은 있으나 이는 효용도가 낮은 전국계 철기였을 것으로 추정된다. 李賢惠, 『三韓社會 形成 過程 研究』, 一潮閣, 1984, 65~66쪽.
** 『史記』 卷25, 「律書」 第3. "將軍陳武等議曰 '南越朝鮮 自全秦時內屬爲臣子 後且擁兵阻阨 選蠕觀望'."

'위만'에 대한 논의는 후기 고조선, 이른바 위만조선의 국가적 성격을 논하면서 위만의 출자(出自) 문제가 많이 이야기되었다. 만일 위만이 중국 인이라면 바로 한국사의 시발이 중국의 식민 정권으로부터 시작하는 타율적인 역사를 말하는 것이 되고, 위만이 조선인이라면 '조선인에 의한 자율적인 역사'가 고조선 시기 내내 지속되었다고 할 수 있을 것이다.

그런데 『사기』 「조선열전」에 따르면 위만은 "연인"(燕人)이 분명하므로* 중국인임은 의심의 여지가 없다. 그러나 그가 연나라를 떠나 조선 변방에서 세력을 키워 이른바 기자조선을 이었다는 점 때문에 출자 문제에 대한 논란이 일었던 것이다.

위만의 출자 문제와 관련해서는 두 가지 입장이 있는데, 하나는 건국자인 위만의 출자를 조선인으로 보아 위만조선을 토착인 정권으로 파악하는 입장이다.** 다른 하나는 위만을 중국인으로 보아 위만조선을 중국인 이주자들에 의해 수립된 식민지 정권으로 이해하는 입장이다.*** 언뜻 보아 두 견해는 다른 듯 보이지만 건국자의 종족적(種族的) 출자(出自)만으로 국가의 성격을 논증하려 한 점은 같다. 전자에 대해서는 논리 이전에 당위성이 전제된 것이라는 점, 그리고 논리가 취약하다는 점이 비판되었다. 이에 반해 후자는 매우 주목되고 있다.

후자의 논자인 미가미 쓰기오(三上次男)는 위만의 출자를 『사기』 「조선열전」의 기록대로 중국인(燕人)으로 보고, 위만조선을 식민지 국가로 규정했다. 그러면서도 위만조선의 지배층을 설명하면서는 한반도 서북 지구에 존속한 지석묘에 유의해 이주 중국인과 토착민 호족이 연합했을 것이라고 하였다. 정권의 중핵(中核)은 이주 중국인이었지만 토착 호족과의 타협하에 정권이 유지되었다는 것이다.

이런 인식은 기본적으로 타당하다. 다만 위만조선을 식민지 국가로 규정한 것은 위만을 조선계로 보고 위만조선의 성격을 토착인 정권으로 보는 시각과 동일한 오류를 범하고 있다 하겠다. 이러한 주장의 배경과 저의는 따로 있었다. 위만이 중국인이라는 점은 식민사관에 입각해 조선사를 서술하는 데 안성맞춤이어서 그들은 이를 적극적으로 이용했던 것이다. '단군조선'을 조작된 신화의 시대로 치부해버리고, 중국의 식민 정권인 위만조선·한사군을 한국사의 시작으로 서술했던 것이다. 그리고 위만 정권을 '식민지 정권'으로 불렀다.

물론 중국과의 연관 속에서 고조선의 성격을 규정지을 때 위만의 출자 문제는 크게 작용할 수 있다. 왜냐하면 토착민 출신이냐 이주해온 중국인이냐에 따라 그 성격과 식민지성 등이 달라질 수 있기 때문이다. 그러나 종족적 출자만으로 국가의 성격이나 식민지 여부를 논단하는 것은 단순한 논리이다. 그러므로 고조선의 국가적 성격을 알아보기 위해서는 새로운 각도에서의 검토가 요구된다 하겠다. 즉 위만이 정권을 잡은 이후의 국가 운영 방식과 위만조선의 사회 성격이 이전의 고조선과 어떻게 다르고 또 어떻게 연계되는지에 대한 연구가 필요하다.

후기 고조선의 지배세력이 유이민과 토착인 간의 타협·연합에 의해 수립된 정권이라는 점은 누구나 인정하고 있다. 이에 대해서는 위만조선의 권력 구조를 중국계와 토착인 간의 연합 형태로 파악한 김한규의 연구를 먼저 들 수 있다.[****] 이 입장이 미가미 쓰기오의 설과 다른 점은 문헌상에 보이는 '조선상'(朝鮮相)에 유의해 토착 세력으로 '상'(相)직을 설정했다는 것이다. 김한규는 위만조선의 성격을 '중국계 왕권'과 '토착계 상권'이 결합한 형태로 이해했다. 그러나 왕권과 상권의 관계나 유이민 세력으로서의 왕권의 실체 등의 문제는 여전히 의문으로 남아 있다.

---

* 『史記』卷115,「朝鮮列傳」第55. "朝鮮王滿者 故燕人也."
** 李丙燾,「衛氏朝鮮興亡考」,『韓國古代史研究』, 博英社, 1976, 76~84쪽.
*** 三上次男,「古代の西北朝鮮と衛氏朝鮮國家の政治·社會的 性格」,『古代東北アジア史研究』, 1966, 7~11쪽.
**** 金翰奎,「衛滿朝鮮 關係 中國側 史料에 대한 再檢討」,『釜山女大論文集』8, 1980;『古代 中國的 世界 秩序 研究』, 一潮閣, 1982.

이와 거의 비슷한 견해가 권오중에 의해 제기되었다. 그는 낙랑군 성립의 기반으로 고조선의 국가적 성격을 검토하면서, 먼저 건국자인 위만에 관해 주목했다. 그리하여 문헌 사료대로 위만을 중국계로 보았으나, 다만 위만이 중국에서 조선에 도래할 때의 상태가 중국에 흡수될 수 없는 임협(任俠)집단과 같은 상태로 중국을 이탈한 정치적 망명자였다고 보았다.* 즉 위만은 중국적 질서에 흡수되기를 거부한 일종의 임협집단 같은 존재였고, 따라서 고조선은 중국계 망명인을 수반으로 하며 망명인들이 중추적 역할을 담당한 정권이었다는 것이다. 이 견해는 위만이 고조선으로 이주할 당시의 상황을 좀더 자세히 파악한 점 외에는 김한규의 견해와 비슷한데, 다만 위만조선이 유이민과 토착인의 연합 정권이기는 하나 유이민이 중심이 된 정권임을 강조하고 있다.

고조선의 준왕이 위만을 신임하여 박사라는 관직에 임명하고 고조선의 서쪽 지방을 방어하게 한 것이나, 그가 정권을 빼앗은 뒤에 국호를 전과 같이 '조선'이라 한 이유는 무엇일까? 이는 비록 위만이 연나라의 유이민이었지만 조선의 토착민과 함께 성장하면서 토착화한 인물이었고 정치 구조상 유이민과 토착민의 연합 정권적 성격을 지녔기 때문이다. 우리가 준왕의 왕조에 이어 위만의 왕조도 고조선에 포함시키는 것은 이런 까닭에서이다.

그렇다면 위만이 '중국인'인가 '조선인'인가 하는 점은 어떤 의미가 있는가? 과연 그가 '중국인'이라면 고조선 말기의 역사는 중국사가 되어야 하는가? 위만의 출신지인 연나라는 중국사의 영역에 포함되고 있는 지역이다. 그렇다고 해서 '위만조선'을 중국사에 편입시켜야 한다고 하면 이 역시 몰역사적인 주장일 것이다.

더구나 당시 남만주 지역의 상황은 망명인의 '국적'을 따질 수도 없을 뿐 아니라, 한국사와 중국사의 지역적 경계조차 아직 뚜렷하지 않은 상태였다. '국적'을 따지고 '국경'을 따지는 것은 오늘날 우리들의 생각일 뿐이지, 당시에는 이런 구분이 모호했고 굳이 따질 필요도 없었다.

이상의 견해에서 도출되는 공통의 문제점은 위만조선의 성격 문제를 너무 위만의 출자(出自)에만 집착해 해결하려 한다는 점이다. 그 과정에선 위만이 망명인이라는 것이 부각될 수밖에 없었다. 그러나 위만조선의 국가적 성격은 바로 위만왕조의 정치적 구조가 어떠했느냐를 밝히는 데에서 파악할 수 있다. 물론 지방 사회 일반인의 구체적 생활 모습을 담은 자료가 있다면 위만조선의 사회 성격에 대한 더 명확한 서술이 가능할 것이다. 그러나 정치사와 관련된 단편 자료만이 남아있는 현 상황에서는 당시의 정치 구조를 복원하는 것이 최선의 방법이라 할 수 있다.

최근 위만조선의 관명(官名)을 중심으로 정치 구조를 새롭게 고찰한 성과가 제시되었다. 관명을 분석한 결과, 종래의 견해처럼 위만조선은 고조선계 집단과 유이민계 집단이 함께 참여하여 운영해 나갔던 연합 형태의 국가였다는 것이다.** 특히 위만이 조선에 올 때 조선 옷을 입었으며 집권 후에도 계속 국호를 조선이라 한 점과, 기원전 3세기 이래 평양 지역 토광묘 유적의 문화 성격이 연속성을 보이는 것 등에서 위만왕조는 고조선 사회에 바탕을 두고 독자적으로 발전을 추구해 나갔다고 보았다.

이 주장은 전체적으로 고조선사의 왕조별 해석 대신 각 단계의 사회 구조를 비교·분석해 각 단계의 연속성과 단절성을 파악하려 한 점에서 주목된다. 위만조선의 경우는 이전 준왕까지의 고조선 정치 구조가 그대로 계승된다는 측면에서 식민지 정권이 아니고 고조선사의 연속선상에서 이해해야 한다는 주장은 매우 합리적이라 생각한다.

* 權五重, 『樂浪郡 硏究』, 一潮閣, 1992, 20~26쪽.
** 盧泰敦, 「古朝鮮의 變遷」, 『檀君』, 서울대학교 출판부, 1994, 41~42쪽; 「위만조선의 政治 構造」, 『古朝鮮史와 檀君』, 高麗學術文化財團, 1996, 95~107쪽.

6. 향후 연구 방향

그동안 위만에 관해서는 주로 그 출신 지역을 놓고 고조선사, 나아가 한국 고대사에 포함시켜야 되는지 하는 문제가 논의되어왔다. 그러나 이제는 위만의 출신과 관련해 새로운 시각의 접근이 필요하다.

'위만조선'의 성립과 관련해 더욱 중요한 것은 위만의 출신이 어디인가 하는 점이 아니라, 위만 집권 시기 고조선의 사회 성격이 어떠했으며 이전 사회와 어떤 차이가 있는가 하는 점이다. 이 점이 밝혀지면 위만의 성격도 자연히 밝혀질 것이기 때문이다. 이때 위만조선에는 왕 밑에 상(相) 직책을 가진 토착 고조선인들이 참여하고 있는 데서, 위만의 집권은 고조선의 정치 조직을 근본적으로 변화시킨 것이 아니라 그것을 계승하는 형태였음에 주목해야 할 것이다.

이 같은 시각의 연구 외에 위만의 활동과 위만조선에 대한 새로운 시각의 연구 성과를 얻기 위해서는 서북한 지역에 분포하는 나무곽무덤 등 고고학 자료에 대한 연구가 필요하다. 구체적으로 위만조선 시기에 해당하는 자료를 찾아내어 유적과 유물 분석을 통해 당시 사회상에 접근하는 것이 필요하다. 그리고 고조선 멸망 이후에 왕검성 지역에 설치된 낙랑군의 사회에 대한 연구를 통해 그 이전 위만조선 사회에 대해 유추해보는 작업도 매우 필요하다.

그러나 이 같은 연구의 필요성과는 반대로 최근에 위만의 출자(出自) 문제에만 관심을 두고, 위만과 위만조선을 우리 역사와 무관한 역사로 보려는 일련의 시도가 이루어지고 있어 안타깝다.* 이 주장은 한마디로 위만은 전국시대 연나라 사람으로, 위만조선은 고조선(단군조선)과는 무관한 역사이며, 그 활동 지역 또한 중국 북경 일대의 작은 지역이라는 것이다. 이 주장은 단군조선만이 고조선이라는 전제하에 그 위치를 만주 지역에 설정하는 과정에서 자연스럽게 위만과 그가 세운 왕조에 대해 부정하게 된 것이다.

이것은 역사적 실상과 전혀 다르며, 객관적이고 합리적인 사료 비판이 전제되지 않은 단지 주장에 불과하다.

재삼 강조하지만 위만과 위만조선에 대한 연구는 한국 고대사에서 최초의 국가 형성 문제를 이해하는 데 있어 가장 중요한 주제이다. 따라서 앞으로는 위만과 위만조선사를 통해 궁극적으로 한국사에서 국가의 개념 및 그 최초의 모습이 어떠했는지를 해명해보려는 노력이 있어야 할 것이다. 그리고 위만조선의 국가적 성격은 바로 다음 시기인 삼국 초기의 부체제(部體制) 사회에 어떻게 계승되었는지에 대한 체계적인 설명이 이루어져야 한다.

사실 고조선에서 삼국시대 사회로 어떻게 계승되었는가의 문제는 한국 고대 국가의 형성 문제에서 가장 중요한 문제이고, 이 문제를 해결하기 위해서는 위만조선의 사회 성격에 대한 이해가 기본 전제가 되어야 함은 분명하다.

물론 이 모든 연구가 자료의 부족으로 쉽지 않다. 그러나 많은 연구자들이 관심을 갖고 최근에 활발히 조사되는 고고학 자료와 단편적이지만 관련 문헌 자료를 면밀히 종합해본다면 보다 명확한 이해에 도달할 수 있으리라 기대해본다.

* 尹乃鉉, 『韓國古代史新論』, 일지사, 1986; 『한국 열국사 연구』, 지식산업사, 1998.

참고문헌

申采浩,『朝鮮上古文化史』(『丹齋申采浩全集』卷上), 1930.

유 엠 부찐,『古朝鮮』, 소나무, 1990.

李鍾旭,『古朝鮮史 硏究』, 一潮閣, 1993.

윤내현,『고조선 연구』, 一志社, 1994.

윤이흠 외,『檀君』, 서울대학교 출판부, 1994.

한국고대사연구회,『고조선과 부여의 제문제』, 신서원, 1996.

노태돈,『단군과 고조선사』, 사계절, 2000.

리지린,『고조선 연구』, 1963(열사람출판사, 1989 재발행).

최택선·리란우,『고조선 문제 연구』, 사회과학출판사, 1973.

박진욱,『비파형 단검 문화에 관한 연구』, 사회과학출판사, 1987.

사회과학원 력사연구소,『조선전사』2, 사회과학원출판사, 1989.

박득준 편집,『고조선 력사 개관』, 사회과학출판사, 1999.

이형구 편,『단군과 고조선』, 살림터, 2001.

盧泰敦 외,『古朝鮮史와 檀君』(高麗學術文化財團 국제학술회의 자료집), 1996.

金翰奎,「衛滿朝鮮 關係 中國側 史料에 대한 再檢討」,『釜山女大論文集』8, 1980.

李丙燾,「衛氏朝鮮 興亡考」,『韓國 古代史 硏究』, 博英社, 1976.

김정배 외,『한국사』4, 국사편찬위원회, 1997.

송호정,『고조선 국가 형성 과정 연구』, 푸른역사, 2003.

_____,『아! 그렇구나 우리 역사』2권, 고래실, 2003.

주몽 朱蒙

새 하늘, 새 땅의 꿈을 현실로 만든 영웅

전호태 울산대학교 역사문화학과 교수

1. 시대의 변화

고조선은 중국의 통일제국 한(漢)나라와 1년 가까운 전쟁 끝에 멸망했다.*
기원전 109년 고조선과 한나라의 전쟁이 시작되었을 때, 고조선의 군대는
철제 무기로 무장한 상태였다. 청동기 문화를 배경으로 성립했던 고조선도
기원전 4세기경에는 철기 문화를 받아들였고, 전국시대(戰國時代) 중국의
7웅(雄) 가운데 하나로 불리던 연(燕)나라와 교섭과 갈등을 거듭하면서 철
기 문화에 대한 적응력을 더욱 높여 나갔다. 위만(衛滿)을 시조로 한 위씨
왕조가 성립하면서 동북아시아의 여러 세력에 대한 고조선의 영향력이 크
게 높아진 것은, 고조선이 주위의 다른 세력보다 한 발 앞서 철기 사회로 진
입하여 자체적인 철기 문화를 발전시켰기 때문이다. 그러나 호사다마라고
나 할까. 앞선 철기 문화로 국력을 신장시켜 주변 세력을 아우르고 외부세

---

* 『史記』卷115,「朝鮮列傳」;『漢書』卷95,「西南夷兩奧朝鮮傳」65, 朝鮮.

계로 영향력을 확대해 나가던 고조선이, 진(秦)나라의 멸망으로 재분열되었던 중국 대륙을 통일하자 곧바로 주변으로 세력 확대를 꾀하던 한나라와 부딪친 것이다.*

한나라와의 충돌로 고조선이 멸망하자, 고조선을 중심으로 형성되었던 동북아시아의 국제 질서는 해체되었다. 옛 고조선 땅에는 한나라의 군현(郡縣)이 설치되었고, 고조선의 유민(遺民)들은 주변 여러 지역으로 흩어졌다.** 한나라의 군현을 통해 흘러든 중국의 문물이 주변으로 널리 퍼지는 한편, 고조선 사회가 경험했던 국가 운영에 대한 경험과 고조선 사람들이 발전시킨 철기 문화 역시 동북아시아 곳곳으로 전해졌다. 중심으로 존재하던 고조선이 무너지고, 고조선의 주변으로 존재하던 동북아시아 여러 사회에 갈래가 다르면서 수준 높은 문화와 문물이 전파되자, 이를 받아들여 소화한 세력들이 곳곳에서 나타나 이 지역의 새로운 중심을 자처했다. 이들 세력들은 '하늘 신의 자손'으로서 능력을 지닌 존재임을 상대 세력에 과시하는 정복 전쟁을 통해 자신이 동북아시아의 새로운 중심으로 떠오르고자 했다. 한동안 철제 무기로 무장한 전사 집단을 이끄는 영웅들 사이의 전쟁이 곳곳에서 일어나고, 크고 작은 나라들 사이에서 상대를 아우르거나 제압하기 위한 충돌이 끊임없이 계속되었다.

고조선의 멸망으로 가속도가 붙은 철기 문화의 확산은 동북아시아 여러 사회의 기존 관념과 질서에 큰 변화를 초래했다. 청동제 의기(儀器)를 몸에 지닌 채 사람의 소망과 신의 뜻을 잇던 신성한 존재에 대한 외경심이 급격히 떨어지는 대신, 철제 무기로 무장한 채 전사들을 이끌고 이웃 나라를 쳐서 아우르는 군사적 영웅이 사람들의 새로운 숭배 대상으로 떠올랐다. 신성한 혈통임을 내외에 알리는 정기적인 제의(祭儀)를 통해 민심을 모으고 국가에 대한 지배력을 추스르던 청동기 시대 단군 사회의 전통이 철기 문화에 바탕을 둔 새로운 시대가 열리면서 서서히 마침표를 찍은 것이다. 시대 변화라는 태풍을 맞은 사람들이 필요로 하던 지도자의 첫번째 자질은 급박한 현실을 헤쳐 나가는 능력이었다. 영웅의 시대가 시작된 것이다. 광개토왕릉 비문의 첫머리를 장식하는 고구려의 시조 주몽(朱蒙)은 새 시대의 가장 뛰어난 영웅 가운데 한 사람이었다.

2. 부여의 망명객 주몽

생각건대 옛날에 시조 추모왕(鄒牟王)이 처음 나라를 세우심은 이러하다. 북부여 천제(天帝)의 아드님에게서 나오시고, 어머니는 하백(河伯)의 따님이셨다. 알에서 깨어 세상에 내려오시니 태어나심에 성스러움이 있고 □□□□□ □ 수레를 명하시어 남으로 내려오셨다. 오시는 길에 부여의 엄리대수(奄利大水)를 만났다. 왕께서 나루에 이르러 말씀하시기를, "나는 하늘 왕의 아들이며 어머니는 하백의 따님이신 추모왕이다. 나를 위하여 갈대를 잇고 거북을 떠오르게 하라" 하시니 이 말에 응하여 즉시 갈대가 이어지고 거북이 떠올라 이에 강을 건너셨다. 비류곡(沸流谷) 홀본(忽本) 서쪽 성의 산 위에 수도를 세우셨다. 세상의 왕위를 기뻐하지 않으시니 이에 (하늘이) 황룡(黃龍)을 보내어 내려와서 왕을 맞으시니 왕은 홀본의 동쪽 언덕에서 용의 머리를 밟고 승천하시었다.***

414년에 세워진 이 『광개토왕릉비문』(廣開土王陵碑文)에서도 제시했듯이, 고구려인들에게 시조 주몽은 천제의 아들과 하백의 딸 사이에서 태어난 신성한 존재로 받아들여졌다. 동북아시아의 패권 국가를 자처하던 5세기의

* 내륙아시아를 지배하던 흉노와의 연계 아래 동북아시아에서 고조선이 확보한 지위를 한나라가 인정하지 않으려 한 데서 비롯된 두 나라 사이의 긴장이 외교적 절충으로 풀리지 않았기 때문이다.
** 조선의 遺民들이 내려와 斯盧 6村을 이루었다는 신라인의 전승도 이러한 흐름의 한 부분을 나타낸다고 하겠다(『三國史記』 卷1, 「新羅本紀」 1, 始祖 赫居世居西干 卽位年條).
*** 노태돈, 「廣開土王陵碑」 [韓國古代社會硏究所 編, 『譯註 韓國 古代 金石文』 第1卷(高句麗·百濟·樂浪篇, 1992) 판독문에 의함.

고구려에서 시조 주몽은 더 이상 건국 영웅 정도가 아닌 천제의 직계로 천하(天下) 사방(四方)이 인정하는 성스러운 나라 고구려를 세운 뒤, 하늘이 내려보낸 황룡의 머리를 밟고 승천한 분, 하늘에서 내려왔다가 하늘로 되돌아간 하늘의 존재였다.* 고구려 곳곳에 사당이 세워지고, 부여신(扶餘神)이 된 어머니 유화(柳花)와 함께 나라를 지켜주는 등고신(登高神)으로 고구려인들에게 숭배된 것도 이 때문이다.

추모(鄒牟), 추몽(鄒蒙), 도모(都慕), 중모(衆牟: 中牟, 仲牟)로도 쓰이고 읽히는 '주몽'은 부여족의 말로 활 잘 쏘는 사람을 가리킨다. 많은 사람들 사이에서 특정한 사람을 가려내는 데 쓰는 호칭, 그 사람만을 가리키는 데 쓰는 이름이 아니라, 한 마을이나 한 집단 안에서 특별히 빼어난 활 솜씨를 자랑하는 사람에게 붙여주는 명예로운 칭호 같은 것이었다. 부여족 사이에서는 보통명사였던 주몽이라는 칭호가, 부여족에서 갈라져 나와 고구려라는 새 나라를 세우는 과정을 이끌고, 이 나라의 기초를 든든히 했던 부여 망명객 출신의 한 영웅을 가리키고, 그 영웅에게만 쓰는 말이 된 것이다. 도대체 이 영웅이 어떤 사람이었기에 이러한 일이 일어났을까.

『삼국사기』(三國史記)에 따르면 고구려 건국 시조 동명성왕 주몽은 졸본 부여를 터로 삼아 나라를 세우고 왕위에 오른 지 19년째 되던 해(기원전 19년) 9월, 40세로 세상을 떠났다. 이 기사를 그대로 받아들인다면 주몽의 출생 연도는 기원전 58년경이며, 부여를 떠난 뒤 홀본에 이르러 나라를 세웠던 기원전 37년의 나이는 22세 정도가 된다.

동부여의 전승(傳承)에 따르면, 졸본 부여로 일컫던 현재의 중국 길림성 환인 지역으로 내려오기까지 주몽이 청년기를 보낸 곳은 금와왕(金蛙王)이 다스리던 동부여였다. 해부루(解夫婁)의 뒤를 이어 왕위에 오른 금와왕은 태백산 남쪽 우발수(優渤水) 곁에서 한 여자를 만나 왕궁으로 데려오는데, 이 여자가 곧 주몽의 어머니 유화이다. 『위서』(魏書)를 비롯한 여러 사서의 주몽 관련 기사는 부여왕과 주몽 사이에는 직접적인 혈연관계가 없는 것으로 되어 있다. 하백의 딸로 일컫는 유화로 하여금 주몽의 어머니가 되게 한 것은 자신을 천제 또는 천제의 아들이라고 밝힌 해모수(解慕漱) 또는 햇빛 이라고 설명한다.** 아버지가 명확하지 않은 상태에서 주몽은 먼저 알로 태어나 몇 차례 생명이 걸린 고난을 겪고 이겨낸 뒤, 알을 깨고 나옴으로써 비로소 세상의 빛을 본다.

햇빛, 또는 하늘에서 내려온 기운, 신비한 기운과의 접촉으로 말미암은 임신, 알의 출산, 알 상태에서의 고난은 부여 계통의 나라들뿐만 아니라 중국을 비롯한 동아시아와 북아시아 주요 민족이나 국가의 시조 탄생 설화에서는 쉽게 발견되는 내용이다. 저들의 시조가 일반인과는 구별되는 혈통을 이어받았고, 때문에 평범하지 않은 출생 과정을 거쳤음을 알리기 위한 장치이다. 아버지 쪽이 신성한 하늘과 관련된 데 더하여 주몽의 어머니는 물의 세계를 지배하는 하백의 딸이다. 주몽은 부계와 모계 모두 인간이 아닌 신의 계보에 닿아 있는 존재이다.

그러나 현실세계에서 주몽은 동부여왕 금와의 후궁 유화에게서 난 아들, 곧 왕의 서자(庶子)였다. 기록상 출생 과정이 신비하고 모호하게 처리되었는데도 어머니 유화는 금와왕의 궁실에 사는 여자였고, 그 아들 주몽은 부여의 왕자로 성장했다. 금와왕에게는 정비가 있었고 둘 사이에서 난 왕자가 일곱이었으며, 이들과 주몽은 궁궐 안에서 함께 자랐다. 관련 기사로 보아 정비의 소생인 일곱 왕자와 주몽 사이에 처음부터 뚜렷한 신분의 차별이 있었던 것 같지는 않다. 일곱 왕자의 맏이인 대소(帶素)가 주몽을 자신의 왕위 계승권을 넘볼 수 있는 강력한 경쟁자로 인식하고 금와왕에게 자신을 비롯

---

* 주몽의 아버지로 전하는 해모수가 기린을 타고 하늘과 땅 사이를 왕래하여 天王郞으로 불렸다는 설화의 내용도 주몽에 대한 인식과 무관하지 않다. 천왕랑이라는 용어는 『東國李相國集』 「東明王篇」 주석 및 『世宗實錄』 「地理志」 平壤古蹟條에 보인다.

** 『東國李相國集』 「東明王篇」 주석과 『世宗實錄』 「地理志」 平壤古蹟條에 담긴 관련 기사에서는 부여 왕에 의해 하백녀가 낳은 알이 버려진 뒤에도 "구름이 끼고 흐린 날에도 그 알 위에는 언제나 햇빛이 있었다"고 하여 햇빛의 기능을 특별히 강조한다.

한 일곱 왕자와 주몽 사이에 신분 지위상의 선을 그어줄 것을 요청하면서 동부여 왕실 안에서 갈등과 분란의 싹이 트기 시작한 것으로 보인다.

설화에 따르면, 태자인 대소의 강력한 요구가 씨앗이 되어 주몽은 왕실의 말을 기르는 일을 맡고,* 이때부터 어머니 유화는 아들 주몽이 동부여를 떠날 수밖에 없는 상황을 염두에 두고 이에 대비한다.** 어머니 유화의 도움으로 준마를 골라 비루먹은 말처럼 보이게 기른 뒤, 왕에게서 이 말을 얻은 지 오래지 않아 주몽은 어머니 유화, 아이를 가진 부인 예씨를 남겨둔 채 자신을 따르던 몇 사람과 함께 왕의 허락도 없이 동부여를 떠난다. 스스로 왕자에서 망명객으로 신분과 지위를 바꾸어버린 것이다.

3. 새 땅 개척의 첫걸음

부여는 고조선이 전국 시대 중국의 강국들과 당당히 맞서던 시기 이전부터 동북아시아에 터잡고 있던 나라였으며, 고조선이 한나라에게 멸망한 뒤에는 중국 동북 지역에서 독립적인 국가체제를 유지하던 유일한 세력이었다. 그러나 고조선의 위씨 왕조같이 산하 세력에 대한 강력한 통제력을 지니지 못했던 부여 왕국은 고조선을 대신한 한 군현이 정치·경제적 비교 우위를 바탕으로 주변의 고조선계, 부여계 집단들을 부여의 모든 영향력에서 이탈시키는 것을 막기 어려웠다. 고조선이 멸망한 뒤 오히려 부여계 집단들의 분산과 이주는 활발해졌으며, 부여 왕국의 구심력은 약화되었다.

동부여는 부여에서 갈라져 나온 세력이다. 현재의 중국 길림성 길림을 중심으로 성립한 동부여의 시조는 해부루였으며,*** 금와는 해부루의 뒤를 이어 왕위에 오른 뒤 동부여의 국가 기초를 더욱 다지고 왕권을 튼튼히 하려고 애쓴 인물이다. 금와가 태백산 근처 우발수 곁에서 유화를 만난 것도 동부여의 세력권을 확고히 하기 위한 국왕의 순행 과정에서 일어난 일이다.

현재의 혼강(渾江)으로 비정(比定)되는 비류수 연변의 송양국(松壤國),

압록강 및 독로강 줄기의 소국(小國)들 가운데에는 부여계 집단들이 세운 나라들이 많았다. 이들 가운데 고조선계와 부여계 사람들이 힘을 모아 세운 것으로 보이는 나라도 있었는데, 왕 자신이 선인(仙人) 왕검(王儉)의 후예 임을 내세웠던 송양국이 그런 사례에 해당한다. 압록강과 그 지류 좌우로 펼쳐진 크고 작은 계곡에 들어선 마을들을 기반으로 삼아 성장하던 소국들 은, 고조선이 멸망한 뒤 한나라가 설치한 군현의 하나인 현도군(玄菟郡)과 그 산하의 고구려현, 상은태현(上殷台縣), 서개마현(西蓋馬縣) 등등이 이 일대에 세워지자 정체성에 큰 혼란을 겪으면서 이에 반발한다. 고조선이 건 재하던 당시 예군(濊君) 남려(南閭)의 요청에 한나라가 응하는 방식으로 압 록강 중류 지대를 중심으로 세웠던 창해군(蒼海郡)으로 말미암아 토착 세 력들과 고조선 사이에 형성되었던 긴장, 토착 세력 상호간에 일어났던 심각 한 분열과 갈등의 경험이 이들의 뇌리에서 지워지지 않았기 때문이다.

기원전 107년에 군현이 설치된 뒤 한 세대 만인 기원전 75년, 현도군은 토착 세력들의 반발을 견디지 못하고, 서북 지역 소자하(蘇子河) 방면으로 옮겨지고, 결국 요동 방면으로 후퇴한다.**** 이에 따라 졸본, 국내 일대에서 는 상대적으로 우세한 소국에게 지역을 대표하는 권한을 위임한 상태로 토 착 소국들이 서로의 영역과 자치력을 인정하면서 공존을 도모하는 다수의 지역별 소국연맹체가 성립된다. 주몽 일행이 남하할 당시 송양국은 이들 소

---

* 『三國史記』 등에 전하는 내용이다. 『魏書』「列傳」高句麗에는 부여인들이 주몽을 죽일 것을 청했으나, 금와왕이 이 말을 듣지 않고 주몽에게 말 돌보는 일을 맡게 한 것으로 나온다.

** 『三國史記』와 『三國遺事』에는 주몽이 직접 말을 고른 것으로 기록되었지만, 『東國李相國集』과 『世宗 實錄』에는 어머니 유화가 말 채찍을 휘둘러 놀라 뛰는 말들 가운데 준마 한 마리를 골라내자, 주몽이 이 말의 혓바닥에 바늘을 꽂아 말이 물도 마시지 못하고 꼴도 먹지 못하여 파리해지게 만들었다고 전한다. 궁술과 기마술을 중요시하던 부여·고구려 사람들에게 준마를 선별하는 능력은 중요한 의미를 지닌다.

*** 『三國遺事』卷1,「紀異」1, 北扶餘條 인용. 『古記』에는 해부루를 해모수의 아들로, 『三國遺事』卷1, 「紀異」1, 高句麗條에는 단군과 하백의 딸 사이에 해부루가 태어난 것으로 전하는 등 해부루의 정체에 대 해서는 여러 설이 전하나, 동부여의 첫 왕이라는 언급은 어느 사서에서나 같다.

**** 郡治가 옮겨지거나 새로 설치되는 것은 아니므로 이를 각각 제2현도군, 제3현도군이라고 부른다.

국연맹체들 가운데 하나인 비류수 유역 소국연맹체 대표를 자임하던 나라였다.

그러나 철기 문화의 보급이 일반화되고, 한나라로 대표되는 발달된 사회경제 체제의 영향력이 확산됨으로 말미암아 소국들 사이의 정치·경제적 우열이 점차 두드러지는 상황에서 평등한 관계를 전제로 한 지역별 소국연맹이 오래 유지되기는 어려웠다. 더욱이 북부여(부여)나 동부여를 모체로 한 부여계의 분립과 확산이 계속되었으며, 한때 고조선의 위씨 왕조에 의해 이루어질 듯이 보였던 동북아시아의 패자(覇者)를 꿈꾸는 세력들 사이의 경쟁은 날이 갈수록 치열해졌다. 동부여를 떠날 당시 주몽 일행의 가슴속에도 이러한 야망이 끓고 있었는지 모른다.

주몽을 중심으로 형성된 세력의 이탈은 동부여로서는 반갑지 않은 사건이었다. 북부여를 의식하면서 세력 확대에 힘쓰던 시기에, 규모의 대소에 관계없이 또 하나의 잠재적 경쟁 상대로 설 가능성을 안은 채 동부여 구성 세력의 일부가 빠져나갔기 때문이다. 당연히 동부여의 태자 대소의 지휘 아래 주몽 집단의 이탈을 막으려는 시도가 뒤따랐고, 일정한 기간 동안 떠나려는 자와 떠나는 것을 막으려는 자들 사이에 긴장이 흘렀지만, 무력 충돌로까지 치닫지는 않았다. 주몽 집단이 국경을 넘어 동부여의 현실적인 이해관계와는 어느 정도 거리가 있는 남쪽의 압록강 연변으로 행로를 잡았던 까닭이다.

비류수 근처 모둔곡(毛屯谷)에 이르러 일부 부여계 사람들을 규합하고 *주변의 크고 작은 마을들을 제압하여 집단의 규모를 확대한 주몽 세력은, 졸본 부여와 결혼 동맹을 맺는 데도 성공함으로써 ** 비교적 짧은 시일 안에 압록강 중류 및 그 지류 유역의 새로운 강자로 떠오른다. 사서(史書)는 채 정착하지도 못한 상태에서 주변의 크고 작은 집단 정복 활동에 골몰하던 이 시기의 주몽 세력은 궁실(宮室)도 지니지 못한 상태였다고 전한다. 후대의 고구려인들은 주몽이 그를 따르던 사람들을 이끌고 비류수가에 이르러 독립 세력으로서 첫발을 내딛은 때를 고구려라는 나라의 역사가 시작된 시기로 보았다.

4. 홀본에서 고구려로

고구려현은 한나라가 세운 현도군의 수현(首縣)이었다. 구려(句麗)는 흔히 고구려 사람들 사이에서 고을을 가리키는 홀(忽)이나 골(骨), 성(城)을 뜻하는 구루(溝漊)에서 온 말로 해석된다. 고(高)는 으뜸을 뜻하는 말이므로 고구려의 원뜻은 으뜸 고을, 머리 고을이다. 홀본의 본(本)이 신라 서라벌의 벌, 곧 고을을 뜻하는 말에서 왔을 가능성을 고려하면, 고구려는 홀본(忽本)이라는 고을이 비류수와 압록강 주변의 산과 골짜기에 흩어졌던 수많은 고을 가운데 으뜸인 고을, 머리 역할을 하는 고을이 되었다는 것을 의미한다고 하겠다. 비록 '고구려' 는 한의 현도군에서도 썼고, 그 이전부터 졸본, 국내 일대의 사람들 사이에서 쓰던 지명이지만, 오히려 주몽 집단은 압록강 중류 지역 일원에 널리 알려진 이 명칭에 자신들의 꿈을 투사하면서 새로 세운 나라의 이름으로 쓴 것이라고 하겠다.

주몽 집단이 비류수 유역에 모습을 드러낼 당시, 홀본 및 국내 일원에는 뒤에 고구려 왕국을 성립하는 데 참여하는 크고 작은 집단과 세력들이 씨앗이 된 다수의 소국이 성립되어 있었다. 현재 전하는 사서에서 이들 작은 나라들은 나(那)라는 이름으로 표기된다. 나(那)는 노(奴), 내(內)로도 표기되며 본래 강가의 평야 또는 땅을 가리키는 말이나, 역사 기록에 등장하는 나는 강가나 계곡 지대에 자리잡은 사람들의 집단을 가리키는 정치적인 용어

---

* 주몽은 賜姓을 통해 주종관계를 맺고 확인시킨다.
** 『三國史記』卷13,「百濟本紀」1, 始祖 東明聖王 卽位年條의 주석에는 졸본 부여 왕의 딸을 맞은 것으로만 나오나 『三國史記』卷23,「百濟本紀」1, 始祖 溫祚王 卽位年條의 주석에는 주몽이 졸본 사람 延陁勃의 딸로 과부로 지내던 召西奴를 배우자로 맞은 것으로 나온다.

이다. 왕이나 왕자가 존재한 것으로 언급되는 태조왕 대의 조나(藻那), 주나(朱那) 등은 이 나를 기본 단위로 성립한 나국(那國)에 해당한다. 주몽 집단이 비류수 근처에 이른 뒤, 결혼 동맹을 맺는 데 성공한 졸본의 왕녀 소서노(召西奴)도 명칭으로는 하나의 집단이자 그 대표자라고 할 수 있다.

고조선과 부여가 고대 동북아시아를 대표하는 국가로 역사 무대에 모습을 드러내기 전, 요녕·길림·한반도 중북부 지역에 흩어져 살던 사람들을 역사서에서는 예(穢), 또는 예맥(穢貊)이라 일컬었다. 중국에서 진나라가 주도하는 통일 전쟁이 본격화되고 중국의 철기 문화가 유이민을 매개로 주변 지역과 사회로 급속도로 전파될 즈음, 압록강 중상류 지대의 주민들은 다양한 경로로 받아들이고 소화시킨 철기 문화를 바탕으로 독자적인 문화 전통을 수립하기 시작함으로써 주변의 다른 예맥과는 구별되는 이름, 곧 '구려'(句驪)로 불렸다.* 기원전 3세기 말부터 확인되는 원(原)고구려 사회가 성립된 것이다.

전국(戰國) 연나라 계통의 철기 문화를 바탕으로 주변 지역에 비해 우세한 위치에 이른 원고구려 사회 안에서는 다양한 형태와 방식으로 정치 세력이 성장했지만, 주로 강가나 계곡 지대의 마을들이 성장의 디딤돌 역할을 한 점에서는 서로 크게 다르지 않다. 기원전 2세기 중엽 이후, 압록강 중상류 일대 곳곳에서 그 모습을 뚜렷이 드러내는 구려의 초기 정치 세력들을 일괄하여 나(那)로 부르는 것도 이 때문이다.

고조선에 위씨 왕조가 성립하여 진번(眞番), 임둔(臨屯) 등을 복속시켜 세력을 크게 강화한 데 이어 압록강 중류 지대도 세력권에 포함시키려고 하자, 구려의 정치 세력들은 상대적으로 우세한 집단을 중심으로 결속하여 이에 저항한다. 기원전 128년 예군 남려가 그 휘하 28만 명을 데리고 한나라에 투항하고, 그로 말미암아 한나라가 이 일대에 창해군을 설치한 사건은 고조선과 원고구려 사회 사이에 형성된 이와 같은 갈등과 긴장의 결과 가운데 하나이다. 구려의 정치 세력들 모두가 계속되는 고조선의 압박에 부담을 느끼면서도 한나라에 복속되기를 원했던 것은 아니었으므로 한나라 국경에서 창해군으로 교통로를 개설하기는 쉽지 않았다. 이에 부담을 느낀 한나라가 기원전 126년, 창해군의 실질적인 설치를 포기하자 압록강 중류 지대 나(那)들의 완만한 결속은 오래지 않아 구속력을 잃었다.

기원전 108년, 고조선의 멸망으로 구려 사회를 압박하는 주체는 사라졌지만, 곧이어 압록강 중류 지대에 고구려현을 수현으로 하는 한나라의 현도군이 설치됨으로써 구려의 나들은 한군현의 실질적인 영향력 아래 들어갔다. 구려 사회에는 한나라 문화가 흘러들었고, 나의 지배자들 가운데 일부가 현도군을 통해서 받은 한나라의 조복(朝服), 의책(衣幘), 기물(器物)을 지배 권위의 상징으로 사용하는 현상도 나타났다.** 졸본의 지배자가 된 주몽이 송양국 왕과 대면하는 과정에 등장하는 송양국의 북과 나팔도 한나라 문화의 영향이 구려 사회에 침투한 결과의 일부라고 할 수 있다.

구려 사회의 적극적인 저항을 견디지 못하고 한나라의 현도군이 치소(治所)를 소자하 방면으로 옮기자, 압록강 중류 및 그 지류 유역의 나들 사이에는 소국 수준의 나국(那國)이나 그 이상의 정치 세력으로 성장하기 위한 치열한 상쟁(相爭)이 벌어진다. 고구려 왕국이 기반을 확고히 하는 과정에서 소노부(消奴部)로 개편되는 송양국(비류국)은 비류수 유역의 나들 가운데 가장 먼저 나국의 수준을 넘어서는 단계에 이른 정치 세력이다.*** 주몽 집단이 졸본의 지배 세력으로서 지위를 획득할 즈음, 송양국은 비류수 유역 나들을 하부 세력으로 거느린 채, 압록강 중류 일대의 다른 몇몇 나 및 나국 연맹체들 사이에서도 비류수 유역뿐 아니라 압록강 중류 지역 구려 사회를

---

* '句驪'라는 칭호는 『三國志』卷30, 「東夷傳」, 東沃沮條; 『後漢書』卷85, 「東夷列傳」, 東沃沮條에 비로소 나타나기 시작한다.
** 이러한 현상은 한반도 중남부의 三韓 小國 지배층의 태도에서도 확인된다(『三國志』卷30; 『魏書』30, 「烏丸鮮卑東夷傳」30, 韓條).
*** 松壤은 松那, 松奴로 다시 消那, 消奴로 읽을 수 있다.

대표하는 세력으로 인정받던 상태였다. 기원전 1세기 후반, 동부여에서 흘러든 주몽 집단이 이미 상당한 기간 지역의 강자로 자리잡았던 송양국의 대표권에 도전장을 던진 것이다.

5. 고구려 왕국의 출현

압록강 중류 지대를 중심으로 한 구려 사회의 나 및 나국연맹체 대표 지위를 둘러싼 주몽 집단과 송양국 사이의 대립, 주몽 집단을 중심으로 형성된 세력이 송양국을 제압하고 새로운 지역 맹주로 떠오르는 과정이 사서(史書)에는 두 집단을 대표하는 영웅들 사이의 대결로 대체적인 흐름이 결정된 듯이 전한다. 영화의 한 장면처럼 묘사된 『동국이상국집』(東國李相國集) 「동명왕편」(東明王篇) 주석의 '활 솜씨 겨룸 기사'는 전환기 부여·고구려 사회에서 지도자의 조건, 영웅의 자격 요건으로 제시된 것이 무엇이었는지를 짐작하게 한다. 신궁(神弓)으로 불릴 만한 주몽의 뛰어난 활 솜씨는 선인 왕검의 후예임을 자랑스럽게 내세우던 송양왕으로 하여금 주몽이 천제의 자손이라는 주몽 집단의 주장을 반박할 수 없게 만들었다.

빼어난 활 솜씨는 하늘 신의 능력, 특별히 해신의 정기를 타고난 자만이 보여줄 수 있다는 믿음이 부여·고구려인들에게는 그리 낯설지 않았으므로 어릴 때부터 '활 잘 쏘는 자'임을 내외에서 인정받던 주몽은 시대의 영웅, 전사 집단의 지도자로서 자질을 충분히 갖춘 셈이었다. 주몽과 그를 따르던 자들은 활 솜씨, 기마술, 뛰어난 말을 골라내고 훈련시키는 능력, 전사 집단으로서의 조직력 등에서 송양국을 포함한 비류수 및 압록강 중류 지대 구려 사회의 크고 작은 정치 세력들보다 앞서 있었다. 더욱이 동부여에서 떨어져 나와 비류수 유역에 이를 당시, 주몽 집단은 맥(麥)을 포함한 우수한 곡식 종자들을 관리하고 재배할 수 있는 농경 기술도 있었다. 주몽 집단은 상대적으로 앞선 군사 조직 능력과 농경 생산 기술을 지닌 상태로 부여 남쪽의 토착화된 구려 사회에 진입했으므로 비교적 짧은 기간 안에 졸본, 국내 일대의 고구려인 정치 세력을 대표하는 자리에 이를 수 있었다.

주몽은 그 자신이 뛰어난 전사였을 뿐 아니라 당시의 시대 정황에 맞추어 군사 전략과 종교 제의를 적절히 혼합하여 수하(手下)의 전투 능력을 배가시키고, 상대의 저항 의지를 극도로 약화시켜 대규모 충돌이나 인명 손실 없이 경쟁 상대가 복속해 들어오도록 하는 빼어난 전략가이자 정치가이기도 했다. 활 솜씨 겨루기로 상대의 기세를 제압한 뒤, 송양국의 북과 나팔을 빼와 퇴색해서 오래된 것처럼 보이게 만들고, 썩은 나무로 궁실의 기둥을 세움으로써 송양왕으로 하여금 연륜의 선후를 따지지 못하게 한다. 이어 흰 사슴을 잡아 하늘에 제의를 올린 다음, 곧바로 수공(水攻)으로 송양국의 도읍이 물난리를 겪게 하고 구원의 손길을 뻗음으로써 송양왕과 그 백성의 마음을 얻는 데 성공한다는 설화적 전승에서, 지도자로서 주몽의 용의주도함이 잘 드러난다.

국내성으로 천도한 뒤 계루부(桂婁部)로 일컫고, 후기에는 내부(內部), 황부(黃部)로도 불리는 주몽 집단의 출현과 활약으로 구려 사회는 비로소 고구려라는 왕국 성립 단계에 들어선다. 일반적으로 계루부를 중심으로 한 5나부체제(那部體制)의 고구려 왕국은 시조 주몽의 뒤를 이은 유리명왕대에 비로소 제대로 틀을 갖추는 것으로 이해되지만, 구려 사회에 왕국이 출현하도록 씨앗을 제공하고 스스로 구심력의 축이 된 것은 주몽과 그의 집단이라고 할 수 있다. 새 나라에 대한 꿈을 안고 부여와 그 인근에서 남으로 내려온 수많은 이주민 집단 가운데 하나에 불과했던 주몽 집단이 마침내 구려 사회 전체를 아우르는 고구려 왕국의 주춧돌을 놓고 기둥까지 세운 것이다.

『삼국사기』는 고구려의 시조 주몽이 재위 19년째 되던 해(기원전 19년)에 세상을 떠나 용산(龍山)에 장사된 것으로 전한다. 그러나 고구려인 자신이 남긴 『광개토왕릉비문』을 비롯하여 『제왕운기』(帝王韻紀), 『동국이상국집』「동명왕편」 등 주몽에 관한 전승을 전하는 다른 자료들은 주몽이 죽지 않고 하늘에 올라간 것으로 서술한다. 고구려 당대에 이미 시조왕(始祖王)의 마지막에 대한 신화적 인식이 성립되어 왕실과 일반 백성들 사이에 널리 회자되었으며, 그 전승이 후대로 이어졌음을 시사하는 부분이다.

6. 주몽 신화의 성립과 고구려적 천하(天下)

주몽의 성은 고씨(高氏)로 전하지만 설화 속에서 주몽의 아버지는 스스로를 천제의 아들로 일컫던 해모수이다. 해모수는 한때 하백의 딸 유화를 아내로 삼았던 인물이기도 하지만, 부여 세력의 분열로 동부여가 성립될 때 원(元)부여 터에 다시 나라를 세우고 하늘과 땅을 오가며 세상을 다스려 천왕랑(天王郎)으로 불린 신적 존재이기도 하다. 천왕랑 설화는 주몽 집단이 북부여에서 나왔다는 전승이 어디에서 비롯되었는지를 알게 하는 부분이다.

북부여, 동부여 모두 왕성을 '해'(解)로 일컫고 주몽의 아들로 왕위를 이은 유리명왕(琉璃明王) 이하 대무신왕(大武神王), 민중왕(閔中王), 모본왕(慕本王)이 모두 '해' 씨로 표기되다가 태조왕 때부터 '고' 씨로 기록된다. 태조왕은 모본왕이 폭정을 빌미로 시신(侍臣) 두로(杜魯)에게 죽임을 당하자 태자를 밀어내고 국인(國人)의 추대라는 형식을 빌려 왕위에 오른 인물이다. 『삼국사기』에 따르면, 유리명왕의 아들 가운데 하나이던 고추가(古鄒加) 재사(再思)의 아들이다. 기사대로라면 태조왕 또한 주몽 왕가의 인물인 셈이다. 그런데 왜 태조왕대부터는 왕성을 '해' 씨에서 '고' 씨로 바꾸는 것일까.

태조왕대에 이르러 고구려 왕국의 실질적인 역사가 시작되었기 때문이라는 견해, 왕가가 바뀌었기 때문이라는 해석 등이 제시되다가, 최근에는 계루부를 모태로 한 주몽 왕가 안에서 방계(傍系)가 왕권을 쥐면서 일어난 현상으로 보는 입장이 설득력을 얻었다.

'해'가 부여 시대 이래의 전통적인 왕성이라면 '고'는 고구려라는 나라 이름에서 비롯된 고구려 왕실 고유의 성씨라고 할 수 있다. 고구려의 정체성을 드러내고, 동북아시아에서 고구려가 지니려고 했고, 이미 어느 정도 확보하기 시작한 강국으로서의 지위를 내외에 과시하려는 의도를 담은 일종의 선언적 의미를 지닌다고 해석할 수 있다. 동북아시아에서 부여가 누리던 지위가 이제는 고구려로 넘어왔다는 의식이 고구려 왕실을 뜻하는 '고'씨 칭성(稱姓)으로 표명된 것이라고 하겠다.

시조 주몽에 대한 인식은 고구려가 압록강 중상류 지역의 소왕국에서 길림, 요녕 지역과 한반도 중북부 일대를 세력권으로 삼고, 나아가 이 지역을 영역으로 삼는 동북아시아의 강국으로 성장해 나가면서 신비화의 경향을 띤다. 주몽의 일대기로 시작되는 『광개토왕릉비문』의 서두는 동북아시아 패권 국가로서의 지위를 눈앞에 둔 5세기 초의 고구려에서 시조왕이 어떤 존재로 인식되었는지를 한눈에 알게 한다. 신비로운 출생 과정을 통해 성스러운 혈통을 타고났음을 내외에 알린 주몽은 실제로도 명령 하나로 자연 속의 동물과 식물을 움직이게 하는 신이한 능력을 지닌 인물로, 세상 사람들처럼 죽음을 맞지 않고 황룡의 머리를 밟고 하늘로 올라간 신적 존재였다는 것이다.

북연(北燕)의 멸망, 북위(北魏)의 화북 통일을 계기로 고구려가 동아시아 4강 체제의 한 축이자 동북아시아 패권 국가로서의 지위를 확고히 하자 고구려 왕권의 위상은 더욱 높아지고, 이에 따라 건국 시조 주몽에 대한 인식은 종교화의 길을 걷는다. 『모두루묘지』(牟頭婁墓誌)에 의하면 주몽은 해와 달의 아들이며, 세상에 내려와 고구려를 세운 하늘세계의 신이라는 것이다. 요동성(遼東城)에 있던 것으로 전하는 주몽사(朱蒙祠)와 그 안에 신물(神物)로 모셔진 전연(前燕) 때 하늘에서 내렸다는 사슴 갑옷과 날카로운 창은 고구려에서 주몽 신앙이 성립하여 사회적으로 널리 확산된 시기를 가늠하게 한다.* 7세기 초, 요동성 주몽 사당에서 행했던 침공군 격퇴를 기원하는 제의는 5세기의 고구려에서 진행된 주몽 신격화의 결과인 셈이다.

시조 주몽이 신으로 인식되고 숭배됨으로써 고구려 왕실은 자연스레 신의 혈통을 이은 사람들, 고구려 왕은 신의 자손임을 내외에 과시할 수 있었다. 왕성인 '고' 씨는 하늘 신의 직계임을 알리는 표지였으며, 주몽의 성은 '고'였던 것으로 알려졌다. 후대의 고구려인들에게 '고'(高)는 태조왕 때 처음 사용된 것이 아니라 건국 당시부터 시조왕 주몽에 의해 쓰였던 성이며, 나라 이름의 머리글자이다.

고구려 왕국의 건국 시조일 뿐 아니라 시조신(始祖神)으로까지 숭배받은 주몽의 자리는 장수왕의 뒤를 이은 문자명왕대(文咨明王代)에 이르러 좀더 넓혀진다. 고구려의 보호 아래 명맥만 유지하던 부여가, 492년, 국가로서의 존속을 포기하고 그 왕실이 고구려 영역 안으로 옮겨온 것이다. 마침내 부여라는 명칭이 역사의 무대에서 사라지고 그 남은 자들마저 자국의 백성으로 삼자 고구려는 장구함을 자랑하던 부여의 역사까지 아우르고 이었다고 주장할 수 있었다. 『중원고구려비』(中原高句麗碑)에서 확인되듯이 신라의 왕을 동이매금(東夷寐錦)으로 부르며 동북아시아를 권역으로 한 고구려적 천하 성립을 내외에서 인정받던 5세기 고구려의 국제적 지위를 이념적으로도 더욱 확고히 뒷받침할 좋은 기회를 맞은 셈이다.

고구려는 이제 부여계 나라들의 시조 설화에 공통으로 등장하는 동명(東明)과 이 나라의 건국 시조 주몽이 서로 구별되기 어려운 존재라는 인식을 내외에 널리 퍼뜨리기 시작했다. 실제로 오랜 역사를 지닌 부여의 시조 설화 주인공과 기원전 1세기 후반에 이르러서야 역사 무대에 구려 사회 지역연맹 맹주 세력 지도자로 모습을 드러내는 고구려의 건국 영웅이 동일인일

---

* 『周書』, 「異域」, 高麗 및 『册府元龜』 卷369, 「將師部」 攻取2, 李勣條에는 고구려의 大城들에 朱蒙廟가 세워졌다고 전한다.

63인의 역사학자가 쓴 한국사 인물 열전

수는 없다. 그러나 주몽이라는 이름과 동명이라는 호칭이 한자 표기로는 구별되지만 부여·고구려인들이 실제로 사용하는 발음으로는 다르지 않았을 것이라는 해석을 고려한다면, 고구려가 국가 차원에서 시도한 '동명'이라는 호칭은 독점하기가 그리 어렵지는 않았을 것으로 보인다. 시조왕의 시호를 동명성왕이라고 하는 데 반대할 세력이 고구려 안에서 나타날 가능성은 거의 고려할 필요가 없었을 것이다. 부여·고구려인들 사이에서는 본래 보통명사였던 주몽, 부여·고구려·백제의 시조 설화 주인공으로 빠짐없이 등장하던 동명이 독자적인 천하의 중심임을 주장하는 고구려의 시조 겸 국가 수호신으로 여겨지고 자리잡은 것이다.

참고문헌

金基興,「고구려의 成長과 대외무역」,『韓國史論』16, 서울대학교 국사학과, 1987

김기흥,『고구려 건국사 ─되찾은 주몽 신화의 시대』, 창작과비평사, 2002

김정숙,「탄생 모습으로 본 한국 문헌 신화의 원형 분류」,『교남사학』3 , 영남대학교 국사학과, 1987.

金哲埈,「高句麗·新羅의 官階 組織의 成立 過程」,『李丙燾 博士 華甲記念論叢』, 1956(『韓國古代社會研究』, 知識産業社, 1975에 재수록).

金賢淑,「高句麗 初期 那部의 分化와 貴族의 姓氏」,『慶北史學』16, 경북대학교 사학과, 1993.

金賢淑,「고구려의 解氏王과 高氏王」,『大邱史學』47, 대구사학회, 1994.

노태돈,「三國의 成立과 發展」,『한국사』2, 국사편찬위원회, 1981.

노태돈,「5~6世紀 東아시아의 國際 情勢와 高句麗의 對外關係」,『東方學志』44, 연세대학교 국학연구원, 1984(『고구려사 연구』, 사계절, 1999에 재수록).

노태돈,「5세기 金石文에 보이는 고구려인의 天下觀」,『韓國史論』19, 서울대학교 국사학과, 1988(『고구려사 연구』, 사계절, 1999에 재수록).

노태돈,「扶餘國의 境域과 그 變遷」,『國史館論叢』4, 국사편찬위원회, 1989(『고구려사 연구』, 사계절, 1999에 재수록).

노태돈,「古朝鮮의 變遷」, 서울대학교 종교문제연구소,『檀君』, 서울대학교 출판부, 1994

노태돈,「고구려 초기 王系에 대한 一考察」,『李基白 先生 古稀紀念 韓國史學論叢 (上)』, 일조각, 1994.

서영수,「衛滿朝鮮의 形成 過程과 國家的 性格」, 한국고대사연구회 편,『古朝鮮과 夫餘의 諸問題』, 신서원, 1996.

송호정,『한국 고대사 속의 고조선사』, 푸른역사, 2003.

余昊奎,「1~4세기 고구려의 政治體制 연구」, 서울대학교 박사학위 논문, 1997.

李丙燾,「玄菟郡考」,『史學雜誌』41卷 4・5輯, 한국사학회, 1930(『韓國古代史研究』, 博英社, 1976에 재수록).

李丙燾,「高句麗 國號考」,『서울대학교 論文集』3, 서울대학교, 1956(『韓國 古代史 研究』, 博英社, 1976에 재수록).

李玉,『高句麗 民族 形成과 社會』, 敎保文庫, 1984.

전호태,「신화와 제의」, 한국역사연구회,『한국 사상사의 과학적 이해를 위하여』, 청년사, 1997.

鄭璟喜,「東明型 說話와 古代社會」,『歷史學報』98, 역사학회, 1983(『韓國 古代社會文化 研究』, 一志社, 1990에 재수록).

池炳穆,「高句麗 成立過程考」,『白山學報』34, 백산학회, 1987.

김유신 金庾信
삼국 통일에 평생을 바친 지용(智勇) 겸비의 명장

서의식 서울산업대학교 교양학부 교수

1. 생애와 업적

김유신(金庾信, 595~673)은 595년(진평왕 建福 17) 아버지 김서현(金舒玄: 김유신 비문에는 '金逍衍'으로 되어 있다)과 어머니 만명부인(萬明夫人) 사이에서 태어났다. 김서현이 만노군(萬弩郡: 지금의 충북 진천) 태수(太守)로 나가 있을 때였으며, 진천에는 김유신의 생가터가 남아 전한다. 생가터에는 그가 태어난 태실 한 동과 팔각정 비석이 있으며, 위쪽에 소년 김유신이 말을 달리고 활쏘기 연습을 했다는 치마대(馳馬臺)와 연보정(蓮寶井)이라는 우물이 있다. 그리고 뒤편으로 태령산(胎靈山)이 있는데, 김유신의 태를 묻은 데서 생긴 이름이라고 한다.

　김서현은 멸망한 가락국(駕洛國)의 왕손으로, 마지막 왕인 구해(仇亥)의 손자이며, 김무력(金武力)의 아들이다. 김무력은 성왕(聖王)이 직접 통솔한 백제군을 관산성에서 맞아 격퇴한 인물로 유명하다. 어렵게 되찾은 한강 하류 지역을 신라에 빼앗긴 데 분격하여 성왕이 관산성을 친 것이었는데, 이

싸움에서 성왕은 도리어 전사하고 말았다. 당시 신주(新州)의 군주(軍主)로 있던 김무력 휘하의 삼년산군(三年山郡: 충북 보은)의 고간(高干) 도도(都刀: 『日本書紀』에는 '苦都'로 나타난다)가 성왕을 포로로 잡은 후 맹약을 어긴 죄를 물어 참수한 것이었다.

한편 만명부인은 갈문왕(葛文王: 신라 때 그 자신이나 자식에게 왕위 계승권을 주기 위해 수여하던 봉작) 입종(立宗)의 아들인 숙흘종(肅訖宗)의 딸이다. 입종은 법흥왕(法興王)의 아우로 진흥왕(眞興王)의 아버지니, 만명의 아버지인 숙흘종은 진흥왕의 아우이다. 따라서 신라 왕실의 중심인물이라 할 수 있는 숙흘종으로서는 몰락한 가야 왕실과 인척관계를 맺는 것이 그리 내키는 일일 수 없었다. 김서현은 길에서 만명을 보고 사랑하여 중매를 거치지 않고 부부관계를 맺었는데, 서현이 만노군 태수로 부임할 때 만명과 함께 가려고 하자 숙흘종이 그제야 딸이 서현과 야합(野合)했음을 알고 딸을 미워하여 딴채에 가두어놓고 사람을 시켜 이를 지키게 했다고 한다. 그러나 갑자기 벼락이 집 문을 쳐서 지키던 사람들이 혼비백산한 틈에 만명이 구멍으로 빠져나가 서현을 따라 만노군으로 갔다. 여기서 벼락 운운은 숙흘종이 내심 서현을 받아들이기로 작정하고, 가야계와의 결합을 부정적으로 생각하는 다른 신라 왕실 사람들을 의식하여 그 결합의 불가피성을 하늘의 뜻으로 돌리기 위해 꾸민 술책일 것이다. 가야계가 신라 정계에서 차지한 위치가 매우 열악했을 보여주는 일화라 하겠다.

김유신은 나이 열다섯에 화랑이 되었는데 그 낭도(郎徒)를 용화향도(龍華香徒)라고 불렀다. 용화향도란 '미륵불의 용화 세계를 여는 무리'라는 뜻으로, 신라 땅에 고통과 죄악이 없는 광명한 세계가 건설되기를 바라는 마음이 담긴 이름이었다. 불경에 의하면, 미륵(彌勒: 범어 Maitreya의 표음. 한역으로는 '慈氏'라 한다)은 현재에는 보살로서 도솔천(Tusita)에서 진리의 법문을 설하고 있는데, 도솔천의 수명으로 4,000세가 지나면 석가모니 다음 세대의 부처님으로 인간 세상에 태어나 용화수(龍華樹) 아래에서 성불하고 3

회에 걸쳐 설법하여 모든 중생을 성불시킴으로써 용화미륵정토 세계를 건설할 것이라고 한다.

김유신은 611년(건복 33)에 나이 열일곱으로 고구려·백제·말갈이 신라의 강토를 침범하여 노략질하는 것을 보고 강개하여 외적을 평정할 뜻을 품고, 홀로 중악(中嶽)의 석굴로 들어가 수련했다. 이때 김유신은 난승(難勝)이라는 이인(異人)을 만나 삼국통일에 쓸 비법을 전수받았다고 한다. 또 이듬해에는 외적이 한층 더 핍박해오므로 홀로 보검을 들고 인박산(咽薄山)에 들어가 "천관신(天官神)은 빛을 내리시어 보검에 영험을 나타내주소서!"라고 기도하니, 사흘째 되는 날 밤에 허성(虛星: 북쪽의 넷째 별자리)과 각성(角星: 동쪽의 첫째 별자리) 두 별의 빛이 환하게 빛나면서 칼에 내려오자 칼이 마치 움직이는 듯하였다고 전한다.

인박산은 『신증동국여지승람』(新增東國興地勝覽) 권21 경주부 산천조에 "부 남쪽 35리에 있다"고 한 것으로 미루어 지금의 울산군 두서면 백운산으로 추정된다. 백운산 북쪽으로 10여km 떨어진 곳에 단석산(斷石山)이 있는데, 『신증동국여지승람』에 따르면 김유신이 신검(神劍)으로 검술을 수련하느라 칼로 베어낸 돌이 수북이 쌓여 있기 때문에 붙여진 이름이라고 한다. 이런 전설을 간직한 단석산이 백운산과 가까운 거리에 있는 것도 백운산이 곧 인박산일 개연성을 높여준다. 속설에는 백운산 감투봉 바로 밑 골짜기가 김유신이 기도하던 곳이라고 전한다.

그런데 여기서 허성과 각성의 빛이 김유신의 칼에 서렸다고 한 사실이 주목된다. 허성과 각성은 이를테면 김유신에게 삼국을 통일할 힘을 준 수호신인 셈인데, 허성은 북방의 현무7수 가운데 하나이고 각성은 동방의 청룡7수 가운데 하나이다. 즉 북방의 별과 동방의 별이 김유신을 도왔다는 말이다. 북방과 동방을 중시하는 관념은 신라인들이 북방에서 내려와 동방에 거주한다는 역사의식을 가진 데서 성립했을 것으로 짐작된다. 그러니 이 설화는 가야계의 김유신이 하늘에서 정통 신라인으로 인정받았다는 의미를 내포하고 있는 셈이다. 김유신은 모계의 영향을 크게 받았고, 스스로도 모계를 중시하여 신라인으로서의 의식을 각성해나간 듯하다.

실제로 김유신은 어머니의 엄한 훈도(訓導)를 받고 자란 사람이었다. 이는 그가 어렸을 때 천관(天官)이라는 여인과 깊은 사랑에 빠졌으나 아무하고나 함부로 교유(交遊)하지 말라는 어머니의 엄훈(嚴訓)을 받들어 결국 냉정하게 단교하고 말았다는 민간 설화를 통해 알 수 있다. 『삼국사기』(三國史記)와 『삼국유사』(三國遺事)에는 천관에 대한 언급이 전혀 보이지 않으나, 이인로(李仁老)의 『파한집』(破閑集) 중권에 두 사람의 이루지 못한 사랑 이야기가 천관사(天官寺)의 기원 설화로 민간에 널리 퍼져 회자되었다고 전한다. 『신증동국여지승람』도 이 설화를 소개했는데, 『파한집』의 관련 내용을 거의 전재(轉載)한 것이다. 천관은 종래 기녀(妓女)로 알려졌으나 최근에는 여사제(女司祭)로 파악하는 견해가 설득력을 얻고 있다. 김유신이 천관녀를 알게 된 것은 인박산에 들어가 천관신에게 기도한 일과도 무관하지 않다는 생각이다.

김유신이 화랑 시절부터 삼국통일의 야망을 가졌음을 전하는 설화는 난승을 만난 이야기나 단석산의 유래와 관련한 이야기 말고도 호국신이 그를 위험에서 구했다는 이야기가 또 있다. 『삼국유사』에는 낭도 가운데 백석이라는 사람이 있어 김유신을 꾀어 고구려로 들어가려 했으나 내림(奈林)·혈례(穴禮)·골화(骨火) 등 세 곳의 호국신이 나타나 그를 말렸기 때문에 위기를 모면했다는 설화가 전해 내려온다. 백석은 고구려 왕이 김유신을 제거하기 위해 파견한 첩자였다는 것이다. 고구려 왕이 추남이라는 점쟁이를 죽였는데 그가 죽으면서 대장으로 다시 태어나 고구려를 멸망시키리라고 예언했고, 왕의 꿈에 추남이 김서현의 부인 품속으로 들어갔으므로 그가 김유신으로 환생한 것을 알고는 백석을 보내게 된 것이었다고 한다. 이 설화의 줄거리를 그대로 사실이라 믿을 수는 없지만, 고구려가 일찍부터 김유신을 주목하고 있었다는 것은 개연성이 있는 내용이라 여겨진다. 삼국이 서로 첩자를 파견하여 적국의 동정을 살피는 단순한 첩보 수집 차원을 넘어, 큰 인물로 성장할 가능성이 있는 적국의 인재는 더 자라기 전에 제거하거나 포섭해 들이며, 적국 정치 세력의 분열을 조장하고, 적국의 정책을 국력 소모의 방향으로 유도하는 등 적극적인 비밀 정보 활동을 활발히 전개하고 있었음을 전하는 자료가 적지 않다.

김유신의 생애에서 큰 전환점이 된 사건은 역시 그의 여동생인 문희를 김춘추(金春秋)에게 시집보내는 데 성공한 일이었다. 김춘추를 매제로 삼아야겠다는 것은 김유신의 책략이었고, 우여곡절 끝에 가까스로 성사된 일이었다. 김춘추가 이 혼인을 주저했기 때문이다.

김유신 가문은 가락국의 마지막 왕자였던 할아버지 김무력 이후 조금씩 쇠락하는 추세였다. 김무력은 각간(角干: 신라 제1위 관등)에 올랐지만 아버지 김서현은 숙흘종의 사위였음에도 불구하고 소판(蘇判: 신라 제3위 관등, 迊湌의 다른 이름)에 그쳤다. 게다가 선덕여왕(善德女王)이 즉위하면서 국내 정치 동향은 귀화인에게 매우 불리한 방향으로 전개되었다. 후계를 둘러싼 정쟁(政爭)과 그 결과에 따른 정치 세력의 대대적인 재편이 예상되는 시점이었던 것이다. 세력 기반이 미약하므로 이런 변화에 유리할 리 없는 귀화인 가문으로서는 유력한 신라 왕실 가문과 인척관계를 맺어 유대를 강화할 필요가 절실했다.

성골(聖骨) 남자가 없었으므로 진평왕의 딸인 덕만(德曼) 공주가 왕위에 오르게 되었는데, 신라 정계 일부에서는 여자가 왕위에 오른 사실에 대해 좋지 않은 인식이 팽배했다. 당나라가 이런 부정적인 인식을 부추기고 있었다. 당 태종은 신라 사신에게 "너희 나라는 부인을 임금으로 삼아 이웃 나라에게 업신여김을 당하고 있으니, 이는 임금을 잃고 도적을 맞아들인 격"이라는 극언도 서슴지 않았다. 정변의 우려가 상존하는 속에서 정국은 매우 불안했고, 설사 정변이 일어나지 않는다고 하더라도 성골이라고는 국반(國飯) 갈문왕의 딸인 승만(勝曼)밖에 없는 상황이었기 때문에 조만간 진골(眞

骨) 중에서 왕이 나올 수밖에 없었다. 따라서 왕위를 노리는 진골들 사이에 큰 다툼이 일어나리라는 것은 불을 보듯 뻔한 일이었다.

신라의 정치 세력은 각자가 지지하는 진골 유력자를 둘러싸고 사분오열 될 것이 뻔했다. 물론 정국의 추이에 따라 차기 왕위 계승자가 점차 선명하게 부각될 것이고, 그를 지지하는 정치 세력의 규모도 점증할 터였다. 그렇지만 김유신이 그 유력자 편에 선다고 해도 귀화인인 그를 대단하게 알아줄리 만무했다. 여러 사람이 늘어서 있는 줄 한켠에 끼는 것은 그의 활로가 아니었다. 다른 사람이 아직 주목하지 않는 인물을 골라 그 사람을 왕위에 올림으로써 최고의 공신(功臣)이 되는 길만이 가문의 번영을 보장받는 길이었다. 이에 김유신이 주목한 이가 김춘추였다.

김춘추는 폐위되어 성골에서 제외된 진지왕(眞智王)의 손자로, 아버지 용춘(龍春)과 어머니 천명부인(天明夫人) 사이에서 태어났다. 천명부인은 진평왕(眞平王)의 딸로서 선덕여왕과는 자매였다. 『삼국사기』와 『삼국유사』는 용춘을 용수(龍樹)라 하기도 한다며 용춘과 용수가 동일인에 대한 다른 표기인 듯 기록했으나, 필사본 『화랑세기』(花郎世記)에는 형제로 나온다. 그러고 보면 『삼국사기』와 『삼국유사』가 이설(異說)을 소개하면서 쓴 '일운'(一云)이나 '일작'(一作)은, 용춘이 아니라 용수라는 설도 있다는 의미로도 해석할 수 있는 표현이다. 용수는 622년에 이찬으로 내성(內省) 사신(私臣)이 되었고, 용춘은 629년에 대장군으로 고구려 낭비성 공격을 지휘했다(『삼국사기』). 두 사람이 동일인이든 아니든, 당시의 신라 정계에서 매우 유력한 위치에 있었던 것만은 분명하다. 필사본 『화랑세기』에는 두 사람 모두 선덕여왕과 각별한 사이였던 것으로 되어 있다. 하지만 그렇다고 해서 김춘추가 왕위 계승 서열에서 상위를 차지하였다고 보기는 어렵다. 무엇보다 폐왕의 후손이었기 때문이다. 왕을 폐위시킨 이들이 집권하는 상황에서 폐왕의 후손에게 상위의 왕위 계승권을 부여했을 리는 없었을 것이다.

여기서 김유신과 김춘추의 처지를 살피면서 선덕여왕대의 사정을 운위

(云謂)하는 이유는, 김유신이 일을 꾸며 문희의 임신 사실을 선덕여왕이 알도록 했기 때문에 그동안 혼인을 주저하던 김춘추가 어쩔 수 없이 문희를 아내로 맞아들이게 되었던 것이라고 『삼국유사』가 기록했기 때문이다. 김춘추가 문희와 혼인한 때가 선덕여왕이 재위 중이던 시기이다. 선덕여왕이 632년에 즉위했으니, 603년에 태어난 김춘추가 30세로 접어들던 때였던 셈이다. 그런데 이때 김춘추는 이미 딸이 있었던 것으로 보인다. 642년에 백제가 대야성을 공격하여 도독(都督) 김품석(金品釋) 부부를 죽였는데, 김품석의 처 고타소랑(古陁炤娘)이 김춘추의 딸이었다(『삼국사기』 41, 김유신열전). 즉, 김춘추가 문희와 혼인한 것이 선덕여왕 원년의 일이고, 김품석의 처가 바로 이때 뱃속에 있던 아이라고 한다면 기껏 열한 살에 불과한 나이에 도독의 처로 죽은 것이 된다. 따라서 그녀는 문희가 낳은 딸이 아니었다고 판단하는 것이 온당하다. 그렇다고 해서 김춘추가 정식으로 결혼한 경력이 있었다고도 여겨지지 않는다.

신라의 결혼 풍습이 석연히 밝혀지지 않고 있지만, 남녀가 정식으로 결혼하지 않고도 부부관계를 갖거나 유지하는 경우가 흔했던 것은 분명하다. 서현이 만명과 야합했다는 것도 그런 풍속과 무관하지 않을 것이다. 또 야합으로 인해 탄생한 자식이라도 그 아버지를 공식적으로 밝히는 것이 관행이었던 것 같다. 『삼국유사』는 김춘추에게 서자(庶子) 셋이 있었고 딸까지 합하면 다섯이었다고 적었는데, 고타소랑은 그 딸 중 하나가 아니었나 싶다. 그런데 필사본 『화랑세기』에는 김춘추가 문희와 혼인하기 전에 보랑이라는 여인과 살았고, 둘 사이에서 고타소가 태어난 것으로 되어 있다. 매우 그럴듯한 이야기다. 그렇지만 또 필사본 『화랑세기』는 김춘추와 문희의 혼인을 선덕이 공주 시절에 했던 일로 기록했다. 필사본 『화랑세기』의 진위 여부가 아직 불확실한 현시점에서는 어느 쪽이 맞는지 확언할 수 없는 형편이다.

어떻든, 김유신이 먼 훗날을 내다보고 김춘추에게 계획적으로 접근했으며 주변의 상황을 교묘히 이용하여 혼사를 성사시켰다는 이야기의 개요는 거의 사실이리라 판단된다. 김유신은 매우 지혜로운 사람이었다는 것이 사서가 전하는 그의 기본 성격인 까닭이다. 진덕여왕(眞德女王) 때 알천·임종·술종·무림·염장·유신 등이 남산 오지암에 모여 나랏일을 의논하였는데, 모인 사람들이 앉은 채 호랑이를 때려잡은 알천의 완력보다 김유신의 위엄에 복종했다는 이야기가 대표적이다. 위엄은 지혜 있는 사람한테서 느끼는 법이다. 김유신이 평생 한 번도 패전하지 않았다는 사실도 그의 책략이 무궁하였음을 방증해주는 일면이라 하겠다.

김춘추는 김유신을 처남으로 삼고 김품석을 사위로 삼아 정치적·군사적 세력 기반을 다졌다. 따라서 김품석 부부의 죽음은 왕위에 도전하고 있던 김춘추에게 큰 타격이 아닐 수 없었다. 김춘추는 이 소식을 접하고서 기둥에 기대어 서서 종일토록 눈도 깜짝이지 않았고, 사람이나 물건이 앞을 지나쳐도 전혀 무감각했다고 한다. 그 충격의 강도를 잘 말해주는 대목이다. 딸의 죽음이 슬퍼서이기도 했겠지만, 잃어버린 세력 기반의 반쪽을 벌충할 정치적 대안을 찾기 위해 부심했을 수도 있겠다. 김춘추는 마침내 묘책을 강구해냈다. 고구려에 대한 청병(請兵)이었다. 고구려 군사력을 빌려 백제를 친다면 사적으로는 원한을 갚고, 공적으로는 신라 정계에 자신의 정치적 역량을 과시할 수 있을 터였다. 고구려 군사력을 자신의 군사적 기반으로 삼게 되는 셈이기도 했다. 난관이 예상되지만 청병이 성사될 가능성도 없지 않아 보였다.

김춘추는 내물왕(奈勿王) 때 왜병의 침입을 받은 신라를 고구려가 기병을 보내 구원했던 일과 진흥왕(眞興王)이 백제가 차지한 한강 하류 지역으로 군사를 움직일 때 고구려의 양허를 받았던 일 등을 떠올리고, 또 신라인들이 한때 '아잔'(我殘)이라고 불렀던 동족(同族)의 후예가 평양 지역의 유력 세력으로 남아 있는 사실에 주목했을 것이다. 그리고 주변의 국제 정세가 고구려로 하여금 신라와 제휴할 필요성을 느끼게 만들고 있다고 판단했을 법하다. 당나라는 이태 전 고창국(高昌國: 동 투르키스탄의 투루판 분지에 있던 나라)을 정벌하여 서역 평정에 성공한 후 방향을 돌려 노골적으로 고구려를 압박하고 있었기 때문이다. 당나라의 위협에 당면한 고구려로서는 무엇보다 남쪽 국경의 안정이 필요할 테고, 실질적으로 국경을 맞대고 있는데다 한때 긴밀한 동맹관계를 가졌던 신라가 고구려 남경(南境)의 안정을 보장하고 나선다면 고구려로서는 신라의 제안을 굳이 마다할 이유가 없다고 판단했을 것이다. 그러나 이는 오판이었다.

642년, 고구려에서는 정변이 일어나 연개소문(淵蓋蘇文)이 집권했다. 그는 막리지(고구려 때 군사와 정치를 통틀어 다스리던 벼슬)로서 병권뿐 아니라 국가의 기밀 사무를 총괄했기 때문에 신라 지배 세력의 동향을 환히 알고 있었다. 김춘추의 청병이 신라 지배 세력 전체의 여망이기보다 개인의 정치적 필요에 따른 것이라는 사실을 모를 리 없었던 것이다. 더구나 고구려는 일찍부터 김유신에 주목하고 있었으므로 그와 결탁한 김춘추를 위험인물로 지목하던 차였다. 그리고 이미 고구려는 백제로 하여금 신라의 측면을 지속적으로 공격하게 하여 신라가 준동하지 못하도록 만들어 남쪽 국경을 안정시키고 있었다. 대야성 공격도 그 일환으로 추진된 일이었다. 이런 상황에서 신라를 새 동반자로 택해 백제에 대한 지원을 거두는 것은 국제적 신의를 저버리는 행위였고, 영류왕(榮留王)을 시해하고 집권한 까닭에 당나라에게 그 부도덕성을 징계하겠다는 압력을 받고 있던 연개소문으로서는 정치적으로 굳이 위험을 자초할 이유가 없는 일이었다.

연개소문은 보장왕(寶臧王)을 내세워 신라에 대한 병력 지원의 대가로, 신라가 고구려에서 빼앗아간 죽령(竹嶺) 서북의 땅을 반환할 것을 요구했다. 이는 첫째, 청병이 신라 지배 세력 전체의 요구인가를 확인할 수 있고, 둘째, 들어줄 때는 실익을 취할 수 있으며 듣지 않을 때는 고구려에 대한 기만을 구실로 김춘추를 억류할 수 있는 일석이조의 방안이었다. 김춘추가 이 요구에 난색을 표한다면 이번 청병은 그의 사적인 행동임이 명백하므로, 설사 그를 제거한다고 해도 신라가 고구려에 문책할 까닭이 없는 일이었다.

역시 고구려의 예상대로 김춘추는 그것이 무리한 요구임을 강변하였고 결국 억류되고 말았다. 이에 김춘추는 고구려 왕의 총신(寵臣) 선도해(先道解)에게 청포(靑布) 300보(1步＝6尺)를 건네고 목숨을 구해달라고 청했다. 이는 김춘추가 혼자 몸으로 고구려에 들어가면서 그 사회가 뇌물이 통하는 사회라는 사실에 유념하고 미리 준비해둔 자금이었다. 일반포 1필에 조(租)가 30~50석이던 때라고 하니 청포 300보는 요즘 시세로 수십 억대에 해당하는 큰 액수이다. 그러나 이를 받은 선도해는 김춘추에게 한 이야기를 들려주었을 뿐이었다. 저 유명한 「별주부전」(鱉主簿傳)의 근원 설화인 '귀토지설' (龜兎之說) 이었다. 이는 최고 수준의 외교관이 되려고 생각하는 사람은 지금도 몇 번이고 곱씹어 음미하는 설화이다. 우리는 여기서 세 치의 혀를 놀려 사지(死地)에서 탈출하는 비책을 기본 상식처럼 알고 있는 고구려의 외교 수준에 주목할 필요가 있다.

사실 김춘추는 고구려의 속셈을 안 이상 그들과 더 이상 시비를 가릴 이유가 없었다. 고구려가 요구한 땅을 돌려주마고 약속하고 귀국해버리면 그만인 일이었다. 그것은 속임수라든가 부도덕함과는 전혀 다른 문제였다. 그런데도 김춘추가 억류되고 말았다는 것은 그가 후진국 출신으로서 정직함만을 지녔을 뿐 국제적인 안목을 지니지 못했음을 의미한다. 당시 고구려와 신라의 외교 수준의 차이, 나아가 문화적 낙차가 대단히 심했음을 단적으로 보여주는 일화라 하겠다. 구명(救命)의 대가로 거액의 뇌물을 받은 선도해는 자기 힘으로 탈출할 수 있는데도 제대로 대응하지 못하고 억류되어 거액을 쓰는 김춘추가 가소로워 보였을 것이다. 이 정도의 능력밖에 지니지 못한 인물이라면 풀어주어도 고구려에 크게 해될 것이 없다고 자의적으로 판단했는지도 모른다.

김춘추는 이 일을 계기로 가족적·족벌적·지방적 문화 능력이 갖는 후진성에서 벗어나 국제적인 시야를 가질 수 있었다. 동북아시아 전반의 정세

속에서 신라의 위치를 파악하고 신라 문화의 성격에 대한 나름대로의 안목을 지니게 된 것이었다. 또한 그는 외교의 본질이 이해관계로 상대방을 설득하는 것이 아니라, 상대방이 원하는 것을 정확히 간파하여 그것을 이용함으로써 자신이 원하는 것을 얻는 것이라는 사실도 깨달았다. 개인 차원의 도덕률과 국제 외교에서의 가치는 별개의 문제였고 또 그래야 마땅했던 것이다.

김춘추는 결국 죽령 서북의 땅을 반환하겠다고 약속했고 고구려는 그를 석방했다. 물론 고구려가 김춘추의 약속을 믿은 것은 아니었고 다시 다른 구실을 내세워 김춘추를 계속 억류할 수도 있었으나 그러지 않았다. 김유신이 1만의 군사를 이끌고 한강을 넘어 북상하고 있다는 첩보가 들어왔기 때문이었다. 고구려는 당과의 결전에 대비하지 않을 수 없는 처지에서 신라와의 관계를 굳이 악화시킬 이유가 없었던 것이다. 김춘추를 놓아보내지 않는다면, 그를 잃는 것이 곧 미래를 잃는 것이었던 김유신이 필시 결사적으로 공격해올 터였다. 이는 그다지 두려운 일이 아니라고 해도, 적어도 성가신 일인 것은 분명했다.

김유신은 642년에 압량주(押粱州: 지금의 경산) 군주가 되었고, 644년에는 50세의 나이로 소판에 올랐다. 아버지 김서현이 올랐던 최고 관등이었다. 김유신이 백제와의 여러 차례 싸움에서 많은 전공을 세운 것은 사실이지만, 김춘추와 김유신에 대한 선덕여왕의 신뢰와 지원은 이미 정도를 넘어서고 있었다. 당연히 내물왕계의 진골 귀족들 사이에 불만이 고조되었다. 647년 정월에 일어난 '비담(毗曇)과 염종(廉宗)의 난'은 이것이 표출된 결과였다.

비담은 난을 일으키기 1여 년 전부터 상대등(上大等)으로서 국정을 총지(摠持)해오던 이였다. 을제(乙祭)와 수품(水品)에 이어 선덕여왕대 세번째 상대등이었다. 비담에 대해 다른 기록이 전하지 않아 확실하게는 알 수 없으나, 이 시기 상대등이 진골 귀족을 대표하는 최고위직이었고 '비담'이 불교식 이름인 것으로 미루어, 그는 많은 지지 세력을 거느린 유력한 왕족의 한 사람으로서 차기 왕위를 염두에 두고 있던 인물임이 분명하다. 그러한 비담으로서는 김춘추의 외교 능력과 김유신의 군사적 기반이 어우러져 영향력 있는 정치 세력으로 급성장하고, 여왕마저 이들을 자별(自別)하게 대하자 위기감을 느끼지 않을 수 없었을 것이다. 김춘추와 김유신이 진덕을 다음 왕으로 밀었기 때문이다. 진덕이 왕위에 오르고 그녀를 후원한 김춘추 등이 세력을 더욱더 확대해 나간다면, 왕위에 대한 비담의 희망은 완전히 물거품이 되고 말 형세였다. 이에 비담이 염종 등 지지 세력을 규합하여, "여왕은 나라를 제대로 다스리지 못한다"는 기치를 내걸고 명활성(明活城)을 근거로 반란을 일으켰다.

김유신은 월성(月城)에서 선덕여왕을 호위하여 반군에 맞섰고, 10여 일의 공방 끝에 난을 진압했다. 그러나 선덕여왕이 이 난리의 소용돌이 속에서 재위 16년 만에 죽고 말았다. 사인(死因)은 분명하지 않으나 시해(弑害)를 당한 것 같지는 않다. 진덕이 왕위를 이었다. 진덕여왕은 즉위 직후 이찬(伊湌: 신라의 17등 관계 가운데 두번째 관위) 김알천(金閼川)을 상대등으로 임명해 국정을 맡겼으나 이찬 김춘추와 대장군 김유신에 대한 신망이 더 깊었다. 648년(진덕왕 2), 김춘추가 청병을 위해 당에 사신으로 들어갔을 때 당 태종이 김유신의 명성을 들었다며 그 사람 됨됨이를 물을 정도였다. 당에서도 두 사람을 주목하고 있었던 것이다. 김춘추는 나당(羅唐) 군사 동맹을 성사시키고 귀국했다.

김춘추의 사행(使行) 기간에 김유신은 백제를 쳐서 김품석 부부의 뼈를 되찾고 악성(嶽城) 등 12개 성을 빼앗은 공으로 이찬에 올랐으며, 상주행군대총관(上州行軍大摠管)이 되었다. 신라는 국경에서 백제와 자주 충돌했고, 그때마다 김유신이 신라군을 지휘했다. 649년(진덕왕 3) 8월에 백제의 좌장(左將)인 좌평(佐平: 백제의 16품 관위 가운데 가장 높은 1품관) 은상(殷相)이 석토성(石吐城)을 공격해왔을 때에는 열흘이 지나도록 승패가 결정되지 않은 가운데 군사들의 시신이 들판에 가득 차고 흐르는 피로 방패가 떠내려 갈 지경이었다고 하니, 이때의 전투가 나제(羅濟) 양국의 국운을 건 치열한 전투였음을 가히 짐작할 수 있다. 김유신은 결국 이 싸움을 승리로 이끌었다. 은상 등 여러 장수를 잃은 백제는 매우 심각한 타격을 입어 이후로는 독자적으로 신라에 대한 공격을 감행하지 못했다.

654년 3월에 진덕여왕이 재위 8년 만에 세상을 떠나고 김춘추가 왕위에 올랐으니 이가 태종무열왕(太宗武烈王)이다. 처음엔 여러 신하들이 이찬 김알천을 왕으로 추대했으나 그가 사양하며 대신 김춘추를 추천했다고 한다. 김알천이 그에게 돌아온 왕위를 사양할 수밖에 없었던 데에는 무엇보다 김유신의 역할이 컸으리라 추측된다. 석토성 전투를 승리로 이끌어 백제에 결정적인 타격을 가함으로써 정치적으로도 막대한 영향력을 갖게 된 김유신이 동의하지 않는다면 설령 즉위하더라도 제대로 왕권을 행사하기가 어려운 형세였다.

김춘추는 왕위에 오르자 이방부의 법(理方府格) 60여 조를 고쳐 정하여 인사권을 완전히 장악하고, 백제를 병합하기 위한 계획을 본격적으로 추진하기 시작했다. 이듬해(655년) 정월에 고구려가 백제·말갈과 연합하여 신라의 33개 성을 빼앗은 일이 직접적인 계기가 되었다. 9월에는 김유신이 백제를 쳐들어가 도비천성(刀比川城)을 빼앗았다. 이때 김유신은 백제왕과 신하들이 무도(無道)하여 사치와 방탕을 일삼는 것을 보고 태종무열왕에게 백제를 토벌할 시기가 임박했음을 진언했다고 한다.

그리고 10월, 김유신은 61세라는 노년의 나이에 왕녀 지조(智照)를 아내로 맞았다. 지조는 김춘추의 셋째 딸이었는데, 김유신에게는 생질녀이기도 했다. 훗날 김유신은 지조와의 사이에서 아들 다섯과 딸 넷을 두었다. 맏아들이 이찬 삼광(三光), 둘째 아들은 소판 원술(元述), 셋째 아들은 해간(海干) 원정(元貞), 넷째 아들은 대아찬 장이(長耳), 다섯째 아들은 대아찬 원망(元望)이었다.

660년 정월 김유신은 66세로 상대등에 올랐다. 가야 출신이 신라 최고의 관직에 오른 것이다. 약관의 나이부터 치밀하게 계획하고 노력한 대로 김춘추를 왕위에 올리고 얻은 한평생의 결실이었다. 이제 김유신에게 마지막 남은 소망은 삼국통일의 위업을 달성하는 일뿐이었다.

당나라에서도 3월부터 본격적으로 백제를 정벌하기 위한 부대 편성에 착수했다. 같은 해 6월 소정방(蘇定方)이 이끄는 당군이 덕물도(德物島: 지금의 덕적도)에 도착했다. 7월 10일에 신라군과 합세하여 웅진(熊津)을 치겠다는 것이 소정방의 작전 계획이었다. 이에 신라에서도 백제를 향해 부대를 움직이기 시작했다. 상대등 김유신이 직접 대장군이 되어 장군 김품일(金品日), 김흠순(金欽純: 金欽春이라 쓰기도 함, 김유신의 아우) 등과 더불어 5만의 병력을 지휘했다. 그러나 이들은 황산벌에서 백제 장군 계백(階伯)의 부대와 맞닥뜨렸다. 그 수는 비록 5천에 불과하였지만, 죽음을 각오하고 신라군을 맞은 백제병의 위세는 대단했다. 네 차례를 접전하였으나 오히려 신라의 전세가 불리하였다고 한다.

신라군은 비상 대책을 강구했다. 장군 김흠순과 김품일이 각기 아들을 단기(單騎)로 적진에 뛰어들게 하여 군사의 사기를 격동시킨다는 것이었다. 이에 김흠순의 아들 반굴(盤屈)과 김품일의 아들 관창(官倉)이 차례로 적진을 향해 돌진하였으며, 힘껏 싸우다 결국 장렬히 전사했다. 그러나 『삼국사기』 열전에는 관창만 실려 있다. 어린 관창이 생포되었다가 풀려나와 다시 적진에 뛰어들어 죽는 과정이 전기(傳記)로서 극적인 요소를 지녔고, 실제로 그의 죽음이 신라군의 사기를 북돋우는 직접적인 계기가 되었다고 본 결과이다. 그러나 그렇다고 하더라도 같은 전장(戰場)에서 이루어진 같은 죽음이었다는 점에서 반굴의 무용(武勇)이 관창보다 못하다 하기는 어려운 것이 사실일진대, 유독 관창만 대서특필한 것을 공정한 처사라고 보기는 곤란할 것이다. 여기에는 물론 『삼국사기』 찬자(撰者)의 시각도 일정 부분 관여했겠지만, 원래 신라인들이 관창의 무용을 더 높이 평가하고 그에 관해 기록을 자세히 남긴 사실이 작용했다고 여겨진다. 즉 당대의 신라인들이 반굴의 죽음을 홀시(忽視)한 것이다. 그리고 그 원인은 무엇보다 반굴이 가야계 인물이었다는 사실이 아닌가 여겨진다. 신라 정계에서 차지하는 가야계의 입지가 바로 이러하였던 것이다.

마침내 신라군은 백제의 결사대를 격파했으나, 황산벌 전투로 말미암아 당나라와 약정한 기일보다 하루 이틀을 더 지체하여 도착했다. 소정방은 이를 구실로 내세워 신라 독군(督軍) 김문영(金文穎)을 영문(營門)에서 목베려 하였다. 신라군에 대한 지휘권도 소정방 자신에게 있음을 천명하고 그 위엄을 과시하려 한 것이었다. 김유신은 이런 처사를 자신과 신라군에 대한 참을 수 없는 모욕으로 생각하고, "먼저 당군과 결전한 후에 백제를 쳐부수겠다"며 결연한 태도를 보였다고 한다. 『삼국사기』는 분개한 김유신이 부월(斧鉞: 옛날 중국에서 천자가 제후에게 또는 출정하는 장군에게 생살권과 통솔권의 상징으로 주던 도끼)을 잡고 군문(軍門)에 섰는데 "성난 머리털이 꼿꼿이 일어서서 세워진 것 같고 허리의 보검은 저절로 칼집에서 튀어나왔다"고 기록했다. 이에 기가 질린 소정방이 김문영에 대한 문책을 철회했음은 물론이다. 김유신의 자존과 자주 의식을 넉넉히 엿볼 수 있는 일화라 하겠다.

나당 연합군이 백제의 수도인 사비성(泗沘城)을 직접 공격하기 시작한 것은 예정보다 이틀 늦은 7월 12일이었다. 의자왕(義慈王)은 겨우 1주일도 버티지 못하고 18일에 항복하고 말았다. 수도가 공격을 받는데도 지방에서 구원병이 오지 않았으니 백제의 멸망은 지배층의 분열로 인한 자멸이었다고 할 만하다. 나라가 망하여 모든 지배 기반이 붕괴된 후에도 수년에 걸친 부흥운동(復興運動)이 가능했던 백제였다.

백제를 멸한 후, 소정방은 김유신과 김인문(金仁問), 김양도(金良圖) 세 사람에게 자기가 가진 편의종사권(便宜從事權: 임금이 사신을 보낼 때 어떤 결정적인 지시를 내리지 않고 가서 형편에 따라 하도록 맡긴 권리)으로 이번에 빼앗은 백제 땅을 식읍(食邑)으로 주겠노라고 말했다. 당나라에 협조하라는 회유였다. 당은 백제에 이어 비밀리에 신라를 상대로 일을 꾸미려 계획하고 있었던 것이다. 세 사람은 의리에 합당하지 않다는 이유를 들어 이를 단호히 거절했다. 그리고 당군과 맞설 채비를 했다. 신라가 당의 도움으로 적국을 멸망시켰으므로 당에 정면으로 맞서는 것이 도리는 아니지만, 국난을 당하고서도 스스로를 구원하지 않는다는 것은 있을 수 없는 일이니 백제의 복장을 입고 대적하자는 논의가 오갔다. 당군은 신라에 방비가 있음을 정탐해 알고 신라를 치지 못한 채, 사비성에 1만의 군사를 잔류시키고 회군했다.

당 고종(高宗)이 복명(復命)한 소정방에게 내쳐 신라를 치지 않은 이유를 묻자, 소정방은 "신라의 임금은 어질어 백성을 사랑하고 그 신하들은 충성으로써 나라를 받들고 아랫사람은 윗사람을 친부형처럼 섬기고 있으므로 비록 나라는 작지만 도모할 수가 없다"고 답했다고 한다. 신라 사회의 문화가 뇌물을 이용한 회유나 무력을 앞세운 위협으로 쉽게 분열되지 않는 건강함을 지녔음을 전하는 일화이다. 김유신은 훗날 고구려 공략전에 참가하는 아우 김흠순과 조카 김인문에게 "지금 우리 나라는 충절과 신의로써 존재하고, 백제는 오만함으로써 멸망하였으며, 고구려는 교만함으로써 위태롭게 되었다. 지금 우리는 정직함으로 그들의 굽은 것을 치는 것이니 반드시 뜻을 이룰 수 있을 것이다"라고 일렀다. 그는 국운(國運)을 좌우하는 가치가 무엇보다 '충절과 신의', '정직함'에 있음을 깨달은 위인이었다.

김유신은 660년 백제를 멸망시킨 공으로 대각간(大角干)이 되었다. 신라 최고의 관등인 각간(角干)으로는 그 공을 포상하기에 미흡하다고 여겨, 각간 위에 대각간이라는 비상위(非常位)를 첨설(添設)하여 이를 수여한 것이었다.

나라는 멸망하고 왕은 당으로 끌려갔으나, 백제의 부흥을 위한 유민(遺民)의 항쟁이 매우 치열하게 전개되었다. 신라는 7천 명의 군사를 사비성에 주둔시켜 당군의 방비를 도우며, 각지에서 일어난 부흥운동에 가담한 옛 백제의 성들을 진압하기 시작했으나 여러 곳에서 고전했다. 또 신라의 주력

부대가 옛 백제 지역으로 쏠린 틈을 타서 고구려가 공격해왔으므로 이를 막는 데도 분주했다. 이런 전란의 와중인 661년 6월, 신라의 태종무열왕이 죽고 그 아들 김법민(金法敏)이 왕위에 올랐다. 그가 바로 백제 정벌에 직접 참가하여 큰 공을 세우기도 했던 문무왕(文武王)이다.

문무왕이 즉위할 무렵, 고구려에 대한 당나라의 공격이 본격화되었다. 신라에서도 7월 17일에 김유신을 대장군으로 당대의 유력한 진골 귀족 다수를 장군·총관으로 삼아 대군(大軍)을 파견하여 응원했다. 8월에는 상중(喪中)인 문무왕도 여러 장수와 함께 출정했으나 시이곡정(始飴谷停)에 이르렀을 때 옹산성(甕山城)에 웅거한 백제 부흥군에 막혀 더 나아가지 못했으며, 이를 격파한 후에도 진군하지 않았다. 후방의 부흥군이 큰 위세로 성장하고 있었으므로 그 동태를 살피며 군사력을 운용하는 데 신중하기 위해서였다. 김유신 등은 군사들을 쉬게 하고 후명(後命)을 기다렸다.

662년 정월, 김유신은 김인문·김양도 등 아홉 장군과 함께 평양으로 군량을 수송하는 책임을 맡았다. 소정방이 이끄는 당군이 평양성을 포위했으나 군량이 끊어져 위기에 처한 채 구원을 요청했기 때문이었다. 68세의 고령에 기동성이 전혀 없는 2천여 차량을 이끌고 엄동설한의 빙판길을 지나 적진을 돌파하는 임무였기 때문에 큰 고초와 희생이 따랐으나 김유신은 결국 임무를 완수해냈다. 누구도 엄두를 내지 못해 주저하던 일을 김유신이 자청하여 이룬 것이었다. 그러나 소정방이 군량을 받고는 돌연 전쟁을 멈추고 회군하는 바람에 김유신 또한 하릴없이 철수하고 말았다.

663년 4월, 당은 신라를 계림 대도독부로 삼고 왕을 계림주 대도독으로 임명했다. 신라를 당의 직할령으로 편입하는 치욕적인 조처였으나, 백제의 부흥군을 진압해야 했고 고구려 정벌 또한 눈앞에 두고 있던 신라로서는 이 조처를 일단 수용할 수밖에 없었다.

한편 옛 백제의 장수인 복신(福信)과 도침(道琛)이 주축을 이룬 백제 부흥군은 이해 5월, 왕자인 부여풍(扶餘豊)을 새 왕으로 삼고 크게 위세를 떨쳤다. 그러나 곧 이들 사이에 권력다툼이 일어나 복신이 도침을 죽이는 등 혼란에 빠졌는데 나당 연합군은 이 틈을 타 총공세에 나섰다. 백제 부흥군은 1천척의 선박을 거느린 왜의 수군까지 와서 구원했으나, 주요 근거지인 주류성(周留城: 지금의 충남 홍성)을 함락당하고 궤멸했다. 겨우 임존성(任存城)만 항복하지 않고 남아 계속 항전할 뿐이었다.

664년 정월, 김유신이 70세의 나이가 되었으므로 벼슬에서 물러나기를 청했으나 문무왕이 이를 받아들이지 않고 안석(案席)과 지팡이를 내려주었다. 3월에는 웅진 도독 유인원의 가혹한 수취와 약탈에 반발한 백제 유민들이 다시 사비산성에 웅거하여 반기를 들었으나 곧 진압되었다. 유인원의 군사가 여러 날이 되도록 이들을 이기지 못하였으나 김유신이 남모르는 전법을 가르쳐주어 이기게 해준 것이었다.

666년 4월, 백제의 부흥군이 평정되었고 마침 연개소문이 죽어 고구려 지배체제에 일대 혼란이 일자 이 틈을 노린 신라의 문무왕이 당나라에게 고구려를 치자고 제의했다. 당 또한 이 절호의 기회를 놓칠 리 없었다. 앞서 644년에 당 태종이 직접 고구려 정벌에 나섰다가 안시성(安市城)에서 낭패를 본 뒤 몇 차례 고구려를 공격했으나 별 소득이 없어, 고구려를 칠 기회를 노려오던 당이었다. 12월, 당은 이적(李勣)을 요동도 행군대총관으로 삼고 침공을 재개했다. 이에 연개소문(淵蓋蘇文)의 아우 연정토(淵淨土)가 싸우지도 않고 투항했다. 연개소문이 죽은 뒤 맏아들 남생(男生)이 막리지가 되었으나 아우인 남건(男建)·남산(男産)과 권력을 다투다가 패배하고 당으로 달아난 데 자극되어 연정토 또한 투항하고 만 것이었다.

신라는 667년 8월에 국왕이 직접 대각간 김유신 등 30명의 장군을 거느리고 왕경을 나와 고구려를 향해 북진하기 시작했다. 9월에 한성정(漢城停)에 이르러 당장(唐將) 이적을 기다리다가 출병을 독촉하는 서찰을 받고 11월에 장새(獐塞)에 이르렀으나, 이적이 철군했다는 소식을 듣고 회군했다. 668년 정월, 당은 우상(右相) 유인궤(劉仁軌)를 요동도 부대총관으로 임명하고 김인문을 부관으로 삼아 고구려를 다시 공격했다. 신라는 6월 들어 국왕이 여러 도의 총관들을 거느리고 당나라 군영으로 진군했다. 이때 김유신은 대당 대총관(大幢大摠管)에 임명되어 있었으나 74세의 노구로 풍병을 앓고 있었으므로 왕은 그를 서울에 머물며 국정을 살피게 했다. 9월 21일, 나당 연합군에 의해 포위된 평양성이 마침내 점령되었다. 고구려가 멸망한 것이었다.

고구려를 평정한 신라는 논공행상(論功行賞)을 행하여 10월 22일에 김유신에게 태대각간(太大角干)이라는 벼슬을 내렸다. 대각간에 '태' 자를 더하여 한 등급을 더 올린 관등명이었다. 이로써 김유신은 소년 시절부터의 염원을 모두 이루었다. 그리고 673년 7월 1일, 삼국통일의 영웅 김유신은 향년(享年) 79세로 자택의 정침에서 세상을 떠났다.

2. 역사적 평가

김유신은 10권의 『삼국사기』 열전 중 3권을 차지하는 인물이다. 삼국통일에 기여한 그의 업적이 그만큼 크게 역사적 평가를 받은 셈이다. 『삼국사기』는 고려 사람들이 그를 칭송하여 그때까지도 잊지 않고 있다고 특기하였다. 꼴 베는 아이와 소 먹이는 아이들까지 그를 알고 있을 정도라는 것이었다. 이와 같이 김유신은 그가 살던 시대뿐 아니라 후대에도 늘 높이 평가되어 왔다. 신라 흥덕왕(興德王)은 김유신을 흥무대왕(興武大王)으로 봉하여 그 무공(武功)을 기리고 후손을 왕손으로 예우했다.

민간의 김유신에 대한 존경은 그를 무속적인 영웅으로까지 신격화하기에 이르렀다. 현재 많은 무속인들이 김유신의 초상을 신당(神堂)에 모시고 있다. 『삼국유사』와 『삼국사기』에 백석의 꾐에 빠져 고구려로 들어가게 된 김유신을 호국신이 나타나 구해주었다든지, 김유신이 죽기 바로 전에 군복을 입고 병기를 가진 사람 수십 명이 그의 집에서 울며 나오더니 갑자기 사라지더라는 이야기가 실려 있음은 늦어도 고려 시기에 이미 김유신이 신격화해 있었음을 보여주는 좋은 증거들이다. 김유신이 죽은 지 한 세기가 지난 779년에 김씨의 시조왕인 미추왕릉(味鄒王陵)을 지키는 능지기가 들으니 미추왕을 찾아온 김유신이 울고 슬퍼하며 탄식하는 듯한 소리가 났다는 말을 전해들은 혜공왕(惠恭王)이 두려운 마음에 대신을 보내 제사하고 사과했다는 이야기는 신라인들도 김유신을 신령으로 여겼음을 말해준다.

한국 역사상 수많은 영웅호걸 가운데 김유신을 특히 주목하고 기억한 것은 그를 통일의 영웅으로 생각했기 때문이었다. 통일신라 이후 우리 나라는 고려, 조선으로 이어지는 통일국가를 유지했다. 그러나 외세의 침략에 국운이 흔들리던 한말(韓末)에 이르러 그에 대한 평가가 사뭇 달라졌다. 삼국통일은 외세에 의존한 통일이었을 뿐이고, 김유신의 무공에 대한 『삼국사기』의 기록은 침소봉대의 무록(誣錄)일 따름이라는 것이었다. 신채호(申采浩)는 이렇게 썼다.

> 『삼국사기』 김유신전을 보면, 유신은 전략과 전술이 다 남보다 뛰어나 백전백승의 명장이다. 그러나 대개 그의 패전은 휘닉(諱匿)하고 소승(小勝)을 과장한 무록(誣錄)이다. …… 김유신은 지용(智勇)이 있는 명장이 아니요, 음험하기가 사나운 독수리 같았던 정치가이며, 그 평생의 큰 공이 전장(戰場)에 있지 않고 음모로 이웃 나라를 어지럽힌 자이다. (『조선상고사』 제11편)

역사의 주체로서 민족을 중시했던 신채호는, 같은 민족이 세운 국가들 사이의 쟁패(爭覇)는 대외적으로 민족 자주, 대내적으로 암수(暗數)를 배제한 공명정대의 기초 위에서 이루어져야 마땅하다고 생각했다. 따라서 그의 안목에서는 두 가지 점에서 김유신이 못마땅할 수밖에 없었다. 첫째는 당(唐)이라는 외세를 끌어들여 같은 민족의 국가인 백제와 고구려를 친 것이고, 둘째는 음모로 백제 지배층을 와해시킨 점이었다. 이는 반민족적 행위나 다름없다는 것이 그의 판단이었다.

여기서 음모란 김유신이 백제의 좌평(佐平) 임자(任子)와 내통한 사실을 말한 것이다. 신라의 급찬(級湌)으로 부산 현령(夫山縣令)으로 있다가 백제에 잡혀간 조미압이라는 사람이 있었는데, 그는 잡혀가서 백제 좌평 임자의 집에 종이 되었다. 조미압은 부지런히 일하고 조심하며 게으르지 않았으므로 임자는 그를 신임하여 의심하지 않고 마음대로 드나들게 했다. 이에 조미압은 도망쳐 돌아와서 김유신에게 백제의 실정을 보고했는데, 김유신은 그를 다시 백제로 되돌려 보내 임자에게 서로 손잡을 것을 제안했다. 결국 임자는 이에 동의하여, 백제의 국내 사정을 김유신에게 상세히 알리고 밀통하게 되었다고 한다. 이는 『삼국사기』 김유신전에 나오는 이야기다. 신채호에 따르면, 임자는 김유신이 보낸 금화(錦花)라는 무녀를 예언 능력이 있는 선녀라고 의자왕에게 추천하였고, 의자왕은 금화의 거짓 예언에 속아 충신인 성충(成忠)·윤충(允忠) 형제를 멀리하게 되었다고 한다. 그러나 이것이 어떤 기록에 근거한 서술인지는 분명하지 않다.

신채호는 북방 영토를 개척하고 살수대첩과 안시성 싸움으로 대수(對隋)·대당(對唐) 전쟁을 승리로 이끌었던 고구려의 역사를 우리 민족사의 중추로 여겼다. 그런 고구려가 아니라 겨우 한반도 동남쪽을 차지했던 신라가 하필 삼국통일의 주역이 된 것을 애석해하는 견해가 지금까지도 남북한 모두에서 널리 설득력을 얻고 있는 것이 사실이다. 이런 시각은 신채호의 이와 같은 역사 인식의 연장선에 선 것이라 하겠다. 특히 신라의 삼국통일을 인정하지 않는 북한에서는 김유신에 대한 평가가 매우 부정적이다.

논의의 초점을 통일에 두느냐 아니면 민족 주체성에 두느냐에 따라, 또한 신라의 삼국통일을 인정하는지 여부에 따라 김유신은 한편에서는 통일의 영웅으로, 또 다른 한편에서는 민족 반역자로 엇갈린 평가를 받고 있는 것이다. 그러나 김유신은 삼국통일의 주역으로서, 당대에 "성신"(聖臣)(『삼국유사』, 태종춘추공) 또는 "33천신(天神)의 아들"(『삼국유사』, 만파식적)로 추앙된 인물이며, 역사적으로도 한국사의 전개 방향을 바꾼 위인(偉人)임이 틀림없다.

3. 연구 현황과 과제

삼국 시대의 인물 가운데 김유신처럼 그 일생을 알 수 있을 만큼 풍부한 기록이 전하는 사람이 드물 정도지만, 그 자료에 비해 김유신에 대한 연구가 활발하게 이루어지지는 못했다. 기록 자체가 워낙 상세하여 그에 대해 궁금해할 만한 점이 별반 없는 탓도 있겠지만, 신라의 삼국통일에 대해 그 의미보다는 한계를 더 중시해온 신채호 이후의 연구 경향이 작용했다고 할 수 있다. 지금까지의 연구는 그의 생애를 편년적(編年的)으로 추적한 전기적(傳記的) 서술이나, 그가 전개한 백제와 고구려와의 전투에 대한 구체적인 공격로 고찰 또는 그 가문의 친·인척관계 해명 정도에 머물러왔다. 그밖에 김유신의 사적(史蹟)이나 묘(墓)에 대한 연구 몇 편과 관련 설화를 분석한 연구가 있을 뿐이다.

그러나 김유신을 면밀히 검토하지 않고서는 6~7세기의 신라 사회를 이해하기 어려운 것이 사실이다. 그와 관련된 사료의 범주가 정치·경제·사회·문화 전반에 걸치며, 양도 적지 않기 때문이다. 따라서 그에 대해서는 단순한 인물 연구 수준이 아니라 그가 살아간 사회의 정치체제와 사회·경제 구성을 해명하는 측면에서 접근할 필요가 있다. 그러자면 각종 기록 외에도 김유신과 관련된 전설이나 유물 등 여러 자료를 총체적으로 정리하는 작업이 선행되어야 한다.

최근 진위 여부로 논란이 되고 있는 『화랑세기』도 정리해야 할 자료 중 하나이다. 여기서 김유신은 15세 풍월주(風月主)로 나타나는데, 다른 자료에서 볼 수 없는 내용이 적지 않다. 이를테면 아버지 김서현이 만명과 결혼하려 할 때 만명의 어머니인 만호태후가 이를 반대했는데 그 이유가 김서현이 대원신통(大元神統)이라는 데 있었던 것으로 되어 있다. 대원신통의 실체가 분명치 않으나 이는 일단 매우 흥미로운 진술이다. 신라 지배 세력의 계통이나, 새로이 문제가 되고 있는 천관녀의 실체와도 관련해 다각적으로 검토해볼 여지가 있다고 생각된다. 일찍이 석굴에 들어가 기도하고, 신라의 호국신이 그를 구했으며, 신불(神佛)의 도움을 청하기 위해 제단을 쌓고 기도했다는 등의 이야기에서 보이듯 김유신이 귀신(鬼神)이나 신성(神聖)과 매우 긴밀한 관계였다거나 그가 죽은 후 쉽게 신격화된 배경에도 '대원신통' 이 있는 것은 아닌지 궁금하다.

김유신 관련 사료에서 무엇보다 주목되는 것은 누대에 걸쳐 그 가문과 관련된 여러 인물들이다. 조부 김무력을 좇아 관산성 전투에 참여했던 고간 도도(都刀), 부산 현령으로 나가 있다가 백제 회유 공작의 첨병이 되었던 급찬 조미압(租未押), 647년 백제와의 전투에서 전사한 비녕자(丕寧子)와 거진(擧眞) 부자, 662년 평양으로 군량을 수송하는 길에 전공을 세운 열기(裂起)와 구근(仇近) 등이 있는데, 이들은 김유신 가문과 단지 직제(職制)로만 연결된 인물이 아닐 가능성이 크다. 열기와 구근은 김유신 사후에도 그 아들인 삼광(三光)·원정(元貞) 밑에서 일했고, 도도는 열기가 태수로 나가고자 했던 삼년산군의 외위(外位) 소지자였다. 필시 가신 그룹이었을 개연성이 짙다. 이들과 김유신 가문의 관계를 제대로 해명할 수 있다면 정치제도와 사회 신분의 상관성을 파악하는 단서가 마련되리라 생각한다.

또 『삼국사기』 김유신전에 수록된 에피소드 형태의 이야기들도 면밀히 검토해보아야 한다. 예컨대 김유신이 압량주 군주로 나갔을 때 처음엔 군사에 아무런 뜻이 없는 듯 행동했다는 이야기는 연고가 없는 지역에 외관으로 나가 그곳을 장악한 무용담이라 할 것인데, 외관을 파견할 때는 주로 그의 연고지로 내보내는 것이 당시의 일반적인 관행이었을 개연성이 없지 않다. 하대에 발생한 반란도 외관을 거친 곳이 주무대가 되는 경우가 많다. 이는 단순히 외관으로 나가 근거지를 마련한 때문이었다기보다 근거지였기 때문에 애초에 외관으로 나갔던 것이 아닐까? 이를 해명하는 작업은 진골의 세력 기반을 구체적으로 파악하는 작업의 일환일 수 있을 것이다.

이 밖에도 워낙 자료가 많기 때문에 꼼꼼히 검토해보면 기대 이상의 성과를 거둘 가능성이 높은 이가 김유신이다. 다양한 시각에서 김유신을 연구할 필요가 있다.

참고문헌

· 원자료

『삼국사기』 『삼국유사』 『파한집』
『신증동국여지승람』 『화랑세기』(필사본)

· 논저

洪思俊, 「炭峴考 ―階伯의 三營과 金庾信의 三道」, 『역사학보』 35·36합집, 1967.

朴日薫, 「金庾信墓와 金仁問墓」, 『考古美術』 100, 한국미술사학회, 1968.

李丙燾, 「金庾信墓考」, 『金載元博士回甲紀念論叢』, 김재원박사 회갑기념논총 간행위원회, 1969.

金庠基, 「金庾信墓의 異說에 對하여」, 『考古美術』 101, 한국미술사학회, 1969.

鄭永鎬, 「金庾信의 百濟攻擊路 研究」, 『史學志』 6, 단국대학교 사학회, 1972.

金烈圭, 「巫俗的 英雄考 ―金庾信傳을 中心으로 하여」, 『震檀學報』 43, 진단학회, 1977.

文暻鉉, 「三國統一과 新金氏 家門-金庾信 祖孫四代의 貢獻」, 『軍史』 2, 국방부 전사편찬위원회, 1981.

申瀅植, 「金庾信家門의 成立과 活動」, 『梨花史學研究』 13·14합집, 이화사학연구소, 1983.

丁仲煥, 「金庾信(595~673)論」, 『歷史와 人間의 對應 ―高柄翊先生回甲紀念史學論叢』, 고병익선생 회갑기념사학논총 간행위원회, 1984.

黃善榮, 「新羅 武烈王家와 金庾信家의 嫡庶問題」, 『釜山史學』 9, 부산사학회, 1985.

金永和, 「古代史籍을 通한 金庾信說話 研究 ―三國史記·삼국유사 所載 中心으로」, 『湖西大

63인의 역사학자가 쓴 한국사 인물 열전

學校 論文集』 5, 호서대학교, 1986.

成周鐸, 「百濟 炭峴 小考 一金庾信將軍의 百濟攻擊路를 中心으로」, 『백제논총』 2, 백제문화
개발연구원, 1990.

李鎔賢, 「加耶의 姓氏와 '金官'國」, 『史叢』 48, 고려대학교 사학회, 1998.

趙翊鉉, 「鎭川地域의 金庾信 史蹟에 대한 再檢討」, 『古文化』 55 一豪佛鄭永鎬敎授停年退任
紀念特輯, 한국대학박물관협회, 2000.

안영훈, 「金庾信說話의 傳承樣相」, 『한국문화연구』 3, 경기대학교 한국문화연구소, 2000.

이기동, 「김유신 一至誠으로 이룩한 삼국 통일의 위업」, 『한국사 시민강좌』 30, 일조각, 2002.

鄭求福, 「金庾信(595~673)의 정신세계」, 『淸溪史學』 16·17합집, 한국정신문화연구원 청계
사학회, 2002.

원효 元曉

영원한 새벽

남동신 덕성여자대학교 사학과 교수

1. 생애*

원효(元曉, 617~686)는 617년(진평왕 39) 지금의 경북 경산에서 관리의 아들로 태어났다. 당시 신라 사회는 골품제(骨品制)라는 신분제에 의해 운영되었는데, 골품제에서 최고의 특권 계급은 서울(慶州)에 사는 진골(眞骨)이었다. 원효는 지방 출신인데다 비(非)특권 가문 출신이었으므로, 애초부터 세속적 출세에 한계가 있었다. 또한 당시는 삼국간의 전쟁이 연평균 1.5회꼴로 자주 발발하고 전투의 양상도 날로 치열해져, 대다수 민들이 물질적·정신적으로 커다란 고통을 겪고 있었다. 말하자면 7세기 신라인들의 삶을 지배한 것은 바로 '골품제'(혈연)와 '전쟁'(폭력)이었던바, 그것은 비이성적인 가치이되 엄연한 현실이기도 했다. 원효의 출가가 이러한 현실에 대한 적극적인 대응인가, 아니면 소극적인 도피인가는 알 길이 없다. 분명한 것은 그가 동시대의 유교지식인이 출세간적(出世間的)인 삶이라고 비판했던 불교를 택했다는 사실이다.

원효가 출가할 무렵은 이른바 중고기(中古期, 514~654)로, 당시의 왕실은 불교치국책(佛敎治國策)을 추진하고 있었다. 역대 국왕들은 불교의 도움을 받아 국가를 통치했으며, 승려들은 종교적인 역할뿐만 아니라 세속적인 역할도 수행했다. 최고의 특권 신분인 진골 출신으로서 중국 유학을 한 승려들이 엄숙한 계율관에 근거해 교단을 조직하고 운영하는 한편, 신라불국토설(新羅佛國土說)로 국가의식을 고취하고 진종설(眞種說)과 전륜성왕설(轉輪聖王說)로 왕실을 신성화했다. 따라서 그들의 불교는 왕실 및 진골 중심이었으며, 일반민은 상대적으로 소외되어 있었다. 그런데 7세기 전반부터 비(非)특권 신분 출신으로, 중국 유학도 하지 못하고 교단에서도 소외된 일군의 승려들이, 지배층 중심의 불교를 비판하고 경주 및 외곽지대에서 일반민에게 종교적 관심을 고취하는 이른바 '불교 대중화운동' 을 펴기 시작했다.

한편 중고기 동안 중국과의 인적·물적 교류를 통해 한역경전(漢譯經典)이 다수 전해졌으며, 이를 바탕으로 불성론(佛性論) 또는 여래장사상(如來藏思想) 중심의 교학 연구도 이루어졌다. 이러한 중고기 불교는 불교사적으로 볼 때 이른바 '구역불교'(舊譯佛敎)에 속했다. 그런데 645년 오랜 인도 구법 여행을 마치고 중국으로 돌아온 현장(玄奘)이 인도에서 직접 배운 호법(護法, Dharmapāla)의 학설을 중심으로 하는 신유식(新唯識)을 정통불교로 선양(宣揚)하고, 기왕의 구유식(舊唯識)이나 중관(中觀) 및 일성설(一性說)을 모두 불완전한 교리라고 비판함으로써, 신·구역 두 진영 사이의 사상 투쟁이 촉발되었으며, 그것이 곧바로 동북아 불교권 전체로 빠르게 확산되어 나갔다.

원효의 출가와 초기 수행 과정에 관해 전하는 자료는 없다. 그가 모습을

---

* 원효 평전으로는 다음을 참조한다. 金相鉉, 『역사로 읽는 원효』, 고려원, 1994; 고영섭, 『원효』, 한길사, 1997; 남동신, 『원효』, 새누리, 1999.

드러낸 것은 650년이다. 이해 원효는 의상(義相, 625~702)과 함께 현장의 새로운 불교사상을 배우고자 당나라 유학을 시도했다. 처음에는 고구려 내지를 통과하는 육로를 택했는데, 요동에서 고구려 국경수비대에 간첩으로 오인받아 체포되는 바람에 실패했다. 그 직후 해로를 이용하고자 포구로 가던 중 지금의 충남 천안 부근의 한 무덤 속에서 해골물을 마시고 마침내 "모든 것은 마음먹기 나름"(一切唯心造)이라는 이치를 깨닫고 유학 시도를 중단했다.

경주로 돌아온 원효는, 옛 성현들이 으레 그랬듯이, "배움에 일정한 스승이 없이"(學不從師) 여러 선지식(善知識)들을 두루 찾아다녔다. 원효는 그들에게서 특히 반야사상(般若思想)과 일승사상(一乘思想)을 배웠고 그들의 대중 교화 활동에서 영향을 받았다. 대중 교화 활동은 일반민과의 일상적인 접촉을 필요로 하므로, 자연히 기성교단에서 출가자에게 요구하는 엄격한 계행(戒行)을 지키기 어렵게 되었다. 이로 말미암아 원효는 교단으로부터 비난을 샀다. 그 때문에 출신 주(州) 정부의 추천에도 불구하고 교단의 반대에 부딪쳐 국가 차원의 법회인 백고좌회(百高座會) 참석이 좌절되기도 했다.

그런데 역설적이게도 원효의 대중 교화 활동은 위민 정책(爲民政策)을 추진하던 중대(中代, 654~780) 초 집권세력의 주목을 받았다. 그 둘은 유덕자(有德者)—유교의 성인(聖人)이든, 불교의 보살(菩薩)이든—가 정도(正道)로써 민(民)을 교화해야 한다는 점에서 공감대를 형성했다. 그 공감대는 650년대 전반 원효와 요석공주의 낭만적인 사랑, 그리고 설총(薛聰)의 탄생으로 이어졌다. 이 극적인 사건을 계기로 원효는 중대 집권세력의 외호(外護)를 얻을 수 있었을 뿐만 아니라, 승속불이(僧俗不二)의 거사불교(居士佛教)를 실행에 옮길 수 있었다. 반면 요석공주와의 사랑은 당시 교단이 엄격하게 요구하던 불사음계(不邪淫戒)를 범한 것이므로, 더 이상 출가자로서의 삶은 지속할 수 없었다. 그는 스스로 환속하여 '소성거사'(小性居

士)라 칭했으며, 이후 반승반속(半僧半俗)의 일생을 보낸다.

신라 사회에서 원효의 명성을 거듭 확인시킨 계기는 문무왕대(661~681) 전반에 있었던 『금강삼매경』(金剛三昧經) 강연이었다. 이 경전은 신라 불교계에서 처음으로 모습을 드러낸, 말하자면 한국 불교사에서 성립한 흔치않은 가짜경전(僞經, Apocrypha)이다. 신라 불교계 안에서 대안(大安)을 비롯하여 대중 교화에 뜻을 둔 일군의 승려들이 자신들의 이상형인 범행장자(梵行長者)를 주요 등장인물로 하여 편찬한 것으로 추정된다. 동아시아 불교 차원에서 논하자면, 현장의 신역불교에 대응하고자 반야사상을 중심으로 구역불교의 주요 교리를 종합하고 여기에 석가모니 설법이라는 권위를 부여해 편찬한 것이다. 이름도 불분명한데다 형상과 의복도 특이한 대안이 『금강삼매경』을 편집했고, 또 그의 적극적인 원효 추천을 왕실이 수용한 점은 당시 불교계로서는 매우 충격적인 조치였을 것이다. 실제로 원효의 복귀를 반대하는 세력이 원효가 처음 지은 5권짜리 강의 노트를 훔쳐갔는데, 이들은 앞서 원효의 백고좌회 참석을 좌절시킨 자들과 같은 부류일 것이다. 이때 원효는 사흘의 말미를 얻어 새로 3권짜리 강의 노트를 지었다. 이러한 난관 끝에 마침내 국왕과 대신을 비롯한 세속신도와 승려 들이 구름같이 모인 가운데 9층목탑이 우뚝 솟은 황룡사(皇龍寺)에서 강경(講經)을 할 수 있었다. 그 자리에서, "지난날 백 개의 서까래를 고를 때는 비록 끼지 못했지만, 이제 대들보 하나를 놓는 데 나 혼자만 할 수 있구나"라며 기염을 토하자, 참석했던 고명한 스님네들이 모두 얼굴을 숙이며 부끄러워했다고 한다. 이때 급하게 작성한 강의 노트가 현존하는 『금강삼매경론』 3권이다.

역사적 인간으로서의 원효는 686년(신문왕 6) 3월 30일 파란만장한 생을 마쳤다. 환속한 이래 거사로 살았으므로 교단 내에 자신의 문도(門徒)를 양성하지 않았다. 따라서 그의 불교사상은 사람이 아니라 저술을 통해 전승될 수밖에 없었다. 그 때문에 역설적이게도 그의 사상은 통일신라의 전성기라 일컫는 중대(中代)에 주류가 아니었다. 그의 저술은 오히려 해외에서 높은 평가를 받았다. 예컨대 그의 『기신론소』(起信論疏)는 '해동소'(海東疏)라는 이름으로 법장(法藏, 643~712) 이래 중국 화엄학의 발전에 크게 기여했으며, 일본 불교계가 8세기 이래의 공유쟁론(空有諍論)을 극복하는 데는 『판비량론』(判比量論)을 비롯한 다수의 원효의 저술이 길잡이 구실을 했다. 더욱이 그의 화쟁사상(和諍思想)을 집대성한 『십문화쟁론』(十門和諍論)은 인도로 전해져 범어로 번역되기까지 했다.

거사였기에 출가자 중심의 불교 교단으로부터 멀어져간 원효를 다시 고승(高僧)의 반열로 복귀시킨 최초의 공로자는 다름아닌 그의 후손 설중업(薛仲業)이었다. 그를 포함하여 8세기 후반 일본에 사절로 갔던 일행들은 현지에서 보고 들은 원효의 명성에 자극받았다. 여기에는 당시가 중대에서 하대로 신라의 왕실이 교체되는 역동적인 시기였던 점, 또 하대의 새로운 실력자 김언승(金彦昇: 憲德王)의 후원도 작용했다. 다만 원효와 인연이 깊었던 분황사가 이러한 분위기에 동참했는지 여부는 여전히 수수께끼인데, 어쨌든 설중업에 의해 원효비가 경주 고선사(高仙寺)에 세워진 이래 원효는 뭇 승려의 귀감이 되면서, 신라 말 고려 초에는 신승(神僧) 또는 보살로 추앙받기에 이르렀다.

고려 시대에 사회가 차츰 안정을 되찾고 불교가 국교의 지위를 누리면서, 원효는 당시에 성행한 4개 이상의 종파에서 종조(宗祖)로 추앙받으며, 대승불교를 개척한 인도의 마명(馬鳴, Aśvaghoṣa)과 용수(龍樹, Nāgārjuna)에 비견되기도 했다. 특히 대각국사 의천(義天, 1055~1101)은 원효의 학문을 높이 평가하여, 자신의 형인 숙종(肅宗)에게 '화쟁국사'(和諍國師)라는 시호를 추증(追贈)토록 건의했다. 이때는 설중업이 세운 원효비가 이미 깨져버렸던지, 의천은 새로운 원효비를 세울 것도 아울러 건의했다. 그러나 이 비석은 이런저런 사정으로 계속 미루어지다가, 12세기 말에 가서야 겨우 분황사에 세워질 수 있었다. 그리고 분황사비 건립을 전후하여 원효의 사상을 종지(宗旨)로 하는 해동종(海東宗: 芬皇宗)이 등장해 한동안 이름을 남기기도 하지만, 고려 말 이후로는 역사에서 완전히 자취를 감추고 말았다. 그런데 원효를 종조로 하는 특정 종파가 사라지면서 오히려 원효라는 이름은 더욱 확산되었다. 오늘날 불교사찰 가운데 창건주를 원효라고 밝힌 사찰이 전국에 걸쳐 상당수 분포하는 현상은, 역사적 사실 여부를 떠나서 원효에 대한 대중적 호응을 짐작케 해준다.

2. 저술과 사상

(1) 저술

원효는 파계 직후 환속했기 때문에, 사찰에서의 조직적인 문도 양성은 사실상 불가능했다. 대신 그는 중생을 제도(濟度)하는 한편 불교 교학을 연구하는 데 열정을 쏟았다. 현재까지 확인된 원효의 저서는 모두 80여 부 150여 권에 달한다. 내용상 반야(般若)·삼론(三論)·열반(涅槃)·천태(天台)·여래장(如來藏)·유식(唯識)·화엄(華嚴)·계율(戒律)·정토(淨土) 등으로, 밀교(密敎)를 제외하고 당시 중국 불교계에서 연구되고 있던 대승불교의 주요 교리를 포괄하고 있다.

저술 목록과 상호 인용관계에 따르면, 『대승기신론』(大乘起信論) 계통의 저술이 중심을 이루고 있다. 그는 대승불교의 양대 철학인 중관(中觀)과 유식(唯識)의 대립을 지양하는 이론서로 『기신론』을 주목했는데, 그의 기신론관(起信論觀)은 『기신론별기』(起信論別記)의 서문에 잘 나타나 있다. 말하자면 원효는 바로 『기신론』에 의해 일심사상의 이론적 토대를 마련했던 것이다.

원효는 만년의 저술인 『화엄경소』(華嚴經疏)에서 자신의 사상을 체계화했는데, 그것은 석가모니의 가르침을 체계화한 사교판론(四敎判論)에 잘 반영되어 있다. 사교판론은 삼승별교(三乘別敎: 四諦敎와 緣起經)·삼승통교(三乘通敎: 般若經과 解深密經)·일승분교(一乘分敎: 瓔珞經과 梵網經)·일승만교

(一乘滿敎: 華嚴經의 普賢敎)로 구성되었다. 분류의 형식상 수(隋)나라 천태지의(天台智顗)의 영향이 인정되지만, 경전을 구체적으로 배당하는 데서는 원효의 독창성이 나타난다. 공유화쟁(空有和諍)을 사교판론에 반영시켜서 삼승통교에 『반야경』(中觀)과 『해심밀경』(唯識)을 나란히 배당했으니, 이는 교판사상(敎判史上) 원효에 의해 최초로 시도되었다. 또 불교의 실천적 인식을 위해 일승분교에 대승보살계를 설하는 『범망경』(梵網經)과 『영락경』(瓔珞經)을 배당한 것도 교판사상 원효가 처음이었다. 이러한 교판론상의 특징은 바로 원효 불교의 특징이기도 하다. 그리고 최고의 가르침인 일승만교에 『화엄경』을 배당한 것은 그의 일심사상(一心思想)이 화엄일승사상(華嚴一乘思想)에 의해 최종적으로 완성되었음을 의미한다.

(2) 사상
① 일심(一心: 한마음)
원효 사상에서 핵심 개념은 '일심' (一心)이라고 할 수 있다. 원효는 『기신론』 연구를 통하여 '일심' 의 철학적 기초를 다졌으며, 『금강삼매경』을 통하여 그 개념에 실천성을 부여했으며, 최종적으로 『화엄경』에 의해 완성시켰다. 그는 종래 여러 불교 유파들에서 핵심 개념으로 제시한 불성(佛性), 여래장(如來藏), 본각(本覺), 반야(般若), 암마라식(菴摩羅識), 아뢰야식(阿賴耶識) 등을 포괄하는 근본 개념으로 일심을 내세웠다. 원효에 따르면, 일심은 공(空 또는 無)과 유(有)를 초극한 만물의 근원이다. 우주 만물은 객관적으로 존재하는 것이 아니라 일심의 유전(流轉)에 불과하며, 중생도 여기서 예외일 수 없다. 그런 점에서 모든 중생은 본질적으로 '평등' 하다. 청정무구(淸淨無垢)한 일심을 온전히 회복한 존재를 부처〔佛〕라 하며, 반대로 무명(無明)과 번뇌에 의해 일심이 가려지고 왜곡된 사람을 중생(衆生 또는 凡夫)이라 한다. 중생은 무명과 번뇌를 제거함으로써 일심의 근원을 회복할 수 있으며, 그것이 바로 부처가 되는 길이다. 중생 각자의 현실적 처지에 따라 성불(成佛)의 방편은 무수하나, 그 모든 것의 귀착점이 '한마음'〔一心〕이기에, 결국은 그들이 가는 길도 하나(一道)요, 타고 가는 수레도 하나(一乘)요, 깨달음의 경지도 하나(一覺)요, 그 맛도 하나(一味)이다. 하나이기 때문에 원효는 기존의 승속이원론을 탈피하고자 했으며, 구성원 상호간의 관계에서는 대립과 갈등보다 이타적인 자비행(慈悲行)을 권장했다.

원효의 일심사상에는 이와 같이 인간 중심의 세계관, 평등한 인간관, 그리고 이타적인 인간관계가 내포되어 있다. 객관적인 세계보다는 주관적인 인간을, 사회 전체보다는 개개인을, 외형적·물질적 개선보다는 내면적·정신적 각성을 각각 중시했다는 점에서, 그의 사상은 전형적인 불교유심론(佛教唯心論)이라 하겠다. 이는 불교 수용 이전의 고대 한국 사회의 지배이념인 무교(巫敎)가 가지고 있던 자연 또는 신(神) 중심의 세계관, 차별적인 인간관을 극복한 새로운 사유체계라는 점에서 한국 지성사의 일대 진전을 의미한다.

② 화쟁(和諍)

종래 많은 학자들이 원효 사상을 화쟁사상(和諍思想)이라고 단언할 정도로 그는 화쟁주의의 관점을 끝까지 견지했다. 석가모니가 당시의 인도식 백가쟁명에 대해 화쟁적 태도를 취한 이래 화해가 불교의 중요한 전통이 되었음은 물론이다. 그럼에도 불구하고 원효가 유달리 화쟁을 일관되게 주장한 것은, 그가 그만큼 분열과 갈등의 시대를 살았음을 역설한다. 7세기 전반 삼국간의 대립이 격화되면서 신라 사회에는 늘 전운이 감돌았을 뿐만 아니라, 신라가 선진문물로 수용한 당시의 중국 불교 역시 종파 시대로 들어가면서 파사현정(破邪顯正)의 기치로 뒤덮여 있었던 것이다.

쟁론에 대한 원효의 생각은 분명하다. 즉 표현된 언어는 다르나 그 말의 본뜻은 같은데, 후세의 어리석은 무리들이 피상적인 언어에 집착해 이를 교묘하게 해석하기 때문에 쟁론이 일어난다는 것이다. 원효는 '성인의 가르침' (聖敎)을 기록한 불교 경전에 대해서는 그 말씀의 진실 여부를 추호도 의심하지 않았다. 다만 언어 자체가 진리를 온전히 표현할 수 없으므로, 피상적 이해가 아니라 그 본뜻을 이해해야 한다고 누누이 강조했다. 취지가 같다면 왜 경전마다 불타의 말씀이 다른가? 이 질문에 대하여 원효는 관점(法門)의 차이 때문이라고 했다. 그리고 관점은 다양할 수 있으며 관점 사이에는 아무런 장애가 없다고 했다. 불타의 취지는 동일하며 진리이므로, 관점의 차이만 인정한다면 언어의 피상적 이해에 따르는 쟁론은 해소될 수 있다. 원효의 화쟁이란 이처럼 관점을 매개로 진리와 언어를 화해시키는 것이었다.

7세기 중엽 동아시아 불교계의 최대의 교리 논쟁은 현장(玄奘)의 신역불교 성립으로 촉발된 신·구역 불교 사이의 갈등과 대립이었다. 현장은 자신이 직접 인도에서 전래한 신유식을 정통으로 내세우면서 기왕의 구유식이나 중관사상 및 일승사상을 불완전한 가르침이라고 비판했다. 그리고 현장의 문도들이 이를 계승하여 신유식을 종지(宗旨)로 하는 새로운 종단, 즉 법상종(法相宗)을 개창했다.

신·구역 불교 간의 대립에 대해 원효는 구역불교의 정신을 표방하되 신역불교의 이론도 폭넓게 받아들임으로써 양자의 화해를 모색했다. 특히 대승불교의 양대 철학인 중관(中觀, 空)과 유가유식(瑜伽唯識, 有) 사이의 논쟁을 청산하고 이를 일심사상(一心思想)의 기치 아래 화쟁시켰다. 원효의 공유화쟁(空有和諍)은 중국이나 일본의 불교계에도 영향을 미쳐 공유쟁론을 극복하는 데 크게 기여했으며, 원효의 화쟁사상의 총서격인 『십문화쟁론』은 인도로 전해져 범어로 번역되기도 했다. 이러한 '화쟁주의' (和諍主義)는 원효 사상의 주된 특성이자, 이후 한국 불교의 중요한 전통이 되었다.

한편 원효는 다양한 교리 논쟁을 화해시키고자 하면서도, 이른바 소승불교에 대해서는 매우 비판적이었다. 확실히 그가 진리로 받아들인 불타의 가르침은, "위로는 깨달음을 얻고 아래로는 중생을 제도한다" (上求菩提 下化

63인의 역사학자가 쓴 한국사 인물 열

衆生)는 대승불교의 정신이었다. 그런 점에서 원효의 화쟁은 그 자체가 목적이 아니라, 중생 제도를 향한 일종의 방편이었다고 하겠다.

③ 무애(無碍)

원효는 불타의 근본 취지를 '중생 제도'에서 찾았으며, 그 자신 일평생 중생 제도행에 전념하면서 『화엄경』에 근거하여 이를 '무애행'(無碍行)이라 불렀다. 무애란 글자 그대로 '구애받지 않는다'는 말이다. 『화엄경』에 따르면 '일'(一)은 곧 '일체'(一切)이기 때문에, 개개의 인간을 대상으로 행하는 일체의 교화 활동, 즉 무애행이 성립할 수 있는 것이다. 모든 사회 구성원들의 근원은 다같이 '한마음'〔一心〕이라는 점에서 그들은 원칙적으로 평등하다. 교화(敎化)의 담당자인 보살과 교화의 대상인 중생을 나누는 기준은 혈연이나 힘, 재산, 나이 따위의 세속적인 기준이 아니라 불교적 자질, 즉 근기(根機)와 수행의 정도였다. 그중에서도 세속적인 삶을 영위하면서 동시에 불교의 깨달음을 추구하는 거사(居士, 在家菩薩)를, 무애행을 실현하는 이상형으로 간주했다. 승려와 속인이라는 인위적인 구분을 초월하여 중생 제도를 역설한 유마거사(維摩居士)는 원효에게 귀감이 되었다. 원효는 거사로 돌아가, 지역과 신분과 문화를 달리하지만 본질적으로 평등한 인간들의 내면적 각성을 촉구했고, 그렇게 함으로써 새로운 이상 사회, 즉 정토(淨土)를 현실에서 구현하고자 했다.

원효는 거사불교에 걸맞은 대승보살계로 주목한 경전은 『범망경』과 『영락경』이었다. 『범망경』은 일체의 중생이 불성(佛性)을 가지고 있음을 전제로 하여, 일체 중생이 성불하기 위해서 받아 지녀야 하는 계(戒)가 10중 48경계(十重四十八輕戒)임을 역설하고 있다. 이러한 계는 신분과 지위의 고하를 막론하고 누구나 다 수계(受戒)할 수 있으며, 불상 앞에서 혼자 서약하고 계를 받는 자서수계(自誓受戒)가 가능하다는 점에서 소승계(小乘戒)에 속하는 종전의 『사분율』(四分律)과 달랐다. 나아가 『범망경』에서는 보살계를 버리고 소승계를 받는 것 자체를 '가벼운 죄'라고 할 만큼 소승계에 대한 비판의식이 철저했다. 대승보살계가 소승계와 가장 다른 점은 행위(결과)보다 마음(동기)을 더 중시한다는 것이다. 원효는 유심주의의 관점에서 계율을 이해했는데, 그것은 수행자 개개인의 인격 함양을 촉구하는 것이기도 했다. 그리고 지범(持犯)의 판단 기준으로 중생 제도를 특별히 강조했다는 점에서, 대승보살계야말로 대중 교화를 위한 실천규범이라 하겠다.

원효에게 있어 "고통스런 현실 사회와 행복으로 가득 찬 이상 사회는 본래부터 마음의 문제"(穢土淨國本來一心)였다. 즉 이상 사회는 물질적인 개선에 의해서가 아니라 '마음의 평화'에 의해서 성취할 수 있다고 보았다. 그는 그동안 불교계에서 소외당했던 직접생산자층에 깊은 관심을 가졌다. 예컨대 사찰 노비, 화전 경작민, 짚신 장수, 푸줏간 주인, 술 장수와 같은 직접생산자층을 대상으로 아미타정토신앙(阿彌陀淨土信仰)을 권장했다. 특히 그들을 격려하기 위해 극락으로 구원받을 수 있는 자격을 크게 완화시켰다. 죽기 전에 "나무아미타불 관세음보살"을 한 번만 외어도 극락에 태어날 수 있다는 그의 주장은 일반대중들에게 무척이나 매력적인 가르침이었을 것이다. 『삼국유사』에 실린 원효 전기의 제목은 '원효불기'(元曉不羈)인데, 불기는 '구애받지 않는다'는 말이니, 무애와 뜻이 같다. 그 글에서 『삼국유사』의 찬자 일연(一然)은, "가난하고 무지한 사람들조차 염불할 수 있게 된 것은 다 원효의 덕분이다"라고 결론을 내렸는데, 이는 원효가 일반대중들 속으로 불교를 확산시키는 데 크게 기여했음을 의미한다.

그가 직접생산자층의 관점에서 불교를 인식하고 실천한 것은 중대(中代) 왕실이 유교 정치이념에 입각하여 일련의 위민 정책을 추진한 것과 일맥상통하며, 그 점에서 종래 지배층 중심의 불교 이해를 벗어나지 못했던 중고기(中古期) 불교와 성격을 달리했다. 원효의 불교는 새로운 통일신라 사회의 요청에 부응한 것이자 중대 불교의 성립으로 자리매김할 수 있다.

3. 연구 성과와 과제

원효 연구는 근대 불교학의 태동과 함께 시작하여 현재에 이르기까지 천 편을 상회하는 많은 연구논저가 발표되었으며, 개개의 연구가 다루고 있는 분야는 원효 사상의 폭만큼이나 광범위하다. 원효 연구사는 그 자체가 근대 불교학사의 축소판이라 할 수 있다.

원효 연구의 일차적인 관심사는 원효의 저술 목록을 작성하는 일인데, 이는 원효 사상의 윤곽을 파악하기 위한 기초작업이기 때문에 초창기부터 많은 연구자들이 이에 관심을 두어왔다. 현재 몇몇 저술을 둘러싼 진찬(眞撰) 여부가 논란거리로 남아 있지만, 전체 목록은 대략 80여 부 150여 권으로 파악되며 이 가운데 온전히 전하는 것이 15부 정도이고, 일부만 전하는 것이 10부 가량 된다. 이와 관련해 다른 승려들의 저술에 인용된 편린을 집일(輯逸)하여 사라진 원효의 저술을 복원하려는 시도도 일정한 성과를 거두고 있다.* 이러한 저술 발굴 노력과 병행해 한글세대를 위한 역주작업도 꾸준히 이루어지고 있다.** 한편 저술 상호간의 인용관계 또는 저술 연보의 작성도 시도되고 있는데, 이는 사상 자체에 대한 연구와 밀접히 관련된다.

원효 사상의 핵심이 무엇인가 하는 문제는 그대로 원효 연구의 핵심이기도 하다. 초기에는 종파론적 관점에서 원효를 화엄종 승려로 분류했다. 1930년대 최남선(崔南善)은 기왕의 종파론적 관점에서 나아가 원효를 '통불교(通佛敎)의 건설자'로 새롭게 평가하기 시작했으며,*** 이 원고는 1930년 7월 21일부터 26일까지 하와이에서 열린 제1회 범태평양불교청년회의

---

* 가장 최근의 종합적인 정리로는 李起雲 集註, 「現傳諸書 중의 元曉聖師撰述文鈔存」, 『元曉學 研究』 2, 1997을 들 수 있다.

** 원효의 저술과 번역 및 관련 연구 논저에 관해서는 여러 학자에 의하여 목록이 작성된 바 있는데, 이들을 종합적으로 정리한 것으로는 은정희 역주, 『원효의 대승기신론소·별기』, 一志社, 부록 I, 1991. 5, 원효의 저술을 참조하기 바란다.

*** 崔南善, 「朝鮮佛敎 ―東方文化史上に於ける其地位」, 『佛敎』 74, 1930. 8, 12~18쪽.

에서 발표되어 참석자들로부터 커다란 관심을 끌었는데, 서구인들에게 조선 불교와 조선 문화 및 그것을 대표하는 원효의 사상을 최초로 소개했다는 점에서 학설사적 의미가 대대하다.

이를 이어 조명기(趙明基)가 본격적으로 원효 사상의 본질을 화쟁에서 찾고 구체적으로 『십문화쟁론』에 주목하기에 이르렀다. 아울러 일본학자들도 1940년대 들어서면서 종파와 상관 없이 원효 사상의 중심을 기신론 사상으로 보고, 이를 바탕으로 화엄학이나 신유식학과의 관계를 적극적으로 해명하려는 기신론적 관점이 제시되었다. 이러한 기신론적 접근 방법은 앞서의 화쟁론적 접근 방법과 함께 이후 오랫동안 원효 사상 연구의 양대 기본틀로 확고하게 자리잡았다.

화쟁론적 접근은 원효 사상의 특성이 화쟁임을 전제로 하여, 구체적인 화쟁의 사례와 그 논리를 밝히고자 했다. 화쟁론적 접근에서 연구자들이 일찍부터 주목한 것은 원효 화쟁의 총결산이라 할 『십문화쟁론』이었다. 이 책은 원효 화쟁의 전체적인 틀을 보여준다는 점에서 상당히 중요한 저술인데 유감스럽게도 극히 일부분밖에 남아 있지 않다. 그래서 지금까지의 연구도 십문(十門)의 전모를 파악하는 데 주력하고 있는 실정이다.* 다만 '십문'을 열 가지의 구체적 주제로 해석하는 견해와, 이는 복수로서 백가(百家)와 같은 뜻이라고 해석하는 견해가 있는데, 후대 일본 승려의 저술에 인용된 바에 따르면 전자의 견해가 타당하며 그 첫번째 문(門)에서 공유(空有)의 쟁론을 다루었음이 분명하다. 이와 같이 불교 쟁론을 열 가지로 범주화하여 정리하려는 시도는 중국 화엄종의 징관(澄觀, 738~839)이라든가, 일본 삼론종(三論宗)의 현예(玄叡, ~829~)에서도 보인다는 점에서 당시 동북아 불교계의 공통된 관심사였음을 알 수 있다.

화쟁론적 접근에 의한 연구 성과가 축적되면서 화쟁의 대상이 된 주요 쟁론과 그것을 화쟁시킨 원효의 논리도 차츰 규명되었다.** 이미 1950년대에 화쟁의 주요 대상으로 대승불교의 양대 철학인 공(空) 대승과 유(有) 대승을 언급한 연구가 있었으며, 1960년대에는 이를 삼론학과 유식학으로 더욱 좁히고, 아울러 화쟁의 논리와 관련하여 『기신론별기』의 서문을 주목했다. 그리고 1970년대에는 원효가 『기신론』에 의해 중관·유식의 대립을 화쟁시켰다고 보고, 구체적으로 진여문(眞如門)과 생멸문(生滅門)에 중관과 유식을 각각 대응시켰다. 여기에는 기신론적 접근을 통해 원효의 중심사상으로 일심을 주목해온 일련의 연구 성과가 반영되었음은 물론이다.

원효 사상에 대한 연구는 화쟁론적 접근과 기신론적 접근의 결합으로 커다란 진전을 보았다. 이후의 연구사적 과제는, 원효가 과연 『기신론』의 일심이문(一心二門) 구조에 의해 중관·유식의 쟁론을 극복했는가 하는 것과, 원효가 화쟁을 통해 궁극적으로 건립한 사상은 무엇인가 하는 것이다. 검증 문제에서 기왕의 견해를 기본적으로 수용하면서 이를 보완한 연구 성과도 있었지만, 더 많은 연구자들은 오히려 기왕의 견해에 대한 반론을 개진했다. 작금의 논란은 『기신론별기』 서문의 자료적 가치를 둘러싸고 전개되고 있는데, 이와 관련해서는 서문 서술 시기에 대한 재검토가 필수적이다.

근래에는 화쟁을 일종의 방법론으로 간주하려는 경향이 두드러지는데, 그렇다면 일관된 화쟁을 통해 원효가 궁극적으로 건립하고자 한 사상은 무엇인가? 여기에 대해서는 일찍이 기신론사상을 주복한 바 있는데, 기신론사상은 곧 여래장(如來藏)사상으로 간주되었다. 그러나 기신론사상을 여래장사상으로 단정한 것은 중국 화엄종 법장에서 비롯하며 이를 일본학계가 정설로 채택한 것이므로, 법장보다 한 세대 앞선 원효에게 이를 무비판적으로 소급적용할 수 없다는 반론이 제기되었다. 『기신론』이나 원효 모두 진여문보다 생멸문에 훨씬 더 많은 관심을 보였음을 감안한다면, 기신론사상에서

---

* 화쟁사상에 대한 연구사 정리는 金相鉉, 「元曉 和諍思想의 研究史的 검토」, 『佛敎研究』 11, 1995. 12; 『元曉 硏究』, 民族社, 2000, 208~234쪽 재수록을 참조하기 바란다.
** 철학 분야의 원효 화쟁사상 연구에 대한 종합적인 보고는 최유진, 『원효사상 연구—화쟁을 중심으로』, 경남대학교 출판부, 1998을 참조하기 바란다.

차지하는 여래장사상의 비중이 클 수밖에 없기는 하다. 그러나 분명한 것은 원효가 여래장설을 일심이문 가운데 생멸문에 한정시킴으로써, 일심을 여래장설보다 상위 개념으로 위치지었다는 것이다.

일심은 원효가 가장 중시한 개념이지만, 이는 동시에 불교의 핵심 개념이기도 하다. 그러므로 원효의 일심사상에 사상사적인 위치를 부여하려면, 우선 경전적 배경을 밝힐 필요가 있다. 초기의 연구자 중에는 『기신론』만으로 원효의 일심사상을 체계화한 경우도 있지만, 최근에는 차츰 기신론사상과 아울러 화엄사상을 강조하려는 연구 경향이 두드러진다.

지금까지의 연구를 통해 원효의 저술이나 사상에 대한 개별적인 이해는 어느 정도 이루어졌다고 볼 수 있다. 이제 이러한 연구 성과를 결집하여 원효 사상을 체계적으로 이해하는 연구가 진행되어야 한다. 이와 관련하여 다수의 연구자들은 원효의 사교판론(四敎判論)에 주목해, 사교판론의 내용과 교판사에서의 위치 및 의의 등에 대해서는 거의 밝혀놓았다. 다만 사교판론 자체는 매우 간략한 서술에 불과하므로, 이를 풀어서 원효 사상을 체계화하기 위해서는 사교판론에서 제시한 분류 기준을 원효의 저술에 폭넓게 적용하는 작업이 요청된다. 특히 사교판론에서 최고의 위치를 부여받은 '화엄경'(華嚴經)에 대한 원효의 이해와, 사교판론에서 언급하지 않은 『기신론』의 교판상 위치 비정이 관심의 대상이 되고 있다.

교판론과 아울러 철학 자체에 대한 체계적 분석과 종합도 시도되었다. 그러나 원효 사상의 체계적 이해는 아직 시작에 불과하다. 일심에 대한 개념 정의만으로는 설명이 충분치 못하다. 따라서 일심을 정점으로 하는 원효 사상의 체계화는 시급한 과제의 하나라 할 수 있다. 원효 사상의 체계화를 위해서는 일심을 중심으로 한 철학적 모색과 더불어 그의 대중 교화 활동도 비중 있게 다루어야 한다. 우선 대중 교화 활동의 이론적 근거로서 그의 계율관과 정토관이 주목된다. 계율은 불교도의 생활규범이지만, 원효에게는 대중 교화를 위한 실천강령의 성격이 짙다. 일련의 연구 성과에 따르면, 원효 계율의 중심은 대승보살계이며, 그중에서도 범망계(梵網戒)의 정신을 바탕으로 유가계(瑜伽戒)의 계상(戒相)을 수용한 점이 특징으로 거론되고 있다. 다른 분야에 비해 계율관에 관한 연구는 아직 미흡한 편인데, 이는 당시 신라가 채택한 율령과의 관계 또는 국가의 불교 정책과의 관련하에서 연구할 필요가 있다.

정토신앙은 원효가 대중을 교화한 내용에 해당한다. 원효의 정토관은 일찍부터 일본 불교학계의 주요 관심사였다. 그들은 원효의 정토교학에 집중적으로 천착하여, 정토교학사상 커다란 숙제였던 십념설(十念說)을 원효가 은밀문(隱密門)과 현료문(顯了門)으로 나누어 독창적으로 회통시켰으며, 정토교학사상 정영사(淨影寺) 혜원(慧遠)의 계통에 속함을 밝혔다. 한국학자들의 연구는 1960년대 들어서면서 본격화하여 많은 연구 성과가 축적되었다. 이들 연구 성과에 의하여, 원효는 미륵정토보다 미타정토를 더 중시했는데, 미타정토로 왕생할 수 있는 요건은 가급적 완화하고 왕생의 인행(因行)도 쉽게 하려는 경향이 있었음을 밝혔다. 최대의 논란은 『유심안락도』(遊心安樂道)가 과연 원효의 저술인가였는데, 현재는 위찬설(僞撰說)을 받아들이는 추세이다.

원효로 대표되는 당시 신라의 정토교학가들이 왕생의 조건을 최대한 완화시키려 했음은, 이미 선학들에 의하여 신라 정토교학의 특징으로 여러 차례 지적된 바 있다. 그런데 최근에는 이러한 특징을 당시 신라의 사회경제적 변화를 반영하는 새로운 인간관의 수립으로 보려는 견해가 있어 주목된다. 시대 구분까지 염두에 둔 이러한 시도는 불교철학에 대한 미시적 접근과 동시에 불교와 재래신앙 또는 불교와 유교의 비교는 물론 사회경제사에 대한 이해를 포함하는 거시적 접근을 필요로 한다.

원효 사상 연구에서 빼놓을 수 없는 것이 그의 불교사적 위치이다. 원효 사상은 작게는 신라 불교계를 배경으로 성립한 것이지만, 크게는 동북아 불교계의 동향과 밀접한 관계가 있다. 한국 불교사에서의 위치 문제와 관련해서는, 신라 불교계에서 원효화엄학의 계승이라든가, 고려 불교계에서 원효의 재발견 등이 언급된 바 있다. 중국 불교사와 관련해서는 그가 수(隋)나라 3대 법사인 혜원(慧遠, 523~592)·지의(智顗, 538~597)·길장(吉藏, 549~623)의 영향을 많이 받았으며, 후대 당나라 법장의 화엄학 집대성에 지대한 영향을 끼쳤음이 부분적으로 언급되었다.

마지막으로 원효 사상에 대한 역사적 평가의 문제이다. 남한학계에서는 원효의 사상이 통일신라의 통일 질서 수립에 기여했다고 높이 평가하는 반면, 북한학계에서는 '봉건 착취관계를 반영한 반동적인 관념론 철학'이라며 격렬하게 비판했다. 이러한 상반된 평가는 사관의 차이에서 비롯하는 것이므로, 역사적인 평가를 내리기 위해서는 역사적인 조건을 좀더 고려할 필요가 있다.

지금까지 원효 사상에 대한 그동안의 연구 성과를 주제별로 점검해보았다. 이제 연구사 검토에서 드러난 몇 가지 문제점을 반성하고 앞으로의 연구 방향을 전망해보고자 한다. 우선 지적할 것은 원효의 저술이나 사상에 대한 종합적이고 체계적인 이해가 크게 부족하다는 점이다. 원효 사상을 종합적으로 다룬 단행본은 1990년대 이후에나 출간되기 시작했다. 한두 편의 논문으로 원효 사상의 전모를 파악하기란 어렵다. 그나마 연구 주제나 내용에서 겹치기 연구도 드물지 않다. 더욱이 천 편을 상회하는 연구논저의 목록 작성은 여러 번 시도된 반면, 사학사적인 연구사 검토는 전무하다시피한 실정은, 원효 연구의 심화를 위해서 반드시 짚고 넘어가야 할 숙제이다.*

* 박사학위 논문에서 주제와 관련하여 간략하게 원효 연구사를 정리한 작업들이 몇 편 있으며, 이외에 연구사를 개설한 글로 고영섭, 『원효탐색』, 연기사, 2001, 262~294쪽이 있다.

참고문헌

· 저서

高翊晉, 『韓國古代佛教思想史』, 동국대학교 출판부, 1989.

金相鉉, 『역사로 읽는 원효』, 고려원, 1994.

金相鉉, 『元曉研究』, 民族社, 2000.

남동신, 『원효』, 새누리, 1999.

藤能成, 『원효의 정토사상 연구』, 民族社, 2001.

吳法眼, 『元曉의 和諍思想 研究』, 弘法院, 1989.

李箕永, 『元曉思想 研究』 I, 韓國佛教研究院, 1994.

이기영, 『원효사상 연구』 II, 한국불교연구원, 2001.

李鍾益, 『元曉의 十門和諍思想 研究』, 東方思想研究院, 1977.

佐藤繁樹, 『元曉의 和諍論理』, 民族社, 1996.

中央僧伽大學校 佛教史學研究所, 『元曉 研究論著 目錄』, 1996.

최유진, 『원효사상 연구 —화쟁을 중심으로』, 경남대학교 출판부, 1998.

R. E. Buswell, The Korean Origin of "The Vajrasamadhi-sutra": a case study in determining the dating, provenance, and authorship of a Buddhist, University of California, Berkeley, 1985.

· 논문

金柄煥, 「元曉의 金剛三昧經論 研究」, 동국대학교 박사학위 논문, 1997.

金英美, 「元曉의 阿彌陀信仰과 淨土觀」, 『伽山學報』 2, 1993; 『新羅佛教思想史研究』, 民族社, 1994 재수록.

金煐泰, 「新羅 佛教 大衆化의 歷史와 그 思想 研究」, 『佛教學報』 6, 1969. 5; 『新羅 佛教 研究』, 1987.

金在庚, 「新羅 阿彌陀信仰의 成立과 그 背景」, 『韓國學報』 29, 1982.

金鍾宜, 「元曉의 思想 體系에 關한 研究」, 부산대학교 박사학위 논문, 1992. 2.

金俊煜, 「元曉의 教判觀 研究」, 동국대학교 박사학위 논문, 1985.

南東信, 「元曉의 大衆教化와 思想體系」, 서울대학교 박사학위 논문, 1995. 8.

南東信, 「新羅 中代佛教의 成立에 관한 研究 —金剛三昧經과 金剛三昧經論의 분석을 중심으로」, 『韓國文化』 21, 1998. 6.

南東信, 「元曉와 芬皇寺 關係의 史的 推移」, 『芬皇寺의 諸照明』, 新羅文化祭學術發表會論文

集 20, 동국대학교 신라문화연구소, 1999.

南東信, 「元曉의 戒律思想」, 『韓國思想史學』 17, 2001. 12.

安啓賢, 「日本에서의 元曉 研究」, 『한가람』 1, 1977; 『韓國 佛敎史 研究』, 同和出版公社, 1982.

殷貞姬, 「大乘起信論에 대한 元曉說과 法藏說의 比較」, 『泰東古典研究』 11, 1993.

李基東, 「薛仲業과 淡海三船의 交驩」, 『歷史學報』 134·135합, 1992.

李平來, 「如來藏說과 元曉」, 『元曉研究論叢』, 국토통일원, 1987.

趙明基, 「元曉宗師의 十門和諍論 研究」, 『金剛杵』 22, 1937. 1.

崔南善, 「朝鮮佛敎 ―東方文化史上に於ける其地位」, 『佛敎』 74, 1930. 8.

崔柄憲, 「高麗 佛敎界에서의 元曉 理解 ―義天과 一然을 中心으로」, 『元曉研究論叢』, 國土統一院, 1987. 11.

崔源植, 「元曉의 菩薩戒 인식 경향과 그 특성」, 『東國史學』 28, 1994.

鎌田茂雄, 「十門和諍論の思想史的意義」, 『佛敎學』 11, 1981.

吉津宜英, 「新羅の華嚴敎學への一視點 ―元曉·法藏の融合形態を中心として」, 『韓國佛敎學 SEMINAR』 2, 1986.

木村宣彰, 「金剛三昧經の眞僞問題」, 『佛敎史學研究』 18-2, 1976. 3.

木村宣彰, 「多羅戒本と達摩戒本」, 『戒律思想の研究』, 佐佐木敎悟 編, 京都: 平樂寺書店, 1981.

福士慈稔, 「元曉著述に於ける天台の影響について」, 『印度學佛敎學研』 39-1, 1990.

石井公成, 「新羅佛敎における『大乘起信論』の意義 ―元曉の解釋を中心として」, 『如來藏と 大乘起信論』, 平川彰 編, 東京: 春秋社, 1990. 6.

愛宕邦康, 「大覺國師義天と『遊心安樂道』―『義天錄』における『遊心安樂道』不載の文題に着 目して」, 『印度學佛敎學研究』 43-1, 1994. 12.

村地哲明, 「『遊心安樂道』元曉作說への疑問」, 『大谷學報』 39-4, 1958.

惠谷隆戒, 「新羅元曉の淨土敎思想」, 『淨土敎の新研究』, 東京, 1976.

橫超慧日, 「元曉の二障義について」, 『東方學報』 11-1, 1940

63인의 역사학자가 쓴 한국사 인물 열전

의상 義相
보통 사람들과 함께 만드는 원융한 사회

정병삼 숙명여자대학교 한국사학과 교수

1. 7세기 신라 사회와 의상의 생애

(1) 7세기의 신라 사회

한국 불교사상의 근간을 이루는 것은 화엄사상이다. 신라 화엄사상을 정립한 의상(義相, 625~702)은 7세기 중반의 변환기를 살았다. 삼국 중에서 출발은 늦었지만 탄탄한 저력을 쌓아간 신라는 백제와 고구려를 꺾고 삼국통일을 이룩했다. 비록 고구려의 많은 영토를 품지는 못했으나 삼국통일 후 비로소 세 나라가 하나라는 의식이 표출되어 민족 동질성을 표방하게 되었다는 점에서 그 의의는 크다.

이후 내적 발전을 이룬 신라의 사회적 변화에 부응해 불교사상도 새로운 성과를 이루기 위해 노력했다. 원효(元曉)와 의상이 거둔 신라 불교철학의 확립과 신앙의 대중화 성과는 이런 결실이었다.

의상은 새로운 시대 의식을 보이며 살았던 뚜렷한 생애를 보여준다. 국내에서의 수학과 당으로의 유학 그리고 귀국 후의 활동에서 의상은 수준 높은 화엄사상가의 면모를 견지하면서 동시에 엄정한 수행자의 면모를 유지했다. 특히 귀국 후 의상은 화엄종단을 이끌면서 통일 후의 안정을 지향하는 사회적 분위기에 상응해 기층민을 배려했으며, 이런 교단 운영을 통해 시대가 요구하는 역할을 수행했다.

의상은 삼국 간의 쟁패전이 열기를 더해가던 625년(진평왕 47)에 태어났다. 진골 귀족의 후예로 생각되는 의상은 스물 남짓한 나이에 왕실과도 관계가 깊은 왕경(王京: 현 경주)의 황복사(皇福寺)에서 출가해, 신라에 소개됐던 섭론(攝論), 지론(地論) 등의 교학 탐구에 열중했다. 당시 신라는 당과 긴밀한 관계를 유지하며 당의 문물을 수용하고 많은 승려들이 불경을 들여와 원광(圓光)과 자장(慈藏), 안함(安含) 등의 활동 이래 교학의 분위기가 고조되고 있었다.

출가 초반 교학 수련에 몰두하던 의상은 현장(玄奘)이 인도에서 들여온 신유식(新唯識)을 배우고자 그동안 교유를 가졌던 원효와 함께 650년(26세)에 중국 유학길에 올랐다. 그러나 육로를 통해 중국에 들어가고자 했던 이들의 행로는 고구려 국경에서 좌절되었다. 그 대신 의상과 원효는 고구려 열반(涅槃)의 대가 보덕(普德)에게서 열반과 방등(方等: 부처님의 깊고 넓은 뜻을 상세히 알리려는 경전) 등의 대승교학에 대한 수준 높은 이해를 갖는 기회를 얻을 수 있었다. 그러나 새로운 불교를 배우기 위한 중국에의 열망을 접지 않았던 의상은 661년(37세) 다시 중국 유학길에 나서 해로(海路)를 통해 당나라에 건너갔다.

의상이 중국에 유학할 뜻을 품고 있던 시기에 신라 사회는 크게 변화하고 있었다. 중고 말기 선덕왕(632~647년 재위)대에는 알천으로 대표되는 구귀족 세력과 용춘(龍春: 무열왕의 아버지)과 서현(舒玄: 김유신의 아버지)으로 대표되는 신귀족 세력 간의 힘의 균형이 유지되었다. 이 시기 불교를 대표하는 자장은 섭론 등의 유식을 비롯하여 여래장 및 불성사상에 대한 연구를 심화시키고 화엄의 단초도 열어 신라 교학의 기반을 다졌다. 또한 자장은 승단의 생활규범을 확립하고, 문수신앙(文殊信仰)의 성지로 오대산을 설정하여 진신상주(眞身常住)신앙을 선도했다.

선덕여왕에 반대하여 일어난 비담의 난을 진압하며 세력을 확보한 신귀족은 진덕왕(647~654년 재위)대에 김춘추를 중심으로 집사부의 설치 등 관제를 개편해 행정력의 기반을 형성하고 율령체제를 개정해 유교정치 이념을 수용했다. 그리고 태종무열왕(654~661년 재위)으로 즉위한 김춘추는 김유신의 무력과 연계해 안정적인 왕권을 지향하며 삼국 간의 항쟁을 주도했다. 그 결과 660년에 신라는 당군과 합세하여 백제를 패망시켰다.

(2) 화엄학 연마

의상은 이런 정황 속에서 당에 건너갔다. 661년 당나라에 들어간 의상은 그동안 신라에서 익혔던 지론에 대한 관심의 연장으로 지론을 더욱 연마할 수 있는 기회를 가졌고, 수행(修行)을 비롯한 다른 불교사상도 접할 수 있었다. 그후 장안 남방의 종남산(終南山)에서 당대의 교학을 집대성해 새로이 화엄을 정립해가던 지엄(智儼, 602~668)의 문하에 들어갔다. 의상은 지엄 화엄의 정수를 체득하기 위해 노력했고, 668년(44세)에 화엄학의 진수를 일승의 법계연기로 엮어낸 『일승법계도』(一乘法界圖)를 저술해 지엄의 인가를 받았다. 지엄이 입적하기 석 달 전의 일이었고, 당시 지엄 문하에서 동문수학하며 장차 중국 화엄을 완성하는 후배 법장(法藏)은 아직 출가하기 전이었다. 그리고 670년(문무왕 10)에 의상은 당에서 귀국했다.*

의상의 귀국과 관련해서는 당군의 침공 정보를 알리기 위해 갑작스럽게 이루어졌다는 기록이 전한다. 이 시기 신라는 백제에 이어 고구려를 당군의 힘을 빌려 멸망시키고 진정한 삼국통일을 이루기 위해 양국의 유민들을 포

---

* 『삼국유사』 「義湘傳敎」조에서는 咸亨 원년 경오(670)라고 했으나 의상의 전기에 관한 가장 확실한 기록인 「浮石本碑」에는 함형 2년(671) 귀국이라고 했다. 귀국과 연관된 국가적 사실에 적극적인 의미를 두고자 670년 귀국으로 보기로 한다.

용하여 당군과의 전쟁에 돌입해 있었다. 신라는 백제 고지는 물론 신라마저 통치하고자 하는 야심을 가진 당과 충돌할 수밖에 없었다. 668년(문무왕 8)에 고구려를 패망시킨 후 나당의 대립은 심화되었다. 신라는 고구려와 백제의 유민을 포용해 대당전쟁에 돌입했다.

신라는 한편으로는 백제 지역을 직접 공략해 당군과 싸우고, 또 한편으로는 김흠순 등을 당에 보내 사죄하는 등 양면 정책을 구사했다. 당에 사죄 사신을 보내면서도 670년(문무왕 10)에 백제를 쳐서 80여 성을 차지하였고, 671년에도 연이어 백제를 쳐서 당군을 공격했다. 특히 7월에는 사비성을 함락시켜 그 지역에 소부리주(所夫里州)를 설치함으로써 백제 고지를 본격적으로 신라 영역에 편입시켰다.

의상이 귀국하던 시기는 이처럼 신라와 당이 첨예하게 대립하던 시점이었다. 그러므로 의상의 귀국 동기는 여러 가지 상황이 작용했을 것이다. 먼저 스승 지엄의 입적이 가장 큰 요인이었을 것이다. 아울러 당의 대외국 승려 정책이 9년을 수학 기간으로 정했는데, 의상의 수학 기간이 이에 해당한다.

그런데 의상의 귀국이 당군의 침공 사실을 미리 알리기 위한 것이었다는 데서 당시 승려들의 대국가 활동을 살펴볼 수 있다. 사실 중고기 이후 나라를 위해 활동했던 승려들은 적지 않게 찾을 수 있다. 원효는 신라가 한창 고구려와 싸우던 때인 662년 2월에 비밀문서의 뜻을 알아내지 못한 김유신의 군대를 위해 문서를 해독해주었다. 그리고 고구려에서는 실력자 남건(男建)이 승려 신성에게 군사를 맡긴 적이 있었으며, 당의 장군 설인귀가 신라를 힐책하는 서신을 왕에게 보낼 때는 승려 임윤이 그 역할을 담당하기도 했다.

이런 사실들은 승려들이 국가적 상황에 초연하지 않고 적극적으로 참여했음을 알려준다. 당대의 사회상을 적극적으로 포용하며 사상을 확립해가고자 했던 의상의 행적에 비추어 볼 때, 국가가 관련된 중대 상황을 맞아 이에 적극적으로 대처했을 것이라는 추측이 가능하다.

당시 신라 불교계는 다양한 양상을 보였다. 원효는 무열왕과 연계해 새로운 불교를 주도하였다. 한편으로, 통일 직후의 국가 불교는 성전사원(成典寺院: 왕실의 조상숭배를 위한 원당으로 설립되어 국가가 불교계를 통제하던 관사로서의 역할을 했음)을 중심으로 재편성되었다. 명랑(明朗)이 주도하여 창건한 사천왕사(四天王寺, 679년)나 신문왕대에 혜통(惠通)과 관련해 창건된 봉성사(奉聖寺) 등은 밀교(密敎) 계통이 국가와 밀접한 연관을 가졌음을 보여준다. 밀본(密本)은 『약사경』(藥師經)의 독송을 이용해 병을 치유했고, 혜통은 의례와 모방주술에 통달한 행법을 전개했다. 당군 침공에 대한 대비를 맡은 명랑은 문두루 비법(文豆婁秘法)을 써서 당군을 격퇴했는데, 이는 『관정경』(灌頂經)의 내용을 위주로 하고 『금광명경』(金光明經)의 가르침을 첨가해 만든 호국적인 주술의례를 조직화한 것이었다.

그리고 교단의 통제를 맡는 승관(僧官)들도 다양한 양상을 보였다. 신혜(信惠)는 669년(문무왕 9)에 정관대서성(政官大書省)에 임명되었고, 의안(義安)은 674년(문무왕 14)에 대서성에 임명되었다. 지의(智顗)는 호국대룡(護國大龍)이 되겠다는 문무왕 생전시의 유언을 받았고, 경흥(憬興)은 신문왕대에 국로(國老)의 대우를 받았다.

의상은 이처럼 신라가 당과 마지막 격돌을 하고 있던 임전(臨戰) 상황에 귀국했다. 그리고 자신이 체득해온 화엄사상을 펴나갈 전법도량을 물색하면서 당대의 시대적 과제를 깊이 통찰했을 것이다. 당시 원효는 유식(唯識)과 중관(中觀)을 모아서 새로운 철학체계를 구축함은 물론 대중 교화를 통해 전란 시기의 민중을 정토신앙(淨土信仰: 불교의 깊은 이치를 이해하지 못하더라도 마음을 깨끗이 하고 염불과 같은 수행으로 극락에 갈 수 있다는 신앙)으로 포용하고 있었다.

(3) 낙산 관음과 부석사

의상이 귀국 후 가장 먼저 창건한 것은 설화로도 전승되고 있는 낙산(洛山)

관음(觀音)이다. 의상은 동해변 낙산 굴 안에 관음 진신(眞身)이 산다는 말을 듣고 그곳에 가서 관음을 친견(親見)하고자 했다. 그래서 7일 동안 정진하여 천룡의 인도로 굴 안에 들어가서 수정염주와 여의보주를 받고 다시 7일간의 정진 끝에 관음 진신을 친견했다. 그리고는 낙산사 금당을 짓고 흙으로 빚은 관음과 두 보주(寶珠)를 안치했다. 이 설화를 통해 확인된 낙산 관음은 보타락가산(寶陀洛迦山)에서 상주하며 설법하고 있다는 『화엄경』(華嚴經)의 관음이 신라 국토 동해변에 실제로 머무르고 있다는 믿음을 신라 사회에 뿌리내리게 한 진신상주신앙의 정착이었다. 이때 의상이 지었다고 전해오는 글인 「백화도량발원문」(白花道場發願文)은 의상이 직접 지은 것이라기보다는 의상의 관음신앙을 충실히 계승하던 문손(門孫)이 의상의 신앙 내용을 계승하여 지은 것으로 보인다.

674년(문무왕 14)에 황복사에서 화엄을 강의하기도 했던 의상은 676년(문무왕 16)에는 태백산에 부석사(浮石寺)를 창건해 화엄 근본 도량을 이루었다. 그 사이 신라와 당의 격돌은 끊임없이 이어져서 674년(문무왕 14)에는 고구려 유민을 포용하고 백제 고지를 장악하고 있는 신라의 태도에 격분한 당 고종이 신라 왕의 관작을 삭탈하고 군대를 일으키는 사태까지 벌어졌다. 이에 신라는 당에 사죄 사신을 보내 관작을 회복시키는 한편, 의연한 자세로 안승을 보덕왕에 봉하고 양국 유민들을 일체의식으로 끌어들여 고구려 고지의 경계까지 공략해 들어갔다. 그래서 675년(문무왕 15) 9월에 매초성(현 경기도 양주)에서 20만 당군과 싸워 대승을 거두고, 이듬해 11월에 기벌포(현 충남 서천)에서 당군을 격파해 통일 전쟁을 마무리지었다.

이런 통일사업의 완수라는 기념비적인 시점에 부석사가 창건되었다. 고구려와 백제의 영향이 미치지 못하는 이곳에 새로운 사원이 창업하기까지 어려움이 뒤따랐지만 모든 것을 부석(浮石)의 신변(神變)으로 물리칠 수 있었다는 설화를 남겼다. 이처럼 삼국이 새롭게 하나로 출발하는 의식을 제창하던 시점에, 수행에 가장 적절한 그리고 지역적으로 중요한 곳에 화엄의

63인의 역사학자가 쓴 한국사 인물 열

전당 부석사가 그 터전을 마련했던 것이다.

(4) 보통 사람들과 함께

삼국 항쟁에서의 승리는 지배층의 노력 못지않게 신라의 일반민과 백제, 고구려 유민의 막대한 참여와 부담으로 가능한 것이었다. 따라서 문무왕은 전쟁에 참여한 이들의 경제 기반을 마련해주는 사회·경제적 시책을 시행했다. 이는 전공(戰功)으로 얻은 민의 지위 향상과 고초에 대한 집권층의 배려와 확장된 영토와 증가된 주민에 대한 집권층의 체제정비 의도에서 나온 것이었다.

문무왕은 고구려를 패망시킨 이듬해인 669년(문무왕 9)에 죄수들을 특사하고 채무를 면제해주는 하교를 내려 새로운 통일 사회 건설의 분위기를 고조시켰다. 또한 문무왕은 죽기 전에 남긴 말에서 "민간의 안정과 역내의 우환이 없음을 이루었다"고 자부하면서 동시에 지방 주현(州縣)의 과세가 요긴하지 않은 것은 모두 폐지하고 율령과 격식도 불편함이 있거든 곧 고쳐 시행하라고 당부했다. 이 시기에 재상을 맡았던 차득공(車得公) 역시 그와 같은 문무왕의 시책을 잘 따라 시행했다. 이처럼 문무왕은 모든 관료체제의 정비를 통해 왕권의 기반으로서 관료제를 확립하고자 했다.

이런 경향은 의상에게서도 나타났다. 의상은 태백산의 부석사를 중심으로 화엄종단을 형성하고 문도들을 양성하는 데 진력했다. 의상은 백성의 경제적 안정이 국가의 기본적인 힘이 되며 그들의 정신적 안정이 사회 안정의 토대가 된다고 생각했다. 그와 같은 견지에서 의상은 통일 이후 국가체제를 재편해가면서 강화된 왕권을 과시하기 위해 시행하려는 과도한 토목사업을 반대했다. 672년(문무왕 12) 이래 한산주 주장성을 비롯한 많은 성을 쌓고 정비했으며, 679년(문무왕 19)에는 궁궐을 중수하고 남산성을 증축했다. 그리고 다시 681년(문무왕 21)에 경성(京城)을 새롭게 수축하고자 했다. 이에 의상은 "왕의 정교(政敎)가 밝으면 풀언덕으로 정해놓는다 하더라도 백성들이 감히 넘으려 하지 않아서 재앙을 면하여 복이 되지만, 정교가 밝지 못하면 여러 사람을 수고스럽게 하여 장성을 쌓더라도 재앙이 그치지 않을 것이라"는 글을 보내어 축성 중지를 강력히 건의했다.*

전쟁 후의 당시 사회상을 고려하면 마땅히 취해야 할 태도였겠지만, 이처럼 명확한 언급을 한 사람은 의상 외에는 아무도 없었다. 의상은 백성들의 처지를 이해하고 전쟁으로 얼룩진 백성들의 마음을 끌어안고자 했으며, 이런 그의 자세가 주목의 대상이 되는 것이다.

이후 중앙과 연결된 의상의 행적은 보이지 않는다. 대신 그는 태백산의 부석사를 중심으로 화엄종단을 형성하고 문도들을 양성하는 데 진력했다.

특히 의상의 문도 중에는 기층민 출신이 두드러진 활동을 보였다. 진정(眞定)은 품을 팔아 곡식을 얻어 연명하던 가난한 기층민 출신이고, 지통(智通)은 귀족의 노비 출신이었다. 지통은 의상의 강의를 정리해 『추동기』(錐洞記)를 남긴 제자로, 『도신장』(道身章)을 남긴 도신(道身)과 함께 손꼽히는 제자였다. 진정이나 지통 같은 이들이 의상이 영도하는 화엄교단의 중심인물이 될 수 있었던 이유는 의상이 교단 내에서 신분의 평등을 견지했기 때문이었다. 통일 후의 신라 사회는 완강한 골품제 신분 사회에서 벗어나려는 백성들의 욕구를 수용하고 삼국민의 하나됨을 지향해야 했다. 비록 교단 내에 한정되기는 했지만 이처럼 의상이 평등한 신분의식을 관철한 것은, 그가 지향했던 당대의 적극적인 사회의식이 살아 있는 것이라 할 수 있다.

의상은 『일승법계도』를 중심으로 부석사와 태백산, 소백산 등지에서 여러 제자들에게 화엄사상을 강의해 신라 화엄사상의 주류를 이루었다. 그 대표적인 제자들이 십대 제자 또는 십성(十聖)으로 불리는 오진(悟眞), 지통, 표훈(表訓), 진정, 진장(眞藏), 도융(道融), 양원(良圓), 상원(相源), 능인(能人), 범체(梵體), 도신 들이다.

표훈은 의상의 지도에 따라 새로운 해석을 전개하기도 했던 뛰어난 제자였고, 진정은 기층민 출신으로 문하의 사상을 주도하던 제자였다. 지통은 노비 출신으로 화엄사상을 깨치고 관행을 닦던 수행인으로 스승의 강의를 기록한『추동기』(또는『錐穴問答』,『要義問答』) 2권을 지었고, 도신은 의상의 강의를 기록한『도신장』(또는『一乘問答』) 2권을 남겼는데 여기에는 의상이나 지엄 그리고 제자들의 문답과 학설 들이 실려 있다. 상원은 의상 문하의 강의에서 많은 문답을 남겼고, 양원은 법계도에 주석을 남겼다. 또한 이들에 이어 신림(神琳)과 법융(法融) 등이 의상의 화엄 전통을 널리 계승해 왕성한 흐름을 이루었다. 이들의 사상 경향에 관한 면밀한 검토는 의상의 화엄사상을 더욱 선명하게 드러나게 할 것이다.

신라 하대에 이르기까지 의상을 계승하는 화엄종단에 의해 건립된 전교십찰(傳敎十刹)은 화엄의 성세를 대변한다. 부석사, 화엄사(華嚴寺), 해인사(海印寺), 범어사(梵魚寺), 옥천사(玉泉寺), 비마라사(毘摩羅寺), 미리사(美理寺), 보광사(普光寺), 보원사(普願寺), 갑사(岬寺), 화산사(華山寺), 국신사(國神寺), 청담사(靑潭寺) 등이 그것이다.

2. 의상 화엄사상의 역사적 의의

(1) 일승 연기-하나와 전체의 평등과 조화

의상은 중국 불교계에 선풍을 불러일으키고 있던 신유식을 배우기 위해 원효와 함께 중국에 가고자 했다. 그러나 우여곡절 끝에 당나라에 들어간 의상이 배운 것은 신유식이 아닌 화엄이었다. 이 시기 중국의 화엄은 실천적 화엄신앙을 펼쳐 화엄 초조로 추숭되는 두순(杜順)에 이어 지엄이 화엄사상을 정립해가고 있었다. 지엄은 지론종 남도파의 화엄교학을 계승하고, 섭론학을 비롯해 남북조에서 수당에 걸친 중국 불교의 흐름을 종합해 이를 주

---

* 『삼국유사』권2 「文虎王法敏」 및 『삼국사기』권7 문무왕 21년 중 『삼국유사』 기록이 원자료에 가까운 것으로 생각된다.

체적으로 파악함으로써 화엄사상을 체계화했다.

신라에서부터 지론교학에 관한 이해를 가졌던 의상은 종남산의 지엄 문하에 들어가 새로운 화엄을 수학했다. 그리고 그 결과로 이루어낸 『일승법계도』는 화엄일승 법계연기(法界緣起)의 핵심을 언어의 절제하에 7언 30구 210자의 간결한 법계도시(法界圖詩)로 엮고, 이를 상징적으로 형상화한 법계도인(法界圖印)을 만들어 자세한 내용을 간략한 분량으로 설명한 것이었다.

의상의 화엄사상은 여러 면에서 당대의 선도적인 면모를 보여주었다. 반시(盤詩) 법계도는 형식면에서 법계도시의 처음과 끝이 이어지는 상징적인 효과를 위해 당시 유행하던 회문시(回文詩) 형식을 채용했고, 최신 기술이던 목판 인쇄에 다라니(陀羅尼: 신비적인 힘을 가진 것으로 믿어지는 주문)를 강조하여 담아낸 독특한 것이었다. 이는 자신이 깊은 이해를 가졌던 지론학과의 친연성을 보여준다.

의상 화엄사상의 핵심은 『일승법계도』에 있다. 의상은 화엄일승의 법계연기를 한데 응축시켜 중도(中道)의 의의를 선양하기 위해 『일승법계도』를 저술했다. 그 중심 사상은 일승(一乘)의 제창과 법계연기설의 전개 및 중도의 강조 등이다. 법계연기설에서도 의상은 특히 법계도의 실천적 구조와 밀접하게 연관을 맺어 법계연기의 구극인 성기사상(性起思想: 중생의 깨달음은 본래적으로 완성되어 있어 부처가 중생의 마음에 현재한다는 입장)을 강조했다.

의상은 일승 법계연기의 본뜻을 자성을 가진 독자적 존재가 아니라 연(緣)에 따라 이루어진 연기로 보고 이 연기다라니법의 작용을 일(一)과 다(多)의 상입상즉(相入相卽)으로 설명했다. 그리고 연기다라니법의 대의를 관찰하기 위해서는 수십전법(數十錢法)을 깨달아야 한다고 했다. 수십전법이란 1전(錢) 2전에서 시작해 10전까지 헤아리는 것을 말하는데, 10을 내세운 것은 무량(無量)함을 드러내기 위한 것으로서 가득찬 수인 10은 『화엄경』에 누차 강조된 원융무량함을 나타낸다.

수십전법의 설명에는 중문(中門)과 즉문(卽門)이 있다. 중문은 일중십

(一中十)과 십중일(十中一)이다. 일은 연에 의해 이루어진 본수(本數)다. 하나 가운데 열이 있다는 것은 하나가 자성(自性)의 하나가 아니라 연에 의해 이루어진 것이므로, 만일 하나가 없으면 열이 성립할 수 없기 때문에 가능하다. 열 가운데 하나가 있다는 것도 마찬가지다. 열도 연으로 이루어진 것이므로 열이 없으면 하나가 성립할 수 없기 때문에 열 안에 하나가 있다는 것이 가능하다. 이렇게 보면 하나하나의 전마다 10문씩 갖추고 있는 셈이된다. 즉문의 설명도 마찬가지다.

이 수십전법은 법계도의 '일중일체 다중일(一中一切 多中一) 일즉일체 다즉일(一卽一切 多卽一)'과 상응한다. 그리고 이것의 연원은 『화엄경』에서 찾을 수 있다.

연으로 이루어진 일체의 제법은 연을 따라 이루어졌으므로 어느 하나도 일정한 자성이 없다. 일체의 연으로 이루어진 법의 도리인 공(空)은 곧 중도의(中道義)이며, 중도의는 무분별(無分別)을 의미한다. 그런데 법성(法性)은 무분별을 상(相)으로 하기 때문에 일체의 법은 중도에 있게 된다. 그러므로 일체 제법은 본래 중도에 있는 것이다.

의상은 중생과 부처처럼 서로 전혀 다른 두 입장(二邊)을 융합한 상태의 중도를 말하면서, 동시에 두 입장으로 대표되는 모든 상대법이 각자의 형식을 지니면서 그대로 중도임을 말한다. 의상이 말하는 중도는 양변을 모두 인정하면서 그 융합으로서의 중도도 인정하는 중층적 구조를 가진 것이다. 이는 양변과 중도의 구도를 통해 중생이 각자의 위치에서 그대로 성불할 수 있다는 본래성불(本來成佛)의 세계에 가까이 있음을 보여준다.

의상이 중(中)과 즉(卽)의 이론으로 파악한 법계연기론은 다양한 현상세계와 동일한 이치의 세계를 연결하려는 시도였다. 일(一)과 다(多)가 서로 똑같은 자격으로 서로간의 상호 의존적 관계에서만 상대를 인정해 성립할 수 있다는 법계연기의 논리는 개체 간의 절대 평등을 뜻한다. 결국 상입상즉의 연기설은 전체 구성원의 평등과 조화를 의미하는 뜻이었다.

『일승법계도』는 화엄 법계연기설의 핵심인 일중다 다중일(一中多 多中一)과 일즉다 다즉일(一卽多 多卽一)의 상입상즉의 연기법을 수십전 등의 비유로 풀이했다. 그리고 그 내용으로 일다(一多)의 상입상즉, 미진(微塵)과 시방세계(十方世界), 일념(一念)과 무량겁(無量劫), 초발심(初發心)과 정각(正覺), 생사(生死)와 열반(涅槃)으로 이루어진 다라니 이용(理用)·사(事)·시(時)·위(位)의 4가지 범주로 구성했다. 의상은 이들을 자리행(自利行)으로 묶고 여기에 이타행(利他行)과 수행문(修行門)을 추가해 강한 실천적 성격을 띤 『일승법계도』를 완성했다.

여기에서 볼 수 있는 의상의 화엄사상은 분야별로 교판론(敎判論), 심식설(心識說)과 삼성삼무성관(三性三無性觀), 이이상즉론(理理相卽論)과 십현육상론(十玄六相論)의 교리론, 단혹(斷惑)과 성불(成佛), 불신론(佛身論)의 수도론 등으로 정리할 수 있다. 이 가운데 의상 화엄사상의 독자적인 면모는 교리론에서 다라니법의 강조와 수십전설, 그리고 육상의(六相義) 등에 두드러지게 나타난다.

의상 화엄사상의 특색 중 하나가 성기사상이다. 의상의 법계도는 실천적이며 종합적으로 화엄경에 기초한 해인삼매(海印三昧: 큰 바다에 일체 사물이 비치듯이 부처의 지혜 바다에 법이 다 비친다는 비유)의 정신을 드러내는 것이었다. 그리고 의상의 연기법(緣起法)은 실성의 성기세계를 드러내고자 한 법계도의 실천적 구조와 밀접하게 연관을 맺으며 법성관(法性觀)과 구래성불설과 해인삼매론에 연계되어 구성된 것이었다. 의상은 이들 성기설을 두루 포괄하는 법계연기설을 전개했다.

새로운 불교철학 정립이 중요한 과제였던 신라 불교계에 제시한 의상의 화엄사상은 분명 뚜렷한 성과였다. 그러나 더욱 깊은 철학적 진전에 주력하지 않고 화엄일승의 원융한 논리 속에 대립되는 과제들을 포용해 화엄교단을 형성하고 실천적인 교화에 매진하는 데 중점을 두었던 의상의 화엄사상은 이후 후학들의 화엄교학에 대한 다양한 연구 진전을 이끌어내지 못하는 한계를 낳게 되었다.

(2) 관음과 미타 신앙의 사회적 실천

사상과 신앙의 양자는 서로 분리된 것이 아니라 상호 보완적 의미를 지니면서 전체적인 사상체계를 형성한다. 의상은 화엄사상의 연마 못지않게 엄정한 실천행을 지속적으로 보였다. 그리고 그 실천행은 『화엄경』의 내용에 따른 것이었다. 의상이 사상을 실천행으로 구현한 행적은 당대의 누구보다도 철저한 지향을 보였다. 의상의 신앙은 관음신앙(觀音信仰)과 미타신앙(彌陀信仰)이 중심을 이룬다.

관음신앙은 현실에서 부딪치는 제반 요구를 해결해줄 것을 기대하는 신앙이다. 그런데 의상의 관음신앙은 현실적 요구를 해결하고자 하는 보편적인 관음신앙과는 지향이 달랐다. 이 시기의 관음신앙은 사회 계층에 차이 없이 광범위하게 수용되고 있었다. 따라서 의상이 의도하던 사회의식으로서 이 관음신앙은 매우 적절한 것이었다. 그런데 의상이 추진한 관음신앙은 당시 보편적이었던 현세 이익적인 것이 아니라 구도적(求道的) 신앙이었다. 의상은 화엄경설에 토대를 둔 진신상주 관음을 제창해 현실 구제적 관음신앙을 더욱 확실한 기반 위에 정착시키고자 했다. 이는 신라 사회에 오랫동안 토대를 구축해온 신라 불국토(佛國土)신앙의 한 형태였다.

그가 시종 일관되게 유지했던 청정한 수행자적 태도와 잘 어울리는 이 구도적 신앙 자세는 일상적인 현실 구제에서 나아가 새로운 신앙 면모를 보여준 것이다. 이는 통일을 즈음한 신라 사회가 추진해야 했던 새로운 의식과도 상관성을 갖는 것이었다. 이 구도적 관음은 교단의 승려들을 중심으로 수용되었을 것이고, 일반인들은 이 결과로서의 진신상주를 통해 신앙의 확신을 얻을 수 있었을 것이다.

의상은 화엄교단의 사상 기반으로 『일승법계도』를 정통으로 하는 화엄사상을 확인하면서, 동시에 미타정토(彌陀淨土)신앙을 교단의 중심 신앙으로 확립했다. 그래서 의상은 화엄종찰 부석사의 가람(伽藍) 구조를 『관무량수경』(觀無量壽經)에서 말하는 정토에 왕생(往生)할 수 있는 중생의 구품(九品) 구분을 연상하는 대석단(大石壇)을 쌓아 마련했다. 그리고 본당을 아미타불 1구만을 주불로 안치한 무량수전으로 구상했다.

의상은 이런 본존 배치를 지엄의 의견을 빌려 화엄경설에 토대를 두었음을 밝혔다. 부석사 미타신앙은 이미 현세 불국토적 성격을 가지고 확고한 터를 잡고 있던 의상의 관음신앙과 마찬가지로 시방세계를 그 터전으로 삼은 데서 동질성을 보인다. 이처럼 의상이 미타정토신앙을 배경으로 부석사를 경영한 것은 당시 신라 사회의 요구를 수용한 것이었다.

통일전쟁 이후의 신라인들에게 그들 자신의 사회적 지위 향상과 함께 전쟁으로 지친 심적 고통의 위안을 아울러 수용하면서 백제와 고구려계 유민들도 포용해 새롭게 펴 나갈 수 있는 이념으로서 미타신앙은 크게 부각될 수 있었다. 문무왕이 민간의 안정과 조세의 완화 및 제도의 탄력적 운용을 당부한 것도 사회 안정에 초점을 둔 것이었다.

화엄경에 토대를 둔 의상의 실천 신앙은 엄정한 수도자의 길을 견지하던 의상의 행적과 잘 부합된다. 신라 사회에 넓게 기반을 확보해가던 관음신앙과 미타신앙은 골품제 신분 사회의 제한적인 사회 분위기 속에서도 현실적인 요구 수용과 사후 안락의 기원이라는 신앙의 보편성 때문에 모든 계층에 수용되고 있었다. 이렇듯 의상이 실천과 전파에 주력한 관음과 미타신앙은 통일기 신라 사회가 지향하던 새로운 사회 안정에 부응하는 것이었다.

의상의 행적은 청정한 수도자의 자세를 일관되게 유지했음을 보여준다. 의상의 청정한 지계(持戒)주의는 그로 하여금 초기 불교 시기부터 비구(比丘)가 지닐 수 있도록 허용한 삼의일발(三衣一鉢) 이외에는 다른 아무런 지물(持物)도 갖지 않도록 했다. 그래서 국왕이 토지와 노비를 주고자 했을 때도 불법은 평등해 위아래 사람이나 귀하고 천한 사람이 함께 이루어감을 강조하며 받지 않았다.

의상은 국가의 지원에 힘입어 부석사를 창건하고 화엄종단을 이루었는데 그 이념은 화엄사상의 평등과 조화의 이론이었다. 그러나 의상이 제시한 평등과 조화의 이론은 신분의 장벽을 뛰어넘는 사회적 평등의 주장으로, 당시 신라의 강인한 골품제 사회 속에 쉽게 파고들기는 어려웠다. 그래서 의상은 자신이 영도하던 화엄종단 내에 들어온 모든 문도들을 대상으로 평등한 종단 운영을 실현하고자 했다. 이런 의상의 의도는 진정과 지통과 같은 기층민 출신 제자들을 포용하며 그들의 활동을 한껏 보장함으로써 분명한 성과를 이룰 수 있었다.

의상 화엄사상의 중심을 이루는 일과 다의 상입상즉으로 설명되는 법계연기는 평등과 조화의 논리로서 의상의 화엄교단에서 신분적 제약을 뛰어넘어 사회적으로 실천되었던 것이다.

3. 의상 연구의 과제와 전망

(1) 생애의 보완

의상의 전기는 현재 『삼국유사』(三國遺事) 중 「의상전교」(義湘傳敎)와 『송고승전』(宋高僧傳)을 중심으로 전승되어왔다.*

그런데 의상의 이름은 '義相'·'義湘'·'義想' 등으로 씌어 왔다.** 따라서 '義相'으로 쓰는 것이 타당한지 명확하게 검토되어야 한다. 또한 최치원이

---

* 의상 전기의 주 대본이 되었던 것은 신라 말에 崔致遠이 지어 「浮石本傳」으로 불렸던 「浮石尊者傳」이다. 이후 작성된 전기는 이 내용을 축약시킨 것이 주종을 이루었다. 그 내용이 모두 남아 있지는 않고 단편적인 기록이 『삼국유사』여러 군데에 전한다. 이보다 조금 앞서 이루어진 것으로 보이는 「浮石碑」(『삼국유사』권3, 前後所將舍利)의 기록은 중요한 연대에 대한 짤막한 기록만 남아 있지만 다른 전기에 비해 가장 정확한 기록이다.

고려 말기에 이루어진 『삼국유사』에는 「부석본전」을 토대로 다양한 내용을 엮은 「義湘傳敎」조의 정돈된 전기가 실려 있고, 그밖에 관련된 여러 기록이 많이 있다. 10세기 말에 중국에서 편찬된 『宋高僧傳』에는 부석사의 창건과 국왕의 우대 등에 대한 기록과 설화를 많이 채록한 「義湘傳」이 실려 있다.

** 현재 가장 일반화된 이름인 '義湘'은 『송고승전』(988년 편찬) 의상전이 주 대본이다. 이 이름은 중국

나 『송고승전』이 기록한 '義想'과 '義湘'의 다른 표기가 어떤 이유를 좇아 이루어진 것인지 분명하게 밝혀야 한다.

의상의 화엄사상을 제대로 파악하기 위해서는 의상의 화엄사상이 나오기까지의 배경에 대한 연구가 이루어져야 한다. 이를 위해 자장 등 의상 이전 신라 또는 삼국에서 화엄경을 이해했던 이들과 그들의 이해 정도에 대한 연구가 필요하다. 그리고 의상의 화엄사상에 용해되어 있는 지론교학에 대한 구체적인 분석이 반드시 필요하다. 이밖에 중국 유학 초기에 다른 교학 또는 수행에 관심을 가졌던 부분에 대한 분석도 이루어져야 한다. 이는 의상 화엄사상의 생성 배경을 밝혀줄 것이며 동시에 의상 화엄사상의 특성을 분별하는 데 중요한 바탕이 될 것이다.

의상이 창도한 화엄은 이후 신라 불교의 가장 중요한 흐름을 이루었다. 이를 말해주는 것이 의상의 제자들인 십성과, 의상과 그의 문도들에 의해 건립된 화엄십찰이다. 십성은 대체로 의상의 직제자들로 구성되어 그 활동상도 어느 정도 파악이 가능하다. 그 가운데 표훈같이 문제가 제기되어 있는 제자들의 실상을 파헤쳐야 한다. 그리고 그들의 사상에 대한 추적도 필요하다. 특히 제자들이 의상의 강의를 필록한 경우 의상과 제자들의 사상의 차이에 대해서도 검토해야 한다.

화엄십찰은 각 사찰이 서로 일정하지 않은 개창 시기를 보이고 있다. 이

고승전의 권위에 편승해서 널리 전해지고, 『삼국유사』에서 「義湘傳敎」로 내세우면서 결정적으로 일반화되었다. 그러나 가장 먼저 나타난 자료인 표원의 저술과 의상의 사상을 가장 충실히 계승한 그의 직계 제자들의 표기가 '義相'인 데서 본래 의상의 이름을 '義相'으로 보는 것이 타당하다.

義湘— 『송고승전』, 988; 『삼국유사』, 「의상전교」, 1285경; 해안, 『화엄사사적』, 1697; 각안, 『동사열전』, 1894.

義想— 최치원, 『법장화상전』 및 「지엄보은사회문」, 『원종문류』, 11세기; 「법인국사비문」, 978; 박인량, 『부석존자찬』, 11세기 말; 의천, 『속장경목록』, 1090 및 『대각국사문집』.

義相— 표원, 『화엄경문의요결문답』, 8세기; 균여, 『일승법계도원통기』, 10세기; 『법계도기총수록』, 고려 말; 『원융국사비문』, 1054; 혁련정, 『균여전』, 1075; 『삼국사기』, 1145; 각훈, 『해동고승전』, 1215; 체원, 『백화도장발원문약해』, 1328; 김시습, 『법계도주』, 1476; 『고려사』, 1491; 유문, 『법성계과주』, 1749; 채영, 『서역중화해동불조원류』, 1764.

때문에 십찰 상호간의 개창 시기 그리고 지역적 분포와 개창 지원 세력과의 관계 등이 하나하나 검토되어야 한다. 이는 중대 이후 신라 불교의 흐름을 이해하는 데 매우 중요한 과제이며, 사찰의 지방 확산을 살피는 데도 큰 의의를 갖는 문제다.

(2) 저술과 사상의 문제

저술과 관련하여 『화엄경문답』(華嚴經問答)에 대한 정확한 분석이 필요하다. 『화엄경문답』은 그동안 중국의 법장의 저작으로 알려져왔다가 근래에 의상 계통의 사상과 공통되는 점이 있다고 알려져 의상의 강의를 필록했다는 『지통기』(智通記), 곧 『추동기』의 이본(異本)이라는 견해가 제시되었다. 문답이 과연 『추동기』인지 아니면 의상의 제자들이 필록한 다른 저술인지 그 실체에 대한 검토와 아울러 그 내용에 대한 구체적 분석이 필요하다.

의상의 화엄사상은 법계연기를 기반으로 하고 있다. 그러나 지엄이 설명한 법계연기설에서 의상이 강조하는 것은 그 순정분, 곧 성기(性起)이다. 법계도시 등에서 의상이 그런 경향을 보였음을 확인할 수 있다. 그런데 『일승법계도』 자체에는 '성기'의 표현이 나타나지 않는다. 이에 따라 의상의 법계연기설이 성기를 포함한 것으로 이해하는 지엄적 법계연기설로 보는 견해와 의상 독자의 성기설을 강조하는 견해로 나뉘어 있다. 그런데 『화엄경문답』은 성기사상의 대표적인 저술로 꼽힐 만큼 연기와 성기의 비교 설명 및 성기의 강조가 두드러진다.

따라서 『화엄경문답』이 의상의 저술인지 아니면 의상의 강의를 필록한 제자의 것인지를 분별하는 것은 의상 화엄사상의 변화를 살필 수 있다는 의미도 있다. 이는 의상과 신라 화엄사상의 정확한 위상을 파악하는 데 중요한 의미를 지니게 될 것이다. 아울러 『법계도기총수록』(法界圖記叢髓錄)과 균여(均如)의 저술에 전하는 의상 문도의 사상 중에서 의상의 사상과 이를 계승한 문도들의 사상을 분별하는 분석도 필요하다.

『화엄경문답』 외에도 의상의 저술로 전해지는 저작에 관해서도 면밀한 검토가 필요하다. 그 가운데 의상의 신앙을 담고 있다고 판단되는 「백화도량발원문」(白花道場發願文)에는 후대의 내용 첨가가 보인다. 「일승발원문」(一乘發願文) 등 의상의 것으로 전승되는 저술들에 대해 의상의 사상체계와 견주어 면밀한 분석이 뒤따라야 한다. 가장 명확한 『일승법계도』의 의상사상과 비교해 상호 연계성이 있는지를 살피고 그 사상적 의미를 평가해야 할 것이다.

다음에 『화엄경문의요결문답』(華嚴經文義要決問答)과 『해인삼매론』(海印三昧論) 등 의상 이후의 성과들을 구체적으로 분석함으로써 의상과 법장 그리고 원효교학이 영향을 미쳤던 신라 중하대 화엄사상의 다양한 면모를 밝혀야 한다. 이와 더불어 『법계도기총수록』의 대기(大記)와 법기(法記), 진기(眞記)의 사상적 차이를 면밀하게 분석해 신라 화엄학의 다양성을 고찰하고 의상 화엄사상의 의의를 바르게 파악해야 할 것이다.

(3) 국가와 종교관계

의상의 화엄사상의 중심은 중도의에 바탕한 법계연기설이다. 그 핵심은 일과 다의 상입상즉을 밝힌 것이다. 하나하나의 개체는 각 개체 안에 일체의 요소를 각기 가지고 있는 것이 된다. 그래서 일과 일체는 서로를 포용해 장애됨이 없다. 이렇게 연에 따라 이루어지는 세계에서는 독립된 자성을 가지는 고정불변의 개체는 있을 수 없고, 모든 개체는 상호 유기적인 관계를 가지면서 존재하게 된다.

일과 다가 서로 똑같은 단계에서 서로간의 상호 의존적 관계에서만 상대를 인정해 성립될 수 있다는 연기의 논리에서 개체간의 절대 평등의 의미를 추구할 수 있다. 일과 다의 관계는 동일한 이치의 세계와 다양한 현상세계를 이어주는 고리가 된다. 모든 현상 자체가 곧 깨달은 이치인 성기설에서 개체 각자에 크게 의미를 부여하는 논리를 연상할 수 있다. 이런 의미에서 상입상즉의 연기설은 전체 구성원의 평등과 조화를 상징하는 이론이 될 수 있다.

그런데 이와 같은 상입상즉의 연기설을 가지고 일을 절대자인 국왕에 비유하고 다를 국가의 일반 백성 전체에게 비정해 의상의 화엄사상을 국왕의 전제적인 권력을 수식하는 이론으로 보기도 한다. 의상의 원융한 화엄사상이 일심에 의해 우주의 만상을 통섭하려 하는 것으로서 신라 중대의 정치 상황인 전제왕권을 중심으로 한 중앙집권적 통치체제를 뒷받침하기에 적당하다는 것이다. 이와는 다르게 법계도에서의 일(一)은 일과 다의 상입상즉한 관계 속에서의 일이지 어떤 절대적 개별체가 아니며, 우주의 일체만상이 하나로 통합되는 동시에 그 하나 역시 일체만상에로 융합되므로 오히려 조화와 평등이 강조되는 이론이라는 견해도 있다.

그러나 화엄의 원융사상과 유심사상 자체를 전제왕권의 이념으로 간주하는 것은 타당하지 않다. 의상 외에 원효나 명효, 표원 그리고 의상의 제자들이 일과 다에 대한 논의를 했지만 종교의 본질적인 이념 구현에 충실하고자 했지 화엄사상을 현실적·정치적으로 해석한 경우는 없다. 한 사상의 사회적인 의의는 실제로 구현된 당대 사회 현실의 총체적인 파악과 긴밀하게 연계지어 고찰해야만 그 바른 모습이 드러날 것이다.

불교사상은 사회의 부산물이면서 한편으로는 불교사상가의 노력에 의해 사회의 의식구조에 변화를 일으켜 발전의 원동력이 될 수도 있다. 의상의 법계연기설은 평등과 조화의 원리이다. 또한 의상사상의 특징인 중도의는 모든 상대법이 각자의 형식을 지니면서 그대로 중도임을 인정하는 중층적 구조를 가졌다. 의상의 연기와 성기설에서도 같은 이치를 찾을 수 있다. 양변을 모두 인정하는 논리는 각 개체에 주체적 의미를 부여한다. 따라서 이를 하나인 국왕에게로 통합되는 전체인 백성 사이의 논리라고 보기는 어렵다.

의상은 국가 상황과 무관하게 행동하지 않았다. 의상은 676년 태백산에 부석사를 창건해 화엄 근본도량을 이루었다. 이 시기는 통일사업이 마무리된 기념비적인 시점이었다. 의상은 이 시점에 국가의 지원과 인정하에 전당을 창건했다. 태백산과 소백산의 한 중간에 위치한 부석사는 신라에 고구려 문화가 유입되던 중요한 통로였다. 국가의 지원을 받아 들어설 수 있었던 화엄종찰 부석사의 건립에서 국가적 연계성이 짐작된다.

의상은 화엄종단을 관음 진신상주의 불국토신앙과 현실에 기반을 둔 정토신앙을 두 축으로 이끌었다. 이는 통일기 신라 사회가 지향하던 새로운 사회 안정에 부응하는 것이었다. 그리고 이는 중대 초기의 신라 불교가 지향해야 할 바람직한 모습이었다.

통일기 이후의 신라 사회는 불교를 사상적 배경으로 왕권을 강화해 나가던 중고기와는 다른 상황이었다. 부석사는 왕경이 아닌 지방에 자리를 잡았다. 새로운 문화적 소양을 싹트게 한 의상의 활동은 지방 문화를 배양해낸 또 다른 의의를 갖는다. 중대 왕실은 중앙관료조직의 확대 정비와 지방 세력의 개편을 지속적으로 추진해 왕권 강화에 상당한 성과를 이루면서 유교적인 왕도정치의 구현으로 왕권을 뒷받침했다. 신라 중대 사회에서 불교는 사회 안정이라는 이념의 역할을 맡아 유교 이념을 지향하는 정치 운영과 함께 복합적인 배경을 이루었던 것이다.

현실적으로 진골 귀족과의 긴장관계에서 왕권을 지탱해주는 것은 체계적인 관료제의 운용에 따른 통치 기반이다. 그리고 이 관료제의 운용은 유학을 이념적 기반으로 하는 관료들의 성장과 더불어 신장되었다. 불교가 왕권의 안정적인 유지와 긴밀한 연관을 갖는 것은 분명하지만 정치 이념을 수식하던 중고 시대의 불교의 역할과는 분명히 다른 것이다.

이런 관점에서 먼저 의상의 사상이 지향하는 의식을 면밀하게 검토해야 한다. 그리고 사상을 정치 상황과 직결되는 이론으로 곧바로 대비시켜보는 것보다는 당대의 상황과 의상의 행적을 비교 분석하는 것이 필요할 것이다. 이런 분석이 체계적으로 이루어지고 난 다음에야 한 사람의 사상과 행적이 당대 사회에서 가졌던 의의를 올바로 이해할 수 있을 것이다.

참고문헌

· 원자료

『삼국유사』 권4, 「義湘傳敎」

『송고승전』 권4, 「唐新羅國義湘傳」

崔致遠, 「海東華嚴初祖忌晨願文」

朴寅亮, 「海東華嚴始祖浮石尊者讚」

法藏, 「賢首國師寄海東書」

『삼국사기』 권7, 문무왕 16년~21년.

『삼국유사』 권2, 「文虎王法敏」

義相, 『一乘法界圖』, 「白花道場發願文」

『華嚴經問答』, 『法界圖記叢髓錄』

體元, 『白花道場發願文略解』

· 논저

대한전통불교연구원, 『신라 의상의 화엄사상』, 1980.

이기백, 『신라사상사연구』, 일조각, 1986.

고익진, 『한국 고대불교사상사』, 동국대학교 출판부, 1989.

김복순, 『신라 화엄종 연구』, 민족사, 1990.

김상현, 『신라 화엄사상사 연구』, 민족사, 1991.

전해주, 『의상 화엄사상사 연구』, 민족사, 1993.

김두진, 『의상 ―그의 생애와 화엄사상』, 민음사, 1995.

정병삼, 『의상 화엄사상 연구』, 서울대학교 출판부, 1998.

김두진, 『신라 화엄사상사 연구』, 서울대학교 출판부, 2002.

石井公成, 『華嚴思想の硏究』, 도쿄 춘추사, 1996.

김지견, 「신라 화엄학의 계보와 사상」, 『학술원논문집』 12, 1973.

정병조, 「의상 화엄교학의 제문제」, 『동양문화』 17, 1977.

채인환, 「의상 화엄교학의 특성」, 『한국화엄사상연구』, 1982.

남동신, 「의상 화엄사상의 역사적 이해」, 『역사와 현실』 20, 1996.

최연식, 「의상 연구의 현황과 과제」, 『한국사상사학』 19, 2002.

木村淸孝, 「韓國佛敎における理理相卽論の展開」, 『南都佛敎』 49, 1982.

木村淸孝, 「白花道場發願文考」, 『鎌田茂雄博士還曆記念論集 中國の佛敎と文化』, 1988.

대흠무 大欽茂

발해를 만든 제왕

송기호 서울대학교 국사학과 교수

발해의 제3대 왕이었던 문왕(文王) 대흠무(大欽茂, 재위 737~793)는 57년 동안이나 재위했다. 우리 역사에서 이보다 더 오래 왕권을 차지했던 왕은 고구려의 태조왕(太祖王)과 장수왕(長壽王)밖에 없다. 다만 그가 천수를 얼마나 누렸는지에 관한 기록이 없어 아쉽다. 8세기 대부분의 시기가 그의 수중(手中)에 있었고, 발해의 역사 229년 가운데 무려 4분의 1이나 되는 세월에 발자취를 남겼으니, 발해라는 국가의 모양새는 거의 대부분 그가 구상한 것이라 할 수 있다. 많지 않은 발해 사료(史料)가 대부분 그의 시대에 집중되어 있는 것도 이 때문이다. 1949년과 1980년에 각각 발굴된 두 무덤의 주인공 정혜공주(貞惠公主)와 정효공주(貞孝公主)가 그의 두 딸이었기에, 여기서 출토된 묘지명도 그의 시대를 헤아리는 데 중요한 실마리가 된다.

아버지 무왕(武王) 대무예(大武藝, 재위 719~737)에게는 적자(嫡子)인 대도리행(大都利行, ?~728)을 포함하여 대흠무(大欽茂), 대의신(大義信) 등의 아들이 있었다. 대도리행은 그의 아버지가 동궁(東宮)이었을 때와 마찬가지로 720년에 당나라에서 계루군왕(桂婁郡王)으로 봉해졌고, 이에 따라 왕위는 당연히 그에게 계승되었을 테지만, 불행하게도 726년 당나라에 숙위(宿衛: 인접 국가의 왕족들이 중국 궁정에 인질로 있으면서 명목적으로 황제를 호위하던 일)로 파견되었다가 728년에 불귀의 객이 되었다. 이에 따라 대흠무가 왕위에 오르는 행운을 거머쥐었다.

그의 형제로는 726년 11월과 739년 2월에 각각 당나라에 사신으로 갔던 대의신과 대욱진(大勖進)이 있는데, 당 현종(玄宗)의 조문(弔文)에서 "장적(長嫡)으로 부위(父位)를 마땅히 계승하여"라고 했고, 책문(冊文)에서는 "발해군왕(渤海郡王)의 적자"라고 한 점으로 보아 대도리행이 큰아들이고 대흠무가 둘째 아들이며, 대의신과 대욱진은 그의 동생이었음을 알 수 있다.

이처럼 대흠무는 원래 동궁이었던 것은 아니지만, 그의 시호(諡號)가 문왕인 점에서 알 수 있듯이 왕위에 오른 뒤에는 발해 역사에 빛나는 업적을 남겼다. 이제 문왕 통치 시대를 정리해가면서 필자가 그동안 발표했던 내용에서 부분적으로 잘못된 것을 수정하고, 또한 내용을 좀더 보충하는 기회로 삼고자 한다.

1. 세 왕도(王都)

발해는 네 차례나 도읍을 옮겼으니, 두 차례 옮긴 고구려·백제보다 많아 우리 역사상 가장 많이 천도한 왕조로 기록되었다. 처음에 구국(舊國: 현 敦化)에서 건국했다가 무왕 때쯤 현주(顯州: 현 和龍)로 옮겼으며, 문왕 때 상경(上京: 현 寧安)으로 옮겼다. 그뒤 문왕 말년에 동경(東京: 현 琿春)으로 잠시 옮겼다가, 그가 사망한 직후 상경으로 되돌아왔다. 이렇게 보면 문왕은 도읍을 자주 옮긴 왕이기도 하다.

737년 아버지 무왕이 사망하자 왕위에 올라 통치를 하다가, 당나라에서 일어난 안녹산(安祿山)의 난을 계기로 도읍지를 북쪽으로 옮겼다. 안녹산은 755년 11월에 범양(范陽: 현 北京)에서 난을 일으켜 12월에 남쪽의 동경

(東京: 현 洛陽)을 함락하고, 이듬해 정월에는 스스로 황제라고 칭하면서 서쪽으로 장안(長安: 현 西安)을 공격해가자 6월에 현종(玄宗)이 촉(蜀) 지방(현 成都)으로 피신했고, 7월에는 아들이 황제의 자리를 물려받아 지덕(至德) 원재(元載)로 개원했다.

이 반란은 결정적으로 당나라 성쇠(盛衰)의 전환점이 되었을 뿐만 아니라, 주변 국가에도 큰 영향을 주었다. 발해는 이 난리 소식을 접한 뒤 두려움을 느끼고 자위(自衛) 차원에서 천보(天寶, 742~756) 말년에 상경으로 천도했으니, 전후 사정으로 보아 756년 초쯤 된다. 일본도 발해에서 소식을 전해 듣고, 안녹산이 자기들까지 공격할까봐 대비책을 강구할 정도로 긴장했다. 반면에 신라는 천릿길도 멀다 않고 촉 지방에까지 사신을 파견해 현종이 칭찬하는 시를 내렸다.

다음으로 정원(貞元) 연간(785~805)에 동남쪽에 있는 동경으로 도읍을 옮겼으니, 문왕이 793년에 사망한 것을 감안하면 780년 후반의 일이었을 것이다. 하지만 이때 왜 도읍을 옮겼는지에 관한 기록은 없다.

두 번의 천도는 각각 발해 문왕의 통치에 획을 긋는 사건이었다. 이를 기준으로 그의 통치기는 크게 세 시대로 구분되는데, 첫째 현주(顯州) 시대(737~755년)는 갓 왕위에 올라 문치(文治)를 적극적으로 추진한 때였고, 둘째 상경(上京) 시대(756~780년대 후반)는 개혁정치가 궤도에 올라 전성기를 누리던 때였으며, 셋째 동경(東京) 시대(780년대 후반~793년)는 오랜 기간의 통치로 모순이 드러나던 때였다. 이것은 통치 이념과 연관된 연호(年號)의 변화와도 어느 정도 궤를 같이한다. 문왕은 처음에 대흥(大興)을 택하여 말 그대로 나라를 크게 일으키고자 했고, 774년에는 연호를 보력(寶曆)으로 고쳐 분위기를 새롭게 했지만, 말년에 다시 대흥으로 복귀했다. 이 변화 과정은 대략 앞의 세 시대와 각기 짝을 이룬다.

이에 따라 이 글은 '2. 주(周) 문왕을 뒤따라'를 첫째 시기에, '3. 황제를 꿈꾸며'를 둘째 시기에, '4. 두 딸과 동궁을 여의고'를 셋째 시기에 초점을 맞추어 서술하고자 한다.

2. 주(周) 문왕을 뒤따라

특이하게도 발해는 주(周)나라 제도를 많이 본받았다. 먼저, 대흠무의 시호가 문왕이라는 사실은 주나라 문왕을 의식한 것이 틀림없다. 그것도 『신당서』(新唐書) 발해전(渤海傳)에 대흠무가 사망하여 "사시문왕"(私諡文王)이라고 한 사실로 보아, 당나라의 허락 없이 발해 스스로의 의지로 붙인 것임을 알 수 있다. 더구나 시호가 알려진 9명의 발해 왕 가운데 건국자에게 붙인 고왕(高王)을 제외하고는 무왕(武王), 문왕(文王), 성왕(成王), 강왕(康王), 정왕(定王), 희왕(僖王), 간왕(簡王), 선왕(宣王)의 8명 모두가 주나라의 왕호(王號)와 일치한다. 따라서 시호가 알려지지 않은 4대 및 11~15대 왕들도 주나라의 왕호에서 따왔을 가능성이 매우 높다.

발해가 주나라 왕실을 모범으로 삼았던 사실은 정혜와 정효 공주 묘지(墓誌: 죽은 사람의 일생을 기록하여 무덤에 넣은 글)에서도 보인다. 공주의 "조(祖)와 부(父)는 왕화(王化: 왕의 감화)와 무공(武功)에 뛰어난 업적을 남겨" 순(舜)·우(禹)·탕(湯) 및 주 문왕에 비길 수 있으며, 또 "부왕(父王)에 이르러서는 만수무강하여 3황 5제와 짝했고, 주나라 성왕과 강왕을 포괄했다"고 하여, 문왕 시대를 주나라 문왕 및 성왕, 강왕에 견주었다.

이것은 발해가 중국의 이상 시대(理想時代)인 삼대(三代: 夏, 殷, 周의 세 왕조) 가운데 주나라를 숭앙했을 수도 있지만, 발해가 건국할 당시 측천무후(則天武后, 624~705)가 세웠던 무주(武周, 690~705)의 영향을 직접 받았을 가능성이 크다. 현재 알려진 문왕의 존호(尊號)가 대흥보력금륜성법대왕(大興寶曆金輪聖法大王)인데, 이것은 측천무후의 존호와 비슷하다. 측천무후는 여러 차례 존호를 가상(加上: 추가해서 올림)했으니, 690년 9월 스스로 황제라고 칭하면서 성신황제(聖神皇帝)라고 했다가, 693년 9월에는 금륜성신황제(金輪聖神皇帝), 694년 5월에는 월고금륜성신황제(越古金輪聖神皇帝), 695년 1월에는 자씨월고금륜성신황제(慈氏越古金輪聖神皇帝), 그리고 9월에는 천책금륜성신황제(天册金輪聖神皇帝) 등으로 바꾸었다.

여기서 금륜(金輪)과 성신(聖神)은 문왕의 금륜, 성법(聖法)과 대응하는 것으로, 금륜은 불교의 금륜성왕(金輪聖王)을 가리키고 성신과 성법은 성인(聖人), 즉 제왕의 훌륭한 덕(德) 또는 전범(典範)을 의미한다. 그리고 841년에 작성된 발해 중대성첩(中臺省牒)과 861년에 일본에 전해준 불정존승다라니경(佛頂尊勝陀羅尼經) 발문에 등장하는 춘부경(春部卿)은 당나라 광택(光宅) 원년(684)에 예부(禮部)를 춘관(春官)으로 바꾼 것을 본뜬 것으로, 측천무후 시기의 관제(官制)가 발해 후기까지도 지속된 사실을 보여준다.

이와 같이 발해는 선진 시대(先秦時代)의 주(周), 가까이는 무주(武周)를 이상으로 삼았다. 특히 여러 왕 가운데 생전에 문왕 및 성왕·강왕에 견주고, 죽은 뒤에는 문왕으로 봉해졌다는 사실에서 문왕이 이들을 추종했던 대표적인 임금이었음을 알게 해준다. 원래 문왕은 아들 무왕과 함께 주나라를 일으켜 국가의 기틀을 잡은 왕으로, 그의 성덕(聖德)은 후대까지 크게 칭송받았다. 또한 성왕과 강왕은 무왕의 뒤를 이어 대규모 분봉제도(分封制度: 천자가 땅을 나누어 제후를 봉하던 제도)를 실시하는 등 가장 융성했던 성강지치(成康之治)를 실현했다. 따라서 이들에 비유된 발해 문왕의 업적이 발해사에서 어떤 비중을 차지했을지는 분명하다.

발해 무왕은 지속적으로 주변을 정복하여 영토를 크게 확장하고, 당·신라와 전쟁을 벌이면서까지 주변국과 대등한 힘을 키웠다. 주나라 무왕이 아버지 문왕의 과업을 물려받았듯이, 발해 문왕은 아버지 무왕의 업적을 바탕으로 문물제도를 마련하면서 국가의 기틀을 완성했다. 무왕이 정복 전쟁을 하면서 국가의 힘을 외부로 발산했다면, 문왕은 이를 안으로 수렴하는 데 탁월한 재능을 발휘했다.

그는 57년 동안 통치하면서 당나라에 60회 이상 사신을 파견하여 당나

63인의 역사학자가 쓴 한국사 인물 열전

라 문물을 열심히 배우고 그 제도를 받아들였다. 많을 때는 1년에 4~6차례나 사신을 파견했으니, 777년에 4회, 767년에 5회, 773년에는 6회나 되었다. 그 가운데 가장 눈에 띄는 것은 즉위한 다음해인 738년 6월 당나라에서 『당례』(唐禮), 『삼국지』(三國志), 『진서』(晉書), 『십육국춘추』(十六國春秋)를 수입한 사실이다. 뒤의 세 권은 역사책으로, 그 가운데 『삼국지』는 진(晉)나라의 진수(陳壽, 233~297)가 편찬했고, 『진서』는 당나라의 방현령(房玄齡, 578~648) 등이 편찬했으며, 『십육국춘추』는 북위(北魏)의 최홍(崔鴻)이 편찬한 것으로 5호 16국 시대를 다루었다.

이에 비해 『당례』는 『대당개원례』(大唐開元禮)를 의미한다. 당나라가 건국한 뒤에 수례(隋禮)를 사용하다가 방현령 등이 태종(太宗)의 뜻을 받들어 『정관례』(貞觀禮) 100권을 편찬하여 정관 11년(637) 정월부터 시행해 썼고, 다시 10여 년 뒤인 고종(高宗) 초기에 이것이 충분치 못하다 하여 장손무기(長孫无忌) 등이 『현경례』(顯慶禮) 130권으로 증보하여 현경 3년(658) 정월에 반포했다. 그러나 이 두 예서(禮書)가 서로 다른 곳이 있어 둘을 절충하는 작업을 현종(玄宗) 때 시작했고, 장열(張說)과 소숭(蕭嵩)이 차례로 책임을 맡아 『대당개원례』 150권을 완성하여 개원(開元) 20년(732) 9월에 반포했다. 이에 따라 당나라의 오례(五禮)가 비로소 다 갖추어져, 그뒤로 약간 더하거나 빼기만 했을 뿐 그대로 사용했다. 이처럼 즉위하자마자 중국에서 오례서(五禮書)와 역사서를 수입한 것은 국가의 기본 운영 원리를 바로 세우는 문치정책(文治政策)의 서막을 여는 사건이었다. 건국한 지 40년이 지나면서 커질 대로 커진 중앙 정치 세력을 재편하고 효율적인 행정제도를 마련하는 일, 그리고 아버지 무왕이 크게 넓혀놓은 국토를 체계적으로 통치할 수 있는 제도를 수립하는 일이 그에게 주어진 최우선 과제였을 것이다.

『신당서』 발해전에 기록된 중앙과 지방의 통치기구가 언제 마련되었는지는 확실하게 알 수 없다. 다만 일본과 교류하던 인물의 관직이나 관련 지명 등을 통해 간접적으로 확인할 수밖에 없다. 이에 관한 자료를 표로 정리하면 다음과 같다.

연도(왕)	인명	문무산관(文武散官)	직사관(職事官)	봉작(封爵)	훈관(勳官)	기타
727 (무왕)	고인의(高仁義)	영원장군(寧遠將軍) (武)	낭장(郎將) 또는 용의도위(龍毅都尉)			
	덕주(德周)	유장군(游將軍) (武)	과의도위(果毅都尉)			
	사항(舍航: 舍那婁)		별장(別將) (武)			
	고제덕(高齊德)					수령(首領)
738 (문왕)	서요덕(胥要德)	충무장군(忠武將軍) (武)	약홀주도독(若忽州都督)			
	기진몽(己珎蒙)	운휘장군(雲麾將軍) (武)				
	기알기몽 (己關棄蒙)					수령 무위(無位)
752 (문왕)	모시몽(慕施蒙)	보국대장군(輔國大將軍) (武)				
758 (문왕)	양승경(楊承慶)	보국대장군 겸 장군(將軍) (武)	행목저주자사(行木底州刺史) 겸 병서소정(兵署少正)	개국공 (開國公)		
	양태사(楊泰師)	귀덕장군(歸德將軍) (武)				
759 (문왕)	고남신(高南申)	보국대장군 겸 장군 (武)	현도주자사(玄菟州刺史) 겸 압아관(押衙官)	개국공		
762 (문왕)	왕신복(王新福)	자수대부(紫綬大夫) (文)	행정당좌윤(行政堂左允)	개국남 (開國男)		
	달능신(達能信)					품관(品官) 착비(着緋)
771 (문왕)	일만복(壹萬福)	청수대부(青綬大夫) (文)				
	불명					착록(着綠) 품관
776 (문왕)	사도몽(史都蒙)	헌가대부(獻可大夫) (文)	사빈소령(司賓少令)	개국남		남해부 (南海府)
778 (문왕)	장선수(張仙壽)	헌가대부 (文)	사빈소령			

이와 같은 자료를 보면, 먼저 무관직(武官職)과 무산관(武散官) 및 수령
(首領)이 이미 무왕 때 있었다는 사실을 알 수 있다. 그렇다면 이에 대응하는
문관직(文官職)과 문산관(文散官)도 문왕 이전에 함께 마련되었을 것이다.

따라서 중앙 정치제도의 기본 틀은 무왕 때까지 성립되어 있었을 것이다.

그러나 문왕 때 와서 정치가 문관 중심으로 운영되면서 중앙의 행정기구들이 더욱 발전했을 것이다. 표를 보면, 정당성(政堂省)과 사빈시(司賓寺) 같은 중앙 관서가 각각 762년과 776·778년에 처음 등장하고, 개국공(開國公)과 개국남(開國男) 같은 봉작(封爵)도 758년부터 나타난다. 이 글의 끝부분에 언급하듯이 대내상(大內相)이나 인(仁)·의(義)·예(禮)·지(智)·신(信)의 6부(部) 명칭이 757·758년에 일본에 영향을 끼쳤던 것은 이들 중앙 관직 및 관서가 이보다 앞선 시기에 마련되었음을 보여준다.

행목저주자사(行木底州刺史)와 행정당(성)좌윤〔行政堂(省)左允〕이 758년과 762년에 등장하는 것은 발해에 관품제도(官品制度)와 함께 행수법(行守法)도 시행되고 있었음을 보여준다. 이와 관련해 공복제도(公服制度)와 관련된 착비(着緋), 착록(着綠)에 관한 762년, 771년 기록도 주목된다. 『신당서』 발해전에 4·5질(秩: 品)은 비의(緋衣)를 입고, 8질은 녹의(綠衣)를 입는다고 했으므로, 이때 이미 이러한 제도가 마련되었음을 알 수 있다.

이를 통해 발해 문왕 때 이미 관품제도와 공복제도가 마련되어 있었던 사실도 확인된다. 이에 비해서 상주장(上柱將)과 같은 훈관(勳官)은 문왕 뒤인 798년에 처음으로 확인된다. 앞에서 언급한 중앙 행정기구, 봉작세도, 행수법, 관품·공복 제도가 문왕 때 처음으로 설정되었다고 단정할 수는 없지만, 현존 자료만을 토대로 할 경우 무왕 때보다는 문왕 때 제대로 정착되었다고 보는 편이 옳을 것이다.

그렇지만 지방 제도만큼은 확실히 문왕 때 크게 개편되었다. 지방 제도와 관련된 약홀주도독(若忽州都督), 목저주자사(木底州刺史), 현도주자사(玄菟州刺史)가 759년까지 등장하는 것으로 보아, 이 무렵까지 고구려식 지방 제도를 임시로 본떠 쓰다가 그 직후에 『신당서』 발해전에 기록된 당나라 방식의 경부주현(京府州縣) 체제가 마련된 것으로 판단된다. 특히 776년에 사도몽(史都蒙)이 출발한 곳이 남해부(南海府)인데, 이때는 이미 15부(府)

명칭이 있었던 사실이 확인되므로, 문왕 후기인 759~776년 사이에 새로운 지방 제도가 마련되었을 것이다. 발해 5경제도(五京制度)와 그 가운데서도 상경(上京) 명칭이 당나라 제도에서 비롯된 것이라고 한다면, 당나라 5경이 처음 설치된 것이 757년이고, 수도를 상도(上都)라고 부른 것이 762년부터 이므로 발해가 5경을 마련한 것은 760년대 중반쯤으로 판단된다. 따라서 발해의 지방 제도는 760년대를 고비로 정비되었다고 보아야 할 것이다. 이 밖에 757년 이전에 이미 역참제도(驛站制度: 중앙과 지방을 잇는 교통로 및 이에 따른 숙박시설 등의 제도)가 마련된 사실도 확인된다.

한편, 외국에 사절로 파견될 때 띠는 임시직이 있으니 대사(大使: 使頭), 부사(副使: 嗣使), 판관(判官), 녹사(錄事), 역어(譯語), 사생(史生), 천문생(天文生) 등이 그것이다. 중국에 파견한 사절에는 이에 대한 기록이 없고, 일본에 파견한 사절 가운데 발해대사(渤海大使)·충무장군(忠武將軍) 서요덕(胥要德), 발해군부사(渤海郡副使)·운휘장군(雲麾將軍) 기진몽(己珎蒙)이라 하여 대사와 부사의 명칭이 문왕 때인 739년에 처음 등장한다. 이는 제2차 견일사(遣日使)이며, 무왕 때인 727년에 파견한 제1차 견일사에 관한 기록에는 이러한 언급이 없다. 그것은 파견된 24명 가운데 수령 등 하위층 8명만 살아남았기 때문에 고인의(高仁義)·덕주(德周) 등 고위층 사절의 직책이 기록되지 않았을 수도 있지만, 현재로는 이를 확인할 길이 없다. 따라서 출사직(出使職)도 문왕 이전으로 올라갈 가능성이 있지만, 기록으로는 문왕 때 처음 등장한다.

두 공주의 묘지(墓誌)에 등장하는 문구들인 "정혜공주"(貞惠公主), "정효공주"(貞孝公主), "동궁지자"(東宮之姊), "진릉지서원"(珍陵之西原)을 통해 외명부제(外命婦制), 동궁제(東宮制), 능묘제(陵墓制)와 같은 왕실 제도가 이미 문왕 때 마련되었던 사실도 확인된다. 묘지에는 중국의 유교 경전과 역사서들을 두루 인용하며 당시에 유행하던 변려체(騈儷體: 4자·6자의 대구를 써서 운율을 맞추는 화려한 문체) 문장을 구사했는데, 이와 같은 문장은

63인의 역사학자가 쓴 한국사 인물 열전

727년 일본에 보낸 국서(國書)에도 나타난다. 이것으로 보아 발해에서는 유교 교육과 문장 교육이 이미 무왕 때 활발히 시행되었을 것이다.

그러나 존호에 보이는 효감(孝感), 금륜, 성법이라는 용어는 문왕 때 유교와 불교를 적극적으로 진흥시켰을 가능성을 말해준다. 금륜과 성법에 대해서는 이미 앞에서 설명한 바 있고, 효감은 효행(孝行)이 신인(神人)을 감동시킨다는 뜻으로 『위서』(魏書) 권86에 효감열전(孝感列傳)이 있고, 『책부원구』(册府元龜) 권757에도 효감편(孝感篇)이 있다. 따라서 효감, 성법이라는 유교의 이상과 금륜이라는 불교의 이상이 결합된 문왕의 존호를 통해 그 시대에 불교와 유교를 진흥하고자 했던 의지를 엿볼 수 있다.

발해가 측천무후의 영향을 많이 받은 점을 고려한다면, 문왕이 불교를 진흥시켰을 가능성은 충분히 짐작된다. 정효공주의 무덤이 탑의 형식을 빌린 점이 이를 뒷받침한다. 780년에 조성된 정혜공주 무덤이 고구려식 석실 봉토분인 반면, 792년에 조성된 정효공주 무덤은 벽돌무덤 위에 탑을 쌓는 방식이다. 공주의 무덤이 탑장(塔葬) 형식을 띤 것이다. 이런 형식은 마적달(馬滴達) 고분과 영광탑(靈光塔)에서도 보이지만, 이들은 구체적인 연대를 알 수 없다.

이러한 묘탑(墓塔) 형식은 벽돌무덤 양식과 함께 당나라에서 들어온 것이다. 730년에 사망한 곽원성(郭元誠)과 734년에 사망한 그의 부인을 합장한 뒤 그해에 무덤 위에 두 사람을 위해 쌍탑(雙塔)을 세웠다고 하며, 당나라의 유명한 시인이자 화가였던 왕유(王維, 699~761)의 어머니 무덤 위에도 흙을 쌓아올리지 않고 탑을 세웠다고 한다. 이 무덤은 승려의 사리탑이 아닌 불교도의 무덤 탑으로 가장 오래된 사례이므로, 당나라에서 8세기경에 드물게 이런 양식의 무덤이 조성되었던 것으로 보인다. 그리고 이러한 유행이 발해 왕실에까지 미쳐 정효공주 무덤이 조성되었다. 더구나 정효공주 무덤 부근에서 절터까지 발견되었으니, 묘(墓)·탑(塔)·사묘(寺廟)가 결합된 이러한 형태는 문왕 말년에 왕실에서 불교를 지극하게 믿었음을 반영한다.

이밖에 문왕 때 도성 구조가 고구려식에서 당나라식으로 바뀌는 점도 주목된다. 발해의 첫 수도가 있던 돈화(敦化) 지역은 영승유적(永勝遺蹟)과 성산자산성(城山子山城)이 결합되어 평지성(平地城)과 산성(山城)으로 구성된 고구려식 방어체계를 이루었다. 그 다음 수도가 있던 현주(顯州)의 소재지에 대해서는 아직 논란이 있다. 문왕 때 5경이 설치되었을 당시 중경현덕부(中京顯德府)는 지금의 서고성(西古城: 현 吉林省 和龍)에 있었겠지만, 문제는 그 이전 무왕 때 도읍을 옮긴 현주도 과연 이곳인가, 아니면 하남둔 고성(河南屯古城)인가 하는 점이다. 이에 대해 다무라 고이치(田村晃一)는 하남둔 고성 부근에서 고구려를 계승한 변형인동문(變形忍冬紋) 와당(瓦當)이 출토된 데 비해 서고성에서는 현재까지 상경성(上京城)을 건설한 것보다 늦은 시기의 와당만 출토된 점을 들어 하남둔 고성이 현주였을 것으로 추정함으로써, 시사하는 바가 크다. 이 성터 안에서 발해 무덤이 발견된 것도 이 성이 초기에 사용되다가 일찍 폐기되었음을 보여준다. 만일 그렇다면, 이 성의 형태가 동서 방향으로 길쭉한 것으로 보아 현주 시기에도 아직 당나라식 도성제도를 본격적으로 받아들이지 못한 셈이고, 상경성에 도읍한 뒤인 문왕 시대에 비로소 5경을 구축하면서 두루 당나라 제도를 적용했을 것으로 판단된다. 발해인들의 이름 끝에 몽(蒙) 자가 붙는 말갈식 이름이 776년 일본에 파견된 사도몽을 마지막으로 자취를 감춘 것도 말갈계 인물들의 한화(漢化)가 이 무렵에 이루어진 일로 여겨지므로, 이 또한 문왕의 정책을 엿볼 수 있는 대목이다.

이상과 같이 문왕이 내부로 힘을 모으면서 당나라를 본받아 각종 문물제도를 마련할 수 있었던 데는 당시의 주변 정세도 한몫했다. 문왕이 즉위한 뒤에도 말갈 복속이 순조롭게 진행되어 철리말갈(鐵利靺鞨)·불녈말갈(拂涅靺鞨)·월희말갈(越喜靺鞨)·우루말갈(虞婁靺鞨)을 정복했고, 당나라와의 관계도 무왕 말기부터 호전되어 문왕은 여러 차례 진봉(進封)받는 기록을 세웠으며, 일본에도 11회나 사신을 파견했다. 아울러 문왕 전반기에는 신라와도 관계가 호전되어 두 나라의 교통로인 신라도(新羅道)가 마련되었으며, 757년에 탄항관문(炭項關門)을 쌓으면서 빈번하게 왕래했을 것이다. 이러한 말갈 세력의 복속 및 주변 국가와의 우호적인 관계는 문왕이 나라 안쪽으로 눈을 돌릴 수 있는 여유를 갖게 해주었다.

3. 황제를 꿈꾸며

문왕은 현주 시대부터 각종 문물제도를 마련하기 시작하여 드넓은 평야에 자리잡은 상경성으로 도읍을 옮긴 뒤에 문치정책을 마무리할 수 있었던 것 같다. 앞에서 다룬 사례들을 보면, 760년을 전후해서 발해의 견일사가 무관에서 문관으로 바뀌었고, 중앙 행정기구와 봉작의 사례가 등장했으며, 5경을 비롯한 지방 제도도 전환점을 맞았다. 따라서 발해의 문치정책은 당나라에서 안사(安史)의 난(755~763년에 안녹산과 사사명이 일으킨 반란)이 끝나고 발해도 상경성에 안착하는 시점에 완성기를 맞이했다.

그러나 문왕은 왕의 지위에 만족하지 않고 황제까지 꿈꾼, 자신감 넘치고 욕심 많은 왕이었다. 먼저, 두 공주의 묘지에서 문왕을 '황상'(皇上)이라고 부른 점이 주목된다. 정혜공주 묘지는 780년, 정효공주 묘지는 792년에 만들었는데, 두 곳 모두 똑같이 아버지를 '대왕'(大王)·'성인'(聖人)이라 칭하면서, 공주가 사망하자 '황상'이 조회를 열지 않고 크게 슬퍼했다고 적었다. 황상이 슬퍼했다는 표현은 한(漢)나라 이래 중국의 묘지명에서 그 사례를 찾아볼 수 있다.

① 惟永平七年(64)七月廿一日, 漢左將軍特進膠東侯第五子賈武仲卒, 時年廿
　九. 夫人馬姜, 伏波將軍新息忠成侯之女, 明德皇后之姊也. …… 春秋七十三,
　延平元年(106)七月四日薨. 皇上潤悼, 兩宮賻贈, 賜秘器以禮殯. …… (後漢

賈武仲 妻 馬姜 墓誌)

② 使持節鎭北大將軍相州刺史南安王楨, 恭宗之第十一子, 皇上之從祖也.
…… 以太和廿年(496)歲在丙子八月壬辰朔二日癸巳春秋五十薨於鄴. 皇上
震悼. 謚曰惠王, 葬以彝典. …… (北魏 元楨 墓誌)

③ 大魏高祖九嬪趙充華墓誌. 充華南陽白水人也. 高祖孝文皇帝之九嬪, 盧氏
義陽長公主之母. …… 福慶無徵, 春秋卅有八, 以延昌三年(514)歲在甲午八
月丁丑朔十三日己丑寢疾而薨. 皇上震悼, 六宮哀慟. …… (北魏 元宏充華
趙氏 墓誌)

④ 魏故假節督齊州諸軍事輔國將軍齊州刺史高公墓誌銘. 君諱湛, 字子澄, 勃
海滌人也. …… 享年不永, 春秋卅三, 元象元年(538)正月廿四日終於家. 皇
上動哀, 能言灑淚, 迺有詔曰, …… (東魏 高湛 墓誌)

이들 묘지명에서 주인공인 제실(帝室) 인물 또는 가장 가까운 총신(寵臣)
이 죽자 황상이 몹시 슬퍼했다는 정형화된 표현 형식이 엿보인다. 이때의
황상은 당시의 황제로, 당나라 묘지명에는 금상(今上)이라는 표현도 보인
다. 발해 묘지명이 이들 양식을 모방한 것이 분명하지만, 그렇다고 발해 왕
을 황상이라고 부른 것을 부인할 수는 없다. 이처럼 발해의 지배자는 왕이
면서, 한편으로 황제이기도 했다.

771년 일본에 보낸 발해의 국서에서 스스로 천손(天孫)이라고 칭하여 일
본이 무례하다고 반발했던 것도 이와 관련이 있다. 천손은 중국에서 직녀성
(織女星)이나 천자(天子)의 자손들을 이르는 말로 주로 쓰였지만, 여기서는
『일본서기』(日本書紀) 신대기(神代紀)의 천손 강림(降臨) 설화에서 볼 수
있듯이 천신의 자손이라는 뜻으로 사용된 것으로, 일본의 천황(天皇)이나
중국의 천자와 별 차이가 없는 말이다. 더구나 이 말은 북한의 오매리 절터
에서 발굴된 고구려 금동판과 「동명왕편」(東明王篇), 『제왕운기』(帝王韻
紀)에도 등장하는 바와 같이 고구려 주몽(朱蒙) 이래 역대 왕들에게 사용하

던 용어를 계승한 것이다.

마침 이 시기에 일본은 발해국 대신에 고려국(高麗國)이라고 칭했다. 『속일본기』(續日本紀)에는 759년 1월부터 778년 12월까지 20년 동안 고려국으로 호칭한 사실이 보이고, 오노노 타모리(小野田守) 관련 758년 목간(木簡: 글을 적은 나뭇조각)과 발해 사신 왕신복(王新福) 관련 763년 도다이사(東大寺) 고문서 같은 1차 사료도 이를 뒷받침한다. 이러한 조치는 일본과 발해 두 나라의 이해가 맞아떨어진 결과로 보인다. 일본은 이른바 조공국인 고구려의 계승국으로 발해를 떠올릴 수 있고, 발해는 과거 강대국인 고구려의 계승국으로서 자기들의 위상을 내세울 수 있었기 때문이다. 같은 시기에 스스로 천손이라고 칭한 것과 연계해보면, 문왕은 고구려 계승국이라는 의식을 분명히 지녔으며, 이것은 727년 무왕이 일본에 보낸 국서에서 "고구려 옛 땅을 수복했다"고 큰소리친 사실과 서로 통한다.

아울러 발해 3성(省)의 하나가 선조성(宣詔省)인 점은 발해 왕의 명령서가 교서(敎書)가 아니라 조서(詔書)였던 사실을 반영하는데, 언제 선조성이 마련되었는지는 알 수 없지만 문왕 시대의 의지가 투영되었던 것으로 추정된다. 이밖에 불교 이념을 이용하여 스스로 불교의 이상적 지배자인 금륜왕(金輪王)이기를 바랐던 사실이 역시 그의 존호에서 드러난다.

문왕은 이처럼 고려국을 자칭하면서 자신을 황상, 천손, 금륜왕으로 내세웠다. 이것은 그동안 추진해온 문치정책들을 궤도에 올려놓은 자신감을 바탕으로 한 조치였다. 그는 762년에 당나라로부터 발해군왕(渤海郡王)에서 발해국왕(渤海國王)으로 진봉(進封)받았는데, 이는 비록 일시적이지만 신라 왕이 받은 관직보다 높은 것이었다. 그리고 그러한 변화는 774년 연호를 대흥(大興)에서 보력(寶曆)으로 바꾸면서 절정에 이르렀다. 777년 일본에서 보낸 국서에 문왕이 "유신(惟新, 維新)으로 보력을 경사스럽게 했다"고 했으니, 여기서 보력은 원래 천자가 반포한 달력, 천자의 나이, 국운(國運), 황위(皇位) 등을 가리키는 말로, 보력으로 연호를 바꾸어 유신을 실시했음을 알려준다. 이와 똑같은 구절이 『위서』(魏書)에도 보이고, 보력을 연호로 삼은 사례도 당나라 경종(敬宗) 연간(825~827)과 일본 모모조노 천황(桃園天皇)·고사쿠라마치 천황(後櫻町天皇) 연간(1751~1754)에 보인다.

4. 두 딸과 동궁을 여의고

현주에서 18년, 상경에서 30년 정도를 보내며 국가의 기본적인 문물제도를 갖추고 자신을 황제로까지 높이는 데 앞장섰던 문왕도 말년에는 노쇠함을 드러냈다. 이는 동경(東京)으로 천도한 무렵으로, 아마 연호를 대흥으로 복귀한 것도 이 언저리일 것이다. 동경으로 천도한 원인도 개혁 과정에서 얻은 피로와 거기서 느낀 한계 때문이었을 것으로 여겨진다.

문왕 시대에 국가의 위상을 한껏 올려놓기는 했으나, 당시 국제적 문화 수준에서 볼 때는 부족한 점이 많았다. 역사적 전통이 없던 불모지에 국가를 세워 모든 것을 새롭게 꾸려 나가야 했던 발해 왕들로는 전통이라는 제약 없이 최신 제도를 받아들일 수 있는 이점도 있었겠지만 갑자기 국가의 수준을 높이기에는 기본 역량이 모자랐을 것이다. 문왕 시대의 이러한 모습을 볼 수 있는 자료가 몇 가지 있다.

첫째, 780년에 만들어진 정혜공주 묘지의 문장과 792년에 만들어진 정효공주 묘지의 문장이 거의 같다는 점이다. 시간적으로 12년이나 차이가 났고, 매장지도 구국(舊國)과 중경(中京) 지역으로 멀리 떨어져 있는데, 두 비문의 내용이 생애와 관련된 네 곳과 비문 형식을 설명한 두 곳만 다르다는 것은 유례가 없는 일이다. 더구나 소제(昭帝: 중국 전한의 제8대 황제)의 누나로서 정외인(丁外人)과 정을 통하고, 마침내 모반을 꾀하다 자살한 악장(鄂長: 鄂邑長公主)의 고사를 인용해 공주의 영예를 찬양하는 잘못을 범했는데, 12년 뒤의 비문에서도 이를 고치지 않았다. 이것만 보더라도 공주의 비문을 새로 짓는 일이 당시 발해 문장가에게는 매우 어려웠던 것 같다. 이는 당시의 문화 수준이 그다지 높지 않았음을 드러낸다.

771년 일본에 대해 구생(舅甥: 장인과 사위)관계를 요구하고 천손(天孫)을 자칭하다가 일본이 반발하자 사신이 사과하고 이를 고친 뒤 일본에 더 이상 이와 같은 표현을 쓰지 않은 점이나, 778년 말부터 고려국이라는 호칭을 사용하지 않은 점은 문왕의 대외적 과시에 한계가 있었음을 말해준다.

또한 말년에 그에게 큰 충격을 주었던 자식들의 죽음도 변수였을 것이다. 그에게는 동궁이었던 대굉림(大宏臨)과 대영준(大英俊), 대정한(大貞翰) 등의 아들이 있었다. 이 가운데 대영준은 당나라에 볼모로 갔다가 774년에 귀국했고, 대정한은 791년에 당나라에 숙위하러 갔었다. 강왕(康王) 대숭린(大嵩璘)은 중국측 기록에 문왕의 아들로 되어 있는데, 일본측 기록에는 문왕의 손자로 되어 있다. 일본측 기록은 발해에서 직접 작성한 왕계(王啓)에 해당하므로 더 신빙성이 있어 보인다. 그리고 둘째 딸인 정혜공주와 넷째 딸인 정효공주는 둘 다 동궁의 누나라고 했으므로, 대굉림은 757년 이후 780년 이전에 태어난 셈이다. 아울러 첫째와 셋째도 딸임이 확실하므로, 문왕에게는 적어도 4명의 딸이 있었다.

그렇다면 그는 적어도 4명의 딸과 3명의 아들을 두었는데, 이 가운데 두 딸과 동궁이 자신의 집권 후반기에 사망하는 참담한 일을 겪었다. 둘째 딸은 777년 4월에 사망했고, 넷째 딸은 792년 6월에 사망했는데, 사위들은 모두 이들보다 먼저 사망해 과부로 생을 마감했다. 정효공주 묘지명에 동궁의 누나라고 적혀 있는 것으로 보아 대굉림은 비를 세운 792년 11월까지 살아 있었고, 이때부터 다음해 3월 4일 문왕이 서거할 때까지 몇 개월 사이에 사망했을 것이다. 문제는 문왕이 사망할 때 아들 굉림이 '일찍'〔早〕사망했다고 한 것인데, 이는 '오래 전에'라는 의미보다는 '문왕보다 먼저〔先〕' 사망했다는 뜻으로 해석할 수 있다. 그렇다면 그는 늦게 얻은 동궁마저 말년에 잃는 비운을 맛보았던 것이다.

이러한 사실들은 그가 동경으로 도읍을 옮긴 뒤 개인적으로나 개혁을 추진해 나가는 면에서나 노쇠함을 면치 못했음을 충분히 짐작하게 해준다. 그가 사망하자 왕위 계승이 정상적으로 이루어지지 못하고 족제(族弟)인 대원의가 즉위해 전횡을 일삼다가 피살되고, 그뒤 동궁의 아들인 성왕이 계승한 것도 또한 이러한 사실을 반영한다.

5. 남은 이야기

문왕은 오랜 기간에 걸친 통치를 끝내고 793년 3월 4일에 사망했다. 말년의 한계에도 불구하고 문왕의 문치정책에서 비롯된 문물제도는 그뒤 약간의 수정을 거쳤겠지만 발해의 행정제도 및 문화의 기본 틀이 되었다. 예를 들어 선조성이나 중대성(中臺省)의 관료인 조고사인(詔誥舍人)으로 보건대, 문왕 때는 황제의 명령서를 분명히 조서(詔書)라고 불렀는데, 그뒤 어느 시기부터인가 교서(敎書)라고 불렀던 것 같다. 또 두 공주의 묘지명에서처럼 문왕 때는 큰아들을 동궁이라고 했다가, 역시 문왕이 사망한 뒤에 부왕(副王)으로 고쳤던 것으로 추정해볼 수 있다.

그가 마련한 통치제도는 발해에서만 통용되었던 것은 아니다. 일본의 나카마로(仲麻呂) 정권이 관제를 개혁하면서 발해를 모범으로 삼았으니, 757년(天平寶字 원년)에 자미령(紫微令)을 자미내상(紫微內相)으로 바꾼 것은 발해의 대내상을 염두에 둔 개혁이었고, 이듬해 8월에 관호(官號)를 크게 바꾸면서 8성 가운데 5성을 발해와 동일하게 유교의 5상(常) 덕목을 따서 신부성(信部省), 예부성(禮部省), 인부성(仁部省), 의부성(義部省), 지부성(智部省)으로 삼은 것도 발해의 영향을 받은 것이다.

그런가 하면 발해에 선조성이 있듯이 9세기 후반 신라에는 선교성(宣敎省)이 설치되었다. 선조성이나 선교성이라는 이름은 중국에서는 그 유례를 찾아볼 수 없는 점을 감안한다면, 신라의 선교성은 발해의 영향을 받은 것이 틀림없다. 또한 발해 유민 가운데 박어(朴漁)가 보이는데, 이는 신라계 인물이 분명하므로 두 나라 사이에 인적 교류가 있었던 사실도 반영한다. 그뿐 아니라 발해 동경에 있던 팔련성(八連城: 현 吉林省 琿春)에서는 통일신라식 연꽃 무늬가 있는 와당이 출토되기도 했다.

이렇듯 발해의 문물제도는 주변국인 일본과 신라에도 영향을 끼쳤으며, 그러한 문물제도의 기본 틀을 마련한 이가 바로 제3대 문왕이었다.

참고문헌

盧泰敦,「5世紀 金石文에 보이는 高句麗人의 天下觀」,『韓國史論』19, 서울대학교 국사학과, 1988.
송기호,「東아시아 國際關係 속의 渤海와 新羅」,『韓國史 市民講座』5, 일조각, 1989.
_____,「文王의 文治」,『渤海政治史硏究』, 일조각, 1995.
_____,「渤海의 地方 統治와 그 실상」,『韓國 古代社會의 地方 支配』(韓國古代史硏究 11), 한국고대사연구회, 신서원, 1997.
_____,「발해 5京制의 연원과 역할」,『강좌 한국 고대사』제7권(촌락과 도시), 가락국사적개발연구원, 2002.
鈴木靖民,『古代對外關係史の硏究』, 吉川弘文館, 1985.
田村晃一,「渤海の瓦當文樣に關する若干の考察」,『靑山史學』19, 2001.
周炅美,「韓國 古代 佛舍利莊嚴에 미친 중국의 영향」,『美術史學硏究』235, 한국미술사학회, 2002.

김헌창 金憲昌

신라를 부정한 개혁가

전덕재 서울대학교 규장각 책임연구원

1. 가계

김헌창(金憲昌, ?~822)의 출생 연도는 알려지지 않았다. 822년(헌덕왕 14) 3월에 반란을 일으켰다가 실패하자 자살했다. 그의 아버지는 태종 무열왕 6세손(世孫)인 김주원(金周元)이고, 어머니에 대한 기록은 없다. 강릉 김씨 족보 『청구세보』(靑丘世譜)에 따르면 김주원은 김춘추(金春秋)의 셋째 아들 문왕〔文汪(王)〕의 직계이고, 그의 할아버지는 경덕왕 때 상대등(上大等)을 지낸 김사인(金思仁)이며, 그의 아버지는 경덕왕 때 시중(侍中)을 지낸 김유정(金惟正)이라 하였다. 그리고 『증보문헌비고』(增補文獻備考) 권47 제계고 8에 주원이 유정의 아들이라는 기록이 있다. 그러나 『삼국사기』(三國史記)나 『삼국유사』(三國遺事) 그리고 조선 시대의 어떤 자료에도 김주원의 아버지에 대한 기록은 보이지 않으므로 이들 자료의 내용을 그대로 믿기 곤란할 듯싶다. 다만 『삼국사기』 신라본기 원성왕 즉위조에서, 김주원이 선덕왕(宣德王, 재위 780~785)의 족자(族子)라고 했는데, 선덕왕은 나물왕계이므로 김주원의 부계 쪽으로 연결되었다고 보기 어렵다. 아마도 김주원의 모계 쪽과 선덕왕이 관련이 있을 가능성이 높다.

2. 김주원의 행적

김주원은 777년(혜공왕 13) 10월에 시중에 임명되었다. 그전의 행적은 자세히 알려지지 않았다. 그해 4월에 상대등 김양상(金良相)이 시국의 정치를 극론(極論)했다. 김주원의 시중 임명은 정국 전환용이었을 가능성도 배제할 수 없다. 더 나아가 김주원을 상대등 김양상이 천거했을 것이라는 추정도 가능하다. 『속일본기』(續日本紀)에 따르면 774년(혜공왕 10) 무렵, 김옹(金邕)이 집정자(執政者)였다고 한다. 771년(혜공왕 7)에 작성된 성덕대왕신종명(聖德大王神鐘銘)에는 김옹이 김양상과 더불어 검교사(檢校使)로서 신종 조성의 최고 책임자였다고 나온다.

당시 김옹은 병부령(兵部令) 겸 전중령(殿中令: 內省私臣), 사어부령(司馭府令: 乘府令), 수성부령(修城府令: 京城周作典令), 감사천왕사부령(監四天王寺府令), 검교진지대왕사사〔檢校眞智大王寺(奉恩寺)使〕, 상상(上相) 대각간(大角干)이었다. 여기서 상상은 상재상(上宰相)이란 의미로 상재(上宰)라고도 한다. 김옹은 비록 상대등이나 시중은 아니었지만 병부령이나 전중령 등을 겸임하고 재상 가운데 가장 서열이 높은 상재상으로 혜공왕 7년 무렵의 집정자라고 볼 수 있다. 한편 김양상은 성덕대왕신종에서 숙정대령(肅正臺令: 司正府令), 겸 수성부령(修城府令), 검교감은사사(檢校感恩寺使) 각간(角干)이었다고 한다. 그뒤 정치 활동과 관리 감찰을 주요 임무로 하는 그의 직책을 고려할 때, 그는 김옹의 집정을 보좌하는 제2인자였을 것으로 짐작된다.

혜공왕 4년에서 6년까지 정변이 지속되었는데 가장 대표적인 정변이 바로 혜공왕 4년에 일어난 '96각간의 난'이다. 이 난은 768년 대공(大恭)의 반란에서 비롯되었다. 『삼국유사』에서는 "왕도(王都)와 5도주군(五道州郡)에서 96각간이 서로 다투었다"고 했고, 『신당서』(新唐書) 신라전에서는 "(大曆年間에) 재상(宰相)이 권력을 다투어 서로 공격하자 나라가 크게 어지러웠으며, (그것은) 3년 만에 평정되었다"고 적었다. 이처럼 3년에 걸친 정변은 결국 혜공왕 7년에 정리되었는데, 그때 집권 세력이 김옹과 김양상이었으므로 결국 정변의 최종 승리자는 이들이 되는 셈이다. 김옹 세력과 대립했던 대표적인 인물이 김은거(金隱居)였다. 그는 767년(혜공왕 3) 7월에 경덕왕의 죽음을 알리고, 혜공왕과 그의 어머니인 만월부인(滿月夫人)의 태후(太后) 책봉(册封)을 위해 사신으로 당나라에 파견되었다. 『속일본기』에서 그를 '숙위왕자'(宿衛王子)라고 했으므로 그는 성덕왕(聖德王)의 아들, 즉 경덕왕의 동생이면서 혜공왕의 삼촌일 가능성이 높다고 하겠다. 김은거는 768년(혜공왕 4)에 귀국하여 시중에 임명되었고, 770년(혜공왕 6) 12월에 물러났다. 그후 김은거는 775년(혜공왕 11)에 반란을 일으켰는데 이 반란은 집권 세력이었던 김옹과 김양상 세력에 대한 저항이라고 할 수 있다. 그렇다면 770년(혜공왕 6) 12월에 김은거가 시중에서 물러났다는 사실은 그가 김옹과의 권력 투쟁에서 패배했음을 시사해주는 측면으로 이해할 수 있다. 김양상의 아버지 김효방(金孝芳)은 성덕왕의 사위로서 당에 사신으로 파견되었다가 사망했다. 김은거가 성덕왕의 아들일 가능성이 높으므로 그는 김양상의 외삼촌인 셈이다. 결국 조카와 외삼촌이 서로 대립했던 것이다.

771년(혜공왕 7) 이후 김옹과 김양상이 집권했는데, 김옹의 행적은 774년(혜공왕 10) 이후에는 더 이상 보이지 않는다. 그해에 김양상이 상대등에 임명되었고, 뒤에 김양상을 상상(上相)이라고 불렀던 사실을 근거로 판단할 때, 혜공왕 10년 이후에 김옹이 사망했거나 실권했고, 김양상이 실질적인 집정자로서 군림했지 않았을까 한다. 이렇게 김양상이 집권 세력의 핵심으로 부상하는 혜공왕 13년에 김주원이 시중에 임명되었으므로 둘 사이는 매우 가까웠다고 할 수 있다. 이런 측면에서 김양상이 족자인 김주원을 시중으로 천거했다고 보아도 그리 큰 오해는 아닐 듯하다.

780년(혜공왕 16)에 김지정(金志貞)이 반란을 일으켰다. 이 와중에 왕이 살해되었다. 혜공왕을 누가 살해했는지 확실치 않지만, 김양상은 김경신(金敬信: 뒷날의 원성왕)의 도움을 받아 김지정의 난을 진압했고, 혜공왕의 뒤를 이어 왕위에 올랐다. 김지정의 반란 진압에 김주원이 어떤 구실을 했는지 전혀 언급이 없다. 선덕왕은 즉위 뒤에 김경신을 상대등으로, 의공(義恭)을 시중으로 임명했다. 의공에 관해서는 기록이 더 이상 전하지 않는다. 그런데 김주원은 선덕왕 사망 때 상재(上宰)였고, 김경신은 차재(次宰)였다. 상재는 앞에서 언급했듯이 재상 가운데 서열이 가장 높은 존재였다. 김옹이 병부령과 전중령을 겸임한 사실을 근거로 판단하건대, 김주원 역시 그와 대등한 직임을 맡았을 것이다. 아울러 김옹처럼 집정자였을 가능성도 매우 높다. 이러한 김주원의 정치적 성격을 감안할 때, 김지정의 반란을 진압하고 김양상이 왕위에 오르는 데 그가 중요한 역할을 수행했을 것이라는 추정도 그리 어렵지 않을 것이다.

선덕왕은 785년 정월 13일에 사망했다. 선덕왕에게 아들이 없었으므로 여러 신하들이 선덕왕의 족사인 김주원을 왕으로 추대했다. 『삼국유사』에서 차재인 김경신이 상재 김주원이 자기보다 상위(上位)에 있고, 그가 왕위를 계승할 것임을 암시하는 대목이 보인다. 이는 왕위 계승권에서 김주원이 가장 먼저임을 말해주는 것이며, 여러 신하들은 이를 근거로 김주원을 왕으로 추대했던 것이다.

그런데 그때 김주원은 알천(閼川) 북쪽에 살고 있었다. 그가 왕에 즉위하기 위해 왕궁으로 향하던 날, 마침 큰비가 내려서 알천이 넘쳐 건널 수가 없었다. 이 틈을 타서 김경신은 김주원의 측근들을 제거하고 먼저 왕궁에 들어가 왕위에 올랐다. 『삼국사기』에서는 "김주원이 알천의 범람으로 건너오지 못하자, 어떤 사람이 '임금의 큰 지위란 본디 사람이 어떻게 할 수 있는 것이 아니다. 오늘의 폭우는 하늘이 어쩌면 주원을 왕으로 세우지 않으려는 것이 아닌가? 지금의 상대등 경신은 전 임금의 아우로 본디부터 덕망이 높고 임금의 체모를 가졌다'고 하자, 여러 사람들이 의논해 경신을 왕으로 추대했다"고 적고 있다. 이러한 내용은 김경신이 김주원의 왕위를 찬탈한 뒤 자신의 왕위 계승을 합리화하기 위해 꾸며낸 이야기임이 분명하다. 『삼국유사』의 기록처럼 왕으로 추대된 김주원이 알천이 넘쳐 왕궁에 들어오지 못하자, 그 틈을 타서 김경신이 일종의 쿠데타를 일으켜 왕위를 찬탈했다고 봄이 역사적 진실에 가까울 듯싶다.

『동국여지승람』(東國輿地勝覽) 강원도 강릉대도호부(江陵大都護府)조에서는 "김주원은 태종왕(太宗王)의 손자다. 맨 처음에 선덕왕이 죽고 후사가 없으므로 여러 신하가 정의태후(貞懿太后)의 교지를 받들어, 주원을 왕으로 세우려 했다. 그러나 왕족 상대장등(上大長等) 경신이 뭇사람을 위협하고 먼저 궁에 들어가 왕이 되었다"고 하였다. 비록 김주원이 태종의 손자라는 잘못된 내용도 있지만, 김경신이 김주원의 왕위를 찬탈했다는 기록은 사실에 근거한 전승이라고 보아도 좋을 듯싶다.

『삼국유사』에서는 김주원이 왕위를 빼앗기고 명주(溟州: 지금의 강릉)로 물러나 살았다고 전한다. 그런데 『동국여지승람』에서는 "주원이 화(禍)를 두려워해 명주로 물러가고 서울에 가지 않았다. 2년 뒤에 주원을 명주군왕(溟州郡王)으로 봉하고 명주 속현인 삼척(三陟)·흔을어(斤乙於)·울진(蔚珍) 등의 고을을 떼어서 식읍(食邑)으로 삼게 했다"고 기록했다. 이에 관한 내용은 『삼국사기』나 『삼국유사』에는 전하지 않아 그대로 믿을 수 있을까에 대하여 신중한 접근이 요구된다. 다만 김주원의 아들인 헌창과 종기(宗基)가 그뒤 중앙의 요직과 지방의 수령직을 두루 거쳤던 사실을 볼 때, 김경신, 즉 원성왕이 김주원을 상당히 우대해주었음은 확실한 것으로 추정된다. 그러나 내용이 이와 똑같았다고 단정하기는 곤란하다. 통일신라기에 통상 봉호수(封戶數) 단위로 식읍을 내렸지, 지역 단위로 내렸을 가능성은 매우 적다. 아마 명주 근처의 지역을 녹읍(祿邑)으로 사여하고, 또 그에게 큰 규모의 봉호수를 식읍으로 사여한 것으로 추정된다.

사료에 헌창과 종기가 김주원의 아들로 확인된다. 둘 가운데 누가 형인지 정확한 기록은 전하지 않는다. 한편 강릉 김씨 족보에서는 이밖에 신(身)이라는 아들이 더 있었고 그의 후손들이 크게 번성했다고 전한다. 『동국여지승람』에 종기는 주원의 뒤를 이어서 명주군왕이 되었고, 종기의 아들 정여(貞茹)가 비로소 조정에 나가 상대등에 이르렀으며, 뒤에 명원공(溟源公)에 봉해졌다고 전한다. 그러나 『삼국사기』에는 정여가 상대등이 되었다는 내용은 보이지 않는다. 다만 김양열전(金陽列傳)에 양(陽)의 할아버지는 소판(蘇判) 종기이고 아버지는 파진찬 정여라고 했으며, 조상들이 장수와 재상을 지냈다고 했다. 실제로 종기는 790년(원성왕 6) 정월에 시중에 임명되었다. 정여의 정확한 직명은 확인할 수 없으나 그도 역시 중앙에서 요직을 지냈던 것만은 분명한 듯 보인다. 한편 양의 사촌형 흔(昕)의 아버지 장여(璋茹)가 파진찬까지 승진했다고 하므로 종기에게는 정여와 장여 두 형제가 있었다고 볼 수 있다. 장여〔璋如(茹)〕는 792년(헌덕왕 8)에 시중에 임명되었다가 그 다음해에 면직(免職)되었다. 김주원의 후손들은 강릉에 대대로 살면서 그곳을 관향(貫鄕)으로 삼고, 그를 강릉 김씨의 시조로 모셨다.

3. 김헌창의 행적과 반란

(1) 원성왕계의 득세

원성왕 김경신은 785년 왕에 오른 뒤에 맏아들 인겸(仁謙)을 태자(太子)로 책봉해 후계 체제를 확고히 다졌다. 주지하듯이 원성왕은 태종무열왕 직계가 아니라 나물왕 12세손이다. 그의 증조부(曾祖父) 의관〔義寬(官)〕은 문무왕 10년에 백제의 잔적(殘賊)을 토벌하다 퇴각한 죄로 면직되었으며, 신문왕 때 그의 딸이 보덕국왕(報德國王) 안승(安勝)에게 시집갔다는 기록이 있다. 조부(祖父) 위문(魏文)은 성덕왕 때 시중을 지냈고, 부친은 일길찬 효양(孝讓)이었다. 선덕왕은 무열왕계의 왕통을 단절하고 나물왕계 10대손으로 왕위에 오른 인물이다. 『삼국사기』에서는 이를 존중하여 선덕왕 대를 경계로 중대에서 하대로 넘어갔다고 보았다. 그러나 그는 아들이 없었으므로 실질적인 하대(下代)의 개창은 원성왕, 즉 김경신이라고 볼 수 있다. 하대의 왕들이 모두 그의 직계였기 때문이다.

원성왕은 왕위 계승에서 철저하게 태자책봉제(太子冊封制)를 고수했다. 아마 왕위를 둘러싼 분쟁을 미리 막으려는 포석이었던 것으로 보인다. 태자 인겸이 원성왕 7년에 사망하자, 다음해에 둘째 아들 의영(義英)을 다시 태자로 책봉했다. 그마저 원성왕 10년에 사망하자, 인겸의 아들 준옹(俊邕)을 다시 태자로 책봉했다. 그뒤부터 원성왕은 친정 체제를 확고하게 다지려고 노력했다. 그와 정적(政敵)이었던 김주원의 아들 종기를 재위 6년에 시중으로 임명했던 것으로 보아 김주원 세력을 철저하게 배척하지는 않았던 것 같다. 그러나 주요 요직에 자신의 자손들을 임명하고 있음이 확인된다. 먼저 재위 6년에 손자인 준옹을 재상으로, 다음해에 시중으로 임명했고, 그 다음해에 병부령을 제수(除授)했다. 그리고 준옹의 동생 언승(彦昇)을 재위 10년에 시중으로, 12년에 병부령에 임명했다. 특히 원성왕은 재위 4년에 독서삼품과를 실시했는데, 이 제도는 기존의 천거제를 기초로 한 관리 선발제도를 개혁한 것으로서, 진골 귀족들의 영향력을 약하게 만들고 왕권을 강화할 수 있는 제도로 평가받는다. 이를 운영하여 원성왕은 진골 귀족들의 견제를 누그러뜨리고 국정 운영에서 상당한 영향력을 행사했을 것으로 믿어 의심치 않는다.

원성왕이 사망하고, 준옹이 왕에 즉위했으나(昭聖王, 재위 798~800) 그는 1년 6개월 만에 사망했다. 그 뒤를 이어서 준옹의 아들이 왕에 올랐으니, 그가 바로 애장왕(哀莊王, 재위 800~809)이다. 그는 나이가 어렸기 때문에 삼촌인 병부령 언승이 섭정(攝政)했다. 언승은 애장왕 2년에 어룡성사신(御

龍省私臣)에 취임했고, 곧이어 상대등에 임명되었다. 특히 당대에 5묘제를 개편하면서 태종무열왕과 문무왕의 사당을 따로 설치하고, 시조와 왕의 직계 조상들을 5묘에 배향했다. 이것은 언승 등이 원성왕계의 계보 관념을 분명하게 부각시키려는 의도를 반영한 것이다. 급기야 언승은 809년(애장왕 9)에 왕의 동생인 제옹(悌邕)과 더불어 군사를 거느리고 궁궐에 들어가 왕을 죽이고, 자기 스스로 왕이 되었다.

언승, 즉 헌덕왕(憲德王, 재위 809~826)은 왕에 즉위한 후에 김주원의 아들 헌창이나 손자 장여를 등용하기도 했지만, 그 또한 원성왕계를 요직에 등용해 정국을 운영하려고 노력했다. 먼저 재위 4년에 인겸의 동생인 예영의 아들 균정을 시중에 임명했고, 9년에 동생 충공(忠恭)을 시중으로, 11년에 동생 수종(秀宗)을 상대등으로 임명했다. 그리고 나아가 14년(822)에 수종을 부군(副君)으로 삼아 왕위를 잇도록 했고, 충공을 상대등에 임명했다.

왕의 사촌인 헌정(憲貞)은 11년에 병환으로 걸어다닐 수가 없었으나 그전에 일정한 역할을 했을 것으로 추정된다. 특히 왕의 동생인 충공과 수종이 중요한 역할을 했는데, 『삼국사기』 녹진열전(祿眞列傳)에 헌덕왕 14년 무렵에 충공이 인사를 전형(銓衡)하는 책임을 맡았던 사실을 통해 이를 엿볼 수 있다.

원성왕계가 그들을 중심으로 정국을 운영하자, 김주원을 비롯한 태종무열왕계와 기타 진골 귀족들 사이에서 이에 대한 불만이 팽배했을 것으로 예상해볼 수 있다. 김주원 후손들의 경우, 원성왕계의 독주에 대해 두 가지 태도를 취했음이 확인되는데, 김종기계의 자손들은 원성왕계와 매우 친밀한 관계를 지속하려고 노력했던 반면, 김헌창은 적극 저항하는 양상을 보였다.

(2) 9세기 전반의 잦은 재해와 농민의 몰락

757년(경덕왕 16) 녹읍의 부활은 농민들의 유망(流亡)에 따른 신라 정부의 대응이었다. 그러나 농민들의 생활 안정책을 병행하여 실시하지 않았기 때문에 녹읍 부활은 농민들의 파산과 유망을 근본적으로 치유할 수 있는 대책이기보다는 관리들의 불만과 국가의 재정 궁핍을 타개하기 위해 실시한 미봉책에 불과했다. 녹읍의 부활은 진골이나 관리들이 녹읍지에서 농민들을 마음대로 수탈할 수 있게 해주었다. 녹읍주들은 통상 녹읍민들에게 수취를 과중하게 부과했고, 이로 말미암아 농민들의 유망이 늘어났다. 특히 진골 귀족들의 전장(田莊)과 사적인 기반의 확대는 이러한 현상을 더욱 촉진시키는 요인이 되었다. 게다가 자주 재해가 겹치면서 농민들의 생활은 더욱 어려워졌다. 혜공왕 때 잇따른 정변과 잦은 재해로 생활이 더 어려워지자 처음으로 도적이 벌떼처럼 일어나기도 했다.

원성왕이 즉위한 뒤에도 이런 사정은 크게 달라지지 않았다. 특히 9세기 전반의 잦은 재해로 농민들의 고통이 극심했음이 확인된다. 『삼국사기』에서 이와 관련된 자료들을 뽑아서 정리하면 다음과 같다.

- 814년(헌덕왕 6) 여름 5월에 나라 서쪽 지방에 홍수가 났으므로 사자를 보내 수해를 당한 주와 군의 백성들을 위로하고, 1년 조(租)와 조(調)를 면제해주었다.
- 815년(헌덕왕 7) 여름 5월에 눈이 내렸다. 가을 8월에 서쪽 변방의 주와 군에 큰 기근이 들고 도적이 벌떼처럼 일어났으므로 군사를 내어서 이를 토벌했다.
- 816년(헌덕왕 8) 봄 정월에 흉년이 들어서 백성들이 굶주렸으므로 절동(折東)지방까지 가서 식량을 구하는 사람이 170여 명이나 되었다.
- 817년(헌덕왕 9) 겨울 10월에 사람들이 많이 굶어죽었으므로 주와 군에 명령을 내려 창고의 곡식을 내어 진휼하도록 했다.
- 819년(헌덕왕 11) 3월에 초적(草賊)들이 사방에서 일어났으므로 여러 주·군의 도독과 태수에게 명령해 붙잡았다.
- 820년(헌덕왕 12) 봄과 여름에 가물었다. 겨울에 기근이 들었다.
- 821년(헌덕왕 13) 봄에 백성들이 굶주려 자손을 팔아 자활(自活)했다.

앞의 기록들은 815년(헌덕왕 7)에서 821년까지 매해마다 흉년과 기근이 들어 백성들이 굶주리는 모습을 생생하게 전해주고 있다. 이때 농민들은 자식을 노비로 팔아 생계를 이어가거나, 또는 중국의 절동 지방까지 가서 식량을 구하기도 하고, 일부는 배를 타고 일본에 건너가 귀화를 요청했다. 그리고 급기야는 도적까지 되었던 것이다. 815년(헌덕왕 7)에는 서쪽 지방에 도적들이 횡행하자 정부가 지방관들에게 그들을 토벌하도록 명령했던 바 있다. 한편 위에서 819년(헌덕왕 11)에 초적들이 사방에서 일어났다고 전하는데, 여기서 초적은 소규모의 조직으로 장기적이고 일상적으로 활동하는 도적 집단을 일컫는다. 원성왕 때의 승려 영재(永才)가 대현령에서 만난 60여 명의 도적, 825년(헌덕왕 17) 김헌창의 아들 범문과 함께 반란을 꾀한 수신(壽神) 등 100여 명의 고달산 도적 등을 초적이라고 할 수 있다. 이러한 초적들이 819년(헌덕왕 11)에 전국 곳곳에서 활동할 정도로 급증했던 것이다.

815년(헌덕왕 7)에 서쪽 변방 지역에 큰 기근이 들어 도적이 벌떼처럼 일어났다고 했다. 이후 서쪽 지방의 피해가 극심했다는 기록은 전하지 않는다. 그러나 이 무렵 해적에게 잡혀온 신라인 노비들이 중국 사회에서 문제가 되었던 사실을 통해, 특히 서쪽 지방의 백성들이 큰 고통을 당했음을 알 수 있다. 816년(헌덕왕 8)에 숙위(宿衛)로 당나라에 가 있던 왕자 김장렴〔金長(張)廉〕이 당나라 정부에 신라인을 노비로 삼는 일을 중지해달라고 요청하자, 당 정부가 이를 받아들였다.

그러나 그뒤에도 해적들이 신라인을 잡아다가 노비로 팔아넘기는 일이 없어지지 않았다. 821년에 평로군절도사(平盧軍節度使) 설평(薛萍)이 황제에게 이를 금지하는 칙령(勅令)을 내려주기를 거듭 요청하자, 황제가 이를 받아들여 그에 관한 칙령을 반포했다. 그리고 2년 뒤에는 중국에 끌려와 있던 신라노(新羅奴)를 방환(放還)하라는 칙령을 내렸다. 이때 신라에서는 사신 김주필(金柱弼)을 시켜 당 황제에게 해방된 신라인들이 귀국할 수 있도록 선편(船便)을 제공해줄 것을 청원하고, 동시에 중국에서 신라인을 약매

(掠賣)하지 말고, 본국으로 보내줄 것을 요청했다. 그러나 신라인을 잡아다가 약매하는 행위는 완전히 근절되지 않았다.

816년(헌덕왕 8)부터 잡혀온 신라 노비들이 중국 사회에서 문제가 되었던 사실은 그때 서해안에서 신라인을 약탈해 중국에 팔아넘기는 해적들이 적지 않았음을 보여준다. 실제로 813년(헌덕왕 5)에 김파(金巴) 형제 등이 조세를 운반하다가 해적들에게 약탈당해 일본에 표류한 적이 있었고, 또 신라 해적이 쓰시마 섬(對馬島) 근처에 자주 출몰해 일본 사람들을 긴장시키기도 했다. 해적들은 진골 귀족들의 전장(田莊)이나 마거(馬阹), 그리고 운반하던 조세 등을 약탈했을 뿐만 아니라 선량한 주민들도 무차별로 공격했다고 여겨진다. 특히 그 가운데 서남 해안에 거주하던 주민들이 중요한 약탈의 대상이었을 것이다. 또한 9세기 전반의 잦은 자연 재해로 마을을 떠나 뿔뿔이 흩어지는 농민들이 늘어나고, 또 그들이 해적과 도적으로 변해 선량한 농민들을 다시 공격했기 때문에 정부에 대한 농민들의 불만이 맹렬하게 커졌을 것이다. 김헌창은 농민들의 피폐가 심해져 불만이 높아지는, 즉 민심이 극도로 흔들리는 시기를 택해 반란을 일으켰던 것으로 보인다.

(3) 김헌창의 반란과 진압

김헌창은 806년(애장왕 7) 정월, 그가 시중에 임명되었다는 기사에서 처음 등장한다. 그러나 이에 대해 같은 기사에서 헌창을 헌정(憲貞)이라고도 썼다고 했다. 종래에 이를 근거로 헌창을 헌정의 오기(誤記)라고 보았다. 헌정은 의영의 아들이며 당시 섭정을 하던 김언승의 사촌이었으므로, 이때 그를 시중에 임명했다고 봄이 타당하다고 생각된다. 일찍이 원성왕대에 김헌창의 형제 종기가 시중을 지냈던 사실을 통해 김주원의 자손들이 원성왕대에 중앙 정계에 진출했음을 살필 수 있다. 헌창의 경우도 비교적 이른 시기에 관리로 진출했다고 보이지만, 그에 관한 구체적인 정보는 전하지 않는다.

김헌창이 본격적으로 사료에 등장하는 것은 813년(헌덕왕 5) 정월에 그가 무진주(武珍州) 도독(都督)으로 임명되면서부터다. 그가 무진주 도독으로 재임하는 중에 서쪽 지방에 홍수가 나서, 주민들이 큰 수해(水害)를 당한 바 있다. 여기다가 당시에 서남 해안 지역에 해적들이 자주 출몰했을 것으로 추정된다. 김헌창은 무진주의 이와 같은 상황을 직접 눈으로 확인했을 것이다. 그는 그 다음해 8월 시중에 임명되어 왕경(지금의 경주)으로 돌아왔다. 그가 시중으로 재임하던 815년(헌덕왕 7)에 서쪽 변방의 주와 군에 큰 기근이 들어서 도적이 벌떼처럼 일어나자 군대를 보내 토벌했다. 김헌창에게 이에 대한 책임을 물었는지 확실치 않지만, 그는 그 다음해 정월에 시중에서 면직되고 청주(菁州) 도독에 제수되었다. 그를 대신해서 시중에 임명된 이는 그의 조카인 장여(璋如)였다. 그가 청주 도독으로 있을 때, 헌덕왕의 동생 수승(秀)이 상대등에 임명되고, 또 다른 동생 충공(忠恭)이 장여를 대신해서 시중에 임명되었다. 이러면서 명실공히 헌덕왕의 친정 체제가 굳건하게 갖춰지게 되었다. 이러는 중에 잦은 재해로 농민들의 생활은 점점 더 어려워지고, 초적들이 횡행하자 중앙 정부는 태수와 도독에게 이들을 붙잡도록 명령을 내렸다. 김헌창은 청주에서 원성왕계가 권력 기반을 확고하게 다지는 모습을 지켜보아야 했을 것이다. 그리고 계속 농민들의 도산(逃散), 초적의 발생을 그들의 실정(失政)과 연관시켜 한번쯤은 생각해보았으리라고 짐작된다.

여기저기서 도적들이 날뛰는 혼란한 상황에서 819년(헌덕왕 11) 7월에 운주절도사(鄆州節度使) 이사도(李師道)가 당나라 정부에 반란을 일으켰다. 당 현종(玄宗)은 이를 토벌하고자 신라에 군사를 요청했다. 이에 신라에서는 순천군장군(順天軍將軍) 김웅원(金雄元)에게 군사 3만을 주어 당나라를 돕게 했다. 물론 김웅원이 이사도 토벌에 실제로 참전했는가에 대한 의문이 제기되고 있다. 설혹 토벌에 직접 참전하지는 않았다 하더라도 3만의 군사를 징발하고, 그에 필요한 군수 물자를 징수했을 것으로 추정되는 바, 이에 따른 농민들의 고통을 짐작할 수 있다.

김헌창은 821년(헌덕왕 13) 4월에 청주 도독에서 웅천주 도독으로 자리를 옮겼다. 이해에도 역시 큰 기근이 들어 자식을 팔아서 자활(自活)하는 사람들이 적지 않았다. 중앙에서 헌덕왕이 그의 친정 체제를 강화하던 시기에 지방에서는 잦은 재해로 농민들의 피해가 날로 극심해졌다. 김헌창은 무진주, 청주, 웅천주 도독으로 재임하면서 농민들의 피폐상을 직접 눈으로 보았을 것이다. 이러한 상황에서 원성왕계의 독주에 따른 부정부패가 널리 퍼졌다. 특히 인사 행정에서 더 두드러졌다.

헌덕왕대에 집사시랑을 지낸 녹진(祿眞)은 "사사로움으로 공심(公心)을 멸(滅)하고, 사람을 위해 관직을 택하며, 총애하면 비록 재목이 아니더라도 아주 높은 곳으로 보내려 하고, 미워하면 유능하더라도 구렁에 빠뜨리려 합니다. 취하고 버림에 그 마음이 뒤섞이고, 옳고 그름을 따짐에 그 뜻이 어지럽게 되면, 나랏일이 혼탁해집니다"라고 당시의 세태를 평하고 있다. 원성왕계의 후손들이 인사 행정을 관장하면서 뇌물이 횡행하고 공정성을 잃어 관료 사회가 크게 혼탁해졌음을 녹진의 말을 통해 엿볼 수 있다. 김헌창을 비롯한 태종무열왕계뿐 아니라 비원성왕계인 나물왕계 진골 귀족들도 이에 대해 큰 불만을 가졌다고 추정되는데, 김헌창은 이와 같은 분위기를 정확하게 읽었음이 틀림없다.

김헌창은 자기 아버지 주원이 만약 경신과의 왕위 계승 분쟁에서 밀리지 않았다면 왕자의 신분으로 정국을 주도했을 인물이었다. 그러나 현실은 주원의 자손들이 원성왕계에 밀려 중앙 정계에서 제대로 영향력을 행사하지 못했던 것이다. 중앙 정부에 대한 농민들의 저항과 불만 그리고 진골 귀족들이 느끼는 원성왕계의 독주에 대한 불만 등은 김헌창에게 원성왕계에 도전할 수 있는 명분을 주었을 듯싶다. 아마 그는 원성왕계를 대체할 수 있는 정치 세력으로 주원의 후손들이 가장 적격이라고 생각했을 것이다.

김헌창은 사전에 거사(擧事)를 치밀하게 준비했던 것으로 보인다. 그가 거사에 끌어들인 지방은 자신이 도독으로 재임했던 청주와 무진주, 웅천주였고, 이밖에 사벌주, 완산주와 국원경(國原京), 서원경(西原京), 금관경(金官京) 등이 망라되었다. 『삼국사기』 신라본기에서는 김헌창이 4주의 도독과 여러 군현의 수령들을 위협해 자기 편으로 끌어들였다고 했으나 이를 그대로 믿기는 곤란하다. 김헌창은 4주의 도독, 3소경의 사신이나 또는 주·소경의 핵심 관리들 그리고 그 예하 군과 현의 수령들을 포섭했던 것으로 보인다. 이를 몰랐던 청주 도독 향영(向榮)과 완산주의 일부 관리들은 김헌창이 난을 일으키자, 몸을 빼서 달아나 신라 정부에 이를 알리기도 했다. 당시에 김헌창이 중앙의 진골 귀족들과 내통했다는 직접적인 증거는 발견되지 않지만, 일부의 도독들도 김헌창의 난에 동조한 것으로 보이므로, 일부의 진골 귀족들도 김헌창의 난에 동조한 경우도 있었을 것이다. 성주사낭혜화상탑비(聖住寺朗慧和尙塔碑)에 김범청(金範淸)이 진골에서 득난(得難)으로 강등(降等)되었다고 전하는데, 종래에 그가 김헌창의 반란에 연루되어서 신분이 강등되었다고 이해했다. 김범청은 태종무열왕계였다. 만약 위의 견해가 사실이라면, 태종무열왕계의 진골 귀족 일부가 김헌창의 반란에 가담했음을 입증하는 하나의 사례라고 볼 수 있겠다.

김헌창은 웅천주를 비롯한 5개주와 국원경을 비롯한 3소경을 기반으로 822년(헌덕왕 14) 3월에 거사했다. 그는 국호를 장안(長安)이라 하고, 연호를 지어 경운(慶雲) 원년(元年)이라고 했다. 『삼국사기』 신라본기에서는 헌창이 아버지가 왕이 되지 못한 것을 이유로 반란을 일으켰다고 했다. 물론 이것도 반란을 일으킨 이유가 되겠지만, 그뿐만은 아니었을 것이다. 김헌창이 국호를 새로 정하고, 독자적인 연호를 사용하였기 때문이다. 이는 그들의 반란이 단순한 왕위 계승 분쟁이 아니었음을 시사하는 것인데, 김헌창은 농민들에게 고통을 주고 정치적 혼란을 조장하는 기존의 체제를 개혁할 생각을 가지고 있었지 않았을까 싶다. 물론 여기에 골품제의 해체와 같은 근본적인 제도적 개혁이 포함되었는가 자신있게 말할 수 없지만, 그러나 독자적 연호를 제정한 사실에서 보듯이 대외적인 자주성을 내세워 신라의 국제적 위상을 높이려고 했던바, 그에 걸맞은 국내의 제도적인 개혁을 추진하려고 계획했음은 믿어 의심치 않는다. 아마도 여기에는 당시 인사 행정의 난맥상이 심각하게 표출되었으므로 그에 대한 근본적인 개혁을 추구하는 내용이 포함되었지 않았을까 한다. 여기에다 자신이 지방의 도독으로 직접 목격한 농민들의 고통을 해소하기 위해 반란을 일으킬 결심을 하였던 측면도 결코 간과해서는 안 될 것이다.

김헌창이 반란을 일으키자, 청주의 핵심 관리들이 동조했고 이에 도독 향영은 겨우 몸을 빼서 추화군으로 달아났다. 그리고 한산주와 우두주, 삽량주, 패강진, 북원경 등은 헌창의 반란을 미리 알고 군사를 일으켜 스스로 지켰다. 중앙 정부는 완산주의 장사(長史) 최웅(崔雄) 등이 도망와서 알려주어 비로소 헌창의 반란을 알 수 있었다. 한산주 등이 중앙 정부보다 먼저 헌창의 반란을 인지하고 있었던 사실은 그들 역시 헌창이 거사에 끌어들이려고 시도했던 사실을 전제로 할 때 합리적인 이해가 가능하다. 그러나 헌창의 이러한 시도는 실패했던 것으로 보인다.

중앙 정부는 헌창의 반란 소식을 듣고 우선 장수 8명을 선발해 왕도의 8방을 지키도록 했다. 그런 다음 3군을 중심으로 진압군을 편성했다. 선발대로 일길찬 장웅(張雄)이 먼저 군사를 이끌고 출동하고, 이어서 잡찬 위공(衛恭)과 파진찬 제릉(悌凌)이 뒤를 이었다. 그리고 이찬 균정(均貞)과 잡찬 웅원(雄元), 대아찬 우징(佑徵)이 본진에 해당하는 3군(좌·우·중군)을 이끌고 출정했다. 한편 중앙 정부는 청주와 금관경 방면에서 왕도로 들어오는 길목인 문화관문(蚊火關門: 관문성이라고도 부르며 경주시 외동면 모화리 등에 위치)에 군대를 보내 지키도록 조처했다.

이때 화랑(花郞) 명기(明基)와 안락(安樂)이 각각 종군(從軍)할 것을 청해, 명기는 낭도의 무리들과 함께 황산(黃山)으로 나아가고, 안락은 시미지진(施彌知鎭)으로 나아갔다. 황산진(黃山津)은 현재의 경남 김해시와 양산시 일대를 흐르는 낙동강 하류의 나루였으므로 황산은 그 근처에 있는 산으로 추정된다. 따라서 명기는 김해나 청주 방면에서 왕경으로 쳐들어오는 헌창의 세력을 무찌르기 위해 황산으로 나아갔던 것으로 볼 수 있다. 한편 시미지진은 상주(尙州)의 영현(領縣)인 지내미지현(知乃彌知縣: 현재의 상주시 외서면)으로 추정된다. 그런데 상주는 경주에서 김헌창 세력이 웅거한 웅진(熊津: 공주)과 삼년산성(三年山城: 충북 보은군 보은읍 오항산에 있는 산성)으로 향하는 길목에 있다. 따라서 시미지진은 전략상 매우 중요한 의미를 지녔던 것이다.

정부군이 출동하자 김헌창은 장수를 보내 중요한 길목을 지키도록 했다. 정부군과 헌창의 군대가 처음 맞선 곳은 도동현(道冬峴)이다. 도동현의 위치를 양주(良州) 임고군(臨皐郡)의 영현인 도동현(道洞縣: 현재의 경북 영천시 남단의 도동과 그에 인접한 영천시 금호읍 일대)과 관련시켜 이해하기도 하나, 그대로 믿을 수 있을지 의문이다. 그러나 장웅이 도동현에서 헌창의 군대와 싸워 이기고, 뒤에 위공·제릉 군대와 합쳐 삼년산성을 공격한 점으로 미루어볼 때, 그곳은 상주로 향하는 길목에 있었던 것만은 확실한 것 같다.

장웅 등이 삼년산성을 공격해 함락하고, 이어서 속리산으로 진군해 헌창의 군대를 섬멸했다. 또한 3군의 지휘자 가운데 한 사람인 균정도 성산(星山: 경북 성주군)에서 헌창의 군대를 크게 격파했다. 그뒤 정부군은 헌창의 군대를 여러 곳에서 공격해 승리를 거둔 것으로 보인다. 정부군은 승승장구하며 마지막으로 헌창이 반란을 일으킨 중심지인 웅진을 압박했다.

정부군이 웅진을 공격해 헌창의 군대를 크게 이기자, 헌창은 웅진성에서 항전하다가 결국 성이 함락되기 직전에 화를 면할 수 없다고 생각하여 스스로 목숨을 끊었다. 이에 헌창을 따르던 사람들은 그의 머리와 몸을 각각 따로 베어 여러 곳에 묻어두었다. 마침내 성을 함락한 정부군은 헌창의 몸을 찾아내 다시 베고, 그의 종족과 함께 거사를 도모한 무리 239명을 죽이는 한편, 그 백성들은 모두 풀어주었다. 이로써 헌창의 반란은 성공을 거두지 못하고 진압되고 말았다.

전투가 낙동강 하구와 성주 방면, 상주와 속리산 방면에서 벌어졌던 사정을 감안할 때, 김헌창 군대의 위력이 결코 녹록치 않았음을 짐작해볼 수 있다. 그러나 김헌창의 군대가 초기에 정부군과 벌인 전투에서 잇따라 패배해 사기가 크게 떨어졌고, 이로 말미암아 웅천주를 제외한 전 지역에서 정부군의 공격에 제대로 대응하지 못했던 것으로 짐작된다. 또 당시에 김주원의 후손인 종기, 정여, 장여, 양(陽), 흔(昕) 등이 중앙 정계에 있으면서도 김헌창의 반란에 적극 가담하지 않았다. 물론 김범청의 경우처럼 일부 호응한 진골 귀족도 있지만, 대다수는 동조하지 않았던 것으로 보인다. 많은 진골 귀족을 자기편으로 끌어들이지 못한 측면도 김헌창의 반란이 실패한 이유의 하나로 지적할 수 있지 않을까 한다. 게다가 초기에는 농민들이 김헌창의 반란에 적극 호응했을 것이지만, 진압 과정에서는 정부군에게 강렬하게 저항한 자취가 발견되지 않는다. 반란을 전개하는 과정에서 무슨 이유 때문인지 농민들이 등을 돌렸을 가능성도 한번 고려할 필요가 있지 않나 한다.

김헌창의 반란이 진압된 뒤에 그의 아들 범문(梵文)은 몸을 피해 달아났던 것으로 보인다. 그는 825년(헌덕왕 17)에 고달산적(高達山賊) 수신(壽神) 등 100여 명과 함께 반란을 꾀했다. 고달산은 고달사가 있는 현재의 경기도 여주군 북내면 혜목산으로 추정된다. 고달산적과 같은 존재들을 흔히 초적(草賊)이라고 부르는데, 819년(헌덕왕 11)에 초적들이 전국에서 출몰한 바 있다. 고달산적의 존재는 그러한 초적들이 825년까지 전국에서 계속 활동했음을 보여준다.

범문은 고달산적에게 몸을 의탁한 뒤에 두목인 수신을 꾀어 반란을 도모하고, 마침내 825년 정월 평양(오늘날의 서울 부근)에 도읍을 정하고자 북한산주를 공격했다. 그러나 범문 세력은 한산주 도독 총명(聰明)이 이끄는 군대에게 패배했고, 주모자들은 사로잡혀서 처형당했다. 김헌창의 아들 범문이 초적들을 끌어들여서 다시 반란을 일으켰지만, 초반에 진압됨으로써 이마저 실패하고 말았다.

4. 김헌창의 난이 끼친 영향

김헌창은 원성왕이 왕위에 오른 지 37년 만에 반란을 일으켰다. 원성왕은 태자책봉제를 통해 자신의 후손들이 왕위를 계승하도록 했다. 원성왕 대부터 헌덕왕 대까지 원성왕계 후손들이 정국을 주도했다. 이 과정에서 김주원계를 비롯한 태종무열왕계의 후손들, 내물왕계 진골 귀족들의 불만이 팽배했다. 이런 측면에서 김헌창의 반란은 원성왕계의 왕위 계승을 위협하는 결정적 사건이었을 것이다. 그러나 결과적으로는 반란 진압에 원성왕계인 균정과 그의 아들 우징이 큰 공을 세웠기 때문에 원성왕계의 왕위 계승은 더욱 확고해졌다고 말할 수 있을 것이다. 원성왕계는 비록 도전을 받기는 했으나 효공왕 대까지 왕위를 계승할 수 있었다.

김헌창의 반란 이후 정부를 위협한 대표적인 반란이 바로 장보고(張保皐)의 난이다. 『삼국사기』 신라본기에서는 그가 846년(문성왕 8)에 난을 일으켰다가 자객에게 찔려 죽었다고 전한다. 그런데 『속일본후기』(續日本後紀)에서는 841년 11월에 장보고가 피살되었다고 전해, 그가 반란을 일으켰다가 살해된 시기는 841년이 옳다고 보아야 한다. 장보고는 자기 딸을 문성왕과 결혼시키려다 좌절되자 반란을 일으켰다. 정부는 청해진(淸海鎭)의 군대가 워낙 강해 제대로 진압할 수 없었으므로 자객을 보내 그를 살해했다.

장보고는 지방의 섬 사람으로 중국에 가서 무술 실력으로 이름을 떨치고, 828년(흥덕왕 3)에 귀국해 청해진을 설치했다. 그 이유는 바로 서해안에 자주 출몰하는 해적을 소탕하기 위해서였다. 그는 청해진을 근거지로 하여 해적을 완전히 소탕하고 남중국해(南中國海)의 해상권을 장악해 중국과 신라, 일본을 잇는 삼각 무역으로 상당히 많은 돈을 벌었다. 장보고가 서해안에서 해적을 소탕한 것은 김헌창의 난이 일어난 뒤이다. 이를 통해 822년 이후에도 해적들이 빈번하게 출몰했음을 엿볼 수 있다. 이는 당시에도 신라 정부가 서해안을 제대로 통제하지 못했음을 반증하는 것이다. 청해진 설치

이후, 신라 정부는 중국과의 안전한 해상 교통로를 확보하기 위해 당성진(唐城鎭), 혈구진(穴口鎭), 장구진(長口鎭) 등의 군진을 서해안에 잇따라 설치했다. 이는 지방을 확실하게 통제하려는 정부의 의지를 반영한 것이지만, 거꾸로 보면 그리 하지 않으면 신라 정부가 지방을 제대로 통제하기 어려워졌음을 말해준다. 이러한 상황에서 장보고와 같은 지방 세력이 크게 성장할 수 있었다. 그래서 지금까지 김헌창의 반란을 경계로 신라 하대를 전기와 후기로 구분하기도 한다.

신라 하대에 빈번하게 왕위 계승 분쟁이 일어나고, 반란 사건도 줄지어 일어났다. 그러나 어떤 경우에도 광대한 영역을 기반으로 중앙 정부에 반란을 일으킨 적은 없었다. 그리고 또 국호를 새로이 정하고 독자적인 연호를 정한 경우도 눈에 띄지 않는다. 이러한 측면에서 김헌창의 반란은 다른 반란 사건과 확실하게 구별되었다고 말할 수 있다. 김헌창이 건설하고자 한 사회의 모습을 기록이 전하지 않아서 확실하게 묘사할 수는 없다. 그러나 새로운 국호를 제정하고 독자적인 연호를 사용함으로써 신라의 체제를 전면적으로 부정하고자 했음을 알 수 있다. 특히 중국 연호의 부정은 자주 국가로서 신라의 위상을 대외적으로 천명한 것인 바, 대외정책에서 기존 신라 정부와 가장 극명하게 차별되는 가장 극명한 측면으로 유의된다.

더욱이 김헌창이 지방 장관으로서 농민들의 피폐상을 직접 목격했고, 농민들을 죽음으로 몰아넣는 사회 모순을 개혁하려는 생각을 가졌다고 예상되는 바, 사회 모순을 해결할 수 있는 구체적인 방안을 그가 제시했을지도 모를 일이다. 하여튼 김헌창은 자신의 뜻을 펴는 데는 실패했으나 이를 기회로 지방 세력이 크게 성장했고, 결국 궁예나 견훤이 그에 힘입어 후삼국의 하나인 후고구려나 후백제를 건국하는 데 성공했다. 김헌창이 남긴 불씨가 100여 년 뒤에 결실을 맺은 것이다. 이러한 점에서 김헌창의 반란은 신라 하대의 역사에서 하나의 전환점이라고 할 수 있을 정도로 기존 신라체제를 무너뜨리는 결정적 계기였다고 평가할 수 있겠다.

참고문헌

• 원자료

『삼국사기』 『삼국유사』 『역주 한국고대금석문』(가락국사적개발연구원)

『신당서』 『册府元龜』 『唐會要』

『續日本紀』 『續日本後紀』 『靑丘世譜』

『신증동국여지승람』 『증보문헌비고』

• 논저

金東洙, 「新羅 憲德·興德王代의 改革政治 —특히 興德王 9년에 반포된 제규정의 정치적 배경에 대해」, 『韓國史硏究』 39, 한국사연구회, 1982.

金昌謙, 「新羅 元聖王系의 卽位와 金周元系의 動向」, 『阜村 申延澈 敎授 停年退任紀念史學論叢』, 일월서각, 1995.

尹炳喜, 「新羅 下代 均貞系의 王位繼承과 金陽」, 『歷史學報』 96, 역사학회, 1982.

李基東, 「新羅 下代의 王位繼承과 政治過程」, 『歷史學報』 85, 역사학회, 1980; 『新羅 骨品制社會와 花郞徒』, 일조각, 1984.

李基東, 「張保皐와 그의 海上王國」, 『張保皐의 新硏究』, 완도문화원, 1985; 『新羅社會史硏究』, 일조각, 1997.

李基白, 『新羅政治社會史硏究』, 一潮閣, 1974.

李明植, 「新羅 下代 金周元系의 政治的 立場」, 『大邱史學』 26, 대구사학회, 1984.

전덕재, 「신라 하대의 농민 항쟁」, 『한국사』 4, 한길사, 1994.

全德在, 「新羅 下代 鎭의 設置와 性格」, 『軍史』 35, 국방군사연구소, 1997.

全德在, 「新羅 中代 對日外交의 推移와 眞骨貴族의 動向 —聖德王~惠恭王代를 중심으로」, 『韓國史論』 37, 서울대학교 국사학과, 1997.

전덕재, 「신라 하대 청해진의 설치와 청해진」, 『STRATEGY21』 8호, 한국해양전략연구소, 2002.

주보돈, 「남북국 시대의 지배체제와 정치」, 『한국사』 3, 한길사, 1994.

浦生京子, 「新羅末期의 張保皐의 擡頭와 反亂」, 『朝鮮史硏究會論文集』 16, 朝鮮史硏究會, 1979.

하일식, 「아버지가 못 이룬 꿈을 내가 이룬다 —김헌창」, 『모반의 역사』, 세종서적, 2001.

黃善榮, 「新羅下代 金憲昌亂의 성격」, 『釜山史學』 35, 부산사학회, 1998; 『나말여초 정치제도사 연구』, 국학자료원, 2002.

김부식 金富軾

주체성을 상실한 사대주의자인가, 합리성을 중시한 현실주의자인가

강종훈 대구가톨릭대학교 역사교육과 교수

1. 김부식을 바라보는 시각

김부식(金富軾, 1075~1151)은 우리 나라의 역사서 가운데 현존하는 최고(最古)의 책인『삼국사기』(三國史記)를 편찬한 인물로 널리 알려져 있다. 그에 대해 조금 더 아는 사람이라면, 묘청(妙淸) 일파가 서경(西京: 오늘날의 평양)에서 일으킨 반란을 진압한 장본인이 바로 그라는 사실도 기억할 것이다.

고려 시대 문벌귀족을 대표하는 인물 가운데 한 사람인 김부식에 대한 후세 사람들의 평가는 크게 엇갈려 있다. 우리 고유의 전통 사상을 말살하는 데 앞장선 사대주의자라고 비난하는 사람도 있고, 합리적인 사고를 지닌 유학자로 우리 문화의 수준을 한 단계 끌어올린 인물이라고 찬사를 보내는 사람도 있다. 한 인물에 대한 후세의 평가가 상반되는 경우는 김부식말고도 많다. 그렇지만, 그만큼 사람들의 입에 자주 오르내리며 비난과 찬사를 한꺼번에 받은 인물을 찾기란 그다지 쉽지 않다. 과연 김부식은 어떤 인물인가? 오늘을 사는 우리는 그를 어떻게 평가해야 할까?

63인의 역사학자가 쓴 한국사 인물 열전

2. 김부식의 생애

김부식은 1075년(고려 문종 29)에 태어나 1151년(의종 5)에 사망했다. 본관은 경주이고, 자는 입지(立之),* 호는 뇌천(雷川)이라 한다. 사후에 내려진 시호는 문열(文烈)이다. 『고려사』(高麗史) 열전에는 그의 조상이 신라의 왕족이었다고 전하는데, 『동문선』(東文選)에 실린 그의 손자 김군수(金君綏)의 시 「동도객관」(東都客館)에 '무열왕손문열가'(武烈王孫文烈家)라는 구절이 나오는 것을 감안할 때, 무열왕계의 후손으로 여겨진다.

그의 증조부는 고려 태조가 경주를 설치할 때 '주장'(州長)으로 삼았던 김위영(金魏英)으로 알려져 있다. 이 시기는 김부식의 활동 시기와 물경 200여 년의 차이가 있어, 김위영이 곧 김부식의 '3대조'라는 전승(傳承)은 사뭇 납득하기 어려운 점이 있다. 그렇지만 김부식의 선대가 경주 지역에 뿌리를 둔 것까지 굳이 의심할 필요는 없을 것이다.

그의 아버지는 국자좨주(國子祭酒) 좌간의대부(左諫議大夫)를 지낸 김근(金覲)이라고 한다. 그의 생몰 연대는 확실치 않으나, 대체로 문종대와 선종대에 걸쳐 활약했다고 전한다. 『고려사』 박인량(朴寅亮) 열전에 보면, 1080년(문종 34)에 김근이 박인량 등과 함께 송나라에 사행(使行)을 가서 시문으로 명성을 떨쳤다는 기록이 있다. 그리고 같은 책의 선거지(選擧志)에는 그가 1086년(선종 3) 5월에 예부시랑(禮部侍郎)으로서 동지공거(同知貢擧: 고려 시대 과거의 본고사인 禮部試를 주관하는 고시관)가 되어 진사(進士)를 선발했다는 기록이 있다. 이런 기록들로 미루어볼 때, 김근은 문장을 잘 짓기로 당대에 이름이 난 인물인 듯하고, 과거와 밀접하게 관련되어 있었다는 사실에서 그 자신 또한 과거를 통해 관직에 나아갔을 것이라고 추정할 수 있겠다.

* 立之를 김부식의 아들인 金敦中의 字로 보는 견해가 있다(정구복, 「김부식의 생애와 업적」, 『정신문화연구』 24-1호, 한국정신문화연구원, 2001, 6쪽).

김부식의 집안이 경주를 떠나 개경에 자리를 잡은 것은 아마도 아버지 김근대에 이르러서가 아니었나 싶다. 김부식의 조부에 관해서는 아무런 기록도 남아 있지 않은데, 이는 곧 그가 그다지 현달한 인물이 아니었음을 시사하는 것이다. 추측컨대 그는 경주 지역의 향리 정도가 아니었을까 여겨진다. 결국 김부식의 가문은 부친인 김근대에 와서야 비로소 중앙 정계에 진출한 신흥 가문이었다고 판단된다. 그의 경주 김씨 가문은 문종대에 이미 문벌을 형성한 경원(慶源) 이씨나 해주(海州) 최씨 가문 등에 비해 귀족 가문으로서의 출발이 늦었던 셈이다.

그의 가문은 아버지 김근대를 거쳐 김부식 당대에 이르러 크게 일어났다. 김부식을 포함해 맏형인 김부필(金富弼)과 둘째 형인 김부일(金富佾), 그리고 아우인 김부의(金富儀)까지 형제 4명이 모두 과거에 급제하여 명성을 떨쳤다.* 그의 아버지가 지공거(知貢擧)를 역임했다는 사실이 그들 형제의 과거 급제에 상당한 영향을 미쳤을 수도 있지만, 이미 문장으로 이름이 높은 아버지를 두고 좋은 환경에서 교육을 받으며 성장했을 이들 형제가 모두 과거에 급제했다는 것이 크게 의아한 일은 아닐 성싶다.

맏형인 김부필은 1093년(선종 5)에 문과에 급제하고 1107년(예종 2)에 병마판관(兵馬判官)으로 윤관(尹瓘)을 따라 여진 정벌에 참여하여 공을 세웠다고 하는데, 그 이후의 행적은 전하지 않는다.** 둘째 형 김부일은 대단한 문장가로 고려는 물론이고 송나라에까지 이름이 높았으며, 그의 전기가 『고려사』 열전에 실릴 만큼 정치적으로나 학문적으로 비중이 있는 인물이었다. 아우인 김부의 역시 형들과 함께 문장가로 명성을 날렸다. 김부의의 처음 이름은 '김부철'(金富轍)이었다고 하는데,*** 형인 김부식과 더불어 송나라의 대문장가인 소식(蘇軾)과 소철(蘇轍) 형제에게서 그 이름을 딴 것이라고 한다. 자식들이 대문장가로 성장하기를 바라는 아버지 김근의 마음을 읽을 수 있다.

김부식이 태어난 곳은 흔히 경주로 알려져 있지만, 그가 출생한 1075년에서 불과 5년 뒤인 1180년에 그의 아버지 김근이 송나라에 사행을 간 사실을 고려할 때, 1075년 당시에 그의 가족은 이미 개경으로 이주했을 가능성이 높다. 따라서 김부식도 경주가 아닌 개경에서 태어났을 것으로 여겨진다.

문장가 집안에서 제대로 된 훈육을 받았을 김부식은 나이 22세가 되던 1096년(숙종 원년)에 과거에 합격했다. 안서대도호부(安西大都護府)의 사록참군사(司祿參軍事)를 시작으로 관직 생활에 몸을 담은 그는 곧이어 한림원(翰林院)에서 문한(文翰)의 직임을 맡아 이름을 떨쳤고, 나이 42세이던 1116년(예종 11)에는 문한관으로 송나라에 사행을 다녀왔다.**** 그는 한림원에서 20여 년을 재직하는 동안 학문을 닦고 문장을 연마하는 데 매진했으며, 당시까지 유행하던 남북조풍의 사륙변려문체(四六騈儷文體: 한문체의 한 가지로, 주로 4자 또는 6자의 對句를 많이 써서 읽는 사람에게 미감을 주는 화려한 문체) 대신 당·송의 고문체(古文體: 실용적인 한문체) 사용을 제창하던 김황원(金黃元), 이궤(李櫃) 등과 교유하면서 고문의 대가가 되었다.*****

그는 또 유교 경전에도 해박했고, 중국의 역사도 종횡으로 꿰뚫고 있었다. 『고려사』에 실린 그의 열전을 보면, 인종이 즉위하면서 권력이 왕의 외조부인 이자겸(李資謙)에게 쏠렸을 때, 그에 아부하려는 몇몇 신하들이 인종에게 이자겸에 대한 특별 대우를 청하자, 김부식은 중국 역사에 보이는 여러 사례들과 『의례』(儀禮: 중국 고대의 지배자 계급의 예법을 기록한 책)의 조

---

* 이들 4형제 이외에 출가하여 승려가 된 맏형 '玄湛' 이 있었다는 주장도 있다(鄭求福, 「金富軾과 三國史記」, 『韓國中世史學史』, 집문당, 1999, 228쪽).

** 아마도 일찍 사망했을 가능성이 높다고 여겨진다(鄭求福, 「金富軾」, 『韓國史市民講座』 9, 일조각, 1991, 123쪽).

*** 인종 연간에 태자(후의 의종)의 이름 '徹' 에 저촉되어 '富儀' 로 개명했다고 한다(鄭求福, 「高麗朝의 避諱法에 관한 硏究」, 『李基白先生古稀紀念 韓國史學論叢』 上, 일조각, 1994, 663~664쪽).

**** 이때 司馬光이 지은 『자치통감』을 한 질 얻어왔다고 추측된다(權重達, 「資治通鑑의 東傳에 대하여」, 『中央大 文理大學報』 38, 1980). 『자치통감』은 훗날 김부식이 『삼국사기』를 편찬할 때 중요한 자료로 이용되었다.

***** 『삼국사기』에 실린 사론과 열전은 이러한 고문체로 씌어진 대표적인 작품이다(鄭求福, 「三國史記 解題」, 『譯註 三國史記』 1, 韓國精神文化硏究院, 1996, 496쪽).

항을 조목조목 들어가면서 그 부당함을 설파했다고 한다.

그의 학식은 국내뿐만 아니라 해외에까지 널리 알려졌는데, 1123년(인종 원년)에 송나라 사신단의 일원으로 고려를 방문했던 서긍(徐兢)은 자신이 지은 『고려도경』(高麗圖經)에서 김부식을 소개하면서 "박학강식(博學强識)하여 글을 잘 짓고 고금의 일에 밝아 학사(學士)들이 신복(信服)하고 있으며, 그를 능가하는 자가 없다"라고 기록했을 정도다. 문장에 능하고 중국의 역사에 해박했던 그는 인종 초에 『예종실록』을 만들 때 직접 참여하여 사서 편찬의 경험을 쌓았고, 1125년(인종 3)에는 왕명을 받고서 「영통사(靈通寺) 대각국사비문(大覺國師碑文)」을 찬술하기도 했다.

김부식은 이자겸에 대한 조정의 특별 대우를 여러 차례 반대했지만, 정작 이자겸에게 배척을 받았던 것 같지는 않다. 이자겸이 정적들을 숙청하고 궁궐을 불태우는 등 전횡이 극에 달했던 1126년(인종 4) 4월에 그는 어사대부(御史大夫) 추밀원부사(樞密院副使)에 임명되기도 했다. 그가 이자겸 일파를 축출하기 위해 적극적인 행동을 했다는 기록은 보이지 않는다.

이자겸의 난이 진압된 후, 그는 정사(正使)가 되어 두번째로 송나라 사행길에 올랐지만 길이 막혀 도중에 돌아왔다. 1128년(인종 6)에는 송나라에서 사절이 와 금(金)나라로 들어가는 길을 안내해줄 것을 고려 조정에 요구했는데, 김부식은 형 김부일과 함께 송나라 사신들에게 그 요구의 부당함을 설득하여 그들이 아무런 소득 없이 돌아가게 만들었다. 이듬해 11월에는 금나라에게 고려가 신하의 나라가 될 것을 약속하는 「상금국서표」(上金國誓表)를 그의 손으로 짓기도 했다. 그는 애초부터 고려가 금에 대해 사대를 하는 것이 불가피하다고 인식했던 것 같은데, 3년 전 이자겸과 척준경(拓俊京) 등이 주동이 되어 금에 대한 사대를 서둘러 결정할 때도 그가 나서서 반대를 했다는 기록은 전하지 않는다.

이자겸의 난 이후 고위 관직에 공백이 생기자 그의 승진은 순조롭게 이루어져, 지추밀원사(知樞密院事), 호부상서(戶部尙書), 한림학사승지(翰林

學士承旨), 판삼사사(判三司事), 정당문학(政堂文學) 수국사(修國史), 검교사공(檢校司空) 참지정사(參知政事), 수사공(守司空) 중서시랑(中書侍郎) 동중서문하평장사(同中書門下平章事), 판병부사(判兵部事) 등의 요직을 두루 거쳤다.

1134년(인종 12) 가을에는 묘청(妙淸)과 백수한(白壽翰), 정지상(鄭知常), 김안(金安) 등이 주동이 되어 추진하던 왕의 서경 행차를 반대하여 결국 중지시켰다. 이것이 곧 이듬해 정월 초에 묘청과 조광(趙匡), 유참(柳旵) 등이 서경에서 반란을 일으키도록 만든 계기가 되었다. 묘청의 난이 일어나자 김부식은 토벌군의 원수(元帥)에 임명되어, 아우인 김부의, 윤언이(尹彦頤) 등과 함께 출정했는데, 서경으로 향하기에 앞서 개경에 남아 있던 정지상과 백수한, 김안 등을 먼저 붙잡아 인종의 재가도 받지 않고 처참(處斬)했다. 그러나 그는 정작 서경을 공략할 때는 회유와 지공(遲攻) 작전을 택했다. 서경에서 내분이 일어나 조광이 묘청과 유참 등을 죽이고 항복을 청했다가, 조정의 강경 진압 입장을 간파하고 다시 반란을 일으키자 서경 함락은 매우 어려워졌다. 여러 차례의 공격이 무산된 후, 해를 넘겨 2월이 되어서야 서경의 반란은 겨우 진압되었다.

반란 평정의 공로로 김부식은 '수충정난정국공신'(輸忠定難靖國功臣)에 봉해지고, '검교태보(檢校太保) 수태위(守太尉) 문하시중(門下侍中) 판상서이부사(判尙書吏部事) 감수국사(監修國史) 상주국(上柱國) 겸태자태보(兼太子太保)'에 임명되었다. 가히 '일인지하(一人之下) 만인지상(萬人之上)'이라 일컬을 수 있는 최고 권력을 차지하게 되었다. 그는 곧바로 그의 부장(副將)으로 반란 진압에 공을 세운 윤언이를 탄핵하여 양주방어사(梁州防禦使)로 좌천시켰다. 탄핵의 사유는 윤언이가 일찍이 정지상과 더불어 생명을 함께하기로 한 사이이며, 지난날 금나라의 비위를 건드려 나라를 위험에 빠뜨릴 목적으로 칭제건원(稱帝建元)을 주장하는 등 불궤(不軌)를 저질렀다는 것이다. 윤언이는 숙종 말·예종 초 여진 정벌로 유명한 윤관의 아들로, 이전부터 김부식과 불목(不睦)하던 사이였고,* 반란의 진압 과정에서도 시일을 끌지 말고 조속히 평정할 것을 주장하여 김부식과 마찰을 빚었던 터였다.

김부식은 1142년(인종 20) 3월에 68세로 관직에서 물러났다. 그해 정월에 자신의 오른팔 역할을 하던 정습명(鄭襲明)이 대간(臺諫)의 탄핵을 받아 간관직(諫官職)에서 면직되었고, 조만간 윤언이가 중앙 정계에 복귀할 조짐이 보이던 상황이었다. 윤언이가 돌아오면 곧 자신에게 보복하리라는 것을 간파했는지 그는 사직 상소에 "부귀에 연연하여 물러가지 않으면 낚싯밥을 탐내다가 결국 반드시 죽게 되는 것이니, 마땅히 늙은 몸을 수습하여 어진 이가 진출할 수 있는 길을 열어주어야겠다"고 썼다고 한다. 그가 세 차례에 걸쳐 사직 상소를 올리자, 인종은 그에게 동덕찬화공신(同德贊化功臣)이라는 칭호를 더해주고 사직을 허락했다.

정계에서 은퇴한 김부식은 곧바로 자신의 집에서 『삼국사기』의 편찬을 시작했던 것 같다. 비록 그는 퇴직한 관리의 신분이었지만, 『삼국사기』는 왕명을 받아 편찬된 책으로 국가의 공식적인 역사서의 성격을 띤다. 『삼국사기』의 편찬에는 최산보(崔山甫)를 비롯한 8명의 하급 관료들이 참고직(參考職)으로 참여했고, 행정 지원을 담당하는 관리들도 관구직(管句職)과 동관구직(同管句職)이라는 직함을 띠고 배치되었다. 참고직들은 자료의 발췌, 대조, 감교(勘校) 등을 맡았을 것으로 추정되며, 편찬 범례의 작성이나 사론(史論)과 열전(列傳), 그리고 지(志)의 서문 등의 집필은 김부식이 직접 했을 것으로 여겨진다. 본기(本紀)의 내용도 물론 그의 검토를 거쳤을 것이다.

『삼국사기』는 1145년(인종 23) 12월 22일(음력)에 완성되어 왕에게 바쳐졌다.**

이듬해 인종이 죽고 의종이 즉위하자 김부식은 『인종실록』의 편찬을 주재했으며, 1148년(의종 2)에 수태보(守太保) 낙랑군개국후(樂浪郡開國侯)에 봉해지고, 식읍 1,000호 식실봉(食實封) 400호를 하사받았다. 그리고 마

63인의 역사학자가 쓴 한국사 인물 열전

침내 나이 77세가 되던 1151년(의종 5) 2월에 세상을 뜨니, 그에게는 '문열'(文烈)이라는 시호가 수여되었고, 중서령(中書令)이라는 직책이 추증되었으며, 선왕인 인종의 묘정(廟庭)에 배향하는 조치가 내려졌다.

3. 김부식의 활동 및 업적

김부식의 활동과 업적은 크게 네 부문으로 나누어 정리해볼 수 있다.

첫째로, 김부식은 문장가로 일가를 이룬 인물이다. 그의 작품을 수록한 책으로 『김문열공집』(金文烈公集) 20권이 있었다는데, 지금은 전하지 않는다. 그렇지만 고려 후기의 문인 최자(崔滋)가 지은 『보한집』(補閑集)과 최해(崔瀣)의 『동인지문사륙』(東人之文四六) 등에 그의 시문이 일부 전하고 있고, 조선 시대에 들어와 1478년(성종 9)에 서거정(徐居正) 등이 편찬한 『동문선』에도 105편에 이르는 그의 시문이 채록되어 있다. 현재 전하는 그의 시문 가운데에는 고문체의 산문이 압도적으로 많아, 그가 고문의 대가였음을 여실히 보여준다. 그의 문장은 고려에서는 물론이고 송에서까지 탁월함을 인정받을 정도였으니, 그를 일러 고려 문화의 수준을 한층 높이고 국제적으로 고려의 위상을 제고하는 데 커다란 역할을 한 인물이라고 말하는 것도 결코 지나친 표현은 아닐 것이다.

두번째로, 그는 고려 시대를 대표하는 유학자 가운데 한 사람이다. 그의 유학자로서의 면모는 『동문선』에 실려 있는 「중니봉부」(仲尼鳳賦: 孔子를 봉황에 비기며, 그의 높은 德義와 깨끗한 威儀에 대해 흠모하는 마음을 표현한 글)

---

* 인종 초 김부식이 왕명으로 「대각국사비문」을 짓게 되었을 때, 윤언이는 이미 자신의 아버지인 윤관이 지은 「대각국사비문」이 폐기되는 것을 탐탁치 않게 여기고 있었다. 그런데 김부식이 아무런 사양도 하지 않고 비문을 고쳐 짓는 것을 보고 그에 대해 불쾌한 마음을 품게 되었다고 한다. 그후 김부식이 인종에게 『주역』을 講하는 자리에 윤언이가 참석하게 되었는데, 여기서 그는 어려운 질문으로 김부식을 궁지에 몰아넣었다고 한다. 『고려사』에는 이 일로 말미암아 두 사람의 갈등이 더욱 커졌다고 적고 있다.

** 양력으로 따진다면, 1146년 2월 4일에 해당한다.

등의 글에도 잘 드러나 있지만, 무엇보다도 『삼국사기』에 실린 그의 사론에서 두드러지게 나타난다. 조선 시대의 성리학자들에 비할 바는 아니지만, 그도 불교에 대해 비판적인 입장을 취했으니, 『삼국사기』 신라본기 말미에 실은 사론에서 신라의 쇠퇴와 멸망의 원인을 "불법(佛法)을 신봉하여 그 폐단을 알지 못한 탓"으로 돌리고 있는 것이 그 한 예이다.* 『삼국사기』 열전에 원효(元曉)나 의상(義湘) 같은 불교 승려의 행적은 전혀 수록하지 않은 대신 강수(强首)나 설총(薛聰) 등의 유학자를 부각시킨 것도 결국 유학을 드높이고자 하는 그의 의중과 맞물린 것이다.**

물론 김부식은 당시 고려의 문벌귀족 대부분이 그랬던 것처럼 불교와 밀접한 관련을 맺고 살았다. 승려인 대각국사의 비문을 지은 것이라든지, 말년에 '관란사'(觀瀾寺)라는 가문의 원찰(願刹)을 세운 것이라든지 등이 그가 불교가 지배하던 고려 사회의 일원이었음을 보여준다. 그렇지만 그는 유교 경전에 밝았고 스스로 공자의 뒤를 따르고자 하는 열망을 품었던 유학자였음은 분명하다.

세번째로, 그는 문벌귀족을 대표하는 보수 정치가였다. 그는 이자겸의 난 이후 개경에 기반을 둔 귀족세력의 대표격으로 등장하면서, 현실의 개혁이나 변화보다는 현상 유지와 지속에 더 큰 가치를 두는 보수적 성향을 보였다. 이자겸 일파가 반란의 와중에서 여진족의 금나라에 사대를 하기로 결정했을 때 그는 아무런 반대도 하지 않았고, 이후 금에 사대를 서약하는 국서를 자신의 손으로 작성했으며, 『삼국사기』 곳곳에 사대의 당위성을 강조하는 사론을 남겼다. 그는 외침으로 인한 고려 사회의 혼란이 곧 자신들이 애써 닦아놓은 문벌귀족 사회의 토대를 붕괴시킬 수 있다는 인식을 분명히 했기에 그러한 혼란을 부채질하는 세력들에게 적대 의식을 갖고 대립했고, 결국 자신의 의도대로 그들을 제압했다. 유학자임을 자처하던 그의 입장에서 볼 때, 풍수도참설(風水圖讖說)을 들먹이며 서경 천도를 추진하던 정지상과 묘청 등의 세력은 황당무계한 요설로 혹세무민하는 악의 무리였고, 정치가로서 볼 때도 칭제건원(稱帝建元)과 금국(金國) 정벌 같은 비현실적 슬로건을 내걸고 왕에게 아부하며 그의 권력에 도전하는 현실파괴주의자들로도 비쳤을 것이다.***

흔히 묘청의 난을 문벌귀족 대 신진 관료 세력의 대립, 개경파 대 서경파의 대립, 유교 대 불교 및 풍수도참설을 포괄하는 고유 사상의 대립, 보수파 대 개혁파의 대립, 사대노선 대 자주노선의 대립으로 도식화시키고 있다. 이것이 반드시 정확한 파악이라고 말할 수는 없겠지만, 김부식이 이러한 대립 구도에서 확실히 전자의 입장을 견지한 대표적인 인물이었음은 의심의 여지가 없다.

마지막으로, 김부식은 이전 왕조의 역사를 체계적으로 정리한 역사가임을 주목하지 않을 수 없다. 그는 『예종실록』과 『인종실록』 등을 편찬한 장본인이기도 하지만, 그의 이름이 우리에게 익숙한 것은 그가 다름 아닌 『삼국사기』를 편찬한 인물이기 때문이다. 『삼국사기』는 신라와 고구려, 백제 삼국의 본기와 연표, 지, 열전 등으로 이루어진 기전체(紀傳體) 사서로, 삼국의 역사를 기록한 책 가운데 현재 남아 있는 것으로는 가장 오래되었다. 만일 『삼국사기』가 전해지지 않았다면 우리 고대사는 오리무중 정도가 아니라 거의 암흑 속에 빠져 있을지도 모른다.

『삼국사기』는 많은 사람들이 지적한 것처럼, 내용이 충실한 사서는 아니

---

* "불법을 신봉하여 그 폐단을 알지 못했다. 마을마다 탑과 절이 즐비하게 되도록 하니, 백성들은 도망하여 승려가 되었다. 병사와 농민이 점차 적어져 나라가 날로 쇠퇴하게 된 것이니, 이렇게 어지럽게 되고서 망하지 않기를 어찌 바라겠는가!'

** 고려 후기 승려 一然의 『三國遺事』 편찬은 바로 『三國史記』에서 보이는 이러한 한계를 극복하려는 의도에서 비롯되었다고 할 수 있다.

*** 김부식이 묘청의 난을 진압하는 과정에서 서경파의 정지상 등을 先斬後啓한 것을 두고 정지상이 그보다 시를 더 잘 짓는 것에 대한 시기심과 콤플렉스가 작용했다고 보는 설이 널리 퍼져 있다. 물론 그러한 경쟁의식이 그의 심리의 저변에 흐르고 있었을 가능성을 전적으로 부인할 수는 없다. 그러나 서경파에 대한 그의 적개심은 그들이 자신이 속한 개경 중심의 문벌귀족 사회의 기반을 뒤흔들려고 하는 데서 크게 기인했으리라고 보는 편이 더 타당하며, 정지상에 대한 경쟁의식은 오히려 부차적이었다고 해야 할 것이다.

다. 그 내용 가운데는 쉽게 납득이 가지 않는 불합리한 요소들도 쉽게 찾아 볼 수 있다. 그리고 편찬자인 김부식의 역사관에 대해서도 많은 논란이 있어 왔다. 그렇지만 그보다 앞서 편찬된 역사서가 전하지 않고 있는 현 상황에서 김부식의 손에 의해 완성된 『삼국사기』는 가히 독보적이라고 할 수 있을 만큼 고대사 연구에 귀중한 자료이다. 김부식 개인을 어떻게 평가할 것인가의 문제를 떠나, 그가 만든 『삼국사기』가 남아 전한다는 그 사실만으로도 김부식은 오늘을 살고 있는 우리들에게 심대한 영향을 끼치는 중요한 인물이라 말할 수 있다.

4. 김부식에 대한 평가

김부식에 대한 후세 사람들의 평가는 다양하다. 고려 후기와 조선 시대에는 주로 그가 쓴 시문과 사론에 대해 찬사를 보내거나 비판을 가한 것들이 주류를 이루었고, 『삼국사기』의 부실함에 대한 지적도 꾸준히 제기되었다.* 그가 본격적으로 비판의 도마에 오른 것은 일제 식민지 시기 이후인데, 특히 민족주의 사학을 창도한 신채호(申采浩)가 김부식을 비판한 대표적인 인물이다. 그는 자신의 논설 「조선역사상 일천년래 제일대사건」에서 김부식을 진취적인 고유 사상을 말살시킨 흉악한 사대주의자로 비난하면서, 그가 묘청의 난을 진압한 것이 이후 조선의 온갖 병폐를 가져온 근원이었다고 주장했다. 또한 『삼국사기』는 사대주의에 물든 대표적인 역사서로 차라리 없느니만 못한 책이라고 단언했다. 민족의 자주의식을 고취해 일제로부터의 독립·해방운동의 동력을 얻고자 한 그의 입장에서 보면, 사대를 정당화한 김부식은 민족의 진취적이고 자주적인 기상을 거세시킨 장본인으로 배척받아야 마땅한 인물인 것이다.

　해방 이후에도 그에 대한 비판은 계속 이어졌다. 김철준(金哲埈)은 김부식에 대해 "신라 경주 김씨의 후손이라는 특징을 가졌던 까닭으로 고려 사회가 가지는 전통문화의 체질을 부인하는 동시에 한국의 삼국 시대가 가진 고대문화에 대한 가치평가를 낮추고, 사료의 고대적 성격을 말살하든가 애매하게 할 목적으로『구삼국사기』(舊三國史記: 고려 초기에 편찬된 삼국 시대 역사서로 현존하지 않는다)를 제쳐놓고『삼국사기』를 중찬(重纂)했다"고 부정적인 평가를 내렸다. 오늘날 우리 학계에 널리 퍼져 있는 김부식에 대한 부정적인 인식은 이러한 선학들의 평가에서 기인한 바가 크다.

김부식에 대한 부정적인 평가는 남한 학계에서만 이어져온 것이 아니고, 북한 학계에서 더욱 심하게 나타난다. 1980년에 발간된『조선전사』제6권에는 김부식을 비롯한 개경의 집권 세력을 "인민들에 대한 가혹한 착취자였을 뿐 아니라 금나라에 대한 사대를 저들의 반인민적인 계급적 지배의 방패로 삼으려는 비굴한 자들"로 규정했다. 주체사상에 입각하여 인민 대중의 자주성을 위한 투쟁을 역사 발전의 원동력으로 보는 북한 학계의 입장에서는, 김부식이 취한 정치적 행보와 그가 쓴『삼국사기』에서 강렬하게 드러나는 사대주의적 역사관이 긍정적으로 받아들여질 여지는 없다고 보아야 할 것이다.

한편 이와 같은 부정적 평가와는 달리, 김부식을 긍정적인 시각에서 재평가해야 한다는 논의도 학계 일각에서 꾸준히 제기되어왔다. 고병익은 『삼국사기』의 서술 내용과 체제를 분석한 글에서,『삼국사기』는 여러 가지 면에서 조선 전기의 역사서에 비해서는 덜 사대적이라고 하며 김부식에게 씌워진 사대주의자로서의 굴레를 일정 부분 벗겨내려는 시도를 했다. 이기백도『삼국사기』는 합리적인 유교사관에 입각하여 씌어진 사서로 이전의 신이적(神異的)인 고대사학에서 한 단계 발전한 사서임을 강조하여, 김부식의 유학자로서의 합리성에 주목했다. 이러한 견해는 그뒤 신형식, 정구복

---

* 조선 후기의 실학자 柳得恭이 「渤海考」에서 김부식으로 대표되는 고려의 史家들이 삼국사를 편찬하면서도 발해 역사를 함께 다루지 않았음을 비판한 것 등이 그 대표적인 사례이다.

등에 의해 이어지고 있는데, 특히 이들은 시대의 문제를 오늘날의 관점에서 바라볼 것이 아니라 당시의 시대상황 속에서 이해해야 하며, 그것이 우리 중세 사회의 발전에 기여한 점도 있음을 인정해야 한다는 적극적인 평가를 내리고 있다.

5. 김부식의 평가를 위한 논점들

앞에서 거론한 학자들 이외에도 김부식에 대해 나름의 평가를 내린 사람들은 수없이 많다. 그들 대부분은 김부식을 부정적이거나 긍정적인 견지에서 바라보고 있는데, 현재의 우리 사회의 분위기로는 긍정적인 평가보다 부정적인 평가가 우세하지 않나 싶다.

그러면 김부식은 과연 어떤 평가를 받아야 합당한 인물인가?

먼저, 그가 우리에게 널리 알려진 것이 주로 『삼국사기』라는 역사서의 편찬자라는 것이므로 그에 관한 문제부터 생각해보는 것이 좋을 듯하다.

앞서도 거론했듯이 『삼국사기』는 국가의 공식 사서로는 매우 부실한 면이 있다. 삼국의 본기만을 기준으로 삼을 때 신라본기가 가장 많은 분량을 차지하고, 고구려본기와 백제본기는 몹시 소략하다. 특히 백제본기는 그 정도가 더욱 심하다. 그렇다고 신라본기에 실린 내용들이 양적으로나 질적으로 만족할 만한 것도 아니다. 이처럼 『삼국사기』의 내용이 부실한 것은 김부식이 자료 수집을 소홀히 했거나 남아 있던 자료들을 제대로 이용하지 않아서일까? 그런 면이 전혀 없다고는 할 수 없지만 그렇다고 김부식에게 모든 책임을 돌리는 것은 그다지 온당하지 않다.

그는 고려 초에 편찬된 이른바 『구삼국사』를 포함하여 예전부터 전해지던 고기류(古記類)와 중국 사서, 그리고 비문과 같은 금석문(金石文) 등에 편찬의 자료를 얻었다. 그가 의도적으로 삭제하거나 등한시한 부분도 당연히 있었겠지만 수차례의 전란을 거치면서 편찬에 긴요하게 이용될 자료들이 이미 상당수 소실되거나 산일(散佚)된 상태였다. 따라서 『삼국사기』는 애초부터 자료의 빈곤을 태생적 한계로 남길 수밖에 없었다고 할 수 있으며, 이는 또한 내용의 부실을 단지 그의 책임으로만 돌릴 수는 없다는 이야기가 된다. 다만 그렇다고 해도 그가 『삼국사기』의 서술에 있어 신라에 대해 상대적으로 더 우호적이었고, 고구려와 백제에 대해서는 비판적이었다는 것은 분명한 사실이며, 그러한 선입견과 편견으로 말미암아 고구려나 백제의 역사와 관련된 많은 귀중한 자료들이 빛을 보지 못했을 가능성 자체를 부정하기는 어렵다. 그것이 곧 『삼국사기』의 한계이자 김부식 자신의 역사가로서의 한계라는 지적은 타당하다.

두번째로 그를 평가함에 있어 고려해야 할 문제는 그가 우리 고유의 전통 사상을 말살한 장본인이라는 비난과 관련된 것이다. 이것은 곧 유학자로서의 그를 어떻게 평가할 것인가의 문제와도 직결된다.

이런 문제들을 상고할 때, 먼저 생각해볼 점은 고유의 전통 사상이라는 것과 유교를 대립적인 위치에 놓고 그 우열을 가리는 것이 과연 타당한 이해 방식인가 하는 것이다. 예컨대 고유의 전통 사상은 훌륭하고 좋은 것인데 외래 사상으로서의 유교가 침습해 들어와 그것이 훼손되었다고 본다든지, 아니면 전통 사상은 비루하고 저급한 것인데 합리성과 보편성을 띤 유교가 들어와 그러한 폐습을 극복할 수 있었다고 본다든지 하는 이해 방식이 누구에게나 받아들여질 수 있는가 하는 것이다. 물론 그럴 수는 없다. 그것은 시대에 따라, 사람에 따라 달리 받아들여질 수밖에 없다. 따라서 어느 하나의 입장만을 고수하면서 다른 입장을 무시하거나 잘못되었다고 배격하는 태도는 올바르다고 하기 어렵다.

서경파가 내세운 풍수도참설보다 김부식이 견지하고 있던 유학적 사유 체계가 보다 합리적인 면을 지니는 것은 사실이다. 풍수도참설을 포함하여 고유의 전통 사상에 주술적이고 신비적인 요소, 다시 말해 비합리적인 면들이 많다는 것 또한 부인할 수 없다. 그러므로 합리적인 사고를 기준으로 볼 때는 분명히 유교를 사상적 바탕으로 삼고 있던 김부식이 서경파보다는 한 단계 진전된 모습을 보인다고 할 수 있을 것이다.

그러나 그렇다고 해서 전통 사상이 무의미하다는 식의 인식은 용납될 수 없다. 비록 주술적이고 신비적인 면을 띠면서 비합리적인 면모를 지녔다고 하더라도, 당시 고려 사회에 뿌리내리고 있던 전통 사상은 그 나름의 사회적 역할을 갖고 있었다. 아울러 전통 사상에 바탕을 둔 전통 문화의 체질을 무시하고는 외래 사상이 아무리 합리적이더라도 사회 전체의 문화 능력의 상승을 견인하지 못하고, 단지 일부 계층의 지적 장식물로 머물 수밖에 없다. 김철준이 유학자로서의 김부식의 한계를 그렇게 지적한 것은 그 나름의 의미를 지닌다고 하겠다. 요컨대 유학자로서의 김부식에 대한 평가는 보는 사람의 입장에 따라 늘 가변적일 수밖에 없다. 어떤 입장을 취하더라도 자신의 견해만이 정당하다는 독단적 사고는 허용될 수 없으며, 두 측면 모두를 고려하면서 그의 유학이 지니는 의의와 한계를 저울질하는 자세가 필요하다고 사료된다.

김부식의 평가와 관련하여 다음으로 생각해볼 것은 그가 철저한 사대주의자로 우리 민족의 자존심에 큰 상처를 입히고 후세에 큰 해악을 끼친 인물이라는 비난에 관한 것이다. 앞에서도 계속 강조했지만 그는 분명히 골수 사대주의자였다. 그가 사대주의자가 아니었다는 주장은 손바닥으로 하늘을 가리려고 하는 것만큼 헛된 것이다. 그는 『삼국사기』의 고구려본기와 백제본기의 말미의 사론에서, 작은 나라로서 큰 나라의 뜻을 따르지 않고 사대의 예를 소홀히 한 것이 멸망의 원인이 되었다고 적었고, 신라본기의 말미에서는 신라가 중국에 지극한 정성으로 사대를 잘하였음을 칭찬했다. 그는 『고려사』 인종세가(仁宗世家)의 말미에 실린 찬(贊)에서도 금에 대한 인종의 사대를 칭송하고, 그로 인해 변경의 근심이 없었다고 적고 있다.

그렇다면 논의의 초점은 그가 사대주의자였느냐 그렇지 않았느냐가 아니라, 그에게 있어 사대란 어떤 의미를 지녔는가일 것이다. 사대는 힘이 약한 나라가 강대한 나라가 주도하는 국제 질서에 하위 국가로 참여하는 것을 뜻한다. 그리고 그로 인해 전쟁과 같은 국가 사이의 갈등 양상을 최대한 억제하고 상호 평화적인 관계를 유지하겠다는 것이 그 근본 목적이라 할 수 있다.

물론 사대는 스스로 약자임을 인정하고 굴복해 들어간다는 점에서 해당 국가의 자존심에 상처를 주는 일임에 틀림없다. 특히 다른 나라의 강압적인 지배를 받게 된 상황에서는 과거 역사에서 보이는, 타국에 대한 자국의 사대를 긍정적으로 바라보기는 몹시 어려울 것이다. 민족주의 사학자로서 신채호가 사대를 부정적으로 인식하고, 사대를 정당화하는 논리를 편 김부식을 비난한 것은 그런 점에서 당연하다고 말할 수 있다.

그러나 한편으로, 금의 압박이 가중되던 1120년대에 김부식을 비롯한 고려의 집권층이 금에 대한 사대를 결정하고 추진한 것은 당시로는 불가피한 선택이었다는 설명도 전혀 근거가 없는 것은 아니다. 북방의 여진족은 불과 수십 년 전만 하더라도 고려를 부모의 나라로 받들면서 필요한 물자를 받아가던 미개한 세력이었다. 그런데 12세기에 들어와 지금의 하얼빈(哈爾濱) 방면에 있던 완안부(完顔部) 여진에서 아구다(阿骨打)라는 영웅이 나타나 점차 여러 부족들을 통합하기 시작해 1110년대에는 이미 강력한 세력을 구축했다. 1115년 아구다는 금이라는 나라를 세웠고, 이후 서쪽의 거란족의 나라 요(遼)를 집요하게 공격하여 큰 곤경에 빠뜨렸다. 이자겸의 난이 일어나기 1년 전인 1125년에 금은 요를 완전히 멸망시켰으며, 그 여세를 몰아 화북지역에 진출해 송을 군사적으로 크게 압박했다. 질풍노도와 같이 진격하는 금의 위세를 보고 고려의 지배층이 긴장을 넘어 두려움을 갖게 되었을 것은 불을 보듯 뻔하다. 1126년에 금이 고려에 사신을 보내어 군신(君臣) 관계를 요구했을 때, 고려 조정에서는 그것을 수용하는 것이 현실적이라고 생각하는 사람들이 생겨났을 것은 당연한 이치이니 김부식은 바로 그런 사람들 가운데 하나였던 것이다.

물론 제대로 싸워보지도 않고 미리 굴복해 들어간 것이 반드시 현명한 일이냐에 대해서는 이견이 있을 수 있다. 당시에도 고려 조정에서는 금에 대한 사대를 반대하는 목소리가 높았으며, 오히려 칭제건원과 금국 정벌을 외치는 부류들도 있었다. 서경 천도를 추진한 세력도 바로 그러한 부류에 속한다. 사실 고려는 100여 년 전 거란족의 요나라가 침략해왔을 때 굴복하지 않고 맞서 싸워 이긴 경험도 있었다. 그래서 금에 대한 사대를 서둘러 결정한 것은 아무래도 성급했다는 비판을 해볼 수도 있다. 그렇지만 어쨌든 김부식을 비롯한 집권층에서는 금에 대한 사대가 실리적이라고 생각해, 사대를 선택했다. 이 선택이 과연 잘된 것인지 그렇지 않은지 하는 판단은 결국 보는 사람의 입장에 따라 달라질 수밖에 없다.

역사에서 가정이라는 것이 별 의미가 없다고 하지만, 만일 당시에 김부식을 비롯한 집권층이 사대를 결정하지 않고 금국과의 무력 대결을 불사하는 쪽으로 결론을 냈다면, 결과는 어땠을까? 아마도 고려는 조만간 금의 군사적 침략을 받았을 가능성이 크고, 당시 금의 기세로 보아 고려가 이겨내기 어려웠을 수도 있다. 다시 말해 17세기 전반 인조반정(仁祖反正)이 일어난 후, 조선이 후금(後金)에 대해 변변한 대책도 없이 군신 관계의 수용을 거부하며 적대 정책을 취하다가, 그들의 침략을 자초하고 끝내 굴욕을 당한 것과 비슷한 상황이 벌어졌을 수도 있다는 것이다. 그렇다면 김부식을 비롯한 고려의 문벌귀족들이 당시 내린 결정은 미래를 내다본 훨씬 실리적이고 현실적인 선택이었다고도 말할 수 있다. 다만 여기서 한 가지 유념해야 할 점은 '그들이 금에 대한 사대를 통해 얻고자 한 것이 궁극적으로 무엇이었나' 하는 점이다. 그들이 고려 사회 구성원 전체의 안위를 걱정하여 사대를 결정했다면 그 사대는 나름대로 역사적인 의의를 지닐 수 있다. 그러나 과연 그렇다고 장담할 수 있을까?

이보다 백여 년 후 최씨 무신정권의 집정자 최우(崔瑀)는 고려에 군사적·정치적 압박을 가하던 몽고에 대해 항전을 결심하고 조정을 강화도로

63인의 역사학자가 쓴 한국사 인물 열전

옮겨갔다. 그 결과 육지에 남은 고려 민중들은 거의 무방비 상태에서 몽고 군의 침략에 저항해야 해 많은 희생을 치러야 했다. 이는 조정이 외부의 압박에 굴복하느냐 항전하느냐의 선택에 있어, 일반 민중의 희생은 일차적인 고려 대상이 아니었음을 극명하게 보여주는 사례이다. 이자겸이나 김부식 등이 금의 사대 요구를 수용함에 있어서도 그와 크게 달랐을 것이라고 생각되지는 않는다. 그들에게는 자신들이 쌓아올린 문벌귀족 사회의 현상 유지가 더욱 중요했고, 전쟁으로 인해 야기될 수 있는 자신들의 기득권 상실이 가장 우려되는 것이었다는 말이다. 그렇다면 그들이 내린 금나라에 대한 사대 결정은 아무리 전쟁을 피하기 위한 현실적인 선택이었다는 점을 강조한다고 해도, 비판의 대상에서 벗어날 수가 없다.

고려가 금이 강요한 군신 관계에 입각한 상하 질서를 받아들인 것은 당시 국제 사회에서 고려의 위상을 크게 실추시킨 것이기도 했지만, 한 세기 가량 유지되어온 동북아 삼국 사이의 세력 균형을 파괴하는 결과를 초래했다. 백여 년 전 고려는 세 차례에 걸친 요나라의 침략을 스스로의 힘으로 격퇴하면서 자주국으로서의 입지를 구축할 수 있었고, 요는 자신들의 배후에 있는 고려를 완전히 제압하지 못함으로써 중원 진출의 야망을 실현할 수가 없었다. 고려는 중국의 송과 북방의 요 사이의 세력 경쟁에서 균형추 역할을 하면서 나름의 실리를 챙길 수 있었다.

그런데 12세기 초 여진족이 흥기하면서 동북아의 국제 정세에는 근본적인 변동이 야기되었고, 당시 이자겸과 김부식을 비롯한 고려의 문벌귀족은 그러한 정세 변동의 함의를 제대로 간파하지 못한 채, 급한 불부터 끄고 보자는 식의 고식적인 대처에 급급함으로써 후세의 비난을 살 만한 굴욕적인 사대 관계를 수용하고 말았다. 부질없는 가정일 수 있지만, 만일 당시의 고려 지배층이 금의 침략을 예견하고 백여 년 전의 그들의 조상들이 그랬던 것처럼 당당히 맞섰더라면, 금이 배후를 염려하지 않고 중원을 마음대로 도모하기는 어려웠을 수 있고, 동북아 삼국의 세력 균형이 급격히 무너지는 일도 쉽게 일어나지는 않았을지도 모른다.

그러나 어쨌든 고려가 스스로 금에 굴복하는 형세를 취함으로써 금은 요가 성취하지 못한 중원 장악의 꿈을 이룰 수 있었고, 고려는 그 대가로 금과의 전쟁 없이 당분간 평화의 시기를 구가할 수 있었으며 문벌귀족 사회의 틀을 계속 유지할 수 있었다. 김부식이 『삼국사기』의 사론에서 그토록 강조한 사대의 당위성을 어떻게 받아들이느냐는 결국 각자의 가치관에 따라 달라지겠지만, 이 시기 김부식 등이 선택한 금에 대한 사대를 역사적으로 어떻게 평가할 것인가의 문제는 두고두고 논란거리로 남을 수밖에 없을 것이다.

김부식에 대한 평가와 관련하여 우리가 마지막으로 주목해야 할 점은 바로 그의 역사 인식에 관한 것이다. 『삼국사기』에서 드러나는 그의 역사 인식을 한마디로 표현하자면 '신라 중심'이라고 말할 수 있다. 그는 고려 이전의 왕조 가운데 신라를 으뜸에 놓고 역사를 바라보았으며, 그러한 인식을 세상에 널리 퍼뜨리기 위해 노력했다. 『삼국사기』의 편찬은 결국 그러한 노력의 산물인 셈이다.

앞에서도 언급했지만, 『삼국사기』 이전에도 삼국의 역사를 정리한 책은 존재했다. 지금은 전하지 않지만 고려 초에 편찬되었으리라 추정되는 세칭 『구삼국사』가 그 대표적인 책이다. 김부식은 그러한 책들이 이미 있었음에도 불구하고 새롭게 『삼국사기』를 편찬했다. 그가 굳이 이러한 시도를 한 동기는 무엇일까?

고려 초에는 '고려'라는 국호 자체에서도 확실히 드러나듯이 과거 왕조로서의 삼국 가운데 고구려를 계승하겠다는 의식이 지배층 사이에 광범위하게 퍼져 있었다. 그 시기에 만들어진 『구삼국사』가 고구려 중심의 역사 인식과 서술 체계를 보여주었을 것임은 의심의 여지가 없다. 11세기 전반에 거란과의 전쟁이 끝난 후 북진정책이 퇴색하면서 고구려 계승 의식은 점차 수그러들었겠지만, 12세기까지도 상당수의 지배층 인사들에게 고구려에 대한 향수가 여전히 존재했음은 분명하다. 당시 금의 압력에 시달리던 고려의 지배층에게 수백 년 전 중국의 압박에도 굴하지 않고 당당하게 맞서 싸웠던 고구려는 자긍심과 투쟁 의지의 원천이었을 것이다. 칭제건원과 금국 정벌을 주장하던 자들은 대부분 고구려 계승 의식을 고수하고 있었을 것이며, 서경 천도를 꾀하던 묘청 일파 역시 예외가 아니었을 것이다.

이러한 지배층 일각의 강한 고구려 계승 의식을 김부식은 도저히 용납하기 어려웠으리라 여겨진다. 그 자신이 신라 왕실의 피를 이어받았다는 점에서도 그러했겠지만, 금에 대한 사대를 정당화하고 문벌귀족 사회의 현상 유지를 추구하던 자신에게 정치적으로 걸림돌이 되는 세력들이 대부분 고구려 계승 의식을 표방하고 있는 이상, 어떻게 해서라도 그러한 의식을 타파하지 않으면 안 되겠다는 생각을 하였을 것이다. 아울러 고려는 실제로 고구려가 아니라 신라를 이어받은 나라임을 강조할 필요성을 절감했으리라 생각된다. 그것이 곧 묘청의 난을 진압한 후 그로 하여금 『구삼국사』를 대신할 새로운 삼국의 역사서를 편찬하도록 결심하게 한 동기였을 것이다. 김부식은 『삼국사기』의 서술체제에서도 철저히 신라를 중심으로 하고,* 신라 본기의 말미에 붙인 사론에서도 현재의 고려 왕실이 과거 신라 왕실의 피를 이어받았음을 강조했다. 『삼국사기』 편찬의 근본 의도는 바로 이런 데서 적나라하게 드러난다고 할 수 있다.

김부식이 신라 계승 의식을 확산시킬 목적으로 『삼국사기』를 편찬했다는 것이 꼭 비판거리가 되어야 한다고는 말할 수 없다. 고구려 계승 의식과 신라 계승 의식 가운데 어느 쪽이 옳고 더 긍정적인 평가를 받아야 하는가라는 논의는 개인에 따라 답이 다르게 나올 수 있고, 또 가치 판단이 적용될 수 있기에 그 자체가 역사학에서는 적절성을 상실한 논의일 수 있기 때문이다. 그렇지만 신라 중심의 역사 인식을 갖고 있던 김부식은 오늘날 우리의

---

* 삼국의 본기를 배열하는 순서를 신라, 고구려, 백제의 순으로 한 것, 신라의 삼국통일과 관련되는 부분의 서술을 크게 늘린 것, 그리고 대부분 신라의 인물들로 열전을 구성한 것 등이 『삼국사기』가 서술체제상 철저히 신라 중심임을 보여준다.

시각에서 볼 때, 그리고 민족사 전체의 흐름에서 볼 때 분명히 큰 아쉬움을 자아내는 인물이다. 그것은 바로 그의 관심 영역이 삼국에만 머물러 있었지 그 이전의 왕조, 다시 말해 고조선에까지 올라가지는 못했다는 이유에서이다. 오늘날 우리 민족의 시원을 따질 때 누구나 주목하는 고조선과 그 시조 단군에 대해 김부식은 시야를 돌리지 못했던 것이다.

사실 김부식 자신은 분명히 고조선과 단군에 대해 일정한 지식을 갖고 있었다. 『삼국사기』 신라본기의 초두에서 혁거세를 왕으로 추대한 육촌의 우두머리들을 '조선'(朝鮮)의 유민이라고 적었고, 고구려본기의 말미에서도 고구려 영역과 기자(箕子)가 세운 '조선' 사이의 연관성을 지적했다. 그리고 고구려본기 동천왕 21년조에서는 평양성을 '선인왕검'(仙人王儉)이 머물던 곳이라고 설명하고 있는데, 이는 단군왕검에 관한 지식의 일단을 보여주는 것이다.

이처럼 김부식은 삼국 이전의 왕조로서 고조선에 대해 알고 있었지만, 그것이 그의 관심을 끌지는 못했다. 그에게는 오직 신라가 고구려보다 우월한 나라임을 강조하고, 고려가 신라를 계승했다는 사실을 널리 알리는 것만이 목표였다. 삼국은 애초부터 서로 다른 세 개의 나라라는 인식이 있었을 뿐, 원래 하나의 나라에서 세 나라가 배태되었다는 인식은 없었다. 자연히 고려 사회는 서로 다른 세 부류가 어정쩡한 동거를 하고 있는 꼴이었다. 이러한 구별 의식은 자칫 내부적 갈등과 분열을 불러올 수 있었다. 실제로 김부식이 죽은 지 50여 년이 채 되지 않아 고려 영역 내의 각지에서 과거 왕조의 회복을 기치로 내건 농민 반란이 터지기도 했다. 그리고 그러한 내부 분열은 그뒤 30여 년에 걸친 몽고와의 항쟁을 통해 고려인들 스스로가 삼국 이전의 왕조로서 고조선을 재인식하고, 삼국은 바로 그 고조선에서 갈라져 나온 같은 핏줄의 나라들이라는 인식이 확산되면서 그 해결의 실마리를 찾을 수 있었다.

김부식이 이러한 '통합적' 역사 인식을 미처 갖지 못한 것은 시대적 한계에 기인한 것이라고 말할 수도 있다. 그러나 어쨌든 그에게는 '분립적' 계승 의식이 잔존하고 있었으며, 그것은 오늘날 남북 분단과 동서 갈등의 현실을 살아가는 우리로 하여금 그와 그가 쓴 『삼국사기』에 대해 큰 아쉬움을 갖게 하는 이유가 된다.

6. 인간으로서의 김부식

김부식이 살았던 70여 년의 세월은 고려 문벌귀족 사회의 전성기였다. 그는 그 문벌귀족 사회를 대표하는 인물 가운데 하나였고, 여러 가지 측면에서 큰 족적을 남긴 인물이었다.

그는 비록 정지상, 윤언이 등과의 불목에서 볼 수 있듯이, 협량한 인물이라는 인간적인 면에서의 흠을 덜어낼 수는 없더라도, 뛰어난 지식인이었음을 부정할 수는 없다. 그에 대한 평가는 가치관과 역사관에 따라 개인마다 다를 수 있고, 시대마다 다를 수 있다. 그렇지만 한 가지 분명한 사실은 그의 행적 가운데 어느 한 면만을 강조하고 다른 측면을 도외시해서는 그에 대해 합당한 평가를 내릴 수 없으리라는 것이다. 정치가로서의 김부식, 역사가로서의 김부식에 대한 평가는 앞으로도 논란거리가 될 것이고, 또 그렇게 논란거리가 되는 것이 당연하다.

참고문헌

· 원자료

『三國史記』『高麗史』『高麗史節要』
『高麗圖經』『東文選』『補閑集』
『東人之文四六』『東人詩話』『小華詩評』

· 논저

姜聲媛, 「妙清의 再檢討」, 『國史館論叢』 13호, 국사편찬위원회, 1989.

高柄翊, 「三國史記에 있어서의 歷史敍述」, 『韓國의 歷史認識』 上, 창작과비평사, 1976.

權重達, 「資治通鑑의 東傳에 대하여」, 『中央大 文理大學報』 38호, 중앙대학교, 1980.

金南奎, 「高麗 仁宗代의 西京遷都運動과 西京反亂에 대한 一考察」, 『慶大史論』 창간호, 경남
　　대학교 사학회, 1985.

金塘澤, 「高麗 仁宗朝의 西京遷都·稱帝建元·金國征伐論과 金富軾의 三國史記 編纂」, 『歷史
　　學報』 170호, 2001.

金秉仁, 「高麗 睿宗·仁宗代 政治勢力 비교연구」, 『全南史學』 17호, 전남사학회, 2001.

金秉仁, 「金富軾과 尹彦頤」, 『全南史學』 9호, 전남사학회, 1995.

金庠基, 「妙清의 遷都運動과 稱帝建元論에 대하여」, 『東方史論叢』, 서울대학교 출판부,
　　1974.

金壽泰, 「三國史記의 編纂動機」, 『忠南史學』 8호, 충남대학교 사학회, 1996.

金蓮玉, 「高麗時代 慶州金氏의 家系」, 『淑大史論』 11·12합집, 숙명여자대학교 사학과, 1982.

金潤坤, 「高麗 貴族社會의 諸矛盾」, 『한국사』 7, 탐구당, 1977.

金智勇 外, 『金富軾과 三國史記』, 경주 김씨 대종친회, 2001.

金哲埈, 「高麗中期의 文化意識과 史學의 性格」, 『韓國史學史研究』, 서울대학교 출판부,
　　1990.

김석형, 「구삼국사와 삼국사기」, 『력사과학』 1981-4호, 과학백과사전출판사(평양), 1981.

南仁國, 「高麗 仁宗代 政治支配勢力의 性分과 動向」, 『歷史教育論集』 15집, 역사교육학회,
　　1990.

盧泰敦, 「三韓에 대한 認識의 變遷」, 『韓國史研究』 38호, 한국사연구회, 1982.

都賢喆, 「12세기 公·私禮와 金富軾」, 『韓國史의 構造와 展開』, 河炫綱教授定年紀念論叢刊行
　　委員會, 2000.

李康來, 「三國史記 史論의 再認識」, 『歷史學研究』 13호, 전남대학교 사학회, 1994.

文暻鉉,「三國史記의 正統論」,『韓國史學史研究』, 于松趙東杰先生停年紀念論叢刊行委員會, 1997.

朴性鳳,「高麗 仁宗朝의 兩亂과 貴族社會의 推移」,『高麗史의 諸問題』, 삼영사, 1986.

박종기,「11세기 고려의 대외관계와 정국운영론의 추이」,『역사와 현실』 30호, 한국역사연구회, 1998.

朴漢男,「12세기 高麗의 對金政策論議에 대하여」,『水邨朴永錫敎授華甲紀念韓國史學論叢』 上, 탐구당, 1993.

白南赫,「妙淸의 西京遷都運動의 研究」,『漢城史學』 10호, 한성사학회, 1998.

申采浩,「朝鮮歷史上 一千年來 第一大事件」,『丹齋 申采浩全集』中, 형설출판사, 1982.

申瀅植,『三國史記研究』, 일조각, 1981.

오영선,「인종대 정치세력의 변동과 정책의 성격」,『역사와 현실』 9호, 역사비평사, 1993.

윤사순,「한국 유학의 흐름과 삼국사기」,『정신문화연구』 24-1호, 한국정신문화연구원, 2001.

이강래,「삼국사기의 성격」,『정신문화연구』 24-1호, 한국정신문화연구원, 2001.

이강래,「삼국사기의 정당한 이해를 위하여」,『삼국사기』 I, 한길사, 1998.

李康來,『三國史記 典據論』, 민족사, 1996.

李基白,「三國史記論」,『韓國史學의 方向』, 일조각, 1978.

李丙燾,「仁宗朝의 妙淸의 西京遷都運動과 그 反亂」,『高麗時代의 研究』, 을유문화사, 1948.

李佑成,「三國史記의 構成과 高麗王朝의 正統意識」,『震檀學報』 38호, 진단학회, 1974.

李貞信,「고려의 대외관계와 묘청의 난」,『史叢』 45호, 고려대학교 사학회, 1996.

李鍾文,「高麗前期의 文風과 金富軾의 文學」,『漢文學研究』 2집, 계명한문학연구회, 1984.

李鍾文,「金富軾의 詩 世界」,『정신문화연구』 24-1호, 한국정신문화연구원, 2001.

鄭求福,「金富軾」,『韓國史市民講座』 9집, 일조각, 1991.

정구복,「김부식의 생애와 업적」,『정신문화연구』 24-1호, 한국정신문화연구원, 2001.

鄭求福,「三國史記 解題」,『譯註 三國史記』 1, 한국정신문화연구원, 1996.

鄭求福,『韓國中世史學史(I)』, 집문당, 1999.

鄭求福 外,『三國史記의 原典 檢討』, 한국정신문화연구원, 1995.

조이옥,「三國史記에 나타난 金富軾의 國家認識」,『東洋古典研究』 11집, 동양고전학회, 1998.

최연식,「大覺國師碑의 建立過程에 대한 새로운 고찰」,『韓國史研究』 83호, 한국사연구회, 1993.

河炫綱,「高麗時代의 歷史繼承意識」,『梨花史學研究』 8호, 이화사학연구소, 1976.

Edward Shultz,「김부식과 삼국사기」,『한국사연구』 73호, 한국사연구회, 1991.

송유인 宋有仁

시세에 민감했던 무신정권 초기의 권세가

김창석 한신대학교 학술원 전임연구원

1. 들어가며

송유인(宋有仁, ?~1179)은 우리에게 낯선 인물이다. 한국사 연구자라고 할지라도 고려 시대를 전공하지 않은 사람은 생소하다고 느낄 것이다. 관련 자료가 적어 제대로 연구되지 못했기 때문이다.

송유인은 『고려사』(高麗史) 반역열전(叛逆列傳)에 입전(立傳)되어 있어 그에 관한 기본적인 사항은 그나마 파악할 수 있지만 그 내용이 소략(疏略)하다. 『고려사』 세가(世家)나 『고려사절요』(高麗史節要)에서도 단편적이나마 관련 사항을 찾아볼 수 있지만, 대부분 열전의 내용과 중복된다. 그밖에 고문서나 금석문, 족보 등에도 송유인에 관한 자료는 남아 있지 않은 실정이다.

하지만 그는 정중부(鄭仲夫) 정권에서 요직을 역임했고, 이를 통해 인사·상벌 등에 강한 영향력을 행사한 무신정권 초기의 권력자였다. 경대승(慶大升)이 정중부 정권을 무너뜨리기 위해 거사를 도모할 때 "송유인을 두려워하여 틈을 얻지 못했다"거나, "정·송"(鄭·宋)이라 하여 송유인을 정중부와 나란히 일컬은 것은 그의 정치적 위상을 단적으로 보여준다.

또한 그는 여러 얼굴을 가진 흥미로운 사람이다. 혼인 경험이 있는 여자와 결혼했다가 이를 내치고 정중부의 딸과 정략 결혼을 했으며, 재직중 대외 교역을 통해 치부(致富)하기도 했다. 한편으로는 무신이면서도 문신들과 교유가 두터울 만큼 어느 정도 문식(文識)을 갖추고 있었고, 수령에 대한 감찰을 통해 지방 통제를 강화하고자 했다.

이처럼 송유인은 고려 후기 무신 가운데 특색 있는 인물이었다. 그의 생애와 활동 그리고 세력 기반을 살펴보면, 초기 무신정권에 참여해 급성장한 권신(權臣)의 한 유형을 추출해볼 수 있다. 또한 이를 통해 당시 고려 정치·사회의 단면과 대외 교역 활동의 편린이라도 엿볼 수 있기를 기대한다.

2. 생애와 활동

송유인의 생년(生年)이나 가계(家系)는 정확히 알 수 없다. 다만 그 부친이 인종(仁宗) 때 사직을 지키다가 목숨을 잃었고, 그에 대한 국가의 보상으로 산원(散員)에 임명되었다고 열전에 전하고 있다.

인종 때는 이자겸(李資謙)의 세력을 제거하는 과정에서 발생한 정변과, 뒤를 이어 일어난 묘청(妙淸)의 난 등으로 많은 신료와 장수들이 희생되었다. 그리고 반란이 진정된 뒤에는 목숨을 바쳐 왕실을 호위했거나 진압에 공을 세운 이들을 기려 표창했다. 송유인의 부친은 그 가운데 이자겸의 난(1126년, 인종 4) 때 인종을 호위하다 변을 당한 것으로 보인다. 당시 이자겸측을 선제공격했던 왕권측은 척준경(拓俊京)의 반격으로 타격을 입고 수세에 몰렸으며, 인종은 연금 상태에 있었다. 그때 국왕측의 인물 가운데 송행충(宋幸忠)과 송인(宋仁) 장군이 있었다. 척준경이 군사를 이끌고 궁성에 침입해 침전 가까이까지 다가가자 송행충이 칼을 뽑아 들고 쫓아 나왔고, 그 때문에 척준경이 물러 나왔다는 것이다. 그리고 상황이 불리해진 이자겸

측은 인종이 이자겸을 만나기 위해 행차하는 길에, 인종측 인물들을 살해하는데, 그 가운데 송행충과 송인이 들어 있었다.

그뒤 1130년(인종 8) 12월에 공신의 자손을 명부에 올리고 관직을 주었는데, 이때 아마 송유인이 부친의 공으로 관직을 제수받은 듯하다. 그보다 4년 전 이자겸의 난이 일어났을 때는 이자겸과 척준경측의 인물들이 사직을 보전한 공으로 관직을 받았지만, 같은 해 5월 이번에는 척준경이 이자겸 세력을 제거하고, 인종 8년에는 척준경 세력마저 제거된 바 있다. 반면 난의 과정에서 국왕을 시종하다 변을 당한 이들을 추존해 그 자손에게 관직을 제수한 것으로 보인다. 하지만 그가 송행충의 아들인지, 송인의 아들인지는 더 이상의 자료가 없어 알기 어렵다.

송유인의 초직(初職)인 산원은 정8품 무관직으로, 200명 정도로 편성된 부대를 지휘하는 낭장(郎將)의 참모 또는 그 하위의 지휘관이었다. 요즘의 위관급에 해당하는 하위 장교라고 할 수 있다. 그의 부친이 이자겸의 난 와중에 순직한 장군 가운데 하나라면, 그는 고려 경군(京軍)의 부대 단위인 영(領), 즉 1천 명의 병력으로 구성된 부대의 지휘관에 해당한다. 송유인의 초직이 무관직인 것은 이러한 부친의 경력과 관련이 있을 것이다. 그리고 산원을 제수받을 때 나이가 20세 정도였다면, 그는 1110년(예종 5) 무렵에 태어나서 16세 되던 해에 이자겸의 난이 일어나 아버지를 잃은 셈이다.

산원으로 근무하던 송유인은 이후 태자부(太子府) 지유(指諭)로 발탁되고 다시 위장군(衛將軍)에 임명되었다. 지유 역시 무관직이다. 하지만 태자의 호위를 맡아 태자부에 근무한 것이 이후 그의 출세에 큰 힘이 되었다. 나중에 의종(毅宗)으로 즉위하는 태자 현(睍)은 송유인을 편애하고 상을 후하게 내리는 등 특별히 아꼈다고 한다. 의종은 시작(詩作)에 뛰어난 재능을 가진 호문(好文)의 군주로 알려져 있으며, 한편으로는 연회를 자주 열고 격구(擊毬)와 수박희(手搏戲) 등 잡희(雜戲)를 즐기기도 했다. 격구와 수박희는 고대부터 행해지던 전통적인 무예·오락이면서 동시에 군사훈련의 일환이

기도 했다. 이를 통해 의종은 무인 가운데 자신의 친위세력을 양성하려 했던 것으로 보인다.

송유인은 태자부 지유로 근무하면서 출중한 무예 실력을 보임으로써 의종의 총애를 받았을 것이다. 이에 더해 다른 무인과는 달리 나름대로 문식도 갖추고 있었던 것 같다. 의종 말년에 대장군이 된 뒤 그는 문관들과 교유했고 이를 다른 무관들은 질시했다고 한다. 이러한 송유인의 능력과 자질이 의종의 성향과 부합했음은 물론이다. 그러나 그의 열전에는 백금 40근을 환관에게 뇌물로 주고 3품직을 구했다고 적혀 있다. 송유인은 무관으로서 영달하려는 정치적 야심이 있었고, 이를 달성하기 위해 비법적인 수단까지 동원했다. 특히 환관에게 인사 청탁을 한 것은 이들의 발언권이 강해지던 당시의 정치 동향에도 민감했던 인물임을 보여준다.

1170년(의종 24)에 정중부, 이의방(李義方), 이고(李高)가 주도하는 무신정변(武臣政變)이 일어났다. 이때 송유인의 행적에 대해서는 알려진 바가 없다. 하지만 당시 대장군이던 그가 같은 무인이면서도 거사에 동참하지 않았고, 정변 성공 뒤 곤경에 처한 것만은 분명하다. 그는 의종의 총애를 받으면서 승진을 거듭한 친왕 세력의 대표적인 무장이면서, 문장에도 조예가 있는 친문관적인 무인이었던 것이다. 또 부친의 공으로 무관직을 제수받은 고위 무신 가문 출신이면서 이미 대장군의 직위에 올라 있었으므로, 정변 당시 산원이었던 이의방, 이고측의 급진적인 소장(小壯) 세력과는 정치적 처지가 달랐다고 생각된다. 이러한 이질성은 무신정변 과정에서 숙청 대상에 오를 수도 있는 약점이라 할 수 있다. 하지만 그는 뒤에서 언급하듯이, 정중부 가(家)와의 통혼으로 위기를 극복하고, 무신정권 초기에 오히려 출세가도를 달리게 된다.

1170년대 초에는 지금의 평안남도와 북도에 설치된 북계(北界)를 주관하는 서북면병마사(西北面兵馬使)로 파견되었다. 이는 당시 집권자인 정중부와 인척관계라는 것도 영향을 미쳤지만, 기본적으로는 강대국으로 성장한 금(金)과 국경을 마주하고 있는 국방의 요충지이면서, 묘청의 서경천도운동(西京遷都運動) 실패 이후 점증하던 이 지역 주민들의 불만을 무마하는 데 적임자로 인정받았기 때문이라고 보인다.

묘청의 난이 진압된 뒤 서경을 중심으로 한 서북 지역에는 이곳을 차별하는 정책이 시행되었다. 반란이 진압된 직후인 1136년(인종 14) 서경에는 유수(留守), 감군(監軍) 등 정부의 주재 관원을 제외한 모든 관반(官班)을 폐지했다. 그리고 서경에 설치된 경기 4도를 6현(縣)으로 대신했다. 이는 반역에 대한 응징임과 동시에, 개경과 거의 동등한 위치에 있던 서경의 지방제도를 강등시킴으로써 그 지위를 낮추려는 조치였다. 한동안 국왕의 서경 순주(巡駐)가 중단되었음은 물론이다. 이와 함께 반란을 이유로 이 지역민에 대한 강압적 통치와 수탈도 자행된 듯하다.

일종의 계엄 상황에서 서북인들의 불만은 내재하고 있다가, 무신정변으로 중앙 정계가 혼란에 빠지고 지방에도 그 여파가 미치자 마침내 폭발하게 된다. 1172년(명종 2) 북계 관내인 창주(昌州: 지금의 평북 창성), 성주(成州: 지금의 평남 성천), 철주(鐵州: 지금의 평북 철산)에서 분란이 발생한 것이다. 창주 사람들은 그 고을 수령이 사랑하던 기녀(妓女)를 살해했고, 성주 사람들은 삼등현(三登縣)을 없앨 것을 논의하다가 이에 따르지 않는 수십 명의 사람을 죽였다. 삼등현은 지금의 평양시 강동군 지역으로 묘청의 난을 진압한 뒤 서경에 새롭게 설치한 6현 가운데 하나였다. 철주에서도 그 수령을 죽이자고 의논하다가 격투와 살인이 발생했다. 모두가 그 지방관을 공격하거나 새로이 시행된 지방제도를 거부하는 과정에서 일어난 것으로, 근본적으로는 서북 지역에 대한 탄압과 수탈 등 강압적이고 차별적인 지배 방식에 대한 저항의 표현이라 할 수 있다.

서북면 병마사였던 송유인은 이를 제지하지 못하자 병을 핑계삼아 면임(免任)을 요청했다고 한다. 금오위(金吾衛) 대장군 우학유(于學儒)가 그를 대신해 부임했다. 우학유도 송유인과 마찬가지로 고위 무신 가문 출신으로 무신 사이에서 신망이 두터운 인물이었지만, 정변에는 가담하지 않았다. 그런데 그도 서북 지역의 소요를 제대로 수습하지 못할 정도로 그 기세가 대단했다. 2년 뒤에 일어나는 서경 유수 조위총(趙位寵)의 대규모 거병의 서막격이라 할 수 있다. 송유인은 이처럼 병마사라는 지방관 직임을 성공리에 완수하지는 못했다. 그러나 고려 초기 이래 전통적으로 정치·문화의 중심지이면서 금나라와 국경을 맞댄 군사적 요충지이고, 금에 대한 사행(使行)이 이곳을 통해 빈번히 이뤄졌으며 대외교역을 위한 호시(互市)가 관내에 설치되기도 했던 이 지역의 군정과 민정을 책임져본 경험은 그뒤 그의 활동에 큰 영향을 끼쳤다.

1174년(명종 4) 12월에 단행된 인사에서 정중부는 문하시중으로, 송유인은 추밀원부사 병부상서로 임명되었다. 병력 운용, 무관 선발 등 군무를 총괄하는 병부의 장관으로 승진 임명되었다는 것은 지난 서북면 병마사 때의 임무 수행을 조정에서 문제 삼지 않았음을 의미한다. 장인인 정중부의 비호가 결정적인 힘이 되었을 것이다. 병부상서는 정3품관으로 재상이 아니며 따라서 재추회의(宰樞會議: 중서문하성 즉 재부와 중추원 즉 추부를 합쳐서 양부 또는 재추라고 하는데, 양부의 고관 즉 재신과 추신이 모여 국가의 중대사를 결정하는 기구)에 참석할 수 없었다. 그러나 그가 겸직하는 추밀원부사는 추밀 7직의 하나로 실제로는 2품의 대우를 받았던 것 같다. 그리고 이듬해에는 형부상서에 오르는데, 이를 기반으로 해 송유인은 정치적 발언권을 행사하고 인사와 상벌에도 간여하기에 이르렀다.

하지만 엄밀하게 말하면 아직 재상에 오르지 못한 것이 분명한데, 이는 정중부가 중서문하성의 총재인 문하시중으로 재직중이어서 그 사위가 같은 재상 지위에 오르지 못하게 하는 친혐(親嫌) 규정 때문이었다. 이 때문에 공식적으로는 재상 지위에 오르지 못하고 수년 동안을 추밀원부사로 있게 된다. 하지만 결국 2품직인 상서복야(尙書僕射)직을 차지하는데, 이때는 나인(內人)에게 은밀히 부탁해서 이뤄졌다고 하므로, 당시 친혐 관행을 어기고 편법으로 승진한 것으로 보인다. 그리고 다시 중서문하성의 2품관인 참지정사(參知政事)가 된다.

원래 무관 출신인 그가 이제 진정한 재상이라 할 수 있는 중서문하성의 재상직까지 오른 것은 개인적으로는 출신의 한계를 뛰어넘은 쾌거이지만, 당시의 사회적 조건에서 그의 입신 배경이나 경력을 고려하면 그 지위는 이미 그의 능력의 한계를 넘어선 것이라고 할 수 있다. 관직 임용상의 상피(相避) 원칙이 적용됨에도 불구하고, 청탁을 통해 이를 묵살하고 문관의 요직에 진출한 것은 고려 정치제도의 기본 원칙과 배치되는 것이다. 역시 무신 출신인 인척 정중부가 문하시중으로 있는 비상한 상황에서나 가능한 일로, 정치가로서 그의 능력과는 무관한 것이라 하지 않을 수 없다.

하지만 적어도 그는 지방 통치면에서는 원칙을 지키고 지방관들의 횡포를 바로잡으려고 시도했다. 고려에서는 무신정변 이후 지방관을 파견할 때 문관과 무관을 배합하도록 정해져 있었다. 예를 들어 어떤 주(州)의 지사가 문관이면 그 부사는 무관을 보임하는 식이다. 외적 방어는 물론 안정적으로 수취를 확보하고 치안을 유지하기 위해서도 무관을 지방관으로 파견하는 것은 지방 통치 체제에서 한 단계 발전한 것이라고 생각된다. 무신정권 아래서 무인들의 출사로(出仕路)를 확대하고 이권을 확보하려는 정치적 의도를 간과할 수 없지만, 이후 한때 중단된 문무 교차 파견제도가 1274년(충렬왕 원년)에 다시 복구된 것은 그 효율성을 인정했기 때문이 아닐까?

그런데 울주 판관이 문관인 상태에서 태학박사 노보여(盧寶璵)가 다시 방어부사(防禦副使)로 임명되는 일이 발생했다. 울주 지사의 출신은 알 수 없지만, 그 휘하의 부사와 판관이 모두 문관으로 채워진 것이다. 이에 송유인은 위의 규정을 근거로 들어 그의 고신(告身: 관직 임명장)에 서명하지 않았다. 노보여는 명주(溟州) 등 다른 지방의 예를 들어 서명해줄 것을 요청했으나 송유인은 뜻을 굽히지 않았다. 『고려사』 찬자들은 송유인이 문관의 중복 파견을 승인했던 전례를 들어 그의 이중성을 지적했지만, 이는 다른 측면에서 이해할 수도 있다. 즉 무신정권 초기 단계에서는 고려 전기 이래의 오랜 관행과 문벌귀족 중심의 정치 체제가 일소되지 못한 상황이었고, 따라서 지방관의 문·무관 배합 파견 원칙이 자리잡기도 어려웠을 것이라는 점이다. 하지만 그는 이를 관철시키고자 노력했던 듯하고, 결국 노보여는 물론 문관 출신의 명주 관관도 부임하지 못했다.

지방 통치 체제에 대한 관심은 1178년(명종 8) 이광정(李光挺) 등과 건의해 각 도(道)에 찰방사(察訪使)를 보내는 것으로도 나타났다. 『고려사』 선거지(選擧志)의 감사(監司) 조를 보면, 고려는 지방에 안찰사(按察使)를 파견해 주와 현을 순찰하고 인민들의 고통을 조사하게 하되 봄과 가을로 이를 교대시키며, 또 이따금 찰방사를 파견해 행정에 어두운 고을 수령은 철직(撤職)시키고 유능한 이는 승급시켰다고 한다. 그런데 1142년(인종 20) 이후에는 찰방사를 파견하지 않고 오직 안찰사에게만 위임했는데 이들은 적극적으로 감찰활동을 벌이지 못해 관리들이 조금도 두려움과 거리낌 없이 수탈을 자행했다. 그러므로 인민들은 계속 유리(流離)했으며 무신정변 이후에는 지방관의 탐학(貪虐)이 가혹해 백성들의 생활이 더욱 곤란해졌다고 한다.

이러한 상황에서 찰방사를 파견한 것은 지방에 대한 통제력을 강화하고, 백성들의 고초를 덜어줄 수 있는 의미 있는 조치였다. 10도에 파견된 찰방사들은 백성들을 위로하고 지방 관리를 감찰해 평가했다. 이때 장물죄(臟物罪)에 걸려 관직을 빼앗긴 자가 990여 명에 달했고, 이들을 모두 범죄자 명부에 올렸다. 그리고 같은 해에 찰방사가 탄핵한 지방관을 파면하고 선정을 베푼 자는 관계를 올려주었으니, 찰방사 파견 조치는 느슨해져 가는 지방제도를 재정비하고 수령층을 중앙에서 효율적으로 통제하는 계기가 될 수 있었다.

하지만 이것은 근본적인 제도 개혁으로는 발전하지 못했다. 적발된 탐관오리들은 은 50여 근을 거출해 정중부에게 뇌물로 주고 명부에서 이름을 삭제해 달라고 청탁했다. 정중부는 이를 들어주지 못했지만, 당시 집권자들 사이에서는 "천벌이 빈번하고 거짓말이 더욱 많이 떠도는 것은 다 억울한 죄명을 쓴 자들이 있기 때문"이라는 이유를 들어 이들을 사면하자는 논의가 일었다. 탐학한 지방 수령층과 연관되어 있거나 이들에게서 청탁을 받은 결과일 것이다.

결국 송유인이 제거된 뒤 명종은 조서를 내려, 찰방사들이 처벌한 지방 관들을 모두 용서하고 예전의 벼슬을 복원해주었다. 이에 대해서 사리를 아는 인사들은 모두 탄식했다고 한다. 찰방사 파견이 단지 자파(自派) 세력을 지방에 심기 위한 사전 정지 작업으로 추진된 것은 아니었음을 시사해준다. 송유인이 그나마 지방관 파견이나 지방 통치체제의 원칙을 지키면서 당시의 폐단을 고쳐보려고 시도한 것은 서북면 병마사 재임 시절의 경험이 작용한 결과라고 생각된다.

그러나 다른 한편에서는 그 자신이 권세를 이용해 전횡을 자행하기도 했다. 그의 열전에는 특히 개인적인 호오(好惡)의 감정이나 권위의식에 따라 인사와 상벌을 좌지우지한 사실들이 실려 있다. 몇 가지 예를 들어보면, 명종 때 대부시(大府寺)의 소경(少卿)으로 있던 정국검(鄭國儉)이란 자가 팔관회 때 왕이 재상들에게 보낸 술을 늦게 전달하자, 송유인은 노하여 이를 받지 않고 돌려 보냈다. 그리고 이 일로 정국검은 탄핵을 받아 철직당했다. 대부시는 재초(齋醮) 같은 도교 행사나 팔관회 등의 국가 행사가 열릴 때 경비를 조달하고 국왕의 하사품, 부의(賻儀) 물품을 소속 창고에 보관, 출납하는 기구였다. 이때도 팔관회를 맞아 명종이 대부시를 통해 재상들에게 하사품을 내린 것이다. 그런데 이를 늦게 도착했다는 이유로 돌려 보냈다는 것은 국왕 중심의 관료체제 아래서는 상상하기 힘든 일이다. 당시 참지정사였던 그가 간쟁을 맡은 중서문하성의 낭사에게 압력을 가해 정국검을 탄핵했을 가능성도 크다. 이후 정국검이 그에게 아부해 복직한 것도 송유인이 관원의 탄핵, 면직, 사면에 결정적인 발언권을 행사하는 인물임을 간파했기 때문일 것이다. 그리고 복직 탄원을 위해 뇌물을 제공했을 가능성도 높다.

또 문극겸(文克謙)과 한문준(韓文俊)은 당시 이름난 유학자로 국왕도 아끼는 인물이었는데, 송유인과는 정적 관계였다. 한문준도 인사 청탁을 위해 그를 찾았으나, 이번에는 오히려 "추밀원의 대신으로서 사사로운 일로 집정의 집을 찾아다니니 기대하는 바와 어긋난다"라며 모멸적인 언사로 그를 규탄했다. 그리고 마침 문극겸이 복중(服中)에 있어 임금을 호종(扈從)하지 못한 일이 발생하자 이를 근신의 예절을 잃은 것이라고 동시에 탄핵했다. 하지만 고려의 국가 예법에 따르면, 상중에 있는 사람은 국왕 행차라도 호종이 면제되었다. 송유인은 이러한 규정을 몰랐던 것 같다. 명종이 이를 들어 문극겸의 일을 묵과하도록 달랬으나 그는 두문불출하면서 집요하게 처벌을 요구했다.

문극겸과 한문준은 당대의 명유(名儒)로서 유교 정치 이념에 투철한 이들이었다. 한문준은 인종 때 과거에 급제한 뒤 지방 수령으로 있으면서 선정을 베풀었고, 송유인이 몰락한 뒤에는 예부, 병부, 이부의 판사를 역임했다. 그는 인사를 공평히 했고, 문장과 예법에 뛰어난 인물이었다. 문극겸은 큰아버지인 문공인(文公仁)으로 말미암아 음직(蔭職)을 받았으나 학업에 힘써 의종 때 다시 과거에 합격한 인물이다. 그는 언관(言官)으로 봉직하면서 탐학과 추행을 일삼던 환관, 술인(術人)을 처벌할 것을 상소했다. 특히 추밀원의 고위 관료에 대해서는 "요직에 있으면서 권세를 부리고 탐욕스러우며, 아부하지 않는 자를 중상해 (뇌물을 받으니 -필자) 재물이 거만(鉅萬)에 이르렀다"고 하며 파직할 것을 주장하다가 오히려 본인이 지방으로 밀려나기도 했다. 이처럼 강직한 성품 때문에 무신정변 때 체포된 바 있으나 목숨을 보전하고 고위직에 오를 수 있었다.

위와 같은 정통 유교 관료들은 고려 전기의 귀족적 체질을 탈피했다고 보기는 어렵지만, 경륜과 학식이 있는 인물이 국왕을 보좌해 국정을 운영하며, 상대적으로 법과 제도에 입각한 합리적인 유교 정치를 지향했을 것이다. 이러한 상황에서 어느 정도 문식은 있다 하더라도 정치 운영과 방대한 국가 행정에 비전문가임이 분명한 무신 출신의 송유인과는 대립할 수밖에 없었다.

이와 함께 당시 권력구도상의 알력 관계도 간과할 수 없다. 문극겸은 이의방과 긴밀한 사이였는데 그의 딸이 이의방의 동생과 결혼했다. 앞에서 언급했듯이 송유인은 무신정변이 발발할 때부터 이의방과는 다른 편에 서 있었고, 상대적으로 온건한 정중부 세력과 손을 잡았던 것이다.

송유인은 자기 정적을 제거하기 위해 명확한 근거나 기준 없이 권세를 이용해 관직에서 축출하거나 좌천시켰다. 정치적 후견인인 정중부가 문하시중까지 올랐고, 이는 문신 인사권을 가진 판이부사를 겸하는 까닭에 송유인은 당시 문·무관의 인사권을 완전히 장악하고 있었다고 해도 과언이 아니다. 그리고 이를 미끼로 인사상의 불이익을 모면하려는 이들을 자신의 세력으로 포섭하고, 그 과정에서 뇌물을 받기도 했다.

당시 다른 재상조차도 그의 위세에 눌려 숨도 크게 못 쉬었으며, 불만을 털어놓지 못하고 다만 흘겨볼 뿐이었다고 한다. 국왕도 그의 눈치를 살펴야 했다. 앞서 언급한 정국검의 사단이 일어났을 때 명종은 늦게라도 하사품을 받도록 종용한 바 있었다. 그리고 최영유(崔永濡)가 불교 행사에 시간을 맞추지 못해 송유인의 분노를 샀을 때도 이를 그의 처분에 맡길 수밖에 없었다.

3. 정치·경제적 기반

왕조 국가임에도 불구하고 국왕도 함부로 할 수 없는 그의 위세는 어디서 나온 것일까? 먼저 무신정권기라는 정치체제의 특수성 때문에 권력의 핵심에 있던 무신 실력자를 견제할 제어장치가 작동하지 못했던 상황을 들 수 있다. 한편으로는 무신으로서의 자질, 문관과 우호적 관계를 맺을 정도의 문식을 갖추었던 점, 지방 통치체제에 대한 개혁적 성향 등 개인적 능력도 작용했을 것이다. 하지만 그가 권세를 휘두를 수 있었던 근본 배경은 당시 최고 실권자인 정중부가의 후광이었다. 그리고 그 또한 정중부 정권의 한 축을 이룰 정도로 정중부가 권력을 유지하는 데 실질적인 힘이 되었다.

송유인은 처음에 송나라 상인 서덕언(徐德彦)의 처와 결혼했다. 송유인은 초혼이고 그의 처는 재혼인 셈이다. 더구나 처는 본래 천한 자였다고 하므로 노비 출신이거나 몸을 파는 창녀 또는 간통으로 처벌을 받아 유녀(遊女)가 된 자였다고 생각된다. 유녀는 『주서』(周書) 고려전에 "유녀는 지아비가 정해져 있지 않다"라고 전하듯이, 삼국 시대에도 이미 그 존재가 확인되며, 고려 시대에도 간통한 여인을 유녀의 명적(名籍)에 올린 예가 있다. 창녀도 물론 존재했다. 이들은 모두 법적으로 혼인이 가능했던 듯하다. 하지만 서덕언이 송나라 상인이었으므로 그 처는 송상(宋商)의 왕래 지역에서 활동하던 매음녀였을 가능성이 가장 높다. 그런데 이 천출의 여자는 재산이 대단히 많아서 환관에게 뇌물을 주고 송유인의 승진을 도왔다고 한다. 서덕언과 이혼한 것인지 사별한 것인지는 알 수 없지만, 그 재산이 전 남편 재산의 일부에서 출발해 형성된 것은 분명하다.

그렇다면 서덕언이 누구인지가 궁금해진다. 주지하듯이 고려는 송나라와 경제·문화 교류가 활발했다. 특히 양국간 교역에는 송상의 역할이 컸는데, 1012년(현종 3)부터 1278년(충렬왕 4)에 이르기까지 260여 년 동안 120여 회, 인원도 5천 명을 헤아리는 송나라 상인이 고려를 왕래하면서 국가간 교역 활동을 벌였다. 주로 토물(土物), 방물(方物)이라고 하여 중국의 특산품을 가져오는 경우가 많았지만, 향약(香藥)이나 상아 같은 동남아시아와 인도산 물품도 취급했다. 그리고 『태평어람』(太平御覽) 등의 서책과 화엄경판을 가져오기도 하고, 대각국사 의천(義天)과 그 제자들이 송나라로 건너가는 데 배편을 제공하기도 했다. 양국 간 교류의 첨병 역할을 한 것이다. 뿐만 아니라 송 황제의 밀지(密旨)를 전하기도 하는 등, 일종의 외교사절의 역할도 수행했다. 그 가운데 하나가 서덕언으로 보이지만, 『고려사』 송유인전을 제외하고는 어디에서도 그에 관한 기록을 찾아볼 수 없다. 『고려사』 세가와 『고려사절요』, 『송사』(宋史) 고려전에 보이는 서덕영(徐德榮 또는 徐德英)이 같은 시기에 활동한 송상이므로 같은 인물일 가능성이 크지만, 돌림자를 쓰는 형제간일 수도 있다. 여하튼 이들은 같은 시기에 송과 고려를 오가며 국제교역에 종사한 만큼 비슷한 성격의 인물로 보아도 좋을 것이다.

서덕영을 가리켜 송나라의 도강(都綱)이라고 불렀다. 도강이란 강수(綱首)라고도 하는데, 선박과 화물을 소유하고 있을 뿐 아니라 스스로가 선장이 되어 출항해 해외를 왕복하는 교역자를 일컫는다. 특히 송대가 되면 명주, 복주, 천주 등 연해 지방의 거상과 부호들이 해외로 진출해 무역의 이익을 좇는 현상이 두드러지게 나타나는데, 이들의 주요 활동무대 가운데 하나가 고려였던 것이다. 그런데 중국측 사서인 『송사』 고려전에, 1162년(남송 고종 32) 고려 강수 서덕영이 명주(明州)에 이르러, 고려가 남송에 사신을 파견하고자 한다는 뜻을 전했다는 기록이 있어 흥미롭다. 고려측 사서에 일관되게 송상으로 기록된 인물을 오히려 중국측은 고려 상인으로 간주한 것이다. 그리고 그는 고려 조정의 대송 외교 메시지를 전달하는 역할도 수행하고 있다. 고려는 송나라 사람, 특히 국제교역에 종사하던 상인들을 우대하고 고려 땅에 눌러 살도록 유도했다.

> 왕성(王城)에는 중국인 수백 명이 있는데 민(閩: 지금의 복건성) 지역 출신으로 장사를 하러 배를 타고 온 자들이 많다. (고려는 -필자) 이들의 능력을 은밀하게 시험해 녹(祿)과 벼슬로 유인하거나 또는 억류해서 종신토록 머물게 한다. 송나라 사절이 오면 첩(牒)을 바쳐 아뢰거나 (귀환을 -필자) 호소하는 자가 있어 데리고 돌아온다. (『송사』 권487, 열전246, 외국3 고려)

송상은 교역상의 이익을 노리고 고려와 일본 등을 활발히 왕래했으므로 고려 조정에서는 그들을 내지에 정착시켜 그 이익을 흡수하고, 송나라 산품은 물론 송을 통한 중개무역품과 선진문화를 받아들이는 창구로 삼으려 했다. 상인인지는 알 수 없지만, 이미 1012년(현종 3)에 송나라 사람 왕복(王福), 임덕(林德) 등이 내투해온 바 있다. 그리고 1061년(문종 15) 천주(泉州) 출신 상인 소종명(蕭宗明)을 권지 합문지후(權知 閤門祗候)로 임명하고 머물게 한 실례가 있다. 이들은 고려에 정착해서 고려 여인과 혼인을 하고 가정을 꾸렸다. 뒷시기이긴 하지만 최이(崔怡)가 대송 교역 과정에서 생긴 문제 때문에 송 도강의 처를 가둔 것은 이를 보여준다.

고려는 대송 외교시 사전 교섭이나 의사 타진을 거쳐 사절을 호송했는데, 고려에 정착한 송상의 배편을 활용하기도 했다. 그리고 송측에서는 개경에 거주하면서 고려의 외교적·경제적 이해를 대변하는 이들을 송나라 출신임에도 불구하고 '고려의 대상인'으로 인식하고 대우했다. 그렇다면 적어도 고려에 정착해 고려 정부의 요청을 받아들여 활동하던 송상들은 일종의 귀화인으로 볼 수 있다. 물론 국적이 변경되는 현대적 의미의 귀화는 아니다. 고려측 자료는 이들을 여전히 송나라 사람으로 기록하고 있는 것도 그 방증이 된다. 하지만 출신국에서조차 고려인으로 간주한다면, 그는 고려로 귀화한 한인(漢人)으로 보아야 할 것이다. 일본의 다자이후(太宰府) 등에도 일찍부터 송상이 거류했고, 이 가운데는 많은 부를 축적한 인물도 있었다. 이들은 국제 교역 상인 특유의 점이적, 중간자적 성격과 왕성한 해상 활동력을 토대로 국가 간 교섭에 참여했다.

따라서 고려 강수로 불린 서덕영은 고려로 귀화한 송 출신의 상인이었고, 이와 비슷한 성격의 인물인 서덕언도 개경 또는 그 인근에 정착해 대송 교역에 종사한 인물로 생각된다. 그리고 고려에 왕래하는 과정에서 접촉한 고려 여인과 혼인을 한 것이다. 더 이상의 자료가 없어 서덕언이 부인보다 먼저 사망했는지, 이혼을 했는지, 아니면 송나라로 다시 돌아갔는지 알 수 없지만, 그와 이별하는 과정에서 상당한 재산이 고려 여인에게 이전된 것은 충분히 예상할 수 있다.

그런데 이 여인이 송유인과 재혼한 것이다. 고려 시대에는 여성의 재혼이 비교적 자유로웠던 듯하다. 공양왕 때 고위 관료의 처에 대해 부분적으로 재혼을 금지하자는 건의가 있었을 뿐 고려 일대를 거쳐 이를 법적으로 제한하는 조치는 발견되지 않는다. 고려 후기에는 심지어 국왕까지 과부인을 취해 왕비로 삼은 예가 있다. 성리학적 이념에 입각한 부계 중심의 친족제도가 도입되기 전이었기 때문에 가능한 일이었다. 그러나 초혼으로 보이는 송유인이 혼인 경험이 있는, 그것도 천한 출신으로 중국계 귀화인과 결혼했던 여인과 결합하는 것은 부자연스럽다.

송유인의 부친이 이자겸의 난 와중에 인종 측근에 있었으므로 그는 개경 또는 그 인근에 거주했다고 생각된다. 따라서 개경 부근에서 성장하면서 서덕언의 처와 혼인 전부터 가깝게 지냈을 가능성이 있고, 서덕언의 상인 세력과 관계를 맺으면서 그 처와 면식이 생겼을 수도 있다. 하지만 그가 결국 서덕언의 처와 혼인하기로 결심하기까지는 그녀가 소유한 재력이 결정적으로 작용한 것으로 보인다. 그리고 이를 통해 고려에서 활동하던 송상들과 연계를 갖고, 자신의 경제적 후원 세력으로 삼으려는 의도도 있었을 것이다. 나중에 백금 40근을 환관에게 뇌물로 주고 3품직을 구한 것도 이러한 경제력이 있었기 때문이라고 본다.

고려 시대에는 친족제도에서 양측적 친속 조직의 원리가 작동해 처가살이를 하는 경우가 많았고, 혼인을 통해 처가의 재산을 상속받을 수도 있었다. 송유인처럼 경제적 기반을 확대하기 위한 방편으로 혼인을 활용하는 예는 이후 점차 늘어갔다. 충혜왕은, 사기그릇 상인인 임신(林信)의 딸로 대군(大君)의 노비였던 이를 총애하여 옹주로 봉했다. 국왕을 포함한 권세가들이 상인 세력과 결탁해 활동의 편의를 제공하면서 상업 이득을 분점한 예는 이밖에도 여럿 발견된다. 이리하여 『익재난고』(益齋亂藁)에 따르면, 고려 말 사대부 사이에서는 부상(富商)의 딸을 첩으로 삼는 것이 하나의 풍조가 되었다고 한다. 송유인은 이러한 추세의 선단에 서 있었던 셈이다.

하지만 1170년 무신정변이 성공하자, 송유인은 그 처를 섬으로 내치고 정중부의 딸과 재혼한다. 자신을 경원시하던 무신들이 정변 성공 뒤에 자신을 해치려들지도 모르므로 그 예방조치로 정중부의 사위가 된 것이라고 하지만, 그 근본 배경은 이미 경제적 기반은 확보했으므로 이제는 최고 권력자의 한 사람인 정중부가와 결합해 이를 정치적 후원 세력으로 삼기 위해서였다고 생각된다. 그리고 한편으로는 정변 직후 무신들이 그를 제거하지 않았고, 정중부가 송유인을 혼인을 통해 포섭한 이유 가운데 하나도 대송교역 활동과 관련된 송유인의 경제력에 주목했기 때문일 것이다.

그가 정중부의 딸과 재혼한 것은 1170년 직후이므로, 1110년 무렵에 태어났다면 이미 환갑에 이른 나이가 된 셈이다. 따라서 이는 정상적인 결혼이라기보다 정치·경제적 이해관계에 입각한 전형적인 정략결혼으로 볼 수 있다. 무신정변 당시 명망 있는 무인이었던 우학유도 거사를 거부했다가 정변이 성공하자 이의방의 누이와 결혼해 실세 가문과 인척관계를 맺고자 했다. 이로써 송유인은 기존의 경제력에 더해 강력한 정치적 후원자를 얻었다. 하지만 대송교역 집단과 관련을 맺고 있던 처와 결별함으로써 경제기반에 변동이 생겼던 듯하다.

그가 대금(對金) 교역에 나선 것은 이러한 사정을 시사해준다. 최정(崔貞)이 금나라에 사신으로 파견될 때, 송유인의 노비가 교역을 위해 따라갔다가 금 당국에 적발되어 송환 당한 사건이 발생했다. 예전부터 금나라로 사신이 갈 때는 수행 인원이 제한되었는데 교역으로 이득을 보려는 자는 은 몇 근을 사신에게 뇌물로 주고서야 수행할 수 있었다. 뇌물을 주고서라도 참여를 원할 만큼 대금 교역은 차익을 많이 남길 수 있는 분야였다. 그래서 상인 세력 또는 그와 연결된 권세가들의 수행 청탁이 쇄도했다. 사절단이 가져가는 물품의 양이 많아 이를 운반하는 역리(驛吏)들이 고통스러워할 정도였다고 한다. 이때도 이미 재물을 바친 자들로 수행 정원이 차서 더 이상 증원할 수 없었는데, 송유인의 노비는 그 주인의 권세를 믿고 따라갔다가 문제를 일으킨 것이다. 이 일로 최정은 귀국해서 면직되었다.

고려는 1126년(인종 4) 이자겸 일파의 주장에 따라 금과 군신 관계를 맺은 뒤 330여 차례 사신을 파견했다. 이는 요(遼)나 송에 사신을 파견한 횟수보다 훨씬 많은 것이다. 그리고 사행 과정에서는 조공(朝貢)과 회사(回賜)뿐 아니라 공식·비공식적인 교역이 이뤄졌다. 특히 1126~1127년에 일어난 정강(靖康)의 변으로 송과 금 사이에 화의가 맺어지면서, 금나라는 송나라에서 막대한 양의 세폐(歲幣)를 확보했다. 이 시기에 금에 억류되어 머물면서 견문을 기록한 홍호(洪皓)의 『송막기문』(松漠紀聞)을 보면, 금의 상경(上京)에는 위구르 상인이 가져와 판매한 각종 보석, 모직물, 견직물, 약품과 향료 등이 있었다고 한다. 이와 함께 금의 토산품인 모피, 말, 꿀, 세포(細布), 비단 등이 주요 교역 대상 품목이었을 것이다.

송유인은 전처와 결별한 것을 계기로 금과의 국제교역으로 눈을 돌리고, 자신의 정치적 지위와 권세를 이용해 특권적인 상업 활동을 전개하려고 했던 듯하다. 그때까지는 대송교역 상인들과 연계를 갖고 이를 후원하면서 이익을 분배받는 형태였다면, 이제 그의 노비가 대금 사행에 수행하여 교역을 시도했다는 것은 보다 적극적으로 대외교역의 전면에 나섰음을 의미한다. 그런데 그 배경에는 전처와의 결별과 재혼이라는 개인 사정뿐 아니라 의종 말기부터 대송 관계가 악화되면서 명종 초기까지 사절 파견은 물론, 송상의 왕래조차 뜸해지는 대송교역의 교착 상황도 자리잡고 있었다. 이렇게 국제 정세가 바뀌자 그 대안으로 금과의 교역을 주목하게 된 것이다. 그리고 대금 사행로가 통과하고 각장(榷場: 국경 부근에 설치한 국제 교역장)이 설치되기도 했던 서북 지역에서 지방관을 역임한 경험도 작용했을 것이다.

이와 관련해 송유인과 대립·충돌했던 한문준, 문극겸, 정국검이 모두 대부시의 경(卿)이나 소경을 역임했거나 재직중인 자였다는 사실도 주목된다. 대부시는 대금 교역과도 관계가 있었다. 의종 때 금에서 보낸 직물의 반은 내부(內府)에 보내 어용에 쓰게 하고 나머지 반은 대부시로 보내 경비에 충당하도록 했는데, 명종은 이를 모두 내부에 두고 총애하는 이들에게 내려주었다고 한다. 억측을 해보자면, 대금 교역에 사적인 이해를 갖고 있던 송유인, 나아가서는 그를 포함한 무인 정권측과, 국가의 공식 재정기구로서 역시 금에서 들어온 물품을 취급하던 대부시 사이에 긴장 관계가 형성되었고, 송유인은 그 소속 관리들에 대한 탄핵과 인사 조치 등을 통해 대부시에 영향력을 행사하려고 했던 것은 아닐까? 한문준, 문극겸과의 대립은 여러 가지 측면에서 검토할 여지가 있는데, 이들이 대부시에 근무할 때 송유인 세력과 갈등이 깊어졌을 가능성도 배제할 수 없다고 본다.

여하튼 그는 무신정변이라는 격동 속에서 살아남았을 뿐 아니라 최고 실력자 가문과 혼인해 정치적 출세를 보장받았다. 그리고 전처와의 결별은 경제 기반에 심각한 타격을 입을 수도 있는 위험한 선택이었으나, 그뒤에도 기성의 경제기반을 유지하면서 대금 교역 등을 통해 오히려 경제력을 확대해 나갔다. 송유인은 국왕에게 대궐 동쪽에 있던 이궁(離宮)인 수덕궁(壽德宮)을 내려줄 것을 청해 거처했으며, 그 부귀와 사치가 왕실에 견줄 만했다고 한다. 대궐에 버금가는 수덕궁의 화려한 면모는 그의 권력과 경제력의 상징이었다.

4. 몰락과 그에 대한 평가

국왕의 회유조차 무시하는 오만한 태도, 인사 조치를 통한 정적 탄압, 뇌물 수수 등의 행적 때문에 송유인과 정중부에 대한 비난의 목소리는 높아갔다. 1176년(명종 6) 경군(京軍)의 군사들은 익명으로 방을 붙여 이르기를, "시중 정중부와 그 아들 승선 정균(鄭筠)과 사위인 복야 송유인은 권력을 농단하면서 방자하게 횡포한 짓을 하고 있다. 지금 남적(南賊)이 일어난 근원도 여기에 있으니, 군사를 동원해 적을 토벌하려면 반드시 이들을 먼저 제거한 뒤에야 가능할 것"이라고 했다. 남적이란 같은 해에 공주 명학소(鳴鶴所)에서 일어난 망이·망소이의 난을 가리킨다. 이 난은 소(所)의 주민에 대한 수취구조, 사회적 차별 등이 원인이 되어 일어난 것으로, 정중부 세력과는 직접 관련이 없다. 그러나 중앙의 군사들 사이에서조차 이들에 대한 비난이 유포될 정도로 송유인 등은 당시 혼란상의 근본적인 원인 제공자로 지목받고 있었다.

그럼에도 불구하고 그는 1179년(명종 9) 5월, 중서시랑평장사(中書侍郎平章事) 판병부사(判兵部事)로 임명되어 수상 다음의 지위에 올랐다. 문관 측과 비교적 우호적인 관계를 유지하던 그가 조정 관리들과 결정적으로 대립하게 된 것은 앞에서 언급한 그해 7월의 문극겸, 한문준 좌천 사건 때문이었다. 당시 정중부 정권의 실정에 대해 불만을 품고 있던 장군 경대승(慶大升)은 정중부 정권의 한 축을 이루던 송유인이 건재한 동안은 거사를 단행할 수 없었다. 그러나 일부 무신뿐 아니라 조정의 여론이 바뀌어 그의 처사를 비난하자, 마침내 그해 9월 경대승은 국왕 호위대에 소속된 허승(許升), 김자격(金子格)과 공모해 정변을 일으켰다. 이들은 먼저 정중부의 아들로 그의 사병 집단을 관장하던 정균을 살해하고, 민가로 피신한 정중부와 송유인 그리고 아버지의 권세를 배경으로 불의를 일삼던 송유인의 아들 송군수(宋群秀)를 체포하여 처단한 다음, 그 머리를 시장에 효수했다. 이를 보고 나라 전체가 크게 기뻐했다고 한다.

하지만 그 추종 세력들의 반발도 만만치 않았던 것 같다. 경대승은 거사 이후 항상 마음이 불안해 언제나 몇 명의 문객(門客)을 거리로 보내 유언비어를 탐문하고, 이에 관련된 자를 잡아 가두는 등 여러 번의 큰 옥사를 만들고 가혹한 형벌을 가했다. 이 가운데는 송유인의 죽음을 복수하려는 시도도 있었다. 그의 가신이었던 석구(石球)가 무리를 꾀어 반란을 일으키려다가 발각되어 유배된 것이다.

『고려사』 찬자들은 반역열전 가운데 정중부전에 덧붙여 송유인의 전기를 실었다. 정변을 일으켜 의종을 축출한 무인측에 가담했으므로 그는 반역자이며, 막강한 권력을 휘두른 권세가의 한 사람이었지만 그것은 장인 정중부 때문에 가능한 일이었다고 보았기 때문이다. 이는 왕위 계승에 있어 유교적 천명사상(天命思想)에 투철하고, 양반 관료 중심의 정치체제를 이상으로 삼았던 조선 초기의 성리학자들로서는 당연한 평가다. 그리고 실제 역사 현실과도 부분적으로는 부합한다.

하지만 위와 같이 그를 유교 정치 이념의 잣대만을 가지고 평가한다면 송유인이 갖고 있는 다양한 면모를 사장시킬 우려가 있다. 먼저 그는 정세의 추이를 정확히 파악하고 이에 신속히 대응하는 기민한 인물이었다. 두 차례의 정략 결혼과 대송에서 대금으로 교역 대상국을 변경한 것은 그 결과로 보아도 좋을 것이다. 그리고 지방관 파견시 문무 교차의 원칙을 견지하고자 노력한 것이나, 찰방사를 파견해 지방관에 대한 감찰을 엄격하게 시행한 것은 지방 통치체제를 강화하려는 개혁적인 면모라고 생각한다. 또한 초직은 부친의 공으로 음직을 받았지만, 무신으로서 뛰어난 자질을 발휘해 출세를 거듭했다.

하지만 그것이 한계에 부딪치자 비법적인 수단을 강구했다. 뇌물을 제공하여 고위 관직에 오른 것이다. 그가 신분이 낮은, 그것도 혼인 경험이 있는 여자와 결혼한 첫번째 이유도 그녀의 경제력에 주목했기 때문이다. 그리고 이는 농업이나 수공업 같은 생산 부문이 아니라 대외교역을 통해 축적된 유통 부문의 부(富)였다. 나중에 금과 교역하려 한 것도 이러한 그의 경제기반의 속성에서 연유한 것이라고 생각한다.

대외교역을 통해 쌓인 부가 비록 '뇌물'의 형태지만 관계(官界)에도 유입되어 관료의 인사에 실질적으로 영향력을 발휘하는 것은 유의(留意)할 만한 현상이다. 대체로 12세기 이후가 되면 경제력을 통해 관료 신분 유지나 빠른 승진이 가능해진다. 송유인은 한 걸음 더 나아가 이를 이용해 추종세력을 확대하고 정적을 탄압하거나 회유하기도 했다. 송유인이 집권 무신들과 알력이 있었음에도 불구하고 정중부가와 혼인을 맺은 것도 그의 자질과 함께 경제력이 없었다면 불가능했을 것이다. 나중에 최충헌(崔忠獻) 일파가 개경 경시(京市)의 상업 세력과 밀접한 관계를 맺은 것도 이러한 흐름에 서 있는 것이라고 본다.

무신이면서도 문신들을 멀리하지 않고, 자질과 능력을 갖추고 있으면서도 부의 획득과 출세를 위해서는 정략결혼도 마다하지 않으며, 고위 관료로서 경제력이 보장되었음에도 불구하고 대외교역 활동에 참여하고, 지방 통치에서는 개혁적 면모를 보인 반면 인사 원칙을 무시하고 자신의 정치적 이해관계에 따라 인사권을 남용하기도 한 송유인의 이율배반적인 모습은 그 자신의 특성이자 한계임과 동시에 12세기 고려 사회의 다면성과 혼란상을 반영하는 것이라고 생각한다.

참고문헌

森克己,「日本・高麗來航の宋商人」,『朝鮮學報』9, 1956.

金庠基,「高麗 前期의 海上活動과 文物의 交流 ―禮成港을 中心으로」,『국사상의 제문제』4, 1959;『東方史論叢』, 서울대학교 출판부, 1986.

邊太燮,「高麗朝의 文班과 武班」,『史學研究』11, 1961;『高麗 政治制度史 研究』, 일조각, 1971.

朴龍雲,「高麗의 中樞院 研究」,『韓國史研究』12, 1976.

安永根,「鄭仲夫 政權과 宋有仁」,『建大史學』7, 1989.

北村秀人,「崔氏政權の成立と京市」,『人文研究』44-12, 大阪市立大學 文學部, 1992.

朴漢男,「12세기 麗金貿易에 대한 검토」,『大東文化研究』31, 1996.

金塘澤,「李義旼 政權의 성격」,『高麗의 武人政權』, 국학자료원, 1999.

安秉佑,『高麗 前期의 財政構造』, 서울대학교 출판부, 2002.

63인의 역사학자가 쓴 한국사 인물 열

정서 鄭敍

불우한 유배 속에 피어난 고려가요의 향기

김기섭 부산대학교 사학과 교수

1. 동래 지역과 동래 정씨 그리고 정서

정서(鄭敍, ?~?)의 생몰 연대는 정확하게 모르지만, 대체로 그는 고려 예종 (睿宗)대부터 명종(明宗)대에 걸쳐 살았으며, 「정과정곡」(鄭瓜亭曲)으로 말미암아 역사학보다는 국문학 분야에서 이름이 더욱 잘 알려져 있다. 「정과정곡」은 당시의 정치적 상황과 관련하여 정서의 심정을 읊은 노래로서, 『고려사』악지에는 한역한 것을, 16세기 문헌인 『악학궤범』에는 국문으로 된 사설을 싣고 있다.

동래(東萊) 정씨인 정서가 의종(毅宗)때 동래로 귀양온 것은 그의 가향 (家鄕)이 동래인 것과 밀접한 관련이 있다. 동래 정씨로서 처음 중앙 정계에 진출한 인물은 정목(鄭穆)이다. 그의 묘지명에 따르면 "할아버지의 휘(諱) 는 지원(之遠)으로 군장(郡長)이며, 부친의 휘는 문도(文道)로서 군장이었 다"라고 기록되어 있다.

한편 『신증동국여지승람』 권23, 동래현, 인물조에 의하면 지원은 나오지 않고 문도를 읍리(邑吏)라고 기재하고 있다. 이로 보아 동래 정씨는 동래에서 대대로 살아온 토성(土姓)으로 호장(戶長)층을 역임한 것으로 보이며, 정문도공(鄭文道公)의 묘지가 지금 부산 양정의 화지산에 있는 것으로 보아 동래 지역의 세력가로 자리잡았던 것 같다. 그뒤 정서의 할아버지인 정목이 과거에 급제함으로써 세상에 이름을 드러냈다.

동래는 이미 오래 전부터 부산 지역의 중심지 역할을 해왔다. 가야 시대에는 김해의 대성동 지역과 함께 동래의 복천동 지역은 가야의 중심지였다. 이와 관련해 『삼국지』「위서」 동이전 변진조에 보이는 독로국(瀆盧國)은 약간의 논란이 있으나, 동래 지역으로 비정(比定)하고 있으며, 복천동 고분군의 존재로 보아 이러한 비정(比定)은 더욱 타당성이 있다.

『삼국사기』, 『삼국유사』 등에는 동래 지역에 원래 거칠산국(居柒山國)이 있었다는 기록이 보이며, 그 뒤 신라에 편입되어 거칠산군(居柒山郡)으로 편제되었다. 신라가 삼국을 통일한 뒤, 신문왕(神文王)대에는 양주(良州: 지금의 양산)에 소속되었다가, 757년(경덕왕 16)에 동래군으로 승격되어 동평현과 기장현을 거느렸다. 이 과정에서 동래 지역에도 토착 세력이 형성되었을 것이며, 그뒤 나말의 혼란기를 거치면서 토착적 기반을 강화해간 것이다. 동래 정씨도 이 동래 지역과 함께 성장해왔을 것이다.

특히 나말 여초는 정치적 혼란기로 신라를 놓고 왕건(王建)과 견훤(甄萱)이 각축을 벌이던 시기였다. 견훤은 고려와 신라의 연결을 막기 위해 여러 방면에서 노력을 기울였다. 특히 남한강 상류와 금강 유역, 충청도 중북부 지역과 경상도 북부 지역 확보에 힘썼다. 920년 무렵에는 합천과 진례(進禮: 지금의 경남 김해시 서부 지역) 지역까지 이르렀다. 그런데 이즈음에 부산 지역의 정치적 향배와 관련하여 중요한 사실 하나를 찾아볼 수 있다. 그것은 견훤이 924년(태조 7) 8월, 절영도(絶影島: 지금의 부산 영도)의 명마를 왕건에게 선물한 사실이다. 그런데 이 시기는 견훤과 왕건이 각축하던 때였다. 또한 견훤이 왕건에게 명마를 선물하기 한 달 전에 조물성전투에서 왕건이 견훤에게 패배하여 상대적으로 위축되어 있었다. 그러나 견훤은 적극적 공세로 927년 경주로 쳐들어가서 경애왕을 죽이고 헌강왕의 외손인 김부(金傅, 敬順王)를 신라왕으로 세움으로써 이 지역에서 견훤의 세력은 절정을 이루었다.

이것만으로 당시 부산 지역의 정치적 판도를 가늠하기는 곤란하지만, 924년 전후의 한 시기에 부산 지역은 견훤의 세력권 안에 있었을 것이다. 이와 관련해 부산 지역의 군현 개편은 여러 가지를 시사한다. 현재의 부산권에 들어 있는 군현은 동래현, 동평현, 기장현 등이다. 『고려사』 권57, 지리지에 따르면, 동래현은 원래 거칠산군이었으나 신라 경덕왕때 동래군으로 바뀌었다가, 나말 여초를 거쳐 고려 현종 9년 군현 개편 때 울주(지금의 울산광역시)의 속현(屬縣)으로 재편되었다. 이와 아울러 동평현(지금의 부산 당감동)은 현종 때 양주의 속현으로, 기장현은 울주의 속현으로 재편되었다. 그러나 태조가 후삼국을 통일한 시점에서 현종대까지의 상황은 알 수 없다.

그런데 부산 지역의 정세와 관련하여 주목되는 것은 견훤의 대일 외교다. 후백제는 일본에 두 차례 사신을 보냈다. 첫번째는 922년(일본 延喜 22) 6월 휘암(輝嵒) 등에게 첩장(牒狀)과 예물을 들려 보내 쓰시마 섬(對馬島)에 가서 일본과의 통교를 요청하였으며, 두번째는 929년(延長 7) 5월 17일에 견훤이 보낸 장언징(張彦澄) 등 20여 명이 다시 쓰시마 섬으로 가서 일본 중앙 정부와 통교할 수 있도록 요청하였다. 여기서 후백제가 보낸 사신들이 어디서 출발했는지는 정확히 알 수 없으나 쓰시마 섬으로 향했다는 것으로 보아, 금주(金州: 지금의 김해) 정도쯤으로 추정된다. 『고려사』 권7, 문종 10년 10월조에 금주에 일본의 사신 왕래와 관련 있는 객관(客館)이 있었다는 기록이 보이고, 일본에서도 금주의 남포에 입항한 사례를 전하는 기록이 있다. 이로 보아 금주는 일본과의 사신 왕래와 교역에서 중요한 거점이었음을 알 수 있다. 견훤이 절영도의 명마를 왕건에게 선물한 해가 924년이었음을 상기한다면, 그 앞뒤인 922년과 927년의 대일 사신 파견은 우연한 사건이라고 보기는 어려울 것이다. 이는 견훤이 신라의 남단을 장악해 신라를 압박하면서, 한편으로는 일본과 통교를 희망한 것으로 보인다.

그렇다면 동래의 토착 세력도 견훤에게 제압되었을 가능성이 크다. 당시 동래의 토착 세력인 동래 정씨도 견훤의 휘몰아치는 위세에 어쩔 수 없이 귀속될 수밖에 없었으며, 고려의 후삼국 통일에도 별 다른 역할을 할 수 없었을 것이다. 이러한 사정을 미루어보아 부산 지역은 고려 건국기에 지방관이 파견된 주현의 자격을 상실하고 속현으로 존재했을 가능성이 더 크다고 여겨진다. 아마 동래현은 고려 초 군현 개편시 신라 때의 위상을 잃어버리고 울주의 속현으로 전락한 것으로 보이며, 그것은 동래현을 비롯해 부산 지역이 상당 기간 견훤과 정치적으로 연결되어 있던 사실과 관련이 깊을 것이다.

정목의 묘지명에 따르면 부친 문도와 조부 지원은 동래의 군장이었고, 이들은 속현의 호장층으로 동래현을 다스렸다. 정목은 동래현의 호장이던 부친의 지원으로 1066년(문종 20) 성균시에 합격해 동래 정씨로는 처음으로 중앙에 진출하게 되었다. 정확하지는 않지만 정목의 조부인 지원은 대략 A.D. 1,000년 전후의 시기에 활동했을 것으로 추정되는 만큼, 후삼국 통일 직후부터 1,000년 정도까지 동래 정씨의 활동은 잘 알 수 없다. 동래 정씨의 가보(家譜)에는 정회문(鄭繪文)이라는 인물이 원조(元祖)로 등장하나, 그가 어떤 활동을 했는지는 알려지지 않았다.

정목은 아이들에게도 유학을 업으로 삼으려면 공자(孔子)와 주공(周公)의 풍모를 터득하라고 이를 만큼, 유가적 가풍을 강조했다. 이런 정목의 유학에 대한 태도는 후세에게 적지 않은 영향을 미쳤을 것이다. 정목의 네 아들 가운데 세 아들이 문과에 급제했다는 사실도 동래 정씨 가문의 가풍을 짐작하게 한다.

정목의 아들로 『고려사』 열전에 입전된 인물은 정항(鄭杭)이다. 정항은 숙종 때 급제하여 상주(尙州) 사록(司錄)에 임명된 뒤 여러 차례 승진을 거듭했으며, 특히 인종의 신임을 받았다. 『고려사』 권97, 정항전에 따르면 인종대에 이자겸(李資謙)의 위세가 천지를 진동할 때도 정항은 전혀 아첨하지 않았으며, 묘청(妙淸)의 서경 천도(西京遷都) 주장에도 굽히지 않고 개경(開京)을 고수할 것을 인종에게 직언했다고 한다.

이처럼 정항은 충군을 위한 강직한 유학자적 면모를 갖추고 있었다. 이로 보아 이자겸과는 정치적 견해가 달랐던 신진 관료층이면서, 묘청 등의 서경 세력과도 견해를 달리한 개경 세력이었음을 알 수 있다. 특히 정항은 경연(經筵)에 나와 경의를 강론한다든가, 『상서』(尚書), 『예기』(禮記) 중용편을 강론하는 등 왕의 자문 역할 또는 유교 경전을 강의하는 것으로 보아 유학 지식인의 능력과 자질을 갖춘 인물이었다.

정항은 경열공(景烈公) 왕국모(王國髦)의 딸을 아내로 맞이해 네 아들과 세 딸을 두었다. 왕국모는 계림공(鷄林公)이었던 숙종이 왕으로 즉위하기 전에 이자의(李資義)의 난을 진압하는 데 큰 공을 세운 소태보(邵台輔) 휘하 장수로 소태보를 도와 숙종의 즉위에 큰 공을 세웠다. 이에 따라 왕국모는 중앙 정계에서 무시하지 못할 세력으로 성장했다. 정항이 왕국모의 사위가 될 수 있었던 것도 아버지 정목의 정치적 위상이나 인물됨과 무관하지 않았을 것이다. 정항에게는 네 아들이 있었는데, 세 아들은 모두 어린 나이에 요절하고 막내인 사문(嗣文: 정서의 어릴 때 이름)만이 커서 임원후의 사위가 되었다. 세 딸은 각각 최유청, 이작승, 김태영에게 시집갔다.

정서에게 모계가 되는 왕국모 집안은 원래 무장 출신이었다. 이자의의 난을 진압하는 데 공을 세움으로써 입지를 세운 왕국모는 죽은 뒤에 숙종의 묘정(廟廷)에 배향될 정도로 당대의 정치적 거물이었다. 이미 선종 8년 9월에 상장군 왕국모는 계림공을 비롯해 문하시랑평장사(門下侍郎平章事) 유홍(柳洪), 좌복야(左僕射) 소태보 등과 함께 여진에 대한 대처 방안을 논의했고, 권상서병부사로서 군사권을 가지고 소태보의 명을 받아 이자의의 난을 진압했다. 따라서 정서의 외조부인 왕국모는 당시 정계의 주요한 인물이었으며, 그것은 직간접적으로 정서의 입지에 영향을 미쳤을 것이다. 특히 정서의 형들이 요절했기 때문에 정서에 대한 기대가 컸을 것이며, 외조부의 정서에 대한 관심도 이에 못지 않았을 것이다.

정서는 임원후(任元厚)의 사위가 되었다. 임원후의 가문은 아버지 임의 (任懿)가 『고려사』 열전에 입전될 정도로 숙종 전후의 시기에 고려 정계에서 입지를 세웠다. 임의는 1070년(문종 24) 어시에 급제해 벼슬에 오른 뒤, 숙종이 이자의의 난을 진압하고 즉위하자 숙종의 즉위를 북요(北遼)에 알리기 위해 사신으로 파견되었다. 숙종 5년에는 송(宋)의 7대 황제 철종의 죽음을 조문하고 돌아오면서 송 휘종(徽宗)에게서 『신의보구방』(神醫補救方)을 얻어 돌아오기도 했다. 이처럼 임의는 숙종의 신임을 받았으며 청렴함과 공정함으로 세인의 존경을 받던 인물이다. 그뒤 예종 때까지 벼슬을 하면서 77세에 죽었는데, 임원후는 그의 막내 아들이다.

임원후는 인종 초에 과거에 급제해 여러 벼슬을 거쳤다. 인종은 이자겸의 난 뒤 이자겸의 딸이며 자신의 생모인 문경왕후(文敬王后)와 자신의 비(妃)였던 왕후의 두 동생을 폐출하고, 임원후의 딸을 비로 맞았다. 임원후의 딸이 간택된 배경에는 척준경(拓俊京)의 주선이 있었던 듯하며, 그 시기는 이자겸의 딸들을 폐위시킨 뒤일 것이다. 그뒤 묘청의 난이 일어났을 때 김부식(金富軾)과 함께 난을 진압하는 책임을 맡았다가 다시 수도 개경을 방위하는 임무를 맡았다. 임원후는 관리 등용에 공정하다고 하여 중국의 산도(山濤)에 비견되기도 했다. 의종 즉위 뒤에는 정안후(定安侯)로 봉해졌으며, 의종에게 특별 대우를 받기도 했다. 『고려사』를 편찬한 사람은 그의 도량과 안목을 높이 평가하고, 특히 묘청을 배격한 그의 통찰력에 감복했다.

임원후와 정항이 사돈을 맺을 수 있었던 구체적인 계기는 알 수 없다. 정항이 1136년(인종 14) 57세의 나이로 죽음을 맞았을 때, 정서는 음서(蔭敍)로 장사랑(將仕郎) 양온승동정직(良醞丞同正職)에 올라 상국 임원후의 사위가 되어 있었다. 정항은 임원후보다 나이가 많지만 두 사람은 과거를 통해 진출하여 국왕의 두터운 신임을 받았다. 묘청의 난을 전후한 시기에 두 사람 모두 묘청을 반대하는 정치적 견해를 가진 것으로 보아 정치적 성향이나 지향이 전체적으로 비슷했음을 알 수 있다. 이처럼 두 사람은 비슷한 가문 배경과 정치 성향, 고려 조정에서의 위치 등으로 말미암아 같은 통혼권에 있었다고 볼 수 있다.

정서는 동래 정씨의 후예로서 정목, 정항의 유학적 가풍과 당시 위세가 있는 외가의 사랑을 받으며 어린 시절을 보냈고, 커서는 당시 조정의 주목을 받던 임원후의 사위가 되어 탄탄한 장래를 가진 인물로 성장했다. 그러나 정서의 생애 전반에 관해서는 그리 잘 알려져 있지 않다. 『고려사』 권97, 정항의 열전에 있는 자료를 제외하면 정서와 관련된 자료는 거의 없기 때문이다. 그러나 다행히도 정서보다는 연배가 상당히 떨어질 것으로 추정되는 임춘(林椿)의 문집에 정서에 관한 기록이 있어 정서의 삶의 궤적을 어렴풋이나마 그려볼 수 있다.

임춘의 출생 연도에 관한 견해는 매우 다양하나, 대체로 1115년(예종 10) 전후로 추측한다. 『서하집』(西河集)에 따르면 생전에 정서를 만나보지는 못했다고 한다. 그러나 그는 정서의 유고(遺稿)를 보았고, 정서가 동래로 유배를 갔을 때 중순선로(中淳禪老)와 화답한 시의 운에 따라 화답 시를 적었다고 한다.

그에 따르면 정서는 재질이 뛰어나 젖을 떼면서 글을 지었다고 하니, 어려서부터 총명한 아이였으며 글재주도 비상했을 것으로 여겨진다. 나이가 들어 그 재주 때문에 임금의 총애를 받았으나 신하들의 원망과 시기로 참소를 당했고, 결국에는 동래로 유배를 가기에 이르렀다. 20년 가까이 유배 생활을 한 뒤 개경의 옛집으로 돌아온 그는 대대로 살아온 집을 지키고 살면서, 임금의 요청으로 경연(經筵)을 열기도 하는 등 관직 생활에 종사한 것으로 보인다.

『고려사』 권97, 정서의 전기를 보면 그가 성품은 경박하나 재주와 기예가 있다고 적고 있다. 성품이 경박하다는 평가는 어떤 근거에서 나온 것인지 알 수 없으나, 그가 인종의 총애를 받은 것과 관련해 아마도 조정에서 시기와 질투가 많았던 듯하며 정서 역시 임금의 총애를 믿고 조금은 경박한 행동을 했는지도 모를 일이다.

『서하집』에서 임춘은 이러한 모습을, "총애가 날로 더해졌네. 손잡고 내전으로 데리고 가서 은밀히 금석같이 맺어지니 조정의 신하 원망이 많았으나 그 성세가 바야흐로 불꽃같이 빛났다"라고 적고 있다. 이처럼 인종은 정서의 재능을 가상히 여겼으며, 정서가 인종의 동서가 될 수 있었던 것도 이러한 인종의 총애와 관련이 있었을 것이다.

동래로 귀양을 가서 거문고와 노래로 자신의 처지를 원망하며 보냈다는 것으로 보아, 정서는 거문고 타는 재주도 남달랐던 모양이다. 이처럼 정서의 다재다능한 재기와 불행한 삶이 「정과정곡」(鄭瓜亭曲)*과 같이 우리 문학사에 뚜렷이 남을 훌륭한 작품을 남기게 했는지도 모를 일이다.

2. 인종·의종대의 정치와 정서의 입지

고려 인종 때는 현종 즉위 이후 시작된 왕실 외척 세력의 정치적 진출이 극대화되면서 정치가 왜곡되었으며, 그 결과 이자겸의 난(1126년)을 비롯하여 묘청의 난(1135년)에 이르기까지 정치적 혼란이 심해졌다. 이러한 혼란은 인종 때 갑자기 시작된 것이 아니라 그전부터 계속되어온 정치 변화의 연장선에서 이해해야 할 것이다.

숙종 이후 고려의 국왕들은 기본적으로 왕권 강화를 기반으로 하여 다양한 방식으로 정치를 실현하고자 했다. 북송(北宋)의 신법(新法)에 관심을 가지거나, 중앙집권적 통치 기구를 통해 대민 지배 체제를 강화하거나, 또는 왕권을 보좌할 새로운 관료층을 양성하기 위해 노력했다. 인종 때의 정치적 동향도 이러한 흐름 속에서 정치 주도 세력이 뚜렷하게 교체되었고,

그에 따라 정책 방향도 달라졌다.

인종 초기에는 이자겸 세력이 정국을 주도하는 가운데 한안인(韓安仁) 세력이 이를 견제하는 국면이었으나, 이미 이때에는 인종 즉위에 결정적인 공을 세운 이자겸의 정치적 독주를 막을 수는 없었다. 그 결과 이자겸은 한안인 세력을 숙청하기에 이른다. 한안인 세력의 제거는 겉으로 이들 세력이 예종의 아우인 대방공(帶方公) 보(俌)를 왕으로 추대하려 했다는 게 이유였지만, 사실상 이는 인종의 잠재적 위험 세력인 대방공을 정치적 희생양으로 삼아 자신과 대립 관계에 있던 한안인을 제거하고자 한 것이다. 한안인 세력이 제거되고 나자 이자겸의 전횡은 더욱 심해졌다.

그러나 인종이 성장하자 이자겸 세력과의 대립은 불가피했다. 인종은 자기 측근세력과 함께 이자겸을 제거하려 했으나 1차에는 실패하고, 2차에는 척준경을 끌어들여 성공한다. 인종 4년 이자겸을 제거한 뒤 인종은 이자겸의 두 딸을 폐위시키고 임원후의 딸을 왕비로 맞았다. 인종이 종6품 전중내급사에 불과한 임원후의 딸을 비로 맞은 것은 척준경의 주선에 의한 것이었다. 또한 아버지 임의가 숙종 때부터 조정에서 입지를 세우고 있었고, 인종의 입장에서 신진 세력인 정안(定案) 임씨 가문은 지지 세력으로 삼을 만했으며, 이자겸 가문에 비해 왕권을 제약하거나 위협할 가능성이 훨씬 적다고 판단했을 것이다. 이처럼 인종은 측근세력을 중심으로 정국을 운영하면서 신진 관료군 가운데에서 자신의 정치적 기반을 구하고자 하였다. 정서가 인종의 총애를 받은 시기도 이자겸의 난이 진압되고 전에 비해 정치가 안정되어가는 이즈음이었을 것이다.

인종은 5년 2월에 서경으로 행차해 「유신의 교서」(維新之敎)를 반포하여 당시의 사회경제적 모순을 해결하려는 시도를 보이면서 묘청·백수한

---

* 고려 의종 때 瓜亭 정서가 지은 고려가요. 「三眞勺」이라고도 하는데, 조선 시대 『樂學軌範』에 「삼진작」으로 실려 있는 데서 붙여진 이름이다. 10구체 향가 형식으로 지은 忠臣戀君의 노래이다.

(白壽翰)·정지상(鄭知常) 등 서경 세력과 연대하려는 의도를 내보였다. 그 뒤 묘청 등의 서경 세력은 인종의 중요한 정치적 기반 역할을 하면서 정국을 주도했다. 그러나 서경 세력은 점차 묘청을 성인으로 칭송하며 정치의 중심에 두려는 의도를 노골적으로 드러냈고, 김부식·이지저(李之氏)·임원후 등은 이를 반대했다. 칭제건원(稱帝建元)·금국정벌(金國征伐) 등의 주장이 제기되고, 서경 천도 주장이 구체화되면서 일반 관료들 사이에서는 이에 반대하는 움직임이 일어나기 시작했다. 정항도 이 시기에 묘청의 서경 천도 주장에 굽히지 않고 개경을 지킬 것을 인종에게 직언했다고 한다. 이러한 분위기에서 서경 천도론이 점차 힘을 잃어가자 묘청의 난이 일어났다.

묘청의 난이 일어나자 인종은 김부식과 임원후를 반란 진압 책임자로 삼고 정국을 안정시키고자 했다. 김부식의 주도로 묘청의 난이 진압되자, 김부식은 인종 후반기에 정국의 중심에 서서 김안(金安)을 비롯하여 서경 세력인 백수한, 정지상 등을 처단하고 그에 동조했던 세력들을 숙청했다. 인종도 측근 관료 중심의 정국 운영에 한계를 느끼고 유교적 정치 이념에 입각한 왕권 강화를 시도했다.

인종의 뒤를 이은 의종은 즉위 과정에서부터 인종과 공예태후의 신임을 받지 못했다. 인종과 태후는 동생인 대녕후(大寧侯) 경(暻)을 태자로 삼으려 했으나, 정습명(鄭襲明)의 적극적인 도움으로 의종이 즉위하기에 이르렀다. 따라서 의종 초기에는 즉위를 도와준 정습명을 비롯하여 임원후 등의 외척 세력이 인종 후반기의 기조를 유지해가는 선에서 정국을 운영했다.

그러나 의종은 자신의 즉위에 부정적이었던 공예태후를 비롯하여 임원후 등의 외척 세력에 대해 의구심을 가지고 있었고, 그만큼 그들은 정치적으로 큰 비중을 차지하지 못했다. 의종은 오히려 친위 세력을 강화함으로써 입지를 확보하고자 했다. 따라서 의종은 자신의 유모의 남편인 정함(鄭諴)을 중용하고, 내시와 환관들을 육성하여 측근세력으로 삼고자 했다. 이에 따라 의종 초기에는 인종 후반기에 정치를 주도해왔던 유교적 관료 세력과 의종의 친위 세력 사이에 정치적 마찰과 대립이 더욱 심해졌다.

이러한 정치적 상황은 인종의 동서이자 공예태후 동생의 남편인 정서에게도 유리한 정국은 아니었다. 의종 5년에 김부식이 사망한 후 정습명 또한 김존중(金存中)과 정함의 모함을 받아 정치적으로 위축되었고 결국에는 자살에 이르게 된다. 따라서 이후의 정국은 의종의 측근세력과 환관들이 정권을 좌지우지하는 형태로 전개되었다.

이러한 내부 대립과 갈등 속에 그 불꽃은 엉뚱한 곳으로 튀었다. 정함은 의종 5년 한 연회에서 서대(犀帶) 착용과 자신에 대한 권지합문지후의 임명 문제를 둘러싸고 대간들과 대립해 정치적 위기에 몰린다. 정함은 위기를 벗어나기 위해 대간들이 대녕후 경을 왕으로 추대하려 한다고 무고했다. 그러나 이것이 무고임이 밝혀지자, 정함은 다시 정서 등 외척 관료들이 대녕후 경과 교제한다고 고발하면서 이들이 불궤(不軌: 모반)를 꾀한다고 무고했다. 이 사건은 평소 외척들과 사이가 좋지 않던 김존중의 가세로 정치적 사건으로 크게 비화되었고, 대간들도 그들에 대한 처벌을 주장하기에 이르렀다. 의종 역시 자신과 정치적 대립관계에 있던 대녕후 경을 좋지 않게 생각하던 터라 이 사건은 더욱 비화될 소지를 안고 있었다.

1151년(의종 5) 5월 어느 날, 이 사건으로 정서는 어사대의 탄핵을 받아 구금되었다가 의종의 배려로 방면되었다. 그러나 며칠 뒤 대규모의 탄핵과 상소로 말미암아 죄를 받지 않을 수 없었다. 그 결과, 정서를 비롯해 양벽, 김의련·김참 등은 장형(杖刑)을 받은 뒤에 각 지역으로 유배를 갔으며, 정서의 매서(妹婿)였던 최유청은 남경유수로, 이작승은 남해현령으로 좌천되었다. 그러나 대녕후 경을 비롯해 정서와 긴밀한 관계였던 임극정 등은 직접 연루되지 않았다. 이는 의종이 모후였던 공예태후와 사이가 좋지 않았다고 하더라도 자신의 동생과 외삼촌 등을 죄에 연루시켜 벌하기에는 여러 면에서 어려웠을 것이며, 이모부인 정서를 희생양으로 삼아 이들을 벌함으로써 대녕후 경을 비롯한 관련 세력에 대해 경고하고자 했을 것이다. 이 사건을 계기로 김존중과 정함 등 의종 측근세력의 정치적 입지는 더욱 강화되었다.

하지만 이 사건은 이것으로 일단락된 것이 아니었다. 대녕후 경이 살아있는 한 언제라도 다시 부활할 조짐을 안고 있었다. 1157년(의종 11) 2월, 이 사건이 다시 거론되어 이들을 처벌하는 상황이 일어났다. 의종은 도참설을 믿고 아우들을 의심했기 때문에 간관들을 부추겨 그들의 죄를 탄핵하게 했던 것이다. 이로 말미암아 대녕후 경은 천안부로 유배당하고, 남경유수 최유청은 충주목사로, 공부상서 임극정은 양주방어사로, 좌부승선 김태영은 지승평부사로, 이작승은 남해 현령으로, 정서는 동래에서 다시 거제현으로 유배지를 옮겼다. 이 사건은 대녕후 경을 직접 겨냥하고 있으며, 그에 대한 정치적 압박을 더욱 노골화한 것이다. 또한 정서도 대녕후와 함께 더욱 질곡으로 몰리는 결과를 가져오게 되었다.

『고려사』 정항전에는 정서를 덧붙여 입전하고 있는데, 그에 따르면 의종은 정서를 동래로 귀양보내면서 "이번 일은 조의에 몰린 일이니 가 있으면 소환할 것이다"라고 언급한 내용이 있다. 그러나 의종 연간의 사정을 고려해본다면 이러한 말은 단순한 겉치레 발언에 불과한 것임을 알 수 있다. 의종은 이미 즉위 전부터 대녕후에 대해 경쟁심과 함께 태자 책봉에 대한 불안감을 가지고 있었다. 뿐만 아니라 즉위 후에는 자신의 측근세력을 육성해 정치적 기반을 공고히 하려는 시도를 끊임없이 해가고 있었다. 이러한 상황에서 내시와 환관들은 자신의 주요한 정치 기반이었고, 이들은 의종의 심중을 헤아리고 대녕후 경과 그 주변 세력을 꾸준히 감시하고 견제해오고 있던 터인 만큼, 작은 의심만 있으면 그들을 언제라도 정치적 희생양으로 삼고자 했다. 이러한 상황에서 정서의 의종에 대한 기대는 너무 순진한 것이었다 해도 과언이 아니다.

정서는 일찍부터 인종의 총애를 받았고 공예태후의 동생 남편으로 태후와도 가까운 관계에 있었다. 인종과 공예태후는 일찍부터 의종이 태자감으

63인의 역사학자가 쓴 한국사 인물 열전

로 적절하지 않았다고 보았으므로, 정서는 격구와 말타기를 좋아하던 의종보다는 대녕후와 가까이할 기회가 더욱 많았을 것임은 쉽게 짐작이 된다. 따라서 의종은 이모부라 하더라도 정서에 대해 호감을 가졌을 리가 없다. 이러한 터에 정서가 대녕후와 긴밀한 관계라는 측근들의 읍소는 의종의 심중을 흔들었을 것이다.

정서는 1157년(의종 11)에 거제도로 다시 유배를 가서, 의종 때에는 개경으로 돌아가지 못하고 명종 즉위년에 가서야 유배에서 풀려났다. 그의 유배 기간은 19년 6개월이었다. 동래에서 6년, 거제현에서는 13년이라는 오랜 기간의 유배 생활을 해야 했다. 거제현의 유배 생활은 별로 알려진 것이 없으나, 그의 관향이었던 동래보다는 훨씬 열악한 환경이었을 것이다. 이런 그의 사정은 임춘의 시에서도 엿볼 수 있다. 그에 따르면 "사는 곳은 역(驛)과 같았네. 남쪽 땅에는 나쁜 기운을 품은 안개가 짙으니, 기맥을 다칠 것을 걱정할 정도였네. 할 일 없이 산골을 돌아다니다가, 여러 번 나막신 신고 산에 올랐다네"라고 하였다. 정서는 이처럼 누추한 환경에서 시간을 보내기 위해 이리저리 돌아다녔다. 그러나 그는 이 기간에 친분이 있던 사람들과 서신을 통해 시문답을 하는 등 시작 활동을 했을 것으로 짐작된다.

최자(崔滋)가 쓴 「속파한집서」(續破閑集序)에 따르면 이인로(李仁老)의 『파한집』(破閑集)을 다시 펴면서, 이장용(李藏用)의 집에 소장하고 있던 정서의 글을 모은 『잡서』(雜書) 3권을 부록으로 첨부했다고 한다. 『잡서』의 내용이 어떠한지는 모르지만, 『보한집』(補閑集)에 전하는 정서의 『잡서』에 따르면 최유청의 시를 인용해 최유청이 높은 지위에 오를 것이라 예견하는 사실 등을 통해서 볼 때 『잡서』에는 시를 비롯해 정서의 다양한 글이 게재되어 있었을 것이다. 이러한 글들은 아마도 많은 부분이 유배 생활중에 씌어진 것으로 짐작이 되는 만큼, 정서의 고독한 유배 생활은 역설적으로 자신의 문학 활동에 좋은 기회였을 것이다. 이러한 사정을 임춘은 "한가하게 살아서 일 없는 날이 많았으므로 장구(章句)를 찾고 또 찾았네. 감개와 분함을 여러 문장에 붙였더니 많이 모여 책을 채웠다네"라고 말하고 있다.

정서가 유배에서 풀려난 것은 1170년(의종 24) 정중부의 난을 계기로 의종과 그 측근세력이 몰락하면서였다. 정서는 개경으로 돌아와 자신의 옛집에 기거하면서 다시 관직 생활을 한 것으로 보인다. 그러나 실제로 어떤 관직을 역임했는지는 알 수 없으며, 그가 언제 죽었는지도 정확하게 알려지지 않았다.

3. 정서의 유배와 「정과정곡」

1151년(의종 5) 정서는 고향인 동래로 유배를 오게 된다. 정서가 전에 동래에 온 적이 있었는지는 알 길이 없으나, 이미 할아버지 정목이 과거에 합격하여 정계에 진출한 뒤부터 집안은 개경에 터전을 잡았을 것이며, 아마도 정서가 동래로 올 만한 특별한 이유와 계기는 별로 없었을 것이다. 아버지 정항도 중앙 정계에서 활약한 만큼 정서는 개경에서 어린 시절을 보냈으며, 어머니 역시 왕국모의 딸로 동래와는 무관한 집안이었다.

정서가 동래로 귀양을 때 그의 심정은 착잡했을 것이다. 당시의 정황으로 보아서 정서의 귀양우 그를 정치적 희생양으로 삼고자 했던 의종과 그 측근들의 정치적 모함이었고, 그런 만큼 그에게 귀양형은 큰 수치였을 것이다. 그러나 그는 귀양을 때 의종의 약속을 철석같이 믿고, 다시 돌아가기만 학수고대했다.

정서의 동래 유배 생활을 잘 알 수는 없으나, 『고려사』에 따르면 유배 생활 중에 의종의 소환 명령이 오지 않음을 슬퍼해 거문고를 타며 슬픈 노래를 불렀다고 한다. 이런 점으로 보아 정서의 유배 생활이 매우 적적했던 것으로 보인다. 그러나 동래 지역은 일찍부터 동래 정씨의 본관이었고, 지금까지 전해져 내려오는 정서의 유배지도 동래에서 그리 멀지 않은 곳이었던 만큼 정서는 당시 동래에 살고 있는 인척들의 도움을 받고 살았을 것이다.

정서가 유배와서 살았다고 전해지는 과정(瓜亭)은 지금 부산 망미동 주공아파트 뒷산인 망산 너머에 있었다. 망산은 정서가 귀양와서 사는 동안 임금이 있는 북쪽을 향해 절을 한 산이었다고 한다. 과정은 오륜대에서 내려오는 사천(絲川)과 온천장 쪽에서 내려오는 온천천이 만나 수영강을 이루는 지점이 아래로 내려다보이는, 망산의 아래 언덕 부근이었다고 한다. 이곳은 지금도 부산에서 별로 개발되지 않은 낙후된 지역으로 남아 있다. 정서는 이곳에 과정을 짓고 수영강(水營江: 부산의 동래에서 수영만으로 흐르는 강)을 바라보며 망군의 한을 달랬을 것이다.

정서가 「정과정곡」을 지은 시점에 대해서 정확하게 알려진 것은 없다. 그러나 1156년(의종 10)은 주목해볼 만하다. 그해 3월, 정서를 귀양가게 만든 장본인 가운데 한 명인 김존중이 사망하고, 4월과 10월에는 대사면이 있었으며, 9월에는 정서의 장인인 임원후가 죽음을 맞았다. 이들 사건은 정서에게는 새로운 희망과 함께 슬픔을 가져다준 중요한 일이었다. 김존중의 죽음으로 말미암아 정서는 그에게 덮어씌워진 무고의 덫을 벗어버릴 수 있는 절호의 기회를 맞았다. 그럼에도 불구하고 두 차례의 대사면에서 정서는 제외되었다. 이로 말미암아 정서의 심정은 그야말로 참담했을 것이다.

그러나 당시의 정세는 김존중 한 사람의 죽음으로 정서가 사면될 수 있는 상황은 아니었다. 정작 중요한 것은 의종 자신이었다. 의종에게 대녕후와 정서는 썩 달갑지 않은 인물이었으며, 그들의 존재는 짐이 될 뿐이었다. 그러한 사실은, 김존중이 죽은 지 얼마 지나지 않은 1157년(의종 11) 2월 대녕후 경을 비롯해 그와 관련된 세력들을 귀양보내거나 외지로 내치면서 정서는 거제현으로 또다시 귀양보낸 사실에서도 드러난다.

4월의 대사면 후 9월에 장인 임원후가 죽고, 10월 대사면에서 자신이 제외된 것은 정서에게 큰 충격이었고, 의종이 자신을 외면한다는 사실에 대해서는 처절한 소회와 함께 일말의 배신감을 느꼈을 것이다. 「정과정곡」의 내용이 이 같은 처절한 자신의 심경을 담은 것이라고 본다면, 「정과정곡」의

창작 시기는 대체로 1156년 4월 이후, 특히 10월 대사면 직후가 아니었을까 생각해볼 수 있다.* 그러나 정작 중요한 것은 정서가 「정과정곡」을 지을 수밖에 없었던 당시의 정치 현실에 대한 정확한 이해와 판단일 것이다.

의종 자신의 정치적 편견과 김존중과 정함 등 측근세력의 전횡으로 인한 파행적 정치 과정은 의문의 여지가 없지만, 왜 그렇게 되었을까에 대해서는 검토할 필요가 있다고 하겠다. 의종의 정치적 돌출 행위는 의종 자신의 본래 성품이나 기질과 무관하지 않겠지만, 앞뒤 사정을 고려한다면 그럴 만한 이유도 있다고 볼 수 있다.

예종, 인종을 거치면서 고려의 정치는 외척의 정치 참여로 말미암아 정치의 파행 현상이 심해졌고, 그 결과 이자겸의 난과 묘청의 난으로 이어졌다. 그 과정에서 기존의 정치를 비판하는 비판 세력이 존재하지 않은 것은 아니지만 정치는 탄력성을 잃어갔고, 새로운 개혁이 필요한 시점에서 개혁을 지향하는 왕의 등장은 어쩌면 필연적이었다고 할 수 있다. 그러나 의종은 그러한 인물이 아니었던 것 같다.

의종은 어린 시절부터 학문보다는 격구나 사냥 등 학문 외적인 것에 관심이 많았으며, 그러한 의종의 성향은 언제나 그의 동생 대녕후와 비교되면서 인종과 공예태후의 근심거리였다. 따라서 의종은 대녕후에 대해서 어려서부터 경쟁심을 가졌을 것이며, 형으로서 동생의 존재에 대해 부담과 함께 시기심을 느꼈을 것이다. 이러한 상황은 왕위 계승을 둘러싼 일련의 과정에서 극대화되었을 것으로 보이며, 정습명의 도움으로 겨우 왕위에 오르긴 했지만, 그 과정에서 의종의 심리적 압박은 대단했을 것이다. 따라서 의종은 즉위한 후 일련의 정치 과정에서 어느 누구보다도 자신의 측근세력을 필요로 했고, 대녕후와 가까운 인물에 대해 적대감을 느꼈을 가능성이 높다. 이렇게 본다면 의종의 행위를 이해할 수 있다. 비록 왕이 될 만한 덕성을 갖추지 못했다는 점에서 왕이 되어서는 안 될 존재였다 하더라도, 왕이 된 뒤의 일련의 과정은 그럴 수밖에 없었던 심리적 요인이 내재해 있음을 간과할 수 없다.

정서의 의종에 대한 그리움과 원망은 바로 「정과정곡」으로 그려졌다. 「정과정곡」은 바로 정서의 심정을 노랫말로 엮은 것이라 할 수 있다. 「정과 정곡」은 『고려사』 악지(樂志)와 『악학궤범』에 전해오고 있다. 『고려사』 악 지에는 노래를 지은 이유를 소개하고 이제현(李齊賢)의 「소악부」(小樂府) 에는 한역한 것을 실었다. 국문으로 된 사설은 16세기 문헌인 『악학궤범』에 전한다. 그 내용은 다음과 같다.

> 내 니믈 그리△와 우니다니
> 산 졉동새 난 이슷ᄒ요이다
> 아니시며 그츠르신 돌 아으
> 잔월효셩(殘月曉星)이 아르시리이다
> 넉시라도 님은 ᄒᆞ딕 녀겨라 아으
> 벼기더시니 뉘러시니잇가
> 과(過)도 허믈도 쳔만 업소이다
> 몰힛마리신뎌
> 술읏븐뎌 아으
> 니미 나롤 ᄒᆞ마 니ᄌᆞ시니잇가
> 아소 님하 도람 드르샤 괴오쇼셔

> 내 임을 그리워하여 울고 있더니
> 두견새와 나는 비슷합니다.

---

* 창작 시기와 관련한 고전 문학 관련 연구자들의 견해는 여러 가지로 나뉘고 있다. 크게 동래 유배 시기 와 거제 유배 시기로 나눌 수 있다. 이에 관해서는 다음 논문이 참고된다. 조태흠, 「정과정 연구의 성과와 전망」, 『과정문학의 재조명』, 파전한국학당, 1997. 이가원이 거제 유배 시기에 지은 것으로 추정한 이래, 이에 동조하는 견해가 있으나 대체로 동래 유배 시기에 창작된 것으로 보는 것이 일반적이다(이가원, 「정 과정곡연구」, 『성균』 4, 성균관대학교, 1952).

아니며 거짓인 줄을, 아

지새는 새벽 달과 새벽 별만이 아실 것입니다.

죽은 혼이라도 임과 한자리에 가고 싶습니다, 아

어기던 사람이 누구였습니까

과실도 허물도 전혀 없습니다.

멀쩡한 (거짓) 말씀이었구나

죽고만 싶은 것이여, 아

임께서 저를 벌써 잊으셨습니까

맙소서 임이시어, 돌려 들으시어 사랑하소서

「정과정곡」에 나타나는 정서의 심정은 임에 대한 그리움과 원망이라고 할 수 있다. 여기서 임이 과연 누구를 의미하는지에 대해서 논란의 여지가 있으나, 당시 유배를 보낸 의종이라고 보는 것이 크게 무리가 없을 것이다. 아울러 「정과정곡」에 대한 해석을 둘러싸고 「정과정곡」을 지나치게 정치적으로 해석하는 데 대한 문학적 측면의 비판도 있으나, 「정과정곡」은 역시 당시의 정치적 현실을 외면하고는 그 의미를 이해하기 어렵다.

정서는 임으로 상징한 의종에 대한 그리움을 두견에 비유해 읊으면서, 새벽 달과 새벽 별에 기대어 자신의 결백을 주장한다. 이어서 죽어서라도 임과 함께 하고 싶다는 바람과 함께 자신의 허물 없음을 강조하면서, 자신을 다시 부르겠다던 임의 거짓 말씀을 원망한다. 또한 자신의 죽고 싶은 처지에 대해 절망하면서 자신에 대한 임의 망각을 원망하고, 자신을 다시 사랑해주기를 열망하고 있다. 이처럼 「정과정곡」은 의종에 대한 그리움과 원망을 담은 충신연주지사(忠臣戀主之詞)라고 할 수 있다.

그러나 정작 정서의 마음에는 그리움보다는 의종에 대한 원망이 훨씬 컸을 것이다. 자신에게 허물이 없음에도 불구하고 정치적인 모함으로 귀양오게 된 그로서는 의종이 매우 원망스러웠을 것이다. 정서는 선왕 때부터 맺어온 인종과의 인연이나, 공예태후와의 관계에서 볼 때도 대녕후의 사람이었다. 따라서 정서의 의종에 대한 그리움과 충성심과는 무관하게, 의종은 정서를 달갑지 않은 존재로 인식하였을 것이다. 조정은 의종의 측근세력들이 득세했으며, 대녕후와 관련된 세력은 기회가 오면 언제나 제거될 대상이었다. 따라서 정서의 유배는 당연한 귀결이며, 「정과정곡」은 그리움을 겉으로 드러낸 원망과 회한의 노래라고 볼 수 있을 것이다.

「정과정곡」에 대한 문학적 평가는 크게 두 방향에서 논의되고 있다. 하나는 충신연주지사로서 후대의 문학에 많은 영향을 미쳤다는 내용적 평가이며, 또 하나는 우리 나라 시가문학의 형식이나 음악적 측면에서 전대의 시가와 관련을 맺고 동시대나 그후의 시가문학에 영향을 미쳤다고 보는 형식적 평가이다.

내용적 평가에서 「정과정곡」은 대체로 충신연주지사로서 '임'에 대한 이중적 감정 속에 임에 대한 부정과 긍정이 교차하면서 한국인의 임에 대한 콤플렉스를 표현한 것이라고 평가하거나, 버림을 받아도 임에 대한 굳은 마음을 간직하는 민족 특유의 정서를 성공적으로 담아내 오래도록 전승되어온 소중한 작품이라고 평가한다.

형식적 평가는 악곡과 시조 음악인 대엽곡과의 관련성을 밝히는 측면에서 논의가 이루어졌다. 「정과정곡」은 전 시대의 10구체 향가를 계승하면서 아울러 새로운 고려가요로 등장하여 후대의 시가 장르인 고려속요나 경기체가 등의 형성과 전승에 영향을 끼쳤기 때문에 그 시가사적 의의를 매우 높이 평가한다.

이렇게 「정과정곡」은 인종과 의종대 역사의 전개 과정을 배경으로 하면서 정서의 원망과 회한을 담은 노래지만, 그것의 문학사적·시가사적 의의는 매우 큰 것이다. 정서의 역사적 삶은 당대의 정치사적 궤적에서 조그만 흔적일지 모르지만, 그뒤에 남겨진 문학적 흔적은 결코 작은 것이 아니었다.

참고문헌

• 원자료

『高麗史』 권97, 열전8, 任懿.

『高麗史』 권95, 열전8, 任元厚.

『西河集』 권1, 「次韻鄭侍郎敍詩幷序」, 「追悼鄭學士」.

• 논저

金龍善, 「鄭穆墓誌銘」·「鄭沆墓誌銘」·「任懿墓誌銘」, 『高麗墓誌銘集成』, 翰林大學校 아시아
　　文化硏究所, 2001.

羅鐘宇, 「高麗 前期의 韓日關係」, 『韓國 中世 對日交涉史 硏究』, 원광대학교 출판국, 1996.

梁太淳, 「정과정(진작)의 연구」, 서울대학교 박사학위 논문, 1991.

오영선, 「인종대 정치 세력의 변동과 정책의 성격」, 『역사와현실』 9, 1993.

鄭景柱, 「鄭敍의 生涯와 忠臣戀主之詞로서의 鄭瓜亭」, 『釜山漢文學硏究』 8, 1994.

鄭武龍, 「鄭敍의 家系와 一生」, 『瓜亭文學의 再照明』, 坡田韓國學堂, 1997.

정병욱·이어령, 「정과정곡」, 『고전의 바다』, 현암사, 1977.

鄭容淑, 「고려 건국기의 지방 사회와 부산」, 『釜山市史』 1권.

조태흠, 「정과정 연구의 성과와 전망」, 『瓜亭文學의 再照明』, 坡田韓國學堂, 1997.

채상식, 「고려 중기의 정치 정세와 東萊鄭氏」, 『瓜亭文學의 再照明』, 坡田韓國學堂, 1997.

채웅석, 「12세기 전반기 정치사의 새로운 이해」, 『역사와현실』 9, 1993.

_____, 「의종대 정국의 추이와 정치 운영」, 『역사와현실』 9, 1993.

63인의 역사학자가 쓴 한국사 인물 열전

김방경 金方慶

삼별초 평정과 일본 정벌을 이끈 고려군 최고 지휘관

박재우 서울대학교 규장각 선임연구원

머리말

김방경(金方慶, 1212~1300)은 안동 김씨로 경순왕(敬順王)의 후손이다. 증조 김의화(金義和)는 사호(司戶), 즉 읍사의 호장으로서 향리였는데, 할아버지 김민성(金敏成)이 장야서승 직사관을 지내면서 중앙관료로 진출했고 아버지 김효인(金孝印)은 병부상서 한림학사가 되었다. 더구나 큰아버지 김창(金敞)은 문하시랑평장사 판이부사가 되었으니 김방경은 무신 정권기에 향리에서 성장해 중앙관료를 배출한 집안에서 태어난 셈이다.

이러한 배경에서 성장한 김방경은 삼별초(三別抄) 난(1270~1273년)을 평정하고 원나라의 일본 침략에 동원된 고려군 최고 지휘관으로 활약했고, 이를 발판으로 성장해 원나라의 간섭이 시작된 충렬왕 초반에는 수상이 되어 정치를 이끌어갔다. 그리고 김방경의 출세를 계기로 그의 가계는 많은 재추(宰樞)를 배출해 권문세족의 반열에 올랐다.

그러므로 김방경은 무신들의 지배와 몽고의 침략, 당시 가장 현실적인 선택이었던 강화, 예상했던 원나라의 간섭, 그리고 측근정치가 행해졌던 시대를 두루 거치면서 형성된 고려 후기 권문세족의 역사적 성격을 이해하는 데 좋은 사례가 된다.

김방경에 관한 기록은 많지 않다. 『고려사』(高麗史)와 『고려사절요』(高麗史節要)에 열전과 연대기 기록이 있고, 안동 김씨가 편찬한 족보에 「김방경 묘지명」과 「김방경 행장」이 있으며, 『양촌집』(陽村集)의 「동현사략」(東賢事略)에 열전이 있다. 문집은 남기지 않았지만 『동안거사집』(動安居士集)에 편지가 한 통 남아 있고, 『동문선』(東文選)에 시가 한 편 수록되어 있다.

1. 성장과 정치적 입장

김방경은 삼한공신(三韓功臣) 일긍(日兢)의 음서(蔭敍)로 관직에 입문해 처음에 양온사동정이라는 산직(散職: 일정한 자리가 없는 벼슬)을 받았다가 차대정에 임명되어 정식으로 진출했고, 이어 태자부견룡·산원 겸 식목녹사를 차례로 역임했다.

이러한 성장 배경으로 김창과 김효인의 영향력을 생각하지 않을 수 없다. 이들 형제는 1206년(희종 2)과 1208년(희종 4)에 차례로 과거에 급제했고 이를 계기로 최씨 정권과 밀접한 관계를 맺고 있었다. 당시 최씨 정권은 문신 우대책을 시행하면서 자신들과 가까운 좌주(座主)를 통해 급제자들을 자기 세력으로 끌어들여 이들의 행정 능력을 이용해 세력 기반을 넓히려 했다.

최씨 정권 때 좌주를 역임한 인물은 여럿 있었지만 특히 임유(任濡)와 금의(琴儀)가 이름을 떨쳤다. 임유는 문벌인 문하시중 임원후의 아들로 문하시랑평장사까지 올랐는데, 형 임부의 딸이 최충헌(崔忠獻)과 혼인했고 자신의 아들 임효명이 최충헌의 딸과 결혼해 최씨 정권과 중혼을 맺었고, 이를 계기로 네 차례에 걸쳐 좌주를 역임했다. 금의는 문벌 배경은 없었지만 최충헌에게 발탁되어 세 차례에 걸쳐 과거를 관장했다.

이들의 문생(門生)은 임유와 금의를 통해 최씨 정권과 연결되어 커다란 혜택을 입었을 뿐만 아니라, 최씨 정권 당시에 과거를 관장해 다시 문생을 선발할 만큼 매우 번성했다. 그런데 김창은 임유의 문생이고 김효인은 금의의 문생이었다.

특히 김창은 최우(崔瑀) 정권 때 두드러졌다. 1225년(고종 12) 최우는 처음 정방(政房)을 설치하고 김창에게 맡겼다. 정방은 인사기록부인 정안(政案)을 토대로 인사이동이 필요한 관직에 사람을 선발하는 기구로 최우가 인사권을 장악하기 위해 자신의 집에 설치한 것이었다. 그러므로 담당자는 개인적인 역량이 뛰어나야 함은 물론 최씨 정권의 뜻을 거스르지 않는 인물이어야 했다. 김창은 수만 명에 달하는 인사 대상자에 관한 기록을 한 번만 보면 모두 기억했고 또 인물을 선발할 때는 일일이 최우의 의견을 물어 결정에 따랐다고 하므로 적임자였음을 알 수 있다. 김방경은 이들 김창, 김효인의 정치적 진출을 배경으로 성장했다.

김방경이 이들의 후광을 입은 것은 사실이지만 그 자신은 최씨 정권과 밀착하지 않았다. 오히려 김방경은 무반 출신임에도 최씨 정권의 측근 무신과는 일정한 거리를 두고 정치 활동을 했는데, 이는 그가 최씨 정권의 측근 무신들처럼 삼별초를 이끌거나 최씨 정권의 문객이나 가노(家奴) 출신이 아니었다는 점에서 알 수 있다.

물론 김방경이 최씨 정권과 직접 연결될 가능성이 없는 것은 아니었다. 김창이나 김효인을 통해 최씨 정권과 관계를 맺을 수 있는 기회가 있었음은 물론이거니와 자신의 관직 생활중에도 그러한 기회가 있었다. 특히 그는 식목녹사 시절에 식목도감(式目都監)의 장관인 문하시중 최종준(崔宗峻)에게 상당한 신임을 받았는데 최종준은 최우와 인척관계였다. 즉 최종준의 누이가 정숙첨(鄭叔瞻)의 부인인데, 정숙첨의 딸이 최우의 부인이었다. 그러므로 김방경은 최종준을 통해 얼마든지 최씨 정권과 연결될 수 있었다. 하지만 김방경은 그러한 관계를 이용하지 않았다.

오히려 김방경은 최씨 정권의 정치 운영에 비판적이었다. 김방경은 산원 겸 식목녹사를 역임한 뒤 나가 서북면 병마녹사가 되었고, 임기를 마치고 돌아와 별장(別將)이 되었다. 이어 낭장(郎將)으로 승진하면서 감찰어사를 겸했는데 이때 김방경은 우창(右倉)을 감독하는 일을 맡았다. 우창은 국가 재정을 맡은 관부(官府)로서 미곡을 보관했는데 미곡을 지급하는 과정에서 부정이 많아 국고의 낭비가 심했다. 그런데 김방경은 우창을 감찰하면서 청탁을 들어주지 않기로 유명했다.

한번은 어떤 재상이 청탁을 했으나 들어주지 않자 최우에게 "이번 어사는 지난 번 어사만큼 일을 잘 처리하지 못합니다" 하며 호소했다. 마침 김방경이 오자 최우가 김방경을 꾸짖었다. 그러자 김방경은 "지난 번 어사처럼 일을 하려고 한다면 저도 그렇게 할 수 있습니다. 하지만 저는 국고를 든든하게 하고자 하기 때문에 여러 사람들이 요구하는 대로 다 들어주지 못합니다"라고 하여 최우를 부끄럽게 만들었다. 이 일화는 단순히 김방경이 강직한 인물이었음을 뜻한다기보다 그가 최씨 정권의 재정 운영 방식에 비판적인 태도를 취하고 있었음을 의미한다.

이러한 성향은 견룡행수(牽龍行首) 시절에도 확인된다. 김방경은 서북면 병마판관을 지내고 국왕의 측근 무반인 견룡행수가 되었다. 무신난 이후 집권자들은 사병 집단인 문객(門客)을 형성했고 최씨 정권도 무반이나 군인들을 끌어들여 도방을 만들었다. 특히 이들 무반은 중앙군의 장교로 근무했을 뿐만 아니라 최씨 정권의 이해에 따라 도방(都房)의 지휘를 맡았다. 그 결과 이들의 지위는 최씨 정권과 연결되지 못한 다른 사람들에 비해 상대적으로 안정적이었다.

이 때문에 많은 무반과 군인들이 최씨 정권과 연결하기 위해 애썼고 이러한 사정은 금위군(禁衛軍)의 경우도 마찬가지였다. 김방경이 견룡행수로 재직했을 당시 왕실을 호위하던 무반들은 대부분 최씨 정권과 연결되어 사병 활동에 주력함으로써 원래의 직무를 등한시했다. 이는 금위군을 약화시켜 왕권을 무력하게 만들고자 했던 최씨 정권의 의도와 맞물려 생겨난 상황이었다.

김방경은 이러한 관행에 동조하지 않았다. 그는 "신하 된 사람의 의리가 이럴 수는 없다"라며 동료 박기성과 함께 자신들만은 근무에 충실하자고 약속했다. 그러고는 결심을 실천하기 위해 비록 병이 나도 휴가를 내지 않을 정도로 근무에 열중했다. 이것 역시 최씨 정권의 군사기반이 중앙군 및 금위군을 무력화하여 결국 왕권이 약화되는 현실에 대해 김방경이 상당히 비판적이었음을 의미한다. 그러므로 김방경이 비록 무반으로 진출하기는 했지만 최씨 정권의 측근 무신들과는 정치적 입장에서 일정한 거리가 있었다고 판단해도 좋을 것이다.

이후 김방경은 좌금중지유 섭장군으로 승진하면서 급사중과 어사중승을 겸했다. 『고려사』 김방경전의 평가를 보면, "어사중승으로 옮겨 법을 지키고 아부하지 않아 풍모와 절개가 의연했다"고 하는데, 이는 감찰어사 시절의 태도와 다르지 않은 것으로 그가 최씨 정권의 정치 운영에 비판적이었음을 의미한다.

최씨 정권의 정치 운영에 비판적이었던 김방경은 몽고와의 전쟁에서도 강화론을 건지했다. 이를 이해하기 위해 강화론이 등장하는 정황을 간단히 살펴보는 것이 좋을 듯하다. 살리타이(撒禮塔)의 1차 침략이 있자 최씨 정권은 정규군을 파견해 몽고군을 막으려 했으나 안북성에서 패배함으로써 고려군의 열세가 확인되었다. 당시 최우는 자신의 안전에 더 많은 관심을 쏟아, 몽고군이 개경 인근까지 진출하자 성곽을 방비하는 군사들은 늙고 약했지만 아무 조치도 취하지 않았던 반면, 자신은 잘 훈련된 가병으로 호위하게 했다. 그리고 곧장 강화를 추진하고 다른 한편 천도를 준비했다.

당시 개경을 고수해야 한다는 입장이 우세했으나 성을 지킬 방법을 제시하지 못한 야별초(夜別抄) 지유(指諭) 김세충(金世冲)을 처형함으로써 반대론을 억누르고 천도를 단행했다. 이렇게 무리한 천도를 단행할 수 있었던 것은 물론 최우가 강력한 정치력과 군사력을 가졌기 때문이다. 그뒤 최우는 자신은 강화에 안전하게 있으면서 야별초를 보내 유격전을 펼치거나, 지방 관이나 방호별감의 지휘 아래 군사와 백성들이 산성이나 섬에 들어가 성을 지키는 입보(入保) 전술을 쓰게 했다.

그런데 2차 침략 때 처인성(處仁城)에서 살리타이가 고려군의 화살에 맞아 죽고 또 강화에 궁궐과 관청이 조성되면서 최우는 강화 천도로 사직을 보호했다는 명분을 얻었다. 다시 탕구(唐古)가 3차 침략을 감행해 많은 피해를 입었으나 고려가 국왕의 친조(親朝)를 약속해 강화가 이루어졌다. 이후 몽고에서도 황위 계승 분쟁이 일어나 한때 고려 침략이 불가능해지자 그동안 최씨 정권은 강화 천도의 이익을 고스란히 누렸다. 아무간(阿母侃)의 4차 침략이 있었지만 국면을 전환시킬만한 영향을 미치지는 못했다.

하지만 최우가 죽고 최항(崔沆)이 집권하면서 최씨 정권의 항전 정책은 중대한 전환점을 맞았다. 최항은 기생의 아들로 권력 기반이 취약했기 때문에 항전 정책을 계승하기는 했지만 전처럼 강력할 수 없어 강화론이 다시 등장했다. 몽고의 헌종이 즉위해 개경 환도와 국왕의 친조를 요구해왔을 때, 재추와 문무 4품 이상이 모인 회의에서 이들은 국왕의 친조는 곤란하지만 태자의 친조는 가능하다고 입장을 피력했다.

당시 김방경은 좌중금지유 섭장군으로 급사중과 어사중승을 겸한 4품 관료였다. 그러므로 김방경도 이 논의에 참여해 강화론을 주장했을 것으로 생각된다. 최씨 정권의 정치 운영에 비판적이었던 김방경의 행보로 볼 때 무리한 추정은 아니다. 이는 최우 정권 당시 김방경의 행적을 통해서도 짐작할 수 있다. 김방경은 전쟁으로 피해가 컸던 서북면에 두 차례 부임한 적이 있었는데, 그 중 서북면 병마판관으로 재임한 시절에 관한 기록이 남아 있다. 당시 아무간의 몽고군이 침략하자 최우는 북계병마사 노연(盧演)에게 백성을 이끌고 섬으로 들어가라는 명령을 내렸고, 김방경 또한 명령에 따라 향리와 주민을 이끌고 위도(葦島)에 들어갔다.

하지만 식량이 문제였다. 마침 위도는 바닷가에 넓고 평평한 땅이 10여 리나 되었는데 바닷물이 넘나들어 아무도 파종할 생각을 못했다. 김방경은 식량이 해결되지 않으면 입보책이 효과가 없으리라는 것을 알고 있었다. 그래서 백성들을 시켜 둑을 쌓고 개간하여 파종했는데 이런 김방경의 지략은 몽고군이 장기 주둔하면서 빛을 발했다. 위도의 향리와 백성들은 추수해 이를 식량으로 삼았으므로 장기전에서 살아남을 수 있었다. 한편 위도는 물도 부족했다. 김방경은 백성들을 시켜 제방을 만들어 바닷물이 들어오는 것을 막고 빗물이나 이슬을 저장해 큰 연못을 만들었다. 그 결과 여름에는 급수를 할 수 있고 겨울에는 얼음을 구할 수 있었다. 이러한 활동으로 김방경은 서북면의 백성에게 상당한 신임을 얻었다.

이러한 김방경의 태도는 최씨 정권의 측근들이 백성들의 생계에 대한 아무런 대책 없이 입보책을 무리하게 추진했던 것과는 사뭇 다른 모습이다. 특히 최항 정권 이후 무리하게 입보를 재촉해 백성들이 굶어 죽는 일이 속출했는데, 이로써 볼 때 최항 정권의 전쟁 수행 방식에 대해 김방경이 비판적이었을 것임은 충분히 짐작할 수 있다. 그러므로 재추 및 4품 이상의 관료들이 대책회의를 열 때마다 김방경은 강화론을 적극 주장했을 것이다.

김방경이 강화론을 주장했을 것이라는 또 다른 근거는 강화파(講和派)의 동향과 관련이 있다. 예꾸(也窟)와 자랄타이(車羅大)가 차례로 5차와 6차 침략을 감행해오자 고려는 커다란 곤경에 빠졌다. 특히 1254년(고종 41) 자랄타이의 공격으로 고려는 심각한 피해를 입었다. 이해에 몽고군에게 끌려간 남녀가 무려 2만 6천8백여 명이나 되는데, 『고려사』에 "(몽고군이) 거쳐간 고을은 모두 잿더미가 되었으니 몽고군의 침입이 있은 뒤로 이보다 심한 때가 없었다"고 기록되었을 정도이다.

최항이 죽고 최의가 집권한 뒤에도 항전 정책은 계속되었지만 역량은 현저히 떨어졌다. 자랄타이의 파상적인 공격이 계속되어도 고려 지배층은 별다른 대책이 없었다. "그때 안팎이 텅 비어 아무 계책이 없이 다만 부처와 신령에 기도할 뿐이었다"는 『고려사절요』의 기록은 당시의 절박한 사정을 잘 보여준다.

이때 몽고군이 국왕의 출륙(出陸)과 왕자의 조회를 요구해오자 재추회의에서 최자(崔滋), 김보정(金寶鼎) 등 강화파들이 고종에게 힘껏 건의해 왕자의 조회를 허락받았다. 그런데 최자는 이규보(李奎報)의 천거에 힘입어 최씨 정권과 연결된 인물로 전쟁 말기에 강화론을 주장했는데, 문제는 그가 김방경의 아버지 김효인과 함께 금의의 문생이었다는 점이다. 그렇다면 김효인은 비록 최씨 정권의 후광에 힘입어 성장했지만 최항 정권 이래로 강화론을 주장했을 가능성이 크다. 이러한 배경에서 김방경도 강화론을 지지했을 것으로 생각된다.

이러한 상황에서 1258년(고종 45) 최의의 측근 무신들 사이에 내분이 일어나 김준(金俊)이 유경(柳璥)과 함께 최의를 죽이고 왕정을 복구했다. 이때 그동안의 무리한 입보책에 대한 반발로 동북면의 조휘와 탁청이 반란을 일으켜 몽고에 항복하자 몽고는 이곳에 쌍성총관부를 설치했고 고려는 영토를 상실했다. 이는 고려 지배층에게 더 이상 강화를 미룰 수 없다고 판단하게 만들었고, 마침내 강화파의 지지를 받은 태자가 강화를 맺기 위해 몽고로 갔고 결국 쿠빌라이(世祖)를 만나 강화를 체결했다.

이어 출륙을 준비하면서 김방경이 대장군으로서 출배별감에 임명되었다는 것은 주목할 만하다. 이는 그동안 김방경이 강화론의 입장을 견지해왔음을 의미하기 때문이다. 더구나 당시는 고종이 사망한 상태에서 태자가 몽고에 있었으므로 후대에 충렬왕이 되는 태손이 김방경을 출배별감에 임명한 것인데, 이는 뒤에 김방경과 충렬왕을 연결시키는 계기가 되었다.

2. 삼별초와 일본 침략

몽고와 강화는 맺었지만 곧바로 개경 환도가 이루어지지는 않았다. 쿠빌라

63인의 역사학자가 쓴 한국사 인물 열

이가 개경 환도 시기를 고려의 편의대로 알아서 할 수 있도록 허락한데다 김준이 최우의 천도를 높이 평가하면서 권력을 강화했기 때문이다. 하지만 최씨 정권 몰락 뒤부터 왕권도 점차 회복되기 시작했다. 당시 원종은 태자 시절에 외교 능력을 발휘해 몽고와 강화를 맺었고, 즉위 직후에는 쿠빌라이에게서 고려의 의관과 풍속을 유지할 수 있도록 인정받았다. 그러면서 몽고와의 외교가 왕권의 안정에 중요한 역할을 한다는 현실을 인식한 원종은 1264년(원종 5) 쿠빌라이의 요구를 받아 친조(親朝)를 행했다. 이러한 원종의 행보는 강화를 추진해왔던 강화파에게서도 상당한 지지를 받고 있었다. 그 결과 원종의 왕권은 상당히 신장되었다.

이 시기에 김방경은 지형부사, 지어사대사를 거치면서 꾸준히 성장해갔다. 1265년(원종 6) 김방경이 대장군으로서 광평공(廣平公) 순(恂)과 함께 몽고에 사신으로 다녀온 것은 눈여겨볼 만하다. 이 사행(使行)은 원종이 친조했을 때 받은 몽고의 배려에 감사하는 뜻으로 보낸 것으로, 이는 김방경이 강화론을 계속 견지하고 있음을 뜻하기 때문이다.

이러한 김방경이 항전을 표방한 김준 정권과 일정한 거리를 두었음은 당연했다. 이를 보여주는 사례가 있다. 상장군에 임명된 김방경이 중방에서 업무 관계로 장교를 매질한 일이 있는데 이것이 반주(班主)인 전빈(田份)의 미움을 샀다. 이에 전빈이 권신, 곧 김준에게 말해 김방경을 남경 수령으로 폄출(貶黜)시켰는데 이는 김방경과 김준 정권의 관계를 잘 말해준다.

하지만 김방경은 남경에 부임한 지 사흘 만에 다시 돌아와 1268년(원종 9) 판예빈성사 북계병마사에 임명되었다. 왜냐하면 당시 서북면은 오랫동안 몽고와 격전한 지역인 관계로 피해가 심각했고 그 결과 고려의 지배력이 취약해 반란이 일어나기 직전이어서 40여 개의 성에서 글을 올려 위도를 개척한 뒤로 서북면에서 인심을 얻고 있던 김방경을 보내 정세를 안정시켜주기를 청했기 때문이었다.

김방경이 서북면에 부임한 직후에 쿠빌라이는 김준과 이장용(李藏用)의 조회를 명령했다. 위기를 느낀 김준은 몽고 사신을 죽이고 깊은 바다로 도망하자고 건의했으나 원종이 받아들이지 않았다. 그러자 김준은 원종을 폐위할 생각까지 했다. 이에 원종은 김준과 갈등 관계에 있던 야별초의 지휘관 임연(林衍)의 도움을 받아 환관 강윤소, 최은, 김경 등을 동원하여 김준을 제거했다.

김준을 제거한 뒤 상황은 임연에게 상당히 불리하게 전개되었다. 임연은 야별초를 동원해 김준을 제거하는 데 공을 세웠음에도 불구하고 최은, 김경 등이 권력을 장악하고 영향력을 확대하자 위기감을 느끼고 이들도 제거했다. 나아가 임연은 그들이 권력을 장악한 것을 원종의 계책 때문이라고 생각하고 원종을 폐립(廢立)하고 안경공(安慶公) 창(淐)을 세웠다.

하지만 당시 몽고에 갔던 세자, 곧 충렬왕이 고려로 돌아오다 원종의 폐립 소식을 듣고 다시 몽고로 들어가 몽고군을 파견해줄 것을 요청했다. 임연을 제거하고 원종을 복위시키는 것이 급선무였기 때문이다. 몽고는 먼저 사신을 보내 국왕과 세자를 해치는 자가 있으면 용서하지 않을 것이라며 원종을 후원했다. 임연 정권은 위기에 몰렸다.

이러한 임연 정권에 커다란 타격을 입힌 것은 최탄(崔坦), 한신(韓愼) 등이 임연 제거를 명분으로 일으킨 반란이었다. 더구나 최탄 등이 몽고에 투항했으므로 임연의 타격은 더욱 컸다. 이때 몽고는 흑적(黑的)을 보내 원종과 안경공 창, 임연이 함께 조회해 폐립 사건에 대해 밝히라고 명했다. 임연은 원종을 복위시키지 않을 수 없었다. 원종은 복위하자 즉시 사신을 보내 조회하겠다고 했다.

이런 상황에서 1270년(원종 11) 세자가 요청한 몽가독(蒙哥篤)의 몽고군이 서경에 도착했다. 1260년(원종 1)에 철수했던 몽고군이 고려 왕실의 요청으로 10년 만에 다시 고려의 영토로 들어온 것이다. 이는 사병과 삼별초를 장악하고 있던 임연 정권의 위협에 대항하기 위한 고려 왕실의 어쩔 수 없는 자구책이었다.

그런데 군량미가 문제였다. 원종을 폐립시킨 임연이 고려에 주둔한 몽고군에게 군량미를 제공할 가능성은 없었다. 군량미를 안정적으로 보급하기 위해 임연과 연결되지 않은 믿을 만한 인물이 필요했는데 이는 몽고군이 출발하기 전에 이미 논의되었다. 이러한 급박한 상황에서 이장용은 김방경을 추천했다. 김방경은 몽가독의 군대와 대동하면서 그들의 영향력을 가능한 한 줄이기 위해 그들이 대동강을 넘지 못하도록 요청하고 몽고의 허락을 받았다. 그리고 서경에 그들의 발을 묶어두었다. 이를 계기로 김방경은 정치적으로 크게 부상했다.

한편 원종은 몽고에 친조해 폐립 사건의 전말을 보고하고 자신이 직접 몽고군을 대동하고 가서 권신을 제거하고 개경으로 환도하겠다고 요구했다. 이러한 상황에서 임연이 죽고 그 아들인 임유무(林惟茂)가 교정별감이 되었지만 실권이 있을 리가 없었다. 이에 원종은 두연가(頭輦哥)의 몽고군을 대동하고 국경을 넘어오면서 황제의 명이라 하며 출륙을 명했다. 다급해진 임유무는 입보책을 명령하면서 야별초를 보내 두연가의 몽고군을 막게 했다. 원종은 임유무의 매부 홍문계(洪文系)를 회유하고 홍문계는 송송례(宋松禮)와 상의해 임유무를 제거했다. 재추들이 개경으로 환도할 것을 논의하고 날짜를 정하자 이에 반발한 일부 삼별초가 반란을 일으켰다.

김방경의 생애에서 삼별초와의 관계는 빼놓을 수 없다. 왜냐하면 그는 삼별초의 난을 평정하는 고려군의 최고 지휘관으로 활동해 정치 군사의 중심 인물이 되었기 때문이다. 여기서 삼별초에 대한 이해가 좀 필요할 것 같다.

알다시피 삼별초는 최우가 나라 안의 도적을 잡기 위해 야별초를 설치한 것이 기원이 되었다. 그런데 이들은 단순한 도적이 아니라 정권의 수탈에 저항했던 백성들이었다. 이들이 최우에게 위협이 되었음은 말할 것도 없지만 농민들의 반란을 사병으로 막을 수는 없는 일이었다. 그런데 당시는 개경 수비와 경찰 임무를 맡고 있던 경군(京軍)이 와해된 상황이어서 이 임무를 수행할 군사력이 필요했고 이에 야별초를 설치했다. 그러므로 야별초가

치안을 담당하는 공병으로 창설된 것은 분명하지만 이때의 치안은 최씨 정권에 저항하는 백성에 대한 진압을 의미하는 것이어서 최우가 처음부터 사적인 의도로 설치했음을 알 수 있다. 더구나 몽고가 침략하자 야별초는 몽고에 대한 항전이라는 새로운 임무를 맡았다. 항전이 정권 연장에 필수적인 전술임을 생각한다면 야별초의 항전 역시 최씨 정권의 이해와 관련 있는 활동임을 알 수 있다.

야별초와 달리 신의군(神義軍)은 1254년(고종 41) 이후에 설립되었다. 당시는 강화론이 현실적인 대안으로 등장하는 가운데 최항이 무리하게 입보책을 고집하던 때였다. 수세에 몰린 최항은 몽고에 잡혀갔다가 돌아온 군사들을 모아 신의군을 결성하고 항전의 고삐를 당겼다.

이처럼 삼별초는 치안과 항전을 목적으로 설립된 국가의 공병이면서 동시에 무신 정권의 사적 이해를 반영한 부대였다. 그러므로 삼별초의 운용에 무신 정권의 영향력은 매우 컸다. 이러한 사적 영향력의 대표적인 사례는 최의, 김준, 임유무가 제거될 때 삼별초가 이용된 것이었다. 그런데 무신 정권의 사적인 목적에 기여하던 삼별초가 어떻게 최의, 김준, 임유무 등과 같은 무신 집권자들을 제거하는 데 동원되었는가 하는 의문이 든다. 이는 삼별초의 지휘체계와 관련이 있다.

삼별초의 단위부대 지휘관은 도령과 지유인데 이들은 대부분 낭장과 별장으로 임명되었다. 즉 삼별초는 200명 단위의 단위부대들로 구성된 군대였다. 중요한 것은 삼별초가 공병이었기 때문에 지휘관이 무신 정권과 밀착하면서도 상대적인 자율성을 가질 수 있었다는 점이다. 그래서 이들 단위부대는 지휘관의 명령에 따라 독자적으로 움직일 수 있었다.

실제로 최의, 김준, 임유무 등을 제거할 때 동원된 삼별초는 삼별초 부대 전체가 아니었다. 예를 들어 임유무를 제거할 때 참여했던 삼별초는 송송례의 아들 송분이 지휘자로 있던 신의군 부대와 일부 야별초였다. 당시 이들과 달리 몽고군이 들어온다는 소식을 듣고 임연이 경상도에 보낸 삼별초 부대와 임유무가 교동에 파견한 삼별초 부대가 따로 있었다.

이로 본다면 삼별초의 난에 참여한 부대도 삼별초 전부는 아니었음을 짐작할 수 있다. 삼별초의 난이 평정된 뒤의 포상 기록에는 역적을 토벌한 경별초(京別抄), 곧 삼별초가 포함되어 있었다. 이로 보아 삼별초의 항전이 삼별초 전체의 입장이 아니었음이 분명하다.

이렇게 된 것은 전쟁 말기에 더 이상 대책 없는 전쟁을 해서는 안 된다는 강화파의 입장을 삼별초 부대가 현실적인 대안으로 받아들이고 있었기 때문일 것이다. 이는 강화가 체결되고 전쟁이 끝난 뒤 독자적으로 몽고에 항전한 삼별초 부대가 없었다는 사실에서도 알 수 있다. 사실 일부 삼별초가 갑자기 항전을 표방한 것은 원종이 삼별초를 해산시키고 명부를 압수한 것이 직접적인 원인이었다.

그런데 당시 원종이 삼별초를 해산한 것은 그들이 몽고에 항전했기 때문이 아니었다. 그보다는 원종의 입장에서 볼 때 삼별초가 임연 정권의 수족이 되어 왕권 확립에 방해가 되었기 때문이다. 하지만 명부를 압수한 것이 실수였다. 삼별초는 오랜 기간 항전을 이끌어왔던 그들의 명부가 몽고에 알려질까 두려웠다. 당시 몽고군은 고려와 전쟁을 하기 위해 들어온 것이 아니라 몽고의 힘을 빌려 임연 정권을 몰락시키려 했던 원종의 정치적 목적에 의해 들어온 것이었다. 하지만 삼별초는 이것을 명분으로 반란을 일으켰다. 1270년(원종 11)의 일이다.

그들의 구호는 "오랑캐 군사가 크게 도착해 백성을 살육하니 무릇 나라를 지키고자 하는 자는 모두 모이라"는 것이었다. 삼별초는 몽고에 항전하자는 명분을 내세운 것이다. 하지만 전쟁 말기에 나라가 잿더미가 되고 백성들이 도탄에 빠진 상황에서 가장 현실적인 대안으로 강화를 체결했는데, 전쟁이 끝난 지 11년 만에 다시 항전을 표방하며 전쟁을 일으킨다는 것은 결코 올바른 선택이라고 할 수 없다.

강화를 추진했던 고려 왕실과 관료들, 특히 또 다른 상당수의 삼별초 부대가 항전에 동조하지 않았던 것은 이 때문이었다. 이들은 강화가 몽고의 정치·경제·군사적 압박을 가져올 것이라는 사실을 알았지만 강화의 역사적 의미를 손상시키려 하지 않았다. 몽고와의 강화는 전쟁 말기에 가장 현실적인 선택이었다.

당시 김방경은 무신 정권 휘하의 장수 출신이 아닌 인물의 대표적인 존재로 원종 폐립 사건으로 고려 왕실과 밀접한 관계를 맺고 있었으므로 삼별초의 난을 평정하는 고려군의 지휘관으로는 적임자였다. 게다가 오랫동안 강화론을 지지해온 김방경의 입장에서 삼별초의 난은 받아들이기 힘든 것이었고 이는 강화파 전체의 입장이기도 했다.

삼별초의 난을 평정하는 데 김방경의 활약은 매우 컸다. 송만호(宋萬戶)의 몽고군 1천 명이 강화를 떠나는 삼별초를 쫓아가자 원종은 김방경을 역적 추토사로 삼아 길을 안내하게 했다. 삼별초가 영흥도에 정박하는 동안 김방경은 그들을 공격하려 했으나 송만호는 1천여 척의 삼별초 함대를 보고 겁을 먹고 말렸다. 그동안 삼별초는 진도로 내려갔고, 송만호는 삼별초의 협박에 못 이겨 끌려갔던 1천여 명의 백성들이 도망해 나오자 이들을 적당이라고 끌고 귀환했다.

삼별초가 진도에 거점을 정하고 전라도에서 활동하는 사이, 신사전(申思佺)을 보냈는데 그가 싸워보지도 않고 개경으로 돌아오자 다시 김방경을 보냈다. 김방경은 아해(阿海)의 몽고군 1천 명과 함께 내려갔는데, 마침 삼별초가 나주와 전주를 함락시키려 했으므로 단기(單騎)로 내려가면서, 군사 1만 명을 거느리고 전주로 가니 군량미를 준비하라는 첩문을 보내 전술상 전주를 안심시켜 삼별초의 공격을 막아내게 했다. 이후 아해가 겁을 먹고 돕지 않는 가운데 김방경은 삼별초와 전투를 벌였고, 비록 승패를 가늠하진 못했지만 전투 역량은 단연 돋보였다.

1271년(원종 12) 아해를 대신해 흔도(忻都)가 파견되면서 삼별초에 대한 공격이 다시 시작됐는데, 당시 삼별초는 기세를 올리던 차에 수비를 소홀히 하다 흔도와 김방경이 이끄는 연합군의 전술에 말려 순식간에 무너지고 말았다. 하지만 김통정(金通精)은 남은 삼별초를 데리고 제주로 도망했다. 김방경은 그 공로로 중서시랑 평장사에 임명되었다.

제주에 들어간 삼별초는 전열을 정비한 뒤 다시 전라도와 경상도 해안으로 영향력을 확장했다. 이러한 활동은 꽤 위협적이었지만 산발적인 공격에 불과해 세력을 형성하지는 못했다. 1273년(원종 14) 원나라는 제주 공격을 명령했고 김방경은 중군행영병마원수(中軍行營兵馬元帥)로 참여했다. 연합군의 전술과 압도적인 화력에 삼별초는 버티지 못하고 패퇴했고 김통정은 부하를 데리고 산으로 도망했으나 결국 죽음을 당했다. 김방경은 중군(中軍)을 인솔해 승리로 이끈 공로로 문하시중이 되었다.

삼별초의 평정은 몽고와의 항전을 표방하며 권력을 유지하려는 세력이 사라지고 대신 강화를 현실적인 대안으로 수용한 세력이 고려 사회를 주도하게 되었음을 뜻한다. 남은 과제는 원나라와의 관계를 어떻게 정립할 것인가 하는 문제였다.

그동안 몽고는 고려에 정기적인 공물 외에 칭기즈 칸 이후 복속국들에게 강요해온 6사(六事)를 부담시켰다. 6사란 첫째 인질을 보내고, 둘째 군사를 징발하고, 셋째 군량미를 보내고, 넷째 역참을 설치하고, 다섯째 호구를 조사하고, 여섯째 다루가치(達魯花赤)를 설치하는 것을 말한다.

하지만 고려는 전통적으로 송나라, 요나라, 금나라 등과 사대 외교를 맺으면서 조공을 바쳐왔으나 그것은 동아시아 국제 질서에 따르는 의례적인 것이었을 뿐 6사와 같은 요구를 받은 적은 없었다. 원종과 쿠빌라이 사이에 최종 강화가 이루어진 뒤에 쿠빌라이는 "의관은 본국의 풍속을 따라 모두 고치지 말라"는 명령과 함께 몽고군과 다루가치를 철수시키자, 고려와 몽고 사이에는 고려 전기와 같은 사대 관계가 정착되는 듯이 보였다. 하지만 일본 침략에 고려의 군사와 군량을 이용하려는 것이 몽고의 기본 입장이었으므로 파병에 대한 부담은 불가피했다.

사실 임연의 원종 폐립 사건과 삼별초의 난은 고려에 대한 몽고의 영향력을 가중시키는 결과를 가져왔다. 원종 폐립 사건으로 몽고군이 들어왔고 삼별초 난이 몽고군의 개입으로 평정되었으므로, 이제 원나라는 일본 침략에 고려를 좀더 본격적으로 동원할 수 있었다. 1274년(원종 15)이 되자 원나라는 침략 준비에 박차를 가했다.

침략군은 몽고군과 한군을 합쳐 2만 5천 명, 고려군 8천 명 그리고 여진군 약간 명이 포함되어 있었지만 몽한군이 주력군이었다. 그밖에 고려는 사공과 수수(水手: 세곡을 운반하는 조운선의 선원) 6천7백 명과 전함 9백 척을 부담했고 이들을 먹일 군량을 보급했다. 그러므로 제1차 일본 침략 때 고려가 전쟁 비용을 일방적으로 부담했음을 알 수 있다. 김방경은 고려군의 지휘관으로 중군 도독사를 맡아 전쟁에 참여했다.

전쟁은 원종이 죽고 충렬왕이 즉위하자 시작되었다. 연합군은 쓰시마 섬(對馬島), 이키 섬(壹岐島)을 거쳐 하카다(博多) 지역으로 진격해 승리를 거두었으나, 회군하자는 홀돈(忽敦)의 주장과 계속 싸우자는 김방경의 주장이 맞섰는데 유복형(劉復亨)이 부상을 당한 것을 계기로 회군이 결정되었다. 그런데 회군하다가 폭풍을 만나 전함들이 파손되었다. 이는 전투에서 패배한 것은 아니지만 커다란 손실이었다.

3. 측근정치와 여원관계

전쟁 이후 김방경의 정치적 지위는 절정에 달했다. 1276년(충렬왕 2) 김방경이 원나라에 갔을 때 충렬왕은 원나라 중서성에 글을 보내 김방경의 공로를 포상해 호두금패(虎頭金牌: 원나라에서 장수에게 주었던 호랑이 머리 형태의 금으로 만든 패)를 지급해줄 것을 요구했다. 이때 김방경은 원에서 상당한 예우를 받았는데 귀국했을 때도 충렬왕이 직접 맞이했다. 이러한 김방경의 성장은 강화파의 정치적 성장을 뜻하는 것이기도 했다. 이들은 고려 전기와 같은 사대 관계를 유지하면서 국왕을 중심으로 하는 정치 질서를 회복하려 했으므로 충렬왕의 입장에서도 이들과 힘을 합치는 것은 자연스러웠다.

이러한 상황에서 김방경은 무고 사건을 당한다. 1276년(충렬왕 2) 다루가치 석말천구(石抹天衢)의 관사에 익명서가 날아들었다. 정화궁주(貞和宮主)가 사랑을 받지 못하자 무녀를 시켜 제국대장공주(齊國大長公主)를 저주했다는 것과, 김방경이 제안공 숙, 이창경, 이분희, 박항, 이분성 등 43명과 함께 반란을 도모해 강화로 들어가려 했다는 내용이었다.

그런데 정화궁주는 김방경과 직접적인 관련이 없었다. 원래 정화궁주는 충렬왕의 왕비였는데 고려와 원나라 사이에 결혼 관계가 맺어져 충렬왕이 공주와 결혼하자 밀려난 인물이다. 그러므로 제국대장공주와 정화궁주 사이에 긴장이 없을 수 없었고 이러한 상황에서 정화궁주가 제국대장공주를 저주했다는 익명서가 날아들자 정화궁주를 가두어버린 것이다. 하지만 근거 없는 무고임이 밝혀져 곧 풀려났다.

김방경이 반란을 일으켰다는 것도 근거가 없어 사건 자체가 성립되지 못했다. 사건의 연루자로 지목된 인물들은 정치적 입장이 상당히 다른 사람들이어서 이들이 반란을 목적으로 규합했다고 보기는 힘들다. 더구나 이 사건은 익명서로 고발된 것으로 고발자조차 알 수 없는 상태다. 하지만 이로 말미암아 타격을 입은 것은 김방경 같은 강화파 신료였다. 이때 유경이 제국대장공주를 찾아가 눈물로 탄원해 사건이 해결된 것은 그래서 시사하는 바가 크다.

사실 국내 정치를 주도하려 하던 충렬왕이나 고려 전기의 사대관계를 염두에 두면서 강화를 추진했던 강화파로서는 일본 침략 이후 고려에 남아 있던 원나라의 원수부나 다루가치 그리고 고려인 부원배를 몰아내는 것이 고려의 국가적 독자성을 유지하는 데 가장 중요한 과제였다. 그래서 충렬왕도 이 사건의 국문을 맡은 다루가치가 국내 정치의 주도권을 차지할까 염려스러워 사건을 조기에 종결지었던 것이다.

그런데 1277년(충렬왕 3)에 김방경은 또다시 무고 사건을 겪었다. 이번에는 전대장군 위득유(韋得儒), 중랑장 노진의(盧進義), 김복대(金福大)가 김방경이 반란을 계획한다고 흔도에게 고발한 것이다. 충렬왕은 무고라고 생각했지만 고발장이 들어온 이상 그냥 넘어갈 수는 없었다. 그래서 유경, 원부 등에게 명령해 흔도, 석말천구와 함께 국문하게 했다.

국문 과정에서 위득유 등의 고발은 무고임이 밝혀졌다. 사실 이들 고발자들은 삼별초 난과 일본 침략에 참여했다가 김방경의 지휘와 논공에 불만을 품고 무고한 것이었다. 충렬왕은 한희유(韓希愈) 등 12명이 무기를 반납하지 않은 죄에 대해서 곤장을 때리고 모두 석방해 사건을 종결지었다. 처음부터 무고였으므로 다른 죄목을 찾을 수 없었다. 이번 사건도 흔도와 석말천구의 영향력이 확대될 것을 염려한 충렬왕에 의해 조기에 종결되었다.

하지만 1278년(충렬왕 4) 사건은 뜻하지 않은 방향으로 비화되었다. 부원배 홍다구(洪茶丘)가 김방경 사건을 듣고 중서성(中書省)에 요청해 직접 와서 국문을 맡은 것이다. 또 흔도 역시 위득유의 입장에 근거해 아뢰니 황제가 충렬왕과 제국대장공주가 함께 국문하라고 명령했다. 국문은 봉은사에서 이루어졌는데 특히 홍다구의 심문이 매우 잔혹했다.

홍다구가 개입한 뒤 이 사건의 본질은 분명해졌다. 홍다구는 김방경이 원나라에 모반하려 했다는 진술을 하게 해 고려를 위기에 빠뜨려 국가의 독자성을 침해하려 했던 것이다. 김방경도 이러한 속셈을 알고 있었기에 결코 거짓 자복할 수 없었다.

그런데 사건은 뜻밖에도 고려에 매우 유리하게 전개되었다. 쿠빌라이는 홍다구를 원나라로 소환하고 충렬왕이 직접 와서 사정을 아뢰도록 명했다. 이에 충렬왕은 제국대장공주, 세자와 함께 원나라로 갔고, 이어 김방경도 명령을 받고 노진의, 위득유 등과 함께 대질심문을 받기 위해 원나라로 갔다. 그런데 노진의는 연경(燕京)으로 가다가 죽었고, 위득유는 원나라 중서성의 심문을 받았으나 조리가 맞지 않아 웃음거리가 되어 무고가 명백해졌다. 위득유도 며칠 있다가 죽었다. 또다시 김방경은 무고를 인정받았다.

하지만 이번 사건은 충렬왕과 고려 지배층에게 원수부, 다루가치 그리고 특히 부원배가 고려 국정에 개입하는 상황을 계속 용납하면 고려의 독자성이 큰 침해를 당할 것이라는 사실을 극명하게 인식시켜주었다. 그래서 충렬왕은 쿠빌라이를 만나 이러한 여원 관계의 외교 현안에 대한 양보를 받아내기 위해 일본 정벌을 자청했다. 이어 홍다구 군대의 소환 및 고려의 내정을 다른 간섭 없이 자신이 직접 관장하게 해달라고 건의했다. 뜻밖에도 쿠빌라이는 흔도의 군대도 소환하고 다루가치도 파견하지 않겠다고 약속했다.

특히 다루가치의 소환은 매우 획기적인 조치로, 이는 그동안 원나라가 강요해오던 6사를 포기하는 것이었다. 즉 고려 왕이 원나라의 직접적인 간섭 없이 내정을 독자적으로 통치할 수 있는 권리를 인정받는 것을 의미했다. 물론 쿠빌라이가 이러한 결정을 한 것은 고려가 더이상 원나라에 반역할 가능성이 없다고 판단했기 때문일 것이다. 이로써 원나라 세력과 부원배의 직접적인 국정 간여를 막고자 했던 충렬왕의 외교적 목적이 달성된 셈이었다.

그런데 국내 정치 상황은 김방경 같은 강화파의 뜻대로 되지 않았다. 충렬왕이 정치를 주도하기 위해 측근세력을 양성하고 그들을 통해 정치를 운영했기 때문이다. 충렬왕은 즉위하기 전에 원나라에 있을 때 함께 따라갔던 신료들을 중심으로 측근세력을 형성했다. 즉위 뒤 홀치(忽赤: 왕실을 호위하는 일을 담당한 군사 조직)라는 친위군 조직을 설립하고 시종(侍從)했던 신료들을 배치했다. 특히 시종 신료 중에는 역관이나 내료(內僚)들이 많았는데, 충렬왕은 통문관(通文官)을 설치해 역관을 양성하고 또 원래 7품까지만 관직을 받을 수 있도록 제한된 내료에게는 고위 관직을 주어 이들을 측근으로 만들었다. 그리고 원나라에 바칠 중요한 공물인 매 사육을 담당한 응방(鷹坊)의 인물이나 쿠빌리아의 딸 제국대장공주를 따라온 공주의 비서격인 게링구(怯怜口)도 측근세력이 되었는데, 특히 이들 게링구는 공주의 권세를 배경으로 상당한 영향력을 행사했다.

충렬왕은 이들 측근세력에게 고위 관직을 주었을 뿐만 아니라 사패(賜牌)를 주어 많은 토지를 소유할 수 있도록 배려했다. 원래 사패는 전쟁 이후 황무지가 되어버린 토지를 경작할 목적으로 지급한 것이었는데 충렬왕은 이것을 측근세력에게 줌으로써 그들의 경제적 기반을 강화해주었다.

그런데 여원 외교의 성과를 바탕으로 정치 주도권을 확보한 충렬왕은 측근정치를 한층 강화해갔다. 이번 행차에 따라갔던 신료들 가운데 신분에 흠이 있는 자들과 내료들이 한품(限品)을 뛰어넘어 벼슬을 할 수 있도록 해주었고, 비칙치(必闍赤)와 신문색(申聞色)이라는 측근 기구까지 두었다. 이렇게 되자 국정 운영 방식을 놓고 다른 신료들과 대립할 수밖에 없었다.

한편 김방경도 귀국해 첨의중찬 상장군 판감찰사사에 복직했다. 그동안 찬성사 판전리사사 유경이 수상으로 있었는데 다시 김방경이 수상이 된 것이다. 얼마 뒤 유경이 은퇴하자 김방경은 판전리사사도 겸직했다. 원래 도병마사는 대외적인 군사 문제를 논의하는 기구였으나 이 시기에 김방경 등 재추들이 모여 국가 중대사를 논의하는 기구로 변했고 명칭도 도평의사사로 바뀌었다. 김방경은 이곳에서 다른 재추들과 함께 측근들의 불법 행동을 저지하기 위해 힘을 쏟았고, 이 때문에 측근들과 상당히 대립했다.

원래 경기 8개 현의 토지는 관료들의 녹과전(祿科田)으로 지정된 곳이었으나 측근들이 사패를 받아 점유했으므로, 1279년(충렬왕 5) 김방경은 도병마사를 통해 모두 녹과전에 충당해야 한다고 청해 허락을 받았으나 송분(宋玢) 등 측근들의 반발로 무효가 되었다. 응방의 운영과 관련된 대립은 더욱 심했다. 도병마사는 응방의 불법적 행태 때문에 여러 차례 그 폐지를 건의했지만 윤수(尹秀) 등 측근은 황제의 명령을 받고 응방을 공식화해버렸다. 게다가 1280년(충렬왕 6) 원나라 사신 탑납이 고려에 들어오다가 응방의 폐해를 보고 비판하자 김방경 등 재상들이 그 폐해를 없앨 것을 건의했으나 충렬왕은 극렬히 거부했다.

이러한 측근들의 폐단이 계속되는 가운데 원나라 사신 야속달(也束達)이 경상도에서 돌아와 중앙에서 파견한 별감들의 폐단을 재추에게 말하므로 그제야 김방경이 아뢰어 정역별감 이영주, 안렴사 권의 등을 파면했다.

측근정치에 대한 일반 신료들의 반발도 만만치 않았다. 특히 감찰사의 간쟁이 많았는데, 1280년(충렬왕 6) 감찰사의 잡단 진척, 시사 심양, 문응, 전중시사 이승휴 등이 충렬왕이 자주 사냥을 가는 것과, 홀치와 응방이 앞다투어 연회를 여는 것에 대해 간쟁을 했다가 고문과 파직, 유배를 당했다. 『고려사』는 이 때문에 "마침내 언로가 막혔다"고 표현했다.

이러한 국내 정치의 갈등 속에서 제2차 일본 침략이 이루어졌다. 앞서 충렬왕이 약속한 일이었다. 1280년 전쟁 준비가 급진전되는 가운데 김방경은 69세로서 관행에 따라 사직을 청했으나 충렬왕은 허락하지 않았다. 이때 고려는 병선 9백 척, 군사 1만 명, 사공과 수부 1만 5천 명, 군량 11만 석 등을 확보한 상태였다. 전쟁 준비에 대한 대가로 충렬왕은 역대의 중국 왕조와 고려의 관계에서 고려 왕이 중국 왕조의 재상에 임명되던 관례를 상기시키면서 자신에게 원나라의 재상 관직을 내려줄 것을 요청했다. 원나라의 지배 질서 속에서 고려 왕의 지위를 확고히 하려는 생각에서였다. 이에 세조는 충렬왕을 개부의동삼사 중서좌승상 행중서성사에 임명하였다.

이에 더하여 고려의 관료들에게도 원나라 관직을 내려줄 것을 청하여 김방경은 중선대부 관령고려국도원수에, 박구(朴球)와 김주정(金周鼎)은 소용대장군 좌우부도통에 임명되었고, 그밖의 고려 관료들도 탈탈화손, 천호, 총파 등의 관직을 받았다. 이렇게 함으로써 제2차 일본 침략은 흔도 및 홍다구 등과 대등한 지위를 가진 고려 지배층의 참여라는 새로운 상황에서 이루어졌다.

김방경은 다시 사직을 청했으나 허락받지 못하고 대신 원나라에 사신으로 가서 쿠빌라이에게 상당한 환대를 받았다. 1281년(충렬왕 7) 원정을 하례하는 의례에서 김방경은 4품 이상만 전(殿)에 올라 잔치를 벌이는 자리에 참여하도록 허락을 받았다. 쿠빌라이는 김방경을 승상 다음 자리에 앉히고 특별히 음식을 내려주었다. 사흘간 잔치를 벌이고 돌아올 때 활, 화살, 칼, 백우갑옷을 주었고, 활 1천, 갑주 1백, 군복 2백을 주어 동정(東征)에 참여하는 장사들에게 나눠주게 했으며, 동정을 위한 전략 전술을 보여주었다. 김방경에 대한 쿠빌라이의 우대가 일본 침략에 이용하기 위한 것임이 확실해졌다. 이어 귀국한 김방경은 만호 박구 등과 함께 군사를 거느리고 합포로 떠났다. 이때 원나라에서 파견된 흔도, 홍다구가 고려에 도착했다.

한편 충렬왕은 부마국왕 선명 정동행중서성의 인장을 받았는데 특히 부마라는 칭호는 충렬왕이 특별히 요청한 것이었다. 이러한 충렬왕의 시도는 전쟁 과정에서 흔도와 홍다구에 비해 정치적 우위를 차지하려는 계산에서 나온 것이었다. 그 효과는 단번에 나타났다. 충렬왕이 흔도, 홍다구와 전쟁에 관해 논의하는데 충렬왕은 남향으로 앉고 흔도, 홍다구는 동향으로 앉아 지위가 명백히 구분되었다. 그동안 고려 왕은 원나라에서 파견된 인물들과 항상 동서로 앉았는데 이번에 부마국왕이 되면서 흔도, 홍다구도 동등한 예절을 고집할 수 없게 되었다. "나라 사람들이 크게 기뻐했다"는 『고려사』의 설명은 당시 고려 지배층의 처지를 잘 말해준다.

하지만 이번 일본 침략은 지난 번과 사정이 달랐다. 일본군도 상당히 준비를 많이 해 연합군은 고전했는데, 게다가 강남에서 오기로 한 범문호(范文虎) 군대가 뒤늦게 도착해 작전에 차질이 생겼다. 마침내 범문호 군대가 도착해 함께 공격했으나 쉽지 않았다. 결국 다자이후(太宰府) 공략이 실패한 뒤 나중에 도착한 만군들도 일본군과 전투를 벌였으나 마침 태풍이 불어 만군 대부분이 익사해 군사를 되돌릴 수밖에 없었다. 흔도, 홍다구, 범문호는 원나라로 돌아갔는데 돌아가지 못한 군사가 10만여 명이 넘었고, 고려의 군사도 7천여 명이 돌아오지 못했다.

전쟁 이후 김방경은 개인적으론 최상의 지위를 누렸지만 측근정치가 계속되면서 정치적 입지는 점점 위축되어갔다. 김방경도 그들과 계속 대립할 수만은 없어 외손 조대간(趙大簡)을 국왕 측근인 차신(車信)의 딸과 결혼시켰다. 당시 충렬왕은 일본 정벌의 대가로 원나라로부터 다시 부마국왕의 인장을 받았고, 응방, 게링구, 내료, 천류 등 측근들은 사패전을 많게는 수백결, 적게는 30~40결씩 받아 챙겼다. 이들은 자신들이 받지 않은 인근 토지의 세금도 불법적으로 거두었는데 수령들이 금지하려 하면 왕에게 참소해죄를 받게 했다. 재상도 이들을 탄핵할 수 없었으니 김방경 또한 위축될 만했다.

이러한 상황에서 김방경은 1283년(충렬왕 9) 추충정난정원공신 삼중대광 첨의중찬 판전리사사 세자사로서 은퇴했다. 하지만 은퇴한 뒤에도 김방경의 정치적 위상은 조금도 낮아지지 않았다. 1295년(충렬왕 21) 충렬왕의 측근정치에 불만을 품은 세자가 일시 정치를 담당하자 김방경에게 상락군개국공의 작위를 주고 이어 식읍(食邑) 1천 호와 식실봉(食實封) 3백 호를준 것은 김방경과 세자의 입장이 상통했기 때문이다. 이후 세자와 충렬왕측근세력의 갈등이 심화되었고 이러한 상황에서 말년을 보내던 김방경은1300년(충렬왕 26) 개경 백목동 앵계리에서 사망했다. 89세였다.

4. 역사적 평가

김방경은 무신 정권의 지배와 몽고의 침략 및 항전, 당시 가장 현실적인 선택이었던 강화, 예상했던 원나라의 간섭, 그리고 측근정치를 경험하면서 기본적으로 무신 정권을 배경으로 성장한 집안에서 자랐으면서도 강화파의입장을 견지했다. 중국과의 관계에서는 고려 전기와 같은 사대 관계를 유지하면서 고려 왕조의 국가적 독립성을 유지하려 해 원나라의 간섭을 인정하면서 동시에 고려 왕조를 수호하려는 태도를 취했다. 국내 정치에서는 무신정권의 정치 운영에 비판적이어서 국왕의 주도권을 인정하면서도 측근정치에 대해서는 비판적이었다.

김방경은 향리에서 관료 집안으로 성장한 가계에서 태어나 수상까지 되었고 그의 출세를 계기로 아들과 사위 그리고 후손들이 다수 재추에 임명됨으로써 가계는 권문세족의 반열에 올랐다. 1308년(충렬왕 34) 충선왕이 왕실과 결혼할 수 있는 가문인 재상지종(宰相之宗)을 선발했을 때 안동 김씨는 포함되지 않았지만 김방경의 출세를 계기로 안동 김씨가 권문세족의 반열에 진출했음은 분명하다. 나아가 김방경의 후손 김사형(金士衡)은 조선 건국에 참여해 공신이 되었다. 이러한 점에서 김방경은 고려 후기 권문세족의 정치적 입장이나 역사적 성격을 이해하는 데 좋은 사례가 된다.

김방경에 대한 연구는 문집이 남아 있지 않아 사상이나 정신세계를 알기가 어려워, 지금까지의 연구들은 대부분 삼별초의 난이나 일본 침략에 참여한 활동에 관한 것들이었다. 그런데 김방경은 몽고와의 강화, 삼별초의 난, 일본 침략, 여원 관계와 측근정치 등과 같은 중요한 사건을 거친 인물이므로, 고려 후기 역사의 성격에 대한 이해가 깊을수록 김방경의 생애에 대한 이해도 좀더 분명하게 드러날 것이다.

참고문헌

· **원자료**

『高麗史』 『高麗史節要』 『動安居士集』

『陽村集』 『東文選』 『氏族源流』

· **논저**

민기, 「김방경(1212~1300) —몽구를 극복한 용장」, 『인물한국사』 2, 박우사, 1965.

이상철, 「김방경 연구」, 청주대학교 대학원 사학과 석사학위 논문, 1986.

민현구, 「몽고군·김방경·삼별초」, 『한국사시민강좌』 8, 1991.

윤애옥, 「김방경 연구」, 성신여자대학교 교육대학원 교육학과 석사학위 논문, 1993.

류선영, 「고려 후기 김방경의 정치 활동과 그 성격」, 전남대학교 대학원 사학과 석사학위 논문, 1993.

권선우, 「고려 충렬왕대 김방경 무고 사건의 전개와 그 성격」, 『인문과학연구』 5, 동아대학교, 1999.

최해 崔瀣

역경 속에 피워올린 창작의 불꽃

구산우 창원대학교 사학과 교수

머리말

최해(崔瀣)는 1287년(충렬왕 13)에 태어나 1340년(충혜왕 원년)까지 생존했다. 그가 주로 활동한 14세기 전반은 원(元)나라의 정치적 간섭이 심해지는 시기였고, 그에 따라 고려 내부의 정치 변동과 정치 세력의 부침이 자주 일어났다.

그는 이 시기에 활동하면서 정치적으로 중요한 관직을 역임한 적이 없으며, 주로 문한직(文翰職)에서 활동했다. 이처럼 그는 정치적으로 뚜렷한 족적을 남긴 것은 아니었으나, 저술 활동에서는 당대의 누구보다도 훌륭한 성과를 많이 남겼다. 그는 44세 이후 관직 생활에서 물러나 죽을 때까지 10여 년 동안 극도로 가난한 생활을 하면서도 저술 활동에 몰두하여 많은 뛰어난 작품들을 남겼다. 그는 역경을 헤치고 창작과 예술의 불꽃을 피워올린 우리 역사에서 흔하지 않은 인물 가운데 한 사람이었다.

63인의 역사학자가 쓴 한국사 인물 열

1. 가계와 생애

최해에 대해 가장 충실하게 기록한 글은 『고려사』(高麗史) 권109, 열전(列傳) 22에 수록된 그의 열전 기록과 이곡(李穀)이 남긴 그의 묘지명(墓誌銘)이다. 이밖에도 그와 교류한 사람들이 남긴 여러 기록에서 그의 활동과 사상의 편린, 생애 마디의 여러 모습을 단편적으로 유추할 수 있다.

최해는 개경에서 태어났으며, 본관은 경주이고, 나말 여초의 대표적 지식인이자 문장가로 이름 높은 최치원(崔致遠)의 후예이다. 최치원의 후예로서 갖는 자부심은 생활과 학문 두 방면에서 그의 본질적 바탕을 이루었고, 이 점은 그의 아버지 최백륜(崔伯倫)의 경우도 마찬가지였다.

그의 가계는 대대로 경주에 토착한 향리층이었으며, 아버지대에 과거를 통해 중앙으로 진출했다. 그의 증조부가 경주에서 향리직인 사병(司兵)을 지내고, 아버지가 중앙의 고위 관직에 진출함으로써 조부가 검교 군기감(檢校軍器監)을 추증(追贈)받은 사실에서 이를 알 수 있다. 그의 어머니는 상호군(上護軍)으로 치사(致仕)한 임수(任綏)의 딸이다.

그의 외가 쪽 인물로는 유일하게 이모부 최운(崔雲)만이 기록에서 확인된다. 최운의 본관은 동주(東州: 현재의 강원도 철원) 창원현(昌原縣)이며, 그의 집안은 재추(宰樞)를 역임한 인물을 내리 배출한 쟁쟁한 가문이었다. 최운은 사마시(司馬試)에 합격하여 입사(入仕)한 후 내시(內侍)와 문·무반직을 두루 역임했으며, 최해의 이모는 최운이 재취한 부인이었다.

최해의 혈육은 동생인 최지(崔漬)가 유일한데, 그는 감찰규정(監察糾正)을 지냈다. 최해의 아버지 최백륜은 1282년(충렬왕 8)에 시행된 과거에서 장원으로 급제했다. 최백륜이 응시한 과거의 지공거(知貢擧: 고시관)는 이존비(李尊庇), 동지공거(同知貢擧)는 곽예(郭預)였으며, 그가 장원으로 급제한 사실은 원나라에도 알려졌다.

1303년(충렬왕 29)에 최해는 과거에 합격하여 성균학관(成均學官)으로 보임(補任)된 후, 성균학유(成均學諭) 자리가 비어 최해가 물망에 올랐다. 이때 최백륜이 아들 최해를 민 것에 맞서 재상인 최유엄(崔有渰)은 이수(李守)를 천거했다. 기록에는 최백륜과 최유엄이 날카롭게 대립하는 과정에서, 최백륜이 최유엄을 비난하는 말씨가 불손하여 결국 최백륜이 고란도(孤蘭島)로 귀양갔다고 전한다.

최유엄은 무인집권기의 문호(文豪)로 명성이 자자했던 최자(崔滋)의 아들인데, 충렬왕에게 발탁된 초기에는 한때 정치적 위기를 맞기도 했으나, 당시 정계의 실력자인 조인규(趙仁規)의 도움을 받아 위기를 극복하고 충렬왕대에 이미 재상의 반열에 올랐다. 최유엄이 재상에 오름으로써 그의 가문 해주(海州) 최(崔)씨는 아버지와 그의 동생 최유후(崔有侯)를 포함해 2대에 걸쳐 내리 3명의 재상을 배출한 쟁쟁한 문지(門地)로 발돋움했다. 이에 반해 최백륜의 가문은 향리층이라는 중간 계층의 신분을 이제 겨우 벗어나 갓 중앙 정계에 진입한 데 지나지 않았으므로, 어쩌면 이 대립의 귀결은 출발 당시부터 이미 결정되었던 것인지도 모른다.

최치원의 후예, 과거에 장원급제한 신진기예로서 가졌음직한 최백륜의 자부심이 크게 상처를 입었을 것이라는 점은 쉽사리 예측할 수 있다. 이 사건은 최해 자신도 관련된 것이어서, 그에게도 적지 않은 상처가 되었음을 알려주는 기록이 남아 있다.

다만 나이 젊음을 스스로 믿었거니,　　　　　但倚富年華
이름과 벼슬이 더딜 줄 알았으랴.　　　　　豈慮名宦遲
세상일 어그러짐 많아서 괴로워라,　　　　　世事苦多乖
하늘이여 사람의 마음대로 안 되었네.　　　　天也非人私
(崔瀣, 「二十一除夜」, 『東文選』 권4)

이는 최해가 21세까지의 모습을 자전적으로 쓴 시의 한 부분이다. 이 시의 앞 부분에서 최해는 과거에 합격한 뒤에 자신이 처한 정신적 상태를 방황과 좌절하는 모습으로 그린 후, 여기서 "이름과 벼슬이 더디고 세상일이 많이 어그러져" 자신의 뜻대로 풀리지 않음을 한탄했다. 이는 성균학유 자리를 두고 겪었던 최해의 패배감을 특유의 자조적 시구로 표현한 것이다.

최백륜은 최해가 20세 되던 해인 1306년(충렬왕 32) 여름 귀양살이에서 풀려나 경상도 상주목(尙州牧)의 통판(通判)으로 등용된다. 이해에 최해의 어머니 임씨가 사망한다. 아버지가 3년 가까운 귀양살이를 끝내고 다시 관계에 발을 디딘 기쁨과 어머니를 여읜 슬픔이 그에게 함께 다가왔다. 상주목은 현재의 경북 상주시에 설치되었던 지방 행정 단위의 명칭으로, 목(牧)은 군현(郡縣) 같은 일반 지방 단위에 비해서는 격이 한 등급 높은 계수관(界首官) 가운데 하나였다. 최백륜이 맡은 통판이라는 직책은 상주목에서 수령인 상주목사 다음가는 제2인자로, 수령을 보좌하고 지방 행정 업무를 총괄할 뿐 아니라 각 부서간의 행정 업무를 조절하고 수령에게 보고하는 임무를 가진 중요한 직책이었다.

이 시기 지방관으로서의 이력은 중앙의 고위 관료로 성장하려는 사람은 누구나 반드시 거쳐야 하는 필수 경로였다. 최백륜이 상주목의 통판으로 활동할 때, 최해도 함께 머물면서 아비지 일을 도왔다. 최백륜은 이후 민부의랑(民部議郎), 고려왕경유학교수(高麗王京儒學教授)를 거쳐 1308년(충선왕 복위년)에 무농염철사(務農鹽鐵使)로 활동한 것을 끝으로 기록에서 사라진다.

최해는 어려서부터 문학 방면에 뛰어난 재질을 발휘했다. 그는 9세의 어린 나이에 시를 잘 지었고, 이후의 성장 과정에서도 학문이 날로 늘어 선배들까지도 그의 재능을 인정하고 따랐다고 한다. 그가 21세 되던 해의 제야에 지은 시 「이십일제야」(二十一除夜)에서는 그가 11세부터 15세까지 스승 밑에서 공부한 사실을 밝히고, 이어서 16세에 국자감시(國子監試)에 합격한 뒤 이듬해에 예부시(禮部試)에 합격한 사실을 전한다. 그가 최종 고시인 예부시에 합격할 때 시험을 주관한 지공거는 김태현(金台鉉), 동지공거는 김우(金祐)였으며, 이 시험의 장원은 박리(朴理)였고, 모두 33명을 뽑았다. 그와 함께 합격한 인물 중에는 이승휴(李承休)의 아들인 이연종(李衍宗)이 있다.

앞서 말했듯이 예부시에 합격한 최해는 미입사직(未入仕職)인 성균학관에 보임되었다가, 성균학유 천거 사건에 휘말려 아버지의 귀양길에 따라갔다. 21세 되던 1307년(충렬왕 33)에는 처음으로 정9품의 예문춘추관(藝文春秋館) 검열(檢閱)에 임명되었다. 이후에도 그의 관직 생활은 그리 순탄하지는 않았다. 얼마 후 어떤 이유 때문인지는 알 수 없으나, 지방관인 장사현(長沙縣)의 감무(監務)로 폄직되었다. 장사현 감무로 폄직될 당시 그가 지은 시를 보면, 그는 재주가 없어 그리 되었다고 여겨 스스로를 자책했음을 알 수 있다. 궁벽진 시골인 장사현에서 3년 이상을 보낸 그는, 다시 정8품의 예문춘추관 주부(注簿)로 중앙 관계에 되돌아왔다.

문예 방면의 뛰어난 재능을 가진 최해는 자신의 재주를 맘껏 발휘할 수 있는 20대의 꽃다운 시절에 두 번이나 좌절을 맛보면서 큰 시련 속에 어렵게 보냈다. 그것도 입사 초기에 아버지와 함께 연루된 사건이 첫 빌미가 되었다. 장년 이후에 지은 시에서 마치 구름 속에 가린 태양의 빛처럼 얼핏 보이는 그의 시리도록 독한 오기는, 꿈 많은 20대를 이처럼 어렵사리 보낸 것과도 결코 무관하지 않아 보인다. 그의 오기는 부와 권세를 지닌 세력가를 향한 것이었다. 어려운 20대를 지나서 30대가 되자 그에게도 자신의 재능을 한껏 펼쳐보일 수 있는 서광이 비치기 시작했다.

최해는 34세가 되던 1320년(충숙왕 7) 장흥고사(長興庫使)의 직위에 있을 때 안축(安軸), 이연종과 함께 원나라의 제과(制科)에 응시하는 재원으로 선발되었다. 그리고 이듬해에 치른 제과에서 그만이 합격하여 원나라의 관직인 요양로(遼陽路) 개주판관(盖州判官)에 임명되었다. 최해는 고려로 귀국한 뒤에도 이때 제과에서 장원으로 급제한 송본(宋本)을 비롯한 인물들과 계속 교유했다. 제과에서 합격한 뒤 그가 귀국할 때 고려에서는 크게 환대했고, 그에게 예문응교(藝文應敎)를 제수했다.

최해는 원나라의 관직인 요양로 개주판관에 부임한 지 5개월 만에 병을 핑계 삼아 갑자기 귀국했다. 그가 원나라의 관직을 사임하고 고려로 되돌아온 이유는 요양로 개주가 궁벽진 곳이고, 판관이라는 직책이 쓸모없는 관직이기 때문이라고 했다. 그런데 뒷날 안축도 요양로 개주판관을 역임했고, 이와 비슷한 직책인 대령로(大寧路) 금주판관(錦州判官)에 이인복(李仁復)과 윤안지(尹安之)가 임명된 것을 보면, 앞서 최해가 든 이유는 표면적인 명분에 불과한 것이었다. 최해가 남긴 다른 기록을 보면, 제과에 합격했을 때 성적이 낮아 하주(下州)의 수령으로 임명되었고, 직책도 까다로운 업무를 취급하여 너무 바빴다고 고백했다. 제과에 합격했을 때 그의 성적이 43명 중 21등이었다는 사실을 고려하면, 이 고백이 원나라의 관직 생활을 그만둔 참된 이유일 것이다.

최해가 원나라의 벼슬살이를 짧게 그만둘 수밖에 없었던 또 다른 배경을 암시하는 시구가 있어 주목된다. 최해와 절친했던 이제현(李齊賢)이 최해를 회상하면서 지은 시에 다음과 같은 구절이 있다.

중국의 과장에서 용맹을 뽐내어	賈勇中朝戰藝場
중국의 장원 송본과도 백중하였네.	磊落夏宋伯仲行
군은 어찌하여 고향 생각하였던가.	君胡爲乎思故鄕
연남 귀괴들이 바야흐로 횡행하여	燕南鬼怪方疇張
온갖 말을 퍼뜨리며 소란했기 때문이었네.	萬口相和喧蜩螗

(李齊賢, 「後儒仙歌爲崔拙翁作示及菴」, 『益齋亂藁』 권4)

이 시구는 최해가 고려로 되돌아올 수밖에 없었던 이유가 '연남 귀괴'(燕南鬼怪)로 표현된 세력의 발호 때문이었음을 암시한다. 여기서 '연남 귀괴'로 표현된 세력은 그 무렵 고려 정국에 큰 소용돌이를 몰고왔던 심왕(瀋王) 옹립운동에 참여한 세력을 말한다. 최해는 이제현과 함께 심왕을 추대하려는 세력에 맞섰고, 이 때문에 원나라에서의 짧은 관직 생활을 마무리할 수밖에 없었다. 최해가 정치적으로 심왕 옹립운동에 반대했던 것은 이모부인 최운이 심왕 옹립 세력과 대립한 자세를 칭송한 글에서도 알 수 있다.

원나라 제과에 응시하기 전후에 그는 성균관승(成均館丞)을 지냈고, 이후에는 전교부령(典校副令)·전의부령(典儀副令)을 거쳐, 그에게 마지막 관직이 된 검교(檢校)·성균대사성(成均大司成)을 역임했다. 그는 검교·성균대사성을 제수받을 때, 훈직으로 예문관 제학(藝文館提學), 동지춘추관사(同知春秋館事)를 함께 받았다. 제과에 합격한 후에 그가 역임한 관직은 제과에 응시하기 전에 비해 그다지 높아지지 않았다. 이는 제과에 합격한 다른 사람의 경우와는 매우 대조적인 현상이다. 그가 마지막으로 역임한 관직이 정3품의 성균대사성이라는 점도 원나라 제과에 합격한 다른 사람이 거의 모두 2품 이상의 재추 반열에 오른 사실과 분명히 비교된다. 이는 그의 호방하고 직선적인 성격이 당시의 정국에서 신중하지 못한 처신으로 여겨졌다는 사실을 말해준다.

최해는 1330년(충혜왕 즉위년) 무렵 이름을 알 수 없는 한 '예수'(隷豎)의 무고(誣告)를 받아 그 오해를 풀려고 찾아갔으나, 일이 생각대로 풀리지 않았다. 그래서 당시 국왕의 측근이었던 최안도(崔安道)를 찾아가 자신의 사정을 하소연하여, 이 일은 결국 불문에 부쳐졌다. 최안도는 높은 자존심을 지녔던 최해가 차마 입 밖에 꺼내기조차 어려운 부탁을 하기에는 어울리지 않는 부끄러운 행적을 많이 남긴 인물이었다. 이 사건을 계기로 최해는 최안도를 이전과는 다르게 보아, 그의 묘지(墓誌)를 지었다. 그가 원나라 제과에 합격했으면서 재추에 오르지 못했던 것도 이 무고 사건과 무관하지 않을 것이다.

관직에서 물러난 이후 최해의 형편은 더욱 어려워졌던 것 같다. 만년에 사자산(獅子山) 아래 은거하면서 지은 자서전인 「예산은자전」(猊山隱者傳)에서, 그는 그곳 사원(寺院)의 승려에게 토지를 빌려 경작하는 자신의 처지를 빗대어 예산농은(猊山農隱)이라 지었다. 이 글에서 결코 불교에 호의적이지 않으면서도 자신이 평소에 '불교를 좋아해' 마침내 그 전호(佃戶)가 되었다고 역설적으로 표현하여, 그의 어려운 사정을 짐작할 수 있게 한다. 그가 지은 시편 곳곳에서도 그의 가난한 형편을 확인할 수 있다. 최해는 말년에 이처럼 찢어지게 빈한했으므로, 그가 죽은 뒤 그의 장례조차도 친구들의 도움으로 겨우 치를 수 있었다. 그는 두 번 결혼하여 딸만 셋을 두었다.

2. 저술 활동

최해는 여러 저술을 남겼다. 『삼한시귀감』(三韓詩龜鑑), 『동인지문』(東人之文), 『동문선』(東文選)에 수록된 여러 시들이 최해가 남긴 작품들이다.

　『삼한시귀감』은 신라 최치원부터 자신이 살던 충렬왕대까지 우리 나라의 이름난 시인 45명을 선정하여 그들이 남긴 206제(題)의 시 247수를 수록한 시선집(詩選集)이었다. 현전하는 『삼한시귀감』에 따르면, 이 책은 최해가 비점(批點: 시문 등을 비평하여 잘된 곳에 찍는 점)을 기하고 조운흘(趙云仡)이 정선한 것으로 되어 있다. 그런데 최해(1287~1340)와 조운흘(1332~1404)의 생존 연대를 비교하면, 최해가 죽는 해에 조운흘은 9세에 불과했으므로 조운흘이 시를 선정한 후에 최해가 비점을 가한다는 것은 애초부터 불가능한 일이었다.

　그러므로 『삼한시귀감』은 최해의 시선집인 『동인지문오칠』(東人之文五七)을 모본으로 삼아 조운흘이 다시 편집한 것으로 추정된다. 따라서 『삼한시귀감』은 최해의 작품으로 여길 수 있다. 『삼한시귀감』에 수록된 206제 247수 가운데 최해가 권점(圈點: 글의 중요한 부분이나 글 끝에 찍는 둥근 점)이나 관주(貫珠: 글자나 시문의 잘된 곳에 치는 동그라미)의 형태로 비점을 가한

시가 전체의 80%를 넘는다는 사실도 『삼한시귀감』이 최해의 작품이라고 생각할 수 있는 근거이다.

최해가 남긴 대표 저작은 『동인지문』이다. 『동인지문』은 신라 최치원부터 최해가 살던 충렬왕대까지의 작품 가운데 유명한 시와 문을 선집한 책이다. 최해는 시를 뽑은 것을 『동인지문오칠』, 문을 뽑은 것을 『동인지문천백』(東人之文千百), 변려문(騈儷文)을 선집한 것을 『동인지문사륙』(東人之文四六)이라고 각각 이름 붙이고, 이 셋을 총칭할 때는 『동인지문』이라고 하였다. 『동인지문』은 전체 25권인데, 현전하는 『동인지문사륙』은 모두 15권이고, 요즘에 발견된 『동인지문오칠』은 잔본(殘本)의 상태로 보아 9권으로 추정된다. 따라서 이렇게 본다면 『동인지문천백』은 겨우 1권에 불과하다는 계산이 나오므로, 이에 대해서는 학계의 추정 견해가 있다.

하나의 견해는 『동인지문천백』은 계획에만 그치고 편찬되지 않았으며, 나머지 1권은 『동인지문천백』이 아니라 『동인지문사륙』과 『동인지문오칠』의 총목 차이거나 권수(卷首)로 보는 것이다. 다른 견해는 일반적으로 목록을 전체 권수에 포함시켜 서문을 쓴 사례가 없다는 사실을 근거로, 일단 완성된 『동인지문』을 후대에 보완하여 간행하는 과정에서 권수가 증가했다고 보는 것이다.

한편, 최해 자신의 문을 엮어 간행한 문집 『졸고천백』(拙藁千百) 2권이 현전한다. 이밖에도 그는 많은 시를 지었을 것으로 추정되는데, 『동문선』에 수록된 것만 찾아보아도 33편에 이른다. 시와 문과 병려문의 세 부분으로 이루어진 『동인지문』의 구성 형태로 보면 최해에게도 자신이 지은 시를 모은 『졸고오칠』(拙藁五七)이 있었을 가능성이 크고, 『졸고오칠』은 『동문선』에 수록된 시들을 포함했을 것이다. 그러나 당시의 시대적 분위기나 『동문선』에서 그가 지은 병려문이 단 한 편도 보이지 않는 것을 보면, 병려문을 모은 자신의 문집인 『졸고사륙』(拙藁四六)은 남기지 않았을 개연성이 높다.

『동문선』에 수록된 최해의 시 33편은 오언고시(五言古詩) 6편, 칠언고시

(七言古詩) 1편, 오언율시(五言律詩) 3편, 칠언율시(七言律詩) 7편, 칠언배율(七言排律) 1편, 오언절구(五言絶句) 3편, 칠언절구(七言絶句) 11편으로 이루어졌다. 최해가 지은 시 속에는 여러 장르의 시가 빠짐 없이 수록된 것을 볼 수 있는데, 이것은 그가 어릴 때부터 빼어난 시작 솜씨를 발휘했다는 평가를 들었던 것이 결코 문학적 과장이 아니었음을 확인할 수 있다.

두 권으로 이루어진 『졸고천백』 1권에는 21편, 2권에는 22편의 글이 각각 수록되었다. 『졸고천백』에 수록된 43편의 글 가운데 32편은 『동문선』에 수록되었으며, 그 글의 내용은 자신과 교우했거나 살아가면서 관련을 맺었던 사람에 대한 것이 대부분이고, 일부는 자신의 관직 생활에서 지어야 했던 글이다. 글과 관련된 인물에 대한 그의 평가가 이 시기의 문집에서 흔히 보이는 구태의연하고 천편일률적인 찬사로만 채워진 것이 아니라는 점이 이채롭다. 또 그 속에서 자신의 의견을 과감하게 내비친 것은 산문을 쓰는 최해의 작가의식을 보여주는 중요한 대목이다. 『졸고천백』에 수록된 모든 글은 그 작성 시기를 알 수 있는데, 이는 시대 상황을 이해하는 데 중요한 증언이 될 수 있다.

이전까지 역사학계에서는 『동인지문사륙』이나 『동인지문오칠』의 자료적 가치에 대해 그다지 주목하지 않았다. 그러나 최근에는 역사학계에서도 이 두 책이 다른 기록에서는 찾아볼 수 없는 중요한 역사적 사실을 많이 담고 있다는 점에서 그 사료적 가치를 매우 높이 평가하고, 이에 주목하려는 연구가 적지 않게 나오고 있다. 이는 시대상을 조망하기에 턱없이 부족한 고려 시기의 사료를 확장한다는 점에서 주목될 뿐 아니라, 아직까지도 새롭게 개척할 여지가 많은 지성사나 사상사 분야에서도 여기에 접근할 필요가 있다고 여겨진다.

그가 성리학(性理學) 도입기에 활동한 인물이기는 하나 『동인지문사륙』에 수록된 글들을 보면, 성리학이라는 하나의 잣대로만 평가할 수 없는 다양한 사상적 스펙트럼 속에서 편집되었다는 것을 알 수 있다. 이 부분은 책을 편집하는 과정에서 최해의 의중이 깊숙이 반영된 측면이라고 판단되는데, 그렇다면 이는 이규보(李奎報)와 일연(一然)에게서 공통으로 보이는 사상적 편향과도 일정하게 연결될 만한 맥락이 있다고 생각된다.

『동인지문오칠』에서도 그렇지만, 최해는 『삼한시귀감』에서 비점을 가하는 형태로 시에 대한 자신의 높은 비평 수준을 보여주었다. 시에 대한 그의 비평적 안목은 당대 최고의 성리학자이자 문장가로 평가받던 그의 절친한 친구 이제현조차도 넉넉히 인정하는 높은 수준이었다. 게다가 병려문으로 구성된 『동인지문사륙』을 편집한 것에서도 보듯이, 문에 대한 그의 안목도 매우 높았다.

그렇다면 최해가 『동인지문』을 편찬한 이유와 구체적인 계기는 무엇일까? 일차적으로는 최해 스스로가 우리 나라 시문의 종조(宗祖)로 널리 알려진 최치원의 직계 후손으로서 대단히 높은 긍지를 지녔고, 어릴 때부터 주변 사람들의 인정을 널리 받았을 만큼 뛰어난 시작 솜씨를 가졌다는 사실에서 찾을 수 있다. 하지만 이런 이유만으로 국가조차도 기획하지 못한 큰 문예 사업인 『동인지문』의 편찬을 최해가 그 어려운 형편 속에서 힘들게 혼자 수행했던 까닭을 모두 설명할 수는 없다고 생각된다. 따라서 여기에는 최해가 일생의 소신으로 지녔던 그 어떤 사명감이 근본적으로 작용했다고 보아야 할 것이다.

최해는 원나라에서 관직 생활을 할 때, 그들과 접하면서 그들에게 보여줄 만한 우리의 글 모음집이 없었던 점을 매우 아쉽게 생각했다. 이를테면 최해는 역대 문인들이 남긴 우리의 글을 체계적으로 수록한 책으로, 원나라 문인에게 보여주어도 부끄럽지 않은 마땅한 책이 없음을 매우 한스럽게 생각했는데, 그런 생각을 원나라의 관직 생활을 끝낸 후 10년 동안이나 간직해왔다. 이는 고려가 문명 국가라는 주체적 관점에 입각한 자의식이 최해의 머릿속에 깊이 각인되었음을 보여주는 대목인데, 이런 그의 자의식이 『동인지문』을 편찬하는 가장 근본적인 동기였다.

한편, 최해가 유일한 스승으로 모셨던 김태현(金台鉉)은『동국문감』(東國文鑑)을 지었는데, 이 책은 현전하지는 않으나 책 이름으로 보건대 우리의 시문 선집으로 추정된다. 최해는『동인지문』을 편찬하는 과정에서 스승의 시문 선집인『동국문감』에서도 일정한 영향을 받았을 것이다.

3. 사우(師友)관계

최해에 관한 기록에서 그의 교우관계와 학문 방법을 다음과 같이 언급했다. 그는 "독서를 통해 문사(文辭)를 깨치고 사우(師友)에 의존하지 않고 초연히 스스로 깨쳤"으며, "이동(異同)을 논함에 이르러서는 그 올바름〔正〕을 알면 비록 노사숙유(老師宿儒)로서 당시의 유종(儒宗)이라 하더라도 힐문(詰問)하거나 꺾어서 자신의 생각을 확고부동하게" 가졌다고 한다. 전반부의 기록을 보면 그는 마치 스승과 친구가 없는 것처럼 적었으나, 이는 후반부에 보이는 그의 학문 방법과 연관되는 서술이라고 여겨진다. 따라서 그런 관점에서 그의 사우관계를 살펴볼 필요가 있다.

최해가 과거에 급제하기 전인 11~15세까지 이름을 알 수 없는 스승 밑에서 수학했던 사실을 알 수 있다. 그리고 과거에 급제한 후 스승으로 섬긴 유일한 사람은 김태현이다. 김태현은 최해가 예부시에 합격했을 때 그 시험의 지공거였는데, 두 사람은 이 시험을 계기로 좌주(座主)와 문생(門生)의 관계를 맺었다. 김태현은 충렬왕대 후반에 최해의 부친 최백륜과 함께 정동행성의 관리로 재직한 바 있었으므로, 좌주-문생 관계가 형성되기 전에도 두 사람은 이미 세교(世交)가 있던 사이였다.

당시 좌주와 문생관계는 고시관과 과거 급제자라는 명목적인 관계가 아니라 사제관계로 인식되었다. 더욱이 정치 세력을 형성하는 데 좌주와 문생의 관계가 매우 중요한 몫을 발휘했던 당시의 시대 상황에서, 그 관계는 심지어 부자에 준하는 관계로까지 발전하는 경우도 더러 있었다. 최해는 김태현이 죽자 그의 묘지명(墓誌銘)을 지었는데, 여기서 그는 자신을 김태현의 문인으로 표현하고, 김태현을 스승으로 섬긴 지 무려 30년이나 되었다고 술회했다. 그리고 최해가 어릴 때부터 궁금해하던 투호(投壺)의 예(禮)에 관한 도서(圖序)를 김태현에게 얻어 보았는데, 이 두 기록은 과거에 급제한 뒤에도 오랫동안 두 사람이 사제관계를 유지했음을 보여준다.

최해와 가장 가깝게 지낸 이는 이제현이다. 이제현은 최해와 동갑이었으며, 둘 사이의 교제는 어릴 때부터 시작되었다. 이후 두 사람은 평생지기가 되었는데, 자부심과 자의식이 남달리 강한 최해가 마음을 가장 넓게 터놓고 만난 사람이었으며, 이런 그의 심정은 이제현도 너무나 잘 알았다. 최해가 성장하는 과정에서 겪은 일화 가운데 오직 이제현만이 기억했던 몇몇 사례를 이제현이 남긴 기록에서 찾을 수 있다. 최해가 술주정을 하면서 광명사(廣明寺)의 승려를 놀려준 일화를 이제현에게만 들려준 것이 그 한 예이다. 이는 두 사람이 막역하게 만나지 않았다면 도저히 일어날 수 없었던 일이다.

이제현이 지은 시 가운데 최해와 절친하게 지냈다는 사실을 보여주는 시편이 많이 남아 있는데, 다음에 든 것은 그 중 하나이다.

익재가 젊었을 때 서로 따른 이는	益齋少日日相從
다만 당지와 졸옹이었다네.	只有當之與拙翁
사십 년 지나는 동안 모두가 죽어가고	四十年來俱物化
나만이 눈물 흘려 서풍에 뿌리노라.	獨將衰淚洒西風

(李齊賢, 「悼安謹齋(當之軸)」, 『益齋亂藁』 권4)

이 시는 안축이 죽은 뒤에 이제현이 지은 것이다. 익재(益齋)는 이제현의 호이며, 당지(當之)와 근재(謹齋)는 안축의 자와 호이고, 졸옹(拙翁)은 최해의 호이다. 안축은 최해가 원나라 제과에 응시하러 갈 때 함께 갔던 사람이며, 최해는 이제현과 더불어 안축과도 40년에 가까운 세월 동안 친하게 지냈다. 이제현은 만년에 지은 이 시에서 평생지기로 지내던 두 사람이 죽고 혼자만 외로이 남은 쓸쓸한 심정을 황혼녘에 부는 서풍에 흩뿌리는 눈물에 비유했다. 너무나 절절한 표현이다.

최해는, "선비는 헤어진 지 사흘 만에 만나도 괄목상대(刮目相對)할 만큼 학문이 나아진다고 했는데, 나는 익재에게서 이를 보았다"고 할 정도로 이제현을 높이 평가했다. 이제현도 최해를 『논어』에 나오는 말로 '사귀어서 도움이 되는 곧은 벗, 믿음직한 벗, 견문이 넓은 벗'을 뜻하는 '삼익우'(三益友)로 여겼다. 최해가 죽은 뒤 이제현은, 최해가 세상 사람들에게는 비웃음을 사는 존재였으나 자신에게는 평생 두려운 친구였다고 토로했다. 이제현과 최해가 어느 친구들보다 돈독하게 지냈음을 보여주는 사례는 이밖에도 많이 찾을 수 있다.

최해가 이제현의 아버지인 이진(李瑱)이 중심이 되어 만든 해동후기로회(海東後耆老會)의 서문을 쓰고, 이제현의 형인 여대사(如大師), 즉 체원(體元)에게 서문을 써주었으며, 이제현의 부인과 장모의 묘지를 지은 것은 두 사람 사이의 이처럼 긴밀한 관계에서 충분히 이해할 수 있는 일이다. 최해가 이제현의 손위동서인 홍의손(洪義孫)과도 친구로 지냈고, 이제현과 친하게 지내던 전신(全信), 백이정(白頤正)이나 이제현의 사돈인 김륜(金倫)과도 친밀하게 지낸 데는 이제현과의 관계가 크게 작용했을 것이다.

최해는 안축과 그의 집안 인물들과도 두터운 사이였다. 안축은 1323년(충숙왕 11)에 시행된 원나라 제과에 응시하여 앞서 최해가 역임한 요양로 개주판관을 지냈으며, 고려로 돌아와 강릉도 존무사(存撫使)로 재직한 경험을 바탕으로 문학적 가치가 높은 『관동와주』(關東瓦注)를 지었다. 최해가 후제(後題)를 쓴 안축의 『관동록』(關東錄)이란 『관동와주』를 말하며, 그 서문은 이제현이 썼다. 최해가 양주(梁州) 수령으로 외직에 나가는 안축의 동생 안집(安輯)을 격려하기 위해 양주에서 들은 자신의 견문을 바탕으로 글을 써주고, 부친인 안석(安碩)을 찾아뵙기로 작정한 것이나, 뒷날 안석의 상

(像)을 찬하는 글도 남긴 사실에서 최해와 안축 집안의 세교를 알 수 있다.

최해는 생전에 8년 후배인 민사평(閔思平)이나 그의 집안과도 친하게 지 냈다. 민사평은 최해가 죽은 뒤『동인지문』과『졸고천백』을 정국경(鄭國俓) 에게 주어 간행될 수 있는 직접적인 계기를 마련한 인물로, 이제현과도 교 유했다. 그가 최해에게 헌정한 몇 편의 시를 그의 문집인『급암선생시집』 (及菴先生詩集)에서 찾을 수 있고, 최해가 민사평의 조부인 민종유(閔宗儒) 의 묘지와 부친인 민적(閔頔)의 행장(行狀)을 쓴 것에서 두 사람 사이의 교 류를 헤아릴 수 있다.

최해는 투호를 보급하는 데 큰 역할을 한 최문도(崔文度)와도 친분이 있 었고, 최해가 죽은 뒤 최해의 묘지를 쓴 이곡과도 긴밀히 교유했다. 한편, 최해가 정치적으로 자신과 다른 길을 걸었던 것으로 추정되는 권한공(權漢 功)에 관한 몇몇 기록을 남긴 이유는 쉽사리 풀리지 않는 의문으로 남아 있 다. 최해는 이밖에 주휘(朱暉)와도 친했으며, 그가 서로 시를 주고받은 이로 는 이지공(李之公)을 비롯한 몇몇 사람들이 있다. 최해의 드문 제자 가운데 가장 두드러진 이는 정포(鄭誧)이며, 김섬(金銛)도 그의 제자였다.

최해가 교유했던 인물들은 과거에 급제한 신진관료들이 많고, 뒷날 주로 자신의 문집을 남길 정도로 문필 활동을 활발히 펼친 사람들이며, 성리학이 도입되는 이 시기에 중요한 역할을 했던 사람들이었음을 확인할 수 있다. 이는 최해의 학문이 성리학에 바탕을 두었다는 사실을 말해주는 척도로, 다 른 사람 속에 비친 자신의 얼굴이라고 말할 수 있다.

4. 사대부 의식과 사상적 단면

최해는 정치적인 처신에 능하지 못했고, 당시의 정국에서 자신의 정치적 입 장을 보여주는 글을 거의 남기지 않았다. 그러나 사대부로서 강한 자의식을 지녔으며, 당대 현실에 대한 인식에서도 나름의 분명한 입장을 갖고 있었

63인의 역사학자가 쓴 한국사 인물 열

다. 특히 그가 정치적 처신에 능하지 못한 것은 남달리 강한 자의식을 가진 점과도 무관하지 않다고 생각한다.

최해는 관직 생활에 잘 맞지 않는 인물이었다. 관직 생활에 잘 적응하지 못하는 그의 태도는 그가 관직에서 은퇴하기 훨씬 전부터 확인된다. 그는 관직에서 은퇴하는 이직랑(李直郎)에게 준 시에서, 관직 생활을 다음과 같은 것이라고 말했다.

관직 생활이란 흡사 광대의 놀음,	衣冠恰似倡優戲
되 말의 녹을 다투어 처자식을 살찌게 하네.	升斗爭教妻子肥
부러워라, 그대는 나랏일 다하고 가네만,	却羨已收匡國策
불쌍하게도 나는 산을 살 밑천이 없다네.	自憐苦乏買山貲

(崔瀣,「送李林宗直郎歸舊隱」,『東文選』卷15)

이 시에서 보듯이, 그에게 관직 생활이란 녹을 챙겨 처자식을 배불리 먹이는 데 불과한 한갓 광대놀음으로 비쳤다. 세태에 따라 입신(立身)을 꾀하고 처자식을 배불리 먹이는 것은 비릿한 용인(庸人)이나 할 짓이며, 군자(君子)의 도리와는 거리가 멀다고 꼬집은 다른 글에서도 이런 그의 인식이 보인다. 그는 티끌 같은 관직 생활을 떨치고 고향으로 돌아가는 것을 정녕 오랫동안 꿈꾸었다. 최해는 그 시대를 성인이 사라져 바른 것을 저버리고 오로지 기이함만을 찾는 세태이며, 순박한 풍속과 도가 쇠퇴한 말세라고 보았다.

최해는 옛것이나 옛 성현(聖賢)의 도에 비추어 자신을 추스리려는 상고(尙古)의식을 투철하게 지녔으며, 부귀를 얻기 위해 몸을 굽히지 않는 곧은 절개를 매우 높이 평가했다. 따라서 그는 비록 가난하게 살았어도 사대부로서의 자부심은 대단히 높았다. 이사할 때 실을 물건이 없음을 부끄러워하지 않고 오히려 성현의 경전이 수레에 가득 찼음을 자랑했으며, 가난한 자신을 비웃는 세태에 대해 도리어 오기에 가까울 정도의 반감을 드러낸다.

최해가 권세가에게 반감을 가졌던 사실은 다음 시에서 잘 드러난다.

어찌 권세에 아첨하고 싶지 않으랴만,	豈不欲媚竈
본뜻을 끝까지 지키려네.	素志庶有終
왕후들의 훌륭한 저택 사이에,	王侯第宅間
도리어 좁은 집을 닫고 있노라.	却掃一畝宮

(崔瀣, 「次韻鄭載物(子厚)」, 『東文選』 卷4)

이 시의 전반부에서 최해는 당시의 세태가 자신과는 너무 맞지 않아 울고 싶은 심정임을 표현했는데, 그런데도 이 대목에 이르러서는 권세가에게 빌붙어 결코 자신의 의지를 꺾지 않겠다는 결연한 자세를 내보였다. 권세를 배경으로 부정하게 부를 쌓은 부호층을 풍자한 시에서도 최해의 이 같은 자세가 다시금 잘 나타난다.

왕에게 총애를 받는 '예수'의 무고를 풀기 위해 그에게 찾아갔던 최해가, 거기서 당시의 이름난 사대부들이 서로 뒤질세라 '예수'에게 무릎을 굽혀 인사하는 광경을 놀라운 심정으로 목격하고, 자신도 그런 자리를 찾아간 사람으로서 느낀 부끄러움과 회한을 고백한 것도 그의 사대부 의식을 보여준다.

사대부 의식을 보여주는 시가 상대적으로 많은 것에 비해, 민(民)에 대한 인식을 구체적으로 보여주는 시는 다음 것이 거의 유일하다.

작년에는 기후가 고르지 못해	去歲乖雨暘
농가에선 모내기도 못하였네.	農家未挿秧
백성들은 모두 굶주림 속에 떨어져	萬民落饑坎
서로 보는 얼굴빛 처량하여라.	相視顏色涼
금년 봄도 또다시 가뭄이 들어	今年春又旱
두 손 잡고 흉년을 근심하나니.	拱手愁慇陽

63인의 역사학자가 쓴 한국사 인물 ○

우물은 말라서 푸른 진흙 되고,　　　　　青泥井水涸

붉은 피처럼 아침해는 빛나네.　　　　　赤血朝暾光

거리에는 굶어 죽은 시체가 많고　　　　道路多餓殍

들에는 농사가 어그러졌네.　　　　　　郊原阻農桑

(崔瀣, 「三月二十三日雨」, 『東文選』 卷4)

최해는 이 시에서 봄 가뭄에 겪는 당시 농가의 참상을 생생하게 그렸다. 최해는 이 시의 후반부에서, 마치 봄 가뭄으로 말미암은 농가의 어려움이 단 한 번 내리는 비로 모두 해결되는 것인 양 여기고, 또한 그것이 백성을 저버리지 않는 하늘의 배려라고 기뻐하는 모습을 애써 표현하려고 했다.

최해가 양주의 생활 환경과 농업 관행에 대해, 당시 그 누구도 남기지 못했던 매우 구체적인 견문을 남겼다는 점을 염두에 둔다면, 최해의 농업 경제에 대한 인식이 피상적인 것이라고 치부할 수만은 없다. 하지만 당시 농가의 어려움이 기후라는 자연 조건의 제약에 의해서만 일어나는 것은 아니며, 수취제도나 대토지 소유의 확산과 관련된 경제구조적 측면에서도 비롯되는 것이라는 점을 생각한다면, 농민의 현실에 대한 최해의 인식은 아직 이런 수준까지는 이르지 못했음을 알 수 있다. 또한 최해가 농민의 참상을 그린 시를 드물게 남긴 것도 이런 맥락에서 이해할 수 있을 것이다.

최해의 사회 인식을 보여주는 것으로는, 그가 예문 응교에 재직하던 1326년(충숙왕 13)에 작성한 다음 기록이 주목된다.

근년에 토전(土田)이 모두 개간되었으나 국가의 수입이 늘어나지 않고, 인구가 점차 늘어났으나 백성은 정해진 거처가 없다. 창고에는 재산이 모두 메말랐고 관리의 녹봉이 부족하며, 선비들은 염치를 닦는 이가 드물고 집집은 겸병(兼竝)을 다툰다. 풍속은 혼효(混淆)해지고 사람들은 원한을 품었으나, 비록 억울함이 있어도 풀어줄 곳이 없다. (崔瀣, 「問擧業諸生策二道」, 『拙藁千百』 卷1)

여기서 최해가 농지가 개간되었으나 국가 수입이 늘어나지 않았다고 한 것은 수취제도의 문제점을 지적한 것으로 보이는데, 이밖에도 그는 민의 유망(流亡), 국가 재정의 부족, 권세가의 토지 겸병, 풍속의 문란, 쟁송(爭訟)의 불치(不治) 등을 당시의 현실에서 일어난 중요한 사회 문제로 인식했음을 보여준다. 이러한 사회 문제를 해결하기 위한 자신의 대안이 다른 글에서 전혀 보이지 않고, 또한 이 글마저도 매우 단편적이어서 그의 인식을 구체적으로 평가하기는 어려우나, 자신의 현실 인식을 총체적으로 축약시켜 보여준다는 점에서는 주목되는 측면이 있다.

다음으로 최해의 불교관에 대해 살펴보기로 한다. 같은 시대에 살았던 어느 사대부와도 달리 최해는 승려와 교류한 시를 전혀 남기지 않았다. 『졸고천백』에서도 불교나 승려와 관련된 글은 전체 가운데 겨우 서너 편에 불과하다. 이는 최해가 불교에 호의적이지 않았다는 사실을 단적으로 보여준다.

최해는 불교와 유교의 관계를 정도(正道)와 이단(異端)이라는 이분법적 맥락에서 파악했다. 이와 관련해서 다음 글을 살펴보기로 한다.

> 천하의 이(理)는 하나뿐이니 달리 도(道)를 구한다면 이는 바로 이단이다. 지금 동방에서 도로써 사람을 가르치는 자가 말하기를 유(儒)는 외(外)가 되니 어찌 함께 버리지 않겠는가 하였다. 이 말이 한 번 나오니 화답하는 이가 날로 많아지고, 오직 그 무리를 좇아서 믿을 뿐만 아니라 스스로 유자(儒者)라고 하는 자까지도 좇아서 미혹되었다. (崔瀣, 「問擧業諸生策二道」, 『拙藁千百』 卷1)

여기서 최해는 유교를 정도, 불교를 이단으로 규정했음을 알 수 있는데, 불교를 이단이라는 용어로 규정한 것은 그가 최초라고 한다. 사대부로서 자의식이 강했던 그가 불교를 이단으로 규정한 것이 상식을 벗어난 일이라고는 볼 수 없지만, 그렇다고 그의 불교관이 철저한 배불론은 아니었다. 이는 그가 불교의 명심견성지설(明心見性之說)이 유학의 논리를 본받은 것으로

63인의 역사학자가 쓴 한국사 인물 열

여기면서, 달인(達人)과 군자, 즉 사대부라도 불교의 도에 맛들이면 저버리지 못하는 것에도 나름의 이유가 있다고 이해한 데서 잘 알 수 있다. 그는 유학의 관점에서 불교를 해석하려는 입장이었다고 여겨진다.

최해가 불교보다는 유교를 우위에 두고 유교의 관점에서 불교를 이해하려는 인식을 가졌던 입장은 다음 글에서도 잘 나타난다.

> 나는 일찍이 말하기를 유교만 알고 불교를 알지 못해도 불자(佛者)가 되는 데 해로울 것이 없으나, 불교만 알고 유교를 알지 못하면 불자가 될 수 없다고 했다. (崔瀣, 「送盤龍如大師序」, 『拙藁千百』 卷1)

여기서 최해는 불자가 되기 위해서는 반드시 유교를 알아야 한다고 생각했음을 알 수 있으며, 이 글 후반부에서는 불교에서 친애(親愛)를 끊고 수행하는 것에 대해서도, 양친을 친애하는 마음이 없으면 사람 자체가 없으므로 결국 부처마저도 구할 수 없다는 논리로 비판했다.

한편, 최해는 곳곳에 탑묘(塔廟)가 있을 만큼 불교가 성행하고 그 무리가 권세가에 의탁하여 부를 축적하고 민을 괴롭히며 사대부를 종처럼 여기는 사회 풍토를 꼬집으면서도, 그것이 유학자로서 취힐 바는 아니지만 부처의 허물은 아니라고 생각했다. 그는 공덕(功德) 신앙이 성행함으로써 생겨난 사회적 폐단을 지적하면서도, 그것이 불교 본연의 폐단과는 무관한 것이라고 파악했다.

그는 공덕 신앙의 성행이 가져온 사회적 현상에 대해서는 부정적으로 파악했지만, 공덕 신앙 자체는 긍정적으로 보았다. 이는 그가 "불교는 망매(芒昧)하여 사람이 볼 수 없으나, 참으로 성심껏 즐겁게 보시한다면 아름다운 과보(果報)를 명명(冥冥)한 가운데서 얻는 이치가 의심할 바 없다"고 한 글에서 단적으로 드러난다.

이상의 검토를 통해 최해는 유교를 우위에 두고 이분법적 시각에서 불교를 이단으로 이해했다는 사실을 알 수 있다. 또한 그는 공덕 신앙이 가져온 사회적 현상에 대해서는 비판적이었으나, 공덕 신앙의 기능 그 자체는 부정적으로 바라보지 않았다.

다음으로 최해가 중국과의 외교 자세에서 보이는 고려의 주체성에 대해서는 어떻게 인식했는지를 살펴보기로 한다. 먼저, 원 간섭기 이전 고려와 중국의 관계에 대해서는 다음 글을 참고할 수 있다.

> 신성(神聖: 太祖)께서 나라를 열어 삼한(三韓)을 통일함에 이르러, 의관(衣冠) 과 전례(典禮)가 신라를 이어받고 16, 17대 왕까지 대대로 인의(仁義)를 닦았다. 화풍(華風)을 더욱 사모하여 서(西)로는 송(宋)에 조회하며, 북(北)으로는 요(遼)·금(金)을 섬겨 점점 훈도(薰陶)되고, 인재가 번성했으며 문장(文章)이 찬연하여 볼 만한 것이 있었다. (崔瀣, 「東人之文序」, 『拙藁千百』 卷2)

> 국조(國祖)께서 이미 중국의 책봉을 받아 충성스럽고 겸손한 예를 다해 사대 (事大)한 것은 그 장표(章表)가 체(體)를 얻은 것이다. (崔瀣, 「東人四六序」, 『拙藁千百』 卷2)

여기서 최해는 원 간섭기 이전 고려의 외교가 송나라는 물론이고 요나라, 금나라에 이르기까지 사대관계를 통해 우리의 문물이 번성할 수 있었다는 관점에서, 일종의 소중화(小中華)로서 자부심을 가졌다는 것을 알 수 있다. 이는 최해가 "삼한(三韓)은 예부터 중국과 통교하여 문궤(文軌)가 같지 않은 바가 없다"고 말한 글에서도 다시금 확인된다.

한편, 이 같은 인식 뒤에는 우리의 문화 수준을 중국에 비해 낮추어보려는 최해의 이중적인 자세가 도사리고 있는 것이라고 할 수 있다. 최해의 이런 태도는 원나라에 대해서도 마찬가지였다. 원나라에 대한 최해의 인식을 보여주는 다음 글을 살펴보기로 한다.

63인의 역사학자가 쓴 한국사 인물 열

다행히 하늘이 황원(皇元)을 열어 열성(列聖)이 대대로 천하 문명을 이끌었고, 과거를 두어 사(士)를 뽑은 것도 이미 7회나 된다. 덕화(德化)가 크게 미치고 문궤(文軌)가 다르지 않아, 비록 나처럼 소천(疎淺)한 사람도 일찍이 외람되이 금방(金牓)에 이름을 걸고 중원(中原)의 준사(俊士)와 접촉할 기회를 얻었다. (崔瀣,「東人之文序」,『拙藁千百』卷2)

천자(天子)께서 동국(東國)이 으뜸으로 귀화한 것으로써 대대로 상주(尙主)를 허락하고 왕성(王省)의 권한을 위임하면서 그 막속(幕屬)을 두게 하고 (천자의) 조정이 뽑아서 제수하지는 않았다. (崔瀣,「送盧敎授西歸序」,『拙藁千百』卷1)

앞의 인용문 「동인지문서」에서 보듯이, 최해는 원나라를 중국 문명의 정통을 계승한 국가로 인식했다. 이는 최해 스스로가 원나라 제과에 합격하여 중국의 이름난 인사와 교류한 사실을 자랑스럽게 여겼으므로 지극히 당연한 귀결이다. 그리고 뒤의 인용문 「송노교수서귀서」에서 보듯이, 그는 원 간섭기에 고려가 지켜낸 자주성의 결과에 대해서도 원나라가 은혜를 베풀어 가능했던 것으로 보았다. 원나라에 대한 최해의 이 같은 비주체적 또는 굴종적 자세는 또 다른 글에서도 엿보인다. 따라서 그는 원나라에 대한 고려의 지위가 부마국으로 전락된 것이 아니라 '장인과 사위의 관계로 맺은 일가', 즉 은혜가 가득 미치는 한집안의 돈독한 관계로 발전한 것이라고 이해할 수밖에 없었다.

최해와 같은 시기에 활동한 유교 지식인은 성리학의 민본론(民本論)을 민의 유망과 관련해서 익히고 스스로가 그 해결의 주체라고 여겼으며, 당시의 사회 변화에 대해 사회구조적 시각이 아닌 윤리도덕적, 개별적 차원에서 접근했던 것으로 파악된다. 또한 그들은 원나라를 정통성을 계승한 천자국(天子國)으로 인식하면서도 고려가 중국의 언어나 문화와는 다른 독립 자주국으로서의 면모를 갖기를 기대했으며, 불교에 대해서도 비판적 입장을 가졌으나 본격적인 척불론(斥佛論)은 제기하지 않았다. 최해의 사대부 의식과 사상적 단면은 이들과 비록 부분적인 편차가 없지는 않으나, 논리상 대체로 일치한다.

5. 역사적 평가

최해는 13세기 말에 태어나 14세기 전반기에 활동했다. 그는 당시 중앙으로 활발하게 진출한 신진관료 가운데 한 사람이었다. 그의 가계는 대대로 경주에 토착하여 향리층으로 활동한 재지 이족(吏族)이었으며, 아버지 최백륜이 과거를 통해 관직 생활에 나아감으로써 중앙으로 진출하는 발판을 마련했다.

최해는 아버지에 뒤이어 그 자신도 과거에 합격함으로써 순탄한 관직 생활과 신진관료로서의 기반을 다질 수 있는 발판을 마련하였다. 그러나 곧이어 터진 아버지 최백륜이 연관된 성균학유 천거 사건에 휘말려 미처 입사하지도 못한 채 생애 첫번째 좌절을 맛본다. 감수성이 예민한 성장기인 10대 후반에 겪었던 좌절은 생애 내내 그의 정서에 깊은 상처를 남겼다. 최해는 20세에 아버지가 귀양에서 풀려나 상주목 통판으로 다시 등용됨에 따라, 그도 정식 관직은 아니지만 그곳의 '아기'로서 아버지 일을 도왔다. 이듬해에 그도 또한 예문춘추관 검열로 입사하여 관계에 발을 들여놓지만, 또 한 번 일에 연루됨으로써 지방관인 장사현 감무로 폄직되어 3년이 넘는 세월을 보내고 다시 중앙 관직에 되돌아왔다.

이후 그는 10여 년간 존재가 그다지 두드러지지 않는 중앙 관직을 전전했는데, 장흥고사로 있던 34세 때 원나라 제과에 응시하는 재원으로 선발되고 이듬해에 원나라 제과에 합격함으로써, 그의 인생에서 새로운 전기를 맞았다. 이는 그가 최치원의 후손으로서 지닌 자부심, 신진관료의 한 사람으로서 그간 쌓아올린 자신의 학문을 시험할 수 있는 더없이 좋은 기회였다. 결국 최해는 원나라 제과에 합격함으로써 자신의 학문과 문명을 내외에 과시할 수 있었고, 따라서 이 무렵이 그의 생애에서 가장 각광받던 전성기이다.

하지만 그는 원나라에서의 관직 생활을 겨우 5개월 만에 그만두고 고려로 귀국할 수밖에 없었다. 그것은 그가 원나라에서 받은 관직이 한직이었으며 성미에도 맞지 않는 직책이라는 표면적인 이유를 들었지만, 실제로는 그무렵 고려 정국에 큰 소용돌이를 일으켰던 심왕 옹립을 반대하는 그의 정치적 입장 때문이었다.

고려로 귀국한 후 최해는 주로 문한직을 역임했으며, 정3품의 성균대사성을 끝으로 관직 생활에서 물러난다. 당시 원나라 제과에 합격한 인물들은 대체로 관직이 높게 뛰어오르고, 또한 대부분이 재추 반열에 올랐던 것에 비해 그는 그렇지 않았다. 이는 정치적 처신에 능하지 못한 그의 성품이 크게 작용했을 뿐만 아니라, 입사 초기부터 겪은 몇 번의 정치적 좌절로 말미암아 정치에 염증을 느낀 것과도 무관하지 않다.

최해는 관계에서 은퇴한 뒤 빈한한 생활을 하면서도 한시도 유학자로서의 자부심을 잃지 않는 한편, 오래전부터 꿈꾸어오던 우리의 역대 문장을 뽑아 책으로 편찬하는 일을 비롯한 저술 활동에 비로소 착수한다. 그가 펼친 저술 활동은 당대의 누구보다도 폭넓고 깊었다. 그의 저술 가운데 현전하는 것만 보더라도, 조운흘이 선집한 『삼한시귀감』에 수록된 시에 비점을 가한 것부터, 자신의 시·문 선집인 『동인지문오칠』 9권, 『동인지문사륙』 15권, 『졸고천백』 2권뿐만 아니라 『동문선』에 수록된 33편의 시를 남겼다.

최해는 김태현을 스승으로 섬기면서, 이제현을 비롯해 이 시기에 도입되는 성리학이 새로운 사상으로 뿌리내리는 과정에서 중요한 역할을 하며 자신의 문집을 남긴 몇몇 인물들과 깊이 교유했다. 그는 당대 학자들과 사숙 관계를 갖지 않고 독자적으로 학문을 깨치려는 자세를 가져 교제의 폭이 그다지 넓지는 않았다.

최해의 사대부 의식과 사상적 단면은 같은 시기 유교 지식인의 그것과 대체로 일치한다. 그는 당대를 성인이 사라진 말세로 인식하고, 옛 성현의 도에 비추어 자신을 되돌아보는 상고 의식을 투철하게 지녔다. 또한 절개를 굽히지 않는 것을 높이 평가하여, 권세가에 대해서는 강한 반감을 가졌다. 사대부로서 자의식이 강한 것과는 달리, 그는 경세가로서 수기치인하는 자세가 강렬하지는 않았다. 한편, 그는 유교를 우위에 두고 이분법적 맥락에서 불교를 이단으로 파악했으며, 공덕 신앙이 가져온 사회적 현상에 대해서는 비판적이었으나 공덕 신앙의 기능 그 자체는 긍정적으로 바라보았다.

최해는 원 간섭기 이전 고려가 중국과의 사대관계를 통해 문물이 번성할 수 있었다는 일종의 소중화로서 자부심을 가졌으며, 그 이면에는 우리의 문화 수준을 중국에 비해 낮추어보려는 그의 이중적 자세가 엿보인다. 따라서 그는 원나라를 중국 문명의 계승자로 인식했을 뿐만 아니라, 원 간섭기에 고려가 지켜낸 자주성의 결과에 대해서도 원나라가 은혜를 베풀어 그렇게 된 것으로 이해할 만큼 원나라에 대해서는 비주체적 자세를 지녔다.

6. 연구 현황과 참고 자료

국문학계와 서지학 방면에서는 일찍부터 그의 저작에 대한 연구가 이루어졌다. 역사학계의 연구는 1990년대부터 본격적으로 이루어졌고, 이제까지 10년이 넘는 기간 동안 여러 방면의 연구가 이루어지고 있다. 지금까지는 그의 저작과 인물에 대한 연구가 많이 이루어졌으므로, 앞으로 역사학계에서는 이를 바탕으로 그의 저술이 지닌 의미와 그 사료적 가치에 대해 더 깊이 연구해야 할 것이다. 이 글은 필자가 쓴 논문을 바탕으로 이루어졌음을 밝힌다.

참고문헌

· 국문학·서지학 방면

今西龍, 「尊經閣叢刊「拙藁千百」に就きて」, 『朝鮮』 188, 1931; 『高麗及李朝史 研究』, 1974.

任鍾淳, 「拙藁千百 解題」, 『拙藁千百』, 아세아문화사, 1972.

李春熙, 「拙藁千百 解題」, 『高麗名賢集』 2, 성균관대학교 대동문화연구원, 1973.

尹炳泰, 「崔瀣와 그의 東人之文四六」, 『東洋文化研究』 5, 경북대학교 동양문화연구소, 1978.

＿＿＿, 「東人之文四六 재고」, 『鶴山 조종업 박사 화갑기념논총』, 1990.

千惠鳳, 「麗刻本 東人之文四六에 對하여」, 『大東文化研究』 14, 성균관대학교 대동문화연구원, 1981.

金宗鎭, 「崔瀣의 士大夫意識과 詩 世界」, 『民族文化研究』 16, 고려대학교 민족문화연구소, 1982.

＿＿＿, 「崔瀣의 現實 認識과 삶의 姿勢」, 『高麗 名賢 崔瀣 研究』, 국학자료원, 2002.

鄭景柱, 「拙翁 崔瀣 文學의 역사적 성격」, 『韓國文學論叢』 11, 한국문학회, 1990.

辛承云, 「麗刻本 東人之文五七 殘本(卷7～卷9)에 對하여」, 『圖書館學』 20, 한국서지학회, 1991.

＿＿＿, 「東人之文五七(殘本) 解題」, 『季刊書誌學報』 16, 한국서지학회, 1995.

양태순, 「최해의 의식과 시 세계」, 『한국한시작가연구』 1, 태학사, 1995.

여운필, 「東人之文五七의 면모와 東文選과의 관련 양상」, 『한국한시연구』 3, 태학사, 1995.

金乾坤, 「고려 시대의 詩文選集 —崔瀣의 東人之文」, 『정신문화연구』 68, 한국정신문화연구원, 1997.

李九義, 「崔瀣의 詩 世界」, 『영남어문학』 14, 영남대학교 영남어문학회, 1997.

＿＿＿, 「拙翁 崔瀣의 삶과 民族 意識」, 『民族文化論叢』 18·19, 영남대학교 민족문화연구소, 1998.

宋寯鎬, 「崔瀣 詩의 文藝的 性格」, 『高麗名賢 崔瀣 研究』, 국학자료원, 2002.

趙東一, 「崔瀣의 문학사적 위치」, 『高麗名賢 崔瀣 研究』, 국학자료원, 2002.

· 역사학

宋昌漢, 「崔瀣의 斥佛論에 대하여」, 『大丘史學』 38, 대구사학회, 1989.

朴漢男, 「崔惟淸의 생애와 詩文 分析」, 『國史館論叢』 24, 국사편찬위원회, 1991.

＿＿＿, 「崔瀣의 生涯와 仕宦」, 『成大史林』 12·13, 성대사학회, 1997.

＿＿＿, 「14세기 崔瀣의 東人之文四六 편찬과 그 의미」, 『大東文化研究』 32, 성균관대학교

대동문화연구원, 1997.

_____, 「고려 시대 외교 문서에 나타난 민족 문화의 전개」, 『한국사의 국제 환경과 민족 문화』, 한국사연구회 발표 요지, 1999.

_____, 「崔瀣의 東人之文 편찬과 사료적 가치」, 『高麗名賢 崔瀣 硏究』, 국학자료원, 2002.

_____, 「崔瀣의 東人之文五七 편찬과 사료적 가치」, 『史學硏究』 67, 국사편찬위원회, 2002.

高惠玲, 「崔瀣의 생애와 사상」, 『李基白 先生 古稀紀念 韓國史學論叢(上)』, 일조각, 1994; 『高麗 後期 士大夫와 性理學 受容』, 2001.

_____, 「崔瀣의 생애와 학문·사상」, 『高麗名賢 崔瀣 硏究』, 국학자료원, 2002.

許興植, 「東人之文五七의 殘卷과 高麗史의 補完」, 『季刊書誌學報』 13, 한국서지학회, 1994.

具山祐, 「14세기 전반기 崔瀣의 저술 활동과 사상적 단면」, 『지역과 역사』 5, 부산 경남역사연구소, 1999.

蔡尙植, 「崔瀣의 思想的 傾向과 佛敎 認識」, 『고려시대연구』 I, 한국정신문화연구원, 2000.

_____, 「東人之文四六의 사료 가치와 전산화」, 『고려시대연구』 II, 한국정신문화연구원, 2000.

金仁昊, 「李奎報와 崔瀣의 佛敎 認識과 批判論」, 『韓國史의 構造와 展開』, 河炫綱 敎授 定年紀念論叢, 2000.

이제현 李齊賢

시대를 증언하나, 시대를 따라가지 못하다

이익주 서울시립대학교 국사학과 교수

1. 프롤로그: 이제현의 시대

이제현(李齊賢, 1287~1367)은 고려 후기의 정치가이며, 학자이자 시인이다. 자는 중사(仲思), 호는 익재(益齋)다. 1287년(충렬왕 13)에 태어나 1367년(공민왕 16)까지 살았으니, 향년 81세로 당시로서는 장수한 편이라고 할수 있다. 충렬왕 때 과거에 급제해 관리가 된 뒤 충선·충숙·충혜·충목·충정왕 등 원(元) 간섭기의 '충(忠) 자 왕'들을 모두 모셨고, 공민왕 때에는 반원(反元)운동을 직접 경험했다. 우리 역사에서 고려가 몽골과의 전쟁 끝에 강화를 성립시킨 1259년부터 반원운동에 성공한 1356년까지 97년 동안을 원 간섭기라고 부른다. 이제현은 원 간섭기의 거의 전 시기를 살았던, 가히 그 시대의 증인이라고 할 만한 사람이다.

　원 간섭기는 우리 역사에서 드물게 외세의 간섭이 강했던 시기이다. 13세기 초부터 몽골족이 주변 여러 나라들을 정복해 유라시아 대륙에 걸치는 대제국을 건설함으로써 그 여파가 고려에도 미쳐왔던 것이다. 그러나 고려는 30년 가까이 몽골의 침략에 맞서 싸웠고, 그 결과 강화를 체결해 몽골이 고려의 '토풍'(土風)을 고치도록 강요하지 않겠다는 약속을 받아내는 데 성공했다. 이로써 고려는 고유의 문화를 유지할 수 있었을 뿐만 아니라, 그 문화의 영역으로서 고려의 영토와 그 영토 안의 각종 제도 및 통치기구, 그리고 고려라는 국호와 고려 왕실 등을 변함없이 지킬 수 있었다. 즉, 고려는 몽골에 정복당한 것이 아니라 왕조를 유지하면서 몽골과 사대관계(事大關係)를 맺었던 것이다.

고려와 원(몽골은 1271년에 나라 이름을 大元으로 정했다)의 사대관계는, 1278년(충렬왕 4)에 왕이 몸소 원에 가서 황제 쿠빌라이(世祖)를 만난 자리에서 고려에 주둔하고 있던 원나라 군대를 철수시키고, 다루가치(達魯花赤)를 폐지하며, 고려에서 몽골 방식의 호구조사를 실시하지 않기로 합의함에 따라 안정적으로 자리를 잡았다. 이 뒤로 원나라의 관리나 군대가 고려에 상주하는 일은 없었고, 특히 호구조사의 권한을 빼앗기지 않음으로써 조세 수취와 역역(力役)의 부과, 국가 재정의 운영 등에서 독자성을 지킬 수 있었다. 이런 과정을 거쳐 성립한 고려·원 관계를 원 세조 쿠빌라이 때 만들어진 체제라는 의미에서 뒷날 '세조구제'(世祖舊制)라고 불렀다.

고려가 원과 사대관계를 수립할 수 있었던 데에는, 때마침 원에서 쿠빌라이가 즉위해 중국의 문화를 적극 수용하는 쪽으로 정책을 전환한 점이 크게 작용했다. 쿠빌라이는 "한법(漢法)으로써·한지(漢地)를 다스린다"는 원칙 아래 중국의 제도를 수용했으며, 대외관계에 있어서도 주변 국가들과 전통적인 사대관계를 회복했던 것이다. 그러나 고려와 원의 관계는 고려 전기에 송(宋), 요(遼), 금(金)나라와 맺었던 형식적인 사대관계와 많이 달랐다. 원은 고려 국왕에 대한 책봉의 권한을 행사함으로써 고려에 대한 영향력을 유지했고, 필요할 때마다 사신을 파견해 내정에 간섭했다. 이처럼 왕조를 유지하면서 원의 정치적 간섭을 받았던 시기를 '원 간섭기'라고 하는 것이다.

한편, 국내 정치에서는 강화 이후에 무신정권(武臣政權)이 붕괴되고 왕정이 회복되는 변화가 있었다. 1170년 무신난으로 성립된 무신정권이 100년 만에 붕괴된 것은 그 자체로도 매우 중요한 사건이었지만, 그와 동시에 국왕을 중심으로 하는 새로운 정치 질서가 수립되는 또 하나의 중요한 변화가 있었다. 당시 국왕은 왕정 복구를 명분으로 왕권을 강화할 수 있었을 뿐만 아니라, 몽골과의 강화에 적극적으로 나섬으로써 정국의 주도권을 장악했다. 그런데 이 과정에서 고려의 국왕들은 소수의 측근인물들을 중용해 권력을 행사하도록 했고, 그 결과 국왕 측근세력에게 권력이 집중되는, '측근정치'(側近政治)라고 부를 수 있는 정치 형태가 출현했다.

따라서 원 간섭기 고려의 정치는 대외적으로는 세조구제를, 대내적으로는 측근정치를 특징으로 하고 있으며, 이 두 가지는 서로 관련되어 있었다. 즉, 세조구제 아래의 실질적인 책봉을 받아 즉위한, 그리고 원의 결정에 따라 왕위에서 물러날 수도 있는 국왕의 위상에는 분명한 한계가 있었고, 이런 점이 국내에서 측근세력을 통한 왕권의 행사를 불가피하게 했던 것이다.

그러나 이런 정치 체제는 두 가지 불안한 요소를 내포하고 있었다. 한 가지는 체제 안의 문제로 국왕 측근세력의 권력 남용으로 말미암아 정치 질서가 문란해지고, 더 나아가서는 이들의 토지 탈점 등 불법행위로 말미암아 민생이 위협받고 그 때문에 일반민들이 유망(流亡)하는 등 기층 사회가 동요하는 사태였다. 또 한 가지는 체제 밖의 문제로, 원과 고려 일각에서 세조구제를 부정하고 고려를 원의 영토에 편입시켜 지방 행정 단위인 행성(行省)으로 만들려는 움직임이었다. 따라서 고려는 원 간섭기에 대원관계에서 세조구제를 유지할 것과, 국내 정치에서 개혁을 통해 측근정치의 폐단을 시정해야 하는 이중 과제를 안고 있었다. 이것이 이제현이 살았던 시대였다.

2. 성장기: 성리학을 배우다

이제현은 충렬왕의 측근정치가 한창이던 1287년(충렬왕 13) 12월에 태어났다. 본관은 경주로 그의 집안은 대대로 경주의 향리를 세습해왔던 것으로 보인다. 그러다가 그의 증조부인 이득견(李得堅)이 비록 동정직(同正職)이기는 하지만 처음으로 관직에 올라 사족(士族)으로 발돋움하였다. 무신난 이후 지방 향리들이 과거를 통해 중앙으로 진출하는 경향이 두드러졌는데, 아마 그도 이 흐름을 탔을 가능성이 크다. 그러나 그의 집안이 번성할 수 있는 계기를 마련한 것은 할아버지 이핵(李翮)을 거쳐 아버지 이진(李瑱) 대에 와서였다. 이진의 형제 세 명이 모두 과거에 급제하는, 당시로서는 흔치 않은 기록을 남겼고, 그 중 이진이 재상의 반열에 오름으로써 이 집안이 신흥 명문으로 떠오를 수 있었다.

이진의 출세는 물론 그의 개인 능력에 의한 것이지만, 충선왕의 개혁정치와도 밀접한 관련이 있었다. 이진은 1279년(충렬왕 5)에 36세의 비교적 늦은 나이로 급제해 관직 생활을 시작했는데, 1298년(충렬왕 24)에 세자로 있던 충선왕이 즉위해 개혁을 추진하면서 인생의 전기를 마련하게 되었다. 충선왕의 개혁은 충렬왕의 측근정치를 청산하기 위한 것으로, 그때까지 소외되었던 대다수 관료들의 기대와 지지 속에서 진행되었다. 이때 충선왕은 사림원(詞林院)을 중심으로 개혁을 추진했는데, 이진이 사림원 학사로서 박전지(朴全之)·오한경(吳漢卿)·권보(權溥) 등과 함께 충선왕을 도와 개혁에 참여했던 것이다.

그러나 충선왕의 개혁은 원의 지지를 획득하는 데 실패해 8개월 만에 중단되었고, 충선왕은 왕위에서 물러나 원으로 소환되었다. 그에 따라 사림원의 학사들도 관직에서 물러나게 되었으며, 이진 역시 이후 5년 동안을 본의 아니게 한거(閑居)하게 되었다. 하지만 충선왕의 개혁이 대다수 관료들의 지지를 받았던 만큼 그것을 주도했던 이진은 관료 사회에서 신망을 얻었을 것이고, 충선왕과의 각별한 관계는 뒷날 이진이 재상의 반열에 올라 가문을 일으키는 데 결정적인 힘이 되었다.

이제현은 이진의 4남 중 셋째 아들로 태어났다. 어머니는 잡권무(雜權

務)의 말직인 능직(陵直)을 지낸 박인육(朴仁育)의 딸이었다. 어려서부터 학문에 소질이 있었던 듯, 15세의 어린 나이에 성균시(成均試)에 수석으로 합격하고 연이어 과거에 급제했다. 이 과거를 주관한 사람이 바로 이진의 사림원 동지였던 권보(權溥)였는데, 이듬해 권보가 이제현을 사위로 삼음에 따라 두 사람은 좌주(座主)—문생(門生)의 관계에 이어 장인과 사위의 관계를 맺었다. 권보의 집안은 그의 증조부인 권수평(權守平)이 무신집권기에 이미 추밀(樞密)을 지내면서 기반을 닦았고, 권보 때에는 그 자신을 포함해 아들과 사위 가운데 봉군(封君)된 사람이 아홉 명에 이르는 번성을 누렸다. 따라서 권보와의 관계는 이제현이 정치적으로 진출하는 데 있어 큰 도움이 되었을 것이다.

이제현의 청년 시절을 이야기하면서 남보다 먼저 성리학과 접촉한 사실을 빼놓을 수 없다. 충렬왕 때에는 원에서 성리학이 전래되어 수용되기 시작했는데, 안향(安珦)이 성리학을 소개한 뒤로 백이정(白頤正)과 권보, 우탁(禹倬)이 그 문하에서 수학했고, 백이정이 직접 원에 건너가 성리학을 공부하고 돌아왔다는 사실들이 당시 분위기를 전해준다. 이제현은 백이정에게서 성리학을 배웠는데, 백이정이 1308년(충렬왕 34)에 원에서 귀국했으므로 이제현의 나이 20대 초반에 해당한다. 이 무렵에는 성리학이 과거 과목으로 채택된 것도 아니고 국가에서 공식적으로 교육하지도 않았으므로, 이제현의 성리학 수업은 평소 경학(經學)에 대한 관심과 원의 신학문에 대한 동경 등이 복합적으로 작용한 결과가 아니었을까 한다. 또 아버지 이진이 안향의 천거로 경사교수도감사(經史教授都監使)가 된 적이 있고, 장인인 권보는 안향에게서 수학했을 뿐만 아니라 뒷날 주자의 『사서집주』(四書集註)를 간행하는 등 성리학에 관심을 보였으므로, 이제현을 둘러싸고 있는 환경이 자연스럽게 그를 성리학으로 이끌었을 것임을 짐작할 수 있다.

당시 고려의 정치 상황은 결코 안정적이지 않았다. 충선왕의 개혁이 실패로 끝나고 충렬왕이 복위하면서 측근정치가 재현되자, 그에 대한 일반 관료들의 반발이 누그러지지 않아 충렬왕과 충선왕의 지지 세력 간에 다툼이 한동안 계속되었다. 이 정쟁은 충선왕이 원에서 무종(武宗)을 옹립하고 정치 권력을 장악함으로써 끝이 났지만, 이번에는 충선왕이 원의 제도를 적극 수용하려 함에 따라 세조구제의 유지를 둘러싼 정치적 논란이 이어졌다. 이런 시기에 이제현은 20대의 청년기를 보내면서 나름대로의 정치적 안목을 키워갔고, 동시에 성리학의 접촉을 통해 뒷날 성리학자로 성장할 수 있는 발판을 마련했다.

3. 충선왕과 함께 한 득의의 시절

이제현은 과거 급제는 물론 성리학의 접촉 등 여러 면에서 남보다 일렀다. 하지만 이제현의 청년기가 다른 사람과 뚜렷하게 달랐던 것은 아니었다. 그는 1314년(충숙왕 원년) 28세 때, 충선왕의 부름을 받고 원나라 대도(大都)의 만권당(萬卷堂)에 가게 되는데, 이것이 이제현을 역사적 인물로 만드는 첫번째 계기가 되었다.

만권당은 충선왕이 세운 일종의 서재로, 당시 충선왕은 아들 충숙왕에게 왕위를 물려주고 원나라 대도에 머물면서 요수(姚燧), 염복(閻復), 원명선(元明善), 조맹부(趙孟頫) 등 중국의 학자들을 만권당에 불러모아 학문을 연구하도록 하고, 또 이들을 정치적으로 후원하였다. 그런데 여기에 고려의 학자가 참여하도록 배려해 이제현을 불러들였던 것이다. 여기에는 충선왕과 이진, 권보의 각별한 관계와 더불어 이제현이 이미 성리학에 대한 기초적인 소양을 갖추고 있었던 점이 작용했을 것으로 짐작된다. 그리고 이 기회를 통해 이제현은 원나라의 수준 높은 성리학을 접할 수 있었고, 그만큼 성리학을 깊이 이해할 수 있었을 것이다. 고려 후기의 성리학 수용 과정 연구에서 이제현의 역할에 주목하는 이유가 바로 여기에 있다.

만권당 시절 이제현의 정서는 한마디로 자부심 그 자체였다. 이때 그는 성리학을 '실학'(實學)이라 하고, 성리학을 공부한 자신 같은 사람을 '참된 유자'(眞儒)라고 표현했다. 충선왕의 총애에 힘입어 관직 생활도 매우 순탄했으니, 누구도 그의 전도양양한 미래를 믿어 의심치 않았을 것이다. 또 이 시기에 그는 충선왕을 따라 중국 각지를 여행하는 특이한 경험을 쌓는데, 첫번째는 30세 되던 1316년(충숙왕 3)에 사천성(四川省)의 아미산(峨眉山)에 다녀왔고, 두번째는 3년 뒤에 절강성(浙江省) 보타산(普陀山)에 다녀왔다. 이 기나긴 여행을 통해 견문을 넓힐 수 있었을 것이며, 중국의 문화를 체험하면서 동시에 고려의 문화를 상대화시켜 볼 수 있는 기회를 가졌을 것이다. 이렇게 이제현은 30대 초반에 충선왕의 후원 아래 득의(得意)의 시절을 보낸다.

득의의 시절 중에서도 절정에 이른 것이 1320년(충숙왕 7)에 지공거(知貢擧)가 되어 과거를 주관한 일이었다. 이때 이제현은 34세밖에 되지 않았고, 관직은 정3품 선부전서(選部典書)에 불과했다. 고려 후기에 재추(宰樞) 가운데서 지공거를 임명하는 것이 상례였던 것과 비교하면 정3품의 지공거는 매우 이례적이었고, 특히 34세라는 나이는 거의 파격적이었다. 한 조사에 의하면, 충렬왕~충정왕 시기에 과거 급제자의 평균 연령이 21.5세이므로 이제현과 나이 차는 평균 13세 정도가 된다. 따라서 이제현과 그의 문생들은 거의 같은 세대에 속한다고 할 수 있는데, 이 점은 뒷날 좌주-문생 관계를 통해 이제현을 중심으로 하는 정치 세력이 형성되고 장기간 유지되는 데 큰 영향을 미치게 된다.

이제현이 이 과거를 주관하게 된 것은 물론 성리학과 관련이 있다. 이보다 조금 앞선 1313년(충선왕 5)에 원에서는 충선왕의 건의에 따라 과거제도를 처음 도입했는데, 시험 과목에는 성리학 경전인 『논어』(論語), 『맹자』(孟子), 『중용』(中庸), 『대학』(大學) 등 사서(四書)와 현실 문제에 대한 대책을 시험하는 책문(策問)이 포함되었다. 이것이 고려의 과거에도 영향을 주어, 이제현이 주관한 과거에서는 과목을 조정해 시부(詩賦) 대신 책문을 시험했다. 이를 통해 성리학자의 현실 인식과 대책을 시험하고자 했던 것이다. 따라서 이 과거의 시관으로는 만권당에서 성리학을 수학한 이제현이 적임자였고, 또 이 과거에서 이곡(李穀), 안보(安輔), 백문보(白文寶), 윤택(尹澤) 등 성리학자들이 급제했던 것이다.

그러나 충선왕의 총애와 후원 속에 언제까지나 탄탄할 것 같아 보였던 이제현의 정치 인생은, 충선왕이 원의 정쟁에 휘말리면서 위기를 맞았다. 충선왕이 옹립했던 무종·인종을 거쳐 1320년(충숙왕 7)에 영종이 즉위하자 권신 테무데르(鐵木迭兒)가 권력을 잡고 무종·인종 세력을 배척했는데, 이해 12월에 충선왕도 토번(吐蕃), 즉 지금의 티베트의 사캬(撒思結)로 유배되었다. 이것은 이제현이 34세 때 맞이한 첫번째 정치적 시련이었다. 이듬해 9월에는 학문적인 스승이기도 했던 아버지 이진이 세상을 떠나 슬픔이 더했다.

충선왕이 세력을 잃고 유배되자, 고려의 정치권력을 장악하려는 욕구가 여러 곳에서 분출했다. 그 첫째는 충숙왕으로, 비록 왕위를 물려받았지만 충선왕의 간섭 때문에 왕권을 제대로 행사하지 못하던 중 충선왕이 유배되자 친정(親政)의 의지를 밝히고 나섰다. 둘째는 충선왕의 조카인 심왕(瀋王) 고(暠)로, 충선왕의 총애를 받으며 성장한 그는 충숙왕의 친정이 충선왕의 정치를 부정하는 것이란 점을 부각시키면서 충숙왕을 몰아내고 자신이 왕위에 오르고자 했다. 마지막으로, 고려를 배신하고 원에 가 있던 몇몇 사람들이 고려 왕조를 없애고 원의 행성을 세우자는, 이른바 입성론(立省論)을 제기했다.

이때 이제현은 고려의 관직을 내놓고 원나라 대도(大都)에 남아 충선왕의 저택을 지키고 있었는데, 평소 충선왕과의 관계로 보아 자연스럽게 유배중인 충선왕의 의사를 대변하는 위치에 서게 되었을 것으로 짐작된다. 먼저, 고려의 대다수 관료들이 연루되었던 충숙왕과 왕고의 대립에는 일체 개입하지 않았는데, 이것은 자신의 뜻이기보다는 충선왕의 의사를 반영한 것이라고 할 수 있다. 그러나 고려를 원의 행성으로 만들자는 주장에 대해서는 누구보다도 앞장서서 반대했다. 그는 이때 원나라 도당(都堂)에 상서해 고려에 행성을 세우는 것이 "400여 년의 왕업(王業)을 하루아침에 폐절(廢絶)시키는 것"이며, 또 고려 왕조의 존속이 세조의 구제에 근거한 것임을 상기시키며 입성에 반대했다. 원나라 안에서도 고려에 행성을 세우는 것이 실익이 없다는 주장이 제기되어 마침내 입성 논의가 중지되었는데, 그 과정에서 이제현의 공로가 결코 적다고 할 수 없다.

또한 충선왕의 소환을 위해서도 백방으로 노력했다. 1323년(충숙왕 10) 정월에 원에서 충선왕의 총신인 최성지(崔誠之)와 연명으로 원의 승상(丞相) 바이주(拜住)에게 글을 올려 충선왕의 소환을 호소했는데, 이것이 주효했던 듯 바이주가 황제에게 주청해 충선왕을 대도에서 조금 가까운 도스마(朵思麻)로 옮겨오는 성과가 있었다. 그리고 같은 해 4월에는 충선왕을 만나기 위해 도스마로 떠났는데, 그 먼 길의 첫걸음을 내딛는 심정을 "님의 은혜 만에 하나 갚지 못했으니 / 만 리 넘어 달려가기 어렵다 말하랴!"라고 읊어 충선왕에 대한 충정을 드러냈다. 그는 도스마로 가는 중에 지은 시들을 모아 뒤에 『후서정록』(後西征錄)이라 했는데, 앞서 1316년(충숙왕 3)에 사천성의 아미산에 다녀오면서 지은 『서정록』과 함께 인구에 회자되었다.

이제현이 도스마에서 충선왕을 모시고 있던 즈음, 원의 대도에서는 정변이 일어나 영종이 살해되고 태정제가 즉위했다. 이에 따라 사태가 일변해 충선왕이 소환되고, 충숙왕이 다시 왕위를 회복했다. 이제 충선왕의 권세가 전과 같이 회복되고, 그간의 노고에 대한 응분의 보상이 뒤따르리라는 기대를 갖게 되었을 것이니, 충선왕을 따라 대도로 돌아오는 이제현의 발걸음은 얼마나 가벼웠을까?

그러나 유배 생활의 후유증 때문인지 충선왕은 대도에 도착하자마자 세상을 떠나고 말았다. 그에 따라 충숙왕이 즉위한 지 12년 만에 친정을 폈는데, 충숙왕의 정치가 기본적으로 충선왕의 정치를 청산하고자 하는 것이었으므로, 충선왕의 구신(舊臣)이던 이제현의 정치적 입지는 그리 넓지 못했다. 물론 공신에 책봉되고 정당문학(政堂文學)이나 삼사사(三司使) 등 고위 관직에 오르기는 했지만, 그에 걸맞은 활동을 하지는 못했던 것이다. 44세이던 1330년(충숙왕 17)에 둘째 아들 달존(達尊)이 과거에 급제하고, 손자 덕림(德林)이 태어난 것이 그나마 허전함을 달래주는 위안이었을까? 이렇게 해서 충선왕과 함께 했던 그의 득의의 시절은 40대 전반의 이른 나이에 끝나고 만다.

4. 좌절과 재기, 제2의 전성

충숙왕이 왕위를 회복하고 친정을 실시한 뒤로 고려에서는 정치적 혼란이 심화되었다. 무엇보다도 국왕 측근세력에 의한 권력 남용으로 말미암아 측근정치의 폐해가 심해졌는데, 이는 그동안 충숙왕과 고난을 함께 했던 사람들이 보상을 받으려 했기 때문이다. 이와 함께 밖에서는 심왕 고의 도전이 여전하여 충숙왕의 왕권을 계속해서 위협했다. 이렇게 된 데에는 충숙왕이 원의 신임을 얻지 못한 것이 크게 작용하고 있었다. 충숙왕의 일부 측근들조차 이런 판단 아래 충숙왕의 아들인 충혜왕을 옹립했는데, 충혜왕은 당시 원의 최고 권력자이던 엘테무르(燕帖木兒)의 총애를 받고 있었다.

충혜왕이 즉위하자 이번에는 충숙왕측의 반격이 시작되었다. 이들은 충혜왕이 마침 대청도에 유배와 있던 토곤테무르(妥懽帖睦爾) 태자와 함께 반란을 일으키려 한다고 모함했고, 이것이 적중해 원에서는 불과 1년 만에 다시 충숙왕을 고려 국왕에 책봉했다. 이렇게 국왕이 자주 바뀌고, 그것도 부자 사이에 왕위를 두고 엎치락뒤치락하는 것은 세조구제 아래 고려 국왕에 대한 책봉권을 원에서 가지고 있었기 때문이다. 그리고 이로부터 8년 뒤에 충숙왕이 승하하자 충혜왕과 심왕 고 사이에 후계를 둘러싼 싸움이 재현되었는데, 이 대결은 서로 군대를 동원해 전투를 벌였을 정도로 치열하게 전개되었다. 그러다 마침 원에서 엘테무르에 이어 권력을 장악하고 심왕을 후원하던 바얀(伯顏)이 정변으로 축출되면서 충혜왕은 겨우 왕위를 되찾을 수 있었다.

이처럼 고려의 충숙·충혜왕대는 정치적 음모와 군사적 대결로 얼룩진 혼란기였다. 정치의 주인공은 언제나 국왕의 측근 인물들이었고, 이들은 권력을 잡기 위해 목숨을 걸고 싸웠다. 이러한 상황에서 이제현과 같은 학자 관료들이 정치에 참여하기란 어려운 일이었고, 이제현도 충혜왕이 즉위하자 곧 파직되어 무려 14년 동안을 재야에 머물렀다. 그의 나이 44세부터 58세까지니, 젊은 날의 포부와 그동안 쌓아온 경륜을 한창 펼쳐볼 인생의 황금기에 혼란한 세상을 그저 지켜보는 처지가 되었던 것이다. 게다가 관직에서 물러나 있는 동안 47세 때 부인 권씨가 세상을 떠났고, 54세이던 1340년(충혜왕 후1)에는 아들 달존이 원나라에 갔다가 돌아오는 길에 객사하는 크나큰 슬픔이 있었다.

그래도 어지러운 정치 현실을 아주 외면할 수는 없었던지, 충숙왕이 승하하고 충혜왕이 아직 복위하지 못하고 있을 때 원에 가서 충혜왕을 변론하고 돌아온 적이 있었다. 당시 이제현은 충혜왕의 개인적인 성품을 떠나 충혜왕에게 왕위가 이어지는 것이 고려의 전통적인 정치질서에 부합하는 것이라고 판단했던 것이다. 이 공으로 1등 공신에 책봉되고 토지와 노비를 하사받았지만, 이후 충혜왕의 측근 인물들이 발호(跋扈)하는 정국에서 더욱 두문불출했다.

이 무렵 『역옹패설』(櫟翁稗說)을 지었는데, 그 서문에서 "여름에 비가 줄곧 달포를 내려 집에 들어앉았는데 찾아오는 사람도 없어 답답한 마음을 참을 수 없었다. 벼루를 들고 나가서 떨어지는 빗물을 받아 친구들 사이에 오간 편지들을 이어붙인 다음 편지 뒷면에 생각나는 대로 적고는 역옹패설이라 하였다"고 했다. 비 오는 여름날의 무료함을 말하고 있지만, 실은 자신의 경륜을 펼칠 수 없는 답답한 현실을 한탄하는 한숨이 배어 있다.

충혜왕은 복위한 뒤에 정치를 돌보지 않고, 측근의 무뢰배들과 몰려다니며 백성들의 재산을 빼앗고 부녀자를 겁탈하는 등 난행을 일삼다가, 원으로 압송되어 유배되는 길에서 죽음을 맞았다. 그 뒤를 이어 충목왕이 8세의 어린 나이로 즉위했는데, 이때 원에서는 고려에 정치적 혼란을 수습하기 위한 개혁을 요구해왔다. 그에 따라 곧 정치도감(整治都監)이 설치되고 개혁이 추진되었는데, 이 개혁은 모처럼 국왕 측근세력이 존재하지 않는 가운데 정치질서의 문란과 권력층의 토지 탈점 등 고려 사회의 해묵은 문제들을 해결할 수 있는 절호의 기회였다.

이제현은 충목왕이 즉위하자 곧 판삼사사(判三司事)에 복직되었다. 그리고 58세의 원로 재상으로서 정국을 주도하면서 장문의 상소를 올려 개혁의 방향을 제시했다. 그 내용은 국왕 스스로 성리학을 익히고 재상들과 국사를 의논할 것, 국왕 측근세력의 인사권을 행사하는 통로였던 정방(政房)을 없앨 것, 지방관을 엄선해 파견할 것 등 모두 아홉 가지로 이루어졌는데, 모두가 측근정치의 폐단을 없애고 성리학의 실천윤리에 따라 민생을 회복할 것을 목표로 한 것이었다. 이후 서연(書筵)이 열려 충목왕이 성리학을 공부하기 시작했고, 정방이 폐지되는 등 그의 주장이 하나씩 실현되었다.

이제현의 등장과 함께 박충좌(朴忠佐), 최문도(崔文度), 안축(安軸), 안보, 이곡, 이인복(李仁復) 등 성리학자들의 정치적 진출이 두드러졌다. 이 가운데는 전날 이제현이 과거를 주관했을 때 급제한 이제현의 문생들이 다수 포함되었다. 이들은 당시의 어지러운 현실을 함께 비판하면서 성리학자의 자부심과 책임 의식을 바탕으로 고려 사회를 개혁하고자 했다. 이제현은 곧 서연을 이들에게 맡기고 관직에서 물러나 민지(閔漬)의 『편년강목』(編年綱目)을 증수하고, 충렬왕, 충선왕, 충숙왕의 실록을 편찬하는 등 역사 서술에 전념했다. 그는 현실 문제를 개혁할 수 있는 진정한 힘은 올바른 역사 인식에서 비롯된다는 점을 잘 알고 있었다.

이때 과거제도가 개편되어 사서(四書)가 시험과목으로 채택된 것도 평소

이제현의 주장과 일치하는 것이었다. 이를 계기로 성리학자들의 진출이 더욱 촉진되었고, 이들은 좌주—문생 관계를 통해 점차 세력을 결집했다. 그리고 그 중심에는 이제현이 있었다. 이렇게 이제현에게는 환갑을 바라보는 나이에 자신의 뜻을 펼칠 수 있는 기회가 다시 한번 찾아왔던 것이다. 충선왕의 그늘을 벗어난 뒤로 처음 맞는 기회였고, 그의 인생에서 제2의 전성기였다.

그러나 개혁이 진행될수록 충혜왕의 측근 인물들과 부원배(附元輩) 등 반개혁 세력이 결집했고, 개혁과 반개혁의 대결은 고려와 원을 오가며 치열하게 전개되었다. 그러던 중 정치도감에서 원나라 기황후의 일족인 기삼만(奇三萬)을 처벌하다가 옥사시키는 사건이 일어나 개혁은 중단되고 말았다. 이에 이제현은 다시 관직에 복귀해 개혁의 불씨를 되살리고자 노력했다. 이때 마침 충목왕이 승하하자 충혜왕의 동생인 왕기(王祺)를 추대했는데, 뒷날 공민왕이 되는 그에게서 개혁의 가능성을 발견했던 것이다. 하지만 부원 세력이 추대한 충정왕이 왕위에 오르자 이제현은 다시 관직에서 물러났고, 개혁의 희망은 영영 멀어지는 것처럼 보였다.

나이 어린 충정왕이 즉위하면서 왕의 외척들이 대두하여 부원 세력과 권력을 다투는 양상이 전개되었고, 그 혼란은 마치 충혜왕대를 재현하는 듯했다. 게다가 이 무렵부터 왜구가 극성을 부림으로써 원으로서도 고려의 정치적 안정을 꾀하지 않을 수 없었고, 결국 충정왕을 3년 만에 퇴위시키고 왕기, 즉 공민왕을 고려 국왕에 책봉했다. 공민왕은 곧 이제현을 불러들여 최고 관직인 정승(政丞)에 임명했고, 이제현은 전왕대의 권력자들을 제거함으로써 공민왕의 정치가 충목왕대 개혁의 연장이 될 것임을 예고했다. 이때 이제현의 나이 65세로, 그에게 마지막 기회가 찾아왔던 것이다.

5. 시간은 사람을 기다리지 않으니……

공민왕은 즉위교서(卽位敎書)를 통해 개혁정치를 표방했다. 정방을 폐지했으며, 왕권을 강화하고 정치 기강을 확립하고자 했다. 또한 몽골족의 풍습인 변발을 풀었는데, 이것은 고려의 토풍을 되살림으로써 고려―원 관계에서 세조구제를 확인하고, 그를 통해 부원 세력을 견제하려는 의지를 보인것이었다. 그리고 여기까지는 이제현의 평소 생각과 정확하게 일치하는 것이었고, 기대에 부응하는 것이었다.

그러나 공민왕에게는 측근세력이 있었다. 공민왕은 12세부터 10년 동안원에서 생활했는데, 그동안 충성을 다해 보필한 사람들이 있었고, 공민왕의즉위는 이들에게도 역시 반가운 일이 아닐 수 없었다. 이들이 공민왕 주변에 포진함으로써 측근정치가 재현되고 따라서 개혁마저 지지부진해졌지만, 오랜 외국 생활로 국내의 정치 기반이 취약했던 공민왕은 측근에 대한미련을 버리지 못했다. 이 때문에 이제현의 지위도 불안해져, 공민왕이 즉위한 뒤 5년 동안 사직과 복직을 거듭하였을 뿐, 이렇다 할 활동을 보여주지못했다. 1353년(공민왕 2)에 두번째로 지공거가 되어 이색(李穡) 등을 선발한 것이 그나마 눈에 띄는 정도였다.

공민왕과 이제현의 시각 차이를 더욱 극명하게 보여준 것이 원에 대한인식이었다. 공민왕은 즉위하기 전부터 이미 원이 쇠퇴하고 있음을 알고 있었고, 1356년(공민왕 5)에 전격적으로 반원운동을 단행해 원의 간섭에서벗어나는 데 성공했다. 국제 정세에 대한 정확한 판단과 과감한 결정이 돋보이는 쾌거였고, 이 점에서 공민왕은 분명 탁월한 정치가였다. 하지만 이반원운동이 공민왕의 측근세력을 중심으로 은밀하게 추진되었던 만큼 이제현이 참여할 여지는 처음부터 많지 않았다. 게다가 이제현은 반원운동 자체에 동의하지 않았던 것으로 보인다. 이때까지 평생 동안 성리학적 명분론을 앞세워 원에 대한 사대를 합리화하면서 세조구제에 의거해 고려 왕조를유지하는 데 전력해왔던 이제현으로서는 반원운동으로 인한 급격한 변화를 감당하기 어려웠던 것이다.

반원운동이 성공한 뒤 국왕 측근세력이 더욱 강화될 것으로 예상되었지만, 공민왕은 오히려 측근정치의 폐단을 개혁하고자 했고, 이를 위해 이제현을 다시 정승에 기용했다. 그러나 이제현은 공민왕에게 협력하는 데 여전히 소극적이었고, 이듬해 71세가 되자 관직에서 물러나기를 청해 치사(致仕)하고 만다. 이후로도 공민왕은 이제현을 원로로 대접했고, 1359년(공민왕 8)에는 이제현의 딸을 왕비로 맞아들이기도 했지만, 두 사람 사이의 서먹서먹한 분위기는 끝내 해소되지 않았다. 이제현은 젊은 국왕의 정치 감각을 따라가지 못했고, 공민왕은 그런 이제현에 대해 실망했던 것이다.

공민왕의 개혁은 두 차례에 걸친 홍건적의 침입으로 지연되다가 1365년(공민왕 14)에 신돈(辛旽)을 앞세워 대대적으로 추진되었다. 공민왕은 신돈을 등용하면서 이제현에 대한 불만을 다음과 같이 토로했다.

> 세신대족(世臣大族)은 친당(親黨)이 뿌리처럼 이어져 있어서 서로의 허물을 가려준다. 초야의 신진(新進)들은 감정을 감추고 행동을 꾸며 명망을 탐하다가 귀해지면, 집안이 한미(寒微)한 것을 부끄럽게 여기고는 세신대족과 혼인해 처음의 뜻을 다 버린다. 유생(儒生)들은 유약하여 강직하지 못하고, 또 문생이니 좌주니 동년이니 하며 당을 만들어 사정(私情)에 따른다. 그러니 이 셋은 모두 쓰지 못하겠고, 세상을 떠나 초연한 사람을 중용해 머뭇거리며 고치려 하지 않는 폐단을 개혁하겠다.

좌주, 문생, 동년을 칭하면서 당을 만드는 유생이란 다름 아니라 이제현과 같은 성리학자들이다. 앞에서 언급했듯이, 충목왕 때 과거제도가 개편된 뒤로 과거를 통한 성리학자들의 진출이 두드러졌고, 이들은 좌주─문생 관계를 이용해 세력을 결집해왔다. 게다가 이제현은 두 차례 지공거를 역임했고, 그 문생들이 또 지공거가 되어 문생을 거느림으로써 그를 중심으로 하는 문신 관료 집단이 이미 만만치 않은 세력을 형성하고 있었다. 공민왕의 눈에는 이런 유생들이 강직하지 못할 뿐 아니라, 당을 만들어 자기들끼리

이익을 추구하는 것으로 비쳤고, 따라서 개혁을 함께 하기에는 적합하지 않다고 판단했던 것이다.

특히 유생의 중심 인물이 이제현이었던 만큼, 공민왕은 이제현에 대해서도 부정적인 인식을 가지고 있었음에 틀림없다. 이런 공민왕의 이 말에 신돈은 이렇게 화답했다.

> 유생들은 좌주니 문생이니 하고 안팎으로 줄지어 있으면서 서로 간청해 그 하고자 하는 바를 다 하는데, 이제현 같은 사람은 문생이 문하에서 또 문생을 봄으로써 드디어 나라를 메운 도적이 되었습니다. 유생들의 폐해가 이와 같습니다.

이렇듯 신돈은 직접 이제현을 지명했다. 그리고 신돈의 개혁에서 이제현은 분명 개혁의 대상이 되었다. 20년 전 충목왕 때부터 줄곧 개혁을 주장해왔던 이제현이, 이제는 '나라를 메운 도적'이라고까지 불리며 개혁의 대상으로 전락한 것이다. 이런 반전은 그가 시대의 변화에 적절히 대응하지 못했기 때문에 생긴 일이었다. 즉, 공민왕의 반원운동과 개혁정치는 시대를 변화시켰고, 그 시대는 다시 사람들에게 변화를 요구했지만, 이제현은 현실적인 정치가였던 공민왕의 빠른 걸음을 뒤따라가지 못했던 것이다. 하지만 어느 누가 65세가 넘은 나이에 자신을 변화시키면서 시대를 따라가고자 할 것이며, 또 그것이 과연 쉬운 일이었을까? 이렇게 시간은 사람을 기다리지 않는다.

이제현은 공민왕에게 신돈의 골상이 옛날의 흉인(凶人)을 닮았으니 반드시 후환이 있을 것이라고 충고했지만, 공민왕의 마음을 돌리기에는 역부족이었다. 그는 신돈의 권력이 한창이던 1367년(공민왕 16), 81세로 세상을 떠났다. 그가 젊은 날에 주장했던 개혁은 역사의 수레바퀴가 되어 그를 치고, 다시 신돈마저 딛고 굴러가 고려 말에 전제개혁으로 결실을 맺었다. 그가 수용하고자 했던 성리학은 역시 후배 성리학자들에 의해 꽃이 피고, 조선 건국을 거쳐 국가의 통치 이념으로 확고하게 자리잡았다. 이 모든 것이 그가 예정한 대로 이루어진 것은 아니었으나, 그 첫마디에 있었다는 것만으로도 충분히 의미 있는 일이 아니었을까?

6. 역사 속의 의미와 한계

이제현은 어떤 사람일까? 그를 제대로 이해하고 평가할 수 있는 키워드는 개혁과 성리학 두 가지이다. 젊어서는 개혁 군주였던 충선왕과 정치적 운명을 같이했고, 노년에는 충목왕대의 개혁 방향을 제시했다. 만권당에서 성리학을 공부한 뒤로 평생을 성리학자임을 자부하며 살았고, 정치 활동을 통해 성리학자들이 세력을 결집하고 정치적으로 성장할 수 있는 발판을 마련했다. 그 개혁의 이념적 바탕을 성리학에 두고 있었으니, 이 두 가지는 서로 무관한 것이 아니었다.

당시 사람들 가운데 이제현을 가장 잘 안다고 할 수 있는 사람이 아마 이색이었을 것이다. 이색은 1353년(공민왕 2)에 이제현이 주관한 과거에 장원으로 급제했는데, 그의 아버지 이곡도 이제현의 문생이었으므로 부자가 함께 이제현과 좌주―문생 관계를 맺는 기연이 있었다. 또한 이색이 젊은 날 원나라 국자감에 유학하고 돌아와 이제현의 뒤를 이을 재목으로 기대를 모았고, 과연 뒷날 이제현에 이어 유종(儒宗)으로 추앙을 받았다. 이제현의 묘지명을 이색이 썼는데, 여기서 그는 이제현이 "옛 법〔舊法〕을 힘써 지키고, 경장(更張)을 좋아하지 않았다"고 술회했다.

경장이란 곧 개혁을 의미하는 것이므로, 이색의 말대로라면 이제현이 개혁을 좋아하지 않았다는 뜻이 된다. 그러나 이제현은 충목왕대에 개혁의 방향을 제시했고, 그럼으로써 후배 성리학자들이 그 개혁에 적극 참여할 수 있는 분위기를 조성한 바 있었다. 그렇다면 이색이 말하는 '경장'과 이제현이 참여했던 충목왕대의 개혁이 서로 다른 것인가?

충목왕이 즉위했을 때 이제현이 제시한 개혁안은, 당시로서는 시급하게 해결해야 할 문제들을 적절하게 지적한 것이었다. 그러나 조금 관점을 달리해서 보면, 당시의 토지제도나 부세제도가 가지고 있는 구조적인 문제점에 대한 지적은 보이지 않는 점이 눈에 띈다. 그 대신 지방관을 엄선해서 파견하고, 일반민들을 진휼하는 것으로 민생을 회복시킬 수 있다고 보았다. 이것은 결국 제도의 개혁이 아니라 운영상의 개선에 초점을 맞춘 것이니, 옛 법을 힘써 지키고, 경장을 좋아하지 않았다고 한 이색의 말이 꼭 들어맞는다고 할 수 있다.

권세가들의 토지 탈점 문제에서도 관리들이 지급받은 녹과전(祿科田)의 탈점만을 거론했을 뿐, 정작 중요한 일반민들의 토지에 대해서는 아무런 언급이 없었다. 이것은 명백히 계층적 한계를 보여주는 것이라고 할 수 있는데, 그 이유를 이제현의 사회적 기반에서 찾는 견해가 있다. 즉, 아버지 이진이 남의 노비를 빼앗았다거나, 장인인 권보가 뇌물을 받아 재산을 모았다는 사실로부터 그가 적극적인 개혁을 내세운다면 자신의 사회적 기반을 스스로 부인하게 되었을 것이라는 설명이다. 그렇다면 이제현이 공민왕대에 개혁의 대상으로 전락한 것도 그저 세월 탓이 아니라, 처음부터 이런 한계를 안고 있었기 때문이라는 설명도 가능할 것이다.

성리학자로서의 면모는 어떠한가? 고려 시대의 인물들을 비교적 객관적으로 평가하고 있는 『고려사』 열전에서는 이제현에 대해, "성리학을 즐기지 아니하여 정력(定力)이 없고, 공자와 맹자를 공담(空談)했으며, 마음씀이 단정치 못하여 하는 일이 이치에 심히 맞지 않았으므로 식자들의 허물하는 바가 되었다"라고 적고 있다. 젊은 나이부터 성리학을 실학이라 여기고, 그것을 배운 자신을 진유라고 자부했던 이제현에게 "성리학을 즐기지 않았다"는 후세의 평가는 좀 가혹한 듯하다. 존재를 부정하는 것이기 때문이다.

고려 후기 성리학 수용 과정의 연구는 안향·백이정·이제현 등 몇몇 사람들을 중심으로 이루어지고 있을 뿐, 그들이 이해한 학문의 내용에 대해서

는 알려진 것이 없다. 다만, 이기론(理氣論)을 중심으로 하는 철학적인 논의
는 아직 시작되지 않은 것이 분명하고, 실천윤리를 강조하는 경향이 있었다
는 사실 정도가 밝혀져 있다. 즉, 고려 후기의 지식인들은 사회 질서를 바로
잡고 정치개혁을 이루는 데 필요한 이념으로서 성리학을 수용했던 것이니,
이기 철학을 기준으로 본다면 이들은 아직 성리학자가 아니라고 할 수 있다.
그러나 성리학이 발생할 당시의 사회적 필요에 견주어본다면 이들이야말로
성리학자라고도 할 수 있는데, 성리학은 중국 북송대 사대부들의 자부심과
책임감 등 경세의식을 바탕으로 출현한 신유학(新儒學)이었던 것이다.

게다가 고려 후기에 성리학이 수용되면서 그에 대한 이해가 빠른 속도로
심화되었고, 그 때문에 선배 성리학자에 대한 평가는 언제나 부정적이었다.
이제현보다 한 세대 앞선 민지는 주자의 『자치통감강목』(資治通鑑綱目)을
본떠 『본조(本朝)편년강목』을 지었지만 "성리학을 알지 못했다"는 평가를
들었고, 이제현 다음 세대에서 유종(儒宗)으로 일컬어졌던 이색조차 후배
들에게서 "학문이 순수하지 못하다"는 비판을 들었다. 따라서 이제현에 대
한 위의 평가도 성리학에 대한 이해가 심화되는 과정에서 나올 수 있었던
것일 뿐, 여전히 이제현은 성리학 수용에서 일익을 담당했다고 보아야 할
것이다.

이와 같이 이제현은 개혁과 성리학의 두 가지 모두에서 의미와 한계를
동시에 지니고 있었다. 역사적 의미는 과거를 향해 닫혀 있는 것이고 한계
는 미래를 향해 열려 있는 것이니, 우리에게는 언제나 한계가 크게 보이지
만, 역사적인 의미를 함께 고려해야만 정당한 평가가 이루어질 수 있을 것이
다. 이런 관점에서, 개혁을 주장한 정치가이자 성리학자였던 이제현을 평
가하는 데도 당시 시점에서 의미와 한계를 고르게 살피는 일이 필요하다.

마지막으로, 이제현을 연구하는 데 많은 논란이 되는 것은 그의 대원(對
元) 의식에 관한 것이다. 성리학의 명분론에 따라 원에 대한 사대를 합리화
했으니 친원(親元)이라는 견해와, 부원배들이 제기한 입성론을 반대하는

데 앞장서서 고려 왕조를 지켜냈으니 반원(反元)이라는 견해가 있다. 그러나 당시 고려·원 관계를 비추어볼 때 반원과 친원, 자주와 사대의 이분법은 유용한 판단의 기준이 아니다. 세조구제 아래서는 고려 왕조의 존속과 원에 대한 사대, 그리고 원의 정치적 간섭이 동시에 존재할 수 있었기 때문이다. 이제현은 그런 체제에 충실했던 것이며, 다만 한 가지 아쉬운 것은 그 현실을 벗어나 사고하고 행동하는 데 이르지 못했다는 점이다.

이제현이 현실을 극복하지 못한 것은 그의 역사의식과 관련이 있다. 이제현은 여러 종의 역사책을 지었는데, 그것들이 모두 고려시대사이고 그 이전의 역사에 대해서는 관심을 기울이지 않았다는 사실에 주목할 필요가 있다. 이것은 바로 앞 세대의 일연(一然)과 이승휴(李承休)가 단군조선으로부터 우리 역사의 시작을 찾고자 노력했던 것과 비교할 때, 오히려 뜻밖의 일이라고 할 수 있다. 이제현은 고려 왕조의 존립 근거를 단군에서 이어져 내려온 역사 전통에서 구하지 않고, 원 세조가 고려의 토풍을 고치지 않겠다고 약속한 데서 찾았던 것이다. 이런 태도가 뒷날 공민왕의 반원운동을 끝까지 인정하지 못하는 요인이 되었음을 부인하기 어려울 것이다.

7. 에필로그: 이제현의 역사

이제현에 대한 연구는 일차적으로 그의 저술을 통해 이루어진다. 그는 평생 많은 글을 남겼고, 그 가운데는 역사 관련 저술도 적지 않았지만, 지금 남아 있는 것은 거의 없다.

기록에 따르면, 이제현은 1346년(충목왕 2)에 『효행록』(孝行錄)을 짓고, 민지의 『본조편년강목』을 증수했으며, 충렬·충선·충숙왕의 실록을 편찬했다. 이것은 모두 성리학자의 입장에서 효를 권장하고 또 성리학적 역사 서술의 시범을 보이기 위한 것이었다. 그러나 이 책들은 지금 남아 있지 않다.

1357년(공민왕 6)에는 『국사』(國史)를 편찬했다. 이때 이제현이 이달충

(李達衷)·백문보와 함께 고려 왕조의 역사를 기전체(紀傳體)로 정리하기로 하고 작업을 분담했는데, 이제현만 원고를 완성한 상태에서 때마침 홍건적의 침입으로 중단되었다. 그나마 이제현의 원고도 모두 흩어져 없어지고 일부만이 남아서 조선 초에 『고려사』를 편찬할 때 사용되었는데, 『고려사』 세가(世家)의 태조부터 숙종까지 국왕들에 대한 사찬(史贊)과 열전(列傳) 가운데 종실전(宗室傳), 제비전(諸妃傳)의 서문이 그것이다.

역사책은 아니지만 고려 태조부터 충선왕에 이르기까지 왕실의 역사를 약술한 「충헌왕세가」(忠憲王世家: 충헌왕은 고종이다)와, 고려가 몽골과 처음 조우했을 때의 사실을 기록한 「김공행군기」(金公行軍記: 김공은 金就礪이다)도 역시 역사 의식의 일면을 보여주는 저술들이다. 이밖에 『역옹패설』은 당시 회자되던 일화들을 모아놓은 일종의 역사 자료집으로, 이인로의 『파한집』(破閑集)과 최자의 『보한집』(補閑集)을 잇는 패관문학(稗官文學)으로 분류되기도 한다.

이제현이 쓴 글들은 『역옹패설』을 빼고는, 문집인 『익재난고』(益齋亂藁)에 실려 있다. 『익재난고』는 이제현이 생존해 있던 1362년(공민왕 11)에 아들 창로(彰路)와 손자 보림(寶林)이 시문들을 모으고, 이색이 서문을 달아 편찬한 것이다. 이제현이 평소 자기 글을 모아두지 않았기 때문에 많이 흩어져서 완전한 문집이 될 수 없었고, 그래서 난고(亂藁)라는 이름을 붙인 것이지만, 총 10권에 시(詩)·서(序)·서(書)·기(記)·비명(碑銘)·표전(表箋) 등 일반적인 문집의 형태를 갖추고 있다. 따라서 지금 남아 있는 이제현의 저술은 『익재난고』와 『역옹패설』에 모두 모아져 있는 셈인데, 흔히 이 둘을 합해 『익재집』(益齋集)이라고 부른다.

이제현은 고려 시대 사람으로는 드물게 초상화가 남아 있다. 두 종이 있는데 하나는 1319년(충숙왕 6) 이제현이 33세 때 중국을 여행하는 도중에 원나라 화가 오수산(吳壽山)이 그리고 이제현 자신의 시와 탕병룡(湯炳龍)이 찬(讚)을 적어넣은 전신 좌상으로, 국보 제110호로 지정되었으며, 현재

국립중앙박물관에 소장되어 있다. 또 하나는 『익재집』에 실려 있는 반신상으로, 조선 시대에 후손들이 문집을 간행할 때 목판에 새긴 것이다. 이밖에 이제현의 일대기를 정리한 자료로 『고려사』의 「이제현열전」과 이색이 지은 이제현의 묘지명, 최해(崔瀣)가 지은 부인 권씨의 묘지명 등이 있다.

참고문헌

金庠基, 「李益齋의 在元 生涯에 對하여」, 『大東文化研究』 1, 成均館大學校 大東文化研究院, 1964.
金哲埈, 「益齋 李齊賢의 史學」, 『東方學志』 8, 延世大學校 國學研究院, 1967.
文喆永, 「고려 후기 新儒學 수용과 士大夫의 意識世界」, 『韓國史論』 41·42合集, 서울大學校 國史學科, 1999.
閔賢九, 「整治都監의 性格」, 『東方學志』 23·24合輯, 延世大學校 國學研究院,, 1980.
_____, 「益齋 李齊賢의 政治活動 —恭愍王代를 中心으로」, 『震檀學報』 51, 震檀學會, 1981.
李起男, 「忠宣王의 改革과 詞林院의 設置」, 『歷史學報』 52, 歷史學會, 1971.
李淑京, 「李齊賢 勢力의 形成과 그 役割 —恭愍王 前期(1351~1365) 改革政治의 推進과 관련하여」, 『韓國史研究』 64, 韓國史研究會, 1989.
李益柱, 「공민왕대 개혁의 추이와 신흥 유신의 성장」, 『역사와 현실』 15, 한국역사연구회, 1995.
_____, 「高麗—元 關係의 構造에 대한 研究」, 『韓國史論』 36, 서울大學校 國史學科, 1996.
_____, 「14세기 전반 高麗—元 關係와 政治 勢力 동향」, 『한국중세사연구』 9, 한국중세사연구회, 2000.
_____, 「14세기 전반 성리학 수용과 이제현의 정치 활동」, 『典農史論』 7, 서울市立大學校 國史學科, 2001
鄭求福, 「李齊賢의 歷史意識」, 『震檀學報』 51, 震檀學會, 1981.
채웅석, 「원 간섭기 성리학자들의 화이관과 국가관」, 『역사와 현실』 49, 한국역사연구회, 2003.

63인의 역사학자가 쓴 한국사 인물 열

정도전 鄭道傳

청년 정도전의 새로운 자아 정체성 형성에의 길

문철영 단국대학교 어문학부 역사학전공 교수

1. 아버지의 꿈과 어머니의 아픔 사이에서

충청북도 단양 지방에서는 예로부터 전해오는 전설이 있다. 정도전(鄭道傳, 1337~1398)의 아버지 정운경(1305~1366)이 젊었을 때였다. 우연히 관상가(觀相家)를 만났는데 이 관상가는 정운경이 10년 뒤에 결혼하면 재상이 될 아이를 얻을 수 있다고 예언했다. 이 말을 믿은 정운경은 10년간 금강산에 들어가 수양하고 고향인 봉화로 돌아오던 길에 단양 삼봉에 이르러 어느 초가에 묵게 되었다. 정운경은 이곳에서 우씨 여인을 만나 정을 나누게 되었고 아이까지 낳았다. 아이는 관상가의 예언대로 훗날 재상이 되었는데 이 아이가 바로 조선 왕조의 설계자라고 평가받는 정도전이다. 정도전은 이런 연유로 자신의 호를 단양 삼봉을 가리켜 삼봉(三峰)이라 했고, 도전(道傳)이란 이름도 길에서 얻었다는 뜻이라 한다.* 그러나 도전(道傳)이란 이름은

---

* 韓永愚, 『鄭道傳 思想의 硏究』(改正版), 서울대학교 출판부, 1987, 17쪽.

도를 전한다는 유교적인 뜻이 담긴 것일 수도 있고, 삼봉(三峰)이라는 호는 단양의 삼봉보다 개경 부근의 삼각산에서 빌려왔을 가능성도 높다. 아무튼 단양 지방에서 내려오는 이 전설은 청년 정도전의 성장기의 상처와 아픔을 이해하는 좋은 단서를 제공한다.

　어린 시절의 정도전에 대한 기록은 실록에 단 한 구절이 남아 있다. "타고난 자질이 총명하고 명민했으며, 어려서부터 공부하기를 좋아해 널리 많은 책을 보았다"는 것이 그것이다.* 따라서 어린 시절 정도전의 자아의 성장과 발달에 대해서 우리는 어느 정도 알려진 정도전의 부모와의 관계를 통해서 유추·해석해볼 수밖에 없다. 왜냐하면 인간이 태어나 성장해가면서 겪게 마련인 부모와의 관계가 매우 강력한 삶의 지표가 될 수 있음을 우리 자신의 경험과 비교하여 실감할 수 있다고 보기 때문이다. 특히 어느 가정이나 마찬가지로 부모자식 간에는 나름대로의 갈등이 존재하고, 그러한 갈등을 토대로 노출된 가족 역동이 가족 구성원들의 성장과 발달에 영향을 끼친다는 정신분석의 이론적 도구들은 이러한 해석에 의미 있는 관점을 제공할 수 있을 것이다. 물론 그렇다고 해서 정신분석적 이론을 정도전의 삶에 기계적으로 대입하려는 것은 아니다. 오히려 정도전의 삶은 정신분석적 이론의 일반적 해석을 뛰어넘고, 그것을 극복하는 위대함을 보여주고 있기도 하기 때문이다.

　정도전의 아버지 정운경은 38세의 늦은 나이에 장남 정도전을 보았다. 단양에서 전해지는 이 이야기가 늦은 나이에 본 정도전을 두고서 나중에 만들어진 것인지, 아니면 실제로 정운경이 그 예언을 믿고 결혼을 늦게 한 것인지는 모르지만 늦은 나이에 본 정도전에 대한 기대가 남달랐을 것은 분명하다. 이 시기에 정운경은 홍복판관으로 재직중이었다. 정운경이 그 자리에 오르기까지 그는 오직 자신의 힘과 노력으로 세상을 헤쳐 나왔다. 정도전의 5대조인 정공미 이래 조부인 정균까지 경상도 봉화 지방에서 대대로 향리직을 세습해왔다. 이처럼 대대로 하급 향리직을 세습해오던 봉화 정씨 집안에서 처음으로 정식 벼슬아치가 된 인물이 바로 정도전의 아버지 정운경이다.

어려서 어머니를 여의고 이모 집에서 자란 정운경은 10여 세 때부터 학문에 분발해 봉화 부근에 있는 영주향교(榮州鄕校)에 들어갔다가, 훗날 그보다 격이 높은 복주목(福州牧: 지금의 안동)의 향교로 이적했다. 처음 향교에 들어갔을 때는 여러 학생들이 업신여겼지만 학교 성적이 매우 뛰어나서 나중에는 오히려 존경을 받았다고 정도전은 기록하고 있다(『三峰集』 권4, 鄭云敬行狀).

이러한 기록으로 볼 때, 정도전의 아버지 정운경은 어려서 어머니를 잃고 자란 외로움과 수모를 이기려고 더욱 공부에 매달렸을 것이고, 그 결과 그를 업신여기는 학생들을 제치고 보란 듯이 매번 수석을 했다는 것이다. 그리고 정운경은 이런 사실을 재상감으로 지목된 어린 아들에게 늘 자랑삼아 이야기했을 것이라고 생각된다. 더욱이 어린 정도전이 어머니의 신분 문제로 주위 아이들에게 업신여김을 받을 때마다, 자신이 어린 시절 어머니 없는 아이로 자라면서 겪었던 일들을 떠올리며 아들을 위로했을 것이다.

어린 정도전에게도 이처럼 역경을 극복하고 실력으로 입신한 아버지의 어린 시절이 큰 격려가 됐을 것이고, 어머니의 신분 문제로 친구들에게 당하는 수모를 이겨내 자신도 아버지처럼 성공해야 한다고 다짐했을 것이다. 이렇듯 어린 정도전에게 아버지는 곧 자기가 되고 싶어하는 대상이었다. 사회 심리학자인 볼드윈에 따르면, 아동과 존경하는 부모와의 관계에 있어서 도덕적 자아는 명령적이고 모범적으로 살았던 견본을 받아들이고자 하는 모방에 있다고 한다. "여기 내 이상적인 자아와 내 의무(당위성)가 제시되었다"라고 아동은 말한다. 그리고 이렇게 이상적인 자아가 한번 확고히 아동의 내면에 닻을 내리면, 그것은 모든 자기 자신의 행위를 다른 이들의 행위

---

* 『太祖實錄』 권14, 太祖 7년 8월 乙巳條.

처럼 이러한 척도로 판단하게 된다는 것이다.* 요컨대 이러한 지점에서 정도전에게 있어서도 아버지와 자신을 동일시하려는 단계가 형성될 수 있었다고 할 수 있겠다. 그리고 이런 동일시 과정을 통해 모범으로 삼은 아버지를 본받아 자신의 자아를 형성하려고 애썼던 것이다.

아버지의 자랑스런 이야기와는 달리 어머니의 이야기는 항상 어린 정도전을 주눅 들게 했다. 『태조실록』의 「정도전 졸기(卒記)」에 따르면 정운경의 장모, 즉 정도전의 외할머니는 승려 김진과 여자 노비 사이에서 태어났다고 한다. 승려 김진은 고려의 명문가인 단양 우씨 우현보 집안의 인척이었는데, 자기 종인 수이의 아내와 간통해서 딸을 낳고 승려를 그만둔 후 수이를 쫓아내고 그 아내를 데리고 살았다는 것이다. 김진은 딸을 특별히 사랑해 명문가인 연안 차씨 집안의 인척인 선비 우연의 첩으로 시집보내고 노비와 토지, 집을 모두 우연에게 물려주었다. 후에 김진의 딸과 우연 사이에서 난 딸이 바로 단양의 전설에 나오는 그 여인 우씨이며 훗날 정운경의 부인이요, 정도전의 어머니였다(『太祖實錄』권14 太祖 7년 8월 乙巳條).

김진이 속했던 우현보 가문은 고려 말 구세력의 대표였고, 우현보의 손자는 고려의 마지막 임금 공양왕의 사위였다. 우현보에게는 세 아들이 있었는데 이들은 정도전이 처음 벼슬길에 나설 때부터 자기 집안 종의 자손이라고 업신여겼으며, 대간 벼슬에 있으면서 정도전이 벼슬을 옮길 때마다 정도전의 고신(告身: 관직 임명 사령장)에 서명을 해주지 않아 그를 괴롭혔다고 실록에 기록돼 있다. 그리고 훗날 한때 정도전의 가장 가까운 동지였으며 당대 선비들 사이에서 '도덕의 으뜸'으로 칭송받던 정몽주(鄭夢周)조차 대간들을 움직여 그를 탄핵하면서 "천한 혈통을 감추기 위해 본주인을 제거하려고 모함했다"는 것을 죄상으로 들었을 정도였다. 여기서 '본주인'이라고 한 것은 우현보 일족과의 관계를 말하는 것으로, 당시 정도전의 정적(政敵)들이 정도전을 우현보 집안의 노비 정도로 천시하고 있었다는 것을 알 수 있다.**

하지만 이렇게 정도전을 우현보 집안의 노비 정도로 보려는 인식은 정도전이 관직에 나갈 즈음에야 형성된 것이 아니라, 정도전이 어려서부터 겪어야만 했던 것이다. 그렇게 해서 주위에서 어린 정도전을 업신여기는 분위기가 위의 단양에서 전해지는 이야기에 반영되었다고 볼 수 있겠다. 우리가 흔히 어린아이를 놀릴 때 쓰는 표현이 길에서 주워왔다는 것인데, 도전(道傳)이란 이름을 그렇게 해석하면서 놀림감으로 삼았던 것이 그 이야기에 반영되어 있다고 생각한다. 정운경은 우연히 길에서 우씨 여자를 만나 정을 나누게 되었고, 그렇게 해서 아이를 낳은 것이 도전이고, 그 이름인즉 길에서 얻은 아이라는 뜻이라는 것이다.

이처럼 정도전은 어린 시절부터 외가 쪽의 신분 문제로 인해 주위의 웃음거리가 되었고, 성장해 관직에 나갈 때는 늘 걸림돌이 되었다. 하지만 심리학자 아들러에 의하면, 흔히 아동의 열등감은 부정적인 병적 우월감으로 발전되는 경우가 많지만, 열등감을 보상하기 위한 행동 가운데서 심리적으로 건강한 사람들은 긍정적인 방향의 '우월에의 추구'로 나타난다. 이때 우월을 향한 추구는 개인과 사회 두 가지 수준에서 일어나는바, 즉 개인으로서 완성을 향해 노력하고 또 우리 사회의 일원으로 우리의 문화를 완성하기 위해 노력한다고 하였다.*** 정도전의 경우에도 이렇게 해석해볼 수 있을 것이다. 정도전의 외가 쪽 신분 문제와 그로 인한 갈등은 어린 시절부터 정도전의 내면 깊은 곳에서 열등감과 함께 큰 상처가 되었을 터이지만, 그러나 한편으로는 이런 열등감을 보상받기 위한 '위대한 향상으로의 욕구'(great upward motive)로 연결되어 더 적극적인 삶을 살게 되었을 것이다. 정도전에게 있어서는 그 문제는 오히려 "마이너스에서 플러스로, 아래에서 위로, 미완성에서 완성으로" 나아가는 동기로써 작용했던 것이다. 그리고 어머니

---

* 데틀레프 가아츠 지음, 이효선 옮김, 『사회심리학적 발달이론』, 한울아카데미, 1999, 34~36쪽.
** 韓永愚, 앞의 책, 16~20쪽.
*** L. A. Hjelle · D. J. Ziegler 저, 李勳求 역, 『性格心理學』, 法文社, 1983, 105~110쪽.

없이 자라 주위의 업신여김을 받았지만 그런 환경을 극복하고 꿋꿋하게 소신껏 살아가는 아버지의 삶이 큰 용기를 주었을 것이다.

정도전의 아버지 정운경은 재판을 공정하게 처리해 명성을 얻었고, 뒤에 수령으로 재직하는 동안 청렴하고 강직하게 선정을 베푼 것이 후세의 평가를 받아, 『고려사』의 「양리전」(良吏傳)에 오를 정도였다. 정도전은 이런 아버지 정운경에 대해서, "평상시에 집안의 재산을 돌보지 않고, 세속의 이욕에 담박한 성품"이었으며, "집에는 모아놓은 재산이 없고 처자는 추위와 배고픔을 면치 못했으나 깨끗하게 처신했다"고 존경심을 나타냈다(『三峰集』권4, 鄭云敬墓表). 천민의 피를 물려받은 어머니로 말미암아 주위의 업신여김을 받으면서 성장했고, 평상시 집안의 재산을 돌보지 않는 아버지 때문에 추위와 배고픔을 면치 못했지만, 이런 성장기의 상처와 아픔이 훗날 정도전의 삶에 마이너스에서 플러스로, 아래에서 위로, 미완성에서 완성으로 나아가는 역동적인 힘과 강한 동기가 되었다.

결국 정도전의 성장기의 자아 형성은 모든 역경을 이기고 공부를 통해 자수성가한 아버지 정운경이라는 본보기와의 동일시 과정 속에서 이루어졌다. 그와 함께 외가 쪽의 신분 문제로 인해 어린 시절부터 내면 깊이 쌓인 열등감과 상처들은 그에 대한 보상심리를 낳아 '위대한 향상으로의 욕구'가 될 수 있었으며, 성장기 정도전의 '우월성으로의 추구'(striving for superiority)로 이어질 수 있었던 것이다.

2. 마음을 함께하는 '동심우'(同心友)를 그리며

청년기 정도전의 정체성 형성에 가장 크게 영향을 끼친 것은 당시 새로운 사상으로서의 신유학과 그 신유학 수용과 함께 신흥사대부로서의 집합적 정체성을 형성하고 있던 동료 집단이었다. 청년기는 젊은이들이 스스로 어떤 중심적인 전망과 방향, 실제로 도움이 되는 통일성을 만들어내는 시기다. 이런 정체성 형성 과정에서 이데올로기는 젊은이들에게 자아 정체성 갈등을 나타내는 기본 질문, 즉 "나는 누구인가?", "어디로 가고 있는가?"에 대해 극히 단순하지만 분명한 해답을 제공한다. 이데올로기의 목적은 '집합적이고 개별적인 자아 정체성을 충분히 지지해주는 세계상(world image)'을 창조하는 것이다. 이데올로기에 도취되면 젊은이들은 기존 문화에 도전하는 활동, 즉 반란·폭동·혁명에 가담하게 된다.*

고려 말의 사회 상황은 안으로는 권문세가의 횡포로 인한 계층 간의 갈등과 민(民)의 몰락, 밖으로는 몽고의 간섭, 명의 압력, 홍건적과 왜구의 침입으로 이어지는 민족적 시련이 겹쳐 극한적인 위기 상황에 봉착해 있었다. 이런 상황 속에서 새롭게 대두한 사대부들은 당시 고려의 지배적 이데올로기였던 불교와는 대조적으로 개인의 고락(苦樂)보다는 사회의 안녕을 지향하고, 부처의 힘보다는 인간의 힘을 더욱 중시하면서 그 인간의 힘으로 사회 질서의 회복을 지향하는 신유학을 받아들이고 있었다. 그들은 이것으로 자신들의 공통적 기반을 마련하고 이른바 신흥사대부라는 하나의 범주를 형성했다.**

성장기 정도전의 '우월성으로의 추구'는 자신과 같은 사회적 환경 속에 있는 다른 사람에게서 자신과 같은 동일성과 일관성을 지각해 나가는 정체성의 형성 과정으로 이어졌다. 그리고 이런 타자 속에서 자아를 찾는 과정은 공민왕의 개혁 정치와 함께 중흥되었던, 성균관에서 만난 동료 집단과의 상호 관계 속에서 이루어졌다. 또한 이 과정은 당시 새로운 이데올로기로서의 신유학을 연마함으로써, 낡은 이데올로기인 불교에 도전하는 활동과 함께 이루어졌다. 곧 당시 성균관을 중심으로 모여든 젊은이들은 신유학을 통해, '집합적이고 개별적인 자아 정체성을 충분히 지지해주는 세계상'을 창

---

* L. A. Hjelle · D. J. Ziegler 저, 李動求 역, 앞의 책, 162쪽.
** 文喆永, 「고려 후기 新儒學 수용과 士大夫의 意識世界」, 『한국사론』 41·42, 서울대학교 국사학과, 1999 참조.

조하고 있었던 것이다. 청년기 정도전의 정체성 형성을 좀더 자세히 살피기 위해 먼저 정도전의 청년기의 중요한 사건들을 짚어보기로 하자.

정도전의 청년기

16~17세(1357~8년, 공민왕 6, 7)	『대학』·『중용』 등을 통해 신유학의 세례를 받음.
19세(1360년, 공민왕 9)	성균시 합격. 이 무렵 부인 최씨를 맞이함.
21세(1362년, 공민왕 11)	진사시 합격.
22세(1363년, 공민왕 12)	봄에 충주목의 사록(정8품)에 임명됨.
23세(1364년, 공민왕 13)	여름에 개경에 돌아와 전교주부(종7품)에 임명됨.
24세(1365년, 공민왕 14)	왕의 비서직인 통례문지후(정7품)로 전임됨.
25세(1366년, 공민왕 15)	부친상과 모친상을 당해 고향 영주에서 3년간 여묘살이를 함.
28세(1369년, 공민왕 18)	삼각산 옛집으로 돌아와 학문에 정진.
29세(1370년, 공민왕 19)	성균관을 중수해 이색, 정몽주, 이숭인(李崇仁), 김구용(金九容) 등이 성리학을 강론한다는 소식을 듣고 개경에 다녀옴.
30세(1371년, 공민왕 20)	신돈(辛旽)이 주살되었다는 소식을 듣고 개경으로 돌아옴. 성균관 학관들의 천거로 성균박사(정7품)에 임명되어 성리학 강론 시작.
33세(1374년, 공민왕 23)	공민왕이 시해되자, 친원파 권신 이인임의 미움을 삼.
34세(1375년, 우왕 원년)	명을 협공하기 위해 입국한 북원 사신의 목을 베겠다고 저항해 전라도 나주로 귀양감. 12월에 유배지에서 『심문천답』(心問天答)을 저술함.
36세(1377년, 우왕 3)	유배지에서 『금남잡영』(錦南雜咏)·『금남잡제』(錦南雜題) 등 여러 시문 지음.
42세(1383년, 우왕 9)	함경도 함주막을 찾아가 이성계(李成桂)를 만나 혁명을 결의하고 김포로 돌아옴.

먼저 정도전의 고백에 의하면, 정도전은 16~17세 때까지 성률(聲律)을 공부하고 대우(對偶)를 만드는 등 무신의 난 이후의 부용적(附庸的)인 유학인 사장학(詞章學)에서 벗어나지 못하고 있었다(『三峰集』권3,「圃隱奉使藁序」). 이것은 이색이 당시 상서(上書)를 올리기를, "옛날 사람들은 성인을 본받기 위해 공부하는데 요즘 사람들은 벼슬을 하기 위해 공부합니다. 그 결과 시서(詩書)를 공부함에 그 도를 깊이 이해하기도 전에 화려하게 과시하고자 하는 욕구가 일어나 문장과 시구를 조탁(彫琢)하는 데 마음 씀이 지나치니 성의정심(誠意正心)의 공부를 할 겨를이 어디 있겠습니까?"라고 하여(『高麗史』권115, 열전28, 李穡傳), 당시 사대부들이 문장과 시구를 조탁하는 데 마음을 지나치게 써 성의정심의 도(道)를 알지 못한다고 했던 것과 같았다.

그러다가 민자복(閔子復)을 통해 정몽주의 "사장(詞章)은 말예(末藝)일 뿐이고 진정한 심신(心身)의 학이 있는데, 그것은 『대학』과 『중용』 두 책에 갖추어져 있다"는 말을 전해 듣게 된다. 그후 이 두 책을 구해 강구했는데, 잘 알지는 못하지만 못내 기뻤다고 한다. 그리고 나서 과거에 급제한 정몽주를 찾아가 인사하고 "선생(정몽주)은 더불어 이야기하기를 평생의 친구처럼 하시고 드디어 가르침을 주시어 날마다 듣지 못한 바를 들었다"고 간격적으로 기록했다. 정도전이 부모상을 당해 여주에서 3년상을 치르고 있을 때는 정몽주가 『맹자』를 보내주기도 했다. 정도전은 정몽주가 보내준 『맹자』를 하루에 한 장 또는 반 장을 넘기지 않을 정도로 정독했고, 책을 읽는 중에 "알 듯하다가도 의심이 나서 모르는 것이 있으면 선생(정몽주)에게 가르침을 받으려고 생각했다"고 했다. 그후 그에게 이렇게 신유학의 경전을 소개해주고 신유학의 길로 인도해준 동료와 선배들의 추천을 받아 학관이 되어 그들과 오래도록 사귀며 관감(觀感)했다고 한다(『三峰集』권3,「圃隱奉使藁序」).

집단 형성이 낳는 결과 가운데 가장 현저하고 가장 중요한 것은 그 집단의 구성원들에게 일어나는 감정의 고양이나 강화다. 집단 속에서는 자신의 열정에 스스럼없이 몸을 내맡기고, 집단 속에 녹아들어가 개체로서의 존재가 갖는 한계를 의식하지 않게 된다. 그리고 타인들과 똑같은 감정 속으로 몰입하게 된다. 그리하여 개인의 감정적 흥분은 상호 감응으로 점점 강해진다. 요컨대 감정의 전염이다.* 이런 감정의 전염이 고려 후기 신유학의 수용과 함께 성균관을 중심으로 한 새로운 유학자 집단 속에서 형성되고 있었으니, 그것이 곧 서로의 '관감'(觀感)으로 나타났던 것이다. 이러한 서로의 '관감'은 신유학 수용에 따른 집단적 정체성 형성의 결과이면서 또 한편으로 그러한 정체성을 강화시켜주는 역할을 하고 있는 것이다.

이처럼 정도전은 당시 신학문이었던 신유학과 신흥사대부 동료 집단을 통해 그 이전의 사장학에서 벗어나 새로운 유학의 세례를 받을 수 있었고, 그 세례를 통해 그들과 자신을 동일시하는 단계로 나아갈 수 있었다. 또 그는 16~17세 때에 이미 신유학의 핵심 경전인 『대학』과 『중용』을 민자복을 통해 소개받고 읽었으며, 정몽주에게서 『맹자』를 소개받고 나아가 그의 가르침을 받으면서 세교(世敎)를 강구했다.

당시 원(元)에서 공부하고 돌아온 유학자들을 통해서 주로 성균관을 중심으로 보급되기 시작했던 원의 실천적인 신유학을 수용해 세교를 강구하고 사대부로서의 '경세'(經世)를 추구하면서, 새롭게 성장하고 집결해가는 사대부 계층의 형성을 정도전은 다음과 같이 묘사했다.

우리 나라는 비록 바다 밖에 있으나 대대로 중국의 풍속을 사모하여 문학하는 선비가 전후로 끊어지지 않았다. …… 본조(本朝)에 들어와서는 시중 김부식, 학사 이규보 같은 이들이 우뚝한 존재였고, 근세에 와서도 대유로서 계림(鷄林)의 익재 이공 같은 이는 비로소 고문(古文)의 학을 제창했는데, 한산(韓山) 가정 이공과 경산(京山) 초은 이공이 그를 따라 화답했다. 그리고 목은 이선생은 일찍이 가정의 교훈을 이어받고 북으로 중원에 유학하여 올바른 사우와 연원을 얻어 성명·도덕의 학설을 속속들이 연구한 뒤에 귀국해 여러 선비들을 맞아 가르쳤다. 그래서 그를 보고 흥기한 자가 많았으니 오천 정공 달가, 경산 이공 자안, 반양 박공 상충, 밀양 박공 자허, 영가 김공 경지, 권공 가원, 무송 윤공 소종들이며 비록 나같이 불초한 자도 또한 그분들과 함께 참여하게 되었다(『三峰集』권3, 「陶隱文集序」).

　이처럼 정도전은 고려 중기의 김부식(金富軾)→ 무신의 난 후의 이규보(李奎報)→ 근세의 익재(益齋) 이제현(李齊賢)→ 이곡(李穀)·이인복(李仁復)으로 이어지는 고려 유학의 맥이 목은(牧隱) 이색(李穡)으로까지 이어지고 있고, 이색은 원(元)에서 '사우연원(師友淵源)의 정(正)'을 얻은 새로운 학설인 신유학을 연구해 귀국함으로써 이제 고려 유학은 새로운 단계로 발전하게 되었다고 파악했다. 그리고 그를 중심으로, 또 성균관을 중심으로 많은 사람들이 영향을 받고 흥기했는데, 거기에는 정도전을 포함해 정몽주, 이숭인, 박상충(朴尙衷), 박의중(朴宜中), 김구용, 권근(權近), 윤소종(尹紹宗) 등이 함께 참여하고 있었다. 이것은 곧 이색이 원에서 연구하고 귀국하여 가르치기 시작한 당시 신학문이었던 신유학과 그 신유학 수용과 함께 신흥사대부로서 집합적 정체성을 형성하고 있던 동료 집단의 모습을 보여주고 있다.

　당시 성균관을 중심으로 한 이러한 집합적 정체성 형성의 새로운 물결은 이색의 열전 기사에서도 강조되고 있다. 그 기사에 의하면, 공민왕 16년에 성균관을 중수한 후 이색을 판개성부사 겸 성균대사성으로 임명하였다. 그리고 생원을 증원하고 경술지사(經術之士)인 김구용·정몽주·박상충·박의중·이숭인 등을 선발해 다른 관직을 가진 채 교관을 겸임하게 하였다. 이렇게 이색이 원에서 연구하고 돌아와서 성균관을 중심으로 새로운 유학의 가

---

* 프로이트 지음, 김석희 옮김, 『문명 속의 불만』, 열린책들, 1997, 96~97쪽.

르침을 그의 문생들과 함께 펴기 시작하자, 수십 명에 불과하던 관생들이 늘어나기 시작하였다. 그때의 상황을 『고려사』 편자는, "이에 따라 배우는 자들이 많이 모여들어 서로 더불어 관감(觀感)하니 정주성리학(程朱性理學)이 비로소 흥기하였다"라고 전하고 있다. 이렇듯 당시 성균관을 중심으로 흥기하는 정주성리학이라는 새로운 유학(新儒學)에 대한 수업과 토론 과정을 통해 학자들이 서로 교감을 나눌 수 있었고, 그에 따른 동료 집단이 형성될 수 있었다. 그에 따라 이 동료 집단은 새로운 사상인 신유학을 공통 기반으로 한 집합적 정체성을 형성할 수 있었으며, 나아가 현실에 대한 '경세 의식'을 함께 모색해 나갈 수 있었다(『高麗史』 권115, 열전28, 李穡傳).

이처럼 이색이 원을 통해 연구하고 돌아와서 가르침을 편 이래로 흥기하기 시작한 실천적 신유학 이념은, 성균관을 통해 그의 제자들에게 이어졌고, 그의 제자들이 또 다른 제자들의 무리에게 확산시켰으며, 마침내 지방으로까지 확산되었다.

정도전은 이런 새로운 물결의 역동성을 자신의 경험을 통해 확신할 수 있었다. 심지어 자신이 친상을 당해 영주에 머물고 있을 때에도 남방의 학자들이 많이 몰려들어서 이 새로운 물결에 동참하고자 자신에게 신유학을 배우려고 했다는 것이다. 이때 정도전이 이들에게 전했던 신유학의 가르침은 형이상학적인 도리에만 그친 것이 아니었다. 고금의 일, 즉 역사 인식을 기르고, 나아가 정사나 이치 등 현실 인식을 토대로 한 실제적이고 실천적인 가르침이었다. 그리고 당시 학생 중의 하나였던 유공의 자세에 대해 "묵묵히 마음으로 이해하고 하나하나 받아들여 꼭 소득이 있는 듯했다"고 묘사하고 있는데, 그를 포함한 남방의 학자들이 얼마나 그의 가르침을 경청했는지를 알 수 있다. 그리고 이들 중에서 순량한 지방 관리가 많이 배출되었다고 한다. 이처럼 그의 가르침은 '유'(儒)와 '리'(吏)가 하나 되어 '진유(眞儒)이면서 순리(循吏)'가 되게 하는 실천적 신유학이었고, 이런 새로운 유학이 지방의 학자들에게까지 확산되어 그들의 삶의 현장에서 실천되고 구현되고 있었다(『三峰集』권3,「送楊廣按廉庚正郎詩序」).

한편 신유학에 힘입은 새로운 물결은, 이단을 물리치는 것을 자신들의 책임으로 삼는 벽이단(闢異端) 의식과 관련해 전개됐다. 권근은 당시 성균관을 중심으로 진행됐던 이런 역동적인 움직임을 이렇게 전했다.

> 우리 좌주 목은 선생이 일찍 가훈을 받들어 벽옹(辟雍)에 입학함으로써 정대 정미한 학문을 이루었으며, 돌아오자 유림들이 다 존중했으니, 이를 테면 포은 정공, 도은 이공, 삼봉 정공, 반양 박공, 무송 윤공 등이 모두 다 승당(昇堂)한 분들이었다. 삼봉은 포은·도은과 더불어 서로 친하여 강론하고 갈고닦아 더욱 얻은 바 있었고, 항상 후진을 가르치고 이단을 물리치는 것으로 자기 책임을 삼아왔다(權近,「三峰集序」).

특히 당시 이들은 이런 신유학의 강론과 실천을 통하여 후진들을 신유학적 이념으로 무장시키고 이단을 물리치는 것을 자신들의 임무로 여기고 있었다. 이처럼 그들은 신유학의 수용을 통한 '벽이단'의 실천을, 신흥사대부인 자신들의 공통적인 사명으로 공감하게 되고, 이것은 그들 동년배뿐만 아니라 후진들까지를 함께 묶어줄 수 있는 울타리의 역할을 하고 있었던 것이다. 이러한 과정을 겪으면서, 정도전은 신유학 수용과 함께 신흥사대부로서 집합적 정체성을 함께 나누고 있던 동료 집단에 커다란 동지애(同志愛)를 느끼고 있었다. 포은(圃隱) 정몽주에게 붙이는 시에 나타나고 있는 "마음을 함께 나누는 친구"(同心友)라는 고백과 "굳고 곧은 지조를 함께 지키며 서로 잊지 말자"라는 다짐 속에서(『三峰集』권1,「次韻寄鄭達可」), 정도전의 그러한 뜨거운 동지애를 느낄 수 있다.

그렇기 때문에, '마음을 함께 나누는 친구'로서 정몽주에게 거는 기대도 남달랐다. 그런데 자신의 정신적 지주로서 신유학 이념으로 자신을 교화하고 그 길을 걷게 만들었던 정몽주가 불교 경전인 『능엄경』(楞嚴經) 보기를 좋아한다는 소문이 들려왔다. 그 소문을 듣자마자 정도전은 그것이 곧 우리 도(道)의 흥폐와 관련이 있다면서 자중을 촉구하는 다음과 같은 편지를 정몽주에게 보냈다.

이단이 날로 성하고 우리의 도는 날로 쇠잔해져서 백성들을 금수와 같은 지경에 몰아넣고 도탄에 빠뜨렸습니다. 온 천하가 그 풍조에 휩쓸려 끝이 없으니, 아아 통탄할 일입니다. 그 누가 이를 바로잡겠습니까? 반드시 학술이 바르게 닦이고 덕(德)·위(位)가 뛰어나서 사람들이 믿고 복종할 자만이 이를 바로잡을 수 있을 것입니다. …… 송이 융성함에 미쳐 진유(眞儒)들이 번갈아 일어났습니다. 남겨진 경전을 바탕으로 끊어진 도통을 계승해 우리 도(道)를 붙들고 이단을 물리치는 데 학자들이 거기에 쏠리어 따르게 되었으니, 이것 역시 덕이 뛰어나 사람들이 믿고 복종했기 때문입니다(『三峰集』 권3, 「上鄭達可書」).

이 편지에는 정도전이 자신을 포함한 신흥사대부 집단을 어떻게 인식하고 있는지 잘 나타나 있다. 여기서 신흥사대부라는 정도전의 집합적이면서 개별적 정체성 인식을 볼 수 있다. 그는 결국 고려 후기라는 자신의 시대적 상황에 대처하면서 그 시대를 바로잡고 쇠잔해진 유학의 도를 새롭게 할 수 있는 집단으로 '학술이 바르게 닦이고 덕(德)·위(位)가 뛰어나서 사람들이 믿고 복종할 자'를 제시하고 있는 것이다. 그리고 이런 모델로서 곧 송대의 진유들, 곧 신유학적 이념으로 새롭게 무장하고 그것을 현실 속에서 실천하는 유학자들을 들었다.

앞서 얘기했듯이, 이데올로기의 목적은 '집합적이고 개별적인 자아 정체성을 충분히 지지해주는 세계상'을 창조하는 것이다. 그런데 당시 고려의 지배적 이데올로기였던 불교는 더 이상 당시 정도전을 비롯한 젊은이에게 이런 세계상을 창조해줄 수 없었다. 그러므로 젊은이들은 자신들의 정체성을 지지해주는 세계상을 창조해줄 새로운 이데올로기에 목말라했다. 이

63인의 역사학자가 쓴 한국사 인물 열

때 부처의 힘보다는 인간의 힘을 더욱 중시하면서 그 인간의 힘으로 사회 질서의 회복을 지향하는 신유학은 그들에게 '가뭄에 단비'처럼 여겨질 수밖에 없었다. 따라서 당시 성균관을 중심으로 모여든 정도전을 비롯한 젊은이들은 이러한 신유학의 집단적 세례 과정을 통하여 집합적이고 개별적인 자아 정체성을 형성할 수 있었으니, 곧 자신처럼 목말라하는 같은 젊은이들에게서 자신의 자아를 확인하는 것과 함께 앞으로의 삶의 방향성을 확립할 수 있었던 것이다.

이런 타자 속에서 자아를 찾는 과정은 공민왕의 개혁 정치와 함께 중흥한 성균관에서 만난 동료 집단과의 상호 관계 속에서 이루어질 수 있었고, 새로운 이데올로기로서의 신유학으로 낡은 이데올로기로서의 불교에 도전하면서 형성될 수 있었다. 그리고 그는 자신의 정체성의 모델을 다음과 같이 정몽주에게서 찾고 있었던 것이다.

> 나의 벗 달가(達可: 정몽주의 字)는 참으로 그 적격자라고 하겠습니다. 그 이유는 달가가 비록 그만한 지위는 없다 하더라도 학자들이 본래부터 달가의 학문의 바름에 감복했고, 덕의 뛰어남에 감복했기 때문입니다. 나처럼 용렬한 사람도 세상의 비웃음을 아랑곳하지 않고 개연히 이단을 물리치는 데 뜻을 두게 된 것은 역시 달가를 의지하기 때문입니다. 하늘이 달가를 내신 것은 참으로 우리 도의 복입니다(『三峰集』권3, 「上鄭達可書」).

이처럼 신유학으로 무장한 새로운 사대부로서의 정체성의 전형을 정몽주에게서 찾으면서, 정도전 자신도 그를 의지해 이단과의 대항 관계 속에서 사대부로서 자신의 정체성을 확립할 수 있었다는 것이다. 이것을 심리학적 용어를 빌려서, 정몽주라는 대상과의 동일시를 의미한다고 볼 수도 있을 것이다. 심리학에서 이런 경우 사용하는 동일시 개념에 따르면, 이때의 동일시는 정몽주라는 대상과의 감정적 결합의 근원적 형식이라고 할 수 있다.

이것은 곧 성 본능의 대상이 아닌 타인과 공유하는 공통된 특성을 새롭게 지각하면서 일어나는 것이다.* 이때 신유학으로 무장한 새로운 사대부의 정체성이 곧 함께 공유하고 있는 공통된 특성이 된다. 그리고 이 공통된 특성이 중요하면 중요할수록 그 동일시는 더욱 성공적으로 일어날 수 있으며 여기서 새로운 유대 관계가 형성되는 것이다. 요컨대, 집단 구성원들 사이의 상호 유대는 중요한 감정적 공통성에 바탕을 둔 이런 종류의 '동일시'라는 본질 속에 존재하게 되는데 여기서 '감정 이입'도 생겨나게 된다(위의 책, 124쪽).

이러한 감정이입의 예를, 1371년 가을에 신돈이 처형당했다는 소식을 듣고 나서 정도전이 지은 시 「추야」(秋夜)에서 볼 수 있다.

> 슬프다 저 명리에 허덕이는 사람
> 노경에 이르러도 아직 모르네.
> 고귀한 자는 자연 교만하고 고집 세고
> 비천한 무리들은 궤휼로 따라다니는 자 많네.
> 영화란 번갯불을 좇는 것
> 죽고 나서는 기롱만이 남네.
> 저 아름다운 군자와 선비여
> 속마음은 닳거나 변함이 없네.
> 높고 높다 운월의 정
> 희고 흰 빙설 같은 모습일세.
> 모쪼록 불후의 사업 남기길
> 천년을 내다보며 기약을 하네. (『三峰集』 권1, 「秋夜」)

여기서는 신돈의 죽음에 의탁해 '죽고 나서 기롱(譏弄)만이 남는 저 명리에 허덕이는 사람'(名利人)과 '속마음이 닳거나 변함이 없는 군자다운 선

63인의 역사학자가 쓴 한국사 인물

비'(君子士)를 대조시키고 있다. 곧 '명리인'으로서의 삶과 '군자사'로서의 삶을 대조시키면서 새롭게 등장하고 있는 사대부 계층의 정체성을 다시 한 번 확인하고 있는 것이다. 여기서도 신유학으로 무장한 새로운 사대부의 정체성이 곧 함께 공유하고 있는 공통된 특성이 된다. 그리고 이 공통된 특성을 통해 동일시가 일어나고, 여기서 새로운 유대관계가 형성되었던 것이다.

따라서 무신난 이후의 어용적 유학 사상 속에서 명리만을 추구하던 세속적인 유학자(名利人)와 대비해,** 신유학으로 무장한 새로운 사대부상으로서 '속마음은 닳거나 변함이 없고 희고 흰 빙설 같은 모습으로 서로 높고 높은 운월(雲月)의 정을 나누는 아름다운 군자사'를 제시하고 있다. 이처럼 그는 일상적 삶의 실천과 분리된 채 명리만을 좇는 세속적 유학자가 아니라 '속마음이 닳거나 변함이 없는 아름다운 군자사'들이 이제 동지의식으로 뭉쳐 천년을 내다보면서 불후의 사업을 남기자고 다짐하고 있다. 이것은 곧 '아름다운 군자사'라는 '동일시' 속에서 상호 유대를 '감정 이입'을 통해 나타내고 있는 것이다.

인간은 자기 시대의 몇몇 시기와 자기 일생의 몇 단계에서 확실하고 절박하게 새로운 이데올로기적 방향성을 필요로 한다. 한국사에서 고려 후기라는 이 시기가 바로 그런 시기였고, 정도전의 일생에서 청년기라는 이 단계가 바로 그러했다. 다행히 정도전은 그때 신유학에서 새로운 이데올로기적 방향성을 찾을 수 있었던 것이다. 아무튼 정도전을 비롯한 당시 젊은이들은 새로운 이데올로기적 방향성을 가진 신유학을 배울 수 있는 성균관을 중심으로 모여들기 시작했고, 신유학을 통해 '집합적이고 개별적인 자아 정체성을 충분히 지지해주는 세계상'을 창조했다. 그와 함께 새로운 이데올로기에 젖어들면서 기존 문화에 도전하는 활동에 나서기 시작한다. 그것

---

* 프로이트, 앞의 책, 123~124쪽.
* 무신난 이후 유학의 詞章化 경향에 대해서는, 文喆永, 「高麗中·後期 儒學思想 硏究」, 서울대학교 국사학과 박사학위 논문, 2000 참조.

은 곧 새로운 이데올로기로서의 신유학을 연마하여 낡은 이데올로기인 불교에 도전하는 활동이었으며, 신유학으로 무장한 새로운 사대부(士大夫) 계층의 정체성 확립을 통해 무신난 이후의 어용적 유학 사상 속에서 명리만을 추구하던 세속적인 유학자에 도전하는 활동이었다.

3. 도깨비와 함께 춤을

청년기는 평생을 통하여 가장 원기왕성하고 부주의하고 자신 있는 단계이며, 또 가장 거리낌 없는 생산적인 단계이다. 이때는 결단의 필요성을 가장 통감할 수 있고, 지금까지 몰두해온 것을 버리고 새로운 헌신 대상을 택하도록 가장 많이 강요당할 수 있으며, 모든 사물에 대한 낡은 이데올로기를 송두리째 반박하고 새로운 이데올로기를 가장 헌신적으로 받아들일 수 있는 시기이다. 동시에 이 시기 젊은이들은(때로는 자기 자신도 포함하여) 사람들을 배척·거부하는 데 단호하고 즉각적임을 보여준다. 물론 이 배척과 반발은 종종 속물적이고 발작적이며, 도착(倒錯)되어 있거나 혹은 단순히 무분별할 때가 있지만, 청년 특유의 에너지의 이 건설적·파괴적 측면들은 많은 다양한 분야에서 전통을 수립·개조하는 데 사용되어왔다.*

　정도전의 귀양도 이러한 청년 특유의 에너지의 건설적 측면과 관련하여 해석해볼 수 있겠다. 정도전이 34세 되던 1375년(우왕 원년), 고려와 힘을 합쳐 명나라를 공격하기 위해 북원(北元)의 사신이 고려에 왔다. 이때 이인임, 경복흥 등 친원파 대신들은 정도전을 영접사로 임명해 사신을 접대하도록 했다. 그러나 정도전은 이를 거부하며 "내가 사신의 목을 베겠다"고 말했다(『三峰集』권8, 附錄 事實). 당시 그는 성균사예, 예문관 응교, 지제교 등 글을 짓는 문한(文翰)의 직책을 맡고 있어 사신 접대자로 선택되었지만, 이를 단호하게 거절했던 것이다. 이처럼 단호하고 즉각적인 거부로 말미암아 권신들의 노여움을 사서 그는 결국 그해 여름에 전라도 나주의 회진현에 속한 거평부곡으로 귀양을 가게 되었다.

정도전은 귀양살이를 떠나면서 자신의 단호한 심경을 「감흥」(感興)이라는 시에 담아 후세에 남겼다. 자신의 심정을 중국 하(夏)나라 충신 용방(龍逢)과 은(殷)나라 충신 비간(比干)에 빗대어 지은 시다.

> 조국의 멸망을 차마 못 본 체 할 수 없어
> 충의의 심장이 찢어지고
> 대궐문 손수 밀고 들어가
> 임금 앞에서 언성 높여 간했더라오.
> 예부터 한 번 죽음 뉘나 있으니
> 구차한 삶은 처할 바 아니지 않은가. (『三峰集』 권1, 「感興」)

용방은 하나라 폭군 걸왕에게 충언을 하다가 불로 지지는 포락형을 받은 인물이고, 비간은 은나라 폭군 주왕에게 충언을 하다 주왕이, "듣자니 성인의 심장에는 구멍이 일곱 개 있다 한다" 하고 배를 갈라 죽인 인물이다. 정도전은 이 시를 통해 의를 위해서 죽을지언정 구차하게 살지 않겠다는 기상을 표현했다. 자신의 청년기의 정체성에 따른 맹렬한 헌신과 단호한 거부를 함께 보여주고 있는 것이다. 이런 단호함은 자신과 함께 북원 사신을 배척하다가 귀양 도중 죽은 박상충을 곡(哭)하는 제문(祭文)에도 보인다.

> 도(道)가 행해지고 행해지지 않는 것은 때이고 사생과 화복은 자기에게 달려 있는 것이 아니니 선생께서 이에 대해 장차 어떻게 하겠는가. 다만 우리의 의를 행할 뿐인 것이다. …… 선생은 탐욕하고 비루한 자들과 함께 귀히 되지 않으셨고 간사하고 아첨하는 자들과 함께 사시지 않았으니 그 죽음이 바로 그

---

* 에릭 에릭슨 지음, 최연석 옮김, 『청년 루터』, 크리스찬다이제스트, 1997, 49~51쪽.

몸을 보전한 것이요, 그 귀하게 되지 않으심이 바로 영광스러운 것입니다. (『三峰集』권4,「哭潘南先生文」)

즉, 구차한 삶을 택하지 않고 죽음을 택한 것이 오히려 그 자신을 보전하고 영광스럽게 한 소이(所以)임을 인식하면서 정도전 자신도 그를 본받아 결코 부끄러운 삶은 살지 않겠다는 마음 자세를 나타내고 있다. 그리고 그런 마음의 자세를 윗글에 이어 다시 이렇게 노래했다.

우리들 의를 저버리고 구차히 삶이여,
한갓 황황할 뿐 누구를 의지하리.
아! 얼굴에 무안함이 있음이여,
속으로 수치를 안고서 슬퍼하노라.
아! 황천에 가게 되면,
오직 선생을 따르리로다. (『三峰集』권4,「哭潘南先生文」)

이렇듯 정도전은 유배를 계기로, 죽는 것이 오히려 사는 것이라는 사생관(死生觀)을 확고히 하여 현실 안주에 대한 미련이나 현실 타협적 자세를 청산하고 있었다.

그가 유배 중에 쓴 「정침전」(鄭沈傳) 역시 그의 이런 내면 세계를 잘 반영한 작품이다. 이 작품에 의하면, 정침은 나주 사람으로 그 고을에서 벼슬하여 호장을 지냈는데 1371년(공민왕 20) 봄에 전라도 안렴사(按廉使)의 명으로 제주의 산천에 제사 지내는 축문과 폐백을 받들고 바다를 건너다가 왜적과 만났다. 이때 배 안 사람들은 모두 중과부적이라며 항복하려 했는데 정침만이 홀로 활을 쏘며 대적하다가 화살이 다 떨어지자 스스로 물에 빠져 죽었고, 이 죽음을 놓고 마을 사람들은 모두 어리석은 죽음이라고 여겼던 것이다. 이 글에서 정도전은 정침의 죽음에 대해 다음과 같이 평했다.

그 충의의 열렬함이 이러한데도 세상에서 알아주는 자가 없어서 같은 마을 사람들조차도 그 죽음을 어리석게 여기고 있을 뿐이다. 아! 사람이 진정 죽음이 없다면 사람의 도리는 벌써 없어지고 말았을 것이다. 적이 항복하라고 협박할 때에 충신이 죽음이 아니라면 어떻게 그 의(義)를 보전하겠으며, 포악한 자가 핍박할 적에 열녀가 죽음이 아니라면 어떻게 그 절개를 보전할 수 있겠는가. 사람이 난처한 사태에 당하여 그 바른 길을 잃지 않는 것은 다행히도 한 번 죽는다는 것이 있기 때문이다. (『三峰集』권4, 「鄭沈傳」)

실상, 정도전이 개인적으로 가장 불행했던 이 유배 시기는 국가 사회적으로도 내우외환이 겹쳐 고려 왕조의 자체 능력으로는 이미 수습할 수 없는 시기였다. 이런 난세에도 바른 길을 잃지 않는 방법이 있으니 그것은 단 한 번 죽을 수 있다는 것이었으며, 정도전은 그것을 오히려 다행한 일이라고 생각했다.

하지만 젊은이들은 어떤 일에 가장 맹렬하게 헌신하고 있는 동안에도 급격하게 변해간다. 특히 30대의 젊은이들은 변화를 지향하지만 또 한편으로는 정착도 지향하는 시기이기도 하다. 더욱이 박탈과 고립을 의미하는 유배라는 상황은 이러한 30대 젊은이의 변화와 정착 사이의 갈등을 증폭시킬 수 있다. 유배 이전에 획득한 자아 정체성에 입각해서 가장 정력적으로 일하며 '정착'을 지향해야 하는 30대에 있어서 사회로부터 격리되었다는 것은, 당연히 박탈과 고립을 통한 사회적 공허감이나 소외감을 불러일으킨다. 따라서 이런 불안한 자아를 잠재우기 위한 새로운 헌신 대상을 향한 결단의 필요성을 통감하는 것과 함께 그 내면 깊숙한 곳에서 치밀어오르는 질문에 힘겨워하기도 하는 복잡한 심리를 나타내게 된다.

이처럼 내부에서 치밀어오르는 질문을 회피하지 않고 정직하게 맞섰음을 보여주는 것이 유배 첫 해인 1375년 12월 34세 때 쓴 『심문천답』이라는 글이다. 그 질문은 한마디로 말하면, "왜 선한 사람이 화를 입고 악한 사람이 도리어 복을 받느냐'는 인류의 고전적이고 공통적인 질문이었다. 이것은 사실 정도전 자신이 스스로에게 던지는 질문이기도 했다. 과연 하늘이 존재한다면 어찌하여 의로운 일에 목숨을 걸고 행동하는 자신과 같은 선한 사람이 사회에서 격리된 채 박탈과 고립을 경험해야만 하는가 하는 질문이었던 것이다. 어찌하여 옳은 일을 하는 사람이 핍박받고 위선자와 타락한 자들이 부귀영화를 누리는가. 그렇다면 과연 정의롭게 살 필요가 있는 것인가. 원칙을 지키며 의롭게 산다는 것은 진정 손해를 보는 일인가. 이래서 세상 사람들은 선하게 살면 오히려 손해를 본다고 생각하게 되니 도대체 하늘은 왜 의인을 시련에 빠뜨리고 악인에게 부귀를 주는 것인가 하는 질문이었다.

이런 질문은 자신의 유배 상황을 인정할 수 없다는 마음속 깊은 곳에서의 울림이었다. 하지만 이 울림은 "네가 나를 병되게 한 것이 많았는데, 어찌 스스로 반성하지 않고 문득 나를 책망하는가" 하는 하늘의 꾸짖음에 눌려버린다. "인사(人事)가 옳으면 재앙(災殃)과 상서(祥瑞)가 그 항상 의로운 것을 따를 것이요, 인사가 그릇되면 재앙과 상서가 그 바른 것을 잃는 것이다. 어찌 이것으로써 스스로 그 몸을 반성하여 너〔汝〕의 당연히 할 바를 닦지 않고 하늘을 책망하는가. …… 너는 그 바른 것을 지켜서 나〔吾〕의 정하는 때를 기다릴 지어다"라는 신유학의 천인감응설에 따른 도덕적·관념적 해답에 눌려버리고 만다(『三峰集』 권6,「心問天答」). 이것은 곧 유배와 격리 속에 고립되어 있는 정도전 자신의 실존적 고민에 대해 정도전 스스로 자신을 설득시켜야 했던 철학적·이론적 해답이었다. 하지만 이런 철학적·이론적 해답만으로 유배지의 실존적 삶의 문제가 풀리지 않는다는 데 그의 고민은 이어진다. 그렇기 때문에 이런 도덕적·관념적 설득에도 불구하고 정도전의 유배 생활의 주된 정조는 고독이요, 비애요, 괴로움이었다. 그는 그런 정조(情調)를 「사이매문」(謝魑魅文)에서 이렇게 토로했다.

정선생(정도전)이 홀로 방에 앉았는데, 낮은 길고 사람은 없어서 때로는 책을 던지고 문에 나가 뒷짐을 지고 먼 데를 바라본다. 그러면 산천이 얽히고 초목은 서로 접했으며 하늘은 흐리고 들은 어두워서 눈에 보이는 것이 모두 쓸쓸했다. 그래서 음기가 사람을 엄습하여 사지가 느릿하다. 이제 집으로 돌아오면 울적한 생각이 들어 마음이 혼란하다. (『三峰集』권4,「謝魑魅文」)

유배 2년째인 1376년 1월에 지은 것으로 추정되는 시 「동정에게 올리다」(奉寄東亭)에도 날이 새도록 잠 못 이루며 괴로워하는 그의 심사가 묘사되어 있었다.

하늘이 네 철을 나눠놓으니
추위와 더위가 다 때가 있다네
정월이라 설도 이미 지나가고
입춘도 다가오건만
추위는 아직도 위세를 부려
으스스 살갗에 스며드누나.
이역에 묶여 있는 오랜 나그네
떨어진 옷에 헌 솜이 뭉쳤네.
새벽닭이 좀처럼 울지 않으니
밤새도록 부질없이 슬퍼만 하네. (『三峰集』권1,「奉寄東亭」)

이렇게 '밤새도록 부질없이 슬퍼하는' 이런 고통은 육체적인 고통에 그치는 것이 아니었다. 그것은 실상 정신적인 고통을 억압하는 데서 오는 육체적 표현이었을 뿐이다. 자신이 지금껏 쌓아올린 학문과 명성 그리고 입신양명의 꿈이 좌절되는 데서 오는 정체성의 위기로 그는 밤새 잠 못 이루며 뒤척였던 것이다. 이런 정체성의 위기의식은, 아내와 주고받은 편지를 적은

「가난」(家難)이라는 글에서, "내가 죄를 얻어 남쪽 변방으로 귀양 간 후부터 비방이 벌 떼처럼 일어나고 구설이 터무니없이 퍼져서 화가 측량할 수 없게 되었다"며 정직하게 토로했다. 그는 유배가 풀릴 조짐은커녕 화가 어디까지 이를지 측량할 수 없는 위기의식을 느끼고 있었다. 게다가 위기의식의 저변에는 "나는 누구며, 왜 여기까지 흘러왔으며, 앞으로 어떻게 해야 하는가" 하는 정체성의 위기의식까지 깔려 있었다. 정도전은 이런 위기의식을 아내의 입을 빌려 이렇게 질문했다.

> 당신은 평일에 부지런히 글만 읽으면서 아침에 밥이 끓는지 저녁에 죽이 끓는지 간섭하지 않았습니다. 그 결과 집안에는 경쇠를 걸어놓은 것처럼 한 섬의 식량도 없는데 아이들은 방에 가득하여 춥고 배고프다고 울어댔습니다. 제가 끼니를 맡아 그때그때 어떻게 꾸려 나가면서도 당신이 독실하게 공부하시니 뒷날에 입신양명해 처자들이 우러러 의지하고 가문에 영광을 가져오리라고 기대하였습니다. 그런데 끝내는 국법에 저촉되어서 이름이 욕되고 행적이 깎이며, 몸은 남쪽 변방에 귀양을 가서 독한 장기(瘴氣)나 마시고 형제들은 나가 쓰러져서 가문이 여지없이 망해, 세상 사람의 웃음거리가 되는 지경에 이르렀으니 현인 군자라는 것이 진실로 이런 것입니까. (『三峰集』권4, 「家難」)

"현인 군자라는 것이 진실로 그런 것이냐"는 아내의 질타는 정도전에게 뼈아픈 질문이었다. 하지만 이것은 사실 정도전의 질문이기도 했다. 이상과 현실의 괴리 속에서 갈등하는 인간의 모습에 대해 그가 하고 싶었던 정직한 질문이었다. 어려서부터 정도전 또한 '집에는 모아놓은 재산이 없고 처자는 추위와 배고픔을 면치 못했으나 깨끗하게 처신했던' 아버지 정운경에게 늘 속으로 묻고 싶었던 질문이기도 했다. '평상시에 집안의 재산을 돌보지 않고, 세속의 이욕에 담박한 성품'인 까닭에 어려서부터 춥고 배고픔을 면치 못했던 장남 정도전의 가슴속에 묻어두었던 질문이기도 했다. 그렇기 때문에 자신의 입신양명의 꿈에는 어려서부터 겪어야 했던 가난에서 벗어나고자 하는 충동이 내재되어 있었던 것인지도 모른다. 하지만 이런 충동은 남이 눈치 채서는 안 되는 것이었다. 청백리 아버지를 역할 모델로 해서 살아왔고, 또한 신유학의 정체성 형성에 맞는 생활양식을 추구해야 했기 때문에 누구에게도 들켜서는 안 되는 것이었다.

하지만 자아는 금지된 충동이 표출되는 것을 방어하기 위해 그것과 정반대의 행동을 하게 된다. 이것을 심리학적 용어로 반동형성이라 하는데, 이것은 두 단계를 거친다. 첫째는 받아들일 수 없는 충동을 억압하는 것이며, 둘째는 그 반대적 행동이 의식적 차원에서 표현되는 것이 그것이다.* 이러한 심리학적 기제인 반동형성에 따른다면, 정도전 자신의 무의식 가운데 입신양명해서 가문에 영광을 가져오리라는 내적 충동을 갖고 있었고, 이것을 혹시 아내가 눈치챌까 두려워 정도전 스스로 억압해왔던 것인지 모른다. 그래서 출세와는 정반대의 행동이 의식적 차원에서 표현되어왔고 그 결과, 몸은 남쪽 변방에 귀양을 가서 독한 장기나 마시고 형제들은 쓰러져서 가문이 여지없이 망해 세상 사람들의 웃음거리가 되는 지경에 이르렀을지도 모르는 일이었다. 그러니 아내만 속물이라고 경멸할 수만은 없었을 뿐더러 아내의 그런 지적에 수긍하지 않을 수 없었다. 그래서 정도전은 아내의 질문에 이렇게 답했다.

그대의 말이 참으로 온당하오. 나에게 친구가 있어 정이 형제보다 나았는데 내가 패한 것을 보더니 뜬구름같이 흩어지니, 그들이 나를 근심하지 않는 것은 본래 세력으로 맺어지고 은혜로써 맺어지지 않은 까닭이오. 부부의 관계는 한번 결혼하면 종신토록 고치지 않는 것이니 그대가 나를 책망하는 것은 사랑해서지 미워서가 아닐 것이오. 또 아내가 남편을 섬기는 것은 신하가 임금을

---

* L. A. Hjelle·D.J.Ziegler 著, 李動求 譯, 앞의 책, 79쪽.

섬기는 것과 같으니, 이 이치는 허망하지 않으며 모두 하늘에서 얻은 것이오. 그대는 집을 근심하고 나는 나라를 근심하는 것 외에 어찌 다름이 있겠소. 각각 그 직분만 다할 뿐이며 그 성패와 이둔과 영욕과 득실은 하늘이 정한 것이지 사람에게 있는 것이 아닌데 무엇을 근심하겠소. (『三峰集』권4,「家難」)

여기서 "그 성패와 이둔과 영욕과 득실은 하늘이 정한 것이지 사람에게 있는 것이 아닌데 무엇을 근심하겠소"라는 정도전의 답변은, 앞에서 보았던 유배 초기 『심문천답』에서의 자문자답과는 차이가 있다. 앞서의 『심문천답』에서 답했듯이, 착함과 의로움이 현실에서 승리하지 못한 경우가 있다면 그것은 하늘의 책임이 아니라 인간의 책임이라고 했던 견해와 대조적이다. 착함과 의로움이 현실에서 승리하지 못한 경우가 있다면 그것은 하늘의 책임이 아니라 인간의 책임인 것이고, 인의의 편에 서 있다고 무조건 승리하는 것이 아니며, 나는 의롭게 살아왔는데 어찌해 이 모양 이 꼴이냐고 하늘을 탓해야 소용없다는 신유학의 천인감응설에 따른 도덕적·관념적 해답과는 차이가 있다.

그 차이는 어찌 보면 '철학적 실존'과 '실존적 철학'과의 거리인 것이다. 즉 이제 이해 다툼의 장(場)인 개성이라는 도회지를 떠나, 큰 산과 우거진 숲이 있고 바다에 가까우며 사람이 사는 동네가 거의 없는 배반의 땅에서 실존적으로 체험해 얻은 철학이었다. 예전에 같은 정체성 의식으로 동지처럼 느꼈던 친구들이 실은 세(勢)로써 맺어지고 흩어지는 신기루에 불과했다는 정체성의 위기 속에서의 자각이었다. 이런 자각은 동료 집단으로서 함께 가졌던 집합적 정체성 속에서 '신흥사대부로서의 나는 누구인가?' 또는 새로운 이데올로기로서의 신유학 세례를 받은 '유자(儒者)로서의 나는 누구인가?'를 깊이 묻지 않을 수 없는, 정체성의 갈등에서 나온 것이었다.

정도전의 이런 정체성의 갈등은 당시 유배 상황을 사실적으로 묘사한 「소재동기」에서도 찾아볼 수 있다. 이 기록에 따르면 그는 나주에 속한 거

63인의 역사학자가 쓴 한국사 인물 열전

평 땅 소재동에서 순박하고 허영심 없이 술 마시기를 좋아하는 황연(黃延)이라는 사람의 집에 세들어 살았다. 그는 여기서 약간의 글자를 아는 김성길(金成吉)과 그 아우인 천(天), 용모와 행동이 괴이한데다 모든 사투리·속담·여항(閭巷)의 일들을 두루 꿰뚫고 있으며, 늙어 중이 된 서안길(徐安吉), 그밖에 김천부(金千富), 조송(曹松) 등과 함께 어울려 술을 마시고 담소를 나누었다. 그리고 어떤 때는 농사꾼이나 시골 늙은이를 만나 싸리 포기를 깔고 앉아서 서로 위로하기를 옛 친구처럼 하기도 했고, 간단한 초사를 짓는 데도 온 동네 사람들이 힘을 합쳐 도와주는 따뜻한 인정을 맛보기도 했다. 여기서 그는 스스로 이렇게 물었다.

> 다만 내가 찬찬하지 못하고 너무 고지식해, 세상의 버림을 받아 귀양살이로 멀리 와 있는데도 동리 사람들이 나를 대접하기를 이렇듯 두텁게 하니, 어쩌면 그 궁한 것을 불쌍하게 여겨서 거두어주는 것일까. 아니면 그들이 먼 지방에서 생장해 당시의 의논을 듣지 못해 내가 죄 있는 자인 줄 몰라서인가. (『三峰集』 권4, 「消災洞記」)

이처럼 당시 마을 사람들의 후대(厚待)는 어려서부터 우월성만을 추구하며 성장해온 정도전에게는 낯설 수밖에 없는 일이었다. 세(勢)로써 맺어지고 흩어지는 개경의 분위기에 익숙해 있던 정도전으로서는 선뜻 이해가 가지 않는 일이었다. 그래서 처음에는 그들의 후대와 이해타산을 결부시켜 스스로 이런 질문을 던지기도 했다. 하지만 그는 곧 이해타산에 익숙해 있는 이런 질문들이 부끄러운 것임을 깨달았다. 반면에 이해타산과 상관없이 베푸는 그들의 어울려 사는 모습에 감동을 받았다. 그러한 감동이 「신장로에게 이별에 임하여 주는 시」(伸長老以古印社主命來惠白粲臨別贈詩)에서 다음과 같이 잔잔하게 형상화되어 있다.

산촌에 가을 해가 저물었는데

가시문 두드리는 사람이 있네.

소매에선 편지를 꺼내어주고

보자기에선 정히 고른 하얀 양식을 주네.

벗님의 그 마음 은근도 하오.

타향을 떠도는 이 사람에게

한 끼 밥에도 몸을 바친다는데

천금으로 갚는대도 가볍고말고.

(『三峰集』권2,「伸長老以古印社主命來惠白粲臨別贈詩」)

『금남잡영』중에 있는 이 한 편의 시에는 도시적인 이해타산이 더 이상 끼여들 자리가 없다. 이 시에서도 그는 보통 사람들이 어울려 살면서 조그맣게 베푸는 인정이 그 무엇보다도 큰 감동을 안겨준다는 사실을 따뜻한 시각에서 노래하고 있는 것이다.

이렇듯 자신이 신흥사대부라는 울타리 속에서 유자(儒者)로서 추구해온 삶의 지향과는 다른 야인(野人)들의 순박하고 인정어린 삶의 진실을 일상적으로 대하면서, 그는 유자로서의 자신의 정체성에 대한 통렬한 자기반성을 하게 되었다. 이렇듯 그가 유자로서의 자기 정체성에 대한 갈등을 잘 보여주고 있는 작품이「금남야인」(錦南野人)이라는 글이다.

이 글은 금남(나주)의 어느 야인(野人)이 박식을 자랑하면서 뽐내는 담은(談隱) 선생을 향해 조심하라고 경고하는 내용이 담겨 있다. 이 글에서 담은 선생은 천문·지리·음양·복서·역학(曆學)·의학·병법·음악 등에 능통하고 오륜을 비롯한 윤리에 통달할 뿐만 아니라 역사와 성리 철학에도 조예가 깊은 사람으로, 후진을 가르치고 책을 쓰고 의리를 위해서 죽을 각오가 되어 있는, 문자 그대로 '진유' (眞儒)를 자처하는 신비를 말한다.

아마 이런 유자상은 무신란 이후의 어용적 유학 사상 속에서 명리만을 추구하던 세속적인 유학자(名利人)와 비교해볼 때, 신유학으로 무장한 새로운 사대부상으로서 "속마음은 닳거나 변함이 없고 희고 흰 빙설 같은 모습으로 서로 높고 높은 운월(雲月)의 정을 나누는 아름다운 군자사(君子士)"로서의 유자상에 가까울 것이다. 어쩌면 유배 오기 전 정도전이 꿈꾸던 신흥사대부로서 추구해야 할 새로운 정체성의 모델에 가까운 것이었는지도 모른다. 하지만 이런 완벽에 가까운 유자로서의 정체성에 대해 야인은 이렇게 말했다.

> 그 말은 사치스럽습니다. 너무 과장한 것 아닙니까? 내가 우리 동네 어른에게 들으니, 실상이 없으면서 그 이름만 있으면 귀신도 미워하고, 비록 실상이 있더라도 스스로 밖에 폭로하는 것은 남들이 성내는 바라고 했습니다. 그래서 자신이 어질다 자처하고 남을 대하면 남이 허여하지 않고, 자신이 지혜롭다 자처하며 남을 대하면 남이 도와주지 않습니다. 그러므로 군자는 이를 삼가는데 그대는 선생을 좇아 노닐며 그 말이 이러하니 그 선생을 알 만합니다. 그는 귀신이 미워하지 않는다 하더라도 반드시 타인의 노여움을 살 것입니다. 아아! 선생은 위태하겠으니 나는 화가 미칠까 두려워 보기를 원하지 않습니다. (『三峰集』권4, 「錦南野人」)

사실 이 야인의 대답은 유배 생활 속에서 동료 집단으로부터 고립되어 있는 정도전이 이제 자신의 정체성에 대해서 진정한 의문을 던지고 있음을 나타낸다. 이렇게 남방에 귀양 오기까지 자신을 지탱시켜왔던 이전까지의 정체성에 대해 진지하게 질문을 던지고 있는 것이었다. 이전까지 지녀온 유자인 자신의 정체성의 실상은 무엇인가? 실상은 없으면서 이름만 있지는 않은가? 행여 그 실상이 있다 하더라도 우월의식 속에서 남과 나를 구별하면서 여기까지 걸어온 것은 아닌가? 신유학의 실천성 속에서 나라와 세상을 구해야 한다는 맹렬한 헌신 때문에 삶을 너무 강박적으로 살아온 것은 아닌가? 하는 질문을 던진다.

부곡 농민의 예리한 세태 풍자에 감동하여 쓴 「답전부」(答田父)라는 글에서도 그의 이런 성찰이 담겨 있다. 이 글은 들에서 만난 농부와의 대화를 문답 형식으로 적은 것인데, 농부가 정도전의 죄목을 추측하는 가운데 중앙의 통치자들에 대해서 신랄한 비판을 가하고 있다. 정도전은 그의 식견에 놀라서 그를 '숨은 군자'라고 부르면서 가르침을 달라고 요청했다. 그러나 농부는 자기가 경전납세(耕田納稅: 열심히 농사를 지어 국가에 세금을 바치는 것)를 천분으로 알고 살아가는 세습 농민이라며 요청을 거부했다. 정도전은 건강한 시골 농민에게 중앙의 관료가 어떻게 비쳐지고 있는지를 뼈저리게 느꼈다. 그리고 시골 사람의 눈을 통해서 자신의 위상과 정체성을 반성했다. 그 글의 마지막 부분에서도 농부는 정도전에게 이렇게 말했다.

> 그렇다면 그대의 귀양 온 죄목을 나는 알겠도다. 그 힘의 부족한 것을 헤아리지 않고 큰소리를 좋아하고, 그 시기의 불가함을 알지 못하고 바른말을 좋아하며, 지금 세상에 태어나서 옛사람을 사모하고 아래에 처해 위를 거슬린 것이 죄를 얻은 원인이로다 …… 그대는 한 몸으로 몇 가지 금기를 범했는데 겨우 귀양만 보내고 목숨은 보전하게 하였으니, 나 같은 촌사람이라도 국가의 은전이 너그러움을 알 수가 있도다. 그대는 지금부터라도 조심하면 화를 면하게 될 것이오. (『三峰集』권4, 「答田父」)

여기서도 정도전은 이전까지의 신흥사대부로서의 정체성을 고민하면서, 이제 무엇을 위해 어떻게 살아야 하는지를 유배 상황이라는 자신의 처지와 결부시켜서 성찰하고 있는 것이다.

유배지에서 쓴 「사이매문」이라는 글에서도 그가 처한 상황 속에서 느낀 정체성의 위기와 갈등, 그리고 극복에 대해서 잘 보여주고 있다(『三峰集』권4, 「謝魑魅文」). 이 글의 서두에서 정도전은 유배 상황 속에서 버려지고 고립되어 있는 심사를, 흐리고 자주 비가 오는 칙칙한 날씨와 흐린 하늘 그리고 어두운 들로 나타냈다. 그러면서 "눈에 보이는 것이 모두 쓸쓸하다"고 외로움을 고백했다. 산책을 나가도 쓸쓸하고 집으로 돌아와도 울적하다고 했고, 이런 혼란과 갈등 속에서 정도전의 자아는 분열을 경험했다. 그리하여 결벽증적으로 이전까지의 정체성과 생활양식을 고집하던 자아와 그 자아를 극복하고자 하는 또 다른 자아 사이에서 투쟁이 일어나게 된다. 그는 이런 정체성의 혼란과 갈등을 도깨비로 형상화했다.

서술자 '선생'은 성가시게 구는 이매(사람을 홀려 해친다는 산도깨비)들을 성을 내며 쫓아낸다. 그는 도깨비가 싫다. 떠드는 것도 싫고 상서롭지 못한 것도 싫다. 싫은 것은 싫은 것이다. 밖에 나가도 눈에 보이는 모든 것이 쓸쓸하고 집으로 돌아와도 울적할 뿐인데, 어찌 도깨비 따위를 용납할 수 있겠느냐는 것이다. 모든 것이 귀찮고 짜증날 뿐이었다.

이런 울적함, 짜증, 분노, 슬픔은 사실 유배 생활 가운데서 떨쳐버릴 수 없는 도깨비 같은 것이었다. 손을 들어 쫓아내면 또 어디선가 나타나고, 잠깐 마음이 풀려서 한동안 잊고 있노라면 또 어디선가 나타난다. 그런데 이런 도깨비들이 어느 날 깨끗하게 사라졌다가 선생의 꿈속에 떼로 나타나 발명(發明)을 한다.

그 내용은 대개 다섯 부분으로 나뉜다. 첫째, 도회 현읍은 사람 사는 곳이요, 궁곡(窮谷) 광야는 도깨비 길러지는 곳이니 선생이 우리에게 온 것이다. 둘째, 선생은 자기 역량을 헤아리지 않고 기휘(忌諱)를 범해서 태평성세에 쫓겨났다. 셋째, 힘써 배우고 바르게 처신하다 화를 입었지만 스스로 해명할 길이 없다. 넷째, 이 같은 황야에서 선생같이 깊은 학문의 소유자를 만나 기쁘다. 다섯째, 선생은 평인에 속하지 못하고 사람들이 어려워하며 등을 돌리는 지식인이지만 우리들은 진정 환영하면서 함께 종유(從遊)한다.

선생은 이 같은 도깨비들의 말을 듣고 부끄러워하는 동시에 그 뜻을 후하게 여겨 사과하는 글을 지어 사례한다. 깊은 뜻을 몰라주고 쫓아버리려

했던 것에 대한 사과이자 후의에 대한 감사였다. 실로 울적함, 짜증, 분노, 슬픔처럼 유배 생활 가운데서 떨쳐버리려야 떨쳐버릴 수 없는 도깨비 같은 것들이 있다 하더라도, 그것이 자신에게 속한 것인 한 오히려 감사하면서 겪안을 일이다. 이것은 곧 내부에서 서로 갈등하고 싸우는 자아의 화해를 뜻하며, 분열된 자아의 통합을 통한 새로운 정체성의 형성을 의미하는 것이었다. 그 감사의 운문에서 선생은 다음과 같이 읊조렸다.

> 사람 하나 없이 홀로 거처함이여
> 그대 버리고 내 누구와 노닐리.
> 아침에 나가 놀고 저녁에 같이 있으며
> 노래 부르고 화답도 하고 세월을 보내네.
> 이미 시대와 어그러져 세상을 버림이여
> 다시 무엇을 구하리.
> 초야에서 덩실덩실 춤추며
> 애오라지 그대와 넉넉히 노닐리. (『三峰集』 권4, 「謝魑魅文」)

이것은 하나의 해탈처럼 보인다. 마치 처용이 역신 앞에서 덩실덩실 춤을 추는 장면을 연상케 한다. 역신 앞에서 춤을 추는 처용의 해결방식은 법적인 것도 정치적인 것도 아닌 제의적인 것이다.* 정도전의 경우에도 유배지에서 겪었던 정체성의 위기와 갈등은 법적으로도 정치적으로도 온전히 해결될 수 있는 것이 아니었다. 여기서의 정도전의 해결방식 또한 법적인 것도 정치적인 것도 아닌 제의적인 것이었으니, 「사이매문」의 마지막을 노래하고 춤추는 운문으로 맺고 있는 것은 이런 까닭에서이다. 유배지—육체적·정신적 차원에서—라는 외계의 땅에서 정체성의 혼란을 겪다가 그 위기를 극복하고 새로운 정체성 형성의 길로 더덩실 나아가는 제의적 장면으로 끝을 맺고 있는 것이다. 인간은 제의를 통해 그의 인식 속에서 하나의 새로

운 세계상을 만들어낸다. 한 개인은 제의라는 구조적 체계 안에서 자신의
위상을 인식하고, 그 위상 속에서 그 자신을 표현하는데, 그것이 바로 자기
지시적 메시지라 할 수 있다. 제의는 어떤 상황 속에서 그 자체의 반성적 성
격을 드러내면서 자율성을 구현하는데, 이것이 바로 제의의 의미적 효용성
과 직결되는 것이다.** 정도전은 이렇게 도깨비와의 담론이라는 제의적 양
식을 통해서 새삼 자신의 궁한 처지를 성찰하면서, 지식인의 삶에서 최종적
으로 부여잡아야 할 긍정 대상이 무엇인지 확인하는 과정을 토론과 각성의
구조를 통해 보여주고 있는 것이다.

　따라서 이 작품을 자포자기식의 염세주의로 해석할 수는 없다. 작가는
세상 그 자체를 포기한 것이 아니라 썩은 세상에 대한 미련과 미움을 청산
하고 지식인의 고궁(固窮)을 새삼 음미했다고 보아야 마땅하다. 이 작품은
오히려 역설의 효과를 추구하면서 골계의 미학을 담고 있다.*** 이제 그것은
유배를 계기로 한 기득권의 상실과 함께 실제 체험에 뿌리를 둔 구체성을
획득하고 있음을 보여준다. 이편저편으로 가르고 나누는 버림의 생활양식
에서 자기와 다른 것까지도 껴안는 포용의 생활양식으로의 전환이다. 과연
지식인이 무엇을 고민하고 무엇을 위해 살아야 하는지 스스로 성찰한 결과
물이다.

　「동정의 도시 후서를 읽음」(讀東亭陶詩後序)에서, 정도전이 도연명(陶
淵明)을 평하는 시각도 이와 관련된다. 이 글의 서두에서 정도전은 당시 난

---

* Victor Turner에 의하면 갈등의 해결은 법적 해결, 정치적 해결, 그리고 제의적 해결을 통해 이루어진다.
법적 해결은 이성과 증거에 의해 이루어지며, 정치적 해결은 힘의 역학관계에 의해 이루어진다. 이러한 해
결은 현실의 테두리에서 이루어진다. 이때 처용이 취할 수 있는 해결 방식 역시 이러한 세 가지 중 하나였
을 것이다. 그가 아내를 침범한 역신을 관에 고발한다면 이는 법적 해결에 해당할 것이요, 그가 힘으로 그
역신을 물리친다면 이는 정치적 해결에 해당할 것이다. 그러나 대개 정치적 · 법적 해결은 그 해결 자체가
많은 상처를 남기므로 근원적 해결에 이르기 어렵다. 처용은 노래하고 춤추는 제3의 방법을 택함으로써
이 상황의 극적인 갈등을 해결했다. 송효섭, 『초월의 기호학』, 소나무, 2002, 119~120쪽 참조.
** 송효섭, 위의 책, 12~123쪽.
*** 윤주필, 「지식인의 궁기와 고집」, 『문화와 사람』 2, 2000, 291~292쪽.

리가 계속되어 백성이 편안할 날이 없었으니 뜻있는 사람들이 나라를 구하러 나섰어야 했는데도 도연명은 전원으로 돌아가 술에 의탁해서 세월을 보낸 것에 대해 비판했다. 이런 비판은 현실 개혁 의지에 불타는 정도전으로서는 유배 이전에 이미 확고히 했던 실천적 자세에서 연유한 것이었다. 하지만 궁벽한 산야(山野)에서 온갖 외로움과 갈등을 극복해 나가면서 정도전은 비로소 도연명이 전원에서 즐겼던 유연한 즐거움을 이해할 수 있었다.

> 도연명이 만종의 녹을 의롭지 않다 하고 전원을 달게 여긴 것은 춥고 배고픔을 즐거움으로 삼았기 때문이며, 술에 의탁해서 끝내 그 지조를 지켰으니 취한 것이 곧 절개가 되었다. (『三峰集』 권4, 「讀東亭陶詩後序」)

이 같은 도연명에 대한 평은 정도전 자신의 내면 세계의 여유를 일정하게 반영하고 있음을 보여준다. 게다가 이러한 여유는 현실 상황에 대해 눈을 감아버리는 데서 오는 소극적인 여유가 아니라, "취한 것이 곧 절개가 되었다"라는 평에 나타나 있듯 시련기를 겸허하게 극복하려는 데서 나온 적극적 여유였던 것이다.

1377년(우왕 3) 7월에 유배 생활을 마치고 옛집으로 돌아오는 중에 지은 「공주의 금강루에 제하다」(題公州錦江樓)라는 시를 보면 3년간의 유배 생활을 청산하고 고향으로 돌아오는 감회를 이렇게 노래했다.

> 그대는 보지 못했는가, 가태부(賈太傅)가 글을 써 상수에 던지고,
> 이한림(李翰林)이 취중에 황학루 시 지은 것을.
> 생전의 곤궁쯤이야 근심할 게 무엇 있나,
> 빼어난 뜻 늠름하게 천추(千秋)에 비끼었네.
> 또 보지 못했나, 병든 이 몸 삼 년을 남방에 갇혀 있다가
> 돌아오는 길에 또 금강 머리에 온 것을.

......

이 몸은 저 구름마냥 둥둥 떴으니

공명이나 부귀 다시 무얼 구하리오. (『三峰集』권1, 「題公州錦江樓」)

이 시에서도 볼 수 있듯이, 생전의 곤궁쯤이야 근심할 것도 못 되며 이제 다시 공명이나 부귀를 구하지도 않겠다는 마음의 여유는, 천추에 남을 만한 빼어난 뜻을 늠름하게 간직하고 있는 적극적 여유인 것이다.

4. 성(姓)이 정(鄭)씨인 사람

유배와 유랑을 거쳐서 30대 후반에 이른 청년 정도전은 속된 기준으로 보면 별 볼일 없는 인간이었다. 한두 해도 아니고 10년 가까운 세월을 갓끈 떨어진 신세로 떠돌아다녔으며, 명색이 전직 대부였음에도 입에 풀칠도 못해 농사꾼들 틈에 섞여 베잠방이 차림으로 손에 흙을 묻히고 살았다. 30대의 삶만 놓고 보면 그는 확실히 실패한 인생, 재기 불능의 인생을 살고 있는 듯했다. 그러나 정도전은 남들이 뭐라 하든 제 갈 길을 가면서 자기 운명에 대한 확신을 잃지 않았다. 그것은 유배를 계기로 한 기득권의 상실과 함께 실제 체험에 뿌리를 둔 구체성을 획득한 결과였고, 이편저편으로 가르고 나누는 버림의 생활양식에서 자기와 다른 것까지도 껴안는 포용의 생활양식으로 전환한 결과였다.

권근은 훗날 온갖 시련 속에서도 끝내 재기에 성공한 정도전을 두고 다음과 같이 평했다.

선생은 절의가 심히 높고 학술이 가장 정하여 일찍이 바른말로 세상의 비위를 거슬려 남방으로 유배된 지 10년이 되었으나 그 뜻은 변하지 않았으며, 공리의 도당과 이단의 무리가 떼 지어 업신여기고 무리지어 비방했지만 그 지킴이 더욱 굳건했으니, 선생이야말로 도를 믿음이 독실해 현혹되지 않는 분이라 하겠다. (權近,「三峰集序」)

하지만 정도전 자신은 알고 있었다. 자신의 그 굳건한 지킴과 독실한 믿음이 어떤 갈등과 위기를 겪으면서 형성되었는지를! 왜 청년기에 방황과 갈등과 흔들림이 필요한 것인지를!

청년기를 마감하면서 정도전은 자신이 유배 생활 속에서 겪었던 청년기 정체성의 갈등과 위기를 돌아보았다. 그에게 유배 생활은 결국 세상 그 자체를 포기하게 한 것이 아니라 썩은 세상에 대한 미련과 미움을 청산하게 한 것이었다. 쇠가 용광로에서 담금질되듯, 유한한 삶 속에서의 부귀공명 따위의 불순물들을 제거하는 과정이었다. 이 덧없는 세상에서 무엇이든 가득 움켜쥐려는 욕망에 의식적이든 무의식적이든 몸을 맡겨온 생활양식의 유산을 청산하는 과정이었으며, 이해 득실로 살아가는 생활양식에서 은혜의 삶을 살아가게 하는 새로운 정체성 형성에의 길이었다.

40대에 접어들어 이성계가 동북면 도지휘사(都指揮使)로 있는 함주 막사를 오가면서, 정도전은 이런 성찰 속에서 얻은 자신의 새로운 자아를 이렇게 시로 노래하고 있다.

고금을 통틀어 백 살 넘긴 사람 없네.
이해득실을 가지고서 정신을 허비 마소.
다만 썩지 않는 사문(斯文)이 있다면,
후일에 당연히 성이 정씨인 사람 나올 걸세.*

63인의 역사학자가 쓴 한국사 인물 열

참고문헌

국사편찬위원회 간, 『三峰集』, 탐구당, 1974.

민족문화추진회 편, 『국역 삼봉집』, 솔, 1997.

韓永愚, 『鄭道傳思想의 硏究』(개정판), 서울대학교 출판부, 1983.

＿＿＿, 『왕조의 설계자 정도전』, 지식산업사, 1990.

李相佰, 「鄭道傳論」, 『韓國文化史硏究論攷』, 을유문화사, 1947.

文喆永, 「詩文을 통해본 鄭道傳의 內面世界」, 『韓國學報』 42, 일지사, 1986.

최상용, 「정치가 정도전 연구」, 『아세아연구』 46-1, 고려대학교 아세아문제연구소, 2003.

* 『三峰集』 권2, 「自詠」.
이 시가 포함되어 있는 「自詠」에 대하여 후대 사람들이 평하기를, "世道를 만회할 뜻이 있다"고 하였음이 주목된다. 정도전이 왜 이러한 예언과 같은 시를 노래하였는지, 이 시는 대체 무엇을 내다보고 있는지, 그리고 이렇게 새롭게 형성된 정도전의 정체성은 혁명과 조선 개창기에 어떠한 과정을 겪게 되는지에 대해서는 별도의 논문에서 다룰 예정이다.

조준 趙浚

조선국가 경제제도의 밑그림을 그린 현실주의적 경세가

이병희 한국교원대학교 역사교육과 교수

서언

고려 사회는 말기에 안팎으로 커다란 어려움에 처해 있었다. 내적으로는 토지제도가 문란해져 민인들이 도탄에 빠졌으며, 외적으로는 홍건적과 왜구의 침입이 있었다. 사회체제 전반이 동요하는 가운데 그것을 수습하기 위한 방안으로 개혁론과 새로운 이념이 제시되었다. 정치적인 긴장과 투쟁이 지속되었고 그 과정을 수습해 정리하면서 조선이 건국되었다.

조선의 건국에 이르는 과정에서 개혁론을 제기하고 이성계 일파를 적극 지원한 인물 가운데 조준(趙浚, 1346~1405)과 정도전(鄭道傳)*은 대표적인 위치에 있었다. 정도전은 재상(宰相) 중심의 정치체제와 적극적인 배불(排佛)을 주장했고, 조준은 토지제도 문제에 가장 체계적이고 풍부한 개혁안을 주창했다. 조준의 개혁안은 고려 말 조선 초의 사회·경제 문제를 수습하는 데 크게 반영되었다. 그렇기에 조준에 대한 깊이 있는 이해는 당시 처해 있는 시대적 과제, 그리고 조선 사회의 개혁 방향을 파악하는 데 도움을 준다.

63인의 역사학자가 쓴 한국사 인물 열전

여기서는 기존의 연구를 기초로 조준에 대한 종합적이고 체계적인 내용을 제시하고자 한다. 조준의 생애와 활동은 우왕·창왕·공양왕대로 나누어 이해하며, 태조·정종·태종대에 걸친 활동에 대해서도 살펴보겠다. 그리고 그의 경세론은 토지개혁론만이 아니라 정치제도·국방·사회 정책 등에 관해서도 검토할 것이다.

1. 생애와 활동

조준은 조인규의 증손이다. 조인규는 1269년(원종 10) 세자 심(諶: 뒤의 충렬왕)이 원에 입조(入朝)할 때 동행하여 왕실 및 충렬왕과 밀착할 수 있었다. 그리고 원의 제국대장공주(齊國大長公主)와 그 사속인(私屬人) 집단과 결탁했으며, 능통한 몽고어를 매개로 원 세조와 직접 면대하였다. 이런 것들이 배경이 되어 조인규는 재상의 지위에 오를 수 있었다. 그는 여러 번 원에 사행(使行)했으며, 충렬왕 16년 원으로부터 동녕부(東寧府)를 되찾는 데 큰 공을 세웠다.** 이러한 활동과 지위로 인해 충선왕 때 왕실과 혼인할 수 있는 재상지종(宰相之宗) 가운데 조인규의 평양(平壤) 조(趙)씨가 포함될 수 있었다.

조인규는 5남 4녀를 두었는데, 아들 하나가 승려가 되고 나머지는 모두 벼슬하여 재상의 자리에 올랐으며, 딸들은 유력자의 아내가 되었다. 조인규의 둘째 아들 연(璉, ?~1322)은 조준의 할아버지로, 충선왕대부터 충숙왕대에 걸쳐 중요한 위치에서 정치 활동을 한 유력자였다. 조연은 심왕(瀋王) 고(暠)의 파동 때 권정동행성사(權征東行省事)로 왕의 직무를 대행하다 죽었는데, 나라 사람들이 모두 울었다고 하는 인물이다. 조연에게는 4남 2녀

* 鄭道傳에 관해서는 많은 연구가 있는데, 종합적이고 체계적인 것으로 韓永愚, 『정도전 사상의 연구』, 서울대학교 출판부, 1999가 있다.
** 閔賢九, 「趙仁規와 그의 家門 (上)」, 『震檀學報』 42, 진단학회, 1976.

가 있었고 둘째 아들 조덕유가 조준의 아버지이다. 조덕유는 부작(父爵)을 이어받아 왕부단사관(王府斷事官)이 되고 마지막에 판도판서(版圖判書)까지 되었다. 하지만 성품이 청백하고 영리를 좋아하지 않았으며, 친척이나 옛 친구라도 집권자가 되면 서로 왕래하지 않았다고 한다.*

조준의 장형(長兄) 조린(趙璘)은 공민왕 때 신돈(辛旽)에 저항하다가 죽임을 당했다. 이로 말미암아 조린의 집은 적몰됐고, 조준을 비롯한 형제들도 정치적·경제적으로 피해를 입었다.** 조준의 가문은 최고 가문이었음에도 불구하고, 본인대에 이르면 거의 실세한 처지에 있었다.

조준은 고성(固城) 이(李)씨인 이숭(李崇)의 딸을 아내로 맞이했다. 이숭은 공민왕대에 수문하시중(守門下侍中)을 지낸 이암의 아들이었다. 조준의 동생 조견(趙狷)은 파평(坡平) 윤(尹)씨 윤승렬(尹承烈)의 딸을 아내로 맞았으며, 조준의 여동생은 문화(文化) 유(柳)씨인 개국원종공신(開國原從功臣) 유량(柳亮, 1354∼1416)과 결혼했다(조준의 가계도 참조). 그리고 조준의 아들이 태종의 딸과 결혼했다.*** 조준은 1371년(공민왕 20)에 처음 관직 생활을 시작했다. 공민왕이 수덕궁(壽德宮)에 있을 때 조준이 책을 끼고 궁 앞을 지나가게 되었는데, 기특하게 여긴 왕이 그 가세를 물은 뒤 즉시 보마배지유(寶馬陪指諭)에 속하게 했다.**** 이후 1374년(공민왕 23) 4월에 과거에 급제했는데, 지공거(知貢擧)는 이무방(李茂方)이었고, 동지공거(同知貢擧)는 염흥방(廉興邦)이었다. 그러나 그해 9월 공민왕이 시해돼 과거에 급제했음에도 관직 생활을 하지 못하고 우왕대에 이르러 본격적인 관직 생활을 하게 됐다.

---

* 『高麗史』권105, 列傳18, 趙仁規附 璉, 下册, 329쪽.

** 韓嬉淑, 「趙浚의 社會政策 方案」, 『淑大史論』13·14·15합, 숙명여자대학교 사학과, 1989.

*** 張得振, 「趙浚의 政治 活動과 그 思想」, 『史學研究』38, 1984.

**** 『高麗史』권118, 列傳31, 趙浚, 下册, 588쪽; 『太宗實錄』권9, 太宗 5년 6월 辛卯 趙浚 卒記, 1册, 329쪽. 이하 조준의 생애와 활동은 『고려사』의 조준 열전과 『태종실록』의 졸기에 주로 의거해 기술하였다.

조준의 가계도

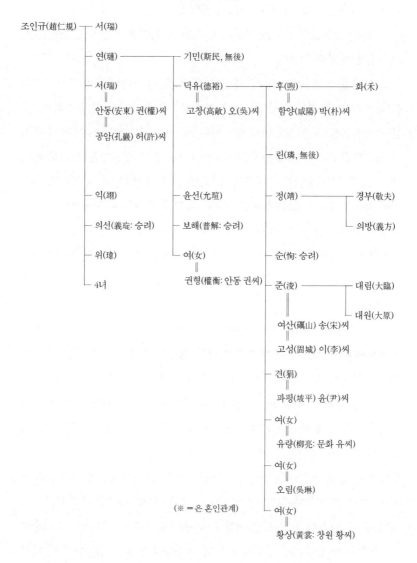

조준은 1376년(우왕 2) 강릉도 안렴사(江陵道按廉使)가 되어 원주, 간성(杆城), 강릉 등 강원도 일대를 순행했다. 이때 아전과 백성이 그를 두려워하고 사모하여 사납고 간사한 무리가 없어졌다고 한다. 또 순행하다가 정선군(旌善郡)에 이르러 시구를 지었는데, 이를 본 이들은 조준이 큰 뜻을 가지고 있음을 알았다고 한다.

그후 조준은 관직을 여러 차례 옮겨 대간(臺諫), 전법판서를 역임하기도 했다. 1382년(우왕 8) 6월에는 최영(崔瑩)의 천거에 의해 외직(外職)인 경상도 체복사(慶尙道體覆使)로 임명됐다. 조준은 바로 왜구 토벌에 소극적이었던 도순문사(都巡問使) 이거인(李居仁)을 불러 싸우지 않은 죄를 문책했으며, 병마사(兵馬使) 유익환(兪益桓)을 참(斬)하였다. 이에 왜구로 위축되어 있던 장수들이 그를 몹시 두려워하며 명령에 따라 싸우니 계속 승리를 거두어 모두가 편안해졌다고 한다. 이때 수성인(守城人) 조희참(曹希參), 경산부인(京山府人) 배중선(裵仲善)의 딸, 영산인(靈山人) 낭장(郎將) 신사천(辛斯蕆)의 딸 등 세 사람의 절효(節孝) 사실을 조정에 알려 정문(旌門)토록 했다.*

1383년(우왕 9) 10월에는 밀직제학으로서 강릉교주도 도검찰사(江陵交州道都檢察使)가 되어 다시 외방에 나가 왜구를 소탕하는 데 공을 세웠다. 이때 왜구를 다스린 공으로 선위좌명공신(宣威佐命功臣)의 호를 받았다.

그러나 1384년(우왕 10) 이후 4년간 관직을 떠나 경사(經史)를 익히며 두문불출했다. 우왕이 음란하고 법도가 없으며, 권호(權姦)들이 국사를 독점하여 조준의 직언을 싫어했다는 것이 그 이유였다. 이때 조준은 경사를 익히면서 현실 개혁의 구상을 다듬어간 것으로 보인다. 그리고 이 무렵 윤소종, 허금, 조인옥, 유원정, 정지, 백군녕 등과 벗관계를 맺었다고 한다.

조준은 4년간의 은둔 생활 뒤인 1388년(우왕 14)에 다시 정계에 진출하게 되었다. 아마도 그해 정월에 최영의 주도하에 임견미·염흥방 등에 대한 대대적인 숙청이 있었는데, 그뒤 최영이 조준을 발탁해 관직에 불러들인 것으로 보인다.** 같은 해 5월에 요동 정벌을 위해 떠났던 이성계가 위화도에서 회군해 정권을 장악하자 6월에 조준을 대사헌(大司憲)에 천거했다. 회군 이후 조준은 이성계의 자문을 맡아 소신을 다했고, 이때부터 조준과 이성계가 긴밀한 관계를 맺게 되었다.

조준은 그해 6월 창왕이 즉위하자 여러 차례 글을 올려 개혁을 주장했다. 조준이 1388년(창왕 즉위년) 7월에 올린 전제 개혁(田制改革)의 상소는 사전 개혁 논의의 기폭제가 됐다. 조준은 토지개혁론에 그치지 않고 국정 전반에 대해서도 구체적인 개혁안을 제시했다. 그해 8월과 10월, 1389년(공양왕 원년) 12월에 올린 시무책이 그것이다.

1389년(창왕 원년) 11월 우왕과 창왕을 중심으로 결집한 세력이 이성계 일파를 정계에서 몰아낼 계획을 꾸몄다(金佇의 옥). 이 사건으로 우왕과 창왕은 신돈의 자손이라는 이유로 폐출·살해됐으며, 유배됐던 최영 또한 사형에 처해졌다. 그리고 이성계·정몽주(鄭夢周)·조준·정도전 등이 정창군(定昌君)을 왕으로 추대하였는데, 이가 곧 공양왕이다. 이때 조준은 정창군이 왕으로 적절치 않다는 의견을 개진하기도 했었다. 그러나 조준은 이성계 등과 더불어 공양왕 즉위 후에 추충여절 좌명공신(推忠勵節佐命功臣)으로 책봉되었고, 토지 100결과 노비 10구가 그에게 사여되었다. 그리고 조선군 충의군(朝鮮郡忠義君)에 봉해졌다.

조준과 이성계가 공양왕 옹립 후 정치적 주도권을 장악하고 개혁에 착수하자, 위기를 느낀 구세력이나 노선을 달리하는 신진 사대부들은 1390년(공양왕 2) 이성계를 제거하고자 시도했다(尹彝·李初의 음모 사건). 이 사건을 계기로 구세력의 대부분이 하옥(下獄)되는 등 개혁 저지 세력이 거의 제

---

* 『高麗史』 권121, 列傳34, 曹希參, 下冊, 651쪽; 『高麗史』 권121, 列傳34, 辛斯蔵女, 下冊, 651~652쪽; 『高麗史』 권121, 列傳34, 李東郊妻裴氏, 下冊, 653~654쪽; 『高麗史節要』 권31, 辛禑 8년 6월, 789~790쪽(亞細亞文化社 影印本, 이하 같음).

** 文炳萬, 「趙浚의 生涯에 關한 一考察」, 『釜山女大論文集』 12, 1982.

거되었고, 이 사건 이후 조준과 이성계 등 개혁파의 세력은 더욱 강화되기에 이르렀다.

1391년(공양왕 3) 정월에는 삼군도총제부를 두어 중외의 군사(軍事)를 통할하게 했는데 이때 이성계는 도총제사(都摠制使)가 되었고, 배극렴은 중군총제사(中軍摠制使), 조준은 좌군총제사(左軍摠制使), 정도전은 우군총제사(右軍摠制使)가 됐다. 이리하여 개혁파의 핵심 인사가 군권을 완전히 장악하게 되었다.

1392년(공양왕 4) 조준·이성계·정도전 등의 개혁파가 적극적인 개혁을 추진하고, 나아가 이성계를 추대할 조짐을 보이자 정몽주가 반격을 가했다. 정몽주는 공양왕 3년까지는 대체로 조준, 이성계와 동일한 정치 노선을 걸었었다. 공양왕 4년 3월 이성계가 해주(海州)에서 사냥하는 도중에 낙마(落馬)하여 중상을 입었는데, 정몽주가 이때를 놓치지 않고 개혁파를 제거하려 했다. 정몽주는 대간을 사주해 조준, 남은(南誾), 정도전, 윤소종 등을 탄핵하도록 하여, 그들을 원방(遠方)으로 몰아내는 데 성공했다. 이때 조준과 정도전을 극형에 처하라는 상소가 이어졌다.

이런 사태가 발발하자 이방원은 조영규(趙英珪) 등 4~5명을 보내 길에서 정몽주를 격살(擊殺)했다. 그리하여 사태가 완전히 변해 정몽주의 당여들이 파직되거나 유배되었다. 조준은 유배에서 돌아와 다시 찬성사(贊成事)가 됐으며, 6월에는 판삼사사(判三司事), 경기좌우도 절제사(京畿左右道節制使)의 지위에 올랐다. 그리고 다음달에 이성계가 왕위에 올라 조선을 개국했다(1392년 7월).

조선 건국 직후 태조대(1392~1398)에 조준은 국왕의 신임을 받고 권력의 핵심이 되어 국정을 이끌어갔다. 태조가 즉위하던 날 조준에게 오도병마(五道兵馬)를 통솔하게 했는데, 이는 국가의 모든 병권을 맡긴 것으로 이해할 수 있다. 그만큼 조준의 위치가 높았고, 신뢰할 만한 인물로 인정받고 있었던 것이다. 태조가 1392년(태조 즉위년) 9월에 1차로 개국공신 44명을 책록할 때도 1등 공신에 봉해졌는데, 그 위치는 배극렴에 이은 두번째로 정도전보다 앞에 있었다.

그해 11월, 배극렴이 세상을 떠나자 12월에 조준은 문하좌시중(門下左侍中)이 되었다. 배극렴은 수상의 자리에 올랐지만 배운 것도 없고 술책도 없어 임금에게 아뢴 바 없다는 기록처럼 정치적 견해에서는 조준이 주도적인 위치에 있었다고 볼 수 있다. 권력과 부가 지나치자, 조준은 자신이 받은 평양 식읍(平壤食邑)과 경기도통사(京畿都統使)를 사양하는 글을 올렸지만 태조가 받아들이지 않았다. 조준은 이처럼 국왕의 은총과 위임(委任)을 한 몸에 받으며 태조대에는 좌시중으로서 신왕조의 기반을 다지고 국정을 처리하는 위치에 있었다.

그러나 1397년(태조 6) 고려 말부터 정치적 보조를 함께 해온 정도전, 남은과 충돌하게 된다. 표전 문제가 발생하고, 요동 공벌이 제기되면서부터였다. 태조 6년 6월에 정도전과 남은이 군사를 일으켜 요동을 공벌하자고 했다. 병석에 있던 조준은 즉시 가마를 타고 대궐에 가서 강력하게 반대했다. 그러자 남은이 "조준은 다만 두승(斗升)의 출납(出納)만을 알 뿐 어찌 기모(奇謀)와 양책(良策)을 낼 수 있겠나"라고 했다. 정도전 역시 조준을 대신해 정승이 되려고 남은과 함께 태조에게 번번이 조준의 단점을 말했다. 그러나 태조는 아랑곳하지 않고 조준 대접하기를 더욱 돈독히 했으며 요동 공벌 논의는 태조가 조준의 견해에 따름으로써 이루어지지 않았다.

같은 해 12월에 조준은 조선 최초의 성문법전인 『경제육전』(經濟六典)을 간행해 반포하게 되는데, 『경제육전』은 위화도 회군 이후 태조 6년까지 공포한 수교를 수집, 분류해 만든 것이다.

1398년(태조 7) 윤5월경부터 서서히 정도전에 의해 요동 공벌 계획이 다시 대두되기 시작했다. 8월에 정도전 등이 요동 공략에 대해 조준을 설득하려다 실패했으며, 태조도 조준의 견해에 따랐다. 이 무렵에 소위 말하는 '제1차 왕자의 난'이 발발하게 된다. 이 사건으로 정도전과 남은 등 요동 공벌 적극 추진파가 제거됐다.*

그리고 그해 9월 정종이 내선(內禪)을 받아 왕위에 올랐다. 조준은 좌정 승의 위치에 있었고, 정난정사공신(靖難定社功臣)의 이름을 더해 토지와 노비를 하사받았다. 그리고 이 무렵에 시무3조(時務三條)를 개진했다. 그 내용을 보면 올해는 흉년이므로 수령은 구휼에 힘쓰라는 것, 남녀 80세 이 상과 효자·순손(順孫)·의부(義夫)·절부(節婦)로서 빈핍·폐질(廢疾)해 자 존할 수 없는 자는 잡역(雜役)을 면제할 것, 효자·순손·의부로서 쓸 만한 이는 아뢰어 탁용(擢用)할 것 등이었다.**

1399년 8월 정종이 즉위하자 지위가 불안해진 조준은 전(箋)을 올려 사 직하기를 원했으나 받아들여지지 않았다. 태조대까지는 조준의 위상이 확 고했으나 정종 즉위 이후 지위가 불안해지면서 사직을 요청한 것으로 보인 다. 12월에도 조준은 재이(災異)에 대한 자책을 빌미로 사직을 재차 요청했 다. 이때는 의견이 수용되어 조준이 판문하부사(判門下府事)로 지위가 변 화하게 된다. 그러나 사직은 그의 본심은 아닌 듯하다. 그는 수상으로 있던 8년 동안 조용히 처신하는 우상(右相) 김사형과 달리 모든 일에 나서 결단 했다. 조준은 강명정대(剛明正大)하고 과감하여 의심하지 않았으며, 체통 이 엄하고 기강이 떨쳐졌다. 그러나 임금의 사랑을 독점하고 권세를 오래 잡고 있었기 때문에 원망하는 사람이 많았다고 졸기(卒記)에 기록되어 있 는데, 이는 대체로 당시의 세평을 나타내는 것으로 보인다.

예상대로 다음해 2월에 조준에 대한 탄핵이 이어졌다. 사헌부에서 조준 이 오랫동안 나라의 권세를 잡고 널리 당여(黨與)를 심어 심복(心腹)들이 안팎에 널려 있으므로, 위복(威福)·생살(生殺)이 그 손아귀 속에 있다고 했 다. 또 지금 판문하를 제수하니, 지위는 비록 지극하나 실권이 없어서 불만 을 가져 밤낮으로 다시 정승될 것을 생각하고 있다고 비난했다. 그러자 3월 에 조준이 다시 전을 올려 사면(辭免)하기를 빌었다. 급기야 그해 8월에는 곧 석방되기는 했지만, 조준이 순군옥(巡軍獄)에 갇히는 일까지 발생했다.

1400년 11월에 태종이 왕위에 올랐다. 그리고 1401년(태종 원년) 정월에 조준은 다시 판문하부사가 되었다. 1404년(태종 4) 6월에는 천변재이(天變災異)로 좌정승 하륜(河崙)과 우정승 성석린(成石璘)의 사직을 수리하고 조준을 좌정승으로 삼았다. 그러나 정승이 되어 일을 시행하고자 할 때마다 번번이 자기와 뜻이 다른 자에게 방해를 받아 어찌할 수 없었다. 종전과 같은 정치 권력을 잡기에는 역부족이었다. 1405년(태종 5) 6월에 조준이 세상을 떠나니, 그 시호를 문충(文忠)이라 했다. 그가 죽은 뒤에 현상(賢相)을 평론할 때 풍도(風度)와 기개(氣槪)는 반드시 조준을 으뜸으로 삼았다고 한다.

조준에 관해서는『고려사』중「조준열전」이 가장 풍부한 사실을 전하고 있으며,『조선왕조실록』의 졸기도 중요한 자료가 된다. 그의 문집으로『송당집』(松堂集)이 전하고 있는데, 이것은 후손 성주목사 조성이 1669년에 가장(家藏)의 초고를 바탕으로 여러 전적에서 조준의 글을 모아 목판으로 간행한 것이다.***

2. 정치제도론

고려 말기 정치적 혼란상은 극에 달하고 있었다. 중앙의 정치체계가 동요되어 기강이 서지 않았으며, 행정 운영이 제대로 이루어지지 못했다. 지방 행정도 수령(守令)의 권위가 서지 않고, 향리층(鄕吏層)이 동요함으로써 제대로 운영되지 못했다. 이런 상황 속에서 조준은 창왕 즉위년과 원년(공양왕

---

* 朴元熇,「朝鮮 初期의 遼東攻伐 論爭」,『明初朝鮮關係史 硏究』, 一潮閣, 2002.
** 『太祖實錄』권15, 太祖 7년 12월 戊申, 1冊, 141쪽.
*** 『松堂集』은 4권으로 구성되었으며, 1권에는 五言絶句 22首, 七言絶句 105首가 수록되었고, 2권에는 五言律詩 13首, 七言律詩 25首, 五言古詩 15首, 七言古詩 5首, 五言排律 1首, 贊 2首가 수록되었으며, 3권과 4권에는 田制疏 3章, 時務疏 3章, 箋 1章이 수록되어 있다.

원년) 그리고 조선 개국 후, 여러 차례에 걸쳐 개혁안을 제시했다.

1388년(창왕 즉위년) 조준이 올린 제1차 전제개혁안 상소에는 토지 제도에 한정되지 않고 지방관에 대한 주장이 포함되어 있다. 적(賊)이 쳐들어와도 방진(方鎭)은 보고만 있고 싸우지 않으니 적세(賊勢)가 날로 팽창하고 있으며, 또 수령은 공공연히 뇌물을 받으며 백성이 도탄에 빠져도 구휼하지 않고 있다는 것이다. 그럼에도 안렴(사)의 관질(官秩)이 낮아 기강을 떨치지 못한다고 했다. 이를 해결하기 위해서는 양부(兩府)의 고위 인사 가운데 한 사람을 선임해 도안렴출척대사(都按廉黜陟大使)로 삼아야 한다는 것이다.* 이는 방진·수령을 출척할 수 있는 권한을 도안렴출척사에게 지급해 지방 행정의 체계와 기강을 확립하고자 했던 것이다.

조준은 한 달 뒤인 8월에도 종합적인 시무책을 올리는데, 그 가운데에도 정치체제에 대한 여러 가지 내용이 담겨 있다.** 먼저 행정체계에 대한 주장을 보면, 태조가 개국한 초기에는 재상을 두어 6부(六部)를 통할하도록 했으며, 감(監)·시(寺)·창(倉)·고(庫) 등을 두어 6부를 받들도록 했다. 법이 오래되어 폐해가 발생해도 각 부에서 관할하는 일을 모르고 있으니, 비록 국왕과 재상이 근심하고 부지런해도 정사가 제대로 되기 어렵다. 따라서 6부를 중심으로 중앙의 행정체계를 계통 있게 수립해 상하의 체통과 기강이 서도록 해야 한다는 것이다.

이어서 재상(宰相)의 문제에 관해서 언급했다. 인주(人主)의 직은 재상을 논할 뿐이며 마땅한 재상을 얻으면 한 나라의 정사는 쉽게 수행된다고 했다. 그런데 고려의 제도는 원래 재(宰)5·추(樞)7인데, 근래에 도당(都堂)에 합좌(合座)해 국정에 참여하는 자가 60~70명에 이르고 있다는 것이다. 이에 대해 재신, 추신의 자격을 엄격히 하여 그 수를 제한하라고 했다.

규정직(糾正職)은 백관(百官)을 규찰하는 임무를 맡아 제사(祭祀)와 조회(朝會)에서 전곡 출납(錢穀出納)에 이르기까지 모두 살피고 있어 질(秩)은 낮지만 그 책임은 무거운 자리로 보았다. 그래서 규정은 대간이 천거해 임명하고 그 관질을 승격시켜 기강을 떨치게 하라고 했다.

개성(開城)은 근본이 되는 곳이고 풍화를 먼저할 곳인데, 근래에 제대로 교육이 이루어지지 않고 간사한 풍조가 있으며 역역(力役)이 번거롭고 무거워 날로 피폐해지고 있다고 진단했다. 매 1리(里)마다 연로(年老)하고 학식 있는 자를 택해 사장(社長)으로 삼아 자제(子弟)를 가르칠 것이며, 천인(賤人)과 공상(工商)의 자제를 각각 업(業)에 종사시켜 거리에서 무리지어 노는 경박한 풍조를 조장하지 말라고 했다.

또 권문에 뇌물을 바쳐 송사를 유리하게 이끌려는 이에 대한 처벌도 강조하였다. 그는 형정(刑政)에 정법(定法)이 없다고 하면서 형서(刑書)를 산정(刪定)토록 해 만세에 은혜를 베풀도록 하라고 했다. 그밖에 중외관사(中外官司)의 상접(相接)하는 예절을 갖출 것, 문서상통(文書相通)하는 격(格)을 산정(刪定)해 반행(頒行)할 것, 문첩(文牒)에 도장을 사용할 것, 긴요하지 않거나 불필요한 관원과 부서를 줄일 것, 6시(寺)와 7감(監)에는 계(階)가 높은 이를 임명하지 말 것, 그리고 노성인(老成人)을 적극 등용할 것 등을 주장했다.

지방 행정체계에 관한 주장도 있다. 근일 제수(除授)한 수령 중에 사림(士林)이 모르는 자가 있으니, 지금부터는 각사(各司)의 현질(顯秩)을 역임해 명망(名望)이 있는 자를, 또 중외의 관직을 두루 역임해 치적이 있는 자를 수령에 임명하라고 했다.

이처럼 8월의 시무책의 상서에서는 행정체계에 대해 다방면의 의견을 개진하고 있다. 같은 해 10월에도 시무책을 건의했는데*** 장문(長文)은 아니지만 여기에서도 정치체제에 관한 견해가 담겨 있었다. 먼저 나라에 기강

* 『高麗史』권75, 志29, 選擧3, 銓注 凡選用監司, 中冊, 640쪽; 『高麗史節要』권33, 辛昌 즉위년 7월, 831~832쪽.
** 『高麗史』권118, 列傳31, 趙浚, 下冊, 589~594쪽; 『高麗史節要』권33, 辛昌 즉위년 8월, 834~838쪽.
*** 『高麗史』권118, 列傳31, 趙浚, 下冊, 594~596쪽; 『高麗史節要』권33, 辛昌 즉위년 10월, 840~841쪽.

이 없으면 명령이 시행되지 않고 법령이 행해지지 않으므로 나라답지 못하다는 것이다.

사대부가 조정의 직무에 부지런하지 않고 향곡(鄕曲)에 돌아가 세월을 지체해 관직을 비우고 있다며, 부모 분상(奔喪) 이외에는 궐(闕)을 나가지 못하도록 할 것이며 부득이한 자는 사직한 후에 가도록 해야 한다고 지적했다.

기인(其人)의 문제에 관해서도 개선책을 제시했다. 기인은 근래에 각처에 소속되어 노예처럼 사역되고 있으므로 고통을 감내하지 못해 도망하는 자까지 있다고 했다. 기인을 일체 혁파해 향리로 돌려보내고, 각전(各殿)의 역(役)은 근일에 혁파한 창고노비(倉庫奴婢)로 대신케 하고, 각사(各司)의 역사자(役使者)는 변정도감(辨正都監)에서 속공(屬公)한 노비로 대신케 하라고 했다.

공양왕이 즉위한 직후 12월에 올린 시무책에도 정치체제에 대한 개혁 내용이 풍부하게 담겨 있다.* 국왕은 위로는 하늘을, 아래로는 백성을 두려워해야 한다고 하면서 상벌을 엄격히 하는 것, 자문을 듣고 학문을 좋아하는 것, 아랫사람을 예로써 접하는 것, 명령을 내리면 행할 것 등이 군주의 중요한 태도라고 지적했다. 군주는 백성을 생각해 검소하고 절약해야 하며, 군자와 소인을 분명히 구분해 군자를 가까이하고 소인을 멀리해야 한다고 했다. 그리고 군주는 뛰어난 학자로서 경사(經史)에 능통하고 심술(心術)이 바른 자를 택해 경사를 토론해야 하며 사관(史官)을 항상 옆에 두어 모든 말과 일을 다 기록해서 만세에 전할 것을 주장했다. 창왕에 이어 새로운 군주인 공양왕이 즉위했으므로 그가 바람직한 군주상을 제시한 것이다. 그리고 중앙의 정치 운영에 대해서도 견해를 피력했다.

공(功)이 있는 자에 한해 군(君)으로 봉할 것, 녹을 넉넉히 할 것, 환관을 조관(朝官)에 임명하지 말 것 등을 주장했다. 그리고 소송시의 폐단에 대한 개선안도 제시했는데, 소송하는 자는 각각 유사(攸司)에서 처리하고 대내·

도당에 직달(直達)하는 것을 일체 금하여 대내를 높이고 도당을 엄히 하라고 했다.

또 사막(司幕), 사옹(司饔), 군기(軍器)와 선공(繕工)의 운영에 대한 개선책도 제시했으며 삼사(三司) 및 6부관(部官)이 소속한 각사(各司)에 친히 가서 그 문서와 회계를 살펴 제대로 하지 않았으면 다스리라고 했다. 그리고 경외(京外)의 대소 관리의 경우 발령을 받으면 즉시 부임하라고 주장했다.

요역과 과렴의 부담이 큰 경기 8현(縣)에 관해 각도의 예에 따라 5·6품의 관원을 두고 개성부(開城府)로 하여금 살펴서 출척(黜陟)을 분명히 하라고 했다. 또 동북·서북 지방에도 남도와 마찬가지로 관찰사를 두라고 했다.

지방에서는 향리가 역시 중요한 존재였다. 조준은 근래 이래로 기강이 해이해진 향리가 여러 명목으로 역을 벗어나고 있다고 진단하고서, 비록 3정(丁) 1자(子)라 하더라도 향역을 면하는 확실한 문계(文契)가 없는 자, 군공(軍功)으로 향리역을 면했으나 특별한 공을 세워 공패(功牌)를 받지 않은 자, 잡과라고 하더라도 성균(成均)·전교(典校)·전법(典法)·전의(典醫) 출신이 아닌 자라면 다시 향리역을 맡겨야 한다고 했다. 지방의 말단 행정을 담당하는 향리의 확보를 위해 강력한 주장을 개진하고 있는 것이다.

조준은 조선이 건국된 2개월 뒤에도 22개조의 내용을 건의했는데,** 그 가운데에 정치 운영에 관련된 것이 포함되어 있다. 먼저 수령은 농지의 개간 정도와 호구 증감(戶口增減) 등으로 출척해야 한다고 했다. 신구의 수령이 교대할 때 일이 해이해지므로 이제부터는 서로 해유(解由)를 수수(授受)한 연후에 이임하라고 했다. 수령은 때에 맞춰 민전을 답험하고 가을에 손실(損失)을 갖추어 관찰사에게 보고해 정도에 따라 전조(田租)를 감하도록 하라고 했다. 또한 향리의 확보와 유지에 상당한 고려를 하고 있다.

---

* 『高麗史』 권118, 列傳31, 趙浚, 下冊, 596~603쪽; 『高麗史節要』 권34, 恭讓王 원년 12월, 859~865쪽.
** 『太祖實錄』 권2, 太祖 원년 9월 壬寅, 1冊, 31쪽.

각 도에서 사범(師範)을 삼을 만한 자, 일의 공을 세울 수 있는 자, 문한 (文翰)의 임무를 맡길 만한 자, 율산(律算)에 능한 자, 장수(將帥)가 될 만한 자, 군무(軍務)를 맡을 만한 자, 천문(天文)·지리(地理)·복서(卜筮)·의약 (醫藥)에 정통한 자 등을 찾아 조정에 알려 탁용(擢用)에 대비토록 하라고 했다. 또 서인(庶人)으로서 효제(孝悌)하며 힘써 농사짓는 자는 조세의 반 을 면제시켜 풍속을 장려하도록 했다.

조준이 제기한 정치제도 개혁안은 다방면에 걸쳐 있는데 중앙이든 지방 이든 행정 계통을 분명히 할 것, 행정 부서에 대해 합리적으로 조정할 것, 향 리를 확보할 것, 규찰을 강조할 것, 기강을 세울 것 등이 주목된다.

3. 토지제도론

고려 후기 토지제도를 둘러싼 문제는 심각했다. 국가 재정은 부족했으며, 민인(民人)들은 경제적 어려움으로 유리하거나 도산하는 일이 속출했다. 새로 관인이 되는 자는 국가로부터 토지를 지급받지 못하는 처지에 있었다. 이리하여 토지 문제를 둘러싸고 갈등·대립이 폭발하고 있었다. 토지 문제 의 핵심은 사전(私田)에 집약되어 있었다. 국가의 토지 관리가 무너지면서 사전이 가산화(家産化)됐으며, 아울러 사전의 외피를 쓴 겸병(兼倂)이 성행 했고, 이에 따라 민인에 대한 수취는 강화되었다.

사전을 중심으로 한 토지 문제를 수습하기 위한 노력도 지속적으로 진행 되었는데 전민변정사업(田民辨正事業)이 그것이다. 전민변정사업은 원 간 섭기와 공민왕 때 추진되어 부분적인 성과가 없지 않았으나, 토지 문제를 근본적으로 수습하는 것이 아니어서 문제는 더욱 심각해졌고 갈등도 증대 해갔다.

우왕대까지 사전 문제를 근본적으로 개혁하자는 주장은 나오지 않았으 나 위화도 회군 이후 창왕이 왕위에 오르면서 사전을 전면적으로 개혁하자는 주장이 나오게 되었다. 이 시기의 사전 문제에 대한 주장은, 사전개선론 (私田改善論)과 사전개혁론(私田改革論)으로 그 갈래를 나누어 이해할 수 있다.* 개선론은 현재 존재하는 사전 제도 자체는 그대로 두되 불법적인 것, 즉 1전(田)의 주인이 많은 것, 과중한 수취가 이루어지는 것, 불법적으로 토지가 탈점된 것 등을 고치자는 것이다. 이에 반해 개혁론은 현존하는 사전 제도를 전면 혁파하고 새로이 분급하자는 것으로, 현재 사전 수득자는 일거에 토지를 잃게 되는 사태에 처하게 되는 것이다. 조준은 사전개혁론을 주장하는 대표적 인물이었다.

창왕은 즉위하자마자 선대(先代)에 사원에 시납된 요물고(料物庫) 소속의 장(莊)과 처전(處田)을 추쇄했으며, 사전화(私田化)한 동서 양계(兩界) 토지의 공전화(公田化)를 추진했다. 아울러 사전 개혁에 관해 의견을 제출하라는 명령을 내렸다. 이에 여러 유자들이 개혁안을 제출했는데, 이들 가운데 가장 체계적이고 풍부한 견해를 제시한 이가 조준이었다.

조준은 1388년(창왕 즉위년) 7월, 1389년(창왕 원년) 8월, 그리고 1389년(공양왕 원년) 12월 모두 세 차례에 걸쳐 전제개혁안(田制改革案)을 제시했다. 가장 풍부하고 강력하며 종합적인 개혁안은 1차 상소였다.** 토지제도기 갖는 중요성을 서두에 제시하고, 고려 전기 토지제도의 원리를 지적했으며, 이어서 토지제도상 나타난 문제점과 근년의 심각한 양상을 적시한 후 구체적 개혁 방안을 제시했다.

조준은 태조 왕건이 즉위하자마자 34일 만에 재정의 위급함에도 십일제 (什一制)를 쓰고 민간의 3년 조를 면제시켰다고 상기했다. 통일이 완성된 후 전제를 정했는데 그 요체는 백관은 관품에 따라 지급하고 사망하면 국가에서 거두었으며, 부병(府兵)은 20세가 되어 받고 60세가 되면 반납했다고

---

* 李景植, 『朝鮮 前期 土地制度 硏究』, 一潮閣, 1986, 56~96쪽.
** 『高麗史』 권78, 志22, 食貨1, 田制 祿科田, 中冊, 714~718쪽.

보았다. 또한 사대부로서 토지를 받은 자가 죄를 지으면 그 토지는 거두어 들인다고 하였다. 그러나 사람들이 자중하여 법을 어기지 않아, 예의가 일어나고 풍속이 아름다웠다는 것이다. 그러나 이후 여러 종목의 토지가 출현하고 토지를 담당하는 관원이 관리를 제대로 하지 못해 수전수전지법(授田收田之法)이 완전히 붕괴됨으로써 토지는 사사로이 전수되어 가산화되었고, 겸병의 문을 열었다고 파악했다.

겸병의 문이 열리니 300결을 받아야 하는 재상이 입추(立錐)의 땅도 없게 되었으며, 개국공신의 후예, 시위(侍衛)하는 신하, 전쟁에서 수고하는 군인이 전혀 토지를 받지 못한 반면 조정의 관직에 있지 않고, 또 군문(軍門)을 밟지도 않은 자들이 금의옥식(錦衣玉食)하고 있다는 것이다.

이런 사정에 이르는 과정에서 토지 분쟁이 빈번해 개경에서는 판도전법(版圖典法)이, 외방에서는 수령과 안렴사가 전송(田訟)에 시달리고 있으며, 사전 문제로 부모와 자식이 다투게 되고 조정의 사대부가 서로 중상하게 되었다는 것이다. 더욱이 최근 몇 해 사이에 겸병이 더욱 심해져 겸병한 토지가 주군(州郡)을 포괄하고 있고 산천을 경계로 했다는 것이다. 그리고 서로 빼앗아 한 땅의 주인이 5~6명을 넘고 수조가 8~9차례에 이르며, 수조 과정에서 민인에 대한 가혹한 수탈이 자행된다는 것이다.

조준은 겸병의 폐단을 고치기 위해 국초의 분수지법(分授之法)을 회복하라고 주장했다. 그리고 사(士)·군(軍) 또는 국역(國役)을 담당하는 자가 아니면 그에게는 토지를 지급하지 말 것이며, 또 국가의 허락 없이 사사로이 수수(授受)하지 못하게 하라고 했다. 이렇게 되어야 사직의 기반이 반석과 같게 되고 국가의 위엄이 서서 외적의 침입이 있더라도 막을 수 있게 된다는 것이다.

지금은 국가 재정이 어려워 2~3년의 수재와 한재가 있어도 진휼하기 어렵고, 군량미도 지출할 것이 없다고 했다. 따라서 먼저 3년 동안 전조를 공수(公收)하면 군국(軍國)의 수요를 충당할 수 있고 재관자(在官者)의 녹봉을 지급할 수 있다는 것이다.

이러한 전제 위에서 각 토지에 대한 구체적인 개혁안을 제시했다. 먼저 녹과전시(祿科田柴)는 시중(侍中)에서 서인(庶人)에 이르기까지 재관자(在官者)에게 품에 따라 절급(折給)하되, 아문(衙門)에 속하게 해 직을 맡고 있을 때에 한해야 한다고 주장했다. 그리고 구분전(口分田)은 재내제군(在內諸君)과 1품에서 9품에 이르기까지, 시산(時散)을 논하지 말고 품에 따라 모두에게 지급하도록 하자는 것이다. 군전은 재예(才藝)를 시험해서 20세에 받고 60세에 국가에 반환토록 하라고 했다. 그밖에 백정대전(白丁代田), 사사전(寺社田), 투화전(投化田), 외역전(外役田), 위전(位田), 역전(驛田), 외록전(外祿田), 공해전(公廨田) 등에 대해서도 언급했다.

작정(作丁)은 일정한 토지를 묶어서 파악하는 것인데 종전과 달리 20결, 15결, 10결 등으로 하고, 매읍(每邑)의 정호(丁戶)는 천자문(千字文)으로 하고, 사람의 성명을 붙이지 않아야 한다고 했다. 이렇게 해야 조업(祖業)이라고 모칭(冒稱)하는 것을 끊을 수 있다는 것이다. 그리고 공·사전의 수조액은 1결당 미(米) 20두(斗)로 낮추어 민생을 후하게 해야 한다고 했다.

마지막으로 토지와 관련한 범법 행위를 엄하게 처벌하는 규정을 제시하고 있다. 예컨대 1결을 더 지급하거나 더 받은 자는 사형에 처하라고 했고, 전금(田禁)을 범한 자는 사면이 있어도 용서치 않으며 판도(版圖)와 헌부(憲府)에 이름을 기록하고, 자손이 대성(臺省)·정조(政曹)에 임명됨을 허용하지 말라고 했다.

조준의 상소에 이어 이행, 황순상, 조인옥, 허응 등의 상서도 있었다. 이들의 전제 개혁 상소를 처리하기 위해 바로 도당에서 논의가 있었는데 정도전, 윤소종 등은 조준의 개혁안에 찬성했지만 이색, 이림, 우현보, 변안렬, 권근, 유백유는 반대했다. 그리고 정몽주는 중립적 태도를 보였다. 이어 백관회의에 회부했는데 53명 가운데 개혁에 찬성한 이는 18~19명에 불과했고, 나머지는 모두 반대했다. 반대한 이들은 모두 지체 높고 번창한 집안의 자제였다.

그러한 논의와 아울러 바로 8월에 경기, 양광, 경상, 전라, 교주강릉, 서해도 등 6도에서 일제히 양전을 실시했고, 사전 전조의 공수도 반대를 무릅쓰고 추진해 나갔다. 사전조의 공수는 기존 수득자의 권리를 일시적이지만 박탈하는 것이었고, 양전의 실시는 기존 불법 토지 소유와 지배관계를 정리하는 의미를 띠고 있었기에 구세력들은 반발했다.

1389년(창왕 원년) 8월 조준은 2차 상서에서 사전의 문제점을 더욱 강하게 제기했으며, 사전을 외방(外方)에 두지 말 것을 강력하게 주장했다.* 세신(世臣)과 거실(巨室)이 사전은 본조(本朝)의 성법(成法)이므로 하루아침에 갑자기 고칠 수 없다며, 사전을 회복시켜 부귀를 지키려 한다고 비난했다. 경기의 땅은 사대부로서 왕실을 지키는 자의 토지로 삼아 그들의 생활과 업을 넉넉히 할 것이며, 나머지 외방의 사전은 모두 혁거해 공상제사(供上祭祀)의 용도에 충당하고, 녹봉군수(祿俸軍需)의 비용을 넉넉히 하며, 겸병의 문을 막고 쟁송을 끊어야 한다고 했다.

다음달 9월에는 급전도감(給田都監)이 주재하여 수조지 지급 대상자를 선정했다. 같은 해 11월에 공양왕이 즉위함으로써 한층 개혁을 추진하기에 좋은 여건이 마련되자, 조준은 12월에 세번째 전제 개혁 상소를 올렸다.**

조준은 여기에서 지금이 개혁할 좋은 기회이고 사전을 외방에 두어서는 절대 안되며, 양전의 결과로 토지가 절대 부족하다고 했다. 그런데 세신(世臣)과 거실(巨室)이 사직의 대계(大計)를 생각하지 않고 유언(流言)을 일으켜 인심을 선동하면서 사전을 회복하려 한다고 비판했다.

개경에 거처하면서 시위(侍衛)하는 자가 경기에서 수전(受田)했으나 수(數)에 차지 못할 경우 외방에서 받고자 하는데, 이는 겸병의 문을 다시 열어 민인을 탕화(湯火) 속에 두는 것이라고 했다. 국가 재정을 생각해서라도 외방에 사전을 두어서는 안 된다고 했다. 조준에 따르면 당시 양전해 파악한 6도의 토지는 50만 결이 못 되는데, 공상(供上)으로 13만 결, 녹봉으로

63인의 역사학자가 쓴 한국사 인물 열전

10만 결, 조사(朝士)를 위한 경기 토지 10만 결을 제외하면 그 나머지가 겨우 17만 결에 그칠 뿐이라고 했다. 이 17만 결로는 6도의 군사(軍士)·진(津)·원(院)·역(驛)·사(寺)의 전이나, 향리·사객(使客)·늠급(廩給)·아록지용(衙祿之用)으로 부족한 실정이니 군수(軍須)의 지출에 쓸 것은 나올 곳이 없다는 것이다. 그러니 외방에 사전을 지급해서는 안 된다는 것이다.*

이후에도 사전 개혁은 정치적인 곡절을 겪으면서 중단되지 않고 진행됐다. 1390년(공양왕 2) 정월 급전도감에서 과전 수급 대상자에게 과전지급 문서인 전적(田籍)을 내려주었고, 그해 9월에는 구래(舊來)의 공사전적(公私田籍)을 시가에서 불태웠다. 다음해 5월에는 과전 지급에 관한 기본 법규가 반포되었으니, 이것이 과전법이다. 이 과전법의 시행으로 일전다주(一田多主)의 현상을 척결했고, 기존의 수조지에 대해서는 재정리와 재분배가 이루어졌다. 그러나 수조권 그 자체나 수조권에 기반한 경제적 사회관계는 존속되는 한계를 보였다.

과전법에 이르는 과정에서 가장 큰 역할을 한 이는 역시 조준이었다. 그러나 과전법은 조준이 주장한 내용을 그대로 수용한 것은 아니다. 사전 경기의 원칙, 군전을 외방에 지급한 것, 전금(田禁)을 범한 자에 대해 엄히 처벌하도록 한 것, 작정하는 방식 등은 조준의 주장을 따랐지만 구분전(口分田)이나 사사전(寺社田) 등 구체적인 토지 지급에서는 적지 않은 차이가 있었다. 수조액은 조준의 주장보다 무거운 소출의 1/10으로 낙착되었고, 과전법에서 공역(公役)을 지지 않는 일반 백성에 대한 토지 지급이 제외된 것도 조준의 구상과 일치한다고 볼 수 없다.** 그러나 조준이 구상한 기본적인 것은 과전법에 대체로 승계되었다고 할 수 있다.

조준의 구상은 정도전과 차이가 있었다. 정도전은 조준보다 더욱 급진적

---

* 『高麗史節要』 권34, 辛昌 원년 8월, 848~849쪽.
** 『高麗史』 권78, 志32, 食貨1, 田制 祿科田, 中冊, 722~723쪽.

인 구상을 했다. 조준은 수조권에 한정된 개혁을 구상했지만, 정도전은 계구수전(計口授田)의 원칙, 즉 사유지의 균분(均分)까지도 구상하고 있었다.* 그러나 정도전의 구상은 실현에 옮겨지지 못했다.

조준은 토지 제도 외에 상업이나 고리대에 대해서도 언급하고 있다. 권세가에 의한 억매(抑買)를 문제 삼고 이를 금하라고 주장했다. 그러나 상행위 자체를 금지하거나 제한하는 주장을 개진하고 있지는 않았다.

또 고리대 행위에 대해서는 기존의 규정을 준수할 것을 주장했는데, 조준은 공양왕 원년 12월에 올린 글에서 규정대로 공사의 이식은 '일본일리'(一本一利)로 하고 더 받아서는 안 된다고 했다. 이것 또한 고리대 행위 자체를 금하거나 제한하는 것을 주장하고 있지는 않다.

4. 국방·병제론

고려 말기는 외세의 침입과 압력이 심각했다. 이런 시기에 조준은 경상도와 강원도에서 직접 병사를 이끌고 왜구를 격퇴하는 성과를 거두었다. 그리고 이러한 실제의 전투 경험을 바탕으로 국방(國防)과 병제(兵制)에 대한 개혁안을 제시했다.

1388년(창왕 즉위년) 7월, 1차 전제개혁안에서 토지제도와 관련해 병제에 대해서 언급하고 있다. 국가에서는 비옥한 토지를 42도부(都府)의 갑사(甲士) 10만여 명에게 녹으로 주어 의복과 양식, 병기(兵器)를 마련할 수 있도록 했기에 별도로 병사를 양성하는 비용이 없었다고 보았다. 그러나 근래에 이르러서는 병제와 전제 모두 무너져 사사로이 차지하게 됨으로써 군문을 밟지도 않은 자가 토지를 차지하고 있으며, 전쟁터에서 수고하는 병사가 전혀 토지에서 나는 곡식을 먹지 못한다는 것이다.

다음달 시무책에서는 농민을 대상으로 하는 징병 문제, 엄한 군령, 서북지방의 국방, 해도(海島)와 연해(沿海)의 둔전 등에 관해 주장했다. 농민군을 번상시키기 위해서는 그 전제로 농민에 관한 정확한 파악이 있어야 한다고 했다. 원래 매년 주군에서 인구를 파악해 대장에 기록해서 안렴(按廉)에게 보내고 안렴은 호부(戶部)에 보내야 하며, 조정에서 징병 조역(徵兵調役)할 때 이것을 활용해야 하는 것이었다. 그러나 근래에 이르러 이 법이 무너져 수령은 관할 읍의 호구를 모르고, 안렴 또한 1도의 호구를 모르는 실정이라는 것이다. 구체적인 해결책으로써 토지를 기준으로 징발할 것을 제안했다. 지금 양전함에 소경전(所耕田)의 다과(多寡)를 살펴 그 호의 상·중·하 3등과 양천(良賤)을 기록해 수령이 안렴에게, 안렴이 판도(版圖)에게 보고하고 조정에서 징병 조역시 이에 의거하라는 것이다. 농민의 유망(流亡)이 많은 현 실정에서 소경전의 다과를 기준으로 한 호의 3등급 산정을 기초로 징병할 것을 주창하고 있다.

또한 왜구의 침입을 막아내지 못한 지휘관은 군법으로 처벌할 것을 주장했다. 그리고 서북면(西北面) 지방에 다수 임명된 원수(元帥)와 만호(萬戶)에 대해서도 1도마다 원수 1명, 상만호(上萬戶)와 부만호(副萬戶) 각 1명을 두고 나머지는 모두 혁파하라고 했다. 왜구로 인해 연해가 함락되어 어염(魚鹽)과 축목(畜牧)의 이해(利害)를 잃게 되었을 뿐 아니라 농지의 수입도 상실하게 되었다면서 둔전을 설치해 이를 해결하고자 했다. 그리고 수군만호(水軍萬戶), 제도원수(諸道元帥)로서 능히 이러한 둔전을 설치해 성과를 거둔다면 그에게 도전(島田)을 사여해 대대로 그 수입을 가지고, 또 자손에게 전하게 하라고 주장했다.

1389년(공양왕 원년) 12월 시무책에서도 국방과 병제에 관해서 언급했다. 고려의 병제를 부병(府兵)으로 이해하고, 부병은 8위(2군 6위)에 통솔되며, 8위는 군부사(軍簿司)의 지휘를 받게 되어 있다고 했다. 원 간섭기에 이

* 李景植, 「朝鮮 前期 土地改革 論議」, 『韓國史硏究』 61·62합, 1988(『朝鮮 前期 土地制度 硏究 2』, 知識産業社에 재수록, 1998); 柳昌圭, 「高麗末 趙浚과 鄭道傳의 改革方案」, 『國史館論叢』 46, 1993; 金炯秀, 「14世紀 末 私田革罷論者의 田制官 ─鄭道傳과 趙浚을 중심으로」, 『慶北史學』 25, 2002.

르러 8위제(衛制)가 무너져 임무를 수행하지 않는 자가 녹을 먹고, 숙위(宿衛)하며 힘쓰는 자는 녹을 받지 못한다는 것이다. 이에 근시(近侍), 사문(司門), 사순(司楯), 충용(忠勇), 애마(愛馬) 등을 기존의 8위에 병합하고 그 위내(衛內)의 호군(護軍, 將軍) 이하에서 위(尉), 정(正)의 직에 이르기까지의 무직(武職)은 녹을 지급해 그 직을 근실히 할 수 있도록 해야 한다는 것이다.

그는 또 군사 활동에서 지휘관인 장수의 중요성을 제기했다. 근래에 병사를 지휘하는 장수를 그 재예(才藝)를 불문하고 재상의 자리에 있으면 명령해 보내니 적세가 더욱 치성해지고 있다고 토로하면서, 위덕(威德)이 현저한 자를 장수로 명해 왜구를 제압하는 것이 급무라고 지적했다. 그리고 군정이 여러 계통에서 나오면 호령이 엄하지 못하므로, 지금의 1도 3절제(節制)를 폐지하고 1도마다 1명의 절제를 보내야 한다고 주장했다. 또한 전쟁에서 상벌(賞罰)은 분명히 해야 할 것이며, 왜구와의 전투에서 획득하는 전리품은 취득자가 갖도록 하라고 주장했다.

조선 건국 직후 조준이 건의한 내용 가운데 병제와 국방에 관한 것이 두 조항 확인된다. 하나는 수전(水戰)과 육전(陸戰)의 전쟁 장비를 정비해 예기치 못한 사태에 대비하라는 것이고, 또 하나는 시위군과 기선군을 상·하 윤번토록 하라는 것이다.

국가의 명령이나 사신의 왕래는 역참(驛站)을 통해 이루어지게 되어 있다. 그런 역참이 제구실을 하지 못하면 국가의 기능 또한 제대로 수행되지 못한다. 그러므로 국가로서는 역참의 유지에 깊은 관심을 기울일 수밖에 없는 것이다.

조준도 이 문제에 깊은 관심을 기울여 여러 차례 주장을 하고 있다. 창왕 즉위년 7월과 8월 그리고 공양왕 원년 12월의 상소에서 역(驛)의 문제를 언급했다.* 빈번한 사신의 파견을 문제로 지적했다. 전쟁으로 사명(使命)이 많아 여러 원수(元帥)를 파견하고, 성중 애마(成衆愛馬)가 빈번하게 왕래하므로 관역이 피폐해졌다고 보았다. 지금부터는 잡다한 사명을 보내지 말며,

군사 관계의 중요한 일이 아니면 역마를 지급하지 말라고 했다. 또 8도의 역을 관할하는 공역서(供驛署)를 군부사(軍簿司)에 속하게 할 것, 역마다 역승(驛丞)을 1명씩 둘 것을 건의하고 있다.

조선 개국 후 태조 원년 9월의 건의에서도 이와 관련해 역마를 이용할 수 있는 봉사자를 제한함으로써 역을 보호하라고 주장했다.

5. 사회 정책론

유이민(流移民)이 발생하고 민인이 어려운 처지에 있을 때, 국가는 진휼 대책을 수립하지 않으면 안 되었다. 조준은 1389년(공양왕 원년) 12월에 올린 글에서 상평창(常平倉), 의창(義倉)의 법은 구황의 장책(長策)이라면서, 이는 국가를 다스리는 자가 우선적으로 힘써야 한다고 했다. 국가가 이미 사전을 혁파해 이르는 곳마다 축적이 있으니 지금부터 군현마다 모두 상평창을 두라고 했다. 상평창과 의창에 대한 관심은 1392년(태조 원년) 9월의 상소에서도 보인다. 매양 농사철에 궁민(窮民)에게 식량과 종자를 지급하고 추수시에는 다만 본수만을 거두어야 한다고 했다.

고려 후기 이래 일반 양인민인(良人民人)들이 권세가에 투탁, 은닉됨으로써 사민화, 노비화되는 일이 많았다. 이에 여러 차례에 걸쳐 추쇄(推刷)작업이 이루어졌는데 조준도 노비 문제에 대해 언급했다. 1388년(창왕 즉위년) 8월에 올린 시무에서 도관(都官), 궁사(宮司), 창고(倉庫)의 노비와 근래에 주류(誅流)된 자의 조업 노비, 신득 노비는 변정도감으로 하여금 빠짐없이 기록하라고 했다. 그 노비 문서에 의거해 노비들을 토목영선(土木營繕)의 역(役)이 있거나 빈객불신(賓客佛神)의 일이 있을 때 사역시키되, 방리(坊里)의 잡역은 부담지우지 말라고 했다. 태조 원년 9월에는 외방의 부강

* 『高麗史』 권82, 志36, 兵2, 站驛, 中册, 804~805쪽.

(富强)한 가문에서 양민을 차지해 역사(役使)시키고 있다면서, 이들을 찾아 적(籍)에 올려 부역을 부담지우라고 했다.

고려 사회의 특수층으로서 최하위에 있는 존재가 재인(才人), 수척(水尺), 화척(禾尺)의 무리이다. 이들은 주거가 정해져 있지 않고 이동하며, 사회적으로 제대로 된 대우도 받지 못하고 있었다. 소재주군(所在州郡)에서 그들을 문서에 기재하고 안착시켜 농업에 종사토록 하라는 것이다.*

고려 말 이념의 갈등이 심각하고, 새로운 이념을 갖춘 인재의 육성이 필요한 시점에서 학교를 통한 교육은 그 중요성이 매우 컸다. 조준은 공양왕 원년 12월의 상소에서 근래에 전쟁으로 인해 학교가 유명무실해졌다면서 부지런하고 박학한 자를 교수관(敎授官)으로 삼아 5도(五道)에 각 1명씩 보내 군현을 돌아다니며 살피도록 하고, 주군(州郡)에서 한가히 지내는 유학자를 본관(本官)의 교도(敎導)로 삼아 자제들로 하여금 항상 사서오경을 읽고 사장(詞章)을 읽지 못하도록 해야 한다고 했다.** 이것은 중앙에서 보낸 교수관, 지방의 교도로 이루어지는 교육 주체의 선정인 것이다. 학교에 대한 강조는 조선 개국 후 올린 글에서도 역시 언급되어 있다.

조준은 성리학의 보급에 관해서도 깊은 관심을 가졌다. 1382년(우왕 8)에 경상도 체복사로 나갔을 때 세 사람의 효절(孝節)을 중앙에 알려 정문(旌門)토록 한 바가 있었다. 1388년(창왕 즉위년) 8월에 올린 시무상소에서는 복식(服飾) 문제를 거론하였고, 이어 10월의 시무 상소에서는 음악에 대해서, 또 제사에 참여하는 자의 근신에 대해 언급했다.

1389년(공양왕 원년) 12월에도 상소를 올려, 지금부터는 주자가례(朱子家禮)를 써서 대부(大夫) 이상은 3세(世)를 제사 지내고 6품 이상은 2세를 제사 지내고 7품 이하에서 서인에 이르기까지는 부모만을 제사 지내도록 하라고 했다. 이 건의는 실제로 그 다음해에 수용되어 실천되었다.***

1392년(태조 원년) 9월에 올린 글에도 성리학적인 내용이 포함되어 있다. 공자의 석전제(釋奠祭)는 관찰사와 수령이 제물을 풍부하고 깨끗하게 해 때에 맞추어 거행하고, 공경(公卿)에서 하사(下士)에 이르기까지 모두 가묘를 세워 조상을 제사 지내라고 했다. 도리에 어긋나는 제사는 일체 금단(禁斷)토록 하라고 했다.

조준은 다른 사대부들과 달리 불교를 비판한 글이 거의 없는데, 이는 조인규 이후 그의 집안에서 대대로 승려가 나온 사실과 관련이 있을 것이다. 그런데 태조 원년의 시무 상소에서 관련한 내용이 일부 확인된다. 승려가 되는 자는 양반 자제(兩班子弟)는 5승포(升布) 100필, 서인(庶人)은 150필, 천구(賤口)는 200필을 소재관사(所在官司)에 납부해야 비로소 첩(牒)을 발급해 출가를 허락하도록 하고, 제멋대로 출가하는 자는 엄히 다스려야 한다고 했다. 또 승도가 중외(中外)의 대소관리(大小官吏)와 결당(結黨)해 사사(寺社)를 영조(營造)하기도 하고, 불교 서적을 인쇄하기도 하는 등 백성에게 해가 미치는 것은 지금부터 모두 금지시키라고 했다.

결어

조준은 고려 말 조선 초 새로운 사회 수립을 모색하는 시기에 개혁안을 제시하면서 활발하게 활동했다. 그는 조선 건국의 일등 공신으로서 조선 국가의 운영 방향을 제시한 대표적인 경세가였다. 그는 이상론이 아닌 현실론을 전개했다. 대외 정책에도 그랬고 국내의 제반 문제 개혁에서도 그랬다. 현실 사회에서 수용할 만한 개혁안을 주장했다. 사상적인 면에서는 성리학의 가치나 질서를 보급하려는 입장도 보였으나, 철저한 배불론을 개진하지는 않았다.

* 『高麗史』 권118, 列傳31, 趙浚, 下冊, 594쪽; 『高麗史節要』 권33, 辛昌 즉위년 8월, 838쪽; 『太祖實錄』 권2, 太祖 원년 9월 壬寅, 1冊, 31쪽.

** 『高麗史』 권74, 志28, 選擧2, 學校, 中冊, 629쪽

*** 『高麗史』 권63, 志17, 禮5, 大夫士庶人祭禮, 恭讓王 2년 2월, 中冊, 411쪽.

또한 조준은 구세력을 철저히 배격할 것을 주장했다. 구세력은 권문과 환관으로 대표되는데, 이들은 토지의 소출이나 녹을 먹으면서도 직무나 직역을 제대로 수행하지 않으며, 뇌물을 받고 일을 처리하고 사사로운 관계에 의해 공적인 일을 처리하는 경향을 보이고 있다고 비판했다. 이들은 또한 토지의 경영이나 상업·고리대 활동에서 불법적인 수취를 자행하는 자로 비난의 대상이 되며, 이들에 의해 많은 문제가 일어났고 민인들이 유리하게 되었다고 진단했다

반면에 조준은 새로운 사회 주도층을 설정해 개혁을 추진하려 했다. 국방에서는 무엇보다도 장수의 중요성을 역설했다. 실제의 전투는 장수가 주도하는 것이기에 이들에 대한 기대와 관심을 갖고 있었다. 또 지방에서 군사적인 일을 담당하는 만호, 천호에 관해서도 언급했다. 특히 둔전의 개발에 성과가 있는 경우 그들에게 섬의 토지를 지급하라는 것이 보인다. 이것은 이들의 주도하에 국방의 문제를 해결하려는 의도로 보인다.

중앙 정치에서는 재경사대부를 강조했다. 이들은 6부를 중심으로 하는 행정을 전담하는 위치에 있어 국가의 기간으로 보고 있으며, 이들에게 토지를 지급해야 한다고 주장했다. 또 지방 행정에서는 수령이나 안렴, 역승의 중요성을 강조했다.

조준이 당시 사회의 문제를 헤쳐 나가고 새로운 개혁을 추진하려고 할 때 중심에 둔 계층이 바로 이들이었다. 부분적으로는 향촌 사회에서 새로이 부각되는 존재에 관심을 두어 이들을 파악해 등용하려는 생각도 보이지만, 일차적으로 상급 지배층 주도의 개혁을 생각했다. 그리고 국가 우선, 통제 우선의 개혁을 추구했는데 이는 고려 말 조선 초의 시대 상황에서 오는 것이었다. 기강의 강조도 이와 관련이 있을 것이다. 반면에 지방 사회의 자율성을 제고하는 방향의 내용은 거의 없었다.

조준은 고려 말 조선 초에 가장 영향력을 행사한 경세가이며 정치가였다. 그는 최상층의 정치적 지위에 있으면서 자신이 주장한 개혁론을 실천해

갔다. 조준만큼 다방면에 걸친 개혁안을 제시하고, 그것을 현실 사회에서 실현시켜 간 경세가의 사례는 흔치 않다고 생각된다.

참고문헌

· 저서

韓永愚, 『朝鮮 前期 社會經濟 研究』, 을유문화사, 1983.

_____, 『朝鮮 前期 社會思想 研究』, 지식산업사, 1983.

李景植, 『朝鮮 前期 土地制度 研究』, 일조각, 1986.

韓永愚, 『정도전 사상의 연구』, 서울대학교 출판부, 1999.

都賢喆, 『高麗末 士大夫의 政治思想 研究』, 일조각, 1999.

尹薰杓, 『麗末鮮初 軍制改革 研究』, 혜안, 2000.

· 논문

濱中昇, 「高麗 末期의 田制 改革에 관하여」, 『朝鮮史研究會論文集』 13, 1976.

閔賢九, 「趙仁規와 그의 家門」(上, 中), 『震檀學報』 42 · 43, 진단학회, 1976.

文炯萬, 「趙浚의 生涯에 關한 一考察」, 『釜山女大論文集』 12, 1982.

金泰永, 「과전법의 성립과 그 성격」, 『朝鮮 前期 土地制度史 研究』, 지식산업사, 1983.

張得振, 「趙浚의 政治 活動과 그 思想」, 『史學研究』 38, 1984.

李景植, 「朝鮮 前期 土地改革 論議」, 『韓國史研究』 61 · 62합, 1988.

韓嬉淑, 「趙浚의 社會政策 方案」, 『淑大史論』 13 · 14 · 15합, 1989.

姜晉哲, 「高麗 末期의 私田 改革과 그 成果」, 『韓國 中世 土地所有 研究』, 일조각, 1989.

金琪燮, 「고려 말 사전구폐론자의 전시과 인식과 한계」, 『歷史學報』 127, 1990.

柳昌圭, 「高麗 末 趙浚과 鄭道傳의 改革 方案」, 『國史館論叢』 46, 1993.

안병우, 「고려 후기 농장의 발달과 사전 개혁」, 『한국사』 5, 한길사, 1994.

林容漢, 「麗末鮮初 守令制改革論」, 『人文學研究』 1, 경희대학교, 1996.

朴京安, 「여말 유자들의 전제개혁론에 대하여」, 『高麗 後期 土地制度 研究』, 혜안, 1996.

洪榮義, 「高麗末 新興士大夫의 軍制 認識 —高麗史 兵志에 보이는 改編案을 중심으로」, 『軍

史』 32, 1996.

金昌賢, 「고려 말 조선 초 정치체제 개편의 방향과 그 의미」, 『史叢』 47, 1998.

박진훈, 「高麗末 改革派 士大夫의 奴婢辨正策 ―趙浚·鄭道傳系의 方案을 중심으로」, 『學林』 19, 1998.

金塘澤, 「高麗末 私田改革」, 『韓國史研究』 104, 1999.

洪榮義, 「고려 말 전제개혁론의 기본 방향과 그 성격」, 『國史館論叢』 95, 2001.

金炯秀, 「14世紀末 私田革罷論者의 田制官 ―鄭道傳과 趙浚을 중심으로」, 『慶北史學』 25, 2002.

하륜 河崙

태종대의 개혁을 이끈 보수적 정치가

유승원 가톨릭대학교 국사학전공 교수

머리말

조선 왕조를 통틀어 태종만큼 역사에 뚜렷한 발자취를 남긴 왕은 없었다. 그런데 태종의 분신처럼 그와 함께 생명을 건 정치적 모험을 감행하고 다사다난한 국정을 운영하였던 인물이 바로 하륜(河崙, 1347~1416)이었다. 조선 왕조의 기틀을 다진 태종대의 두 주역이었던 것이다. 이 두 사람이 이루어놓은 일은 과연 어떤 역사적 의미가 있는 것일까? 잘 알려진 대로 태조 7년의 '제1차 왕자란'에서 급진주의 노선의 정도전(鄭道傳) 일파가 타도됨으로써 역성혁명을 주도했던 세력은 크게 꺾이고 말았다. 그러나 정도전 일파가 추진하던 개혁은 태종대에 그대로 계승되었다는 것이 일반적인 해석이다. 과연 그것이 사실일까, 그리고 만일 그것이 사실이라면 태종대의 위정자들이 정치적 성향도 다르고 자신들이 타도하기까지 했던 급진파의 개혁을 그대로 물려받는 일은 어떻게 가능했을까? 이런 의문을 푸는 데 하륜만큼 적합한 인물이 없다. 태종과 달리 그는 역성혁명을 반대한 고려 구신 세력에 속하는 인물이었기 때문이다.

한편 태종은 정도전 같은, 자신의 정적은 말할 것도 없고 자신이 집권하는 데 힘을 아끼지 않았던 측근들까지 잔인하리만큼 철저히 숙청해버린 인물이었다. 처남이나 사돈도 가리지 않았다. 심지어 세자까지 바꾸어버렸다. 아무도 태종 앞에서 오랜 영화를 누리지 못했다. 오직 하륜만이 예외였을 뿐이다. 태종은 그에게만은 아낌없는 신임을 주었고 정치적 고비 때마다 철저히 감싸고 비호하였다. 그리하여 그는 태종을 섬긴 16년 가운데 무려 12년을 정승의 자리에 있을 수 있었다. 무엇이 이 두 사람을 이토록 단단히 묶어놓을 수 있었을까?

지금까지 하륜에 대한 연구는 세 편 정도 추릴 수 있으며,* 그의 가계와 이력이 비교적 소상하게 밝혀져 있다. 따라서 '1. 생애와 인간상'에서는 그의 생애에 대해서는 간단히 소개하는 것으로 그치고 그의 성품과 의식을 중점적으로 더듬어보고자 한다. '2. 태종대의 개혁 활동'에서는 태종대 주요 개혁에서의 그의 노선과 역할을 소개하고, '3. 역사적 평가'에서는 여말선초라는 사회 변동기에서 차지하는 하륜의 위치를 가늠해보기로 하겠다. 지면의 제약상 참고문헌이나 전거를 일일이 제시하지 못한 점,** 그리고 고증의 전말을 밝히지 못한 점에 대해 양해를 구한다.

---

* 이정숙, 「호정 하륜의 생애에 관한 일고찰」, 『부산여대사학』 6·7 합집, 부산여대 사학회, 1989; 문형만 「하륜의 세력 기반과 그 가계」, 『벽사 이우성 교수 정년퇴직 기념논총』, 창작과 비평사, 1990; 류주희, 「하륜의 생애와 정치 활동」, 『사학연구』 55·56 합집, 1998. 이밖에 하륜이 지은 악장에 관한 연구로는 조규식, 「하륜 악장 연구」, 『동방학지』 62, 연세대학교 국학연구원, 1988이 있다.
** 특히 중요하거나 검색이 어려운 사항의 전거만을 제시했으며, ( ) 속에 날짜만 표시한 것은 『조선왕조실록』의 기사이다.

63인의 역사학자가 쓴 한국사 인물 열

1. 생애와 인간상

(1) 생애와 저술

하륜은 자가 대림(大臨), 호가 호정(浩亭)이며, 1347년(충목왕 3)에 그의 집안이 대대로 살아왔던 경상도 진주에서 태어났다. 그는 진주를 본관으로 하는 하씨 가운데 고려 현종조의 공신이었던 하공진(河拱辰)을 시조로 하며 재지 세력에 속하는 진양 하씨 11대에 해당한다. 『호정집』(浩亭集)의 세계도를 보면, 3대부터 7대까지 연이어 과거 합격자를 배출했고, 특히 7대에는 삼형제 모두 등과했는데 이 가운데 하륜의 고조에 해당하는 부심(富深)은 벼슬을 하지 않았다고 되어 있다. 증조·조부·부 모두 등과 기록이 없고 비교적 낮은 직급에 머물러, 하륜은 가문의 후광 없이 자수성가한 인물이라고 할 수 있다.

그는 14세에 국자감시에 합격하고 향교에서 수학하여 5년 뒤인 공민왕 14년에 19세의 나이로 등과하였다. 당시의 좌주(座主)는 이인복(李仁復)과 이색(李穡)이었는데, 그의 재능을 높이 산 이인복의 주선으로 좌주의 동생인 이인미(李仁美)의 딸과 혼인해 당시 거족이었던 성주 이씨 가문과 통혼할 수 있었다. 이색을 통해서는 당대의 성리학자들과 교유할 수 있게 되었다. 하륜은 공민왕 16년의 춘추관 검열을 시작으로 본격적인 벼슬길에 올라, 신돈(辛旽)의 문객에 대한 탄핵으로 잠시 파직되기도 했지만, 신돈이 처형된 후 수령으로 나가 최고의 평가를 받았다. 그후 공민왕대와 우왕대에 걸쳐 자신의 능력과 처가의 후원으로 비교적 순탄한 관력(官歷)을 쌓아, 우왕 10년에 밀직제학이 되면서 마침내 재상의 반열에 오르게 되었다.

그가 시련을 겪은 것은 우왕 14년부터였다. 즉, 그해 최영(崔瑩)에 의해 염흥방(廉興邦)·임견미(林堅味) 등이 부정부패로 처단되고 그 배후라 하여 이인임(李仁任)이 안치(安置)될 때, 이숭인(李崇仁)·박가흥(朴可興)과 함께 이인임의 인척이라는 이유로 유배되었던 것이다. 그는 같은 해 여름의 위화도 회군으로 정국이 바뀌면서 유배에서 돌아올 수 있었지만, 다음해인 창왕 원년에 왕환(王環)이라는 인물의 진위(眞僞)를 판정하는 데 위증했다는 죄목으로 광주에 유배되었다. 그뒤 폐위된 우왕이 이성계(李成桂)의 살해를 기도했던 사건인 김저(金佇) 사건과 명나라 황제에게 이성계를 무함(誣陷)했던 사건인 윤이(尹彝)·이초(李初) 사건에 거듭 연루되어 유배지를 전전하다가 청주 옥으로 이송되었지만 때마침 청주에 홍수가 난 것을 계기로 이색 등과 함께 방면되어 고향 진주로 돌아갔다. 공양왕 3년에 대비의 생일을 맞아 유배에서 해제되었고, 정몽주(鄭夢周) 일파가 정국의 주도권을 장악하면서 전라도 관찰사로 부임하였다. 공양왕 4년에 정몽주가 피살되고 그 당여(黨與)가 숙청될 때 직접적인 피해를 입지는 않았지만, 그해 여름에 교체되어 돌아오고 말았다.

태조가 건국 반대 세력을 적극적으로 포용하면서 하륜도 태조 2년에 경기좌도 관찰출척사로 임명되어 정치적으로 재기하게 되었다. 당시 태조가 계룡산으로의 천도를 계획하였으나 도읍으로 적절치 않다고 반대하여 이를 중단시켰는데, 이때 태조에게서 능력을 인정받아 첨서중추원사로 임명되었다. 이처럼 일단 재기는 했으나 당시에 개국공신 세력이 정국을 주도하고 있었으므로 득세할 수는 없었다. 태조 6년에는 계림부윤으로 밀려났다가, 귀순했던 왜인들이 달아나는 사건으로 잠시 수원부에 안치되었다 풀려나기도 하였다.

태조 7년에 하륜은 충청도 관찰사로 발령을 받았으나 부임에 앞서 정도전 일파를 선수를 써서 제거하는 방안을 이방원(李芳遠)에게 건의했고,* 마침내 거사를 성공시켜 정사(定社) 1등공신이 되었다. 또 정종 2년에 일어난 2차 왕자란의 대처 모의에도 참여했고, 난이 진압되자마자 이방원을 세자로 책봉할 것을 주창하였다. 우정승에 임명되고 태종 원년에는 좌명(佐命) 1등공신이 되었다. 이후 하륜은 태종의 심복이 되어 실력자들이 하나하나 제거되는 가운데서도 태종의 총애를 잃지 않았다.

태종대의 하륜에게도 정치적 위기는 있었다. 그 대표적인 것이 태종 11년의 묘지명 사건이었다. 그는 새로운 왕조에 참여해 헌신했지만 급진파들의 반대파 숙청에 대한 분노를 끝까지 간직하였다. 그의 이런 심정이 묘지명에 그대로 반영되어 한 차례 파란을 몰고왔던 것이다. 그가 묘지명을 제작한 것은 이색이 죽은 태조·5년의 일이었지만(『목은문집』, 「이색신도비」, 碑陰記), 태종 11년에 문제가 된 것은 명나라에 다녀온 통사 임군례(任君禮)가 명나라의 국자조교 진련(陳璉)이 제작한 이색의 묘지명을 태종에게 제출함으로써 그 내용이 알려졌기 때문이다. 진련의 묘지명은 권근(權近)이 쓴 이색의 행장(行狀)을 기초로 작성한 것이었고, 하륜이 작성한 이색의 묘지명 역시 권근의 행장을 바탕으로 작성한 것이어서 세 사람의 글이 모두 대동소이한데, 이들이 여말의 상황을 왜곡해 기술하고 있다는 점이 문제가 되었던 것이다. 태종은 원본인 권근의 행장을 보고는 "목은의 문생과 우리 태조의 신하가 각기 나란히 서 있다"며 분개했다. 그러나 정작 권근과 하륜에 대한 탄핵 요구가 거세지자 태종은 하륜을 잠시 집에서 근신하게 하는 선에서 사건의 확대를 서둘러 진화하고, 개국공신이나 대간의 처단 요구를 받아들이지 않았다. 이때 하륜은 네 차례에 걸친 장문의 상소를 올려 죽은 권근과 자신을 변호했는데, 태종은 그의 장황한 변명을 담탁치 않게 여겼으나 끝까지 하륜을 보호하였다. 이처럼 하륜이 위기에 처한 경우는 여러 차례 있었지만 그때마다 태종의 비호로 무사히 넘어갈 수 있었다. 그는 1416년(태종 16)에 70세로 치사(致仕)한 후, 함길도에 있는 선왕(先王)의 능침(陵寢)을 순시하는 일을 자원하여 나갔다가 일을 마치고 돌아오던 도중에 병이 나서 함길도 정평의 관아에서 사망했다. 세종 6년에 태종의 배향공신(配享功臣)이 되었다.

하륜의 자손은 번성하지 못하였다. 적자(嫡子)는 오직 구(久) 하나였는

---

* 하륜의 전별연에 참석한 이방원에게 취한 척 술을 쏟아 독대하는 기회를 만들고는 서울에 올라온 이숙번의 부대를 이용하는 계책을 내놓은 일화는 유명하다.

데, 이색의 장자인 이종덕(李種德)의 딸과 결혼해 도총제에까지 올랐으나 비교적 젊은 나이인 38세에 죽었다. 하륜의 첩자(妾子)들과 하구의 유일한 아들인 양첩자 복생(福生) 등은 모두 공신의 자손이라 하여 태종과 세종의 많은 배려를 받았지만, 서얼이었던 탓으로 영달할 수 없었다.

하륜의 문집『호정집』은 조선 전기에 간행된 바 있으나(『신증동국여지승람』 30, 진주 인물조) 전란을 겪으면서 대부분의 글이 없어져 현전하는『호정집』은 후손이 여러 전적에서 그의 글을 찾아 모아 1844년(헌종 10) 무렵에 제작한 초고본을 바탕으로 증보한 것이다(『호정집』, 序・跋). 그는 정부의 편찬 사업에 적극적으로 참여하여 많은 업적을 남겼는데, 기록에 전하는 것으로『태조실록』(太祖實錄)을 비롯해『비록촬요』(秘錄撮要),『사서절요』(四書節要),『동국사략』(東國史略),『속육전』(續六典),『동국약운』(東國略韻) 등이 있다. 이 중『태조실록』의 수찬을 간단히 소개하기로 한다. 태종은 태조의 대상(大喪)이 끝나기도 전인 태종 9년에 서둘러 하륜에게『태조실록』의 편찬을 명했다. 태조 때의 인물들이 살아 있는데 당대의 역사를 편찬하는 것은 옳지 않다는 반대 여론이 거셌지만, 하륜은 오히려 "노성(老成)한 신하가 아직 죽지 않았을 때 실록을 만들어야 한다" 면서 미동도 하지 않았다. 더욱이 참외사관(參外史官) 8인 가운데 2인만을 선정하여『태조실록』을 비밀리에 수찬하였고,* 정종대의 사초까지 바치게 하였다는 점이다. 자신들의 쿠데타를 정당화하려는 강한 의도를 읽을 수 있다. 흥미로운 것은 『태조실록』의 편찬을 마친 다음해에『고려사』 개수(改修)에 착수하였는데, 이를 요청한 사람이 바로 하륜이었다는 점이다. 하륜의 사망으로 고려사의 찬정(撰定)은 이루어지지 못했으나 여기서도 건국기의 역사를 자신의 주도 아래 정리하려는 하륜의 집요한 의지를 엿볼 수 있다.

(2) 성품과 의식

하륜은 내성적이면서도 강인한 성품의 소유자였다. 그의 졸기(卒記)는 문생(門生) 윤회(尹淮)가 지은 것으로, 덕담이 섞여 있기는 하지만 그의 이러한 성품을 비교적 정확히 그려내고 있다.

(하)륜은 타고난 자질이 중후하고 태도가 온화하며 말수가 적어 평생에 빠른 말과 급한 빛이 없었으나, 묘당(廟堂)에 올라 의심을 결단하고 책략을 정할 때 이르러서는 헐뜯거나 칭송한다 하여 그 마음을 움직이지 않았다. 정승이 되어서는 대체(大體)를 살리는 데 힘쓰고 가슴속의 훌륭하고 은밀한 모책과 의논을 많이 내놓았으나 물러나와서는 남에게 누설한 적이 없었다. 처신하거나 사물을 접하는 데 한결같이 성심으로 하여 허위가 없었으며, 친족에게 어질고 붕우에게 신실하여, 아래로 어린 노복에 이르기까지 모두 그 은혜를 간직하였다. 인재를 천거하기를 항상 못 미친 듯이 하였고, 작은 선이라도 반드시 취하되 작은 허물은 덮어주었다. 집에 있을 때 사치하고 화려한 것을 좋아하지 않았고, 잔치하여 노는 것을 즐기지 않았다. 성품이 글읽기를 좋아해 손에서 책을 놓지 않았고, 유연히 시가를 읊어 자고 먹는 것도 잊었다. 음양, 의술, 성경(星經), 지리까지도 모두 지극히 정통하였다(태종 16. 11. 6).

과묵하고 이울려 노는 것을 즐기지 않는 그의 내성적인 성품은 교유관계에서도 엿볼 수 있다. 무엇보다 그는 인화에 적잖은 어려움을 겪었다. 태종의 총애 때문이기도 했고 많은 개혁을 추진한 탓도 없지 않으나,** 사교적이지 못하고 독선적이었던 탓이 크다. 실록에서 그와 반목하는 인물을 소개하거나 그의 독단적인 처사나 그에 대한 비방을 전하는 기사를 쉽게 찾아볼 수 있다.***

* 세종 7년에 卞季良은 "『태조실록』에는 비밀로 해야 할 일이 많습니다. 신과 하륜이 알고 있을 뿐, 다른 사람은 알지 못합니다"라고 말했다.
* 이를테면 하륜과 가까운 사이였으며 일찍이 태종에게 소개하기도 했던 태종의 장인 閔霽는 정승으로 함께 일하자마자 부역제의 개혁에 불만을 품고 병을 핑계로 출근하지 않았다(정종 2. 10. 11).
** 하륜 자신도 "재능이 부족하여 부질없이 비방만 초래한다"고 괴로움을 토로한 바 있다(『호정집』 1, 감흥).

그가 질시를 많이 받은 것은 잦은 밀계(密啓) 때문이기도 했다. 그의 밀계는 정치적 음모를 위한 것이 아니었다.* 태종도 특정한 인물을 불러서 은밀히 의논하는 것을 즐겨 하였지만, 하륜 역시 은밀히 의견을 개진하거나 일을 추진하는 것을 좋아하였다. 이를테면 좌주문생제 혁파는 이미 태조 즉위 교서에서부터 천명된 것이어서 당당히 추진해도 될 만한 사안이었는데도, 태종이 무과의 시관(試官)을 없애는 문제를 자문하였을 때 비밀리에 추진하도록 당부하였다. 이러한 태도 역시 비밀주의라 해도 좋을 만큼 지나친 조심성과 극히 제한된 사람에게만 자신의 마음을 여는 그의 내성적인 성품과 관련이 있어 보인다. 그러나 밀계를 자주 하는 하륜의 행태는 그의 정적에게는 무척 경계할 만한 일이 아닐 수 없었다. 이숙번(李叔蕃)이 그와 태종의 대화를 몰래 엿듣다가 물의를 빚은 것도 그 때문이었다.

그는 친교의 범위가 넓지 못한 대신 자신의 주변 인물에 대해서는 상당한 배려를 보였고 청탁을 서슴지 않는 일까지 있었다. 심리 기간이 지난 자신의 얼자의 신분 변정(辨正)을 요청한 것, 얼자의 양부인 변겸(卞謙)의 소송이 잘못되었다고 상서(上書)한 것, 아버지의 신도비에 문장을 짓고 글을 써준 문생들의 승진을 간청한 것, 산릉(山陵)을 살피러 떠나는 자신을 전송하러 나온 태종에게 자신의 얼자를 보이면서 돌봐주도록 부탁한 것 등을 찾아볼 수 있다. 그가 이처럼 주위의 눈총을 받아가며 주변 사람들을 챙기는 것은 교류의 폭이 좁았던 데 대한 심리적 보상일 것이며, 그가 잡학에까지 정통했던 것 역시 행동적이기보다 관조적이며, 타인과의 교류보다는 지식의 획득에 더 흥미를 느끼는 비사교적이고 내성적인 성품과 관련이 있을 것이다.

그는 이지적이며 실리적인 성품의 소유자이기도 했다. 그는 타인에게서 마음을 상하는 경우가 많았으나 감정적으로 행동하지는 않았다. 그는 정도전 일파를 제거하였으나 "큰 일이 이미 정해졌으니, 다시 주륙이 있을 수 없다"며 정도전의 맏아들을 살린 바 있다(태종 11. 7. 2). 억울하게 죽임을 당한 정도전에 대한 양심의 가책 때문일 수도 있었겠지만 나름대로 사태를 냉정하고 원만하게 수습하려 했던 것으로 볼 수 있다.

금강산(풍악)에 입산하는 승려가 금강산을 기리는 시를 부탁하였을 때 오랫동안 변증하고 싶었던 것이라면서 굳이 서문을 첨부하여 보냈는데, 서문의 내용은 풍악을 불교 장경에 나오는 금강산에 비정하는 것은 거짓된 설이라 논증하는 것이었다(『호정집』 2,「送楓岳僧序」). 이는 척불의 지론 때문이라기보다는 불합리한 것을 보아넘기지 못하고 끝까지 따져 시비를 가리는 성격 때문이라 여겨진다.** 상고주의(尙古主義)를 견지하면서도 시대에 따른 사회의 발전을 적시하고(『호정집』 1,「감흥」), 삼대의 선왕들을 칭송하면서도 후대의 치적에도 적지 않은 관심을 보이는 것도(『호정집』 3,「책문」) 그의 이지적인 면모를 보여준다.

그의 박식함과 행정 능력은 후대에까지 상찬된 반면 그의 글은 조롱의 대상이 되기까지 했다.*** 실제로 그의 글은 사실적이어서 무미건조한 느낌을 준다. 그러나 그의 사실적인 서술은 서툰 글솜씨 때문이라기보다는 겉치레보다 실속을 중시하고, 돌려서 말하기보다는 직설적으로 표현하는 그의

---

* 그가 태종대의 숙청을 부추긴 흔적은 찾기 어렵다. 도리어 그는 태종이 숙청을 위해 傳位를 표명하는 등 정치적 술수를 부릴 때 무척 당황해 했고 과장이 확대되지 않도록 노력하는 편이었다. 그가 숙청을 시도했다면 자신도 무사하기 어려웠을 것이다. 태종은 그 누구에게도 자신의 속내를 드러낼 인물이 아니었으며, 만일 자신의 속내를 꿰뚫어보는 인물이 있었다면 조만간 제거하고 말았을 것이기 때문이다. 물론 하륜이 남을 몰래 헐뜯은 경우도 없지는 않았다. 이를테면 沈溫과 黃喜를 "심히 간사한 소인"이라 폄하한 글을 밀봉하여 보낸 일이 있다(태종 16. 6. 22). 그러나 하륜의 이런 행동은 정적을 제거하려는 술책과는 멀어 보인다. 이미 致仕한 하륜이 그들의 중용을 반대한 것에 불과하며, 정적을 제거하는 방법치고는 지나치게 단순하고 서툴기 때문이다. 태종이 이를 불쾌히 여겨 이례적으로 서한의 내용을 공개하면서 그 연유를 알아오라고 지시한 데서 볼 수 있듯이, 하륜은 태종의 의중을 전혀 헤아리지 않고 직설적으로 그들을 폄하해버린 것이다.

** 권근은 하륜의 성격을 "분석이 정밀하여 털끝까지 파고든다"고 묘사한 바 있다(『양촌집』 10,「謝領議政河公枉駕問病」).

*** 세종은 '학문의 박식이나 정사의 재능'에는 재상의 체모가 있었으며(세종 20. 12. 7), "태종께서 일찍이 말씀하시기를, '하륜의 문장은 권근에 비하면 마치 관문서나 깨우친 아전과 같다' 하셨는데, 그뒤에 내가 들어보니 하륜이 경서에 대해서 과연 진실로 알지는 못하였다. 그러나 문장은 비록 짧았으나 吏材는 훌륭했다"고 술회한 바 있다(세종 13. 3. 8).

이지적이고 실리적인 성품과 관련이 있다고 여겨진다.

그는 천하의 운세나 하늘의 계시 같은 것이 존재한다고 믿었다. 따라서 왕조 교체도 '이란(理亂)의 순환' 결과로 받아들였고,* 도참에 대한 일정한 믿음도 가졌던 것이다. 그러나 그러한 믿음은 신비주의와는 무관한 것이었다. 천둥이나 번개 등은 하늘의 뜻을 보이는 것이 아니라 자연 현상에 불과하며,** 죽고 살고 장수하고 요절하는 것과 같은 인간의 명수(命數)는 미리 정해진 것이어서 주술이나 기도로 바꿀 수 없다고 믿었다. 그렇다고 하여 숙명론에 빠져 있었던 것은 아니었다. "천수(天數)의 성쇠와 인사(人事)의 득실이 서로 인과가 되는 것"이어서 외침이나 내란이 일어나도 인사를 잘하면 우환이 되는 것을 막을 수 있다고 보았으며(『호정집』 2, 「蟲石城門記」), 그가 상정하는 운세라는 것이 반드시 천수만을 가리키는 것은 아니어서 사회·역사적 추세 같은 것을 의미하기도 했다.*** 도참(圖讖)에 대한 믿음 역시 신비에 대한 믿음이라기보다 "제왕이 일어날 때 반드시 미리 정해진 참서(讖書)가 있으면 분수에 어긋나는 욕망을 저지할 수 있을 것"이라는 현실적 효용을 헤아린 데서 나온 것이었다(태종 11. 윤12. 25). 그가 재이(災異)는 천수의 탓이라 여기면서도 인사의 득실과 무관하다는 견해를 지지하지 않은 것도, "인군(人君)이 하늘을 두려워하지 않고 멋대로 행동하게 할 우려가 있다"는 점 때문이었다(태종 11. 7. 2).

내성적이면서 이지적인 그의 성품은 법가에 속하는 인사들이 흔히 지녔던 성품이었다. 그가 유가이면서도 의식면에서 법가적인 면모를 적지 않게 갖고 있었던 것은 우연한 일이 아니었다. 상고주의를 맹신하지 않고 역사적 발전이나 후대의 치적에도 관심을 가졌던 것이나, 뒤에 살펴볼 바와 같이 법과 질서를 강조하고 위반자를 단호히 처벌하려 한 것, 이상이나 명분보다 현실이나 실리를 중시한 것, 국가주의적 성향을 짙게 풍긴 것 등은 그의 법가적인 면모를 여실히 보여준다. 인성관에서도 그는 법가류에 공감하는 부분이 있지 않았나 생각된다. 자신이 과거시험의 '책문'(策問)에서 출제한 인성 문제의 모범 답안 비슷하게 여겨지는 「심설」, 「성설」의 전체적인 내용은 정통 성리학의 이해와 어긋나지 않는다.**** 그러나 주자와 하륜 사이에는 미묘한 차이를 엿볼 수 있다. 즉, 그는 주자에 비해 상대적으로 기질지성(氣質之性)을 중시했던 것이다. 주자가 맹자에 대해서는 단순히 "기를 논하지 않았다"고 말한 반면 순자(荀子)·양자(楊子)의 경우에는 "성에 어둡다"고 하여 맹자와 순·양을 같은 수준으로 취급하지 않았던 데 반해, 하륜은 맹자와 순·양이 각각 기질지성과 본연지성에 미치지 못하였다 하여 등가적으로 취급하는 태도를 보였던 것이 그것이다. 그가 "인성에는 세 등급이 있어서 상품은 선할 뿐이고 중품은 상품으로 인도할 수 있으나 하품은 악할 뿐"이라 주장한 한유(韓愈)의 성삼품설에 큰 관심을 보인 것도 성악적인 측면을 강하게 의식했던 탓일 것이다(『호정집』 2).

하륜은 법가적 기질의 소유자 가운데 권모술수에 능한 음모꾼보다는 강직한 유형에 가깝다고 보인다. 그는 소신을 고집하여 드러내놓고 적을 만들었던 것으로 나타나기 때문이다. 이를테면 태조 5년에 명나라 태조가 표전(表箋)의 표현을 트집잡아 정도전의 입조(入朝)를 요구하여 태조가 비밀리에 그 가부를 물었을 때 하륜이 홀로 보내는 것이 좋겠다고 말하여 정도전의 원망을 샀다고 전한다(하륜의 졸기). 정도전을 제거하는 데 목적이 있었

* 류주희, 앞의 글, 177쪽에서 이 점을 지적한 바 있다.
** 봄의 우레는 만물이 진동하는 계절의 자연스런 현상으로 간주했으며(정종 2. 3. 18), 승려의 사리 같은 것도 조개에 진주가 있듯이 정기가 뭉친 것에 불과하다고 주장했다(정종 2. 1. 10).
*** 그는 국가의 창업과 수성의 상황이 달라, 수성의 시기에는 "전대의 때에 배척했던 신하가 모두 쓰이니, 이것은 理勢가 그렇게 되지 않을 수 없기 때문"(태종 11. 7. 2)이라 하여 자신이 새 왕조에 등용된 것을 역사적 필연의 결과로 해석하고 있다. 그는 樓觀을 보면 世道를 알 수 있다는 지론을 가지고 있었는데(『호정집』 2 소재의 「矗石樓記」를 비롯한 여러 記에서 이를 되풀이 강조하고 있다), 그 근거는 세도의 오르고 내림에 따라 민생의 기쁨과 근심이 달라지고 이에 따라 다시 누관의 일어나고 무너짐이 수반되기 때문이라는 것이다.
**** 김홍경은 조선 초기 '관학파 유학자' 가운데 하륜에게서만 본연지성과 기질지성에 대한 언급을 찾아볼 수 있다고 지적하고, 그가 주희의 본연지성·기질지성을 정확히 소개했다고 평가했다(「인간관」, 『조선 초기 관학파의 유학사상』, 한길사, 1996, 127~128쪽).

다기보다는 나름대로 그것이 국익에 부합된다고 생각한 데서 나온 것으로 보인다. 뒤에 기술하는 바처럼 그는 국가의 안전을 위해서는 수단을 가리지 않는 인물이었기 때문이다. 또 민제가 하륜을 정도전에 비유하는 세상의 여론을 빌려 그의 앞날을 저주하였을 때도 그는 이러한 비방에 대해 후인의 공론에 평가를 맡기겠다는 의연한 태도를 보였다(태종 2. 1. 17).

다만 그의 청렴성은 문제가 된다. 하륜은 부당한 청탁을 자주 하며 사리(私利)를 도모한다는 비난을 많이 들었기 때문이다. 그가 많은 사람들의 질시를 받았다는 점을 감안하면 그에 대한 비난을 액면 그대로 받아들이기는 어렵다.* 또 신변의 사람이라 하여 덮어놓고 밀어주지도 않았고** 청탁할 때도 나름대로 합리성을 견지하려 노력한 점이 보인다. 그러나 그 합리성이라는 것도 자기 편의적인 합리성에 불과한 경우가 적지 않았던 것으로 보인다. 그 단적인 예가 왜구를 피하여 산성에 들어가 살던 아버지의 고단한 생활을 면해주기 위해 우왕 5년에 벌였던 구직운동이다. 그가 내놓은 방안은 순흥부사를 자기 자리인 성균관 대사성에 천거하고 대신 아버지를 순흥부사로 앉힌다는 것이었다(『동문선』 121, 「하공신도비명」). 자기 자리를 양보해 확보되는 자리를 아버지에게 준다면 누구에게도 해가 되지 않을 거라는 게 하륜의 생각이었다. 아버지는 그의 원대로 순흥부사가 되었으나 과연 교체된 순흥부사가 하륜의 자리를 물려받았는지는 의문이다. 심지어는 국익을 빙자하여 사익을 도모하기도 하였다. 하륜은 통진과 고양포의 비옥한 땅에 제방을 쌓으면 200여 석을 파종할 수 있다는 말을 듣고 둘째 사위를 시켜 지품을 조사하고는 아들과 맏사위를 비롯한 여러 사람이 연명하여 개간권을 신청하게 하였다. 몰래 환관을 보내 제방 쌓는 데 동원된 사람들이 아무런 이득도 보지 못하는 것을 확인한 태종은 사사로운 일에 백성을 동원하였다 하여 경기감사와 경력을 파직하였다. 그러나 사헌부에서 감사와 교통하여 사익을 도모한 자들도 처벌할 것을 요청하자, 태종은 "본래 곡식을 심고자 하였으니 나라에 무슨 해가 되느냐"면서 하륜을 두둔했다. 그리고 그의 문인이 하륜에게 백성들이 원망한다고 알리자 하륜은 웃으면서 "원망하는 자는 미혹하다. 만일 제방을 쌓고 물을 막아 비옥한 전지를 만든다면 국가에 이익이 되는데 무슨 꺼릴 것이 있겠느냐"고 말하며 이에 개의치 않았던 것이다(태종 14. 5. 18).

2. 태종대의 개혁 활동

태종은 집권하는 동안 정국을 거의 혼자서 운영해 나갔다. 따라서 태종대의 하륜의 활동이란 국정에 대한 자문에 응하거나 개혁 방안을 입안하고 추진하는 것에 국한될 수밖에 없었다. 태종은 중요한 사안이 있거나 새로운 정책을 시도할 때 거의 예외 없이 하륜에게 기획하게 하거나 자문하였다. 관직에서 물러나 있을 때에도 사람을 보내 그의 의견을 들었으며, 심지어 하륜이 원하지 않는 정책을 추진할 때에도 하륜의 건의를 받아들이는 형식을 취했다. 하륜은 태종의 유능한 참모였던 것이다. 이하 태종대의 수많은 개혁 가운데 부문별로 가장 대표적인 것을 중심으로 하륜의 활동과 역할을 살펴보겠다.

(1) 정치면

태종대 개혁 중 가장 두드러진 것은 말할 것도 없이 중앙집권적 관료제를 대폭 강화해 조선 정치체제의 기틀을 마련한 것이다. 세부적으로 본다면,

---

* 예컨대 세종은 "(하)륜은 자기의 욕심을 채우기를 도모하는 신하"였다거나(세종 13. 9. 8), "일에 모호함이 많았으며 일을 아뢸 때마다 여염의 청탁까지 날짜를 끌며 상세히 진술하여 임금의 피로함도 돌보지 아니하였"다는 등(세종 20. 12. 7) 여러 차례 혹평한 바 있다. 그러나 세종이 하륜을 청렴하지 않다고 여긴 데에는 하륜과 반목했던 장인 심온의 영향이 컸다고 생각된다. 심온은 "하륜이 빈객과 많이 교통하고 뇌물을 많이 받아들이며, 대낮에 첩의 집에 드나드니, 더러운 행실이 이와 같다"고 세종에게 말했고, 세종이 다시 이를 태종에게 고한 바 있기 때문이다(세종 즉위. 12. 25).
** 하륜은 유일한 적자 하구가 도총제의 물망에 올랐을 때 능력이 부족하다 하여 승진을 막은 일이 있다(태종 11. 윤 12. 7).

정부 조직과 군사제도의 개편, 도제와 군현제의 확립 등도 주목할 만하지만, 무엇보다 핵심적인 것은 권력구조의 개편, 즉 도평의사사의 해체와 육조직계제의 시행으로 압축되는 왕의 친정체제의 구축이다. 두 차례의 왕자란을 치르고 난 뒤 정종 2년부터 태종 말년까지 여러 차례 관제 개혁이 이루어진 것은 잘 알려진 사실이다. 즉, 정종 2년에 도평의사사와 중추원을 해체하고 의정부를 설치한 것, 태종 원년에 문하부마저 혁파한 것, 태종 5년에 육조의 권한을 강화하고 속아문제도를 확립한 것, 태종 8년에 의정부의 서사권(署事權)을 축소한 것, 태종 14년에 의정부의 거의 모든 권한을 육조에 이관하고 육조직계제를 확립한 것 등이 그 골자이다.

이런 관제 개편에서 하륜의 역할과 노선은 어떠한 것이었을까? 위의 개혁 가운데 정종 2년, 태종 원년, 태종 5년의 개혁에는 하륜이 깊숙이 개입되어 있었지만 태종 8년, 태종 14년의 개혁은 하륜의 의도와는 무관하게 이루어졌다고 생각된다. 우선 정종 2년과 태종 원년의 개혁은 모두 고려 이래의 재상합좌체제의 폐기를 겨눈 것으로 관제 개편의 특명을 받은 하륜에 의해 이루어졌다. 또 태종 5년의 개혁도 하륜의 구상이 짙게 반영된 것이라 할 수 있다. 당시 하륜은 재이에 대한 책임을 지고 사직해 있었지만 태종은 그로 하여금 개혁에 앞서 고려 시대의 관제를 상고하게 하였으며, 개혁의 단행과 동시에 정승 가운데서도 실권을 쥐는 좌정승의 자리에 임명했기 때문이다.

태종 8년의 개혁의 경우는 달랐다. 안을 마련한 것은 좌정승 성석린(成石璘)이었고 하륜은 관직에서 물러난 상태였기 때문이다. 14년의 개혁의 경우 당시 기사에서는 "(의)정부의 모든 일을 나누어서 육조에 돌렸다. 처음에 하륜이 알현하기를 청하여 아뢰었다. '마땅히 정부를 개혁하여 육조로 하여금 일을 아뢰게 해야 합니다'"고 하여 마치 하륜이 육조직계제를 발의한 것처럼 나타난다(태종 14. 4. 17). 그러나 실상은 하륜이 발의하지도 않았고 이는 하륜의 본의와도 무관한 것이었다. 육조직계제가 처음 발의된 것은 이보다 넉 달 전의 일로 당시의 기사는 대간에서 "정부의 기무(機務)를 파하여 육조에 돌리기"를 요청한 사실과, 이보다 앞서 대사헌 심온이 "정부는 백관을 거느리고 서무를 총괄하면서 불법을 많이 행한다"고 노골적인 비난을 퍼부었던 사실을 전하면서, "대개 하륜이 권력을 독점하고 독단하여 피하고 꺼리는 바가 없는 것을 미워했기 때문"이라는 해설을 싣고 있다. 하륜은 이때 대간의 요청에 따르도록 건의하기는 하였지만 정승 가운데 유일하게 사의를 표명하지 않았으며, 사관은 사직하지 않은 하륜의 구차한 변명에 대한 태종의 못마땅한 심정을 "임금 또한 겉으로는 그렇게 여겼다"고 전한다. 육조직계제를 단행한 날의 태종의 발언을 보면, 육조직계제의 실시는 전년도의 대간의 요청에서 비롯된 것이 아니라 바로 태종 자신의 오랜 구상에서 나온 것임을 알 수 있다. 태종은 "중국 조정 또한 승상부가 없으니, 마땅히 정부를 혁파해야 한다"는 하륜의 건의 때문에 결행한 듯이 말하고 있지만, "내가 일찍이 송도에 있을 때 정부를 파하자는 의논이 있었으나 지금까지 겨를이 없었다"는 것을 보면 오래 전부터 마음속에 담아두고 있었던 것이 분명하다. 또 "이미 나라의 임금이 되어서 어찌 노고스러움을 피하겠느냐"는 대목에서는 친정체제를 결행하려는 태종의 단호한 의지를 엿볼 수 있다. 결국 하륜은 마지못해 의정부의 혁파를 건의하여 모양새를 갖춘 것이었다. 하륜은 이 조치로 상당한 심적 타격을 받은 듯했다. 후일 심온을 '심히 간사한 소인'이라 악평하였던 것도 그의 의정부 혁파 발의와 무관하지 않은 듯하다.

그렇다면 하륜이 생각한 체제는 어떤 것이었을까? 많은 재상들이 함께 모여 국정을 운영해 나가는 도평의사사와 같은 체제도 아니고, 그렇다고 군주가 국정을 전단(專斷)하는 체제도 아닌, 소수의 재상과 왕이 협의하여 국정을 이끌어 나가는 체제였다. 바로 그가 마련한 의정부체제 같은 것이다. 그가 중국 역대의 훌륭한 재상과 나쁜 재상의 언행을 열거하면서 재상의 득실에 따라 국가의 화복이 결정된다고 역설한 것(『호정집』 2, 「議政府相規說」)

도 그 때문일 것이다.

그밖에 특기할 만한 것으로는 하륜이 주창하여 태종 7년에 비로소 시행된 중시제(重試制)가 있다. 그는 또 좌주문생제의 혁파, 신문고의 설치나 호패법의 실시 같은 것에도 열의를 보였다.

(2) 경제면

태종대에는 경제면에서도 양전(量田)을 비롯하여 부세제의 개편, 저화(楮貨)의 유통, 호급둔전(戶給屯田) · 연호미법(煙戶米法)의 시행, 과전 지급 규정의 수정 등 많은 사업이 이루어졌다. 그 중 가장 의미 있는 변화는 부세 정책의 변화라 할 수 있다. 고려 시대에 공물이나 요역의 부과 기준을 인정(人丁)의 다과에 두었던 것이 조선에 들어와서는 원칙상 토지의 다과에 두는 것으로 바뀌었던 것이다. 이러한 변화의 분수령이 된 시기의 하나가 태종대였고, 이때 부세 정책의 변화를 이끈 주역이 바로 하륜이었다. 하륜은 일찍이 전라감사, 경기감사를 역임하였을 때 독자적으로 민호(民戶)의 경작지의 다소를 헤아려 부역을 내게 하는 법을 시행한 바 있다. 하륜은 이후에도 이 방안을 적극적으로 주창하였으니 민제와 불화를 빚은 이유도 여기에 있었다. 토지를 기준으로 한 태종 4년의 봉족(奉足) 지급 규정 역시 입안 주체가 그가 좌정승으로 재직하던 의정부였던 것으로 보아, 그가 주창한 것임을 짐작하기는 어렵지 않다.

태종대에는 조선 최초의 화폐인 저화가 발행되었다. 저화의 발행은 많은 신하의 지지를 얻어서 시행한 것이기는 하지만 저화의 유통을 시종일관 강경하게 추진한 사람은 발의자인 하륜이었다. 저화의 발행 목적은 백성의 편의를 위한 것이라기보다 국가 재정의 확대에 있었다. 저화를 강압적으로 유통시키려 했던 것은 그 때문이었다. 적은 발행량, 높은 액면가, 제한된 교환처 등 기술적인 미비점도, 단순한 시행착오라기보다는 국가의 재정 확대를 위해 실시를 서둘렀던 탓이다. 폐단이 커지자 유통 중단을 요구하는 목소리가 커졌지만 하륜은 끝까지 유통을 고집했다. 하륜은 "이권이 백성에게 있는 것은 불가"하다면서 노골적으로 국가의 이권 상실을 우려했다(태종 3. 9. 10). 저화는 실시한 지 2년도 못 돼 폐지되었다가 저화 발행이 재개된 뒤에도 끊임없이 물의를 빚었지만, 그는 늘 앞장서서 저화 유통을 위한 정부의 단호한 의지를 촉구했고 위반자에 대한 강력한 처벌을 주장하였다.

(3) 사회면 및 기타

사회면에서 가장 주목되는 것은 태종대에 양천신분제의 토대가 마련되고 종부위량법(從父爲良法)이 실시되었다는 사실이다. 양천제는 노비 이외의 모든 인민을 양인으로 인정하고 흠 없는 양인에게는 벼슬할 수 있는 권리와 군역의 의무를 갖게 하는 두 가지 특성을 가진 것인데, 하륜이 이러한 양천제를 정착시키는 데 일조하였던 것은 분명하다. 이를테면 그동안 제대로 이행되지 않았던 퇴직 관인에 대한 군역 부과를 강화하고 외방 관아에서 여전히 사역(使役)되고 있었던 칭간칭척자(稱干稱尺者)의 모녀·자매도 방역(放役)하게 한 것 등이 그것이다.

　종부위량법은 종래의 일천즉천(一賤則賤) 원칙을 파기하고 아버지가 양인이면 그 자식을 모두 양인으로 인정하는 법인데, 태종 14년에 예조판서 황희(黃喜)의 건의를 계기로 실시를 보게 되었다. 그러나 이 법이 시행된 데에는 하륜의 역할이 적지 않았다고 할 수 있다. 이 법은 비첩 소생의 종량(從良)의 문을 확대하던 끝에 마련된 것인데, 하륜은 종량 대상의 확대에 적극적이었고, 이 법보다 더 파격적인 안도 제시한 바 있었기 때문이다. 즉, 그는 "양인은 많고 천인은 적어야 할 의리에 부합될 것 같다"면서 일량즉량(一良則良) 원칙의 수립을 건의하였다(태종 14. 2. 6). 이런 과정을 거쳐 낙착된 것이 일량즉량법보다 파장이 작은 종부위량법이었다.

　다음으로 태종대에 전국에 걸쳐 사찰을 대대적으로 혁파하고 소속 토지와 노비를 속공(屬公)한 조치도 주목되는 개혁이다. 하륜의 불교에 대한 단호한 입장은 당시에도 널리 회자되었지만, 실제로 하륜은 불교 신앙이 돈독한 정종에게 "부처라는 것은 서역의 오랑캐 귀신"에 불과하다고 폄하하면서 "부처 귀신에게 기도하는 것이 나라에 도움이 되지 않는 것은 참으로 분명"하다고 역설한 바 있다. 태종 6년의 사찰 혁파의 단행 역시 그가 주도한 것이어서 승려들은 하륜이 자신들의 호소를 묵살하자 신문고를 치기도 하고 급기야 하륜을 죽이려는 모의까지 벌였다. 하륜의 건의로 유학·무학·이학·역학·음양풍수학·의학·자학·율학·산학·악학의 10학이 설치된 것도 특기할 만하다.

3. 역사적 평가

(1) 태종대 개혁의 성과와 하륜

태종대에는 많은 개혁이 이루어졌지만 태종대에 와서 개혁들을 위한 방안들이 창안된 것은 아니었다. 중앙집권적 관료제의 강화 방안을 비롯한 그 대부분이 정도전이나 조준(趙浚) 등의 급진파가 이미 마련한 것들이었다. 우선 권력구조 개편 문제의 경우, 정도전이 『주례』(周禮) 체제를 모형으로 하여 총재 1인이 국정을 총괄하게 하는 총재 중심제를 강력히 희구하였던 반면* 하륜은 소수의 재상과 군주의 협의 방식을, 태종은 군주의 전단을 각각 추구하는 등 각론에서는 큰 차이가 있었지만, 도평의사사와 같은 재상합좌체제를 폐지하여 국가 권력의 집중을 기도한 점에서 3자 모두 기본 방향이 같다고 할 수 있다.

　육조의 기능 강화 역시 정도전이나 조준이 지향한 방향이었다. 정도전은 모든 기관이 육부에 통할(統轄)되고 육부는 다시 총재에게 통할되는 것을 이상적인 체제로 생각하였다. 조준은 각사를 육부에 분속(分屬)시키는, 좀 더 구체적인 방안을 촉구한 바 있으니, 태종 5년에 시행된 속아문제도를 이미 제창한 셈이다.

63인의 역사학자가 쓴 한국사 인물 열

도제·군현제의 강화와 같은 지방 통치 방안이나 시험제의 확대와 같은 관료제 강화의 경우도 마찬가지다. 급진파 역시 지방에 대한 중앙의 통제를 강화하기 위하여 관찰사제를 실시하고 감무(監務)를 대폭 증설한 바 있으며 능력주의 원칙에 입각한 합리적인 관리 임용을 위하여 여러 가지 시험제 강화 방안을 내놓은 바 있다. 좌주문생제의 혁파나 중시제의 시행 등도 급진파가 일찍이 제안했던 것들이다.**

여타 부문의 경우에도 유사하다. 보유 토지의 다소를 기준으로 하는 부역 부과 원칙 역시 일찍이 조준이 건의한 바 있다. 그리고 억불책의 경우, 당시에 척불론을 선도한 사람이 정도전이며 그를 따르는 성균관 유생이 사찰의 혁파를 강력히 촉구하고 나선 사실은 잘 알려져 있다. 양천 신분제의 경우에도 급진파들은 신분을 판별하기 어려운 자들에 대한 종량(從良) 원칙을 수립하였고, 퇴직 관인을 비롯한 한량관(閑良官)에게 군역을 부과하는 등 양인 일반에게 보편적인 권리와 의무를 부여하는 방향으로 개혁을 추진함으로써 머지않아 양천 신분제가 확립될 지평을 열고 있었던 것이다.

하륜이 급진파의 개혁 방안을 상당 부분 계승하였던 것은 그것이 왕도정치 이념을 실현하는 방안이자 궁극적으로 사대부 사회체제의 구축을 지향히는 방안이었기 때문이다. 사대부는 중소 규모의 토지·노비의 소유사를 근간으로 하는 지식 계급으로, 왕도정치 실현자로서의 소명의식을 강하게 지닌 부류였다. 지식 계급은 고려 후기 이래 양적으로 확대되어왔고 이후로도 계속 확대되어갈 추세였지만, 개개의 사대부는 피지배층을 직접적이고

---

* 이 점은 한영우가 이미 상세히 논증한 바 있다(『정도전 사상의 연구』, 개정판, 서울대학교 출판부, 1987). 다만 한영우는 이를 '재상 중심제'라 표현했다. 이는 정도전이 보통 '총재'보다는 '재상'이라는 용어를 많이 사용한 데서 연유한 것이라 짐작되지만, 이것과 내용적으로 전혀 다른, 고려 시대의 정치체제의 특징인 재상 중심제와 혼동될 우려가 있으므로 '총재 중심제'로 표현하는 것이 낫다고 생각한다. 그리고 조준 역시 『주례』의 총재 중심제에 관심을 표시했으며 재상의 수를 감축할 것을 역설한 바 있다(『고려사』 118, 「조준전」).

** 조준은 급제한 4품 이하를 모아 궁궐의 뜰에서 '對策'으로 시험할 것을 건의한 바 있다(『고려사』 73, 선거지 1 과목, 공양왕 1년 12월).

효과적으로 지배할 수 있는 조건들, 즉 물리적 강제력·고귀한 혈통·부력 (富力)을 제대로 갖추기 어려웠다. 사대부 계급은 피지배층을 직접 지배하는 대신 국가라는 통일 권력을 매개로 하여 간접적으로 지배하는 방식을 추구할 수밖에 없었다. 한편, 능력주의 원칙에 입각한 관인의 임용과 정부 조직의 합리화·체계화는 양적으로 팽창한 사대부 계급의 공동 이익을 지키는 방안이 될 수 있었다. 한마디로 사대부의 계급적 속성상 군주를 정점으로 하는 중앙집권적 관료체제를 능동적으로 옹호할 수밖에 없는 것이었다.

태종은 조선 건국을 주도하였거니와 쿠데타로 집권한 자신의 취약한 정통성을 확립하기 위해서도 과감한 개혁이 필요하였다. 하륜은 비록 건국 반대파에 속하였지만 국가주의적 신념을 가진, 정치적 포부가 큰 인물이었다. 하륜이 새로운 왕조의 개창을 이란(理亂)의 순환 과정으로 받아들인 것은, 단순히 새로운 왕조에 참여하는 자신의 입장을 정당화하는 데 그치는 것이 아니라 훌륭한 정치를 실현하려는 자신의 포부를 다짐한 것이기도 하다.* 하륜은 이미 역성혁명이 이루어진 상황에서 사대부 사회 구축이라는 시대적 과제를 현실에 접목하는 징검다리 역할을 할 수 있었던 것이다.

(2) 태종대 개혁의 한계와 하륜

과연 태종대의 개혁은 급진파의 개혁과 방향이 그대로 일치하는 것이었을까? 그렇지는 않았다. 시대적 과제는 결코 순탄하게 해결되지도, 일사분란한 방향으로 추진되기도 어려운 법이다. 건국기 급진파의 개혁과 태종대의 개혁 사이에는 중요한 차이가 존재하였다. 당시에 성리학을 수용한 유신이라면 누구나 왕도정치 이념을 신봉하였으며 체제 개혁이 필요하다는 데 공감하였다. 그러나 다 같이 왕도정치 이념을 표방하여도 이념의 내용이 달랐으며, 개혁 방안에 유사성이 있어도 개혁의 청사진은 같을 수가 없었다. 더구나 여말선초와 같은 사회 전환기에는 개혁에 공감하는 사람들 사이에서도 급진주의에서 개량주의에 이르기까지 편차가 크게 벌어지게 마련이다.

63인의 역사학자가 쓴 한국사 인물 열

정도전은 민본주의 이념에 투철했다. 민본주의적 관점에서 보면 왕도정치의 핵심은 위민정치에 있고, 위민정치의 관건은 민생의 안정에 있는 것이었다. 왕이나 사대부와 같은 치자들의 지배의 정당성도 바로 여기에 있는 것이다. 정도전에게도 국가의 부강은 중요한 것이었다. 국가가 부강해야 민생의 안정이 가능했기 때문이다. 그러나 정도전에게는 부국강병이란 민생의 안정을 실현하기 위한 수단으로서의 의미가 강했다. 즉, 정도전에게 국가란 위민정치를 위한 도구일 뿐이었다. 정도전은 "민이란 국가의 근본이요, 인군의 하늘이므로 『주례』에서는 민의 숫자를 왕에게 바칠 때에 군주는 절을 하면서 받았다. 그의 하늘을 중시한 까닭이다"라고 민본주의 원칙을 천명했다.

그가 총재 중심제를 역설한 것도 위민이라는 국가의 공공성을 최대로 발휘하게 하기 위한 것이었다. 즉, 국가와 군주의 구분을 명확히 하여 성덕을 갖춘 총재가 사실상 국가를 통치할 때 국가의 공공성이 최대로 발휘될 수 있다고 생각한 것이다. 군주 없이는 국가가 존립할 수 없다. 그러나 모든 군주가 성인일 수는 없다. 정도전은 아예 성덕을 갖춘 총재가 국정을 맡는 것이 더 타당하다고 생각했던 것이다.** 범상한 군주도 인의예지의 사단(四端)을 확충하면 얼마든지 성군이 될 수 있음을 강조한 맹자보다 한 걸음 너 나아간 것이었다. 이상주의적인 열정에 불탔던 것이다. 그렇다고 그가 구상한 총재 중심 체제가 총재의 전횡을 보장해주는 것은 아니었다. 군주는 총재의 임면권을 갖고 있으며 중요한 국정은 국왕의 동의를 거치지 않으면 안 되는 것이었고, 군주나 총재 같은 집권자의 권력 남용을 막기 위한 대간의

---

* 하륜은 "제작의 어려움은 부흥의 어려움만 못하고 시작의 어려움이 있어도 마침의 어려움이 있는 것만 못하다"며(『호정집』 2, 「촉석성문기」), 축성에 빗대어 창업보다 수성이 더 어려운 것이라 말하면서 은근히 자신의 과업을 자부한 바 있다.
** 한영우, 앞의 책, 146~147쪽에서는 "관료정치를 이끌어가는 구심체가 세습 군주보다는 천하 만민의 영재 가운데서 선택된 재상이 되는 것이 더욱 현인·민본 정치를 보증하게 될 것"이라고 지적했다.

직책을 아주 중시하였던 것이다. 다시 말해 군주·총재·대간의 상호 견제와 균형을 구상했던 것이다.

급진파가 단행한 전제 개혁은 여러 가지 중요한 의미를 가진 것이었다. 경기 이외의 사전을 모두 혁파하여 침탈된 농민의 권리를 회복하고, 사전에 대한 국가의 관리를 강화함으로써 농민이 전주전객제에서 해방될 수 있는 토대를 닦았다. 사대부라도 관품(官品)이 없다면 조상 전래의 사전이 몰수되어 조세를 부담하게 되었으며, 관직에서 물러나도 과전을 보유할 수 있게 하되 그 대가로 군역을 부담하게 했다. 한마디로 치자 계급의 권리는 축소하고 의무는 확대한 것이다. 정도전이 사전 혁파에서 한 걸음 더 나아가 균등한 토지 분배까지 구상하였던 것은 잘 알려진 사실이다.

반면 하륜은 부국강병 자체가 목표였던 것으로 보인다. 그가 보인 강한 국가주의─눈앞의 국가의 안전과 이익을 최우선적으로 고려하는 국가주의─가 그 뚜렷한 증거이다. 그가 이권은 국가가 가져야 한다는 것을 서슴지 않고 주장하였음은 앞에서 본 바와 같다. 백성을 부려서 둔전(屯田)을 경작하게 하고 그 수입으로 선군(船軍)의 식량을 공급하려 한 호급둔전법에 대해 백성의 고통이 크다는 이유로 반대 여론이 비등하였을 때 홀로 강행할 것을 고집한 것도 하륜이었다. 그가 열렬히 주장한 운하의 개통이나 제방의 구축 등도 백성을 위한 것이라기보다 국가의 편의나 이익을 위한 것이었다.

그는 일량즉량법의 경우처럼 파격적인 사회 정책을 내놓기도 하였지만 이 역시 인권이나 사회적 평등을 확장하기 위한 것이 아니라 국역 부담자의 확보를 통한 국가 부강을 목표로 한 것이었다. 과전의 감축을 건의하기도 했으나 재정 확충 방안의 일환이었을 뿐이고, 퇴직 관인의 군역 수행을 강제했으나 이것 역시 기강을 바로잡고 준법을 강조하는 차원의 것이었다. 병작반수(並作半收)의 경우에도 입장 차이는 비교적 선명하다. 정도전이 병작반수를 비난한 것은 민생을 파탄시키고 사회 정의를 해친다는 것 때문이었지만, 하륜이 병작반수의 금지를 주장한 것은 피역자의 증가로 인한 국가

기반의 와해를 방지하기 위한 것이었다.

급진파의 개혁과 태종대의 개혁이 지닌 차이는 단지 역성혁명의 전후라는 시기적인 차이에서 비롯되는 것만은 아니었다. 정도전과 하륜은 이미 오래 전부터 뚜렷한 노선상의 차이를 보였던 것이다. 정도전이 구체제를 근본적으로 청산하려는 변혁 의지를 지니고 사대부의 계급적 이해까지도 초월하는 급진적인 노선을 걸었다면, 하륜은 자신이 성취한 지위에 일단 안주하면서 사회 모순을 점진적으로 개선하려는 개량주의 노선을 걸었던 것이다. 이것은 그들이 아직 청장년이었던 우왕 원년의 외교 문제에 대한 두 사람의 태도에서 분명히 나타난다. 이때에 집정대신이 북원(北元)과의 관계를 복원하려 하자 일군의 신흥 유신들이 이에 맹렬히 저항하다 화를 당하였는데, 그 대부분은 대사성 이색의 휘하에서 성균관 학관을 역임한 자들이거나 이색의 문생들로 이색과 아주 가까운 관계에 있던 사람들이었다. 그 중 임박(林樸), 전록생(田祿生), 박상충(朴尙衷) 등은 목숨을 잃었으며 정도전 역시 유배 도중 살해될 위기에 놓였지만 운 좋게 살아났다. 이색의 문생이며 또 그들과 교유했던 하륜은 왜 여기에 가담하지 않았을까? 당시의 집정대신이었던 이인임의 조카사위라는 점도 작용했겠지만* 근본적으로는 그가 정도전과 다른 사회·역사 의식을 가졌기 때문이었다.

공민왕(恭愍王)이 적극적으로 명과의 수교에 나선 것은 고려의 내정을 간섭하던 원과의 관계를 청산하려는 자주노선을 추구한 것인 동시에 원을 배경으로 권력을 행사하거나 그런 현실에 안주하여 자신의 지위를 신장·유지하는 데 골몰하였던 관계의 풍토를 일신하려는 개혁 노선을 표출한 것이었다. 따라서 공민왕이 살해된 뒤 북원과 국교 재개를 시도한 것은 단순히 외교 노선의 변경을 뜻하는 것이 아니라 일종의 반동적 회귀를 노린 것이었

---

* 이인임의 멀지 않은 친족(7촌)이었던 이숭인이 저항운동에 가담하여 유배를 당했음을 감안하면 인척이라는 이유만으로 하륜의 불참을 설명하기는 부족하다.

다. 하륜은 이런 역사적 의미에 둔감하였던 것이다.

그가 타국과의 마찰을 무조건 피하는 것이 국가의 이익이라고 본 것은 그의 국가관이 편협했음을 드러내는 것이다. 김득경(金得卿) 사건은 그의 태도를 단적으로 드러낸다. 우왕 10년에 명에서는 도당(都堂)의 명령에 따라 명군을 공격한 북청주(北青州)의 만호(萬戶) 김득경을 압송할 것을 요구해왔다. 당시 실권자였던 임견미는 이 요구에 순응하려 했지만 김득경의 반발 때문에 곤혹스러워했는데, 하륜이 왜구로 가장하여 김득경을 죽이는 꾀를 냈던 것이다.*

그의 국가관이나 역사 인식을 좀더 극명하게 드러내는 것으로는 세자와 명나라 황녀의 혼인을 추진한 사건이 있다. 명의 사신 황엄이 처음 입국했을 때 그를 통해 명 황실과의 혼인을 추진하자는 대신들의 제의를 수락했던 태종은 재차 입국한 황엄이 이에 대해 아무런 언급도 하지 않자 이를 후회하고 전 총재 김한로(金漢老)의 집과 정혼하였다. 태종 7년에 황엄이 다시 입국했을 때 공부(孔俯) 등이 이 일을 계속 추진하려 하였으나 태종에게 직접 건의하기 어려워 결국 하륜과 상의하게 되었는데, 하륜은 민제에게 다음과 같이 말했다.

> 만일 대국의 지원을 얻는다면 동성이든 이성이든 누가 감히 난을 일으키며, 난신·적자가 어디서 일어나겠습니까? 전조 때에 원에서 내려보낸 공주로 백년 동안 내외에 걱정이 없었으니 이것은 지난날의 경험입니다(태종 7. 6. 8).

여기서 하륜은 고려가 부마국을 자원한 것을 대단히 현명한 처사로 여겼음을 알 수 있다. 그는 고려가 부마국이 되면서 겪은 자주성의 상실이나 부원배의 발호, 국가 기강의 해이로 인한 토지 겸병의 만연과 같은 심각한 폐해는 안중에 없었던 것이다. 이상의 사례를 보면 하륜에게는 북원과의 통교 재개 문제가 외교 정책의 변경 이상의 의미가 없다고 보았다. 정도전과 하륜의 대외관 밑에는 이처럼 사회·역사 의식상의 근본적인 차이가 깔려 있었던 것이다.**

대외관과 함께 구체제의 청산 의지를 가늠할 수 있는 또 하나의 척도인 척불론에서는 일견 두 사람의 시각이 같았던 것처럼 보이기 쉽다. 하륜 역시 불교를 가차없이 이단으로 취급하였기 때문이다. 그러나 척불의 당위성에서 둘은 뚜렷한 차이를 보였다. 정도전이 무위도식의 사회적 해악에 초점을 맞추었다면 하륜은 국가에 아무런 실익이 없다는 점에 초점을 맞추었기 때문이다.

하륜과 태종 사이에도 차이가 없지 않았다. 국가의 부강 자체의 추구냐 아니면 부강을 통한 왕권 신장의 추구냐, 군주는 국가의 근간일 뿐이냐 아니면 군주가 곧 국가이냐의 차이가 있었다. 그럼에도 불구하고 태종이 시종일관 하륜을 중용하고 비호한 것은 그 활용 가치가 컸기 때문이다. 하륜은 자신의 권력 기반을 확대하는 데는 관심이 없이 오로지 국가 권능의 강화나 국가 재정의 확대에만 골몰했기 때문에 안심하고 기획을 맡길 수 있었다. 하륜의 방안은, 채택하든 채택하지 않든 일단 검토해볼 만한 가치가 있었다. 하륜이 정책을 무리하게 추진한다고 여겨지면 적절한 시기에 제동을 걸어 신민을 위무(慰撫)하고 여론을 존중하는 군주로서의 아량을 과시할 수 있었고, 관인으로서의 특권의식을 내보이면 이를 질타하면서 보편적 신민―하나의 태양 아래 만물이 존재하듯 관인이나 서인이나 군주에게는 모두가 똑같은 신민―을 거느리는 초월적 존재로서의 위엄을 과시할 수 있었다. 이를테면 반대 여론에도 불구하고 저화 유통을 고집하는 하륜에게 "백성에게 원망을 들으면서 국가에 이익이 되게 한다는 것이 어떻게 국가

---

* 류주희는 이 사건의 처리를 바탕으로 하륜의 외교론이 "어디까지나 명분보다는 국가 이익의 관점에서 파악하는 현실적 외교론의 바탕에서 벗어나지 않는 것이었다"고 파악한 바 있다. 류주희, 앞의 글, 172~173쪽.

** 하륜의 보수성은 변화보다 안정을 희구하는 기질 탓도 있겠지만 자수성가한 사람에게서 나타날 수 있는 기존 질서의 옹호적 태도와도 무관하지 않을 것이다.

에 도움이 되겠느냐?" 며 유통 중단의 단호한 결심을 통고하게 한 것은 전자의 예이다(태종 3. 9. 10). 또 하륜이 사조(四祖)에 육품 이상의 관직을 가진 자가 없는 이전(吏典) 출신자를 동반에 서용하는 것을 금하고자 하였을 때 태종은 "사천(私賤)에 관계되지 않고 재행(才行)이 있는 자라면 그 세계(世系)가 비록 한미하더라도 경·대부에 오를 수 있다" 며 거부했고, 하륜이 다시 이를 허용하면 "장차 옛날의 상관보다 도리어 윗자리에 있을 수 있다" 면서 위계질서가 무너질 것을 우려하자 태종은 "비첩의 소산도 오히려 5품의 직을 허락하는데, 어찌 이전에게만 그 직을 제한하겠느냐?" 며 일축하였던 것은 후자의 예가 될 것이다(태종 14. 2. 6).

하륜은 급진파의 개혁 방안이 중앙집권적 관료제를 강화하고 부세제도를 합리화하는 등 국가 발전에 크게 기여할 수 있는 방안임을 수긍했다. 그러나 그들이 지향하는 민본주의나 특히 총재 중심제 같은 것은 군주를 국가의 단순한 상징물로 격하시키는 것이며, 그들의 권력욕을 드러내는 것으로 밖에는 생각하기 어려웠을 것으로 보인다. 정도전이 추진한 '사병' 혁파나 요동 정벌 같은 것도 마찬가지였다. 결국 하륜은 여말 급진파의 개혁 방안을 상당 부분 계승하고 실현함으로써 사대부 사회체제의 구축이라는 시대적 과제를 해결하는 데 상당히 공헌할 수 있었으나, 급진 사대부 주도의 민본주의적 개혁에서 국왕 주도의 국가주의적 개혁으로 개혁의 방향을 틀어 버리는 데 앞장섰다고 할 수 있다.

맺음말

태종이 정적 정도전을 꺾고 집권하게 된 데는 하륜의 공이 결정적이었다. 두 사람의 강한 유대는 무엇보다 여기에서 비롯되었다. 그러나 그것만은 아니었다. 치적을 통하여 자신의 정통성을 확립하고자 하였던 태종에게는 자신에게 충성을 다하면서도 개혁에 대한 많은 방안을 제공할 수 있고 추진력을 갖춘 인물이 필요했다. 국가주의 이념을 실현하려는 정치적 포부를 가졌으나 고려 구신 세력이며 대인관계도 원만치 않았던 하륜에게는 태종만이 자신을 지켜줄 배경이며 또 온몸을 바쳐 섬길 대상이었다. 이런 점 때문에 두 사람이 결합할 수 있었다.

태종대 개혁의 주역으로 하륜이 무엇보다 중요시하였던 것은 국익이었고, 그가 생각한 국익이란 대외적 안정의 확보와 부국강병의 실현이었다. 대외적 안정 앞에서 대외 자주성 같은 것은 중요한 것이 아니었다. 원의 부마국이 되어 자치를 보존한 고려의 대외 정책을 모범으로 여겨 명의 부마국이 되는 정책을 서슴지 않고 추진하려 한 것은 그 때문이었다. 정도전 일파의 제거에 앞장선 것도, 고려 왕조를 멸망시켰던 주체들에 대한 적개심이나 자신의 정치적 입지를 확대하려는 의도에서 연유한 것만은 아니었다. 그로서는 정도전 일파가 추진한 사병 혁파나 요동 정벌이 국가 권력을 장악하기 위한 수단이며, 그것을 장차 국가를 큰 위험에 빠뜨릴 우려할 만한 일로 여긴 것이다.

그는 태종의 집권을 돕고 국왕의 통수권을 확장하는 데 진력했으며 개국 공신 세력을 견제하는 데도 힘을 기울였다. 그는 강한 국가를 만들기 위해 정부의 조직을 체계적으로 정비하고 국기의 권력을 집중시키고자 하였다. 그는 군주가 강력한 통치권을 행사하는 것을 당연하다고 여겼으나 군주 한 사람이 전횡하는 것을 바란 것은 아니었다. 오히려 군주가 현명한 재상과 협의하여 법에 따라 통치하는 것을 이상으로 생각하였다. 그러나 그는 태종이 비상 수단과 정치적 술수를 통해 군주의 전제권을 확보하는 것 역시 당시의 운세로 받아들이고 있었던 것으로 보인다.

그는 부국강병을 실현할 수 있는 방안을 다각도로 모색해 야심적인 시책들을 내놓았다. 부세의 형평을 기하고자 하거나 병작반수를 금지하려 하는 등 인민의 경제적 처지를 개선하려 노력했던 것 등이 그것이다. 그러나 이러한 개혁들은 인민의 생활 향상을 목표로 했다기보다 국가 경제 기반의 확대에 초점을 맞춘 것이었다. 그는 인민들의 일방적인 부담을 가중시키는 저화 유통책, 둔전·연호미법 등을 추진하면서 이런 입장을 유감없이 드러냈으며, 그 스스로 국가가 이권을 장악해야 할 것을 주장하기도 하였다. 이 모두는 부국강병의 실현을 위한 것이었다.

그의 시책들은 그것이 지닌 강한 국가주의적인 성격으로 인해, 기득권이 침해되는 관료와 부담이 가중되는 인민 모두의 반발을 야기해 큰 성과를 거두지 못하는 경우가 적지 않았다. 그러나 누구보다 앞서서 새로운 정책을 개발하고 추진하였기 때문에 태종의 국정 운영의 방향을 제시하고 개혁의 분위기를 조성하는 역할을 충실히 수행할 수 있었다. 또한 적극적인 부국책의 추진으로 가시적인 성과도 없지 않았다. 예컨대 태종 13년 현재 360만 석에 달하는 양곡의 축적이 이루어진 것이 바로 그것이다. 태종은 하륜을 통하여 국가주의가 자신의 권력을 신장시키고 정당화할 수 있는 좋은 수단임을 확신할 수 있었으며, 부국강병의 실현과 왕권의 확대를 위한 방안을 모색하고 실험하고 시행할 수 있었던 것이다.

태종대에 이루어진 개혁의 대부분은 실상 개혁파들에 의해 이미 제기되어 있었던 것이다. 태종과 하륜이 자신들이 제거한 급진파의 개혁 방안을 계승할 수 있었던 것은 그런 과제들이 사대부 사회체제의 구축이라는 시대적 요청에 부응하는 방안이었기 때문이다. 국가와 왕의 권능의 증대, 그것을 통한 위로부터의 개혁, 관료제의 발달은 바로 사대부 사회 구축을 위한 불가결한 전제였다. 태종과 하륜은 국가주의에 입각한 위로부터의 개혁을 단행함으로써 강력한 국가를 매개로 비로소 성장을 기약할 수 있는 사대부 계급의 사회적 토대를 마련하고, 문벌 사회체제보다 한 단계 진전된 사대부 사회체제를 구축하는 데 공헌할 수 있었다. 보편적 신민을 통솔하는 초월적인 군주의 지위가 확보됨으로써 양천 신분제처럼 급진파가 미처 마련하지 못했던 좀더 구체적인 방안들이 모색되고 시행될 수 있었던 것도 그들 나름의 공헌이라 할 수 있다.

그들의 한계도 없지 않았다. 급진파와 함께 그들의 이념적 지향 목표까지 때 이르게 폐기시킴으로써 사회 전환기에 이루어질 수 있는 사회 개혁의 폭과 깊이를 상대적으로 축소시키는 결과를 낳았기 때문이다. 급진파, 특히 사대부의 계급적 이해까지 위협한 정도전은 역사상의 많은 급진파들의 운명처럼 사실 그 몰락이 예고된 것이기는 하였다. 그러나 본격적인 사회 개혁에 착수할 겨를도 없이 타도됨으로써 급진파 본연의 역사적 소임을 다하지 못한 채 보수적 개혁에 자리를 내주게 되었던 것이다. 왕도정치를 실현하기 위한 수단이어야 할 부국강병이 성취해야 할 목적이 되고, 국정의 조정자로 그쳐야 할 군주가 국정의 전단자가 되었다. 이리하여 국가의 공공성은 급속히 약화되고 말았고, 이후 새로운 국가에 의해 추진된 의미 있는 개혁마저도 세인들에게 한낱 국가주의 실현을 위한 수단으로 각인되고 말았던 것이다.

참고문헌

· 원자료
『고려사』, 『고려사절요』, 『조선왕조실록』
『호정집』, 『동문선』

· 논저
김홍경, 「인간관」, 『조선 초기 관학파의 유학사상』, 한길사, 1996.
류주희, 「하륜의 생애와 정치 활동」, 『사학연구』 55·56 합집, 1998.
_____, 「조선 태종대 정치 세력 연구」, 중앙대학교 박사학위 논문, 2001.
류창규, 「고려 말 조준과 정도전의 개혁 방안」, 『국사관논총』 46, 1993.
문형만, 「하륜의 세력 기반과 그 가계」, 『벽사 이우성 교수 정년퇴직 기념논총』, 창작과비평사, 1990.

유승원, 「양천제의 연혁」, 『조선 초기 신분제 연구』, 을유문화사, 1987.

_____, 「조선 태종대 전함관의 군역 —수전패·무수전패의 설치 경위와 경시위패의 실체」, 『한국사 연구』 115, 2001.

이정숙, 「호정 하륜의 생애에 관한 일고찰」, 『부산여대사학』 6·7 합집, 부산여대 사학회, 1989.

조규식, 「하륜 악장 연구」, 『동방학지』 62, 연세대학교 국학연구원, 1989.

최승희, 「태종조의 왕권과 정치 운영 체제」, 『국사관논총』 30, 1991.

한영우, 「조선 왕조의 정치·경제 기반」, 『한국사』 9, 1975.

_____, 『정도전 사상의 연구』(개정판), 서울대학교 출판부, 1987.

김시습 金時習

도의정치 구현을 꿈꾼 선각자

김용곤 국사편찬위원회 편사기획실장

1. 생애

매월당(梅月堂) 김시습(金時習, 1435~1493)은 1435년(세종 17)에 성균관 북쪽 반궁리(泮宮里)에서 태어났다. 그는 태어난 지 겨우 8개월째, 말을 배우기도 전에 저절로 글을 깨쳤다. 이에 외할아비지는 다음해부터 시습에게 역대 문장가들의 유명한 시구를 가르쳤다. 그러자 김시습은 비로소 말문이 자유롭게 터진 3세 때부터는 시 짓는 법을 배워 간단한 시구를 많이 지었다. 이어 5세까지 『정속』(正俗), 『유학』(幼學), 『자설』(字說), 『소학』(小學)을 차례로 익혀 많은 글을 지었다. 또한 그 당시 이웃에 살던 이계전(李季甸) 문하에서 『대학』(大學)과 『중용』(中庸)을 익혔는데, 이때부터 장안의 선비들에게 이름이 알려졌다. 마침내 이 소문은 세종에게까지 전해졌으므로, 세종은 지신사(知申事: 도승지) 박이창(朴以昌)에게 사실 여부를 확인토록 했다. 박이창에게서 김시습의 자질이 뛰어나다는 사실을 보고받은 세종은, "김시습의 학문이 성취됨을 기다려 크게 쓰고자 하니 부지런히 노력하라"고 당부했다.

이처럼 5세 때 접한 세종의 약속은 김시습의 삶의 방향을 결정한 것으로 보인다. 다시 말하면, 나라를 다스려 나가는 데 필요한 학문인 도학(道學)을 충실히 익혀 장차 세종의 정치를 돕겠다고 생각한 것이다. 이 무렵, 학문과 사상은 왕도정치(王道政治)를 구현하는 방향으로 전개되었다. 즉, 유교의 기본 윤리인 충·효를 실천하는 도학적 흐름이 그것이다. 한 예로, 1439년 (세종 21) 송을개(宋乙開)는 상소를 통해 새로운 학령(學齡)으로서 『소학』을 제시하는가 하면, 이의 실천 여부와 관련해 선악부를 설치할 것을 요청했다. 또한 나라를 다스리는 데 덕행과 효렴의 중요성을 강조하면서 덕행을 갖춘 선비를 천거하도록 명령했다. 이런 이유로 김시습은 세종의 왕도정치를 뒷받침한 사람들에게서 학문을 익혔으며, 그가 13세가 될 때까지 김반(金泮)에게서는 『논어』·『맹자』·『서경』·『춘추』를 익혔고, 윤상(尹祥)에게서는 『주역』과 『예기』를 배웠다.

김시습이 유학 교육을 받으면서 그가 지향하고자 한 유자(儒者)로서의 자세는 대략 다음과 같은 것이 아니었을까 한다.

이 몸의 덕에 힘쓰며 이 몸의 노력에 부지런하며, 저녁에 앉아서는 새벽을 잇고 새벽에 앉아서는 저녁까지 이어가며 옛것을 익히고 널리 배우되, 일에 이르러서는 정확하게 하라. 부귀에는 급급하지 말고 빈천일랑 근심도 말며, 이윤(伊尹)의 뜻을 뜻으로 하고 안연(顏淵: 顏回)의 학문을 학문으로 하라. …… 궁핍과 영달이며 현달(顯達)함과 은둔함이 하늘이 내리심에 관계 있다 해도 충신과 덕의만은 참말로 사람의 노력에 달렸거니…….

이 글에는 이 무렵 김시습이 자신의 부귀와 현달보다는 백성들을 위해 왕도정치를 구현할 학문에 매진하는 모습이 잘 나타나 있다. 동시에 조정에 출사(出仕)했을 경우 부귀 현달보다 국왕과 국민에 대한 충의는 자신의 학문적 노력 여하에 달려 있다는 입장도 잘 드러나 있다.

자기가 익힌 학문으로 임금을 도와 당대에 요순 시대와 같은 태평 성대를 이룩해보겠다는 김시습의 바람은, 그가 21세 때 발생한 세조의 무단적인 왕위 찬탈로 물거품으로 돌아가버렸다. 그는 이 소식을 듣고 3일 동안이나 문을 걸어잠그고 생각에 잠겼으며, 어느 날 저녁 느닷없이 대성 통곡을 하고는 자신이 가지고 있던 책을 모두 불살라버렸다. 더 이상 출사할 조정도 없고 공부할 의미도 없다는 의지의 표현이었다.

그리고는 승려의 행색으로 긴 방랑길에 올랐다. 먼저, 관서 지방을 여행했다. 송도(松都)에서 시작한 여행은 평양을 거쳐 멀리 안시성에 이르렀고, 다시 향령에 이르러 북쪽의 험준하고 삭막한 모습을 마음껏 즐겼다. 이때 김시습은 지난 역사의 웅대함과 아픔을 간직한 곳에서는 역사의 흥망성쇠를 노래했고, 천마산·박연폭포 등 아름다운 자연은 그의 타고난 문장 솜씨에 의해 한 폭의 그림이 되었다. 25세 때인 1459년(세조 5)에는 개성에서 『유관서록』(遊關西錄)을 엮고 후지(後志)를 지었다.

김시습은 4년간의 관서 지방 유람을 마치고 24세 때는 다시 발길을 돌려 관동 지방으로 가서 금강산, 오대산을 거쳐 강릉에 이르렀다. 거기서 산과 바다가 만들어낸 절경들을 감상하고 주옥같은 시편들을 남겼다. 그리고 1460년(세조 6)에 이것들을 모아 『유관동록』(遊關東錄)을 엮고 후지를 지었다. 김시습에게는 자연과 역사, 그밖의 모든 것이 훌륭한 소재였고, 그것들이 마침내 주옥같은 문장으로 엮여 나왔다. 이 점에 대해 이이(李珥)는 다음과 같이 주변의 모든 사물에 관해 김시습이 타고난 문장으로 서술했다고 말했다.

풍월(風月), 운우(雲雨), 산림, 천석(泉石), 궁실, 의복, 화과(花果), 조수와 인사(人事)의 시비득실(是非得失), 부귀와 빈천, 사생(死生)과 질병, 희로애락, 심지어는 성명(性命), 이기(理氣), 음양(陰陽), 유현(幽顯), 유형무형(有形無

形)에 이르기까지 지적해 말할 수 있는 것은 한결같이 문장에 붙여놓았으므로 그 문사가 물이 용솟음치듯 바람이 일 듯하고 산이 감추어진 듯 바다가 잠기는 듯하여 신이 부르고 귀신이 화답하는 듯하다.

한편, 김시습은 세조의 왕위 찬탈 사건을 보고 세속과 인연을 끊으려 했지만, 그러기에는 그의 포부가 너무나도 컸다. 그는 이때의 주체할 수 없는 감정을 인연(因緣), 기심(機心), 무생(無生), 관심(觀心)이라는 주제로 피력했다. 특히 이 시기에 김시습은 '현실과 이상의 불일치에서 오는 갈등은 마음에서 비롯하는 것'이라 생각하고, 이런 번뇌를 일으키는 마음을 올바르게 바라보려고 노력했다. 그가 성리학에서 추구했던 것이 바로 이와 같은 마음 공부였는데, 불교의 관점에서는 이것이 관심(觀心: 마음의 본성을 밝게 살피는 일)하는 것으로 나타났다.

마음을 끊임없이 추구하던 그는, 노선사와 은거한 도사를 찾았다. 특히 도사들을 만남으로써 새로운 관점에서 마음을 다스리는 방법을 배웠는데, 이른바 무생(無生)과 무위(無爲), 그리고 남화지몽(南華之夢) 등의 생각이 그것이다. 김시습은 관서와 관동 지방을 여행하는 동안 불교와 도교에 대한 이해가 깊어졌다.

한편, 김시습은 자신이 지녔던 뜻이 좌절되자 몸부림을 쳤다. 사실 관심, 무위, 무생, 공(空)을 추구하는 것은 스스로 다스리기 어려운 심사(心事)를 다스리는 하나의 방편이기도 했다. 관서와 관동 지방 여행길 곳곳에서 사그러지지 않는 그의 신념 때문에 고통받는 모습이 기록되어 있다.

김시습은 2년간의 관동 유람을 끝내고 26세가 되던 해 10월, 이번에는 호남으로 발길을 돌렸다. 그가 호남의 각 지역을 돌아다니면서 깊이 감동을 받은 것은 풍성한 물자와 백제의 찬란한 문화 유산이었다. 김시습은 이때 과실이 주렁주렁 매달린 모습이나 사찰과 명승지 등을 둘러본 감회를 시로 형상화했으며, 1463년(세조 9) 가을 이것들을 모아 『유호남록』(遊湖南錄)

을 엮고 그 후지를 지었다. 김시습은 호남 지방의 풍요로운 모습들을 둘러보고 적잖이 마음의 안정을 얻었던 것으로 보인다. 그는 그동안 불교 등을 통해 세종이 이룩하고자 했던 왕도정치를 세조가 계승하려 했고, 그 성과가 지역의 물산(物産)과 주민이 늘어난 결과로 나타났다고 이해했다. 그리고 이런 이해를 바탕으로 비록 제한적이지만 세조가 추진한 역경(譯經) 사업이나 원각사(圓覺寺) 낙성식에 참석했다고 생각된다.

그렇다고 김시습이 품었던 도의정치(道義政治)에 대한 염원이 사그러졌던 것은 아니다. 아니 유자(儒者)로서도 불자(佛者)로서도 그의 뜻은 한결같았다. 다시 말해 유교, 도교, 불교 그 어느 것도 그가 뜻했던 왕도정치를 직접적으로 구현해주지는 못했다. 이런 상황이 김시습을 세속사에 반발하며 세상에서 더욱 멀어지게 했다. 그의 마음을 달래줄 수 있는 것은 자연이요, 시요, 술뿐이었다. 결국 김시습은 강산을 두루 유람한 뒤에는 모든 것을 잊고 모든 일에서 벗어나겠다고 결심하며, 금오산(金鰲山)에서 은둔 생활을 시작했다.

김시습이 경주 금오산에 정착한 것은 31세 때인 1465년(세조 11)이었다. 그는 이로부터 6~7년간 경주 남산인 금오산에 거처하면서 주변에 있는 신라의 유적지를 돌이보았으며, 이때 느낀 감정을 시로 표현했다. 물론 경주 주변에 있는 자연의 아름다움도 글로 남겼다. 그뒤 1473년(성종 4)에 이 글들을 모아『유금오록』(遊金鰲錄)을 지었다. 다만 이 시기에는 오랜 방랑으로 말미암은 여독으로 질병이 잇따라 먼 지방을 여행할 수는 없었다.

김시습은 금오산에서 생활하면서 지난 생활을 돌이켜볼 수 있는 시간을 가졌다. 그래서 돌아보았더니, 상황은 여전히 처신하기 어려운 형편이었다. 자신이 지닌 뜻을 지키면서 살려니 공명(功名)을 이룰 수 없고, 대장부의 기개를 펴자니 절의(節義)를 지킬 수 없는 국면이었다. 이 점은 금오산에 정착한 뒤 바로 세조의 부름을 받고, 불교로 나설 뜻이 없다고 거절한 데서 드러난다.

이 무렵 김시습의 생활은 금오산에서 한동안 그와 함께 지냈던 양희지(楊熙止)의 말에서 잘 드러난다.

> 매일 꼭 명수(明水)를 갖추고 예불을 하고, 예불이 끝나면 곡을 하고, 곡이 끝나면 시를 짓고, 시를 짓고 나면 다시 곡을 하고 그 시를 태워버렸다.

이처럼 김시습은 자신이 평소 희망하던 왕도정치를 현실에서 이루지 못하자, 뼈에 사무칠 정도로 비통해했다. 오히려 현실은 원각사 낙성식을 계기로 불교를 통해 왕도정치를 실현하려는 세조의 의지가 유학 쪽으로 확대되는 상황이었다.

그러자 김시습은 이처럼 안타까운 현실에 대한 돌파구로 소설 형식을 빌려 자신의 꿈인 왕도정치를 구현하려 했다. 이것이 바로 최초의 소설인 『금오신화』(金鰲新話)의 출현 배경이다. 이 가운데 「남염부주지」(南炎浮州志)는 왕도정치에 대한 김시습의 소신을 드러낸 작품으로, 이 소설에 등장하는 선비 박생은 왕도정치의 신봉자로서 불우한 선비의 전형이며, 그가 꿈속에서 만나본 염라왕은 왕도정치를 구현한 이상적인 군주이다. 둘 사이의 문답을 통해 성리학이 불교보다 우위에 있으며, 왕도정치 또한 유교에 의해서 달성할 수밖에 없음을 강조했다. 이렇듯 『금오신화』는 당시 불교를 통해 왕도정치를 실현하고자 했던 세조에 대한 비판을 염두에 두고 만든 작품이라 할 수 있다.*

김시습은 1472년(성종 3)에 평생 경주 남산에서 은거 생활을 하겠다는 결심을 바꾸어 서울 성동(城東: 현 노원) 수락산으로 올라와 폭천정사(瀑泉精舍)에 거주했다. 김시습이 결심을 바꾼 것은 세조, 예종의 뒤를 이어 성종이 즉위하면서 그동안 추진해왔던 숭불 정책을 비판하고 성리학적인 왕도정치를 추구한 데 따른 것이었다고 생각된다.

사실 성종은 즉위 초부터 수기(修己)에 근거한 지치(至治)를 실현하려는 정책을 적극 추진했다. 즉, 1470년(성종 원년) 정월에는 경명행수자(經明行修者: 經學에 밝고 행실이 바른 사람)를 추천해 올리라는 명령을 내리는가 하면, 그해 4월에는 재행(才行)을 겸비한 관인 30명을 선발했다. 이와 함께 경명행수자, 이를테면 정몽주(鄭夢周)나 길재(吉再)의 후손을 발탁해 절의의 기풍(氣風)을 진작시켜야 한다는 신하들의 건의도 잇따랐다. 또한 같은 해 11월에는 근래의 학문이 제술(製述)에 치중되어 문풍(文風)이 부박(浮薄)해졌다며 경학을 진작시키는 방안을 마련했다. 또 1471년(성종 2) 이후에는 유교의 예를 실천하는 정도가 왕도정치의 바탕이라는 실천성을 강조하는 방향으로 전개되었으며, 이는 특히 1476년(성종 7) 성종의 친정(親政) 이후 더욱 적극적이었다. 성종은 그해 7월에 나라를 다스리는 도(道)는 교화(敎化)보다 앞서는 것이 없는데, 교화는 반드시 학교에서 비롯되기 때문에 『소학』과 『삼강행실도』(三綱行實圖)를 간행하여 좋은 효과가 나타날 수 있도록 하라고 명령했다. 또한 1478년(성종 9)에는 이전에 선비 경연(慶延)이 효행이 지극하다는 말을 듣고 벼슬을 내린 것처럼, 효자에게 벼슬을 내리면 사람들이 감동하여 분발할 것이라는 상소에 따라, 효를 행한다는 소문이 있는데도 벼슬을 내리지 않은 자가 얼마인지 보고하라고 명령했다.

성종 초기에 전개된 이와 같은 왕도정치를 향한 일련의 정책을 접하고, 김시습은 왕도정치를 펼칠 수 있는 기회가 왔다고 판단하여 금오산에서 서울로 올라왔다. 이에 대해 김시습은 다음과 같이 다시 생각을 정리해 출사(出士)에 대비했다.

> 지금 성상께서 등극하시자 현인(賢人)을 등용하고 간하는 말을 따르심에 벼슬하고자 바라는 마음에서 10여 년 전에 육경(六經)으로 돌아가 정미(精微)롭게

---

* 이에 반해 「萬福寺樗蒲記」 등에서 다룬 애정과 갈등이라는 주제는 불교의 금욕주의에 맞서 인륜의 틀 안에서 인간의 정욕을 긍정한 성리학적 인성론을 표현한 작품이다.

연구했습니다.

그의 이런 자세는 1481년(성종 12) 47세 때 홀연히 머리를 기르고 글을 지어 할아버지와 아버지에게 제사를 지내면서 그동안의 불효에 대해 아뢰고, 이어 안씨 부인을 맞아들이는 데서 다시 확인된다.

그러나 김시습이 펼쳐보려 했던 왕도정치는 여전히 실현되지 못했다. 성종 초기의 왕도정치는 『소학』과 『삼강행실도』에서 제시한 실천 윤리의 실천 여부와 관련이 깊었으며, 김시습이 왕도정치를 꿈꾸며 그동안 많은 생각을 해왔다 하더라도 그가 세인들에게 드러냈던 행적은 불교 승려의 모습이었고 활동이었다. 따라서 그를 발탁하기는 어려운 형편이었을 것이다.

김시습이 주장한 왕도정치에 대한 생각을 이해한 것은 종실의 수천부정(秀川副正) 이정은(李貞恩)과 남효온(南孝溫), 안응세(安應世), 홍유손(洪裕孫) 등이었다. 이들은 세조대의 정치를 적극 비난하면서 성종대 왕도정치의 근거인 소학 실천운동을 주도해간 인물들이다. 김시습은 특히 남효온에게 자신과 같은 길을 걷지 말고 과거를 보아 출사하라고 권했는데, 이에 대해 남효온은 소릉(昭陵: 문종의 비인 顯德王后의 陵)을 복위한 뒤에 하겠다고 답했다. 남효온은 1478년(성종 9) 4월에 세조대의 정치를 비난하면서 세조대에 벼슬한 훈신들이 벼슬에서 물러날 것을 상소해 커다란 파문을 일으켰다. 또 이 무렵 김시습도 정창손(鄭昌孫) 등 훈신들에게 물러날 것을 공공연하게 이야기했다.

결국 김시습이 출사하여 왕도정치를 추진하고자 했던 목적은 이루지 못했다. 도리어 그 과정에서 자신과 세상이 어긋난 것이 마치 둥근 구멍에 모난 자루를 박는 것과 같은 형상처럼 드러났다. 게다가 재취한 안씨 부인마저 죽자 서울을 떠나 다시 산수간에 방랑했다. 남효온은 이때의 모습을 다음 글을 통해 김시습이 다시는 서울로 돌아오지 않겠다는 뜻을 보였다고 밝혔다.

김시습이 육경자사(六經子史)를 싣고 관동 지방의 산과 물을 건너 농사짓는 땅을 얻어서 힘써 땅을 갈아 생활하고, 다시는 서울로 돌아올 뜻이 없었다.

김시습은 두타(頭陀), 즉 탁발승의 모습으로 강릉과 양양 등지를 방랑했고, 그 가운데 설악산·한계산·청평산 등지에 머물곤 했다. 또한 이 시기에도 많은 작품들을 남겼는데, 그것이 『관동일록』(關東日錄)과 『명주일록』(溟州日錄)이다. 이 기록들은 앞의 기록과는 달리 명승지나 산수 자연을 노래한 것은 거의 없고, 왕도정치를 이룰 수 없다는 울적한 심사와 신세 한탄, 그리고 현실에 대한 날카로운 비판으로 채워졌다.

이 무렵 김시습은 하늘이 그에게 내려준 천명(天命)을 의식해 자신이 지닌 생각이 세속과 맞지 않더라도 그 나름대로 의연히 지켜나갈 것을 다짐했다. 뿐만 아니라, 늙고 자주 병이 들어 뜻을 실현하기가 더욱 어려워진 처지를 한탄하면서, 현실적인 힘의 한계를 느꼈다. 또한 그가 뜻해왔던 차원 높은 명성을 당대에는 이루지 못할 것이라고 믿었고, 그를 더욱 우울하고 근심스럽게 했다. 「신세」(身世), 「산재」(山齋), 「야음」(夜吟), 「설야」(雪野) 같은 시문 속에도 이처럼 뜻을 실현하지 못한 한탄이 가득하다.

한편, 왕도정치를 구현하는 일과 어긋나는 정치 행태 등에 대해서는 가차 없는 울분을 쏟아냈다. 이를테면 잘못된 정부 관료의 인사 소식을 듣고 여러 날을 통탄하며, "저 백성이 무슨 죄가 있느냐. 그런 자가 이 소임을 맡다니"라고 부르짖었다.*

노년에 이를수록 어쩔 수 없었던 자신의 행적에 대한 회한이 깊어, 자신은 물론 지난 일들에 대해 반성했다. 그때마다 김시습은 자신과 세상일이 조화롭게 엮이지 못했던 것을 생각하고 그 운명 속에 끼어 몸부림쳤던 자신

* 물론 그렇다고 한탄만 했던 것은 아니다. 앞서 보았듯이 도의정치에 대한 믿음은 거의 절대적으로 남아 꿈속에까지 나타났다. 그리고 믿는 데서 머무는 것이 아니라 도의정치를 실현하는 데 역행하는 행위에 대해서는 강한 비판을 했다. 이를테면 무능한 관리를 비판하거나, 야비한 출세만을 위한 행태를 비판했다.

을 발견하며, "세상 사람들이 자신의 본뜻을 어찌 알겠는가"라고 말하기도 했다.

또한 지난 일과 그 속에서 자신을 발견하는 일은 그에게 견딜 수 없는 근심과 고통을 안겨주었고, 그가 이와 같은 고통과 근심에서 벗어나는 길은 오직 술과 시뿐이었다. 만일 이 두 가지가 불가능했다면, 그는 아마 미쳤을지도 모를 일이다.

김시습은 죽기 1년 전 봄 잠시 서울에 올라와 남효온, 김일손(金馹孫) 등과 도봉산을 유람하고 설악산으로 돌아갔다. 그리고 다음해인 1493년(성종 24), 59세였던 그는 병으로 무량사에서 죽음을 맞이했다. 김시습은 임종에 앞서 화장하지 말라는 유언을 남겼는데, 이는 결코 우연이 아니었다. 이는 파계(破戒)를 해서가 아니라, 그가 일생 동안 생각한 것이 왕도정치를 실현하는 일이었기 때문이다.

한마디로 김시습은 자신이 생각했던 유교적 왕도정치의 실현을 생각하면서 한평생을 보냈다고 해도 과언이 아니다. 김시습도 만년에 자신의 인생 행적을 깨닫고는 후인들에게, 자신이 죽은 뒤 비문에 '꿈꾸다 죽은 늙은이'라고 적어달라고 부탁했다.

2. 사상

김시습의 사상을 이해하고자 할 때 부딪치는 문제는 그가 유학은 물론 불교, 도교에 대해서도 적지 않은 저술을 남겼다는 점이다. 유학과 관련해서는 『매월당집』(梅月堂集) 속에 여러 형식의 글이 있다. 이를테면 「고금제왕국가흥망론」(古今帝王國家興亡論) 같은 유의 논(論)이라든가, 「인재설」(人才說) 같은 유의 설(說), 「인군의」(人君義) 같은 의(義) 등이 여기에 해당한다. 불교와 관련된 글로는 「무사」(無思), 「산림」(山林) 등 문답식으로 구성한 설(說) 유를 비롯해 『묘법연화경별찬』(妙法蓮華經別讚), 『십현담요해』

(十玄談要解), 『대화엄일승법계도주』(大華嚴一乘法界圖註) 같은 저술이 있다. 또 도교와 관련해서는 문집 속에 「수진」(修眞), 「용호」(龍虎) 등의 글이 있다.

이 때문에 김시습을 유학자나 불교도, 아니면 도가 사상가로 보는가 하면, 나아가 삼교(三敎)를 넘나들었던 사상가로 보기까지 했다. 도대체 이처럼 다채로운 사상적 면모를 보이는 이유는 무엇일까? 이 문제는 앞서 생애를 검토하면서도 이야기했듯이, 유교적 왕도정치 실현이라는 역사적 과제를 시종일관 실천하고자 했기 때문이라고 볼 수 있다. 그는 현실적인 상황의 파탄으로 말미암아 불교로, 그리고 도교로 빠져들어갔을 뿐이다. 그가 쓸쓸히 무량사에서 죽을 때 화장하지 말라고 한 것은, 파계했기 때문이 아니라 그가 일생 동안 생각한 것이 왕도정치를 실현하는 일이었기 때문이다.

그렇다면 김시습의 다채로운 사상을 유교적 '왕도정치'라는 틀로 설명할 수 있는지, 그의 행동과 불가분의 관계에 있는 사상을 통해 확인해보자.

김시습이 지닌 유학사상의 요체는 다음과 같다. 즉, 우주 만물을 생성하는 원리로서의 도(道)와 도가 구체적인 운동, 즉 신(神)이나 귀(鬼) 또는 음과 양을 통해 만물을 생성하는 기(氣), 이러한 도(道)와 기(氣)가 궁극적으로 인간의 마음인 심(心)에 의해서 구현된다는 것이다. 다시 말하면 도(道)—기(氣)—심(心)으로 이어지는 체계를 지녔으며, 이 구조를 통해서 볼 때 김시습은 이기론(理氣論)의 이와 기 대신 기(氣)와 심(心)을 중시한다는 사실을 알 수 있다. 그런데 도—기—심으로 이어지는 구조도 중요하지만, 이 구조에 덧붙인 김시습의 견해가 중요하다.

첫째, 세계 창조의 동인으로서 기(氣)를 중시하면서, 동시에 이 기(氣)가 그냥 기(氣)가 아니라 정기(正氣)여야 한다고 본 점이다. 그럴 때 천하 공물(公物)로서의 도(道)를 내포하는 기(氣)가 되며, 김시습은 이를 '이지기'(理之氣)라고 이름 붙였다. 그리고 이때만 온갖 사물이 제 위치에서 제 역할을 하며, 예(禮)라고 하는 것은 천지만물의 공정하고 바른 질서에 대한 공경을 의미함과 같다고 이해했다.

둘째, 어떻게 보면 더 중요한 것은 천지의 공정하고 바른 기(氣)가 인간의 심(心)에 의해 그대로 수용되는 점이다. 그에게서 공정하고 바른 심(心)이란 의리(義理) 가운데 의, 공사(公私) 가운데 공을 생각하고 실천하는 것으로, 구체적으로는 충서(忠恕)를 의미한다. 여기서 김시습이 왜 그토록 심학(心學) 공부에 열심이었는가를 이해할 수 있으며, 또 세조 정권에 왜 저항할 수밖에 없었는가를 이해할 수 있다. 즉, 그에게 세조의 집권은 정기에 의한 활동이 아니라, 정기를 무너뜨리는 행위였다.

셋째, 이 구조를 통해 김시습은 현실 속 삶의 다양한 모습과 이 순간 느끼는 자신의 감정이 그대로 진리를 구현하는 것이라고 본 점이다. 다시 말하면, 현실을 떠나서 독립된 진리의 세계는 없다는 사실을 명백히 했다. 이런 이유로 김시습은 여기저기 방랑하면서 접한 사물에 대해 수없이 많은 시를 썼으며, 순간순간 느끼는 모든 것들이 그대로 진리라고 생각했다.

또한 그가 왜 그렇게 수없이 통곡해야 했는지도 이해할 수 있을 것이다. 김시습은 삼각산 중흥사에서 독서를 하다 세조가 왕위를 물려받았다는 소식을 듣고는 문을 닫아걸고 3일 동안 통곡을 했고, 농민들이 농사짓는 형상을 조각해 책상 위에 벌여놓고는 온종일 들여다보다 불사르고 통곡을 했으며, 산길을 가다 나무를 벗겨 시를 지어놓고 오랫동안 읊조리다가 통곡을 했다. 또 익어가는 벼를 낫으로 휘둘러 떨어뜨려놓고도 통곡을 했으며, 예불을 드리고 나서도 통곡했고, 인망(人望)이 없는 자가 고위직에 임명되는 것을 보고도 통곡했다. 한마디로 김시습의 끊임없는 통곡은 현실 정치의 모순에 대한 통한이었고, 고통받는 농민에 대한 애정 어린 눈물이었다.

김시습의 사상 구조는 공정한 기(氣)와 심(心)이 동시에 대응한다. 이런 기와 심은 모든 인간에게 고루 품부(稟賦)되는 것이지만, 그렇다고 그냥 주어지는 것이 아니라 뜻을 세워서 끊임없이 기를 길러가야 한다는 것이다. 춘하추동의 질서가 운행되는 것과 같이 인간 사회도 의리와 도덕에 의해,

즉 바른 마음에 의한 공부와 실천이 필요하다고 생각했다. 이 점에서 사회를 다스려 나가는 치자(治者) 계급의 노력이 특히 요구되었다. 이른바 민을 위하는 왕도정치를 펴 나가야 한다는 것이었다. 그것은 통치 권력의 근거가 하늘, 다시 말해 민에게서 나오는 것이므로 군주가 나라를 다스릴 때는 애민(愛民)을 근본으로 삼는 어진 정치를 펴야 한다고 강조했다. 이것은 왕도정치에 역행하는 군왕은 왕으로서의 자격을 상실한다는 의미이다. 이와 같은 김시습의 사상은 맹자의 왕도정치 사상과 같은 맥락으로 그 자신이 세조 정권에 저항한 이유를 이해할 수 있게 해준다.

김시습의 사상적 토대는 왕도정치를 현실적으로 구현하는 것으로서 성리학 체계를 수용했다. 특히 맹자의 왕도정치사상을 무엇보다도 중시했다. 또한 그는 맹자의 왕도정치를 되살린 송대 도학자(道學者)들이 이 세상을 인욕(人慾)에서 벗어나 의리와 천리(天理)가 회복되는 사회로 나아갈 수 있게 했다고 평가했다.

김시습의 도학적 자세는 당시의 지배 사족(士族)은 물론 민인(民人)들에게 커다란 영향을 주었다. 뿐만 아니라 그 자신이 평생 깊이 몸담았던 불교와 도교 및 기타 신앙을 평가하는 기준으로도 작용했다. 김시습은 도교와 불교 가운데 불교의 사상체계를 특히 높이 평가했는데, 그것은 불교의 기본 사상이 성리학의 왕도정치사상과 맥락을 같이한다고 보았기 때문이다.

김시습은 불교의 가르침의 핵심은 경세제민(經世濟民)에 그 궁극적인 목적이 있다고 이해했고, 이 점을 유학과 대비해서 설명했다. 예를 들면, 유교의 성의정심(誠意正心)과 격물치지(格物致知)를 불교에서는 구법당학지혜(求法當學智慧)와 이감철사기위선(以鑑徹事機爲先)한다고 했고, 또 유교의 수신제가(修身齊家)와 치국평천하(治國平天下)를 불교에서는 사불당진인애(事佛當盡仁愛)와 이안민제중위본(以安民濟衆爲本)한다고 했다. 바로 안민제중(安民濟衆)이 불교사상의 핵심이며, 이것이 유학의 왕도정치라고 이해했다.

김시습이 불교사상의 핵심으로 파악한 또 다른 하나는, 현존하는 모든 사물과 사건이 그대로 참된 것이라고 이해한 사실이다. 이 점은 그가 특별히 중시한 선종(禪宗)과 대승불교(大乘佛敎) 가운데 천태(天台)와 화엄사상에서 그대로 드러난다. 여기에 대해 여러 차례 반복해서 강조하는데, 먼저 『묘법연화경별찬』에서는 이렇게 표현했다.

하나의 일과 하나의 현상이 미묘한 법 아닌 게 없고, 한 번 찬양하고 한 번 드러내는 것이 모두 미묘한 마음이다. 이를 미루어 확충한다면 …… 색(色)과 공(空)이 모두 묘체의 드러남이요 생사여서, 낱낱이 원융(圓融)하고 낱낱이 완전하다.

또한 『대화엄법계도』(大華嚴法界圖)에서도 다음과 같이 적극적으로 현실을 긍정했다.

원융이라는 것은 모든 현상이 곧 본체요, 본체가 곧 모든 현상이라는 뜻이니, 지금 현존하는 청산녹수(靑山綠水)가 그대로 사물의 본래성이며 본래성이 곧 청산녹수이다.

김시습이 현실을 절대적으로 긍정하는 입장은 그의 다양한 행적을 이해하는 데 매우 필요하다. 이 점은 유학과 관련해서도 이미 언급한 대로 모든 사물과 사건을 있는 그대로 바라보고 평가하는 잣대로 작용했다. 즉, 우리가 측은하게 생각해야 할 일에 측은한 마음을 일으키고 시비를 가려야 할 일에는 시비를 가려야 한다고 여겼으며, 만일 현실 상황이 그렇지 못할 경우 그는 이를 시로 나타내거나 통곡하곤 했다. 물론 여기서 현실이란 왕도에 의해 다스리는 현실을 의미한다. 김시습은 이런 기준을 가지고 국왕과 신민(臣民)을 평가하고 역사와 학문을 평가하며, 심지어 자연을 감상하는 기준으로 삼았다.

또 김시습은 왕도정치로 모든 사물을 평가하는 기준을 자신에게도 엄격하게 적용했다. 그 두드러진 경우의 하나로, 그가 지배 계급의 편안한 생활을 물리치고 직접 생산 활동에 뛰어든 것을 들 수 있다. 그는 절에 기숙(寄宿)하는 동안에도 농사를 지었을 뿐 아니라, 승려들에게도 화전(火田)을 경작하도록 했다. 또한 양반 자제라도 그의 문하에 들어오면 반드시 농사일을 시켜 남은 제자가 거의 없었다는 일화에서도 이 같은 사실을 확인할 수 있다.

이렇게 볼 때 김시습은 불교의 기본 사상이 성리학의 왕도정치사상과 흐름을 같이한다고 이해했다. 그러나 고승(高僧)이 국정에 관여해서는 안 된다는 점을 분명히 했으며, 그 자신도 세조의 부름에 불교로 출세할 뜻이 없다는 점을 밝혔다. 동시에 불교의 인연종복설(因緣種福說 : 인연에 의하여 복이 주어진다는 불교의 학설)이 지닌 허구성을 성리학의 화복설(禍福說)로 설파했다.

김시습은 도교에 대한 공부도 깊었다. 그러나 그 의미에 대해서는 높이 평가하지 않았다. 비록 도교에서 내세우는 도덕(道德)과 성리학에서 강조하는 성리(性理)가 애초에는 차이가 없었으나, 점차 차이를 나타냈다고 이해했다. 그 중요한 차이가 도교는 도를 체득(體得)하나 솔성(率性: 타고난 성질)의 도가 아니며 덕을 논하나 명명(明命)의 덕이 아니어서, 그 혜택이 세상 모두에게 돌아가지 않는다는 것이었다. 도덕에 대한 이해를 예로 들 때 성리학은 천하를 공정하게 선으로 향하게 하는 왕도정치였다면, 도교는 이 점을 망각했다는 것이다.

도교에 대한 이런 평가는 도가의 수진지술(修眞之術)이나 복기법(服氣法)을 평가하는 데서도 그대로 반영되었다. 즉, 도가에서 말하는 복기(服氣)란 외부의 인연을 물리치고 여러 티끌을 제거하는 것으로, 모름지기 심장·간·비장·폐·신장의 오신(五神)을 지키고 말·행동·앉음·일어섬의 4가지

바름에 따라 수행하는 것을 말한다. 다시 말하면, 복기하고 용호(龍虎: 단을 이루는 데 필요한 재료로서 납과 수은을 말한다)를 수련하여 늙음을 물리쳐 신선이 되는 것이다. 그런데 김시습은 이것들이 그 자신의 몸만 보존할 뿐 세도(世道)에는 무익하다며, 도교의 복기법 대신 성리학의 양기법(養氣法)을 체득해야 한다고 논리적으로 설명했다.

김시습의 이런 자세는 도교에만 국한되지 않고 무격신앙(巫覡信仰)이나 복명지술(卜命之術)에도 그대로 반영되었다. 요컨대 그는 일상에서의 합리적인 생활, 다시 말하면 의리와 도덕에 근거한 생활이야말로 명(命)과 복(福)을 가져다주는 확실한 길이라고 역설했다.

김시습의 왕도정치에 근거한 사상체계는 비록 짜임새가 없고 거칠고 소박했지만, 성종 이후 사림 세력의 등장과 함께 전개된 왕도정치 구현이라는 사회운동을 실천하는 선구적 의미가 있었다. 뿐만 아니라 그뒤 사림 세력이 실질적으로 정치적 주도권을 장악하는 16세기 말, 이이(李珥)에 의해 그의 사상이 갖는 의미가 다시 주목되었다.

3. 연구 성과

김시습을 다룬 연구는 그의 다채로운 행적만큼이나 다양한 분야에서 수없이 많이 이루어졌다. 그 가운데 압도적 다수를 차지하는 것이 『금오신화』와 관련한 문학사적인 검토와 『금오신화』가 나온 배경을 이해하기 위한 사상과 인물 검토라고 하겠다. 특히 최근에 들어와서 김시습이라는 인간을 종합적으로 이해하기 위해 평전이라는 형태로 김시습의 삶을 복원하는데, 저술 모두가 문학을 연구하는 사람들에 의해 나온 것도 결코 우연은 아니다. 그러나 이 점이 김시습 연구의 한계를 의미할 수도 있다고 보이며, 앞으로 다른 각도에서 평전이 나올 수밖에 없는 이유이기도 하다.

김시습의 다채로운 행적은 그가 죽은 뒤 '충의의 인물' 또는 '도술과 신통력을 지닌 인물'로 평가되었다. 전자가 주로 유림 안에서의 평가였다면, 후자는 일반 민간의 관점이었다. 이러한 상황은 1950년대에도 거의 대동소이했다. 이와 같은 '김시습 이해'에 처음 문제를 제기한 사람이 정병욱이었다. 정병욱은 1958년에 발표한 「김시습 연구」라는 논문에서, 현재 이해하는 김시습의 모습은 참된 것이 아니라면서 김시습의 진면목을 밝혀야 한다고 주장했다. 이를 위해 무엇보다도 문헌에 근거해서 생애와 사상, 그리고 역사적인 성격을 파악할 필요가 있다고 했다. 그 결과 김시습이 무가(武家) 계통 출신이었으며, 과거에 한 번도 응시하지 않았고, 『금오신화』는 그가 30대에 저술했으며, 유불 일치의 사상 경향을 보였다는 사실을 밝혔다. 정병욱의 연구는 다음 연구에 커다란 영향을 주었는데, 특히 유불 일치의 사상적 특성을 가졌다는 점이 그러했다.

정병욱의 연구를 비슷한 관점에서 심화한 것이 정주동의 연구였다. 정주동은 1962년 「김시습의 불교관」이라는 논문에서, 문학을 연구하는 전제로서 사상 검토가 필요하다고 말하면서 김시습이 승려였기 때문에 불교관에 대한 검토가 중요하다고 밝혔다. 이 연구에서 정주동은 김시습이 비록 임제종파(臨濟宗派)의 선종 승려였지만 속불(俗佛)을 배격하고 생활 불교를 주장했으며, 궁극적으로는 자신이 유자 출신이었기 때문에 유교와 불교의 조화를 도모하는 등 자기의 처신을 합리화했다고 밝혔다.

김시습에 대해 일반적으로 알려진 여러 사실에 의문을 제기하고, 여기에 대한 자기 의견을 개진한 것이 1970년 이영무의 연구였다. 이영무는 「김시습의 인물과 사상」에서 이황(李滉)이 언급한 '색은행괴'(索隱行怪)와 '적불심유'(跡佛心儒)에 대해, 김시습의 처신이 절의와 도리면에서 적절했고, 또한 김시습은 유교·불교·도교 삼교(三敎)에 정통했으나 그 가운데 불교를 가장 우수하게 보았다고 말하면서, '적불심유'라고 이야기한 것은 조선시대 유학자들이 김시습의 문장과 절의를 존숭했기 때문이라고 주장했다. 특히 김시습의 절의와 관련해서 세조의 성덕을 찬양한 문제를 지적한 것은 의미 있는 일이었다.

　이영무가 삼교 가운데 불교를 가장 우수하게 생각했다는 견해를 밝히자 한종만은 1974년 「설잠 김시습의 사상」이라는 연구에서, 김시습은 종교의 사회적 역할 측면에서 볼 때 유교적 입장이 강했고, 그 바탕이 되는 점은 인의(仁義)로 치국평천하(治國平天下)를 하고자 하는 데 있었다고 했다. 결국 김시습은 유불의 조화를 이룬 유학자였다는 것이다. 한종만의 연구에서 특히 주목되는 것은, 김시습이 남긴 불교 관계 저술이 갖는 특징을 규명했다는 점이다. 한마디로 현상세계를 바로 법성으로 직시(直視)하고 화엄사상을 선과 융회시켰다는 것이다.

　이와 같이 김시습의 사상을 유불의 조화 또는 불교 우의라는 관점에서 이해하는 데 대해 문제를 제기한 것이 임형택의 연구였다. 임형택은 1978년 「김시습의 인간과 사상」이라는 논문에서, '충의의 인물' 과 '심유적불' 이라는 용어로는 김시습의 생애를 설명할 도리가 없다고 하면서 '중세적 권위에 순종하기를 거부하고 인간의 양심과 자아를 지키려는 사람' 으로 방외인(方外人)이라는 새로운 인물 유형을 제시했다. 그리고 그가 중세적 권위에 굴복하지 않고 현실과 대립하면서 살아간 사상의 바탕으로 기일원론(氣一元論)과 민생옹호론을 제시했다. 임형택의 연구는 이후 김시습의 문학과 사상을 연구하는 데 커다란 영향을 주었다.

　이후 임형택이 제기한 문제를 학술적으로 정리한 것이 1979년에 성균관대학교 대동문화연구원에서 개최한 '매월당의 사상과 문학' 이라는 심포지엄이었다. 먼저, 유승국은 「매월당의 유학 및 도교사상」이라는 발표에서, 김시습의 유교사상은 인간에 내재한 성리(性理)를 실리(實理)로 파악하고 이 실리는 이기(理氣)가 겸비해 분리되지 않으며 이 실리가 실사(實事)가 된다고 했다. 그리고 무엇보다 생각과 행동이 일치하여, 이중적인 기만 행위는 결코 용서하지 않았다고 주장했다. 반면에 김시습은 도교에 대해서는 비판적이었는데, 그 이유는 세도(世道)에 무익하기 때문이라고 했다. 결국 김시습의 신념은 인간의 지나친 탐욕을 정화해 인간화하자는 것이었다고 했다.

임형택은 또 「매월당의 문학의 성격」이라는 발표에서, 현실주의적인 정신과 기일원론적인 철학, 그리고 방외인 문학에 대해 다시 언급했고, 덧붙여 불교사상의 목적도 안민제중(安民濟衆)이기 때문에 현실주의적이라고 해석했다. 특히 방외인 문학과 관련하여 김시습에게 인간의 문제는 심성이나 도덕보다는 현실 생활, 즉 삶 자체가 문제시되었고, 여기서 객관적·현실적 인식이 가능하다고 했다.

민영규는 「김시습의 조동오위설」이라는 발표를 통해, 김시습이 『십현담요해』보다 앞서 주를 낸 사람을 청량(淸凉)이라고 적었는데, 이에 대해 이전까지 우리가 알던 징관(澄觀)이 아니라 '청량 문익'(淸凉文益)이라는 것을 밝히면서 학계의 반성을 촉구했다.

김용곤은 1980년에 지금까지의 김시습 연구가 너무 고정된 관점에서 연구된 경향이 있다는 문제점을 제기하면서 역사적·사상적으로 검토했다. 즉, 「김시습의 정치사상의 형성 과정」이라는 논문에서, 김시습의 문집을 토대로 김시습이 뜻하고 지향했던 사회는 도의(道義)를 실천해 나가는 왕도정치 사회였고, 당시에는 선비들이 덕을 함양하고 실천해야 했던 바 김시습은 일생 동안 이를 행동으로 옮겼으며, 현실적인 상황이 파탄되자 불교와 도교로 빠져들었다고 이해했다.

1980년대 들어오면서 김시습의 사상에 대해 더욱 정치(精緻)한 정리가 이루어졌다. 그러나 방법이나 결론에서 내용이 달라진 것은 아니었다.

먼저, 신동호는 1983년에 임형택의 기일원론 연구와 흐름을 같이하는 논문을 발표했다. 즉, 「매월당 김시습의 기학사상 연구」가 그것이다. 이 논문에서 신동호는 김시습이 주자와 달리 궁극적 원리로서의 이(理)와 그 본질적 구현체제로서의 기(氣)를 하나로 보았다고 했다. 또한 신동호는 다음 해에 「김매월당의 자연관과 신귀관」이라는 논문에서, 김시습은 일원론적인 관점에서 물질세계와 정신세계를 막론하고 존재하는 세계에서 일어나는 모든 자연 현상을 기(氣)의 운동으로 설명한다고 말했다. 그런데 여기에 덧붙여 북한 학자들이 이런 기(氣)의 운동을 유물론적인 견해라고 왜곡한 잘못을 비판했다. 그들은 김시습은 기(氣)가 결코 물질적인 존재라고 한 적이 없다고 밝혔다. 이를테면 귀신은 천도(天道)로서 성(誠) 그 자체로 보았고, 이에 제사하는 것도 그 생생(生生)의 공덕을 갚기 위한 인도(人道), 다시 말하면 성(誠)의 발현이라고 했다.

배종호는 1983년에 매월당의 유교·불교·도교 철학 사상을 종합 정리했다. 특히 「매월당 김시습의 철학사상」이라는 논문에서, 이전까지의 그의 견해를 자세하게 정리했다. 유교관에 대해서는 본체론, 인성론, 성론의 측면에서 접근하여 정리했는데, 한당류의 경학적인 성격과 주자의 이기설이 가미된 특성을 보이나 그 체계는 미비하다고 평가했다. 불교관에 대해서는 기본적으로 유심불적(儒心佛蹟)이며 세간에 있는 선불교로, 속불에 대해서는 강하게 비판했다고 했다. 또한 도교관에 대해서는 노장사상을 비판했고, 장생불사를 부인했으며, 음사(淫祀)와 미신을 배척했다고 말했다. 2년 뒤 배종호도 김시습의 도교관을 다시 정리해 「김시습의 도교관」이라는 논문을 발표했는데, 내용은 대동소이했다.

또 안병학은 1983년에 김시습이 남긴 시를 통해 김시습이 지녔던 역사의식을 검토하여 「김시습 시에 있어서의 역사의식」이라는 논문을 발표했다. 안병학은 그의 역사의식을 검토하기에 앞서 김시습의 현실 인식과 사상의 기초를 파악했다. 즉, 현실 인식과 관련하여 김시습은 무엇보다도 정의를 중시했으며, 따라서 세조의 왕위 찬탈 행위는 사회 윤리를 정면으로 파괴한 행위라고 생각했다. 이런 점에서 사상체계 또한 윤리론을 중시하는 입장으로 항상 이(理)를 염두에 두면서도 기(氣)의 실제 활동을 중시했다. 또한 김시습이 역사에 대한 관심으로 각 지역을 여행하면서 많은 영사시(詠史詩)를 남긴 것도 후세에서나마 현실에서 부정당한 정의를 확보하기 위한 것이었다고 이해했다.

한종만은 1983년에 이전까지 이루어진 김시습에 관한 불교 연구 위에 도교 연구를 가미해 「조선조 초기 김시습의 불교와 도교 수용」이라는 연구 결과를 발표했다. 한종만은 이 논문에서 도교와 관련하여 단학(丹學)의 이론 전개가 김시습에게서 시작되었으나, 김시습이 생명을 늘리고 신선이 되기 위한 도교의 수련 방법인 수진설(修眞說)과 복기설(服氣說), 그리고 용호설(龍虎說)을 비판했다고 했다. 그리고 결론적으로 한몸에 불교의 해탈과 도교의 지인(至人)의 경지를 지니면서, 동시에 유교의 경세제민(經世濟民)을 주장한 원융적인 인물이었다고 평가했다.

김명호는 1984년에 이전까지 김시습의 사상에 관한 연구가 다수 이루어졌는데도 어느 연구는 유불 일치 또는 조화 쪽에, 다른 연구는 기일원론 또는 주기론으로 파악하는 등 각각 다른 결론에 이르고 있을 뿐만 아니라 김시습이 남긴 문학 작품을 이해하는 데서도 이견(異見)을 보인다고 문제점을 지적했다. 그리하여 원점에서 다시 김시습의 사상을 검토한 바, 김시습의 유학사상이 오히려 이기이원론(理氣二元論) 또는 주리론(主理論)적인 특성을 보인다면서, 『금오신화』와 같은 김시습의 작품을 새롭게 해석할 수 있는 시각을 제공한다고 했다. 이렇게 볼 때 『금오신화』는 봉건적인 이념과 실제 현실 간의 괴리를 반영한 작품이었다고 말했다.

다양한 관점에서 논의되었던 김시습의 문학과 사상을 종합적으로 정리한 것이 1988년 강원대학교에서 주관한 '매월당의 문학과 사상'이라는 심포지엄이다. 한국, 중국, 일본 학자들이 참가하여 여러 관점에서 김시습의 문학과 사상에 대해 검토했다. 그의 사상과 관련된 논문 몇 편만 소개하겠다.

김지견은 「사문 설잠의 화엄과 선의 세계」라는 연구에서, 김시습의 활동을 시기적으로 검토해 김시습이 18세경에 출가했다는 것, 화엄의 성기법계(性起法界)와 돈오(頓悟)의 선 체험은 근원적으로 서로 의지하는 관계에 있다는 것을 이야기하며 불교적인 관점에서 정리했다. 한종만은 「설잠의 십현담요해와 조동선」이라는 논문에서, 김시습이 남긴 『십현담요해』를 조동선과 관련하여 검토했다. 그리하여 『십현담요해』의 특성으로 세간을 떠나 무사안일(無事安逸)하는 것이 아니라 살아가는 순간마다 자성(自性)을 떠나지 않고 본성(本性)을 정도에 맞게 활용하는 활선(活禪)으로 보았다고 했다. 유승국은 「매월당의 철학사상과 선비 정신」이라는 논문에서, 김시습의 유교사상은 도덕과 성리(性理)를 분리하지 않는 인간 주체의 내면에서 파악되며, 이는 노장사상과 불교사상과도 통한다고 보았다. 그러나 도교에 대해서는 비판적인데, 이는 사회를 교화하는 큰 방법이 나오지 않고 개인적인 체험에 머물기 때문이라고 했다.

양은용은 「청한자 김시습의 단학 수련과 도교사상」이라는 논문에서, 김시습은 도교사상을 삼교일리(三敎一理)에 두었으며 철학적인 도가는 비판하고 종교적인 도교는 수용했는데, 특히 도교의 수련을 중시하는 성립 도교와 음사를 믿는 민간 도교의 두 흐름 가운데 성립 도교를 선호하는 반면 민간 도교는 비판했다고 했다. 기(氣) 중심의 유가사상에 비추어 김시습의 사상을 도교 중심으로도 정리할 수 있다면서, 도교에 대한 학계의 통설에 의문을 제기했다.

이밖에 최정간의 '김시습이 일본 무로마치 시대(室町時代) 초암다(草庵茶)에 끼친 영향'을 다룬 논고, 소재영의 '『금오신화』의 문학적 가치'를 다룬 논고, 강동엽의 '김시습의 생애와 사상'을 다룬 논고, 김용구의 '매월당의 방랑과 비판 정신'을 다룬 논고, 그리고 이종찬의 '매월당의 문학세계'를 다룬 논고 등이 발표되었다.

이처럼 여러 각도에서 김시습에 대한 접근이 이루어졌고, 그것은 동시에 지금까지 해온 김시습 연구의 성과와 한계를 점검하는 계기가 되었다. 따라서 이후 김시습에 대한 연구 방향은 기왕의 연구를 더욱 심화하는 쪽으로 전개되었다. 그 위에 새로운 측면에서 조망(眺望)하기도 했다.

1989년 최석기는 임형택의 방외인 문학을 더욱 심화한 연구 결과를 발표했다. 그것이 「매월당 시에 나타난 제세안민사상」이었다. 여기서 최석기는 김시습의 경세적 포부는 그가 배운 경술(經術)로 제세안민하겠다는 확고한 의지에서 나온 것이며, 이는 과거 역사를 통해 민생을 위한 정치를 만들어보겠다는 김시습의 투철한 역사 인식에서 나온 결과로, 민생을 위한 정치라는 각도에서 현실 정치를 비판했다고 했다. 그리고 이러한 기준에서 김시습의 단계별 현실 인식을 김시습이 남긴 시를 통해 점검하여 구체적인 모습을 담아냈다. 한 가지 아쉬운 것은, 김시습의 현실 인식이 성종 즉위를 계기로 변화하고 그 이전은 별다른 변모 양상을 보이지 않는다고 본 점이다.

1991년에 이상익은 「매월당 김시습의 도불관」이라는 논고를 발표했다. 이상익의 기본 시각은 김시습 사상의 바탕은 심유적불이라는 것이다. 즉, 불교나 유교는 다 같이 세상을 돕는 측면이 있는 반면, 도교는 자신의 사사로운 이익만을 생각하고 사회의 공정한 의리는 돌보지 않는다고 보고 비판했다는 것이다. 이는 김시습의 사상적 특징을 유불회통론의 관점에서 정리한 연구였다.

1995년에 김용곤은 「성리학의 보급」이라는 논고를 통해 김시습의 사상에 대해 간략하게 정리했다. 연구의 골자는 김시습의 사상을 유교적 왕도성치의 구현이라는 각도에서 정리한 것이었다. 따라서 사상의 핵심은 도(道)—기(氣)—심(心)으로 이어지는 유학사상의 체계와 천지의 공정하고 바른 이(理)야말로 민을 위하는 왕도정치 구현의 이론적·실천적 토대였으며, 이런 기준에서 불교와 도교의 사상을 평가했다고 이해했다.

1995년에 최일범은 「김시습의 이기설」이라는 논고를 발표했다. 최일범은 김시습의 유학사상을 이기론의 각도에서 연구했던 그간의 결과들을 먼저 검토하고, 기일원론의 입장이 그릇된 것이라고 비판했다. 다시 말하면 김시습의 경우 기일원론과는 다른 특성을 보이는데, 즉 인간의 마음을 통해서 이(理)의 관념적 초월성과 기(氣)의 경험적 현실성을 동시에 드러냈다는 것이다. 최일범은 다음해에 이런 사상체계를 더 심화시킨 연구를 내놓았다. 그것이 「매월당 김시습의 생애와 철학사상」이다. 이 연구에서 김시습의 철학사상은 천태·화엄·선종의 대승불교사상과 성리학을 중심으로 구성되었다는 점을 논리적으로 설명했다. 즉, 김시습은 대승불교의 중도사상(中道思想), 제법실상(諸法實相)에 근거해서 불교가 세계를 허무한 것으로 부정하지 않고 긍정적인 세계관을 지녔으며, 유학상으로는 우주 원리와 도덕 원리의 합일, 주관과 객관의 합일, 보편성과 특수성의 합일을 도모해 마음의 구조와 사물의 구조가 본질적으로 서로 일치한다고 파악했다. 이를 기초로 김시습이 의도한 것은 스스로 도덕적인 인격을 완성하여 도덕주의에 입각한 이상사회를 건립하는 한편, 진부한 불교관을 비판하고, 동시에 훈구 세력의 비정(秕政)을 일깨우고자 했다고 의미를 부여했다.

또 1997년에 설중환은 「매월당 김시습과 경주」라는 연구를 내놓았다. 설중환의 연구가 갖는 의미는 그동안 소홀히 취급했던 김시습과 경주와의 관계를 상식적인 각도에서 이해한 점이다. 이를테면 인생의 새로운 출발지를 경주로 삼은 이유를, 김시습이 김알지의 후손으로서 영화로웠던 옛 시절로 돌아가고픈 무의식적 소망을 드러낸 것이라고 본 것이다. 이밖에 김시습의 행적을 상식적인 시각으로 접근하며 의미 있는 결과를 얻었다. 예를 들면, 김시습이 승려가 된 것은 은둔하기 위한 수단이었다든가, 호남 지방을 여행하면서 심경 변화를 일으킨 것은 실의를 딛고 현실 정치에 참여하겠다는 생각이 자신도 모르게 나타난 결과라고 본 것 등이다.

1998년에 구만옥은 「15세기 후반 이학적 우주론의 대두」라는 연구 결과를 발표했다. 구만옥은 김시습의 사상이 삼교회통론에 서 있다고 할 수 있으나, 진리의 기준은 성리학이었다고 보았다. 김시습의 사상적 특성은 그가 그때까지 수용했던 불교의 우주론과 도교의 천관 등 인격적 우주론을 부정하고 주자학적인 우주론으로서 혼천설(渾天說)과 좌선설에 기초한 이학적 우주론을 믿었으며, 여기에 근거해서 세속적인 불교는 물론 도교의 불로장

생과 하늘과 별에 대한 제사 등을 비판했다고 보았다. 주목되는 것은 김시습이 현상세계의 생성과 변화의 모든 과정은 일기(一氣)의 운동과 기화(氣化)에 있다고 설명했는데, 여기에는 설명 방식에 따라 기일원론(氣一元論)과 이본체론(理本體論: 理氣二元論)의 차이가 나타나고, 김시습의 경우 태극론을 통해서 볼 때 주자의 그것과 대동소이해 보이기 때문에 이본체론으로 해석하는 것이 타당하다고 주장했다. 그동안 김시습의 태극론을 둘러싸고 전개된 논의를 잘 정리한 연구였다고 할 수 있다.

정구복은 2000년에 「김시습의 역사철학」이라는 논고를 발표했다. 이는 김시습 연구와 관련해 새로운 접근이라고 할 수 있으며, 그동안 이 방면에 대한 연구를 계속했기 때문에 가능한 일이었다고 여겨진다. 먼저, 역사철학을 검토하기에 앞서 생애와 사상을 훑어보았고, 사상면에서는 성리학과 불교사상에서 마음씀의 올바름을 수용했다고 이해했다. 이어 김시습의 역사철학을 그가 남긴 「고금제왕국가흥망론」을 포함한 논설과 시, 그리고 「취유부벽정기」(醉遊浮碧亭記)와 같은 소설 등을 통해 분석했다. 그리하여 김시습의 역사관이 삼국의 역사에서 불교, 유학의 발전을 거쳐 조선 세종대에 와서 가장 이상적인 정치를 펼쳤다고 평가하고 있고, 단군 조선 이래 우리 문화에 대한 자부심을 가지고 있었으며, 신라 중심의 역사관에 반발하고 고구려 중심의 역사관을 가졌다고 이해했다. 한 가지 아쉬운 것은, 김시습이 미친 사람처럼 행동한 것을 왕도정치가 제대로 실현되지 못한 데서 찾으려는 견해를 온당치 않다고 본 점이다.

김시습에 대한 연구가 학문적으로 진전되는 한편에서는 김시습이라는 인물에 대한 정리가 다양하게 시도되어 일반인들에게 전달되었다. 그 종류가 너무 많아 하나하나 소개할 수는 없다. 다만 그 가운데서 소설 형식으로 김시습의 생애를 재구성한 이문구의 소설과 이종호의 평전, 그리고 2003년에 나온 심경호의 평전만은 알려드리고자 한다. 세 평전 모두 김시습이라는 인물을 이해하는 데 크게 기여했다는 의미가 있다. 그러나 이런 노력에도 불구하고 '김시습이 무슨 생각으로 무엇을 위해 그처럼 자유분방하게 살았던가' 라는 기본적인 물음에는 여전히 만족할 만한 답을 주지 못했다. 이 점은 그만큼 김시습에 관한 연구가 앞으로 지금까지의 연구 성과를 토대로 체계적이고 일관된 설명을 구하는 쪽으로 전개되어야 함을 의미한다고 생각한다.

참고문헌

『梅月堂集』, 한국문집총간 13, 1988.
『梅月堂全集』, 성균관대학교 대동문화연구원편, 1973.
『국역 매월당집』 5책, 세종대왕기념사업회, 1977~1980.
『朝鮮王朝實錄』, 국사편찬위원회편, 탐구당, 1981.
南孝溫, 『秋江集』, 한국문집총간 16, 1988.

金鎔坤, 「世宗·世祖의 崇佛政策의 목적과 의미」, 『朝鮮의 政治와 社會』, 崔承熙敎授 停年紀念論文集, 2002.
_____, 「金時習의 政治思想의 形成 過程」, 『韓國學報』 18, 一志社, 1980.
鄭炳昱, 「김시습 연구」, 『인문사회논문집』 7, 서울대학교 출판부, 1958.
鄭鉒東, 「김시습의 佛敎觀」, 『慶北大學校 論文集』 6, 경북대학교, 1962.
李英茂, 「김시습의 인물과 사상」, 『常虛 劉錫昶 古稀論文集』, 1970.
韓鍾萬, 「雪岑 金時習의 思想」, 『韓國佛敎思想史』 4, 원광대학교 출판부, 1974.
_____, 「朝鮮朝 初期 金時習의 佛敎와 道敎 受容」, 『韓國宗敎』 8, 원광대학교 종교문제연구소, 1983.
_____, 「雪岑의 十玄談要解와 曹洞禪」, 『梅月堂 學術論叢』, 강원일보, 1988.
林熒澤, 「金時習의 人間과 思想」, 『韓國哲學硏究』 중권, 韓國哲學會, 1978.
林熒澤, 「梅月堂의 文學의 性格」, 『大東文化硏究』 13, 성균관대학교 대동문화연구원, 1979.
柳承國, 「梅月堂의 儒學 및 道敎思想」, 『大東文化硏究』 13, 성균관대학교 대동문화연구원,

1979.

_____, 「梅月堂의 哲學思想과 선비 精神」,『梅月堂 學術論叢』, 강원일보, 1988.

閔泳珪, 「金時習의 曹洞五位說」,『大東文化研究』13, 성균관대학교 대동문화연구원, 1979.

申東浩, 「梅月堂 金時習의 氣學思想 研究」,『논문집』10-2, 충남대학교 인문과학연구소, 1983.

_____, 「金梅月의 自然觀과 鬼神說」,『논문집』11-2, 충남대학교 인문과학연구소, 1984.

裴宗鎬, 「梅月堂 金時習의 哲學思想」,『大東文化研究』17, 성균관대학교 대동문화연구원, 1983.

_____, 「金時習의 道敎觀」,『東洋學』15, 단국대학교 동양학연구소, 1985.

安炳鶴, 「金時習 詩에 있어서의 歷史意識」,『민족문화연구』17, 고려대학교 민족문화연구원, 1983.

金明昊, 「金時習의 文學과 性理學 思想」,『韓國學報』35, 一志社, 1984.

金知見, 「沙門 雪岑의 華嚴과 禪의 世界」,『梅月堂 學術論叢』, 강원일보, 1988.

梁銀容, 「淸寒子 金時習의 丹學 修鍊과 道敎思想」,『梅月堂 學術論叢』, 강원일보, 1988.

崔錫起, 「梅月堂 詩에 나타난 濟世安民思想」,『민족문화』12, 민족문화추진위원회, 1989.

李相益, 「梅月堂 金時習의 道佛觀」,『東洋哲學研究』12, 동양철학연구회, 1991.

金鎔坤, 「성리학의 보급」,『한국사』26, 국사편찬위원회, 1995.

최일범, 「김시습의 이기설」,『東洋哲學研究』15집, 동양철학연구회, 1995.

_____, 「매월당 김시습의 생애와 철학사상」, 계간『사상』가을호, 1996.

설중환, 「梅月堂 金時習과 慶州」,『慶州史學』16집, 경주사학회, 1997.

구마옥, 「15세기 후반 理學的 宇宙論의 擡頭」,『朝鮮時代史學報』7, 民昌文化社, 1998.

鄭求福, 「金時習의 歷史哲學」,『韓國史學史學報』2, 한국사학사학회, 2000.

이문구, 『매월당 김시습』, 문이당, 1992.

이종호, 『매월당 김시습』, 일지사, 1999.

심경호, 『김시습 평전』, 돌베개, 2003.

김일손 金馹孫

역사 정신을 구현한 사관

박주 대구가톨릭대학교 역사교육과 교수

머리말

탁영(濯纓) 김일손(金馹孫, 1464~1498)은 초기 사림파 인물로 무오사화 때 희생되었다. 그는 15세기 후반 훈구파와 사림파의 대립과 갈등 속에서 현실에 대한 남다른 비판의식과 불의를 용납하지 못하는 선비 정신을 소유한 강직한 사관(史官)이며, 경술(經術: 경서를 연구하는 학문)과 사장(詞章: 시와 문장)을 겸비한 대문장가였다.

그는 성품이 간략하고 강개하여 큰 절개를 지녔으며, 그가 올린 상소(上疏)나 차자(箚子: 간단한 서식의 상소문)의 문장은 그 넓고 깊음이 큰 바다와 같았고, 인물을 시비하고 국사를 논의함이 마치 청천백일(靑天白日)과 같았다고 한다.

17세 때 밀양으로 건너가 김종직(金宗直) 문하에서 수학했고, 김종직을 중심으로 한 금란계(金蘭契)가 조직되자 정여창(鄭汝昌)·김굉필(金宏弼)·조위(曺偉)·강혼(姜渾) 등과 함께 참여해 서로 마음과 뜻을 같이했다. 또한

63인의 역사학자가 쓴 한국사 인물 열

그는 동료들과 곧잘 산행을 하면서 동류의식을 키워갔다. 남효온(南孝溫)·홍유손(洪裕孫) 등과 함께 용문산에서 산유(山遊)한 것이나, 정여창 등과 함께 두류산(頭流山: 지리산)을 기행한 것, 김굉필이 찾아오자 함께 가야산을 주유(周遊)한 것 등이 그 좋은 예다. 또한 그는 사림파 계열의 인물들과 교류하면서 당시의 경상감사, 진주목사, 청도군수 등과도 교류했다.

그는 사환(仕宦: 벼슬살이) 중에 가끔 사가독서(賜暇讀書: 휴가를 받아 학문에 전념함)하면서 주위의 학자들과 학문적·인간적인 유대를 강화했다. 즉, 1493년 가을 신용개(申用漑), 강혼, 이희순(李希舜), 김자헌(金子獻), 이과(李顆), 권오복(權五福) 등과 함께 사가독서하면서 여가에는 거문고를 배우기도 했다. 동년배였던 그들은 시를 지으면 함께 읊조리곤 했다. 이 때문에 김종직과 그를 비롯한 교우들은 훈구파에게서 "스승이 제자를 칭찬하고 제자가 스승을 두둔해 서로 밀어주면서 하나의 당을 만든다"는 비난을 받았다.

그는 뛰어난 문장력을 발휘해 기문(記文)이나 시부(詩賦)를 지어 교우에게 보내기도 했다. 어릴 때부터 사귀었고 서당이나 홍문관에서 함께 일한 강혼에게는 「추회부」(秋懷賦), 「의별부」(擬別賦) 등을 지어주면서 자신의 기질이나 속마음을 털어놓았다. 그는 언제나 능동적이고 직극적인 자세로 교우를 찾아다녔으며, 뛰어난 문사적 기질을 유감 없이 발휘했다. 사관으로 있을 때는 직필(直筆)을 생명보다 더 중요하게 생각했다.

훈구파와 사림파의 첨예한 대립은 김일손이 사초(史草)에 수록한 김종직의 「조의제문」(弔義帝文)을 빌미로 무오사화로 비화되었다. 결국 그는 현실 사회의 모순과 질곡에 맞서 저항하다 무오사화로 말미암아 35세의 젊은 나이에 희생되었다.

이 글에서는 그의 짧은 생애를 통해 보여준 강직한 사관으로서의 인물됨과 무오사화에 대해 집중적으로 살펴보고자 한다.

1. 생애

김일손은 1464년 경상도 청도군(淸道郡) 상북면(上北面) 운계리(雲溪里) 소미동(小微洞)에서 집의(執義)였던 아버지 김맹(金孟)과 어머니 용인(龍仁) 이씨의 셋째 아들로 태어났다. 그리고 1498년 무오사화 때 35세로 세상을 떠났다.

그의 본관은 경상도 김해이고, 자는 계운(季雲)이며, 호는 탁영이다. 김수로의 후예로 중시조 김항(金伉) 때부터 청도에서 살았다. 그의 증조부 서(湑)는 현감(縣監)을 지냈으며, 조부 극일(克一)은 효성이 지극해 문인들이 절효(節孝) 선생이라 불렀다.

맏형 준손(駿孫)과 둘째 형 기손(驥孫)은 모두 과거에 급제했다. 맏형 김준손의 장남 대유(大有)는 호가 삼족당(三足堂)이며, 조광조(趙光祖) 같은 제현(諸賢)들이 그의 경술과 재행(才行)을 크게 칭찬했다고 한다. 그러나 무오사화에 연루되어 부친과 함께 전라도로 귀양을 가기도 했다. 그뒤 1507년 진사시에 합격했으며, 조광조를 비롯한 사림파의 추천으로 현량과에 합격했다. 그러나 기묘사화가 일어난 후 현실 정치에 대한 뜻을 접고, 청도의 운문산 근처 우연(愚淵)에 삼족당을 지어 자연과 더불어 말년을 보냈다. 그는 그 시대 사림 세력의 추앙을 받았으며, 남명(南冥) 조식(曺植, 1501~1572)과도 교우관계를 맺었다. 그가 죽은 뒤 남명 조식이 묘갈명(墓碣銘)을 헌증했다.

김일손은 8세에 집안에서 『소학』을 배우기 시작했다. 15세에는 성균관에 들어가 독서를 했으며, 경상북도 선산(善山)에 은거하던 정중호(鄭仲虎), 이맹전(李孟專) 등을 방문해 그들에게서 세조의 왕위 찬탈과 단종의 죽음에 관한 사실을 들었다. 그리고 같은 해에 고려 말의 성리학자인 우탁(禹倬)의 후손으로 참관이던 우극관(禹克寬)의 딸과 결혼했다.

17세 때 비로소 밀양으로 간 뒤 김종직의 문하에 들어가 경전(經傳: 經書

와 그 해설서)과 한문(韓文: 韓愈 文集)을 수학했다. 18세 때는 남효온과 함께 용문산(龍門山)을 유람했는데, 남효온은 3년 전인 1478년 4월 25세의 유학(幼學: 벼슬하지 않은 유생) 신분으로 소릉(昭陵: 단종의 생모인 현덕왕후의 능) 복위 상소를 올려 조야(朝野)에 큰 파문을 던졌다. 같은 해 8월 원주(原州) 주천(酒泉) 산중에 은거하던 원호(元昊)를 찾아보고, 그에게서 단종이 영월로 유배간 일과 그의 죽음, 그리고 사육신(死六臣)에 관한 전후 사정을 자세히 들었다.

24세 때는 홍문관(弘文館) 정자(正字)에 이배(移拜)되었으나 부인 우씨(禹氏)의 죽음으로 나가지 않았다. 세조가 즉위하자 남효온과 함께 생육신의 한 사람으로 벼슬을 버리고 파주에 은거하던 성담수(成聃壽)를 방문하고, 그곳의 명산을 유람했다. 그리고 금산군(金山郡: 현재의 김천군)을 지나다가 조위를 방문했다. 그해 10월에는 진주목학의 교수로 부임했으며, 25세인 1488년 3월에는 진주목사 경태소(慶太素) 및 유관 제공(遊官諸公) 21명과 촉석루에서 수계(修禊: 知己之友로서 화합하는 인연을 맺음)하고 서문을 지었다.

그 무렵 정여창·남효온·홍유손·우선언(禹善言)·최한(崔漢)·김굉필 등을 만나 학문적 교류를 돈독히 했으며, 남효온·홍유손·우선언과 함께 청도의 운문산을 유람하기도 했다. 동료들과 산행하면서 호연지기를 길렀고, 거문고를 타고 곡조를 논하는 등 음률에도 조예가 깊었으며, 풍류를 좋아했다.

그는 예문관과 홍문관에서 활동하면서 적극적이고 강직한 사림파의 성향을 잘 보여주었다. 처음에는 승문원(承文院)에 보임(補任)되어 부정자(副正字) 일을 맡았다가 다시 정자(正字), 춘추관(春秋館), 기사관(記事官)으로 승배되었다. 26세 때는 정여창과 함께 두류산을 등반하고 「속두류록」(續頭流錄)을 남겼으며, 주계부정(朱溪副正) 이심원(李深源)과는 치도(治道)에 대해 강론했다. 그해 8월에는 한원(翰苑)에 입직(入直)하고 경연(經筵)에 참석했으며, 동료 이주(李胄)와 함께 사관이 기사(記事)하는 규칙을 아뢰기도 했고, 차자를 올려 치도를 논하기도 했다. 비록 그해 10월 탄핵을 받아 잠시 제주도 금녕(金寧)에 유폐되었으나 곧 방환(放還)되어 다시 정자에 제수되었으며, 11월에는 왕의 특별 교지로 요동(遼東) 질정관(質正官)이 되어 명나라에 다녀왔다.

1490년(성종 21) 27세 때는 승정원(承政院) 주서(注書) 겸 검열(檢閱)에 제수되었고, 그해 5월에는 홍문관 저작(著作)·주서·검열 등의 관직을 겸직했다. 이후 성종 말년까지 홍문관 박사(博士)·부수찬(副修撰)·수찬(修撰)·부교리(副校理)·교리(校理) 및 승정원 주서·검열·대교(待敎), 성균관 전적(典籍)·직강(直講), 사헌부 감찰(監察)·지평(持平), 진하사(進賀使) 서장관(書狀官), 사간원(司諫院) 정언(正言)·헌납(獻納), 용양위(龍驤衛) 사정(司正), 교서관(校書館) 박사(博士), 병조좌랑(兵曹佐郎), 이조좌랑(吏曹佐郎)·정랑(正郎), 충청도 도사(都事), 예문관(藝文館) 응교(應敎), 의정부(議政府) 검상(檢詳), 승문원(承文院) 교리 등 여러 관직을 두루 거치면서 활발한 정치 활동을 전개했다.

이 무렵 그는 노산군(魯山君: 端宗)의 입후(立後: 양자를 세우는 것)를 주청(奏請)하고, 사관(史館)에 입직(入直)해 사초(史草)를 닦으면서 스승 김종직의 「조의제문」을 사초에 수록했으며, 남효온이 지은 「육신전」(六臣傳)을 교정·증보했다. 또한 그해 4월에는 영산(靈山)의 노인들을 위해 신담(申澹)의 「생사당기」(生祠堂記)를 지었다. 즉, 고을 백성들이 전 영산현감(靈山縣監) 신담의 덕행을 기리는 생사당(살아 있는 사람의 사당)을 건립했는데, 그 기문인 「생사당기」를 그가 지었던 것이다. 영산은 그의 외향(外鄕)인데, 경북 청도에서 60리 거리로 그리 멀리 떨어지지 않았기 때문에 외가 친척들과 왕래가 잦았다. 그의 외증조인 한성부윤 이간(李暕)이 영산에 살고 있었는데, 이런 이유로 이 고을에 외가 친척들이 많았다. 그가 기문을 지었다는 사실은 뒤에 경상도 관찰사 김여석(金礪石)에 의해 왕에게 치계되었다. 그해 10월에는 시폐칠사(時弊七事)를 논했고, 이후 서장관으로 명나라에 갔을 때는 그곳의 예부(禮部) 원외랑(員外郞) 정유(程愈)를 만나 『소학집설』(小學集說)을 얻어왔다. 이에 성종은 이 책을 교서관에서 간행토록 하고 전국에 반포하도록 했다.

특히 28세 때인 1491년 10월, 처음으로 소릉의 위호(位號) 회복을 청하는 상소를 올려 소릉 복위 문제를 정식으로 거론했으나, 윤허받지 못했다. 또한 29세인 1492년 7월에는 사간원 헌납이 되면서 이주와 더불어 차자를 올려 이극돈(李克墩)과 성준(成俊)이 권세를 다투어 당(黨)을 나눈 것을 탄핵했다.

1494년 31세 때는 병조 경차관(敬差官)으로 충청도와 경상도 성곽의 퇴락 여부를 조사하는 임무를 띠고 파견되어 지방관의 축성(築城) 감독 상황을 파악해 보고함으로써 지방 수령의 상사(賞事)를 다시 결정하도록 하기도 했다. 또 그해 7월에는 충청도 도사로 추천되어 외관(外官: 지방 관원) 활동을 폈다.

그는 연산군이 즉위하면서 사간원 헌납에 제수되어 대간으로 활동하기 시작했다. 연산군 원년인 1495년 5월에 시국(時局)에 관한 이익과 병폐 26조목(「謹條利病二十六事」)을 상소했으나, 연산군은 아무런 비답(批答)을 내리지 않았다.

이때 올린 26조목을 살펴보면 상제(喪制), 사면(赦免), 절검(節儉), 예제(禮制), 법집행(法執行), 제조(提調) 폐지, 언로(言路) 확충, 종실(宗室) 등용, 사관(史官) 확대, 감사 구임(監司久任)과 어사 파견, 대외 무역의 폐단 시정, 효렴(孝廉) 등용, 분긍(奔競) 억제, 인재 천거, 시사 전경(試士專經), 수령 임용, 외관 우대, 지방 교관 임용, 사전(寺田) 폐지 및 학전(學田) 충당, 왜적 대비, 평사(評事) 설치, 유향소의 역할 증대, 세창(稅倉) 설치, 기인(其人) 폐지, 양천 상혼(良賤相婚) 금지, 소릉 복구 등이었다. 이러한 건의안은 당시 조정에 꽤 큰 파장을 불러일으켰다.

1495년 10월부터 그를 비롯한 대간들이 왕과 논쟁을 벌이기 시작했다.

그를 비롯한 대간들과 국왕의 갈등은 왕의 경연 참석 문제를 둘러싸고 시작되어 수륙재(水陸齋) 행사와 묘제(廟制) 문제를 통해 확대되었다. 그는 비록 벌을 받고 죽는 한이 있더라도 군주를 정도(正道)로 이끌어 유교적 도덕 정치를 구현하도록 해야 한다는 신념에 차 있었다.

2. 정치·사회 개혁론

(1) 수륙재(水陸齋) 설행(設行) 반대

수륙재는 물과 육지에서 헤매는 외로운 영혼과 아귀를 달래며 위로하기 위해 불법(佛法)을 강설하고 음식을 베푸는 불교의식을 말하는데, 우리 나라에서는 고려 시대부터 시작되어 조선 시대에 특히 성행했다.

1494년(연산군 즉위년) 11월, 김일손은 경연에서 수륙재를 금지해야 한다는 글을 올렸다. 성종의 상을 당해 대비가 지시해서 수륙재를 설재(設齋)하자, 김일손을 비롯한 사림파들은 숭유배불론의 입장에서 이를 반대했다. 당시 대간으로 재임하던 김일손은 이의무(李宜茂), 한훈(韓訓), 이주 등과 함께 수륙재를 반대하는 상소를 다시 올렸으나 받아들여지지 않았다. 결국 수륙재는 1515년(중종 10)경 유생들의 강력한 반대로 나라에서 공식적으로 설재를 금지하는 것으로 실현되었다.

(2) 소릉 복위 상소

김일손의 언론 활동 중 가장 큰 비중을 차지하는 것은 소릉 복위 문제였다. 그는 대사간 김극유, 사간 이의무, 정언 한훈, 이주 등과 함께 소릉의 복위를 청하는 헌의(獻議: 윗사람에게 의견을 아룀)를 했다. 소릉은 세조 때 묘가 파헤쳐지고 종묘에서 신주(神主)가 철거되는 변을 당했던 문종의 비 현덕왕후의 능을 말한다. 현덕왕후는 단종의 모후이며, 화산부원군 권전(權專)의 딸이다. 1437년에 세자빈이 되었고, 1441년 단종을 낳고는 3일 뒤에 승하했다. 같은 해에 현덕이라는 시호를 받고 경기도 안산군에 예장되었으며, 1450년 현덕왕후에 추숭(追崇)되어 능호를 소릉이라고 했다. 그러나 1456년(세조 2)에 그녀의 어머니 아지(阿只)와 동생 권자신(權自愼)이 단종의 복위를 도모하다 사형당하면서, 1457년에는 아버지 권전이 추폐되어 서민이 되었고, 아들 단종은 군으로 강봉되어 폐위당했다. 이에 종묘에서 신주가 철거되고 평민의 예로 개장되는 비운을 겪었던 것이다.

소릉 복위에 관한 논의는 생육신의 한 사람인 남효온이 처음 제기했다. 즉, 문종의 비 권씨는 단종을 낳고 곧 죽었는데도 일시에 추폐되어 문종이 종묘에 독향(獨享)되어 있으며, 지금까지 배존(配尊)하는 신주가 없으므로 소릉과 묘주를 복위해서 문종에 배향(配享)하고, 아울러 예관에게 합향하기 위한 의식 절차를 작정하도록 해서 시행하자는 것이었다. 이러한 사간원의 헌의에 대해 예조는 문종의 묘가 독주이나 소릉은 조종조에서 폐릉한 지 오래되어 경솔하게 다시 세우기 어렵고, 검제(劍祭)·검향(劍享)*도 조종조에 하지 못한 일을 하루아침에 행하고자 논의하는 것은 온당치 못하다며 반대했다.

이 묘제에 관한 논의는 연산군 2년인 1496년 1월 9일 증경정승(曾經政丞) 및 정부 육조를 녕소(命召: 임금이 신하를 은밀하게 불러들이던 일)해 의논케 함으로써 해결의 실마리를 찾는 듯했으나 결말을 보지 못한 채 중단되고 말았다. 결국 소릉 복위에 대한 주장은 중종 8년인 1513년에 가서야 실현되었다.

3. 무오사화(戊午史禍)

무오사화는 훈구파와 사림파의 갈등에서 비롯된 사건이다. 이 사건은 1498

---

* 후한 시대 張武의 持劍祭父(아버지의 시신이 없는 상태에서 유품인 칼만 가지고 제사를 지냄) 고사로, 아무것도 없는 상태에서 유품만 가지고 제사를 지내는 것을 이르는 말.

년(연산군 4) 7월에 『성종실록』을 찬수(撰修)하기 위한 실록청이 열리면서 시작되었다.

무오사화는 당시의 여러 기록에서 이극돈 등의 훈구파가 사림파에게 반감을 드러냄으로써 발단된 것이라고 전한다. 이극돈은 광주 이씨로, 우의정을 지낸 이인손의 아들이다. 그의 선조는 대대로 광주에서 살아온 토착 세력으로, 그의 증조부인 이집 때부터 두각을 나타내기 시작했다. 이극돈의 형제 다섯이 모두 문과에 급제함으로써 당대 최고의 문벌을 자랑하던 집안이었다. 실록청 당상관이었던 그는 사초를 열람하는 과정에서 자신의 비행이 김일손에 의해 사초로 기록된 사실을 알았다. 그와 관련된 사초란, 그가 세조 때 불경을 잘 외운 덕으로 벼슬을 얻어 전라도 관찰사가 된 것과, 세조 비였던 정희왕후의 상을 당했을 때 장흥(長興)의 관기를 가까이한 일, 그리고 뇌물을 받은 일 등이었다. 이에 그가 김일손에게 고쳐 달라고 청했으나 거절당하자 앙심을 품었던 것이다.

또한 그는 일찍부터 김일손에게 좋지 않은 감정을 가졌다. 1486년(성종 17, 병오년) 김일손이 대과인 병오년 문과에 응시했을 때 예조 시관이었던 그는, 모든 관리들이 김일손의 문장을 능작(能作)으로 여겨 1등에 두려 했으나, 과장(科場) 제술(製述)의 정식(定式)에 맞지 않는다는 이유로 2등으로 결정했다. 그후 그가 이조판서가 되었을 때, 이조낭청을 뽑아야 할 일이 생겼다. 낭청들이 모두 여러 차례에 걸쳐 김일손을 낭청으로 천거했으나, 이극돈은 김일손이 장차 홍문관으로 들어갈 것이라는 핑계를 대며 망(望)에 넣어주지 않다가 병조당상이 강력히 추천한 탓에 부득이 병조좌랑에 의망(擬望: 추천)했다.

이러한 일들로 말미암아 이극돈의 아들 이세전(李世銓)도 이웃 고을의 수령으로 부임하여 김일손의 형 준손에게는 문안을 하면서도 김일손은 찾지 않았을 뿐 아니라, 그를 험담한 사실까지 전해졌다. 결국 김일손과 이극돈 부자간의 감정 대립은 훈구파에 대한 김일손의 언론 공세로 이어졌다.

김일손이 훈구파에게 적극적으로 대응한 사실은 그가 헌납이 되어 직언한 데서 잘 드러난다. 그뒤 실록청이 열렸을 때 이극돈은 당상관이 되어 김일손의 사초에 자신의 악행과 함께 세조의 일이 소상히 기록되어 있는 것을 보고, 이를 이용해 자신의 원한을 갚으려고 했던 것이다.

유자광(柳子光)도 김일손을 비롯한 사림파에게 감정을 가진 인물이었다. 그는 경주부윤 유규(柳規)의 서자로 갑사(甲士)에 소속되어 있었는데, 이시애(李施愛)의 난 때 스스로 정벌에 종사했고, 돌아와서는 세조에게 발탁되었다. 예종 초에는 남이(南怡)를 거짓 고발해서 죽이고 그 공훈으로 무령군(武靈君)에 봉해진 인물이다.

유자광은 일찍이 함양(咸陽)을 유람할 때 시를 지어 그곳 군수에게 부탁하여 현판해두었는데, 후에 김종직이 군수로 와서는 이것을 철거해버린 일이 있었다. 이에 몹시 분개하여 사림파에게 원한을 품었다. 그러면서도 당시 성종의 신임을 받던 김종직과 친밀하게 교류했고, 김종직이 죽었을 때는 만사(挽詞)를 지어 그를 왕통(王通)과 한유(韓愈)에 비하기까지 하면서 자신의 악감정을 숨겼다.

이극돈은 사초를 실록에 싣지 않을 수 없는 상황에 몰리자, 사초에 실린 다른 내용을 문제 삼아 초점을 다른 곳으로 돌리려 했다. 즉, 신하로서는 거론할 수 없는 세조 때의 궁금비사(宮禁秘事: 궁궐의 비밀스런 일)를 사초에 올렸다는 것을 빌미로 김일손을 포함한 사림파를 곤경에 빠뜨리려 했다. 그는 이러한 사실을 유자광에게 먼저 알리고, 유자광은 다시 세조의 총신인 노사신(盧思愼)과 윤필상(尹弼商), 궁액(宮掖: 각 궁에 속한 심부름꾼)들과 연결된 한치형(韓致亨), 그리고 외척인 도승지 신수근(愼守勤) 등에게 전함으로써 왕의 귀에까지 들어가게 했다. 그러자 연산군은 "명예를 구하고 왕을 능멸해서 나를 자유롭지 못하게 하는 자들은 모두 그 무리들이다"라고 하며 평소에 사림파 계열의 문사(文士)들을 미워하던 감정을 터뜨렸다.

결국 왕은 사초를 대내(大內: 대전)로 들일 것을 명했고, 이로써 김일손을 시작으로 한 사림파의 수난이 시작되었다.

이와 같이 무오사화는 김종직과 김일손, 이극돈과 유자광의 개인적인 감정 대립이 기폭제가 되어 일어났으며, 세조가 즉위하는 과정에서 보여준 왕과 훈구파의 반인륜적이며 비윤리적 행위를 사림파가 문제 삼음으로써 생긴 사건이었다. 결국 무오사화는 사림파와 훈구파 간의 정치적·사회적 차이 및 사상의 차이로 말미암은 갈등이 그 근본 원인이었다.

한편, 무오사화가 일어났을 때 김일손은 모친상을 당해 청도에 내려가 있었다. 그는 호조정랑으로 있던 1496년(연산군 2)에 모친상을 당했고, 3년이 지나 상복을 벗자 풍병(風病)이 생겨 그곳에 머물렀던 것이다. 그런데 사화가 일어나면서 허반(許磐)과 더불어 가장 먼저 잡혀 서울로 압송되었다. 김일손은 잡혀오면서 이극돈과 관련 있는 사초 문제라는 것을 직감했다.

그는 1498년(연산군 4) 7월 12일 빈청에서 신문을 받기 시작했다. 김일손이 기록한 사초의 내용은 크게 단종, 세조와 관련된 궁중 비사와 세조의 집권 과정에서 발생한 일들이었다.

이에 김일손은 세조와 그를 옹립한 훈구 대신들의 불법성과 비윤리성을 밝히고, 나아가 소릉 복위와 노산군 봉사손의 입후를 통해 왕조의 정통성을 회복하고 유교 윤리를 북돋우려는 의지를 보여주고자 했다. 한편, 훈구파는 김종직의 문집에서 「조의제문」과 「술주시」(述酒詩)의 서문을 찾아내어 사림파에게 죄를 묻는 강도를 높이려고 했다. 김종직의 「조의제문」은 겉보기에는 진(秦)나라 말 항우(項羽)에게 시해당한 초(楚)나라 의제(義帝)를 조상(弔喪)한 글이나, 내면적으로는 의제를 단종에, 항우를 세조에 빗대어 그의 집권을 반인륜적인 것으로 은유했다.

유자광 등은 「조의제문」과 「술주시」가 모두 세조를 지목해서 지은 것이며, 김일손이 악한 짓을 하는 것은 모두 김종직의 가르침을 따른 것이라면서 김종직에 대한 논죄(論罪)와 그의 문집을 소각할 것을 추진했다.

이와 함께 평소에 훈구파와 갈등이 있던 이목(李穆), 임희재(任熙載), 이

63인의 역사학자가 쓴 한국사 인물 열

원(李䆓), 표연말(表沿沫), 홍한(洪瀚), 주계부정 이심원 등 사림과 인물들을 차례로 국문했다.

이목은 성균관에 있을 때 윤필상을 '간귀'(奸鬼)라고 칭한 일과, 임희재와 함께 이극돈의 아들 세전을 길에서 모욕한 적이 있었다. 이원은 김종직의 시장(諡狀: 시호 문서)에서 그를 칭송했으며, 표연말은 김종직의 행장을 지었을 뿐만 아니라 사초에 "소릉을 파헤치는 것은 문종에 대한 어긋난 도리"라고 기록했다. 또 홍한은 정창손(鄭昌孫)이 스스로 신하로서 섬겼던 노산군을 '수창청주'(首唱請誅: 벨 것을 앞장서서 주청함)했다는 사실을 사초에 기록했으며, 이심원은 성종 때 세조의 구신(舊臣)을 등용하지 말 것을 주청한 사실이 있는 등 모두 훈구파를 공격하는 데 앞장섰던 인물들이다.

이 같은 추국 과정을 통해 이미 죽은 김종직은 부관참시(剖棺斬屍)당했고, 그의 문인들은 대부분 화를 입었다. 김일손은 권오복·권경유(權景裕) 등과 함께 능지처참당했는데, 이때 그는 35세였다. 이목과 허반은 참수형을 당하고, 가산은 몰수되었다. 허반은 몇 달 전에 장원급제한 인물이었으나 궁중 비사를 김일손에게 전했다는 이유로 참수형을 당한 것이다. 강겸(姜謙)은 강계에 보내어 종을 삼고, 표연말은 경원으로, 정여창은 종성으로, 강경서(姜景敍)는 회령으로, 이수공(李守恭)은 창성으로, 정희량(鄭希良)은 의주로, 홍한은 경흥으로, 임희재는 경성으로, 무풍부정(茂豊副正) 이총(李摠)은 온성으로, 유정수는 이산으로, 이유청(李惟淸)은 삭주로, 민수복(閔壽福)은 귀성으로, 이종준(李宗準)은 부령으로, 박한주(朴漢柱)는 벽동으로, 신복의는 위원으로, 성중엄(成重淹)은 인산으로, 박권은 길성으로, 손원로는 명천으로, 이창윤(李昌胤)은 용천으로, 최부(崔溥)는 단천으로, 이주는 진도로, 김굉필은 희천으로, 이원은 선천으로, 안팽수(安彭壽)는 철산으로, 조형(趙珩)은 북청으로, 이의무는 어천으로 각각 귀양살이를 떠났다. 이극돈 또한 사건을 처리하는 과정에서 사초를 지연했다는 이유로 파직되었다. 그러나 윤필상을 비롯한 다른 훈구 대신들은 수많은 전답과 노비를 하사받았다.

김일손은 1506년(중종 1)에 관직을 회복하고, 그 이듬해에는 가산(家産)을 환급받았으며, 1512년(중종 7)에는 그에게 통훈대부 홍문관 직제학을 증직(贈職)했다. 그리고 1660년(현종 1)에는 통정대부 승정원 도승지를 증직했으며, 이듬해에는 그를 제향(祭享)하는 청도의 자계서원(紫溪書院)에 사액(賜額)하는 은전을 베풀었다. 1830년에는 자헌대부 이조판서를 증직했고, 1834년에는 '문민'(文愍)이라는 시호(諡號)까지 하사했다.

4. 자계서원

무오사화로 김일손이 악형을 당할 때, 냇물이 별안간 붉은 빛으로 변했다고 해서 선조가 서원의 편액(扁額)을 하사할 때 '자계'(紫溪)라는 이름을 내렸다.

자계서원에서는 증집의(贈執義) 김극일과 증도승지(贈都承旨) 김일손, 증응교(贈應敎) 김대유 등 삼세(三世)가 제향되었다. 손자가 조부와 함께 배향되고, 조카가 숙부와 함께 배향되었다. 즉, 지평을 지낸 김극일은 어릴 때부터 효성이 극진해 어머니가 등창이 나자 입으로 피고름을 빨았으며, 아버지가 병으로 앓을 때 대변을 맛보았다고 한다. 또 아버지와 어머니의 상을 당했을 때는 묘 곁에 초막(草幕)을 지어 거처하면서 아침저녁으로 슬프게 울어 마치 처음 빈소를 차린 것과 같이 하니, 그 정성에 짐승들도 감동하여 호랑이가 길들여지는 기이한 일까지 있었다. 그 일이 세조에게 알려지자 특명으로 정려(旌閭: 효자, 충신, 열녀를 배출한 집이나 마을 앞에 세우도록 한 붉은색 문)를 세우도록 했다. 그후 그가 세상을 떠나자 고을 사람들이 그를 절효 선생이라고 불렀다고 한다.

김종직은 일찍이 말하기를, "그 순실한 효행이 증자(曾子), 유검루(庾黔婁)와 천 년 후 선후를 다툴 만하다"라고 했다. 이 사실은 『삼강행실도』에 기록되어 있다.

손자인 탁영 일손의 문장과 기절(氣節)은 옛날부터 지금까지 드문 일이 므로 전현(前賢)들은 청천백일에 비했으며, 그의 증손인 삼족당 대유도 효 우(孝友)와 학문으로 한 시대에 명성을 떨쳤으므로 삼대에 걸쳐 명인이 잇 따라 나왔다고 했다.

삼족당 대유는 효성과 우애가 지극하고 학문이 해박했다. 중종이 선대의 공덕을 인정하여 현량과에 발탁해 간관(諫官: 사간원과 사헌부의 벼슬아치)으 로 불렀으나 관직을 사양해 나아가지 않고 가난한 생활을 고수하며 한평생 을 살았다. 조식은 그를 일컬어 "국량(局量: 도량)이 넓고 인자한 마음이 지 극했으며, 언론이 격앙하고 정의에 강했다. 게다가 관대하고 청아해서 경사 를 강론하던 거유(巨儒)였으며 훤칠한 모습으로 활쏘기나 승마를 할 때 조 금도 어기지 않는 호사일 뿐 아니라, 선행을 좋아해서 혼자 선행을 했고, 널 리 사람들을 구제해서 자신을 구제했다"라고 했다.

선조 때는 고(故) 이조정랑 일손에게 도승지 겸 직제학을, 지평 극일에게 는 집의를, 정언 대유에게는 응교를 증직하고 아울러 사액하여 자계서원에 서 제향을 받들게 했다.

맺음말

김일손은 1486년 문과에 급제한 뒤 승문원 부정자로 입사한 이래 주로 예 문관, 홍문관, 승정원 등에 재직하면서 활동했다. 그는 진주목학의 교수로 있을 때는 진양 수계를 결성했고, 예문관에 입직해서는 동료 이주와 함께 사관이 기사하는 규칙을 아뢰었으며, 차자를 올려 치도를 논하기도 했다. 이후 1490년에 승정원에 입직하면서 노산군의 입후를 주청했고, 사관에 입 직하여 사초를 닦으면서 김종직의 「조의제문」을 기록했으며, 이듬해에는 소를 올려 소릉 복위 문제를 정식으로 거론했다. 그의 치인(治人) 경사(敬 事)하는 성향은 1495년 5월에 상소한 「근조리병이십육사」(謹條利病二十六

事)에 종합적으로 정리되어 있다.

연산군이 즉위하면서 김일손은 사간원 헌납에 제수되어 대간으로 활동했다. 그를 비롯한 대간들과 국왕의 갈등은 왕이 경연에 참석하는 일을 둘러싸고 시작되어 수륙재 행사와 소릉 복위 문제를 통해 확대되었다.

무오사화가 일어난 직접적인 계기는 『성종실록』을 편찬하기 위한 실록청을 개설하면서 시작되었다. 당시 실록청 당상관이었던 이극돈이 자신의 비행을 기록한 김일손의 사초를 삭제하려는 계획을 세웠으나, 이것이 실패로 돌아가자 신하로서 거론해서는 안 될 세조 때의 궁금 비사를 김일손이 사초에 올렸다고 국왕에게 고했고, 그에 따라 사림파 인물들이 처벌을 받기 시작했다. 관련자를 국문하는 과정에서 드러난 문제의 사초는 크게 단종과 세조에 관련된 궁금비사와 세조의 집권 과정에서 발생한 일들에 관한 것이었다. 김일손은 소릉 복위와 노산군 봉사손의 입후를 통해 세조와 훈구파의 정통성을 부정하고, 그 토대 위에서 초기 사림파가 추구한 이상정치를 현실에 구현하고자 했다.

김일손은 35세의 짧은 일생을 살았지만 15세기 후반의 현실을 냉정하게 인식했고, 추호의 망설임도 없이 현실에 대응한 초기 사림파의 대표 인물이다.

우암(尤庵) 송시열(宋時烈)이 쓴 문집서(文集序)에는 "그는 정이천(程伊川)과 주자(朱子)보다 더 후세에 태어나서 김굉필, 정여창 같은 노선생과 학문을 연마하고 도의(道義)를 함양했으므로 그 선택함이 청결하여 잡박스럽지 않다"고 했고, 또 "우주간에 간간이 날 수 있는 기개가 있다"고 했다. 또한 추강 남효온도 "그는 세상에 보기 드문 자질을 타고났으며, 종묘에서 사용할 수 있는 그릇이다", "계운(季雲)의 장차(章箚)는 장강대해(長江大海)와 같고, 국사를 논하고 인물을 평하는 것은 청천백일과 같아 친구 중 제일의 인물이다"라고 했다. 남명 조식은 "살아서는 서리를 업신여길 절개(凌霜之節)가 있었고, 죽어서는 하늘에 통하는 원통함(通天之寃)이 있었다"라고 했으며, 동춘당 송준길은 김일손의 원액(院額)을 청하는 소장(疏狀)에서

"일손의 도학(道學) 문장(文章)과 정충직절(精忠直節)은 온 세상을 휩쓸었다"고 했다. 전라도 유림들이 김종직과 김일손의 승무(陞廡: 학력 있는 사람을 문묘에 올리는 일)를 청하는 소장에서는 "김일손은 종직의 고제(高弟: 학문과 행실이 특히 뛰어난 제자)로 도덕과 인의를 택한 사람이다"라고 했다. 이와 같은 글에서 그의 절의와 도학에 대한 조예를 알 수 있다.

또한 1489년 11월, 김일손이 질정관에 이어 서장관의 중임을 띠고 명나라에 갔을 때, 중국의 명유(名儒)인 예부 원외랑 정유는 그를 전송한 글에서 "한유와 구양수(歐陽修) 같은 문장가이며 주돈이(周敦頤)와 정호(程顥)·정이천같이 학문의 연원이 있는 분이다"라고 극찬했다. 그때 김일손은 정유에게 『소학집설』을 얻어서 귀국해 우리 나라에 처음으로 보급했다.

1507년 10월, 중종도 그의 유문(遺文)을 구하기 위해 "내가 듣기로는 중국 사람들이 김일손의 문장을 한유에게 비한다는데, 나는 아직 보지 못했으니 그의 문장은 과연 어떤 것인가?" 하는 전지를 내리고, 곧 교서관에 명해 본가에 가서 유고를 구해오라고 했다. 그리하여 여기저기서 모은 문집 상하권과 속집 단권이 전해온다.

참고문헌

· 원자료

『成宗實錄』

『燕山君日記』

『中宗實錄』

『燃藜室記述』 권6, 연산조 고사본말, 무오사화, 무오당적.

『大東野乘』 권8, 해동야언 II, 무오당적, 무오사화 사적, 유자광전.

『國譯 濯纓先生文集』, 紫溪書院刊行所, 1994.

· 논저

『濯纓 金馹孫의 문학과 사상』, 영남대학교 민족문화연구소, 1998.

이수건, 「濯纓의 정치·사회 사상과 개혁안」, 『濯纓 金馹孫의 문학과 사상』, 영남대학교 민족
　　　문화연구소, 1998.

윤사순, 「濯纓의 道學精神」, 『濯纓 金馹孫의 문학과 사상』, 영남대학교 민족문화연구소,
　　　1998.

이병휴, 「濯纓 金馹孫의 現實認識과 對應」, 『朝鮮前期 士林派의 現實認識과 對應』, 일조각,
　　　1999.

박홍갑, 『사관 위에는 하늘이 있소이다』, 가람기획, 1999.

김성우, 「密城 朴氏 嘯皐公派의 淸道 정착과 宗族 활동」, 『震檀學報』 91, 진단학회, 2001.

조광조 趙光祖

사림정치 개혁의 이상

최이돈 한남대학교 역사교육과 교수

머리말

조광조(趙光祖, 1482~1519)는 16세기의 변화를 대변하는 정치인이다. 16세기의 정치 변화는 사림의 등장과 정치 주도권을 장악해가는 과정으로 파악할 수 있다. 조광조는 그 과정에 참여해 개혁 이념을 한데 모으고 이를 실천했던 인물로, 당시 사림 세력을 상징적으로 대변한다. 따라서 조광조에 대한 역사적 평가는 사림에 대한 평가와 같이할 수밖에 없다. 조광조는 개혁에 반대하는 훈구 세력에 의해 사림파의 괴수로 처형당하면서 역적으로 평가되었으나, 사림이 정치적 주도권을 장악하면서 그 지위가 복권되었고 문묘(文廟)에 배향(配享)되었다. 당시 조광조의 복직과 배향 명분은 조광조가 성리학을 세상에 드러냈으며, 삼대(三代: 중국 고대 夏·殷·周의 세 왕조)의 이상 정치를 이룩하기 위해 노력했다는 점이다. 이후 이런 조광조에 대한 평가는 조선 시대를 통해 변하지 않았고, 당시 사림파가 제시했던 정책과 성과들은 개혁의 전범(典範)으로 거론되었다.

조광조에 대한 그간의 연구는 그의 정치적 영향력에 비해 그리 많지 않다. 그 이유는 붕당정치를 부정적으로 인식하여 조선 중기의 정치에 대한 연구가 상대적으로 늦게 시작되었기 때문이다. 그러나 1970년대부터 이태진·이병휴·이수건 등에 의해 연구가 시작되었고,* 최근에는 소장학자들이 가세하면서 연구가 활발해졌다. 이 덕분에 사림의 정치 구조, 정치 세력, 정치 사상과 정책 등의 문제들이 깊이 있게 천착되었으며, 이런 연구들은 조광조가 살았던 시대의 정치적 동향과 변동의 의미를 잘 드러내고 본격적으로 조광조를 연구할 수 있는 여건을 조성한다.

이런 정치사의 진전을 바탕으로 조광조 개인에 대한 연구도 시작되었다. 금장태·김형효·김기현 등이 1970년대 역사 연구에 힘입어 1970년대 말부터 철학사적으로 접근해갔다. 철학적인 연구에서는 조광조의 사상을 율곡 이이(李珥)와 조선 후기 실학자들에게 영향을 끼친 사상으로 평가한다.**

또 역사적인 측면으로는 최근 정두희 교수가 조광조에 관한 연구를 계속하여 주목된다. 그는 폐비 신씨 문제, 소릉(단종의 어머니인 현덕왕후의 능)의 복권, 정몽주(鄭夢周)와 김굉필(金宏弼)의 문묘 배향, 소격서 폐지, 현량과(賢良科)·기묘사화(己卯士禍) 문제, 조광조의 복권 과정 등 여러 분야에서 조광조를 조망하여 그에 대한 이해의 폭을 넓히는 데 크게 기여했다.

이 글은 기존의 연구 성과를 반영하여 조광조를 정리해본 것이다. 먼저 그의 생애를 교육과 정치 입문, 관직 경력, 기묘사화와 복권 등으로 나누어 살펴보고, 그의 정치 활동을 명분을 확보하기 위한 활동과 현량과 실시, 반정공신의 삭적(削籍) 등으로 나누어 정리해보고자 한다.

1. 생애

(1) 교육과 정치 입문

조광조는 1482년(성종 13) 한성부에서 한양 조씨 조원강의 아들로 태어났다. 그의 고조부 조온은 조선을 건국하는 데 기여한 공으로 개국공신으로 책봉되었으며, 태종이 즉위하는 데 협조하여 좌명공신(佐命功臣)에 책록된 인물이다. 그의 증조부 조육은 의영고(義盈庫: 호조에 소속되어 기름, 꿀, 후추 등을 맡아보던 관아)를 담당하는 의영고사였으며, 조부 조충손은 문과에 급제하고 성균관의 사예(司藝)를 지냈다. 아버지 조원강 또한 사헌부의 감찰을 지낸 인물이었다. 이렇듯 조광조의 가문은 개국과 좌명 공신을 배출한 중요한 가문이었다. 그러나 세조와 성종 때 거듭되는 공신 책봉에 참여하지 못하여 정치의 중심에서 밀려나고 말았다. 그런데 이런 조건은 오히려 조광조가 사림파로 활동할 수 있는 좋은 여건을 제공했다.

그의 어린 시절에 대해 소개하는 기록은 거의 없다. 아마도 보통의 아이들처럼 교육을 받으며 성장했을 것으로 추측된다. 특기할 만한 것은 17세인 1498년(연산군 4)에 사림파의 핵심 인물로 알려진 김굉필에게 교육을 받았다는 사실이다. 당시 김굉필은 무오사화(戊午士禍)에 연루되어 평안도 희천에 귀양가 있었는데, 평안도 어천의 찰방이던 아버지를 따라 평안도에 머물던 조광조가 김굉필의 이야기를 듣고 아버지에게 청하여 그의 문하에 가서 수업을 받았다.

조광조가 김굉필에게 교육받은 기간은 짧았을 것이라 생각된다. 교육을 받기 시작한 지 2년이 지난 19세에 부친상을 당해 교육이 중단되었고, 3년상을 치른 뒤 김굉필이 죽기 전까지 2년 정도가 있었으나 다시 교육을 받았다는 기록은 보이지 않는다. 이렇듯 조광조가 김굉필에게서 교육을 받은 기

---

* 이병휴, 「현량과 연구」, 『계명사학』 1, 1967.; 이병휴, 「현량과 급제자의 성분」, 『대구사학』 12·13, 대구사학회, 1977.; 이태진, 「사림파의 유향소 복위운동」, 『진단학보』 34·35, 진단학회, 1972·1973.; 이태진, 「조선 성리학의 역사적 기능」, 『창작과비평』 33, 창작과 비평사, 1974.; 이태진, 「15세기 후반기의 거족과 명족의식」, 『한국사론』 3, 서울대학교 국사학과, 1976.; 이수건, 『영남 사림파의 형성』, 영남대학교 출판부, 1979.

** 금장태, 「조정암과 조선조의 선비 정신」, 『한국학보』 10, 일지사, 1978.; 김형효, 「정암 사상의 철학적 연구」, 『한국학보』 10, 일지사, 1978.; 김기현, 「조정암의 도학관」, 『민족문화연구』 14, 고려대학교 민족문화연구소, 1979.

간은 매우 짧았다. 하지만 이 기간은 조광조가 성장하는 데 중요한 영향을 미친 것으로 여겨진다. 이후에 조광조가 보여준 생활 태도나 학문 경향은 물론 정치적 지향도 김굉필에게서 이어받은 것으로 보이기 때문이다. 더욱 중요한 것은 이런 관계로 말미암아 조광조는 김종직(金宗直)·길재(吉再)로 올라가는 성리학의 계보에서 한 위치를 차지할 수 있었고, 이는 조광조가 정치에 입문하여 사림의 대표 주자로 활동할 수 있는 중요한 명분이 되었다.

이후 조광조는 과거를 위한 사장(詞章) 공부보다는 성리학에 뜻을 두고 유학의 가르침에 몰두했으며, 공부의 성취로 25세에는 주위의 선비들을 가르치기에 이르렀고, 이에 원근(遠近)에서 풍문을 듣고 찾아와 배운 사람들이 대단히 많았다.

조광조는 1510년(중종 5) 29세 때 과거 소과(小科)에 장원으로 급제하여 진사가 되었다. 물론 급제는 시를 짓는 시험에 의한 것이었으나, 그가 과거 소과에 급제했다고 해서 공부하는 방향을 성리학에서 문장으로 바꾼 것은 아니었다.

조광조는 30세인 1511년(중종 6)에 성균관의 천거를 받았다. 그가 성균관의 천거를 받았다는 것은 매우 의미 있는 일이었다. 이는 '성균관 의천(議薦)' 이라는 방법에 의해 결정되었다. 이 방법은 성균관의 관원과 학생들이 의논하여 여론에 따라 결정하는 것이었다. 성종 말기 이후 성균관이 지방 사림들에 의해 채워졌다는 점을 고려한다면, 조광조는 사림들에 의해 선발되었던 것이다.

그런데 이처럼 천거는 되었으나 바로 관직에 나가지는 못했다. 함께 천거된 민세정과 박찬은 나이 40이 다 되어 문제가 없었으나, 조광조는 아직 나이가 적고 학문에 큰 뜻을 두었으니 관직 임명을 미루자는 견해가 있어서 유보되었다(『중종실록』 권13, 중종 6년 4월 경인).

그후 조광조의 천거를 다시 거론한 것은 4년 뒤인 1515년(중종 10) 6월이었다. 조광조가 김식, 박훈 등과 함께 다시 성균관에서 천거되면서 조정에 논의가 있었다. 이때는 조정에서 조광조를 보잘것없는 자리에 두지 말고 6품의 관직을 주자는 논의가 있었고, 결국 종6품 조지서의 사지로 임명했다 (『중종실록』 권22, 중종 10년 6월 계해).

그러나 조광조는 종6품이라는 파격적인 대우를 받았는데도 과거에 급제하지 않았기 때문에 수령으로 진출하는 정도에 만족해야만 했다. 당시의 정치적 관행으로는 과거에 급제하지 않은 사람은 정치의 중심에 뛰어들 수가 없었다. 그러므로 조광조는 과거에 응시하지 않을 수 없었다. 그러나 그는 과거를 위한 문장 공부에 힘쓰지 않았기 때문에 정기적인 과거에는 임할 수가 없었다. 당시의 문과 시험은 3차에 걸쳐 시행되었으며, 초장에는 경학 (經學), 중장에는 문장(文章), 종장에는 시무책(時務策)으로 시험을 치렀다. 조광조가 과거를 위한 문장 공부를 하지 않았다는 것은 중장에 해당하는 제술(製述)을 공부하지 않았다는 것이다. 경서 공부를 위주로 한 강경(講經)과 문장 공부를 위주로 한 제술에 대해서는 조선 초기를 통해 계속 논란이 있었는데(이성무, 『한국의 과거제도』, 집문당, 1994), 조광조는 제술이 진정한 공부에 도움이 되지 않는다는 입장을 굳게 지키고 있었다.

따라서 조광조는 정기적인 과거보다는 한 번의 시험으로 결정하는 별시 (別試)에 응시하는 것이 유리했다. 그런데 별시가 1차 시험으로 결정되어 편하기는 했으나, 표(表)나 부(賦) 등 제술이 출제되는 경우가 많아 조광조에게는 오히려 불리할 수도 있었다. 다행히 이 시기 조정의 분위기는 사림의 세력이 확대되면서 제술보다는 경학을 중시하는 분위기였고, 특히 성균관의 경학 교육에 관심이 집중되었으므로 조광조가 응시한 성균관 알성시 (謁聖試)에서는 대책(對策)이 출제되었다.

대책은 당시의 정치 현안에 대한 대응 방안을 질문하는 것이 보통이었다. 주어진 문제에 대한 대응 방안을 경전과 사서의 내용을 토대로 정리하면서 자신의 논리를 전개하는 것이었으므로 수기치인을 목적으로 경학 공부에 치중하던 조광조는 좋은 답안을 쓸 준비가 되어 있었다. 특히 대책의 과제가 "성인(聖人)의 이상적인 정치를 오늘에 다시 이룩하기 위해서는 무엇을 어떻게 해야 하는가에 대한 대책을 논하라"는 문제였다. 그러므로 조광조는 좋은 답을 썼고, 알성시에서 2등으로 합격했다(『정암집』 권2, 「대책」).

(2) 관직 경력

과거에 급제한 조광조는 성균관의 전적(정6품)에 임명되었고, 이어 사헌부 감찰을 거쳐 1515년(중종 10) 11월에는 사간원 정언이 되었다(『중종실록』 권 23, 중종 10년 11월 임인).

조광조는 이후 4년 동안 정치 활동을 하는데, 그동안 조광조가 거친 관직을 정리해보면 다음과 같다.

> 1516년(중종 11) 호조좌랑, 예조좌랑, 공조좌랑, 홍문관 수찬
>
> 1517년(중종 12) 홍문관 교리, 홍문관 응교, 승문원 교리, 홍문관 전적
>
> 1518년(중종 13) 홍문관 부제학, 동부승지, 동지성균관사, 사헌부 대사헌
>
> 1519년(중종 14) 홍문관 부제학, 사헌부 대사헌

조광조의 관직 경력은 매우 간결하다. 활동 기간이 겨우 4년밖에 안 되었기 때문이다. 사실 4년은 개인적으로도 무언가를 성취하기에는 매우 짧은 기간이다. 더욱이 국정을 논하면서 일정한 성취를 얻기에는 너무나 짧은 기간이었다. 그러나 조광조는 매우 영향력 있는 정치적 족적을 남겼다.

짧은 관직 생활에 비해 조광조의 승진은 급속하게 진행되었다. 초기 2년간은 당하관으로, 후기 2년간은 당상관으로 활동했다. 과거에 급제하여 당상관에 이르는 기간은 일반적으로 10년이 넘게 걸렸으나, 조광조는 2년 만에 당상관에 오르는 파격적인 승진을 했다. 그러나 이는 조광조에게만 일어난 일이 아니었다. 당시 사림파의 핵심 인물들이 대부분 이와 같은 승진 과정을 보여주었다.

조광조는 관직 생활의 대부분을 주로 홍문관에서 보내는 매우 단조로운 경력을 가졌다. 이는 사림과 조직 안에서 조광조의 역할이 홍문관을 통해서 할 수 있는 일에 집중되었음을 보여준다. 조광조는 왕과 가까이 지내면서 할 수 있는 일, 즉 왕을 교육하고 정책에 자문하며 신료들의 의견을 왕에게 전달하는 등의 일을 맡았다.

(3) 기묘사화와 복권

사림은 조광조를 중심으로 정치 개혁을 추진했다. 그 핵심은 현량과 신설과 정국공신의 삭적이었다. 현량과를 설치함으로써 사림의 정치 진출이 크게 확대되었으며, 공신의 삭적을 통해 공신 세력이 크게 위축되면서 완연하게 사림이 주도하는 정치 구조가 형성되었다. 그러나 이러한 구도는 오래가지 못했다. 1519년(중종 14) 11월 11일에 공신의 삭적이 이루어졌으나, 4일 뒤 인 11월 15일에 사화가 발생했기 때문이다.

사화는 이장곤(李長坤)·김전(金詮)·심정(沈貞)·홍경주(洪景舟) 등이 일으켰고, 중종도 핵심적인 역할을 한 것으로 보인다. 사화 주모자들은 먼저 조광조 등을 잡아들였으며, 승정원·홍문관·대간(臺諫: 사헌부, 사간원 벼슬의 총칭)·한림의 인사를 교체하고, 조광조의 처형을 서둘렀다. 사화를 일으킨 이들은 조광조를 사형에 처하고자 했으므로 의금부의 당상관들을 소집하여 처형을 논할 수밖에 없었다. 처형을 논하는 자리에서 '붕당을 맺음'이라는 조광조의 죄목을 두고 당시 영의정이던 정광필이 강하게 반발해 처형을 결정하지 못했다.

날이 밝자 의정부 대신들과 육조 당상관들까지 논의에 참여하면서 논의는 더욱 확대되었고, 붕당죄로 처벌해야 한다고 주장하는 중종과는 반대로 의정부와 육조·한성부 당상들은 붕당죄가 성립되지 않는다고 거듭 강조했다. 게다가 이 소식을 듣고 성균관 유생들까지 대궐에 함부로 뛰어들어 항의하는 사태가 벌어지면서, 일단 조광조 등 4명에 대한 처벌은 장 100대에 유배로 결정되었다.

이후 사림은 조광조 등의 사형을 면하게 하는 한편, 일의 적법성 여부를 따져 주모자들을 처벌하려는 노력을 계속했다. 그 과정에서 홍경주·이장곤·남곤(南袞)·김전 등이 주모자로 드러났으므로, 정광필 등 사림은 오히려 주모자들을 처벌하여 사태를 역전시키려고 노력했다. 그러나 중종이 마음을 굳혀 남곤은 이판, 이장곤은 병판, 심정은 의금부사에 임명함으로써 사태는 더욱 악화되었다. 또한 홍경주 등은 정국공신의 삭적을 부정하고 오히려 현량과 설치를 무효라고 주장하면서 조광조 등의 잘못을 부각시켰고, 며칠 뒤인 12월 14일에는 조광조를 사형에 처하라는 상소까지 올라와 조정 분위기는 완전히 반전되었다. 결국 16일에 조광조의 사형이 결정되었으며, 처형 죄목은 붕당을 이루었다는 것이었다.

조광조의 처벌은 사림 세력과 거취를 같이한 것인 만큼 조광조의 복권 또한 사림 세력의 주도권 확보와 같이 갈 수밖에 없었다. 중종 때도 이미 조광조의 복권 문제가 간간이 논의되었고, 1538년(중종 33)에는 현량과 급제자들을 다시 등용하는 조치를 취했다. 인종 때도 적극적으로 논의되었으나 성과는 없었으며, 선조가 즉위하고 사림이 정치적인 주도권을 잡으면서 이 문제가 재론되었다. 그뒤 선조 즉위년인 1567년 이황(李滉)·기대승(奇大升) 등 사림의 핵심 인물들이 조광조의 복권을 주장한 결과, 이듬해 4월 조광조는 영의정에 추증되면서 복직되었다. 또한 이때 문묘의 배향까지 거론했지만 순탄하게 진행되지는 못했고, 1609년(광해군 2)에 이르러서야 문묘에 배향되었다.

2. 정치 개혁

(1) 정치 명분의 확보

조광조의 정치 활동은 사림파의 정계 진출을 위한 명분을 확보하는 데서 시

63인의 역사학자가 쓴 한국사 인물 열

작되었다. 조광조가 등장하기 전부터 사림파는 정계에 진출할 명분을 확보하기 위해 노력했다. 사림은 중종반정 이후 정계에 다시 진출했으나 공신들이 정치의 주도권을 장악하는 상황이었으므로 세력을 확대하기 위해 먼저 정당성과 명분을 확보하는 일에 노력을 기울였다. 사림은 당시 정치 상황을 몇 차례의 정치적 왜곡에 의한 결과라고 인식했다. 사림은 특히 세조의 집권, 연산군의 학정, 중종의 반정 등 그 대표적인 왜곡 과정을 보았고, 이 과정에 대한 검토를 통해 자신들의 입장을 세워 나갔다.

사림은 먼저 세조의 집권 과정에 대한 문제를 제기했다. 이는 사림이 가장 문제시했던 훈구 세력이 이때부터 형성된 것으로 파악했기 때문이다. 사림파는 1512년(중종 7)부터 소릉 복위 문제를 제기했다. 소릉은 문종의 비이며 단종의 모후인 현덕왕후의 능으로, 단종이 폐위되면서 함께 폐위되었다. 소릉 복위 문제를 거론한 것은 단종 폐위의 부당성과 세조의 집권 과정에 대한 문제점을 부각시키기 위한 것이었다. 사림이 이 문제를 제기하면서 삼사(三司)를 중심으로 적극적으로 움직이자 공신의 핵심인 유순정(柳順汀)·성희안(成希顔) 등이 이에 적극 반대했다. 그러나 계속되는 사림의 주장에 따라 1513년(중종 8) 3월 소릉을 복위하기로 결정했다(『중종실록』 권17, 중종 8년 3월 임신).

사림파의 명분을 축적하기 위한 노력은 계속되어, 1516년(중종 11)에는 노산군(魯山君: 단종)의 입후(立後) 문제를 제기했으며, 1517년(중종 12)에는 사육신의 복권 및 후손의 서용(敍用) 등이 문제가 되었다. 먼저, 노산군의 입후는 노산군에게 제사를 지낼 후손을 직접 세우는 일로, 노산군의 위치를 재정리하여 훈구파의 정당성에 문제를 제기하려는 것이었다. 사림이 적극적으로 노력했으나 후손을 직접 세우지는 못하고 관청에서 봉사하는 것으로 결정되었다. 이는 처음 문제를 제기할 때와는 약간 다른 결과였으나, 제사를 지내는 것만으로도 소기의 성과를 거둔 것이었다(『중종실록』 권36, 중종 14년 7월 정사).

노산군과 관련된 논의를 통해 명분을 축적한 사림은 1517년(중종 12)에
는 사육신의 복권 문제를 제기했다. 사림은 "근래 성삼문(成三門)·박팽년
(朴彭年)이 노산군을 복위시키려 했으니, 그 죄는 벌해야 하나 그 절의는 벌
할 수 없다"(『중종실록』 권29, 중종 12년 8월 무신)는 입장에서 사육신의 문제
에 접근했다. 이에 대하여 대신들은 부정적인 입장을 보였으나 사림은 적극
적으로 노력했고, 구체적으로 사육신의 외손인 박호를 대간에 임명하면서
성과를 확보해 나갔다(『중종실록』 권29, 중종 12년 11월 신묘).

세조 때 훈구파가 등장한 것과 관련하여 몇 가지 문제를 제기한 사림은,
그 다음 단계인 연산군의 폭정 때문에 피해를 입은 사림에 대해 언급했다.
이 문제는 이미 중종 반정 직후 꽤 많이 해결되었으나 1517년(중종 12) 이
후 사림의 세력이 강화되면서 더욱 적극적으로 논의되었다. 이는 먼저 김굉
필, 정여창 등 사림파의 정신적 지주였던 인물들에 대한 처우 개선 논의로
시작되었다. 사림이 김굉필과 정여창의 자손을 서용할 것을 건의했고, 조정
의 논의를 거쳐 수용되었다(『중종실록』 권29, 중종 12년 8월 무신).

뿐만 아니라 사림은 한 걸음 더 나아가 김굉필의 문묘 배향까지 추진했
다. 사림이 배향 문제를 제기하자 중종은 이를 대신들과 삼사 관원들을 불
러 논의에 붙였다. 논의에 참여한 삼사의 관원들은 문묘 배향을 찬성했으
나, 정광필 등 재상들은 반대했다. 결과적으로 김굉필의 문묘 배향은 성공
하지 못한 채 우대 조치를 취하는 정도에서 그쳤다. 그러나 문묘 배향을 논
의하는 것 자체가 사림의 정치적 입지를 강화하는 것으로, 다음 논의를 본
격화할 수 있는 기반이 되었다.

이런 명분 축적 과정을 거치면서 사림파는 중종반정 공신을 형성하는 과
정에 대한 문제까지 제기했다. 사림파는 이 문제를 중종의 폐비인 신씨의
복위 문제로 제기했다. 중종비 단경왕후는 신수근의 딸로, 반정 직후 정국
공신들에 의해 폐출되었다. 그런데 1515년(중종 10) 계비인 장경왕후 윤씨
가 죽자 사림은 신씨의 복위를 주장했다.

사림파가 신씨의 복위를 주장한 것은 단순히 복위 주장에 그치는 것이 아니라 중종반정 공신의 정당성을 문제 삼기 위한 것이었으므로, 이들은 박원종(朴元宗)·유순정·성희안 등 반정 핵심 인물들의 이름까지 거론하면서 이 문제를 제기했다. 그러므로 이는 매우 중요한 정치적 논쟁거리가 되었다. 상소가 올라간 지 3일째 되는 날, 사헌부와 사간원에서는 사특한 의논을 올렸다는 이유로 상소를 올린 김정과 박상을 문초해야 한다고 건의했고(『중종실록』권22, 중종 10년 8월 을축), 왕은 이 요청을 받아들여 김정과 박상을 추문(推問)할 것을 명했다. 사태가 이렇게 돌아가자 이 일은 신씨의 복위 여부를 묻는 문제가 아니라 이 문제를 제기한 박상·김정 등을 처벌할 것이냐 아니냐 하는 문제로 전개되었다.

왕은 이 문제를 놓고 의정부의 정승들에게 논의할 것을 명했는데, 의정부에서는 김정 등이 구언(求言: 임금이 신하의 直言을 구하는 것)에 의해 상소했음을 강조하면서 용서해줄 것을 요청했다. 그러나 중종은 거듭 처벌할 것을 천명하면서 조정의 논의를 확대해 육조와 한성부의 당상들, 그리고 홍문관원들을 불러 논의하도록 명했다. 이에 관원들이 모여 논의했고, 이들은 모두 김정과 박상을 용서해 달라고 건의했다(『중종실록』권22, 중종 10년 8월 을축). 그러나 사헌부와 사간원의 처벌 요구가 강경해 김정과 박상은 계속 문초를 받았고, 결국 유배되었다(『중종실록』권22, 중종 10년 8월 정축·무인).

이런 상황에서 조광조는 정언에 임명되었다. 조광조는 정언이 되고 이틀 뒤에 상소를 올려, 기존의 사헌부와 사간원 관원들과는 함께 일할 수 없으니 그들을 모두 파직해줄 것을 요청했다. 조광조는 기존의 대간들이 박상과 김정을 처벌하며 언로(言路)를 막았으므로 그들과 함께 일할 수 없다고 했다. 중종은 이와 같은 조광조의 의견에 동의하며 대간을 바꾸는 것이 어떠한가를 삼공(三公: 삼정승)에게 물었고, 삼공은 기존의 대간을 파직하는 것이 옳다고 결정했다. 이에 정부에서는 새로운 대간을 임명했는데, 그 자리에 많은 사림파가 임명되면서 상황은 사림에게 우호적으로 변했다. 이는 폐비 문제를 통해 반정공신 세력을 견제하려 했던 사림의 의도가 조광조의 반격을 통해 일정 부분 성공했음을 보여준다.

사림은 이와 같이 명분을 확보하려는 노력을 통해 더 구체적인 정치 개혁을 추진할 준비를 갖추어갔고, 조광조 또한 이에 동참하면서 주목을 받음은 물론 정치적 입지를 확대해갔다.

(2) 현량과 실시

정치적 명분을 확보한 사림파는 사림 세력을 확대하고 공신 세력을 축소하는 길에 나선다. 이는 구체적으로 현량과 실시와 공신의 삭적으로 추진되었다. 먼저, 현량과에 대해 살펴보자. 흔히 현량과는 조광조가 제안하여 실시한 것으로 이해하나, 이는 갑자기 제안한 것이 아니었다. 현량과의 정식 명칭은 '천거 별시'였다. 이는 '천거제'라는 인사 방식과 과거제의 한 유형인 '별시'라는 형식이 결합된 것이었다. 전근대 시대의 인사 방식은 능력에 의해 선발하는 과거제와 인품에 따라 추천하는 천거제가 가장 중심이 되었다. 『주례』(周禮)에 나오는 '향거이선'(鄕擧里選)이라는 명분에 뿌리를 둔 천거는 오랜 역사를 지닌 것으로 과거제가 정비되면서 위축된 감이 있었으나, 제도적인 틀을 갖추면서 여전히 유지되었다.

조선 초기에도 천거는 고위 관원들의 추천에 따른 임명이라는 형태로 유지되었으나, 지방 공론에 의한 선발이라는 본래의 뜻과는 거리가 있었다. 천거제를 활성화하는 데 관심을 기울인 이들은 사림이었다. 지방에 근거를 가진 사림은 지방의 공론에 의한 인사인 천거제를 이상으로 여겼고, 특히 여러 차례 사화를 겪으면서 능력보다는 인품과 덕망에 의한 인사의 중요성이 절실해져 여기에 주목했다.

천거제를 활성화하려는 사림의 노력은 성종 때부터 구체화되었다. 천거제의 대상은 지방의 선비들이었으나 성종 때 이후 성균관 유생들의 주류가 지방 선비들로 채워지면서 성균관 유생도 그 대상으로 추가되었다. 천거는 이와 같은 사림의 노력으로 중종 때에 오면 일반화되면서 관행으로 정착되었다.

이처럼 천거제는 점차 활성화되었으나 그 활성화의 정도는 계속 쟁점으로 남아 있었다. 즉, 얼마나 많은 인원을 관직에 임명할 것인가와 어느 정도의 직급에 임명할 것인가가 여전히 중요한 쟁점이었다. 당시 정치를 주도하던 공신 세력들은 천거제의 활성화가 사림의 세력 강화로 이어지는 만큼 부담을 느꼈으나, 명분에 밀려 마지못해 허용했다. 그러나 천거된 자는 과거 출신자와 같은 대우를 받는 것이 아니라 문음(門蔭: 공신이나 전·현직 고관의 자제를 과거에 의하지 않고 관리로 채용하던 일)으로 진출한 관인들과 같은 대우를 받았으므로 이들 또한 문음인이 임명되는 자리에 배정되었는데, 당시의 관행상 이 자리는 재상들의 청탁에 의해 좌우되었다. 그러므로 재상직을 장악하고 있던 공신 세력들은 자신의 자제나 인척이 등용될 자리를 사림에게 내주는 천거제가 활성화되는 것을 바라지 않았다. 따라서 천거제의 활성화를 둘러싼 공신 세력과 사림파의 갈등은 매우 첨예했다. 그러나 사림파의 집요한 노력으로 천거제는 더욱 활성화되면서 천거되는 인원도 많아지고 천거인에게 주는 관직도 상향되어 6품직을 줄 수도 있게 되었다. 조광조가 성균관의 천거를 받아 종6품의 관직을 얻은 것도 사림의 이와 같은 노력에 따른 결과였다.

조광조는 관직에 등용되면서 천거제를 활성화하는 데 참여했다. 그런데 이제 활성화의 목표는 한 차원 높아져서 천거로 관직에 진출한 이들이 과거 출신자들과 같은 자격을 얻을 수 있도록 하는 것이었다. 천거로 관직에 나갔을 경우 청요직(淸要職)이라고 일컫는 중요한 직책에는 오를 수 없었다. 이미 살펴본 것처럼 조광조도 이런 이유로 과거를 보아야 했다. 그러므로 천거제를 더욱 적극적으로 활성화하기 위해서는 천거제에 과거와 같은 형식을 갖추는 과목(科目)을 설정할 필요가 있었다.

사림은 이를 위해 여러 가지로 노력했는데, 먼저 천거제에 효렴과(孝廉

科)라는 이름을 부여해 과거제화 하려고 했다. 사림은 "효 하는 데서 군주에 대한 충이 나온다"는 이념을 내세우면서 천거제에 과목을 부여하려고 노력했다. 그러나 훈구공신들은 효렴과가 "조종(祖宗)의 일이 아니다"라는 명분을 내세우면서 강력하게 반발했다. 그 결과 과목을 설치하는 일은 불가능했다.

이에 새로운 방안으로 제기된 것이 '현량과'라고 알려진 천거 별시였다. 이 방안은 효렴과가 전례 없는 일이라며 반대하는 공신들의 반발을 무마하기 위해 제시된 것으로, 효렴과와 같은 항구적인 과목을 설정하는 것을 피하고 과거제의 별시와 천거제를 조합하여 과거제 안에서 천거제를 처리해보려는 생각이었다.

이와 같이 새로운 제안을 앞장서서 강력하게 추진한 사람은 조광조였다. 조광조는 1518년(중종 13) 3월 경연중에 기존의 과거가 문장에 따라 선발하면서 관원들이 부박(浮薄)한 폐가 있다고 주장하고, 문장과 더불어 덕행을 살펴 관원을 선발하자고 말문을 열었다. 그러자 함께 경연에 참여했던 사림파 이자(李耔)가 이 말을 받아 천거 별시를 제안했다. 이러한 제안에 대해 조광조는 이 의견은 자신이 말하고 싶었던 것이라며 찬동을 표하면서 구체적인 실시 방안은 물론 이것이 한(漢)나라 현량방정과의 본뜻을 따르는 것이라고 실시해야 할 명분까지 제시했다(『중종실록』 권22, 중종 10년 8월 정축 · 무인. 이러한 이유에서 천거 별시는 현량과라고 불렸다).

이와 같이 구체적인 방법과 명분을 제시하자 경연에 영사로 참여했던 신용개(申用漑)도 "이 일은 조종의 법이 변하는 것이 아니니 서울과 지방에 명하여 많이 천거하게 하는 것이 가하다"고 찬성을 표했다. 또한 중종도 찬성하면서 즉시 이 안에 대한 정승의 의견을 물으라고 승정원에 명했다. 재상들은 반대 의사를 표시했으나 중종은 "이 일은 조종의 법을 변경하는 것은 아니다"라고 다시 천명하면서 절목(節目)을 마련하라고 명하였다(『중종실록』 권22, 중종 10년 8월 정축 · 무인).

이로써 이 문제는 일단락된 듯했으나 재상들의 반대는 계속되었다. 재상들의 집요한 반발은 천거제를 추진한 후 사림 세력이 증가한 상황에서 천거별시로 이러한 추세가 가속되리라는 우려에서 비롯된 것이었다. 이처럼 재상들이 여전히 '조종의 법'이 아니라는 논리를 들어 반대하자 사림들은 한걸음 더 나아가 천거 별시가 훼법일지라도 실시해야 한다고 더욱 강하게 주장했다. 조광조 또한 전례가 없더라도 현량과는 시행해야 한다고 주장했다(『중종실록』 권32, 중종 13년 3월 갑자).

사림파의 강경한 태도와 중종의 지원으로 훈구파들은 양보할 수밖에 없었으므로, 결국 현량과가 시행되었다. 현량과를 시행하는 목적이 천거인들을 청요직에 등용할 수 있도록 하기 위한 조치였으므로 현량과에는 새로운 인물들은 물론 이미 천거를 통해 관직에 있던 인물들도 많이 응시했고, 현량과에 합격한 자들은 청요직에 대거 진출했다. 이로써 사림은 그 세력을 더욱 강화해 나갔다. 조광조 역시 천거 별시라는 정책 방향을 제시하고 이끌어 나가면서 자신의 정치적 지위를 뚜렷하게 확보했으며, 사림 세력의 중심으로 부상했다.

(3) 반정공신의 삭적

현량과를 시행함으로써 세력을 확대한 사림은 정치적 주도권을 확고히 하기 위해 공신 세력에 대한 대대적인 공세를 취했다. 이는 공신 삭적으로 나타났다. 사림은 반정공신으로 책정된 인물 가운데 공신이 되기에 부적합한 사람이 많으므로 옥석을 가려 부적절한 인물은 공신록에서 삭적해 바로잡아야 한다고 주장했다. 중종반정에 가담하여 공신으로 녹적된 것이 공신 세력이 집권하는 근거였으므로 공신록을 다시 검토하겠다는 것은 정치를 주도해 나가는 세력에 대한 정면 도전이었으며, 성공 여부와 관계없이 이런 문제를 제기한다는 것만으로도 사림 세력의 성세를 보여주는 사건이었다.

물론 이전에도 반정공신이 삭적되는 경우가 있었다. 1507년(중종 2) 유자광(柳子光)과 그 손자인 유자건의 삭훈이 있었고, 1513년(중종 8)에는 박영문과 신윤무의 옥사로 말미암아 이 두 사람과 박영창·신윤문·박영분 등이 삭적되었다. 또한 이듬해에는 반정 당시의 입직 승지였던 윤장·조계형·이우 등이 삭적되었다. 그러나 이는 해당 개인의 문제로, 공신 세력의 정당성을 흔드는 일은 아니었다.

공신의 삭적 문제는 1519년(중종 14)에 제기되었다. 이 문제를 제기한 사람은 이미 사림파의 중심으로 부각된 조광조였다. 그는 당시 대사헌이었는데, 대사간 이성동과 함께 공신의 삭적을 요청했다. 조광조는 반정공신으로 책봉된 이들 중에 반정 대상이었던 연산군의 총신들이 많았다는 사실을 거론하면서 이들 가운데 공도 없이 공신에 들어간 이가 많으니 이를 바로잡자고 주장했다. 구체적으로는 2등 공신으로 유순 등 7인, 3등 공신으로 송일 등 9인을 거론했으며, 4등 공신으로 50여 인을 지목했다. 이에 대해 중종은 "작은 공이라도 이미 공을 정하고 뒤에 개정하는 것은 매우 옳지 않다"고 반대했다. 이후 사림은 양사(兩司: 사헌부와 사간원)와 홍문관을 중심으로 이 문제에 대한 적극적인 논의를 이끌어갔으나 중종이 계속 이를 허락하지 않자, 마침내 사헌부와 사간원의 관원들은 사직을 청하는 강공책을 썼다(『중종실록』 권37, 중종 14년 11월 신묘).

일이 이와 같이 진행되자 정광필 등 의정부 당상들은 대간들이 논의한 지 이미 오래되었고 마침내 사직하기에 이르렀으니 이들의 의견을 수용할 것을 요청했고, 중재 방안으로 4등 공신에 한해서 여론이 문제 삼는 이들은 삭적하자고 제안했다. 같은 날 육조의 당상관들도 공신을 개정할 것을 요청했으나, 당시 육조의 당상에는 신상·김정·방유령·최명창·윤은필·정충량 등 사림들이 포진해 있었으므로 의정부의 중재안과는 달리 원안대로 개정하자고 요청했다.

의정부와 육조에서까지 동의하자 중종은 70여 인을 모두 개정하는 것은 불가능하다고 언급하면서 그 가운데 문제가 되는 이들만 처리하자는 쪽으로 후퇴했다. 그리고 다음날 구체적으로 4등 공신 가운데 일부를 처리할 것을 명하였다. 그러나 정광필 등 의정부 당상들은 4등 공신만을 제거하는 것은 안 된다고 주장했다. 이처럼 대신들이 계속 반대하자 중종은 이를 받아들여 공신 선정이 잘못되었음을 인정하고 의정부에서 올렸던 인원 76명 모두를 삭적했다.

이와 같은 결과는 사림의 입장에서 볼 때 매우 중요한 성과였다. 공신의 삭훈은 자격이 부족한 이들을 선별해서 삭훈하는 제한적인 일이었으나 매우 많은 인원이 삭훈되면서 반정공신의 정당성에 의문을 제기했고, 박원종 등 반정의 핵심 인물들이 이미 죽은 상황에서 반정공신의 세력을 본격적으로 약화시켰다. 한편, 공신 삭적을 주도했던 조광조는 명실공히 사림파의 주도자로 부상했다.

맺음말

이상으로 조광조의 생애와 정치 활동을 살펴보았다. 조광조는 16세기의 정치 개혁 과정을 이끌어 개혁 이념을 한데 모으고 이를 실천하려고 했던 인물이다. 그는 1582년(성종 13) 한성부에서 한양 조씨 조원강의 아들로 태어났다. 그의 성장 과정에 대해 소개하는 기록은 거의 없다. 특기할 만한 것은 그가 17세인 1498년(연산군 4)에 사림파의 핵심 인물로 알려진 김굉필에게 교육을 받았다는 사실이다. 조광조가 김굉필에게 교육을 받은 기간은 짧았으나 영향력은 지대했다. 이후 조광조가 보여준 생활 태도나 학문적인 경향은 물론 정치적인 지향도 김굉필에게서 이어받은 것으로 보인다. 이런 관계로 말미암아 조광조는 김종직·길재로 올라가는 성리학의 계보에서 한 위치를 차지했고, 이는 조광조가 정치에 입문해서 사림의 대표 주자로 활동할 수 있는 중요한 명분이 되었다.

조광조는 34세인 1515년(중종 10)에 성균관의 천거를 받아 관직에 진출했다. 성균관의 천거는 성균관 관원과 학생들의 공론에 의해 결정되는 것으로, 사림이 좋아하던 인사 방식이었다. 조광조는 종6품직에 임명되었으나 과거에 급제하지 않았기 때문에 청요직에는 임명되지 못했다. 그런데 당시의 정치 관행상 청요직을 거치지 않으면 정치의 중심에 뛰어들 수 없었으므로 그는 과거에 응시하지 않을 수 없었고, 과거에 급제하면서 정치에 입문했다.

조광조는 1515년 정치에 입문한 뒤 4년 동안 정치 활동을 했는데, 짧은 관직 생활에 비해 급속하게 승진하여 초기 2년간은 당하관으로, 후기 2년간은 당상관으로 활동했다. 그동안 조광조는 주로 삼사의 관직을 거쳤고, 그 가운데 홍문관의 관직에 오래 머물렀다.

그러나 조광조는 1519년(중종 14) 11월 기묘사화에 연루되어 구속된다. 사화를 일으킨 이들은 그에게 붕당을 만들었다는 죄를 씌워 구속하고 바로 그날 처형하려고 했으나, 붕당이라는 죄목이 타당치 않다는 사림의 반론에 의해 일단 유배되었다. 사림은 조광조를 구하려고 노력했으나 중종의 태도가 확고해 사형에 처했다. 조광조의 복권은 중종 중반부터 꾸준히 논의되었고, 선조 초에 이르러 사림이 정치를 주도하면서 복권되었으며, 광해군 초에 문묘에 배향되기에 이른다.

조광조는 사림파의 명분을 확보하기 위한 움직임에 참여하는 것으로 관직 활동을 시작했다. 사림파는 중종반정 이후 정치에 다시 진출했으나 공신 세력이 정치의 주도권을 장악한 상황이었으므로, 그들에게는 세력을 확대하기 위해 정당성과 명분을 확보하는 일이 우선적인 과제였다. 사림파는 1512년(중종 7) 소릉 복위, 1516년(중종 11) 노산군의 입후 문제, 1517년(중종 12) 사육신의 복권 및 후손 서용 등의 문제를 제기했다. 이 문제들은 단종 폐위의 부당성과 세조의 집권 과정에 대한 문제성을 부각시키면서, 그 과정에서 형성된 훈구 세력의 정당성에 의문을 제기하기 위한 것이었다.

이 모든 과정에 성공한 사림파는 중종반정 공신을 형성한 과정에 대한 문제도 제기했다. 그들은 이 문제를 중종의 폐비 신씨의 복위 문제로 제기했다. 사림은 상소를 올려 신씨의 복위를 주장하면서 박원종 등 반정 핵심 인물들의 잘못까지 거론했다. 따라서 이 논의는 단순히 신씨의 복위 문제가 아니라 반정공신 전체의 정당성에 문제를 제기한 매우 중요한 정치적 논쟁거리였다.

그러나 상소를 주도했던 박상과 김정이 유배되면서 사림파의 참패로 판정되는 상황이 펼쳐졌다. 이러한 가운데 조광조는 사간원의 정언이 되면서 이 문제를 적극 거론하여 새로운 싸움을 시작했고, 그 결과 사림에 유리한 쪽으로 전세를 반전시켰다. 반전을 통해 사림은 반정공신의 정당성에 의문을 제기하고자 하는 목적을 달성했고, 나아가 사림의 세력 확대와 공신의 세력 축소를 더 적극적으로 추진할 수 있는 실마리를 확보했다. 특히 이런 결과를 가져오는 데 크게 기여한 조광조는 사림의 신망과 중종의 주목을 받는 인물로 부각되었다.

이와 같이 정치적 명분을 확보한 사림파는 사림의 세력을 확대하고 공신의 세력을 축소하기 위해 나선다. 이는 구체적으로 현량과 실시와 공신의 삭적으로 관철되었다. 흔히 현량과의 시행은 조광조가 제기한 것으로 이해하나, 이는 갑자기 제안된 것이 아니다. 현량과의 정식 명칭은 '천거 별시'였다. 이는 '천거제'라는 인사 방식과 과거제의 한 유형인 '별시'라는 형식이 결합된 것이었다.

전근대 시대의 인사 방식은 능력에 따라 선발하는 과거제와 인품을 따라 추천하는 천거제가 중심이 되었다. 천거제는 과거제가 정비되면서 위축되었으나, 제도적인 틀을 갖추면서 여전히 그 형태는 유지되었다. 천거제를 활성화하는 데 관심을 기울인 쪽은 성종대 이후 정치에 등장하는 사림이었다. 사림은 지방에 근거를 두었으므로 지방의 자율적인 운영과 지방 공론에 따른 인사인 천거제를 이상으로 여겼고, 특히 여러 차례 사화를 당하면서 능력보다는 인품과 덕에 의한 인사가 절실해져 여기에 주목했다.

당시 정치를 주도하던 공신 세력들은 천거제의 활성화가 사림 세력의 강화로 이어질 것을 우려해 이를 바라지 않았다. 그러므로 천거제의 활성화를 둘러싼 공신 세력과 사림파의 갈등은 매우 첨예했다. 그러나 사림파의 집요한 노력으로 천거제가 활성화되어 천거되는 인원도 많아졌고 천거인에게 주는 관직도 9품직에서 6품직으로 상승했다.

사림 세력의 중심으로 부상하던 조광조도 천거제를 활성화하는 방안에 적극 참여했다. 활성화의 목표는 이제 한 차원 높아져서, 천거를 통해 관직에 진출한 이들이 과거 출신자들과 같은 자격을 얻을 수 있도록 하는 것이었다. 천거로 관직에 나간 경우 이른바 청요직이라고 일컫는 중요한 직책은 맡을 수 없었기 때문에 천거제를 과거제와 같은 격으로 만들려고 했다.

사림은 이를 위해 여러 가지로 노력했는데, 먼저 천거제에 효렴과라는 이름을 부여해 과거제화 하려고 했다. 그러나 훈구공신들은 효렴과는 "조종의 일이 아니다"라는 명분을 내세우며 강력하게 반발했다. 이에 새로운 방안으로 제기된 것이 현량과라고 알려진 천거 별시였다. 이 방안은 효렴과가 전례 없는 일이라고 반대하는 공신들의 반발을 무마하기 위해 제시한 것으로, 효렴과와 같은 항구적인 과목을 설정하는 것을 피하고 과거제의 별시와 천거제를 조합해서 과거제 안에서 천거제를 처리해보려는 것이었다. 공신 세력의 반대는 집요했지만 사림은 천거 별시를 시행하기 위해 지속적으로 노력했고, 마침내 중종의 지원을 받으면서 현량과가 시행되었다. 그 과정에서 조광조는 천거 별시라는 정책 방향을 제시하고 훈구파와의 대결을 주도하여 자신의 정치적 지위를 뚜렷하게 확보했으며, 사림 세력의 중심으로 부상했다.

현량과 시행을 통해 세력을 확대한 사림은 정치적 주도권을 확고히 하기 위해 공신 세력에 대한 대대적인 공세를 취했다. 사림은 반정공신으로 책정된 인물들 가운데 공신이 되기에는 부적합한 사람이 많으므로 옥석을 가려 부적절한 인물은 공신록에서 삭적함으로써 바로잡아야 한다고 주장했다.

중종반정에 가담하여 공신으로 녹적된 것이 공신 세력의 집권 근거였으므로, 공신록을 다시 검토하겠다는 것은 정치 주도 세력에 대한 사림의 정면 도전이었다.

공신의 삭적 문제는 1519년(중종 14)에 제기되었다. 이 문제를 주도한 사람은 이미 사림의 중심으로 부각된 조광조였다. 조광조는 공도 없이 공신에 들어간 이들이 많으니 이를 바로잡자고 주장하면서, 구체적으로 70여 인을 거론했다. 중종이 이를 허락하지 않자 사림은 양사와 홍문관을 중심으로 논의를 확대해갔고, 급기야 의정부와 육조에서까지 동의를 얻어냈다. 이러한 의정부와 육조의 동의에 의해 중종은 선별적인 삭적을 인정하는 후퇴안을 제안했다. 그러나 조광조 등이 더욱 강력하게 주장하자 결국 중종은 공신 선정이 잘못되었음을 인정하고 삭적을 명하였다.

이 같은 공신의 삭훈은 자격이 부족한 이들을 선별해서 삭훈하는 제한적인 일이었으나 매우 많은 인원이 삭훈되면서 반정공신의 정당성에 의문을 제기했고, 박원종 등 반정의 핵심 인물들이 이미 죽은 상황에서 반정공신들의 세력을 본격적으로 약화시켰다. 한편, 공신의 삭적을 주도했던 조광조는 명실공히 사림파의 주도자가 되었다.

참고문헌

이병휴, 『조선 전기 기호사림파 연구』, 일조각, 1986.

_____, 『조선 전기 사림파의 현실 인식과 대응』, 일조각, 1999.

이수건, 『영남 사림파의 형성』, 영남대학교 출판부, 1979.

_____, 『영남학파의 형성과 전개』, 일조각, 1995.

이태진, 『한국 사회사 연구』, 지식산업사, 1986.

_____, 『조선 유교사회사론』, 지식산업사, 1989.

최이돈, 『조선 중기 사림 정치 구조 연구』, 일조각, 1994.

김우기, 『조선 중기 척신 정치 연구』, 집문당, 2001.

김돈, 『조선 전기 군신 권력관계 연구』, 서울대학교 출판부, 1997.

금장태, 「조정암과 조선조의 선비 정신」, 『한국학보』 10, 일지사, 1978.

김형효, 「정암사상의 철학적 연구」, 『한국학보』 10, 일지사, 1978.

김기현, 「조정암의 도학관」, 『민족문화연구』 14, 고려대학교 민족문화연구소, 1979.

강주진, 『조정암의 생애와 사상』, 박영사, 1979.

조종업, 「정암 조광조」, 『한국 인물유학사』 1, 한길사, 1996.

정두희, 「조광조의 도덕국가의 이상」, 『한국사 시민강좌』 10, 일조각, 1992.

_____, 「기묘사화와 조광조」, 『역사학보』 146, 역사학회, 1995.

_____, 「소격서 폐지 논쟁에 나타난 조광조와 중종의 대립」, 『진단학보』 88, 진단학회, 1999.

_____, 「조광조의 복권 과정과 현량과 문제」, 『사학연구』 62, 한국사학교육연구소, 2001.

_____, 『조광조』, 아카넷, 2000.

이문건 李文楗

일기를 통해 본 16세기 한 사대부의 삶

김경숙 서울대학교 규장각 선임연구원

머리말

이문건(李文楗, 1494~1567)은 중종~인종대에 활약한 인물로 을사사화에 연루되어 유배를 갔고, 그곳에서 세상을 떠났다. 73세의 생애 가운데 초반에는 형 충건과 함께 기묘사화에 연루되어 수년 동안 징거(停擧)당했고, 중년에는 을사사화중에 조카 이휘가 '택현설'(擇賢說: 서열이 아닌 현명한 이를 왕위 계승자로 택하자는 주장)의 중심 인물로 지목되어 그로 인해 경상도 성주에 유배되었다. 이렇게 평생을 유배지에서 보내야 했던 그의 일생은 16세기를 휩쓸었던 사화(士禍)와 정치적 대립 상황에서 온몸으로 부딪치며 살아야 했던 사대부의 모습이었다.

그는 조광조(趙光祖)의 문인으로 『기묘명현록』(己卯名賢錄)에도 올라 있는 인물이지만, 관련 기록이 많지 않아 행적이 거의 알려지지 않았으며 역사 연구의 관심 대상에서도 비켜나 있었다. 그런데 그가 남긴 생활 일기인 『묵재일기』(默齋日記) 친필본이 후손 가에 전해지고 있어 이를 국사편찬위원회가 사료 조사 과정에서 수집해 초서로 씌어진 원문을 탈초하고 활자로 간행해 학계에 소개했다. 이에 따라 이문건의 개인적인 삶, 특히 20여 년 동안의 유배 생활을 생생하게 복원하고, 그가 살았던 16세기 사회에 구체적으로 접근할 수 있는 길이 열렸다. 이를 계기로 『묵재일기』가 활자로 간행된 1998년 이후 이문건은 역사 인물로 새롭게 주목받기 시작했으며, 그와 관련한 연구 또한 꾸준히 진행되었다.

여기에서는 『묵재일기』에 근거하여 이문건의 생애와 가족관계, 그리고 시묘살이와 유배살이를 중심으로 그의 삶을 복원했다. 이를 통해 16세기 사화기를 온몸으로 겪으면서 살아야 했던 한 사대부의 삶과 생활 방식, 인간관계, 나아가 당시의 사회상을 생각해보고 앞으로 연구가 활성화되기를 기대해본다.

1. 생애와 가족관계

(1) 생애

이문건은 성주 이씨 이조년(李兆年)의 후손으로 자는 자발(子發), 호는 묵재(默齋)·휴수(休叟)이다. 1494년(성종 25) 11월 28일 서울에서 태어나 1567년(명종 22) 유배지인 경상도 성주(星州)에서 74세를 일기로 세상을 떠났다.

성주 이씨 가는 고려 시대부터 시중(侍中)이나 대제학 등 고위직을 역임한 명문 집안으로 조선 개국공신 이직(李稷) 또한 이 가문 출신이다. 원래 이 집안은 성주를 근거지로 서울에서 관인 생활을 했고, 이조년부터 이인민까지 삼대의 분묘가 모두 성주 지역에 있었다. 그러나 이인민의 장자인 이직 때부터는 성주에서 서울 근교로 분묘를 옮기고, 이후 후손들의 분묘가 대부분 양주(楊州)·노원(蘆原: 현재 서울시 노원구 중계동) 인근에 집중되어, 근거지를 완전히 서울로 옮겼음을 짐작할 수 있다.

16세기에 들어서도 문과 급제자를 계속 배출해 이문건의 부친 이윤탁(李允濯)은 1501년, 백부 이윤식은 1506년, 중형(仲兄)인 이충건과 종형(從兄)인 이공장은 1515년, 이문건 자신은 1528년, 조카인 이휘와 이염은 1543년에 각각 문과에 급제했다. 계속되는 문과 급제자의 배출은 이 집안의 사회적 지위를 유지하고 향상시키는 데 중요한 역할을 했으며, 혼인관계를 통해 지위를 더욱 확고하게 다졌다. 또한 이런 배경은 이문건의 정치·사회 활동에도 직·간접으로 작용했을 것이다.

이문건의 부친 윤탁은 한성부 판관을 지낸 고령 신씨 신회(申澮)의 딸이자 안동 김씨 김자행(金自行)의 외손녀인 신씨와 결혼해 3남 2녀를 두었다. 모친은 1463년(세조 9) 3월 서울에서 태어나, 16세 때인 1478년(성종 9) 한살 위인 이윤탁과 결혼했다. 그러나 39세 때인 1501년(연산군 7)에 남편을 여의고 홀로 친정 가까이에서 자식들을 키웠으며, 자식들이 모두 장성하여 성가(成家)한 뒤인 1535년(중종 30) 1월 5일 73세로 세상을 떠났다.

이문건은 부친이 일찍 세상을 떠나서 어려서부터 외가에서 자랐다. 5남매 가운데 막내였던 그는 19세 때인 1513년(중종 8) 중형인 충건과 함께 사마시(司馬試)에 합격했으나, 1519년(중종 14) 기묘사화에 연루되어 수년 동안 정거당했다. 그는 중형과 함께 조광조의 문인이었는데, 기묘사화로 조광조가 화를 당하자 자신들도 화를 입을까 두려워 조문을 꺼려 했던 다른 문인들과 달리 이문건 형제는 남의 이목을 두려워하지 않고 빈소에 찾아가 조문하고 통곡하여 상례(喪禮)를 극진히 했다. 그 일로 말미암아 남곤(南袞)·심정(沈貞)의 미움을 받아, 1521년(중종 16) 안처겸(安處謙)의 옥사에 연루되어 중형은 유배가던 중 청파역(靑坡驛)에서 31세로 사망했고, 이문건은 과거 응시를 금지당했다. 이후 6년 만인 1527년(중종 23)에 사면되어, 이듬해 별시 문과에 병과로 급제한 뒤 승문원·승정원·시강원·사간원 등 여러 관직을 두루 거쳤다. 그러나 사간원 정언으로 재직중이던 1535년(중종 30) 정월 모친상을 당하자 관직에서 물러나 아들 및 조카 이휘와 함께

1537년 1월 5일 대상(大祥)을 치를 때까지 양주 노원에서 시묘살이를 했다.

모친상이 끝난 그해 4월 1일 정사(政事: 인사 이동)에서 다시 사간원 정언을 제수받아 관직에 복귀했다. 당시 대윤과 소윤이 대립하던 정치적 상황에서 그는 대윤 쪽에 서서 김안로(金安老)와 입장을 같이했는데, 사촌형 공즙(公楫: 윤식의 아들)의 넷째 아들 덕응(德應)이 윤임(尹任)의 사위였고, 처이모의 딸이 1524년(중종 19)에 세자빈으로 간택되어 뒷날 인종 비가 되었던 상황 등이 그의 정치적 입장을 짐작하게 한다.

그러나 관직에 복귀한 이문건은 1537년 4월 23일 중종의 계비 장경왕후(章敬王后)의 능인 희릉(禧陵)의 광중(壙中)에 돌이 들어 있다고 문제를 제기해 파문을 일으킨다. 결국 이것이 정치 문제로까지 확대되어 당시 총호사(摠護使)였던 정광필(鄭光弼)이 문책당하고, 능 또한 불길하다 하여 이장하기로 결정되었다. 하지만 실제 천릉(遷陵) 과정에서 돌이 없었다고 밝혀져 이문건은 이후 관직 생활과 정치 활동에서 계속 제약을 받는다. 실록 사관은 그 일에 대해 김안로와 합세하여 정광필을 몰아낸 사건이라고 평가했다. 그는 1539년(중종 34) 9월 4일 장령을 제수받았으나, 사헌부에서 희릉 사건을 문제 삼으며 대간에 적당하지 않다고 주장해 다음날 곧바로 체직되었고, 1543년(중종 38) 9월 15일에도 사간원에서 이문건은 통례원 우통례에 적합하지 않다고 문제를 제기해 결국 체직되었다.

그래도 그의 관로는 중종 및 인종대까지는 대체로 순탄한 편이었다. 1544년 중종이 승하했을 때는 승문원 판교로 빈전도감(殯殿都監) 낭관 일을 맡아보면서 명정(銘旌)·시책(諡册)·신주(神主) 등을 모두 맡아 쓸 정도로 당대에 명필로 이름을 날렸다. 그때의 노고로 그는 당상관으로 올라가고 승정원 동부승지를 제수받았다.

그러나 51세 때인 1545년 명종이 즉위하고 소윤이 정권을 장악하면서 대윤계에 서 있던 그도 정치적 위기를 맞이한다. 명종 즉위 직후 을사사화로 윤임이 축출되고 보익공신(保翼功臣: 후에 衛社功臣으로 바뀜)을 녹훈(錄

勳)하는 과정에서 이문건 또한 추성보익공신에 녹훈되었으나(1545년 8월), 그후 바로 을사사화의 소용돌이에 휘말렸다. 즉, 큰형의 장자인 이휘와 윤임의 사위였던 조카 이덕응이 택현설에 휘말려 참형을 당해 팔도에 효시(梟示)되었는데, 이문건 또한 이에 연루되어 성주로 유배를 떠나야 했고, 둘째형의 아들 염(爓)은 함경도 경흥으로 유배되었다. 이문건은 가솔들을 모두 도성에 남겨놓고 홀로 유배지로 향했으나, 다음해 부인이 아들 온(熅)을 데리고 유배지로 내려와 함께 살다 부부가 배소(配所)에서 일생을 마쳤다.

(2) 가족

이문건은 1516년(중종 11) 안동 김씨 김언묵(金彦默)의 딸 돈이(敦伊)와 결혼했다. 당시 이문건은 23세, 부인은 20세였다. 처가는 여말선초에 입신한 가문으로 충청도 괴산에 근거지를 두고 있었다. 부인 김씨의 오빠인 김석(金錫)은 충·효·우·제·인갑 등 5형제를 두었으며, 딸은 이문건의 조카 이휘와 결혼해 두 집안은 중첩적인 사돈관계를 맺었다.

이문건은 부인과의 사이에서 여섯 자녀를 출산했다. 그러나 『양아록』(養兒錄)에서는 다섯 자녀만 확인되는데, 첫째는 사내아이로 1517년 8개월 만에 낙태했고, 둘째는 아들 온(熅: 箕星)으로 1518년 10월 서울에서 태어났으며, 셋째는 여자아이 정중(貞中)으로 1521년 괴산 집에서 태어났으나 마마로 죽었다. 그리고 넷째는 사내아이로 1524년 구삭둥이로 태어나 하루 만에 죽었고, 다섯째는 여자아이 순정(順貞)이다. 그런데 이문건이 직접 쓴 아들 온의 묘지명에는 "아무개는 지난 병자년에 김씨와 혼인하여 모두 여섯 아이를 출산했으나 다섯 아이를 잃었다"(『默齋集』 권6, 「亡子墓誌」. "某昔丙子歲 娶金氏 凡六産而棄五")고 기록되어 있어, 『양아록』에는 기록되지 않은 아이가 하나 더 있었음을 알 수 있다.

그러나 아이들은 대부분 강보를 벗어나지 못하고 죽었고, 아들 온과 막내딸 순정만이 성인으로 성장했다. 그러나 순정 또한 풍으로 왼손 불구가 되고 간질 증세를 보이다 20세에 사망하고 말았다. 결국 6남매 가운데 아들 온만이 성가하여 후손을 이었다.

그래서 이문건은 아들 온에게 큰 기대를 했다. 그러나 온의 성장 과정 또한 순탄치 않아 6~7세 되던 해에 괴산 외가에서 열병에 걸렸다 겨우 살아났지만, 그뒤 다시 풍에 걸려 경기를 심하게 앓아 결국 학습 능력이 떨어지게 되었다. 이런 아들이 못내 원망스럽고 답답했던지 그는 아들을 가여워하면서도 한편으로는 매우 심하게 다루었다.

이문건의 속을 태우던 온은 수원 사람 박옹(朴壅)의 딸과 결혼했다. 그러나 온의 부인 박씨마저 딸을 낳다 아이와 함께 죽고 말았다. 이문건의 부인은 남편을 따라 유배지인 성주에 내려와 살면서 아들의 재혼을 추진하지만, 남편이 유배중인데다 아들마저 병약해 혼처가 쉽게 나서지 않았다. 결국 1546년 8월 29일 괴산에서 부인의 주관하에 청주 오근(梧根)에 사는 김해 김씨 김증수(金增壽)의 딸과 재혼했다. 그러나 온은 그후에도 자주 병치레를 하다가 10여 년 뒤인 1557년 40여 세로 부모보다 먼저 세상을 떠났다. 이문건은 아들의 묘지명을 직접 쓰면서 "여섯 아이를 낳았으나 다섯 아이를 잃고 오직 너 하나만을 길렀는데, 이제 다시 너마저 가버리니 하늘이여 어찌할꼬"라며 애통한 심정을 절절히 토로했다. 결국 이문건은 여섯 아이를 모두 자신보다 먼저 보내고 말았다. 부모로서 느낀 애통함과 박절함은 이루 다 말할 수 없을 것이다.

그런 중에도 다행인 것은 아들 온이 세상을 떠나기 전에 숙희·숙복·숙길·숙녀 등 1남 3녀를 출산했다는 것이다. 그 가운데 손녀딸 숙희는 1547년 9월 18일 유배지인 성주에서 태어나 15세에 서울 사는 정섭(鄭涉)과 결혼했다. 16세기 다른 사대부가들처럼 숙희 또한 결혼한 뒤에도 계속 성주 집에 머물렀고, 사위 정섭이 서울과 성주를 왕래하면서 지냈다. 그녀는 특히 효성이 지극해 1558년 할머니(이문건의 부인)가 병이 났을 때는 직접 변을 맛보아 환자의 상태를 가늠했고, 1562년 2월 또다시 할머니의 병이 위중해지자 이번에는 변을 직접 맛볼 뿐만 아니라 자신의 다리 살을 도려내 태워서 할머니에게 먹였다. 그러나 도려낸 부위에 오래도록 새살이 돋아나지 않았고, 맛을 본 변의 독이 온몸에 퍼져 그후 여러 달 동안 심하게 앓았다. 이문건은 이런 사실을 전혀 모르고 있다 두세 달이 지난 뒤에야 노비를 통해 듣고는 매우 놀라고 탄복하며 손녀의 병을 낫게 하기 위해 노심초사하며 해독 약물을 복용시키는 등 여러 가지로 애썼다.

한편, 숙길은 이문건이 무척이나 애타게 기다리던 손자였다. 따라서 그는 손자의 성장 과정은 물론 양육에도 상당한 관심을 기울였다. 그는 숙길을 출산할 때 미리 해시계를 설치하여 대기하고 있다 아이가 태어나자마자 정확한 시각을 확인했으며, 아이의 사주가 모친과 맞지 않다고 하여 유모를 선정하는 데도 무척 신경을 써서, 소유하고 있던 노비 가운데 아이와 사주가 맞는 목성(木姓)을 지닌 여자로 젖이 풍부한 이를 유모로 선발했다. 또한 그는 손자의 양육에도 깊은 관심을 가지고 성장 단계마다 기록을 남겼는데, 이는 『양아록』이라는 제목으로 지금까지 전한다.

(3) 형제자매

이문건은 3남 2녀 가운데 막내로, 위로 누나 둘과 형 둘이 있었다. 큰누나는 금화사 별제(禁火司 別提: 오늘날의 소방서) 이해(李瀣)와 결혼했으나, 일찍 남편을 여의고 홀로 살았다. 거주지가 청파(靑坡: 오늘날의 용산구 청파동 일대)여서, 일기에는 '청파자씨'(靑坡姊氏)로 나온다. 큰누나는 이문건이 성주로 유배간 다음해인 1546년(명종 1) 11월 12일 청파동 자택에서 세상을 떠났다. 이문건은 그로부터 10여 일이 지난 11월 25일에야 유배지에서 조카로부터 큰누나의 부음을 듣고 통곡하며 한 달 동안 복(服)을 입었다.

큰누나가 사망한 뒤 시댁 쪽 친족으로 생각되는 이부민(李膚敏)이라는 사람이 누나의 제사를 담당하겠다고 나서 그에게 제사조로 책정된 노비 4명과 논 10두락을 상속해주었다. 이부민은 훗날 분쟁의 소지를 막기 위해 이문건에게 요구해 성주 관아에서 정식으로 분재(分財) 문서의 공증 절차를 거쳐 입안(立案: 공증 문서)을 발급받았다. 그럼에도 불구하고 이문건은 누나의 제사를 성심성의껏 거행할 사람이 없다는 부인의 권유를 받아들여 유배지에서 누나의 기제사를 지냈다. 해마다 제사를 행한 것은 아니었지만, 담당자가 정성껏 모시지 않을까 염려해 가끔씩 제사를 지냈다. 이런 상황으로 미루어볼 때 청파 누나에게는 소생이 없는 듯하고, 출가했으나 자녀 없이 사망한 딸에 대한 제사를 친정 쪽에서 마다하지 않은 16세기 사회의 한 모습을 확인할 수 있다.

둘째 누나는 무안 박씨 박옹(朴壅)과 결혼했으나, 일찍 세상을 떠났다. 박옹은 자가 통지(通之)로 거주지는 수원이어서 박서방댁·박통지·수원댁 등으로 불렸다. 그는 부인이 사망한 뒤에도 계속 처가의 제사를 담당했다. 이문건 가의 제사는 윤회 봉사 방식으로 형제자매들이 돌아가면서 거행했는데, 사망한 둘째 누나 차례에는 남편이 대신했다. 누나의 분묘는 원래 친정 쪽 분산(墳山)인 양주군 노원에 있었다. 그런데 박옹이 1561년 4월에 세상을 떠나자 박씨 가에서 누나의 분묘를 남편 옆으로 천장하고자 했다. 이문건 측에서는 분묘가 오래됐다며 반대했지만, 결국 박씨 가에서 누나의 분묘를 몰래 파 수원으로 이장해갔다. 현장을 직접 목격한 노비에게 그 소식을 전해 들은 이문건은 놀라고 당황했지만 먼 곳에서 유배 생활중이어서 어쩔 도리가 없었다.

큰형 홍건은 안동 권씨 권징(權澄)의 딸과 결혼했고, 모친보다 앞서 1521년에 세상을 떠났다. 부인 안동 권씨 또한 일기가 시작되는 1535년에는 이미 세상을 떠나고 없었다. 장손인 조카 이휘는 이문건의 손위 처남인 김석(金錫)의 딸과 결혼해 1남 2녀를 두고 서울 서소문동에서 살았다. 그러나 이휘는 1545년 을사사화에 휘말려 참형을 당하고 시신이 팔도에 효시되는 변을 당했을 뿐 아니라, 가산은 모두 적몰당하고 가족들은 조지서(造紙署) 소속 노비가 되었다. 이휘의 시신 일부는 이문건이 유배중이던 성주에도 도

달했다. 그는 조카의 시신을 수습하기 위해 여러모로 애를 썼지만 어쩔 도리가 없었다. 한편, 이휘의 부인은 우여곡절 끝에 친정이 있는 괴산으로 내려가 살 수 있었다. 이문건은 유배중이어서 몸은 자유롭지 못했지만 괴산까지 내려가서 조카 가족이 사는 형편을 살펴보았는데, 형 부부와 조카의 신주가 상도 없이 판자 위에 모셔져 있는 딱한 상황에 몹시 가슴 아파했다.

중형 충건(忠楗)은 용인 이씨 이효언(李孝彦)의 딸과 결혼해 1남 1녀를 두었다. 충건은 아우 문건과 함께 조광조의 문인으로, 중종대에 관직에 진출했다. 그리고 기묘사화로 조광조가 죽자, 남의 이목을 두려워하지 않고 문건과 함께 조광조를 조문하고 통곡했다. 결국 이 일로 심정 일파의 배척을 받다 1521년 안처겸의 옥사에 관련되어 귀양가던 중 청파역에서 31세로 사망했다. 그후 형수 이씨는 아들딸들과 용인의 친정 쪽에서 살았다. 한편 그의 아들 염(爓)은 관직이 '한림'에까지 진출했으나 을사사화에 연루되어 경흥으로 유배되었고, 염의 큰아들 천해(天海)는 노비를 사랑하다 살인 사건에 휘말려 옥사했으며, 둘째 아들 천택(天澤)은 부친의 명에 따라 1551년 9월 21일부터 작은할아버지인 이문건의 성주 유배소에 와 살면서 수학했다.

2. 『묵재일기』와 유배 생활

이문건은 성품이 매우 섬세하고 치밀하여 날마다 그날의 일을 상세하게 기록해 일기로 남겼다. 그날 일기를 쓸 형편이 못 되면 며칠 동안의 일기를 한번에 모아 기록할 때도 있었다. 이는 이문건의 호를 따 『묵재일기』라는 제목으로 총 10책이 지금까지 전해지고 있다. 이 일기는 그가 41세 때인 1535년 11월부터 세상을 떠나기 몇 달 전인 1567년 2월까지 약 33년 동안의 기록이다. 하지만 중간에 결락 부분이 있어 현재 17년 8개월분이 남아 있다.

『묵재일기』는 전체적으로는 한 개인이 그날 그날의 일상을 기록한 생활일기에 해당한다. 그러나 그 내용을 좀더 세밀하게 검토하면 이문건의 행적

책수	일기 수록 시기	결락 시기
1책	1535년(중종 30) 11월 1일~ 1537년(중종 32) 6월 3일	1537년 6월 4일~1544년 12월 30일
2책	1545년(인종 1) 1월 1일~4월 23일 9월 6일~1546년(명종 1) 1월 29일	1545년 4월 24일~9월 5일 (『政院日記』로 대체)
3책	1546년(명종 1) 2월 1일~ 1547년(명종 2) 1월 29일	1547년 2월 1일~12월 30일 1548년 7월 1일~1550년 12월 30일
4책	1548년(명종 3) 1월 1일~6월 30일	
5책	1551년(명종 6) 1월 1일~ 1552년(명종 7) 12월 29일	
6책	1553년(명종 8) 1월 1일~ 1555년(명종 10) 3월 29일	
7책	1555년(명종 10) 4월 1일~ 1557년(명종 12) 5월 29일	1557년 6월 1일~6월 30일
8책	1557년(명종 12) 7월 1일~ 1559년(명종 14) 4월 23일	1559년 5월 1일~1560년 12월 30일
9책	1561년(명종 16) 1월 7일~ 1562년(명종 17) 10월 28일 1563년(명종 18) 7월 3일~12월 30일	1562년 11월 1일~12월 30일
10책	1563년(명종 18) 1월 1일~ 1567년 2월 16일	요약본

* 「묵재일기 범례」, 『默齋日記』, 국사편찬위원회, 1998 참조.

과 관련하여 세 시기로 구분할 수 있다. 첫번째 시기는 1책의 1535년 11월 1일부터 1537년 3월 29일까지로 그가 모친상을 당해 양주 노원의 율이참에서 여묘살이를 하던 때의 기록인데, 이 부분의 표제 또한 '거우일기'(居憂日記)라고 씌어 있다. 두번째 시기는 1책의 4월 1일부터 6월 3일, 2책의 1545년 1월 1일부터 4월 23일의 일기로 그가 탈상 후 관직에 복귀해 사간원 정언에 재직하던 기간, 빈전도감 낭관 및 동부승지에 재직하던 기간이며, 관직일기 또는 사환일기에 해당한다. 이 부분은 기간 및 분량이 적고, 특히 동부승지로 재직중이던 기간에는 승지의 업무로 『정원일기』를 작성했기 때문에 별도의 사적인 일기는 기록하지 않았다. 세번째 시기는 2책 후반부의 1545년 9월 을사사화에 휘말려 성주로 유배를 떠난 뒤의 기록으로 유배일기(流配日記)에 해당하며, 일기의 대부분을 차지한다. 여기에서는 거우일기와 유배일기에 해당하는 부분을 중심으로, 그의 시묘살이와 유배살이의 모습을 소개하고자 한다.

(1) 거우일기와 시묘살이

거우일기는 이문건이 모친상을 당해 관직에서 물러나 아들 온, 장조카 이휘와 함께 시묘살이를 하면서 시작되었다. 모친은 1535년(중종 30) 정월 사망했기 때문에 일기가 시작되기 전부터 시묘살이는 시작되었고, 1537년 1월 5일 대상(大祥)을 치를 때까지 계속되었다. 그의 시묘 생활은 상제례와 위선 사업(爲先事業), 학문과 자식 교육, 노비 관리·전답 개간 등의 가사 운영, 교유와 접빈객(接賓客) 등으로 이루어졌다.

특히 그는 시묘살이 동안 부친의 분묘를 이장하는 위선 사업을 추진했다. 원래 부친의 분묘는 양주 영동(塋洞)에 위치했는데, 그곳이 왕실에서 새로 조성하는 묘역에 포함되어 부득이 이장하게 되었다. 이문건은 추운 겨울 날씨에도 불구하고 서울에 수시로 왕래하면서 정성스럽고 치밀하게 천장 사업을 진행했다. 관곽 제작을 위해 목재를 직접 구하고 목수를 물색하는 한편, 목재의 수송과 건조, 송진 칠하기 등의 작업까지 철저하게 관리했고, 묘역 관리와 석회·잡석 수송 등도 오랜 기간에 걸쳐 차근차근 진행했다. 그 과정에서 관청의 도움, 특히 양주수령의 도움은 절대적이었다. 또한 그는 천장을 잘 치르기 위해 먼 곳까지 가서 다른 집의 천장을 직접 관람하고 경험을 축적하기도 했다. 결국 그는 1536년 2월 17일 부친의 분묘를 율이참으로 이장해 모친과 합장했다.

그가 어떤 예법에 의거해 천장 절차를 진행했는지는 분명하게 드러나지 않는다. 그러나 다른 사람에게 천장에 관한 의례를 조언할 때『가례의절』(家禮儀節)을 빌려와 관련 부분을 기록해 보냈음이 확인되었으므로, 그로 미루어볼 때 그는 부친의 경우에도 천장 절차를『가례의절』에 근거했다고 추측할 수 있다.

이문건은 부모 묘를 합장하고 그곳에 묘갈(墓碣)을 제작해 세웠는데, 비석의 글씨는 자신이 직접 새겼다. 묘갈을 새기는 작업은 천장하기 전부터 미리 진행되었다. 일기에도 이와 관련한 기록들이 빈번하게 나타나는데, 1535년 11월 27일에는 "분묘에 올라가 묘갈 표면에 몇 글자를 새겼다. 왼쪽 무릎이 더욱 시리다"는 기록이 보인다. 묘갈을 새기는 작업은 하루에 두세 글자 정도로, 매우 고되고 오랜 기간이 소요되었다. 그러나 그는 외출하거나 몸이 불편한 때를 제외하고는 날마다 꾸준하게 작업을 했는데, 그의 여묘 생활 대부분은 묘갈문 새기는 일이었다고 할 수 있다. 그 결과 1536년 3월 17일에 절반 정도를 완성하고, 한 달 뒤인 4월 16일에 작업을 마칠 수 있었다. 특히 비석 옆면에는 '靈碑'(영비)라고 새기고 그 아래에는 한글로 "녕혼 비라 거운 사른믄 지화를 니브리라 이는 글 모른는 사름두려 알위노라"(신령한 비석이다. 훼손하는 사람은 재앙을 입으리라. 이는 글 모르는 사람에게 알리는 것이다)라는 명문을 새겨 비석의 훼손을 경계했다. 이 비석은 현재 노원구 중계동의 도로가에 서 있다.

한편, 이문건은 여묘살이할 때 이미 40대의 중년이어서 자신의 수양이나 학문보다 외아들 온의 교육에 더욱더 관심을 쏟았다. 당시 온은 18∼19세였는데, 여막(廬幕)에서 아들을 데리고 생활하면서『시경』(詩經)·『실록』(實錄) 등을 가르쳤다. 그런데 온은 공부에 별 흥미가 없어 부친과 마찰이 심했다. 그는 배우고 돌아서면 잊어버리는데다 공부에 취미가 없어 복습하는 데 전념하지도 않았다. 그 때문에 전날 배운 것을 물어보면 전혀 대답하지 못하기 일쑤여서 이문건은 번번이 아들에게 화를 내고 매질을 했다. 그

럴수록 온은 더욱더 공부에 흥미를 잃고 틈만 나면 아버지의 눈을 피해 빠져 나가 놀았고, 여막을 벗어나 서울 집으로 도망치는 일 또한 빈번하게 일어났다. 그래서 이문건은 아들을 더욱 심하게 다루었는데, 그의 부인은 남편이 아들을 너무 심하게 학대하여 병이 생겼다며 늘 불평할 정도였다. 이문건은 몇 달 동안 서울로 도망간 온을 잡아오는 일을 반복하다, 결국 아들에 대한 기대를 접을 수밖에 없었다.

(2) 유배일기와 유배살이

다음으로, 그의 일기 대부분을 차지하는 유배일기는 조카 이휘가 '택현설'의 중심 인물로 지목되어 을사사화에 휘말리는 1545년 9월 6일부터 시작된다. 그날 이문건은 우승지를 제수받았지만 불과 며칠 뒤인 9월 10일 이휘가 추국(推鞫)을 받으면서 체직되었고, 이휘가 능지처참당하자 청파동의 큰누나 집에서 유배 명령을 기다렸다. 며칠이 지난 16일 새벽 의금부 서리 최세홍이 찾아와 유배지가 성주로 정해졌으며, 오늘 마패가 나오면 다음날 출발할 것이라고 전했다. 유배인을 유배지까지 호송해가는 압송관은 죄인의 관직 고하에 따라 차이를 두어 정2품 이상의 대신들에게는 의금부 도사, 그 이하 당상관에게는 의금부 서리(書吏), 당하관에게는 의금부 나장(羅將)이 배정되었다. 이문건은 정3품 당상관직인 우승지여서 규정에 따라 의금부 서리가 압송관으로 배정되었다.

그는 17일 의금부 서리와 함께 출발해 한강을 건너 양지—괴산—연풍—조령—문경—유곡—상주—선산을 거쳐 28일 성주에 도착했다. 성주는 서울에서 630리 길로 규정에 따르면 7~8일에 도착해야 했지만, 그는 사흘이 더 많은 11일이 걸렸다. 중간에 처가가 있는 괴산에서 이틀을 머물러 결국 목적지까지 그만큼 지체되었던 것이다. 이문건은 집안에서 부리던 노비들을 거느리고 유배길에 올랐는데, 지나는 길목마다 해당 지역의 수령들에게서 융숭한 대접과 함께 선물까지 받았다. 압송관 또한 죄인을 직접 압송해야 했지만 실제로는 동행하지 않고 각자 괴산에 도착해 날짜를 확인하고 성주수령에게 인계하는 것으로 임무를 마쳤다. 정치적 이유로 유배를 떠나는 유배인들은 중앙 정계로 복귀할 가능성이 늘 있었기 때문에 유배길에서나 유배지의 생활에서 많은 편의를 제공받을 수 있었다. 때문에 그의 유배길은 비교적 여유 있고 자유로웠으며, 이러한 상황은 성주 유배지에서도 계속되었다.

그는 성주에 도착한 뒤 관에서 제공해준 읍성 아래 김옥손의 집에서 생활했다. 그러나 그 집은 벌레가 나오는 등 환경이 열악해 관에 요청하여 걸후음의 집으로 옮겼다 다시 배순의 집을 수리해 옮겨 살았다. 유배지에서의 생활이 정착되는 다음해 10월에는 서울에서 부인과 아들까지 내려와 함께 살았다.

유배지에서는 관할 지역을 임의로 벗어날 수 없고 정기적으로 점고(點考)받기 위해 관아에 출두해야 했는데, 이것을 제외하고는 일반 사족(士族)들이나 다를 바 없었다. 그는 성주목사 및 향촌 사족들과 긴밀한 친분관계를 유지하며 지역 사회에 영향력을 행사했다. 그가 성주에 도착했을 때 그를 맞이한 성주목사는 남궁숙(南宮淑)이었는데, 그와는 친분이 있어 여러 가지 편의를 제공받을 수 있었다. 20여 년 동안 그를 포함하여 목사 아홉 명이 교체되었지만 새로 부임한 목사들은 그에게 지역 사회의 동향을 의논하고 조언을 구하곤 했다. 이들은 명절 및 생일·제사·혼례 등의 특별한 날에는 항상 선물과 관청의 물력(物力)을 제공했으며, 평소에도 자주 어울리며 술잔을 기울였다. 나아가 그는 성주 지역의 사족들과도 빈번하게 어울리며 교유관계를 유지했다. 목사 및 지역 사족들과 어울려 인근 사찰이나 명승지를 유람하는 일도 드물지 않았다. 그의 일상생활은 일반적인 향촌 사족들과 다름없는 평범한 생활이었다.

제사 또한 서울에 있을 때처럼 유배지에서도 지속돼, 부모·조부모·증조부모·양증조부모, 그리고 외조부모와 처부모의 기일 제사를 지냈다. 그 가운데 부모와 처부모 제사는 해마다 거행했고, 그밖에는 16세기의 일반적인 사대부가처럼 다른 형제자매들과 분할하여 윤회 방식으로 돌아가면서 담당하는 것을 원칙으로 했다. 이에 따라 이문건은 조모·증조부·양증조모의 제사를 분할받아 3~4년에 한 차례씩 직접 지냈는데, 여기에 부모와 처부모 제사까지 합하면 1년에 5~6차례의 기일 제사를 거행했고, 그밖의 제삿날에는 소식(素食)하고 근신하면서 보냈다.

또한 그는 지방관과의 친분을 바탕으로, 적극적인 경제 활동을 통해 재산을 증식하며 경제적 기반을 확대해갔다. 그는 유배 이전에도 서울 및 경기·통진·은율·금산·광주·괴산 등 각지에 전답을 소유하고 있었는데, 유배중에도 괴산 지역의 전답을 지속적으로 매입하고, 성주관에서 관둔전(官屯田)과 속공전(屬公田)을 절수(折受)받는 등 다양한 방식으로 경작지를 확대했다. 그는 주민들에게서 전세 공물 및 잡역 등 부세를 받아 대신 관에 납부하고 중간에서 차액을 남기는 방납(防納)에도 관여해 상당한 수익을 올렸다. 때문에 부세 및 부역과 관련해 인근 주민들에게서 자주 청탁을 받았고, 그의 힘이 미치는 범위 안에서 기꺼이 해결해주었다.

뿐만 아니라 그는 각계각층에서 빈번하게 물품을 수증(受贈)받았다. 22년간의 유배 기간에 물품을 수증한 횟수는 총 6천여 회였으며, 이는 월평균 30여 회에 달했다. 여기에는 목사 및 관아에서 보내주는 물품은 물론, 친족 및 교유 관계를 바탕으로 한 선물도 있지만, 인근 지역 주민들의 청탁성 물건도 상당수 포함되어 있었다. 물품 수증은 이문건 가의 주된 수입원 가운데 하나였다. 그래서 유배인에게 매달 지급되는 삭료(朔料)가 없을 때도 생활에는 별 지장이 없었으며, 오히려 경흥에서 유배살이하는 조카 염에게 물품을 챙겨보낼 수 있을 정도였다.

그는 이와 같은 다양한 방식으로 재산을 증식해, 이를 바탕으로 1551년 처가가 있는 괴산 지역에 가옥을 새롭게 조성하기까지 했다. 그는 또 새집을 단장하는 데도 많은 관심을 기울여, 성주에서 화초 및 나무를 보내 뜰에 심게 하고, 훼손된 곳은 곧바로 보수하는 등 지속적으로 관리했다. 1557년

아들 온이 사망했을 때도 괴산에 분산(墳山)을 정하여 안장했다. 이문건이 괴산에 터전을 마련한 것을 계기로 그의 후손들은 현재까지 괴산에 거주하고 있으며, 그때 마련된 묘역은 지금까지도 유지되고 있다.

3. 기존 연구와 향후 연구 방향

이문건은 조광조의 문인으로 『기묘명현록』에 올라 있다는 점 외에 행적은 거의 알려져 있지 않고 역사적 관심의 대상에서도 벗어나 있었다. 그러나 지난 1998년 그의 생활 기록인 『묵재일기』가 학계에 소개된 이후 그에 대한 학문적 관심이 증대했다. 특히 그의 일기는 오랜 기간에 걸친 매우 상세한 기록으로, 유희춘(柳希春)의 『미암일기』(眉巖日記)에 버금가는 16세기의 대표적인 생활 일기로 평가받고 있다. 때문에 학계에 소개된 지 얼마 되지 않았음에도 불구하고 다방면에 걸쳐 연구가 상당히 진행되었다. 지금까지 『묵재일기』와 관련된 연구 성과를 분야별로 정리하면 다음과 같다.

첫째, 가족·친족의 측면으로, 성리학적 이념이 보급되어감에 따라 변화의 단초들이 나타나는 16세기 사회의 특성을 추출했다. 이들 중에는 제사, 상장례 등 의례 측면에서 변화상과 기존의 모습들이 절충 혼재하는 모습을 정리했고(김경숙), 가제사를 제사 주관자 및 가계 계승을 중심으로 검토했으며(정긍식), 친족 관련 용어에 주목해 성리학적 관념이 투영되기 이전의 용어 및 그 변화상을 추출했다(이종서).

둘째, 경제적인 측면이다. 일기의 기록을 토대로 성주 지역 관둔전의 경영 실태에 대해 검토한 연구(김동진) 및 이문건 가의 경제 활동에 관한 연구가 진행되었다. 여기에서는 노비 사환(使喚)과 신공(身貢) 수취(안승준), 물품 수증, 즉 선물이 가계 수입에서 차지하는 비중을 통계적으로 검토하고(이성임), 괴산에 가옥을 신축하고 그곳에서의 경제 운영을 통해 입향하게 되는 계기를 추적했다(김소은).

셋째, 향촌사회의 운영 질서에 관한 연구이다. 부세, 군역 및 잡역 등 국가 수취체제에서 국가 권력—재지 사족—민의 관계를 검토해 16세기 사족 지배체제론에 새로운 시론을 제기했고(김현영), 성주 지역 향리층의 활동과 운영체계를 고찰했다(권기중).

넷째, 생활사의 측면이다. 이는 일상생활 속의 다양한 내용들이 기록되는 일기의 특성이 잘 부각되는 부문으로, 특히 한국고문서학회에서 간행한 『조선시대 생활사』 2에서는 『묵재일기』가 중심 자료로 활용되었다. 그밖에도 16세기 사대부로서의 일상생활에 대한 관심(김현영), 부부 생활 및 외정 (外情)에 대한 접근이 이루어졌고(이성임), 생활사적인 측면에서 이문건 가의 가정 생활, 경제, 교육 등을 종합적으로 정리했다(김소은).

또한 유배일기라는 점에 주목해 유배형의 집행 및 유배 행정(유배길)에 대한 구체적인 사례 연구가 이루어졌고(김경숙), 의료 관련 연구가 진행되어 질병 치료를 위한 의료·점·무 등 다양한 방식들이 시도되었던 모습(김현영), 나아가 향촌 의료의 실태 및 사족의 대응을 검토했다(김성수). 또한 노비에 대한 체벌 실태 분석(심희기), 민속 측면에서 출산 및 육아와 관련한 각종 민간 풍습(이복규) 등 다양한 측면에서 연구가 이루어졌다.

이상과 같이 이문건의 『묵재일기』는 학계에 소개된 이후 가족·친족, 경제, 향촌사회, 일상생활, 의료, 유배, 민속 등 다방면에 걸쳐 다양한 주제의 연구가 이루어졌다. 단일 일기 자료에 대해 이와 같이 다양한 연구가 진행된 예는 매우 드물다. 다만 지금까지는 주로 16세기 사대부로서의 이문건 가를 대상으로 하는 사례 연구에 집중되는 경향이 있었는데, 이는 일기 자료의 특성에서 비롯되었다. 앞으로는 지금까지의 연구 성과를 보다 깊이 있게 심화시키는 측면과 함께, 한 단계 나아가 일기의 특성에 적합한 새로운 연구 주제 및 방법론을 개발해 연구 영역을 확대시켜야 할 것이다. 이는 최근 들어 그 사료 가치와 중요성이 부각되는 일기 자료에 대한 접근 방식과 연구 방향을 선구적으로 제시할 것으로 기대된다.

참고문헌

· 원자료

李文楗, 『默齋日記』

_____, 『默齋集』

_____, 『養兒錄』

· 논저

한국고문서학회, 『조선시대 생활사』 2, 역사비평사, 2000.

권기중, 「16세기 성주목 향리의 조직 구조와 사회적 위상 ―묵재일기를 중심으로」, 『역사와 현실』 49, 한국역사연구회, 2003.

김경숙, 「朝鮮時代 流配刑의 執行과 그 事例」, 『사학연구』 55·56, 1998.

_____, 「16세기 사대부 집안의 제사 설행과 그 성격 ―李文楗의 默齋日記를 중심으로」, 『韓國學報』 98, 1999.

_____, 「16세기 사대부가의 喪祭禮와 廬墓生活 ―이문건의 默齋日記를 중심으로」, 『국사관논총』 97, 국사편찬위원회, 2001.

김동진, 「16世紀 星州와 林川 地域의 官屯畓 經營 ―李文楗家와 吳希文家를 중심으로」, 한국교원대학교 석사학위 논문, 2001.

김성수, 「16世紀 鄕村 醫療의 實態와 士族의 대응」, 『한국사연구』 113, 2001.

김소은, 「16세기 兩班家의 婚姻과 家族關係 ―李文楗의 默齋日記를 중심으로」, 『국사관논총』 97, 국사편찬위원회, 2001.

_____, 「16세기 兩班士族의 生活相 研究」, 숭실대학교 박사학위 논문, 2001.

_____, 「李文楗家의 경제 운영과 지출 ―槐山入鄕을 관련하여」, 『고문서연구』 21, 2002.

김현영, 「醫·占·巫: 16세기 질병 치유의 여러 양상」, 제41회 전국역사학대회 발표 요지, 1998.

_____, 「조선 시기 '士族支配體制論'의 새로운 전망」, 『韓國文化』 23, 1999.

_____, 「16세기 한 양반의 일상과 재지사족」, 『조선시대사학보』 18, 2001.

심희기, 「16세기 李文楗家의 奴婢에 대한 體罰의 實態 分析」, 『국사관논총』 97, 국사편찬위원회, 2001.

안승준, 「16세기 李文楗家의 奴婢使喚과 身貢收取 ―默齋日記를 중심으로」, 『고문서연구』 16·17, 2000.

이복규, 「默齋日記에 나타난 出産·生育 관련 民俗」, 『溫知論叢』 3, 溫知學會, 1997.

63인의 역사학자가 쓴 한국사 인물

_____, 『(묵재일기에 나타난) 조선전기의 민속』, 민속원, 1999.

이상필, 「默齋集 解題」, 『남명학연구』 7, 경상대학교 남명학연구소, 1997.

이성임, 「16세기 李文楗家의 收入과 經濟 生活」, 『국사관논총』 97, 국사편찬위원회, 2001.

_____, 「조선 중기 양반의 성관념과 그 표출 양상」, 『조선시대 사회의 모습』, 집문당, 2003.

이종서, 「14~16세기 韓國의 親族用語와 日常 親族關係」, 서울대학교 박사학위 논문, 2003.

정긍식, 「默齋日記에 나타난 家祭祀의 實態」, 『법제연구』 16, 한국법제원, 1999.

* 본문 수록순

서영대   인하대학교 인문학부 사학전공 교수

　　　　「檀君 關係 文獻 資料 硏究」, 「韓末의 檀君運動과 大倧敎」, 「檀君神話의 意味
　　　　와 機能」

송호정   한국교원대학교 역사교육과 교수

　　　　『한국 고대사 속의 고조선사』, 「古朝鮮·夫餘의 국가구조와 정치운영」, 「고조
　　　　선 중심지 및 사회성격 연구의 쟁점과 과제」

전호태   울산대학교 역사문화학과 교수

　　　　『고분벽화로 본 고구려 이야기』, 『고구려고분벽화연구』

서의식   서울산업대학교 교양학부 교수

　　　　「고대사와 역사교육」, 「'진한육촌'의 성격과 위치」, 「6~7세기 신라 진골의 가
　　　　신층과 외위제」

남동신   덕성여자대학교 사학과 교수

　　　　『원효』, 「元曉와 芬皇寺 關係의 史的 推移」, 「元曉의 戒律思想」

정병삼   숙명여자대학교 한국사학과 교수

　　　　「의상 화엄사상 연구」, 「의상의 화엄사상과 통일기 신라사회」, 「진경시대 불교
　　　　의 진흥과 불교문화의 발전」

송기호   서울대학교 국사학과 교수

　　　　『발해 정치사 연구』, 『발해를 찾아서』, 『발해를 다시 본다』

전덕재   서울대학교 규장각 책임연구원

　　　　『신라육부체제연구』, 『한국고대사회의 왕경인과 지방민』, 「신라시대 녹읍의
　　　　성격」

강종훈   대구가톨릭대학교 역사교육과 교수

　　　　『신라상고사연구』, 「三國史記 初期記錄에 보이는 '樂浪'의 實體」, 「新羅時代
　　　　의 史書 편찬」

63인의 역사학자가 쓴 한국사 인물 열

김창석　한신대학교 학술원 전임연구원

「三國 및 統一新羅의 官商과 官市」,「신라 倉庫制의 성립과 租稅 運送」,『三國
및 統一新羅의 商業과 流通』

김기섭　부산대학교 사학과 교수

『10세기 인물열전』(공저),「고려후기 호등제 변화의 배경과 그 추이」,「신라촌
락문서에 보이는 '村'의 立地와 개간」

박재우　서울대학교 규장각 선임연구원

「고려전기 왕명의 종류와 반포」,「고려전기 국정의 결정과 회의」,「고려시대의
재추 겸직제 연구」

구산우　창원대학교 사학과 교수

『高麗前期 鄕村支配體制 硏究』,「高麗 成宗代 정치세력의 성격과 동향」,「고려
시기의 촌락과 사원」

이익주　서울시립대학교 국사학과 교수

『杏村 李嵒의 生涯와 思想』(공저),「공민왕대 개혁의 추이와 신흥유신의 성장」,
「14세기 유학자의 현실인식과 성리학 수용과정의 연구」

문철영　단국대학교 어문학부 역사학전공 교수

「고려후기 新儒學 수용과 士大夫의 意識世界」,「高麗中·後期 儒學思想 硏究」

이병희　한국교원대학교 역사교육과 교수

「고려후기 사원경제의 연구」,「고려시기 전남지방의 향·부곡」,「고려후기 농
지개간과 신생촌」

유승원　가톨릭대학교 국사학전공 교수

『조선초기 신분제 연구』,「고려사회를 귀족사회로 보아야 할 것인가」

김용곤　국사편찬위원회 편사기획실장

「金時習의 政治思想의 形成 過程」,「世宗·世祖의 崇佛政策의 목적과 의미」

박주　대구가톨릭대학교 역사교육과 교수

『朝鮮時代의 旌表政策』,『朝鮮時代의 孝와 女性』,『조선시대 대구 사람들의 삶』

최이돈　한남대학교 역사교육과 교수

『조선중기 사림정치 구도 연구』,「16세기 사림의 신분제인식」

김경숙　서울대학교 규장각 선임연구원

「16세기 사대부가의 喪祭禮와 廬墓生活 ―이문건의 『默齋日記』를 중심으로」,
「조선후기 山訟과 사회갈등 연구」